河南油田年鉴

HENAN YOUTIAN NIANJIAN

2005

河南油田年鉴

河南石油勘探局年鉴编纂委员会 编

中国石化出版社

图书在版编目(CIP)数据

河南油田年鉴 .2005/河南石油勘探局年鉴编纂委员会编 .
—北京:中国石化出版社,2005
ISBN 7-80164-940-0

Ⅰ. 河… Ⅱ.河… Ⅲ.油田-河南省-2005-年
鉴 Ⅳ.F426.22-54

中国版本图书馆 CIP 数据核字(2005)第 151075 号

中国石化出版社出版发行

地址:北京市东城区安定门外大街 58 号
邮编:100011 电话:(010)84271850
读者服务部电话:(010)84289974
http://www.sinopec-press.com
E-mail:press@sinopec.com.cn
河南石油报社印刷厂排版印刷

*

787×1092 毫米 16 开本 27.25 印张 24 彩页 579 千字
2005 年 12 月第 1 版 2005 年 12 月 第 1 次印刷
定价:100.00 元

• 2004 年 9 月 7 日，中国石化集团公司党组副书记、副总经理周原（右一）在河南油田视察工作。

摄影：何 斌

•• 2004 年 9 月，中国石化集团公司党组纪检组、监察局有关领导来油田检查指导效能监察工作。

摄影：刘国斌

2004年1月16日，中国石化集团公司党组成员、股份公司高级副总裁牟书令（右二）视察在新庄区块施工的河南油田钻井工程公司20156钻井队。

摄影：陈崎峰

2004年1月16日，中国石化集团公司党组成员、股份公司高级副总裁牟书令（后排左三）在河南油田第二采油厂生产一线调研。

摄影：单朝玉

•2004 年 10 月，中国人民大学《行政效能构件研究》专家组来油田进行学术交流。

摄影：刘国斌

••2004 年 5 月 14 日，中国石化集团公司暨股份公司炼化设备检查团到南阳石蜡精细化工厂检查设备管理工作。

摄影：宰先珍

2004 年 2 月 9 日，中国石化集团公司信息调研组在河南油田石油勘探开发研究院调研。

摄影：孙跃华

2004 年 11 月 30 日，南阳市市委书记何东成、南阳市副市长陈光杰在南阳二机石油装备（集团）有限公司调研。

摄影：吕少倩

2004 年 1 月 10 日，中国石化集团公司压力容器换证检查组到河南油田勘察设计研究院检查工作。

摄影：赵祚军

·2004 年 1 月 9 日，河南油田七届四次职工代表大会召开。

摄影：张　斌

··2004 年 1 月 10 日，河南油田先进劳动模范表彰大会召开。

摄影：张　斌

• 2004 年 5 月 9 日，河南石油勘探局局长袁政文（左一）为河南油田“十大杰出青年”颁发证书。

摄影：杜建堂

•• 2004 年 4 月 16 日，河南石油勘探局局长袁政文（左一）为河南油田公安局“春雷”行动中立功的民警颁奖。

摄影：王 建

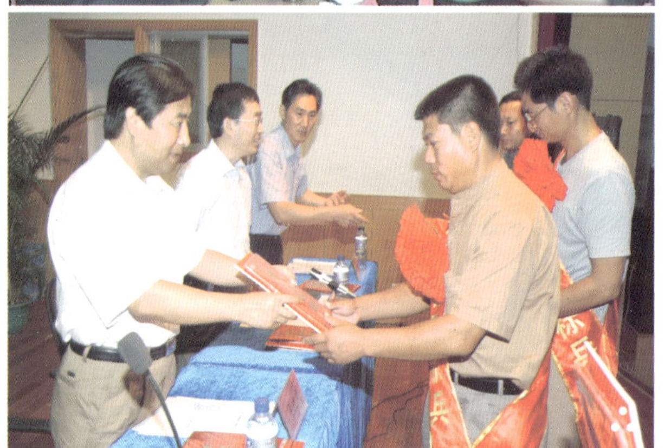

∴ 2004 年 9 月 3 日，河南石油勘探局局长袁政文（左一）为河南油田“安全排险标兵”颁发立功证书。

摄影：石正文

·2004年5月25日，河南省公安厅常务副厅长刘国庆（右）和河南石油勘探局局长袁政文（左）共同为河南省南阳油田公安局成立揭牌。

摄影：王　建

··2004年5月23日，由河南省石油学会主办、省石油学会河南油田分会和河南油田钻井工程公司承办的“全国石油钻井固井技术研讨会”在厦门召开。

摄影：郭中峰

• 2004 年 2 月 4 日，壳牌尼日利亚石油公司负责人在河南油田钻井工程公司考察设备。

摄影：刘道侠

•• 2004 年 10 月 18 日，河南油田油建公司西藏项目部在中国石化集团援建班戈县工程竣工典礼上受到表彰。

摄影：韩晓卿

• 2004 年 12 月，河南石油勘探局局长袁政文（右一）为荣获“中国石化集团公司技术能手”的职工颁奖。

摄影：李 明

•• 2004 年 3 月 9 日，河南油田采油一厂下二门油矿 4 号女子计量站被中华全国总工会授予“全国女职工先进集体”荣誉称号。

摄影：庞先斌

河南油田设计院

摄影：蒋晓英 姬东阳 何晨

• 河南石油勘探局党委书记张召平（中）在河南油田第一采油厂检查指导 HSE 管理体系执行情况。 摄影：庞先斌

•• 河南油田分公司经理李联五（左一）在河南油田创新增效展览会上观看河南油田地球物理测井公司展出的产品。 摄影：王公旭

∴ 2004 年 10 月 25 日，河南石油勘探局领导彭生明（左二）、张国全（右二）为离退休职工颁发精神文明建设义务监督员聘书。 摄影：石正文

• 2004 年 5 月 28 日，河南油田分公司副经理邱荣华（右一）在河南油田通信公司进行工作调研。

摄影：李声超

•• 2004 年 12 月 9 日，河南石油勘探局党委书记张召平（左）为河南油田井下作业公司成立揭牌。

摄影：张希文

• 2004 年 8 月 6 日，河南石油勘探局党委书记张召平（左）、河南油田分公司经理李联五（右）为河南油田第二采油厂新庄油田开发项目经理部成立揭牌。

摄影：单朝玉

•• 2004 年 6 月 9 日，河南石油勘探局工会主席彭生明（左）、河南油田分公司经理李联五（右）在采油一厂采油 14 队划归采油二厂交接仪式上开启阀门。

摄影：庞先斌

∴ 2004 年 6 月 26 日，南阳二机石油装备（集团）有限公司成立揭牌仪式。

摄影：庞风燎

∷ 2004 年 5 月 28 日，南阳市亚南工贸有限公司挂牌成立。

摄影：张超奇

• 2004 年 5 月，由南阳二机石油装备（集团）有限公司生产出国内首台 4000 米车装钻机。　摄影：吕少倩

•• 2004 年初，南阳石蜡精细化工厂重质酮苯装置建成。　摄影：宰先珍

∴ 2004 年 6 月，由河南油田勘察设计研究院设计的安棚深层系产能建设工程被评为中国石化集团公司优秀设计二等奖。　摄影：赵祚军

• 2004 年 3 月 2 日，河南油田钻井工程公司首次中标鄂尔多斯市场的大 40 井开钻。

摄影：陈崎峰

•• 2004 年 6 月，河南油田勘察设计研究院设计人员在中国石化华北局鄂尔多斯大牛地集气站仪表自动化工程施工现场。

摄影：蔡更喜

2004年9月，河南油田油建公司承建的省道311线方城至南阳段改道工程施工现场。

摄影：韩晓卿

2004年11月，河南油田水电厂江河变电站6千伏高压室改造完成。

摄影：李如飞

2004年5月28日，河南油田公众互联网千兆平台开通仪式。

摄影：李声超

•2004 年 3 月 14 日，河南石油勘探局重点投资项目双—魏输油管道唐河穿越改造工程完工。

摄影：庞先斌

••2004 年 4 月 29 日，河南油田地质录井公司与新乡 22 研究所联合研制的“SMY-2 岩屑描述仪”通过河南省信息产业厅组织的产品技术鉴定。

摄影：罗甲学

•2004年9月2日，河南油田钻井工程公司引进的首部智能化自动化程度较高的5000米电驱动ZJ5017钻机开钻。

摄影：何 斌

••2004年4月，河南油田运输处购置的两台50吨吊车在协同作业。

摄影：杨洛平

2004年7月8日，测井仪器工程硕士研究生班开学典礼在河南油田地球物理测井公司举行。

摄影：王公旭

2004年8月23日，河南油田石油勘探开发研究院高级主任师聘任合同签字仪式。

摄影：孙跃华

2004年11月23日，河南油田地质录井公司科研技术人员在研究河坝1井取心情况。

摄影：罗甲学

•2004 年 3 月，河南油田第二采油厂沙滩井井下作业施工现场。

摄影：单朝玉

••2004 年 9 月，河南油田人力资源开发中心开展拓展训练。

摄影：李　洁

∴2004 年 7 月 8 日，河南油田采油一厂保卫护矿人员在唐河县各湾村取缔特大型土炼油炉。

摄影：庞先斌

• 2004 年 9 月 24 日，河南油田五一社区合唱队参加河南石油勘探局庆祝建国 55 周年大合唱。

摄影：姬东阳

•• 2004 年 7 月 9 日，河南省南阳油田公安局代表队在河南省公安系统手枪射击比赛中荣获男子个人总成绩第六名。

摄影：王　建

∴ 2004 年 8 月 15 日，河南油田高级中学学生吕原野（右）、马永薪在第十三届全国中学生生物奥林匹克竞赛中获奖。

摄影：陈三红

《河南油田年鉴》编纂委员会

主　任:袁政文　李联五

副主任:邱荣华

委　员:(以姓氏笔划为序)

马明生　王灵奎　王明伟　王新学　王　敏　王　磊
邓建军　史新鹏　田少雄　刘宗元　李修志　李江浩
张　军　张建国　张树根　陈永正　陈安标　杨广亭
尚会昌　赵永乐　高海照　常德安　敬国超　曾光明
曾庆耀　谢　辉　鲍湘海

《河南油田年鉴》编辑部

主　编:邱荣华

副主编:王明伟　张　军　高海照

编　辑:陈洪远　韩　伟　赵　琳　杜朝阳　孟庆峰

编辑部地址:河南省南阳市宛城区河南石油勘探局档案馆三楼

电　　话:(0377)63858262

邮政编码:473132

摄影者名单:

单朝玉　张豫蒙　李　洁　卢　军　胡殿军　赵祚军

蔡更喜　宰先珍　何小龙　韩晓卿　何建中　范建国

徐　伟　庞先斌　李如飞　王光龙　李声超　石正文

孙跃华　陈崎峰　何　斌　刘国斌　张　军　吕少倩

庞风燎　张　斌　杜建堂　王　建　郭中峰　刘道侠

李　明　蒋晓英　姬东阳　何　晨　张超奇　王公旭

罗甲学　陈三红　张希文　杨洛平

英文目录翻译和校对:侯宏京　向东

框架设计:陈洪远

索引编辑:陈洪远　赵　琳

责任校对:陈洪远　韩　伟　赵　琳　孟庆峰

《河南油田年鉴》2005年版撰稿人员名单

石　磊　赵文民　王　凯　严其柱　李国强　杜学军　李　铮　马志英
方　炜　李会营　崔全正　肖旭慧　王业玺　赵胜利　崔红明　张旭东
李德成　张东旭　吴明新　任吴庚　乔振涛　贾德勇　杨文姬　宋全林
马萧萧　和元丽　盛丹隽　刘国斌　王怀亮　张迎久　丁建宇　赵昌治
张玉祥　姚德慧　张玉赞　陈志华　王华山　刘燕春　杜树广　任书兰
龚银忠　张璐钰　李　钰　文　辉　任煜源　傅晓燕　王岩明　晏　勇
韩晓瑞　卿　平　张志学　王振强　仲玉春　方文华　武晓军　高建甫
江贻彬　贾民迅　董科武　陈永保　张泽华　刘殿勋　卓利峰　杨继标
陈建民　蔡俊杰　胡朝荣　赵　清　刘正睿　王　戈　李庆伟　毕洪谦
刘兴升　杨　林　周俊丹　凌　珊　柳正哲　戚保良　金业青　王志刚
张　锋　刘洪波　朱建平　李文革　曹书杰　任秋香　陈书彩　赵世立
胡　涛　郭长勇　尚云芳　金　梅　郝晓旸　王　伟　柏晓莉　陈道国
姚志云　杨　琴　赵　娟　王　军　罗立新　熊文正　陈　波　王素红
李声超　李长虹　郭万江　尹胜利　孟会堂　马永春　宋兴刚　杨　娜
马　萌　孙文长　齐振林　孙玉军　丁玉萍　李有金　魏彦芳　王　建
李永韬　田向远　刘　芳　徐　伟　范建国　何思莲　何　强　吴献立

编辑说明

一、《河南油田年鉴》2005 年卷，是一部综合性企业年鉴，是内容翔实的资料书、工具书。本年鉴旨在全面、系统、如实地记述 2004 年河南油田的基本情况，为油田各级领导和管理机构制定生产建设计划、方针、方案提供依据，使读者能对河南油田各方面的情况有比较系统的了解。

二、本年鉴采用分类编纂法，以综合记述和条目记述相结合为主体形式结构全书。大致分为篇目、类目和条目三个层次，以文字表述为主，辅以必要的照片、表格。条目用于反映情况和动态的主要形式，开头用黑体字加【】作标题，注意了客观概述与重点记述相结合。

三、本年鉴设特载、大事记、油田概况、生产建设、辅助生产、多种经营、安全环保健康、技术监督、科研开发与管理、对外合作及外事工作、企业经营管理、党群工作、公安武装、新闻与企业文化、社会服务、教育事业、单位选介、机构与干部、人物、规章制度选编、统计资料、附录、索引等 23 个大部分。力求在布局上体现石油企业年鉴特点，并予读者以查阅有关资料数据之方便。

四、本年鉴资料、稿件主要由勘探局、分公司机关各部门、各二级单位办公室提供，河南油田年鉴编辑部编辑人员收集整理。编印时对各单位原稿进行了一定程度的编辑加工，除正常的删节和核实事实、数据、时间、名称外，对基本内容和资料数据不作改动。

五、为行文简洁，本年鉴中单位名称首次出现时皆用全称，随后出现时用简称或习惯称呼，如“中国石油化工集团公司”简称“石化集团公司”；“中国石油化工股份有限公司”简称“中石化股份公司”；“河南石油勘探局”简称为“勘探局”、“河南油田分公司”简称“分公司”或习惯统称为“河南油田”。

六、由于年鉴工作是一项复杂的系统工作，信息量大，资料覆盖面广，涉及大量的单位和部门，由于我们认识不及，考虑不周，可能会存在疏漏之处，恳请读者批评指正。

目 录

特 载

大事记

概 况

生产建设

辅助生产

油田机械设备制造及维修

公用工程

油气(储运)管道勘察设计

多种经营

多种经营

安全、环保

安全、环保

技术监督

技术监督

科研开发与管理

科研开发与管理

对外合作及外事工作

对外合作及外事工作

企业经营管理

企业经营管理

法律事务工作

规划、计划管理

财务、资产管理

工程造价(概预算)管理

人力资源管理

人才劳动力交流和就业管理

信息工作

审计工作

经济研究

工程咨询

党政办公室工作

档案、志鉴工作

党群工作

综述

组织干部工作

宣传、统战

纪检监察

信访工作

教育事业

基础教育

职工培训

单位选介

塔里木河南勘探公司

第一采油厂

第二采油厂

井下作业公司

石油勘探开发研究院

石油工程技术研究院

水电厂

南阳二机石油装备(集团)有限公司

总医院

盐化总厂

桐柏安棚碱矿有限责任公司

油建工程建设有限责任公司

五一社区服务中心

涧河社区服务中心

机构与干部

人　物

规章制度选编

统计资料

附　录

索　引

CONTENTS

特 载

振奋精神 坚定信心
全力推进油田矿区经济整体协调发展
——在河南油田七届五次职工代表大会上的报告

袁 政 文

（二○○五年三月十三日）

各位代表：

我代表勘探局、分公司作工作报告，请予审议，并请特邀和列席代表提出意见。

一、2004 年工作回顾

2004 年，是河南油田五大战略实施卓有成效、油田经济持续协调发展的一年，是企业改革攻坚破难、改制分流取得重要突破的一年，也是我们经受严峻考验、油田大局保持稳定的一年。一年来，油田广大干部职工认真落实十六大精神，牢固树立科学发展观，以改革统揽全局，以战略管理为主线，增储稳产，强拓市场，改制分流，科技创新，敬业务实，追求卓越，全面完成了各项工作目标，实现了“六个突破”、“四个稳定”、“三个创新”的良好业绩。

1.“六个突破”：一是油气勘探和地质认识取得一系列重要突破。泌阳凹陷北部斜坡带二次整体评价勘探又获较大发现，2004 年新增探明储量 1128 万吨（近三年 3503 万吨，累计探明 7433 万吨），控制储量 1112 万吨，预测储量 1137 万吨，整个区带有望探明亿吨级储量规模。泌阳凹陷分层段资源潜力分析取得新认识，评价认为核三下段资源潜力巨大，是下步勘探的主攻层系。泌阳凹陷南部陡坡带地震攻关初见成效，部署的泌 285、291 和 293 井钻探均发现油层，展现出良好的前景。焉参 1 井老井复查发现西山窑组含油气层系，拓展了焉耆盆地的勘探领域。塔里木盆地河南区块联合攻关研究认为环满加尔坳陷生油区成藏条件优越，落实了圈闭，圈闭面积 1242 平方千米，圈闭资源量约 3 亿吨，首批部署（尉犁 1、孔雀 2、孔雀 3 井及顺 8 井）井位 4 口，今年有望取得突破。南华北盆地地质综合研究取得新进展，上古生界有较大天然气资源前景，石炭—二叠纪烃源岩厚度大、分布广，为下一步主攻方向。

二是“走出去”取得历史性突破。从理顺体制、完善机构、健全制度入手，加强国际合作开发力量，注册河南石油尼日利亚有限公司，获得了在尼境内承担区块勘探开发及石油工程技术服务的主体资格。继去年5月首家同中石化国际公司签订尼日利亚 STUBB CREEK 油田委托管理协议后,10月又拿到了 OML64&66 区块的操作权,标志着河南油田进军国际油气资源市场迈出实质性步伐,展示出诱人的发展前景。

三是石油工程外创市场取得重要突破。各专业化公司在确保主业的同时,依靠管理创新,发挥比较优势,加强重点市场项目开拓,市场占有份额大幅度增加。全年新增外部市场21个,总数达到80个,同比增加10个。扣除改制分流单位后同口径计算,外创市场收入6.16亿元,同比增创1.77亿元,增幅达40%。地调处依靠优良技术和工程质量与中原油田联手成功进入非洲市场,油建公司开辟了地方燃气管道建设市场和成品油管道保运市场,两单位外部市场收入超过内部收入,实现了市场开拓的跨越式发展。设计院外创市场利润攀新高,盈利首次突破1000万元。钻、测、录井和井下作业等队伍也活跃在国内外各工程技术服务市场,并创出了良好的声誉。

四是改制分流取得重大突破。抓住机遇,用好政策,顺利完成了11家企业的改制分流任务。共分流人员4068人,其中全民工1674人,集体工2394人。用于改制分流的净资产13343万元(评估值),勘探局注入现金或匹配其他净资产价值共计1227万元。特别是迄今为止中石化系统内资产、人员最多、规模最大的一家全民企业——南机厂成功改制,标志着河南油田改制分流取得重要突破,新的公司显示出勃勃生机,南机厂全年供货订单突破5亿元、实现盈利804万元,同比增盈30%。亚南公司实现利润71万元,同比增加50万元;2003年改制的南石医院,用工由改制前的137人增加到451人,被授予“全国再就业先进企业”荣誉称号。已改制企业的经营实践说明,改制分流是辅助企业获得新生的重要机遇,是今后矿区经济圈快速发展、提供就业机会的一支活跃力量。

五是石蜡化工转型取得重要突破。炼油深加工与燃料型产品销售收入达到5.3∶4.7,标志着原油加工由燃料型向精细石蜡化工型转轨迈出了关键一步。新产品开发取得突破性进展,系列相变蓄能材料专用蜡产品填补了国内空白,资源优势、产品特色优势和品种优势进一步显现,已成为国内石蜡品种最齐全的生产厂家之一。石蜡、特种蜡、聚丙烯产品产销量创历史最高水平,炼油化工产品年销售收入突破15亿元。

六是经济效益取得历史性突破。2004年实现总产值72.41亿元;合并实现利润108761万元,首次突破10亿元,创油田历史盈利最高水平。其中:分公司实际完成利润119057万元,列支股份公司批准的资产报废、出售损失和三采费用余额全部摊销等47396万元后,账面实现利润71661万元;勘探局完成控亏指标10300万元。

2.“四个稳定”:一是油气储量稳定增长。2004年新增探明储量1280万吨、控制储量1023万吨、预测储量1137万吨,均超额完成年度计划。油田连续5年新增探明石油地质储量超过1000万吨,资源序列得到进一步改善,为油气主业良性循环奠定了坚实基础。老区不断有新发现,新区勘探研究进展顺利,展现出良好前景。

二是原油生产实现了硬稳定。面对老区递减加大、稠油商品率低、新区工艺技术不适应等严峻的生产形势和产量任务调高的压力,以提高老油田采收率和新区储量动用率为重点,大力推行油藏经营管理,大打减缓老区递减阻击战和新区上产攻坚战,克服困难,生产原油188.3万吨,如期完成总部调整后的产量指标,连续9年实现产量硬稳定。新建产能43.4万吨。开发指标继续保持较好水平，自然递减控制在17.19%，综合递减控制在5.84%，采收率达到44%。采油一厂充分挖掘老区开发潜力，努力提高采收率，减缓了老区递减。采油二厂发挥储量和技术优势，稠油产量实现翻番。

三是企业各项改革平稳实施。移交办社会平稳运行，河南省与中石化签订了中小学、公安移交协议。井下作业分离重组如期完成。中层管理人员精简分流积极推进。社区基层组织充实加强工作基本完成。

四是实施再就业工程，关注弱势群体，油田基本保持稳定。以实施"四大工程"为切入点，深入进行形势任务教育宣讲，持续开展"三创一争"活动，工团组织继续开展劳动竞赛、创新增效活动，为改革发展营造了良好的氛围。高度重视稳定工作，充实信访人员，完善领导干部下访和约访制度，初步建立了信访稳定长效机制。关心、关注弱势群体实际困难，安排社区公益性岗位1051个；钻井、油建、地调等单位清退社会用工，先后安排协解人员及子女临时性生产岗位3100多人；培训下岗失业人员1288人。建立送温暖基金和困难家庭档案，坚持领导联系困难户、特困家庭救助、特困子女助学、经常性捐助等制度，为927户（次）特困家庭发放生活补助费22.6万元，为116名困难家庭子女发放助学金16万元，发放下岗职工基本生活费875.4万元，发放低保金52万元，把扶贫助困工作落到了实处。完善水电讯暖路等基础设施和住宅小区配套，油田进一步绿化、亮化、美化，人居环境明显改善。

3."三个创新"：一是管理创新结出新硕果。创新生产经营管理体制和运行机制，新投入开发的新庄稠油油田推行以油藏经营管理为核心的"油公司"模式，实现了管理体制扁平化，用工机制市场化，运行机制契约化，激励机制效益化，优化了资源配置，促进了经济效益和管理水平的提高。HSE管理全面推开，实现了全年安全生产，再次荣获集团公司安全生产先进单位。财务内控制度模拟运行成功实施。注重职工培训，建立学习型团队试点顺利。流程再造试点初见成效。创新人力资源激励机制，对承担国家、省（部）、局级重点科技项目的项目长、重点关键岗位的技师、特色技术操作人员实行特岗特薪，对高级主任师岗位实行竞聘上岗，激发了广大科技工作者的工作积极性。《基于市场价值的岗位绩效薪酬管理》获得河南省企业管理现代化创新成果一等奖，《河南油田适应性战略管理》获得国家管理创新成果二等奖，编入石化管理干部学院教学案例，并被科技部列为国家级研究课题。

二是科技创新实现新跨越。以开展"科技创新年"为契机，着力解决制约增储上产的技术难题。去年确定105项重点科研项目，同比压缩40%，80%的科研经费用于勘探开发项目。11项科技成果通过集团公司验收，"3000米车装钻机"获国家科技进步二等奖。通过"泌阳凹陷成烃成藏综合研究"攻关，核三下油气资源评价取得新认识，为老区稳产提供了资源支撑。稠油新区隔热注采工艺取得技术突破，解决了北部斜坡稠油开采的工艺技术难题。

三是文化创新取得新进展。坚持以人为本，用观念营造状态，用制度规范行为，用文化带动执行，"敬业务实、追求卓越"的企业文化核心内涵逐步形成。开展领导干部HSE持证上岗，编制应急预案体系，制定出台《河南油田领导干部HSE责任事故引咎辞职及责任追究暂行办法》，强化领导责任，形成了"安全才能生产、安全才有效益、安全才能回家"的HSE文化。以战略管理—组织保障—制度建设—机制创新—流程再造为核心的自组织系统逐步形成，构建了“敬业、责任、服从、诚信”的执行文化。开展广场文化、社区文化、体育文化活动，丰富职工文化生活，增进了团队凝聚力。

各位代表，经过全体干部职工的共同努力，油田经济朝着持续协调有效发展的目标迈出了坚实稳健的步伐。我们能够在改革发展稳定任务十分繁重的局面下，取得骄人的业绩，主要得益于国家和集团公司的政策支持，得益于各级组织、各级干部和广大职工的奋力拼搏，得益于油田离退休职工和家属的支持，得益于发展战略的全面实施。在此，我代表局党委、勘探局和分公司，向各级领导干部和全体员工表示衷心感谢！向关心、支持油田改革发展稳定的老领导、离退休职工和家属表示诚挚的谢意！

二、油田改革发展面临的形势

当前，油田正处于改革发展十分紧要的历史关头，内外环境纷繁变化，对油田的生存发展产生着深远影响。

从国际国内经济发展环境来看，主要有三个大的变化，需要引起我们广泛关注：一是到2007年，WTO的关税壁垒完全放开，真正意义上的经济全球化来临，企业将直面跨国公司的的全方位挑战，市场竞争更趋激烈。二是十六届四中全会决定大力加强党的执政能力建设，中央企业作为国有经济的排头兵，如何担负起巩固执政党经济基础的重要使命，是实践中必须回答的课题。三是集团公司暨股份公司工作会议提出，今后一个时期的改革发展目标，首先还是从体制机制入手。中国石化未来体制框架是，在集团公司内部形成中国石化股份公司、各类专业公司、资产经营管理公司等三大控股和管理单元，分别成为各自领域的资产经营责任主体。要求我们按照这一框架设定，坚定不移地推进企业改革和结构调整，加快主辅分离改制分流步伐。

形势在变化，但油田的一些深层次矛盾尚未从根本上解决，突出表现为五大压力：一是资源接替压力。虽然这几年每年都找到千万吨以上的探明储量，为油田持续稳产提供了资源保障，但随着老区勘探及资源探明程度的逐年提高，大型整装油气藏的发现机遇越来越少，加之新区勘探尚未取得大的突破，资源接替矛盾愈显突出，成为制约油田发展的主要因素。二是油气开发压力。老油田递减不可逆转，年综合递减率目前达6%～8%。随着采出程度增高，地下剩余油分布更加复杂，开采难度越来越大，后备的稠油资源商品率比较低，原油稳产任务异常艰巨。三是成本控制压力。一方面，勘探难度和风险在增加，低效益油井越来越多，技术要求越来越高，增支因素越来越多，原材料价格持续上涨，成本负担加重。另一方面，投资少，生产设施更新欠账多，降本增效的空间越来越小。四是市场竞争压力。无论与兄弟油田比，还是与油田在中石化上游企业的地位相比，在队伍、装备、技术实力以及对外创收的规模和效益等方面都存在差距。市场进一步开放后，各种力量在同一个平台竞争，“走出去”将会遇到不少困难和阻力，内部市场也会成为社会竞争对象。五是稳定工作压力。随着结构调整、改制分流的加快推进，内部经营格局和利益格局重新整合，各种矛盾会更加突出，稳定工作面临的形势更加复杂，我们必须要有充足的认识和思想准备。

在正视油田改革发展诸多压力和严峻挑战的同时，更要看到不可多得的机遇和各种有利因素。一是资源勘探潜力巨大。从已经取得的勘探成果看，今后三年在老区找到3000万～5000万吨的探明储量是有希望的，这就为老区再稳产三年奠定了资源基础。同时，老区泌阳核三下段和新区塔里木盆地资源量丰富，是近期有望拿储量的重点目标，东北三江、南华北、望江潜山等盆地也具有实现油气突破的资源基础，无论哪一块实现突破，到2010年产量翻番有望实现。二是油气开发具有强力支撑。在开发理论和技术上，我们解决了北部斜坡稠油开采的工艺技术难题，掌握了稀油三采后续水驱产量递减的规律，微凝胶驱、表面活性剂驱、整体深度调剖等三采技术或先导试验获得大的突破，这些将构成油气开发、原油稳产的强力支撑和保障。三是海外勘探开发前景喜人。尼日利亚两个项目操作权的取得，为我们分享世界资源、构建海外河南油田奠定了现实的物质基础。STUBB CREEK 油田和 OML64&66 区块总面积526.3平方千米，地质储量6567万吨(OML64&66 区块探明储量808万吨，控制储量685万吨，预测储量4459万吨)。如果进展顺利，2006年下半年可安排产油20万吨，2007年预计建成产能50万吨～100万吨，2010年力争建成200万吨生产能力，实现在海外建设一个“河南油田”的梦想。四是国民经济持续快速增长，国内外石油勘探开发活跃，给工程技术服务带来巨大的市场商机。世界石油勘探开发市场发展迅速，中石化在海外勘探开发区块已达17万平方千米。国内目前我们看得见摸得着的市场有新疆、鄂尔多斯和国内管道施工、公路建设市场等，机遇难得。五是企业改革蕴涵着巨大潜力。从实践来看，改制分流解决了企业体制、机制上的深层次矛盾和问题，带来了万千生机。

综上所述，可以得出这样一个基本判断：机遇与挑战总是相伴而来，大挑战蕴涵着大机遇，大机遇带来大发展，我们要变挑战为机遇，变压力为动力，增强信心，赢得更大的发展。

三、今后三年的发展思路和目标

根据集团公司体制改革的新定位，如何保持油田主业突出、促进矿区经济圈的整体协调发展？这是去年以来我们一直在思考、探索和研究的重要课题。围绕这个课题，去年8月下旬，我们组织召开了战略研讨会，12月召开了局党委三届四次扩大会；集团公司暨股份公司工作会议后，领导班子集中时间，学习研究会议文件，深入领会上级精神。通过学习和讨论，我们深刻认识到，贯彻落实集团公司暨股份公司工作会议精神，谋划油田改革发展，必须坚持科学发展观，牢记陈同海总经理所强调的经济责任、政治责任和社会责任，肩负起国有企业变革转型期的重要历史使命，树立三个意识：一是大局意识。与党中央、集团公司党组保持一致，跟上集团公司战略调整的步伐，抓住机遇，加快发展。二是责任意识。对国家的石油安全保障负责，对企业的发展负责，对河南油田的职工家属负责，居安思危，居危思进，促进矿区经济的全面协调发展。三是整体协调发展意识。从矿区经济圈的整体利益出发，统筹兼顾，突出重点，实现上市与存续、国内市场与国外市场、新区与老区、油田与矿区、企业与职工的协调发展。

基于上述认识，我们对发展战略进行了新的调整和规划，形成了2005—2007年发展的基本思路和目标。1.基本思路：适应变化，整体谋划，深化改革，调整结构，以人为本，强化执行，持续推进五大战略，实现河南油田矿区经济圈的整体协调发展。

2.工作目标：实现“两个增长、两个稳定、两个突破、两个创新、两个实现”。

“两个增长”即：油气储量持续增长，确保老区年探明储量1000万吨、3年3000万吨，力争5000万吨;在塔里木河南探区、东北三江、南华北和望江—潜山力争实现大突破,探明储量1亿吨,为2010年实现原油产量翻番做好资源准备。经济总量持续增长,2007年矿区经济圈企业总产值达到80亿元。

“两个稳定”即:原油产量稳定,确保老区原油产量180万吨以上再稳定三年,2006年油田原油产量重上200万吨。矿区大局稳定,在推动经济有效发展的同时,油区大局保持稳定。

“两个突破”即:分享国际石油资源取得突破,2007年海外份额油50万吨;对外创收取得突破,力争达到20亿元。

“两个创新”即:科技创新和管理创新,力争2007年初步建立现代企业制度。

“两个实现”即:通过“五大战略”的实施,实现矿区经济圈的整体协调有效发展,实现企业效益与职工收入的同步增长。

3.未来油田发展的基本格局:到2007年,油田将由现行的独立矿区经济逐步转变为分公司、专业化工程技术服务公司、资产经营公司、改制企业、移交办社会单位五大板块,形成多元经济成分、多种体制、多种利益主体共存、互相关联的新的矿区经济圈。油田分公司,是矿区经济圈的核心和依托。按照储量、产量、投资、效益“四统一”的原则,立足老区,加快新区,拓展海外,努力扩大油气资源,在新区、海外取得突破的基础上,通过油气勘探开发等核心业务的大发展、大突破,带动矿区经济圈的整体协调发展。专业化工程技术服务公司,是矿区经济圈的骨干组成部分。按照“突出核心业务,配备核心人员,形成核心队伍,提高核心竞争力”的思路,实施持续重组,加快技术进步,做精品牌,扩充市场,提升竞争力,做到市场份额和经济效益同步增长。资产经营公司,包括基地服务和公用服务部分,随矿区主业发展而发展。要依靠服务创新,扩大发展空间,形成水电服务、物业服务、低效难采储量开发、海外油气服务和其他业务等五大门类。通过为矿区经济圈的企业和居民提供优质服务,实现自身的有效发展。改制分流企业,是矿区经济圈最具活力的有机组成部分。与油田之间将由行政隶属,向以市场为纽带的市场化模式转变,与油田经济优势互补,协调发展。移交办社会单位,是发展矿区经济圈的重要保障。通过提供优质高效的政府公共类服务,为矿区营造良好的发展环境。

四、2005年主要工作目标和措施

2005年是承上启下的关键一年。油田工作的总体要求是:坚持以效益为中心,矢志不渝地推进以油气资源和市场开拓为核心的五大战略,全力打好结构调整、改制分流和科技创新攻坚战,加强投资、预算、成本管理和基层队建设,实现四大工作目标,为十五计划的胜利完成划上圆满句号。

储量目标:探明石油地质储量1000万吨、控制储量1000万吨、预测储量1000万吨。

产量目标:生产原油187万吨,新建产能39.5万吨。

对外创收:力争实现外部市场收入6亿元。

经济效益:分公司实现利润54500万元,勘探局控亏4200万元,合并报表盈利50300万元。

(一)坚持不懈地推进油气资源战略,做大做强核心业务

油气资源战略始终是油田发展的首要战略。要坚持“深化老区,加快新区,拓展海外,增储稳产,有效发展,形成勘探开发良性循环”的方针,勘探上深挖细找,开发上精雕细

刻，保持老区储量硬增长、产量硬稳定，新区勘探实现大突破、大发现，分享海外资源取得实质性进展。

1.深化老区，稳固发展基础。深化老区就是要尽可能多增加经济可采储量、提高采收率。勘探重点锁定泌阳凹陷，深化泌阳凹陷核三下成藏研究，加强焉耆盆地和河南老区滚动勘探，确保老区2005年新增探明储量1000万吨，三级储量规模达到3000万吨，可采储量200万吨，为持续有效稳产做好资源准备。

开发上坚持油藏经营的理念，深化基础地质研究、油藏工程研究、剩余油分布规律研究，搞好分类治理，加强调整挖潜，推进技术创新，优化生产组织运行。采油一厂稀油要确保生产119.5万吨；采油二厂要确保生产53.8万吨，力争55万吨；西部要控制产量递减，确保生产13.5万吨。

2.加快新区，实现资源接替。近年来，我们加大工作力度，争取到塔里木河南区块、东北三江、南华北、望江潜山四大勘探领域，拓展了河南油田主业的工作区域和发展空间，为油田的中长期发展奠定了可靠的基础。我们将按照集团公司的整体部署，做好各个区块的工作，加快评价研究，加快勘探工作进程，率先在塔里木河南区块取得大突破。

3.拓展海外，赢得更大发展。根据中石化集团公司海外发展战略部署，加快国际勘探开发合作步伐。STUBB CREEK边际油田遵循“强化前期，整体部署，分批实施，逐步调整，不断完善”的部署原则，2005年完成地震、地质、钻探、试采和评价工作，进一步落实油藏特征和储量。64&66区块，2005年在完成地震资料重新处理解释、综合研究的基础上，提交并完成1口探井、1口评价井、2口老井利用等实物工作量。同时继续跟踪调研、评价新的油气区块投标机会，力争再能拿到一两个区块，实现规模生产。

(二)坚定不移地实施市场开拓战略，做大经济总量

一是巩固油田市场。石油工程、公用工程要始终坚持以保障油气生产持续发展为己任，牢固树立全局意识、服务意识和责任意识，努力发展特色技术，在工程质量和降低成本方面继续下功夫，内部市场占有率达到90%以上。精细化工加快新产品研发和市场营销，提高特色产品比重，以销定产，降本增效。

二是扩大国内市场。各级领导要把市场开发作为发展的根本来抓，要主动跑市场、建业绩、树品牌，培育良好的河南油田市场信誉。要进一步整合竞争优势，抢占更多的市场领域，拿到更多的市场份额。推行项目管理，遵循项目开发、施工运作、效益评价“三位一体”的理性操作模式，促进经济总量和经济效益的同步提高。

三是拓展国际市场。着力解决好人才、体制机制问题，实施项目管理。巩固埃及、印尼、苏丹市场，开拓非洲石油工程技术市场。今年首先抓好埃塞俄比亚地震和尼日利亚钻井市场，使海外市场份额取得突破性进展。

(三)加快结构调整、改制分流步伐，深化企业改革

一是继续推进改制分流。抓住政策机遇期，力争2005年基本完成改制分流工作，并处理好遗留问题。其中，9月底前通过调整和清理清算，完成23家多种经营企业的关停并撤转工作，年底前力争完成剩余多种经营企业的改制分流(涉及人员2400人，其中全民工1050人)。同时做好机关、事业单位的重组改革工作。

二是推进专业化重组。配合总部完成相关专业化公司的组建和运作。对公用服务、文体娱乐要进一步整合资源，减员瘦身。分

公司要以油藏为单元实施持续重组，力争完成采油一厂下二门油矿和宝浪油田的油公司管理模式的建立，进一步精干主业。

三是推进社区服务系统改革。加大社区服务系统的分类、归并和整合力度，上半年完成社区内部经营性职能与政府公共服务性职能分离，实现机构分设；对政府公共服务类项目，按社会平均价格单独核拨费用，实行企业化经营、社会化服务、市场化运作；对经营性项目和物业项目，组建专业化公司，逐步实现自立生存。

（四）精细管理，促进生产经营的健康运行

一是严格预算管理。严格执行全面预算管理制度，一切收支进预算笼子、一切投资进计划盘子，量入为出、收支平衡、确保重点、统筹兼顾，对生产经营各个环节实施全面预算，主要包括：经营预算（收入预算、支出预算）、投资预算（生产建设投资计划、债权投资）、筹资预算（各种长短期借款、融资、自有资金和归还借款本息）等。严格执行预算，做好预算的分级落实和预警监控，完善月、季、半年预算保证体系，实行事前、事中、事后全过程控制、跟踪分析和监督检查。严格预算审批和执行程序，落实预算委员会议事工作制度，预算指标一经下达，任何部门和个人均无权调整。结合预算管理，全面实施内部控制制度，严格执行业务流程的内容和授权权限标准，防范经营风险。

二是精细投资管理。继续坚持“量入为出、控制总量、集中决策、调整结构、优化项目、增加回报”的投资工作方针，实行“统一管理、分级负责、分层分项考核”的管理办法。完善投资决策机制和投资项目后评估机制，扩大投资回报覆盖面和实施控制力度，强化前期工作，严格基本建设程序，完善咨询评估责任制、项目管理责任制、设计责任制、工程监理制、预（结）算审核、审计责任制等。从源头抓起，通过优化方案，优化设计，提高井位成功率，控制投资规模和工程造价。

三是精细成本管理。进一步明确成本控制责任主体，明确责任人。各二级单位既是生产经营的主体，也是成本控制的责任主体，各单位行政负责人为成本控制第一责任人，对责任范围内的可控成本（费用）负完全责任。油田机关各职能处室要履行好服务、监督、考核职能，按职能分工对相关单位目标成本完成情况负连带责任。要注重从结构调整、技术进步和管理创新等方面采取措施，释放降本减费的潜力。结构调整方面：搞好产量结构调整和注采结构调整，减少高成本、低效益产量；优化组织结构、压扁管理层次，压缩非生产性支出；优化资产结构，处理关停油水井，降低资产负担；优化队伍结构，降低人工成本；炼油化工要继续搞好产品结构、队伍结构和燃料结构等方面的调整和优化，大力降低原油加工成本。技术进步方面：提高对地质构造的观察程度，不断提高探井、开发井成功率，减少探井数，降低勘探和产能建设成本；精细油藏研究，优化措施方案，提高各种方案有效率，降低措施成本。管理方面：加强物流管理，完善物资采购质量监督和价格控制机制，加大网上采购工作力度，减少中间环节，降低采购成本。抓好节能降耗，采用先进技术和科学管理手段提高主要耗能系统效率，特别是要合理调整运行方式，降低电网损耗，减少电网跳闸次数，提高电网可靠率；控制基本电费支出，提高电费回收率。工程技术服务板块，要努力提高质量和效率，降低运行成本，努力创收增效。经费单位要大力压缩管理费、修理费、财务费和一般性支出，特别是要把会议费、招待费、差旅费等真正降下来。

四是加强基层队伍建设。结合油田各板

块生产经营的实际，将队伍资质论证、“三基”工作、五项劳动竞赛、HSE管理和保持共产党员先进性教育融合起来，以强化基层建设管理，提高基层队伍战斗力为核心，突出抓好带头人队伍建设，进一步规范基层工作，完善各项制度；建立基层队学习型组织，培育知识型员工，努力提升员工队伍素质；加强基层文化建设，以观念更新推动理念创新，以文化发展推动基层管理升级；注重目标激励和战略引领，用战略目标统一思路，激励队伍、凝聚人心；从维护员工利益出发，加大环境建设、劳动保护、健康关怀的力度，改善基层的生产生活环境，确保基层生产生活秩序的稳定和员工生活质量的提高。

五是狠抓安全环保管理。弘扬HSE文化，全面推进HSE管理，深化落实到基层；严格执行河南油田领导干部HSE责任追究制，强化责任落实和执行力；加强危害识别和应急预案的制定，完成重点要害部位、生产装置、关键工序、施工作业和危险物品储存、使用场所应急预案的编修工作；加大隐患治理力度；加强环境保护，履行好社会责任。2005年重点抓好基层队HSE基础建设和岗位工人HSE技能的培训，实现“他律向自律”的转变。以“四个一切”为准绳（一切工作有标准、一切工作具备条件、一切工作按标准操作、一切工作按标准落实），抓好八项直接作业环节的过程控制，杜绝违章指挥、违章操作、管理失误，防止重大事故的发生。抓好外出施工作业队伍安全生产工作，实行项目经理HSE负责制，确保各项安全措施落实到位。

六是完善约束机制。坚持依法治企，认真贯彻规范、严谨、诚信的经营准则，加强财务监督、纪检监察监督、审计监督，防范资金和债务风险，规范经营行为。

七是调整完善考核办法。根据各单位生产经营的特点，分类管理、一厂一策，依据各单位责任大小、管理范围和盈利能力确定薪酬水平，加大对经营者的考核和基本制度监督检查力度，改变考核兑现方式，实行半年预考核，年终总兑现。

（五）深入开展“科技创新年”活动，全力打好科技攻坚战

一是分门别类，确立攻关重点。以解决制约勘探开发、市场开拓和降本增效的瓶颈技术为核心，强力开展科技攻关，提高核心竞争力。二是以项目管理为龙头，抓好项目的选题、设计和实施，做到组织领导、年度计划、资金、人员、政策“五落实”，完善激励机制，推动科研项目的高质量实施，解决实际问题。三是加大协同攻关力度。加强与高校和科研机构的交流合作，优势互补，提高科研水平。

（六）加强企业文化和精神文明建设，努力营造和谐发展的企业环境

一是持续实施“四大工程”，加强精神文明建设。抓好素质工程。通过创建学习型组织，做好保持共产党员先进性教育，提升干部、职工的政治素质、业务素质、文明素质、道德素质，提高队伍在开拓市场中的信誉度和竞争力。抓好环境工程。建立完善制度，严格考核监督，落实措施，下功夫把油田环卫、绿化和小区管理等软硬件环境建设好。抓好平安工程。加强社会治安综合治理和油区生产专项治理，严厉打击各种犯罪，维护生产生活秩序，增强职工群众的安全感。抓好繁荣工程。发挥工团组织、宣传文化部门和社区的作用，以油田广场文化、社区文化、体育文化为载体，弘扬河南油田企业文化，丰富群众文化生活，提高职工生活质量。

二是不断丰富河南油田企业文化的内涵。以学习宣传《河南油田企业文化手册》和《员工手册》为契机，适应市场需求，坚持以人为本，统一价值取向，塑造团结和谐、文明向

上、敬业务实、追求卓越的团队精神和凝聚力，实现企业与员工的共同发展。

三是坚定不移地做好稳定工作。落实信访稳定长效机制，从源头抓起，坚定、沉着、耐心、细致地做好信访工作，努力营造和谐发展的企业环境。

各位代表，实现今后三年的奋斗目标和2005年的各项工作任务，推进油田矿区经济圈的整体协调发展，是一项光荣而艰巨的使命。让我们振奋精神，坚定信心，团结一致，以对党、对企业、对职工、对矿区群众高度负责的态度，全面贯彻落实十六届四中全会和集团公司暨股份公司工作会议精神，求真务实，奋力拼搏，谱写河南油田改革发展的新篇章，为中国石化的腾飞作出新贡献！

谢谢大家！

关于《河南油田2005—2007年发展战略（草案）》滚动编制情况的说明

李 联 五

（二〇〇五年三月十三日）

同志们：

受局党委、勘探局、分公司的委托，我就《河南油田2005—2007年发展战略（草案）》滚动编制情况及内容等作简要说明。

一、滚动编制《发展战略》的原因

战略管理是一个结合自身条件、主动适应客观环境的动态性管理过程。2004～2006年发展战略经过一年的有效实施，改善了油田发展的内部条件，为油田的持续协调发展奠定了较好的物质基础，这是我们调整战略的基点，是我们系统谋划后三年发展目标、工作部署和措施的物质资本。同时，随着国家宏观经济政策的调整和国内竞争环境的变化，以及集团公司改革发展步伐的加快，油田实施战略管理的外部环境也发生了较大的变化，有必要对我们的战略目标、措施和工作部署进行一次系统地规划和调整，以适应外部环境变化，这是我们这次滚动编制《发展战略》的客观需要。

就实施战略管理的内部条件看，一是资源勘探取得了一系列的新发现、新突破和新进展，年度三级储量计划提前完成，新增探明石油地质储量连续5年超过千万吨。同时，通过深化地质研究，在老区发现了一批勘探的潜力层系和区块，后三年有望拿到3000万～5000万吨储量，老区产量在186万吨以上再稳定三年具有较好的物质基础。塔里木河南区块勘探进展和三江盆地、海外尼日利亚OML64/66区块的获得，拓宽了勘探领域，通过进一步的工作，勘探有望突破；二是油田开发取得了新的技术突破，各项开发指标继续保持较好水平，油田老区有望持续保持稳产；三是石油工程技术服务队伍素质、装备水平不断提高，市场份额和领域不断扩展，具备了走向市场的基本条件；四是结构调整和改制分流进展顺利，南机厂等 11 家企业实现了改制分流，顺利完成了公安和教育移交工作，井下作业系统重组整合也全面完成，新庄油田“油公司”体制试点取得圆满结果，勘探局、分公司主营业务逐步显现；五是科技创新成效显著，通过一批科研成果的应用，缓解了储量、产量压力，为勘探开发生产建设和经营管理提供了有力的技术支撑；六是“敬业务实，追求卓越”企业精神深入人心，战略管理意识已转化为各单位改革发展的具体举措，素质、环境、平安、繁荣等四大工程实施初见成效，矿区保持了基本稳定。这些成效的取得，为调整完善发展战略、推进持续快速发展坚实了物质基础。在系统总结、分析战略实施成效的同时，我们必须清醒地认识到资源匮乏、老区稳产难度大、成本居高不下等制约油田进一步发展的深层次老问题仍然存在，产业结构、队伍结构有待持续调整，影响矿区社会长期稳定的因素仍然比较突出。

就宏观政策环境看，为加强党执政的经济基础，国家为提高国有资本的质量和运行效率，对中央企业的改革和结构调整提出了更高、更明确的目标。国资委也同时公布了包括中石化在内的首批 49 家中央企业的主营业务，明确了大中型国有企业的投资方向和重大投资管理规范，要求中央企业通过无偿划转、改制、出售、解散或实施破产等方式清理或退出非核心业务，通过合并等方式治散、治乱，在 2005 年将法人管理层次调整到三层以内，最终建立符合现代企业制度的公司制企业。

就宏观竞争环境看，中国的入世承诺正逐步兑现，国内外市场加速实现并轨，全方位对外开放格局基本形成。一方面英国 BP 集团、韩国 SK 集团等国外大公司争先恐后地在成品油销售领域跑马圈地，另一方面壳牌公司正在探索与地方政府合作斥巨资开发吉林省油页岩资源；2005 年 3 月 1 日下发的《国务院关于鼓励支持和引导个体私营等非公有制经济发展的若干意见》中明确规定：“允许非公有资本进入垄断行业和领域。加快垄断行业改革，在电力、电信、铁路、民航、石油等行业和领域，进一步引入市场竞争机制”、“允许具备资质的非公有制企业依法平等取得矿产资源的探矿权、采矿权，鼓励非公有资本进行商业性矿产资源的勘查开发”。油田企业面对的市场竞争态势更加严峻，迫切地要求我们优化结构，加快发展，提高竞争能力。

针对国家宏观政策和国内国际竞争环境变化，集团公司明确了“改革、调整、创新、发展”的基本方针和构建中石化股份公司、各类专业公司和资产经营管理公司等三大控股和管理单元的发展规划，力争到 2010 年，使集团公司营业收入达到 6000 亿元以上，股份公司税前利润稳定在 600 亿元左右，职工总数进一步精简。到 2020 年争取把中国石化建成具有较强国际竞争力的跨国公司。围绕改革发展总体构想，集团公司明确了油田企业发展和结构调整的方向：一是加大存续企业深化改革的力度，争取用三年左右的时间使三分之二的企业实现“一企一制”。继续推进主辅分离、改制分流和移交办社会职能等改革措施，在集团公司层面上组建资产经营管理公司和各类专业化公司，推进社区服务系统改革。要求油田存续企业通过重组做精做强石油工程技术服务业务，通过改制分流退出与主业无关或关联度不高的辅营业务，通过政策引导和扶持做好移交办社会职能工作，通过资产经营管理公司统一管理存续企业中不属于主业，而且改制、移交、重组等条件不成熟的资产和业务；二是要求各油田分(子)公司建立“油公司”模式，精干勘探开发核心业务,加大各分(子)公司内部机构的整合力度,压扁管理层,推行三级管理,强化板块管理,坚决治“散”、治“乱”,改革用工形式,控制用工总量。

国家宏观政策导向和集团公司改革、发展总体部署为我们进行战略调整指明了方向,逐步开放的国内油气勘探开发市场对我们的竞争力提出了挑战,油田全体职工奋力拼搏为我们更好地谋划油田的发展坚实了基础,油田面临的各种历史性问题需要在改革和发展中解决。挑战伴随机遇,挑战才能发展。面临着改革开放的加速形势,我们只有充分打造和发挥自身优势,主动地适其势、应其变、谋已事,才能真正实现矿区经济圈的协调有效发展,才能保证社会、企业和职工个人利益的有效统一。

二、调整的主要内容

基于对以上形势的准确判断,局党委、勘探局、分公司于 2004 年 8 月下旬召开了战略研讨会,以科学务实、严谨审慎的态度,就油田改革发展等重大问题进行了充分讨论,基本达成了共识,明确了油田未来几年的发展格局,形成了 2005～2007 年发展战略的框架。会后经过反复征求意见和综合整理,滚动编制了《河南油田 2005～2007 年发展战略(草案)》。2004 年 12 月我们又将草案提交局党委三届四次全委扩大会议进行了讨论,并再次进行了修改和完善。

(一)对发展战略指导思想的调整

持续推进“五大战略”的实施和“五大机制”的建立,适应新形势发展的需要,以油气资源和结构调整为主线,适时调整战略规划、部署和措施,以人为本、整体谋划、强化执行,推动矿区经济圈的整体协调有效发展,保障职工的根本利益。

(二)对发展目标的调整

2005～2007 年发展目标:实现“两个增长、两个稳定、两个突破、两个创新、两个实现”。

“两个增长”:油气储量和矿区经济总量持续增长。确保老区每年探明储量 1000 万吨,三年 3000 万吨,力争实现 5000 万吨,塔里木河南探区、三江盆地、南华北盆地和望江—潜山盆地力争实现大突破,探明储量 1 亿吨;到 2007 年,矿区经济圈总产值达到 80 亿元以上。

“两个稳定”:原油产量和矿区大局稳定。确保老区原油产量 186 万吨以上三年硬稳定;在推动经济有效发展的同时,保持油区大局稳定。

“两个突破”:对外创收和分享国际石油资源取得突破。到 2007 年,对外创收力争达到 20 亿元;海外油田产油 50 万吨。

“两个创新”:科技创新和制度创新。围绕油田勘探开发生产建设,通过三年技术攻关,基本解决制约油田发展的理论“瓶颈”和技术“瓶颈”;以建立现代企业制度为目标,完成专业化重组、改制分流和压扁管理层工作,基本上建立“油公司”模式和适应矿区经济圈发展需要的协调机制,促进多元经济成份的企业共同发展,推进以建立“五大机制”为核心的内控制度建设,实现规范管理。

“两个实现”:通过“五大战略”的实施,实现矿区经济圈的整体协调有效发展;实现企业职工收入水平的同步增长。

(三)对“五大战略”的调整

面对新的形势和新的要求,我们一定要从油田实际出发,以油气资源和结构调整为主线,持续推进“五大战略”的实施,确保总体战略目标的实现。

1. 油气资源战略

立足老区增储稳产,突破新区海外上产,

形成储量接替，为实现2010年产量翻番奠定基础。三年实现“保三争五攀一亿”的勘探目标；确保原油年产量在186万吨以上三年硬稳定。

2.市场开拓战略

以经济效益为中心，积极开拓国内外市场，以资源带服务，提高市场占有率和盈利能力。到2007年，对外创收力争达到20亿元以上，海外油田产油50万吨。

3.人力资源开发战略

坚持“人本管理”思想，建立长效激励机制和约束机制，加快人力资源开发和配置整合，多渠道分流安置富余职工，将用工总量控制在集团公司、股份公司下达的考核指标之内。通过加强人力资源需求的分析与评价，有针对性地继续实施三支人才队伍建设。培养与开拓海外市场需要相适应的管理、技术和操作工人骨干，带动油田内部专业化队伍走向海外市场。

4.管理创新战略

一是持续推进主辅分离、专业化重组、压扁管理层和改制分流工作，逐步建立定位准确、业务突出、体制规范、管理科学的管理体制。经过三年努力，油田分公司基本建立“油公司”体制和以油藏为单元的经营管理模式。勘探局完成改制分流、专业化重组和社区服务系统改革任务。适应持续发展需要，建立矿区经济圈协调发展机制；二是适应市场需求，提高成本效益能力，通过建立、健全成本控制网络、预算管理体系和价格定额体系，逐步实现交易行为市场化。到2007年，存续企业扣除政府公共服务类支出后，整体实现盈利。油田分公司的成本费用指标达到股份公司平均水平；三是明晰产权关系，落实资本回报责任主体，推行项目管理，提高资本运营效益。搞好资金筹措和加强内部资产管理，围绕“五大战略”明确投资方向和投资重点，做好资金运用的运筹、谋划和决策，规避投资风险；四是按照服务于油田生产经营活动的总体指导思想，充分利用现有资源，积极推进“五大战略信息支撑体系”和ERP项目建设，用信息技术提高生产管理效率，2007年初步形成以数字盆地和数字油藏为核心的“数字河南油田”的雏形；五是积极执行、切实落实和持续完善“五大机制”。综合运用行政和经济手段，通过加强领导、完善制度、调整结构、全员参与等工作措施，逐步完善自组织运行系统，为河南油田战略目标的最终实现提供有力支持；六是继续强化各项基础管理工作，进一步抓好“三基”工作，提高基层队伍和人员的素质。加强对基本制度执行情况的监督、检查和考核的力度，适时对基本制度进行修订完善。

5.企业文化战略

坚持以人为本，与时俱进，开拓创新，集中油田上下的力量，在“敬业务实、追求卓越”的企业精神和文化核心的指导下，通过建设四大工程，不断深化企业的经营理念和推进员工思想观念的转变，构建协调有序的管理秩序和良好的工作氛围，努力增强企业的凝聚力和团队精神，树立良好的企业外部形象，形成与市场经济相适应、与油田经济发展相协调，具有河南油田特色的崭新企业文化。

6.实施科技创新

以经济效益为中心，着力攻克制约油田发展的理论和技术“瓶颈”。创新科研管理体制，构建新型项目运行机制，为油田完成各项生产经营目标提供技术支撑，为矿区经济圈“十一五”发展提供技术储备。

三、几点要求

本次战略调整，是我们面对环境变化，积极适应市场竞争和结合自身发展需要而提出的，体现了矿区经济圈持续有效发展的整体利益和长远利益。战略明晰了，目标确定了，各单位和部门要切实抓好战略部署和措施的落实工作。下面就落实发展战略提几点要求：

（一）领导干部要奋发有为，切实担负起落实发展战略的历史重任

抓战略的落实，关键在各单位、各部门的领导班子。各级领导要和局党委、勘探局、分公司的步子统一起来，摆正自己的位子，从践行“三个代表”的高度，结合保持党员先进性活动，本着上对党和国家的事业负责，下为职工群众谋利益的工作态度，进一步增强紧迫感，牢牢抓住改革发展的大好机遇，团结带领全体员工，一级抓一级，积极做好各项工作，确保战略目标的全面实现。

（二）各单位、各部门要坚定信念、创新思路、精细管理，切实落实发展战略的各项任务

抓战略的落实，一是要结合单位、部门实际，创造性地开展工作；二是要做好细致的基层管理工作。随着油田发展战略的推进，特别是面对加快改革、发展和稳定的要求，要打开工作局面，我们在思想上必须进一步解放，思路必须进一步创新。特别是围绕油田生存发展的基点和深化改革的难点，思想越解放，思路越创新，突破的机会就越多。各单位、各部门要围绕总体战略部署，结合实际，切实做好本单位后三年发展计划和分年度重点工作、措施的部署，抓管理、控投资、严预算、降成本、抠细节、强执行，有序协调地把各项部署和工作落到实处。

（三）树立大局意识，促进矿区经济圈的协调有效发展

结构调整、改制分流和其他的改革措施，都是促进我们油田发展的重要举措，是使我们的经营和投资多元化，使我们油田区域的整体经济得到新的发展，使全体职工找到更好发展的途径。随着结构调整、改制分流和移交办社会的改革，将使油田区域经济运行方式发生重大改变，这是必然。但是，不管体制和机制如何改变，油田矿区各类单位相互依存、共兴共荣、有机统一的整体产业链不会改变，我们共同生活的环境不会改变。油气资源勘探开发核心业务的大发展、大突破是矿区生存发展的核心依托，分公司应当积极创造条件，通过稳定发展提供更大的市场和更多的工作量，带动专业化公司、勘探局和改制分流企业的增长和发展，并为政府公共服务类单位的发展提供物质基础；其他企业和单位也要凭借优质的技术服务和后勤保障，全力以赴支持分公司的发展，同时努力走出矿区，谋求自身新的发展，共同为做大矿区经济总量贡献力量。

面对改革发展的新形势、新任务、新要求，我们必须切实树立大局意识，正确处理长远利益与眼前利益、局部利益与全局利益的关系，识大体，顾大局，共谋矿区经济的发展，共担改革的责任和义务，共享发展的成果，共抓矿区的稳定，共建我们的家园。

同志们，无论是改制分流的、专业化重组的还是移交政府的，我们都曾经并肩奋斗缔造了河南油田辉煌的过去，今天我们更应该携起手来打造矿区更加灿烂的明天和未来。走过30多年风雨历程的河南油田，面临着更为严峻的挑战。我们肩负着可持续发展的重任，必须以无愧于历史、无愧于前辈、无愧于后代的骄人业绩，续写油田全面、协调、可持续发展的新篇章。让我们在党的十六届四中全会精神指引下，大胆解放思想，勇于开拓创新，树立雄心壮志，迎接新的挑战，朝着描绘的宏伟目标奋勇前进！

以科学发展观统领全局
开创河南油田持续有效协调发展的新局面

——在河南油田七届五次职工代表大会上的讲话

张召平

（二〇〇五年三月十三日）

各位代表：

河南油田七届五次职工代表大会，经过大家的共同努力，顺利完成了预定议程。与会代表认真履行职责，行使民主权利，听取和审议通过了各项工作报告和2005～2007年滚动发展战略计划，对油田领导班子成员进行了民主评议，签订了局、分公司2005年度集体合同。大会以科学的发展观为指导，深入学习贯彻中国石化集团公司暨股份公司工作会议精神，总结去年工作，分析当前形势，部署今年任务，谋划后三年发展，动员全体干部职工，发挥主人翁精神，继续深化改革，加快有效发展，确保完成2005年各项任务。会议主题鲜明，求真务实，是一次民主的会议、团结的会议、共商油田改革发展稳定大计的会议，达到了认清形势、明确目标、振奋精神、坚定信心、激发斗志的目的。

下面，围绕贯彻落实好这次会议精神，我讲四点意见：

一、牢固树立科学的发展观，把思想统一到推动河南油田持续、有效、协调发展上来

河南油田在历届班子的带领下，经过广大干部职工30多年的不懈奋斗，有了一个较好的物质基础。当前，油田的改革发展正处于一个重要关口和转折点，本次职代会标志着油田步入了一个持续有效协调发展的新时期。牢固树立科学的发展观，是做好当前和今后一个时期各项工作的重要前提。

1.以科学发展观统领全局，统一发展意志。2004年全球经济的快速复苏，国际油价的持续震荡攀升和国际石化业景气度的回升，国内经济的高速发展，使国内石油石化大企业效益大增。河南油田作为一个具有30多年历史的老油田，去年已连续5年新增探明石油地质储量年超过1000万吨，原油产量连续9年实现180万吨以上硬稳定，油气资源市场不断拓展，企业年实现利润首次突破10亿元大关，取得了前所未有的良好业绩。如何进一步抓住有利时机，乘势而上，赢得更大的发展？通过去年8月的油田战略研讨会、12月的局党委三届四次扩大会和深入学习贯彻集团公司暨股份公司工作会议精神，我们深刻认识到，关键是要全面贯彻落实科学的发展观。联系实际，需要着眼从三个方面统一思想，正确处理四个关系，努力实现五个协调发展，以统一发展意志。即把广大干部职工的思想统一到坚定不移地持续推进

"五大战略"，始终把油气资源战略作为第一战略放在首位上；统一到老区要稳产、新区要突破、海外分享份额油步伐要加快上；统一到勘探开发与资源接替、投入与产出实现良性循环上。正确处理近期发展与中长期发展的关系，扩大油气资源、做大经济总量与加强投资、计划、预算、成本管理和降本增效的关系，发展速度与质量、环境、安全和谐的关系，企业发展与职工发展的关系。从矿区经济圈的整体利益出发，实现上市与存续、国内市场与国际市场、新区与老区、油田与矿区、企业与职工的协调发展。当前，油田具备持续、有效、协调发展的有利环境和条件。国家重视石油战略安全，支持石油工业的发展，国际原油价格继续高位震荡，石油勘探开发大有可为，油气资源和石油工程服务大有市场。油田在泌阳凹陷深层系核三下段和在塔里木河南区块、东北三江、南华北、望江—潜山四大勘探领域及海外所做的工作，其成效势必逐步显现。我们要以科学的发展观统领工作，坚持以市场为基础，以效益为中心，以科技为支撑，不断向市场寻求可持续发展的后劲，向海外和新区寻求资源的后续接替，努力实现走出油田发展油田，走出油田壮大油田，走出油田再造油田。

2.把握目标方向，坚定不移地推进和深化改革。改革是国有企业减轻历史包袱、去枝强干、增强竞争力的重要战略手段，当前，深化改革就是要紧紧抓住影响发展的主要矛盾，着力从体制、机制、结构上采取措施，推进企业不可逆转地向市场化和国际化方向发展。中国石化未来体制框架的总体目标是，成为国家独资设立的国有公司、国家授权投资的机构和国家控股公司。对于非上市部分的改革，集团公司要用三年左右时间，使三分之二有条件的企业实现"一企一制"，主要是通过大力推进主辅分离改制分流、进一步整合核心和主营业务及专业化重组、组建资产经营管理公司、推进社区服务系统改革等，来实现这一目标。改革的潮流不可逆转，改革的机遇不可多得，改革的信心不可动摇。总结去年河南油田的改革，困难比预想的要大，进展比预想的要顺利，效果比预想的要好。我们积累了一定的改革经验，提高了驾驭改革的能力，广大干部职工思想观念不断转变，对改革的承受力明显增强，这是信心之所在、动力之所在。从改革的实践来看，已改制企业的走稳走好，使干部职工倍受鼓舞。南机厂改制后，灵活的体制机制促进了产业结构调整，他们走向国内外市场的步子不断加快，逐步向外向型企业过渡，前两年，每年出口产品约5000万元，去年达到1个亿，企业呈现出新的生机和活力。今年，油田改革的重点是继续推进改制分流、专业化重组和社区服务系统的改革。我们既要做好已改制单位的后续工作，巩固成果，又要展开新的改革，特别是推进物探、测录井的专业化重组和社区经营性职能与办社会职能的分离。我们既要把握改革的目标和方向不动摇，积极推进实施，又要统筹兼顾，保持队伍稳定。在改革和发展进程中，尽管困难和问题还不少，但我们相信，只要坚定信念，上下一心，共同应对，就没有克服不了的困难、解决不了的问题，就一定能够不断开创油田改革发展的新局面。

3.进一步树立矿区经济圈整体协调发展的意识。去年有一批、今年还有一批企业和单位要实施改制分流、整合重组。大家对油田都有一种割舍不断的感情。我们希望让改革发展的成果惠及包括改制、重组、移交单位在内的所有职工群众，希望这些单位都有一个好的发展前途。关于矿区经济圈的整体协调发展，局党委三届四次扩大会议提出了"五个共同"，即共谋矿区经济的发展、共担改革的责任和义务、共享发展的成果、共抓矿区稳定、共建我们的家园。一方面,油田无论在改革过程中还是在改革后,都要继续考虑如何使这些单位走稳走好,除了在内部市场实行"同等优先"的原则外,还要在企业经营发展方向上给予提醒、指导和帮助,党委要加强对改制、重组企业党建工作的领导,切实增强班子的责任意识,维护班子的团结,防止出现恶意侵犯职工权益和企业利益的行为;另一方面,重组改制和移交办社会单位也要增强大局意识和整体协调发展意识,特别是要承担社会责任,做细做实工作,维护稳定大局,促进矿区物质文明与精神文明的协调发展。

二、各级领导干部要强化责任、提高能力、改进作风,担当起油田改革发展稳定的历史重任

今后一个时期油田改革发展的目标任务和措施已经明确。能不能落实好,关键在班子。能不能出效益,关键在班子。能不能保持稳定,关键在班子。局党委三届四次扩大会议对加强各级领导班子建设作了部署,下发了《关于加强局、厂两级领导班子思想政治建设的若干意见》,随后印发了中央领导同志的重要讲话,最近又在全局部署了开展保持共产党员先进性教育的活动。加强领导班子和干部队伍建设的目标,是建设"政治素质好、经营业绩好、团结协作好、作风形象好"的领导班子和"政治上靠得住、工作上有本事、作风上过得硬"的干部队伍。重点要在强化责任、提高能力、改进作风上下功夫。

第一,要切实增强政治意识、责任意识、大局意识。各级领导干部首先要讲政治,与党中央、集团公司党组保持一致,坚决贯彻中央、省委、集团公司党组的决策部署,跟上集团公司战略调整的步伐,坚持党对国有企业的政治领导,坚持企业改革发展的正确方向,坚持发挥党组织的政治核心作用,坚持全心全意依靠职工群众办企业。要维护局党委、勘探局、分公司的权威。其次要强化责任,增强岗位崇敬感和工作使命感,对国家的石油安全保障负责,对企业的发展负责,对河南油田的职工家属负责,脚踏实地,尽心竭虑地工作,多解决一些企业发展前进中的困难和问题,多为职工群众做些实事,多创造一些就业机会,多拿效益多交税,确保国有资产保值增值,确保一方平安和稳定。各级领导要振奋精神、积极进取,决不能安于现状、碌碌无为;要自我加压、知难而进,决不能无所用心、被动应付;要旗帜鲜明地鼓励开拓、支持实干,引导全局职工以良好的精神状态投入到油田新的发展中。其三要顾全大局,企业处在一个变革时期,改革对每个同志都是考验。领导干部要摆正位置,经受考验,服从大局,令行禁止。今年实施精简中层干部的改革必然使一些干部有上有下、有进有退,大家要正确对待。同时集团公司把河南油田、胜利油田作为定岗、定编的试点单位,下步还要科学设置干部职数,优化班子结构,建立调研员动态管理的长效机制。希望各级领导干部要珍惜岗位,勤勉敬业,奋发有为。改任调研员的同志要一如继往,永葆本色,支持新班子和年轻干部的工作。

第二,要努力提高能力素质。企业领导者的素质在相当程度上决定着企业的素质。局准备适时研究出台《油田领导干部管理暂行规定》,建立长效机制,规范、畅通领导干部"上"和"下"的渠道,对于造成重大事故、业绩平庸者,实施问责制。在迅猛发展变化的新形势下,历史总会淘汰一批跟不上形势的干部,大家要有紧迫感、危机感。各级领导干部要按照集团公司党组关于提高科学决策能力、市场应变能力、经营管理能力、改革创新能力、应对复杂局面能力等"五个能力"的要

求，自觉加强学习，使自身素质适应油田新一轮发展的要求。要善于从生产经营和管理实践中学，从书本上学，从自己和别人的经验教训中学，尤其要注意加强对“三个代表”重要思想的学习和运用，加强对上级方针政策的学习和研究，加强对全局形势和重大问题的研究和把握，主动把握大势、顺应趋势、谋划局势，做到在政治上保持清醒坚定，在发展上有所作为。企业工作千头万绪，大家工作十分辛苦，成天忙忙碌碌，要讲客观原因，总能找到理由。但对一个追求成功、追求卓越的企业领导干部，决不应该以忙为借口，放松学习，放松对知识的追求。应该努力把工作安排好，确保每日、每周、每月有一定的时间看书学习、思考问题，把自己的感受、困惑理出来，通过学习思考，寻找答案，寻找解决问题的智慧。天道酬勤，厚积薄发。各级领导干部要减少不必要的活动和应酬，克服浮躁心态，静下心来研究问题，多学习多“充电”，多在实践锻炼中增长才干，一点一滴地积累，锲而不舍地努力，使知识、信息不断转化为各种能力。

第三，要切实转变作风。能不能把今年的各项目标任务落到实处，关键取决于各级领导干部以什么样的作风干好工作。抓干部作风，一要“实”，真抓实干，狠抓落实。陈同海总经理多次讲，我们是假老板，真干活。只有不折不扣，真抓实干，才能把各项决策部署点点入地，落到实处。这也是衡量领导干部的工作态度、工作方法、工作作风和工作成效的重要标志。各级领导干部要脚踏实地，远离浮躁，不事张扬，艰苦奋斗，对每一项工作都要具体抓，抓落实，见实效。要减少会议，减少文件，减少临时性领导机构，减少检查评比活动，减少领导同志参加事务性活动，减少领导同志下基层陪同人员，使各级领导腾出更多的时间和精力，深入一线，抓好落实。二要“快”，雷厉风行，快捷高效。对已经定下来的事情，坚决做到说了算、定了干，言必行、行必果。要树立强烈的机遇意识，有条件时大干快上，没有条件也要积极创造条件加快发展，不能坐失良机，贻误事业。三要“正”，公道正派，一身正气。领导干部要守原则、讲公道、扬正气、公正待人、公正处事，一个精诚团结、公道正派的班子才能营造一个单位“风清气正、心齐劲足”的良好局面，才能带领广大干部职工一心一意谋求发展。要立党为公，率先垂范，廉洁从政，强化党风廉政建设责任制，严格执行党的四大纪律和廉政建设八项要求。领导干部要牢固树立正确的世界观、人生观和价值观，真正做到工作上勤奋，作风上艰苦，生活上廉洁，密切联系群众，在群众中树立良好的形象。

三、加强人才队伍建设，提升企业的竞争力

人才是企业发展的第一资源，人才资源开发战略是河南油田“五大战略”的支撑战略。随着老油田进入勘探开发后期，挖掘增储稳产、降本增效的潜力，越来越依靠科技进步；开拓市场、走向国际，做强做大油气核心业务和油田经济总量，越来越依靠人才赢得竞争优势。因此，适应油田发展新形势任务的迫切需要，我们必须加快人力资源开发，不断提高油田的核心竞争力。

一是要加强人才培训。各级领导干部特别是“一把手”一定要确立科学的人才观，抓住培养、吸引、用好这三个关键环节，抓紧推进经营管理、专业技术、各类技工三支人才队伍建设。要优化人才配置，盘活人才资源，鼓励专业技术人员从机关后勤向科研和生产一线流动。要围绕“走出去”战略，抓紧培养选拔对外合作人才和海外工作人才，包括外经贸、财会、法律，及勘探开发、工程建设、施工

作业管理等方面的人才。海外人才还要懂得国际惯例，熟悉国外管理制度，掌握外语。要确立人才的可持续发展观，如果没有强有力的后续研发力量作支撑，没有与长远发展相适应的人才队伍作基础，企业的基业不能长青、发展无法持续。当务之急，各级领导干部和人力资源开发部门要紧密联系企业实际，建立清晰的职业发展体系和培训体系，积极开展人才培训和岗位需求培训，着力培养适应市场经济要求的有实践经验的复合型人才，着力培养具有扎实专业理论基础、善于解决实际技术难题的知识型、专家型人才，着力提高一线职工的技能操作水平，不断增强企业对人才资源的内控能力。

二是要强化激励措施。坚持以业绩和能力为主要依据的用人机制，全面推行竞聘上岗、择优上岗。坚持引入劳动力市场价格机制，进一步深化分配制度改革，完善吸引、凝聚人才的激励约束机制，充分调动各类人才的积极性和创造性。本次职代会修改了经营管理考核办法，鼓励支持外创市场的政策更灵活、条件更优惠。各单位要充分利用这些政策，加大人才激励力度，深化绩效工资分配改革，不能干好干坏一个样，坚决反对"吃大锅饭"。留住人才，要靠企业发展前景和良好的软、硬环境。设计院近年流失的科研人员比前几年明显减少，主要是外部市场打开了局面，使科研人员看到了发展的前途，增强了信心，也包括对人居环境的长远规划，同时激励政策使科研人员得到了实惠。去年设计院实现对外创收 1876 万元，实现利润近千万元。事实证明，企业发展了、环境改善了，才有了留住人才、吸引人才的物质基础；科研人员的积极性调动起来了，科技进步了，企业的核心竞争力才能提高，发展的步子才会加快。

三是要加强人才队伍的职业道德教育。坚持思想教育和措施激励并重的方针，加强对科研人员的思想道德、爱岗爱企教育，不断增强科研人员扎根企业干事创业的信心和决心。科研工作者受企业的培养教育，成为企业有用的人才，就要有一种不畏艰难、无私奉献的精神品格，有责任和义务立志回报企业。要把教育管理贯穿到人才的培养、选拔、使用的各个环节中去。今后，在选拔有才干、有知识、有能力的科研项目负责人时，在确定高层次人才培训时，都要注意优先考虑那些力行奉献、道德高尚的人，充分体现思想道德素质上的"优胜劣汰"，使科研人员感到爱岗奉献光荣，安心工作有作为。

四、充分发挥党组织的政治核心作用和政治优势，调动一切积极因素，确保完成 2005 年各项任务

2005 年，油田改革发展和生产经营的任务十分繁重，各级党组织要牢牢把握、紧紧围绕企业发展中心，努力把政治优势转化为企业现实的生产力和竞争力，采取有效措施，调动积极因素，全力营造和谐发展的环境，确保顺利完成今年各项任务。

1. 深入扎实地开展保持共产党员先进性教育活动，在推进改革发展中充分发挥党组织的战斗堡垒作用和党员的先锋模范作用。在中国石化集团保持共产党员先进性教育电视电话动员大会上，党组书记、总经理陈同海指出，中国石化当前和今后一个时期，"深化改革处于攻坚阶段，有效发展处于上台阶过程，职工队伍处于新老交替时期。要完成深化改革和有效发展的基本任务，最根本的是要不断提高党员的素质，始终保持党员的先进性，充分发挥各级党组织和广大党员的作用，肩负起重大的经济责任、政治责任和社会责任"。我们要把思想统一到集团公司党组对形势任务的基本判断上来，统一到中央、省

委和集团公司党组对先进性教育活动的工作部署安排上来。油田现有党员 17427 人，基层党支部 900 个。这些基层党组织和党员职工分布在生产、经营、科研、建设的方方面面，构成了河南油田改革发展稳定的先锋队和主力军。把职工代表大会提出的各项奋斗目标落实下去，要靠基层组织去落实，决策部署要靠广大党员职工去执行。基层党组织战斗堡垒作用的强与弱、党员队伍先锋模范作用的好与差，直接关系到油田的改革发展和稳定。我们要按照局党委先进性教育实施方案，紧紧把握中央精神，紧紧贴近企业实际，紧紧盯住存在的问题，努力在统一思想上下功夫，在联系实际上下功夫，在务求实效上下功夫，在加强领导上下功夫，认真落实领导责任制、党员领导干部联系点制度、督促检查制度、群众评价制度、成果验收制度，确保通过先进性教育活动，使基层党组织和广大党员在政治上提高战斗力，在思想上增强凝聚力，在工作上发挥创造力，在经济上发展生产力，在廉政建设上增强免疫力，真正达到"提高党员素质、加强基层组织、服务职工群众、促进各项工作"的要求。根据今年企业工作重点，要把开展先进性教育、加强党的建设和强化"三基"工作有机结合起来，创新管理方式，将党组织"三创一争"活动，HSE 管理，质量管理，金、银、铜牌队建设，星级站库达标等各项工作与"三基"工作挂起钩来，赋予基层党组织建设和"三基"工作新的内涵，努力把先进性教育的成效集中体现到重点解决企业的突出问题和促进改革发展、保持稳定上来，集中体现到坚定不移地实施"五大战略"、"四大工程"上来，集中体现到切实加强"三基"工作、固本强基上来，集中体现到出色地完成 2005 年的各项任务上来。

2. 建设"四大工程"，创建和谐油区，为改革发展提供良好的企业环境。提升企业形象、增强企业凝聚力、提高企业竞争力、推进企业改革发展，离不开一个好的环境，职工群众生活质量的提高，要体现在物质、精神两个方面，建设和实施油田"四大工程"正是以此为出发点和落脚点。为此要继续推进"四大工程"，认真落实油田精神文明建设《实施纲要》，不断提高油区职工群众的文明素质。当前要突出创建和谐油区，重点抓好维护稳定的工作。各级党委、行政要把创建和谐油区作为一项政治性、全局性和战略性任务，纳入企业整体规划，列入全年工作重点，建立联席会议制度，定期分析稳定形势，及时研究解决突出矛盾和问题，动员和组织各方面的力量，维护企业安定团结的局面。各级领导要加强对大事、要事、急事、难事的组织协调和处置，不断提高领导企业改革发展的能力和处理复杂矛盾的能力。各单位要及时排查化解矛盾纠纷，强化工作责任，努力将各类矛盾纠纷消除在萌芽、化解于基层，防止个别问题群体化、简单问题复杂化、经济问题政治化、内部问题外部化、局部问题扩大化。各级党组织要耐心细致地做好职工群众的思想政治工作，提高做群众工作的本领，党委领导要深入稳定工作第一线，靠前指挥，动之以情，晓之以理，导之以法，宣传政策，理顺情绪，平衡心理，凝聚人心。要关心职工群众的生活，在政策许可范围内，主动、及时、就地、妥善解决好群众反映的实际问题，特别要关注关心弱势群体，坚持面向市场、开拓市场，靠拓展市场消化、安置协解人员和困难职工及其子女的再就业。企业已经进入到国内国外两个市场全面展开竞争的阶段，谁占有市场，谁就是赢家，谁先进入市场，谁就占据有利位置，谁做得好，谁就有了解决企业发展前进中问题的主动权。去年我们安排社区公益性岗位 1051 个，钻井、油建、地调等单位先后安排生产公益性岗位 3100 多人。之所以取得这样的成绩，得益于开拓市场。因此，各单位包括改制企业，都要努力做强做大市场，尽力多解决困难职工群众及其子女的就业。作为职工群众，也要转变就业观念，从去年开展的外创市场先进事迹报告会中，大家感受到，我们在外部市场工作的职工队伍非常辛苦，事迹感人至深。随着岗位竞争的加剧，即便是在职职工，绝对轻松的岗位是不存在的，即使有，也不会长久。因此，解决问题，企业要做工作，职工群众也要转变观念，给予理解配合。

3.坚持团结稳定鼓劲、正面宣传为主，充分发挥典型引路作用。要从不同视角选树先进典型、大张旗鼓地宣传先进典型，让先进典型感到光荣，使广大职工受到鼓舞，在全局树立起正风正气。职代会后，在大力宣传贯彻大会精神的同时，局党委将筹划抓好三项“先进事迹报告”活动：一是举办改制分流企业先进事迹报告会，进一步引导干部职工理解、支持、投身改革，坚定深化改革、加快发展的信心和决心。二是举办增储上产先进事迹报告会，宣传主业一线、科研生产中的先进事迹，在油田形成树正气、比贡献的氛围。三是举办非在职人员勤劳致富先进事迹报告会，引导协解、内退、退休人员和职工子女转变观念、自立自强、创业进取。各单位党委和宣传部门、新闻媒体也要充分挖掘身边的先进典型，努力使宣传工作有效服务油田改革发展稳定大局，使干部职工以坚强的精神支柱和昂扬的精神风貌投入油田改革发展中。

4.坚定不移地落实“依靠”方针，充分调动职工群众的积极性。完成2005年各项生产经营目标任务，实现油田后三年“两个增长、两个稳定、两个突破、两个创新、两个实现”的奋斗目标，是油田包括改制、移交单位所有职工群众的共同利益之所在，是广大干部职工群众的共同愿望，是时代赋予的使命。随着油田深化改革调整，企业体制机制和职工队伍结构正在发生深刻变化，职工总量减少，平均年龄下降，非在职群体增加，一些职工的身份实现了向员工、股东转变，但不管形势怎样变，全心全意依靠职工群众办企业的方针不能变，坚持以人为本，以改革发展的成果惠及广大职工群众这一根本宗旨不能变。各级党组织要充分认识做好新形势下群团工作的重要性，加强对群团组织的领导，积极支持工会、共青团的工作，为他们更好地履行职责和发挥作用创造条件，实现好、维护好、发展好职工群众的利益。工会、共青团等群众组织要积极研究探索新情况、新特点，找准着力点，有针对性地发挥桥梁纽带作用。对改制、重组企业，要落实职代会职权，加强对民主管理工作的监督检查，对涉及职工利益的重大改革方案，必须经过职工代表大会审议通过后实施；围绕勘探开发、市场开拓主业和油田投资、计划、预算、成本管理等，深入开展群众性经济技术创新和合理化建议活动，引导职工在主战场上发挥主力军作用；要重视发挥非在职职工群众在企业改革发展稳定中的作用，把协解、内退等非在职群体，纳入到油田整体协调发展的大格局中，作为油田主业发展、外创市场的人力资源，作为创建和谐油区和精神文明建设的重要力量；广大团员青年特别是青年知识分子，要到勘探开发、外创市场、生产建设的第一线去，到困难的地方和艰苦的环境中去，磨练意志，施展才华，建功立业，大展宏图。

各位代表，河南油田的改革发展步入了一个新的历史时期。2005年是富于挑战的一年，更是充满希望的一年。全面完成今年各项任务，为“十一五”发展奠定坚实的基础，是油田干部职工的共同责任。让我们以科学的发展观为指导，统一思想，坚定信心，振奋精神，开拓进取，真抓实干，为河南油田持续、有效、协调发展作出新的贡献！

大 事 记

1月5～7日 中石化集团公司副总经理张耀仓一行到在西部施工的河南油田70526钻井队、录井2队、录井3队视察工作。

1月7日 油田召开安全环保工作总结表彰大会。

1月9～10日 河南油田七届四次职代会在文体中心召开。油田党、政、工领导，部分离退休老领导，职工代表，特邀代表及列席代表共计452人出席会议。大会通过了《解放思想、开拓创新、励精图治，开创河南油田持续协调有效发展新局面》的工作报告等8项决议。

1月13日 油田召开2003年度先模表彰大会。王中民等10名劳动模范、钻井工程公司32640队等9个模范集体以及钻井工程公司管子站工具车间等20个先进集体、刘建军等100名先进生产(工作)者受到表彰。

1月16～17日 中石化集团公司党组成员、股份公司高级副总裁牟书令一行到油田进行工作调研并听取油田工作汇报。随同调研的有集团公司油田企业经营管理部主任吕连海、发展计划部副主任赵厚学、集团公司油田勘探开发事业部总地质师钱基、勘探开发研究院副院长郑和荣、天然气办公室副主任罗东明和办公厅秘书舒晓晖等。

1月 国内首台3000米车装电驱动钻修机在南阳石油机械厂研制成功。

研究院物探研究所承担的"2003松潘—阿坝地区二维地震资料处理"项目，一次性通过南方勘探开发分公司验收。

2月1日 南阳市副市长张宪中一行到油田调研。

2月3日 油田召开机关处室及直附属单位负责人会议，总结2003年机关作风制度建设等方面的经验，推动建立求真务实的机关干部队伍，有效推进油田2004～2006年发展战略的实施。

2月5日 油田成立西部石油工程技术服务部。该管理部是油田派驻西部石油工程技术服务市场开拓与协调的管理机构，其行政隶属于塔里木河南勘探公司。

2月9日 由中石化集团公司信息系统管理部副主任曲寿利带队的中石化集团公司信息系统专家组来油田，就油田信息化建设、生产数据库应用及ERP系统的建设开发情况进行调研。

2月13日 哈萨克斯坦《国家石油报》在头版显著位置刊载报道并配发图片，对南阳石油机械厂出口该国的ZJ15车装钻机给予高度评价。

2月14日 研究院公开招聘2004年新立局级以上科技项目负责人。

2月19日 油田春季消防安全检查组分别对大型商场、饮食、娱乐场所等进行安全检查。当日，检查组整改事故隐患100多处，下达限制整改通知书20多份。

2月20日 南阳石油机械厂研制的3000米车装钻机，在国家科学技术奖励大会上获2003年度国家科技进步二等奖。

2月21日 受国务院指派，全国整治油气田及输油气管道生产治安秩序专项行动联合检查团来油田，就油气田及输油管道的生产治安秩序综合治理工作展开检查和调研。

2月22日　西部2004年重点开发井——图4329井开钻，标志着本布图油田焉2区块开发正式开始。

2月24日　油田召开结构调整、改制分流工作会议，制订油田改制分流方案。

2月　精蜡厂设计所“催化柴油溶剂精制装置开发设计”等3个项目，分获南阳市科技进步一等奖、二等奖。

焉耆盆地重点预探井城2井录井见油气显示21层67米。地质人员对2352米～3348.87米井段测井解释为差油层2层15.5米，总体为低孔低渗储层。

在第四届中国青少年电脑机器人大赛中，代表河南省参赛的油田高中学生鹿鸣明、张伯睿获得优秀奖。

3月1日

公安局开展代号为“春雷”的严打整治行动。

3月6日　油田改制分流研讨班在工程院正式开课。国资委企业分配局改制分流处处长杨向歌授课。来自各二级单位的党政领导、组织、劳资、财务科长，多种经营主要负责人及局机关相关部门共400多人参加。

3月9日　局党委副书记、工会主席彭生明到下二门油矿4号女子计量部，祝贺小站被中华全国总工会命名为“全国女职工先进集体”，并为小站职工颁发特别奖。

3月10日　勘探局对原退休职工管理机构进行了调整，离退休职工管理处部分划归五一社区的单位与社区进行了交接。

3月12日　在中石化集团公司招标现场会上，油田中标三江盆地油气勘探项目。招标区块面积为1.7万平方千米。

3月13日　2003—2004年度步步高家庭影院杯全国男排联赛在油田文体中心举行。中央电视台第五套节目、北京电视台、河南电视台等现场直播了这场比赛。

3月15日　录井公司中标青海油田重点科研项目——综合录井多种解释技术评价油气层方法的研究。这标志着录井公司从单一的录井工程服务发展到科研项目服务。

3月17日　油田举办公开招聘副处级干部答辩会，6名应聘者参加答辩。局长袁政文、分公司副局长唐大鹏、副经理邱荣华、樊中海评委身份参加了答辩会。

3月19日　地调处中标和田河区块价值约2700万元的二维地震资料采集项目。4月8日项目施工全面铺开。

3月25日　中石化集团公司西部新区勘探指挥部第一批深井对外招标揭晓，录井公司中标沙4井录井工程项目。

3月28日～4月25日　中央电视台西部频道采访报道组到油田西部探区拍摄专题片《大漠钻井人》。这是央视首部反映河南油田钻井人生活的专题片。

3月　由工程院咨询中心完成的一项“非煤矿山尾矿库安全评价模式”软科学成果，被国家安全生产监督管理局鉴定为达到国内领先水平。

4月4日　对外合作处招聘管理技术人员书面考试在高级中学举行。油田领导李联五、彭生明、邱荣华、唐大鹏巡视了考试情况。

4月上旬　五一社区以公开竞标的方式，将46个自行车车棚全部实现承包管理。

4月22日　中石化集团公司财务计划部主任蒋路一行来油田进行工作调研。

4月24日　油田防范和检疫体制重新启动，各医疗机构从即日起，恢复非典疫情“零报告”制度。

4月25日　油田举行答辩会，公开招聘局团委副书记。

4月26日　油田公安局首次举行新闻

发布会。

4月 工程院获得“尼日利亚 STUBB CREEK 油田开发项目”和“尼日利亚 OML64 和 66 区块开发项目”的可行性研究和论证工作。

精蜡厂被美国霍尼韦尔公司提名为全球最佳供货商。

5月9日 江河联合部已实现安全生产25周年。局长袁政文到场祝贺，代表局安委会向该站颁发了6万元特别奖。

5月10日 中石化集团公司东北分公司副经理李枫率安全督察与井控专项检查组一行6人来油田进行安全生产与井控专项检查。

在河南省劳动模范表彰会上，油田采油一厂朱一斌、工程院马宏伟和钻井公司陈道田被省政府授予“河南省劳动模范”。

5月11日 截至上午9点10分，新疆宝浪油田45758钻井队用80天时间进尺突破万米。局工会、钻井公司、西部钻井分公司分别给予该队1万元奖励。

石化集团公司暨股份公司炼化设备检查团抵达油田进行检查和调研。

5月16日 在中国少年科学院第三届小院士暨争当小实验家活动表彰大会上，油田高级中学三年级学生李琛成为河南省惟一当选的小院士。

5月17日 西南石油局副局长李建良率中石化集团公司油田设备检查组一行9人到油田进行为期4天的检查。

5月23日 河南省南阳油田公安局举行揭牌仪式。河南省公安厅、南阳市公安局、周边市县和油田领导到场祝贺。油田公安局从此纳入河南省公安厅编制。

5月25日 杨浅3区注汽站的第一台锅炉开始正式运行。杨浅3区2号计量站的油井开始注汽，标志着稠油新区正式投产。

6月1日 南阳市委书记何东成、市委常委、秘书长李致州一行5人来油田进行调研。

6月2日 河南油田民兵防化营成立仪式暨民兵集结点验大会在消防支队院内举行。勘探局局长、油田民兵团团长袁政文宣布油田民兵防化营成立并向民兵防化营授旗。

6月3日 河南省劳动和社会保障厅巡视员王金发一行6人来油田检查指导再就业工作。

6月4日 南阳油田公安局成功侦破一起职务侵占案。犯罪嫌疑人原精蜡厂恒达公司业务员李某被抓获，追回赃款67万元，其中现金62.3万元。

6月8日 南阳市副市长陈光杰来油田进行调研。

6月15日 中石化集团公司人教部副主任王凤英、炼化部主任冷泰民、改革部副主任徐文祥一行来油田，就下一步的改制分流工作进行调研。

6月17日 新疆本布图油田图4327井喜获工业油流，初期平均日产原油17吨，最高日产达到22.3吨。

6月21日 油田卫生防疫站通过认证，成为省级示范预防接种门诊。

钻井公司70832钻井队在塔河油田3区块TK31800井施工中，三战井喷，获得成功，使国家近千万元的财产免受损失。

6月24日 南阳油田公安局协助新野县公安局破获油区首例杀人抛尸案，犯罪嫌疑人逵某、王某被抓获归案。

6月26日 南阳二机石油装备(集团)有限公司挂牌，油田国有资产完全退出，1860名国企员工成为股东，平稳实现身份置换。局长袁政文、南阳市市委副书记周以忠为新公司揭牌。

6月28日 油田举行2004年安全生产

月“安全与我同行”文化大赛。

6月29日　油田召开劳动争议调解工作经验交流暨理论研讨会。

6月30日　采油一厂以超产原油1200吨，安全生产无事故的优异成绩，实现生产任务“硬过半”的奋斗目标。

采油二厂稠油开发创造历史新高，日产量突破1000吨大关。

7月1日　河南油田召开庆祝建党83周年暨“三创一争”总结表彰大会。局党委书记姚大福主持会议，局党委副书记、局长袁政文发表了题为“持续深入开展‘三创一争’活动，为实现油田发展战略目标提供坚强组织保证”的讲话。局党委常委、分公司经理李联五宣读了表彰决定，一批先进集体和个人受到表彰。

7月6日　采油一厂魏岗油矿上半年超产原油5320吨祝捷会在魏岗油矿办公楼前举行。局长袁政文、分公司经理李联五、副经理樊中海前往祝捷并向该油矿颁发6万元“特别奖”。

7月8日　油田召开2004年度第一次安全环保委员会会议，审议并通过了7条HSE管理意见和办法。

7月9日　南阳市市长黄兴维、市政府秘书长李东武一行来油田调研。

7月上旬　中石化集团公司第六次思想政治工作优秀研究成果评选活动揭晓。油田任怀军、王新学、毛彦新撰写的《河南油田思想政治工作机制创新研究与实践》名列其中。

由中国石化集团主办的“中央企业职工技能大赛初赛暨集团公司职工技能竞赛”在江汉油田举行，油田机厂职工杨新远获得铣工第二名，浦新颜获得车工第四名，两人同时被授予“集团公司技术能手”称号。这是油田有史以来参加石油石化行业职业技能竞赛取得的最佳成绩。

2004年普通高招考试成绩揭晓，油田高中457人上本科线。

7月14日　油田召开处以上领导干部大会。中石化集团公司领导和人教部领导宣读了关于我油田领导班子调整的任免决定，张召平同志任中共河南石油勘探局党委书记，姚大福同志任局调研员。

7月16日　油田生产经营分析会召开。会议公布的统计结果表明，上半年油田新增探明石油地质储量832万吨，完成年计划的69.33%；生产原油93.5967万吨，超额完成当年计划；合并报表实现利润1.49亿元。实现了时间过半、任务过半的目标。

在唐河县大河屯乡李庄，河南油田开展了有史以来规模最大的一次专项整治土炼炉行动。共抓获8名犯罪嫌疑人，捣毁正在生产的非法土炼炉9座，查获被盗原油40多吨。

7月中旬　泌阳凹陷北部斜坡外带超稠油区首次试油并获工业油流。这将进一步扩大新庄油田的储量规模。

7月21日　钻井公司西北工程处钻井进尺突破3.4万米，创1994年成立以来机械钻速最快纪录。

7月26日　《河南油田领导干部HSE责任事故引咎辞职及责任追究暂行办法》在油田开始实施，在中石化集团公司是首家。

8月2日　中石化股份公司财务稽查组一行16人前来油田检查指导工作。

8月6日　集团公司法律事务部主任邵敬扬等到油田进行调研。

新庄油田开发项目经理部揭牌成立。

在局长袁政文的陪同下，中石化集团公司党组书记、总经理、股份公司董事长陈同海，集团公司党组成员、股份公司高级副总裁牟书令，集团公司党组成员、副总经理张耀仓，新疆维吾尔自治区党委常委、自治区副主席艾力更·依明巴海，到油田西部探区

70119钻井队视察。

8月7日 西部宝浪油田发现井——焉参一井经复查，在侏罗系西山窑组获高产油气流，日产原油7.07立方米、天然气15.3立方米，标志着焉耆盆地新层系勘探取得突破。

8月15日 中石化集团公司2004年度物资供应管理专项检查组到油田检查工作。

第十三届全国中学生生物奥林匹克竞赛在厦门落下帷幕。油田高级中学的吕原野、马永葳分别获得金、银牌。

地调处在中石化西部新区2004年下半年度塔里木盆地地震勘探项目招标中，再次中标塔里木盆地阿北&顺北西区块二维地震采集处理一体化项目。

8月18日 《河南油田女职工团体特病安康保险方案》在局工会第五届女职工委员会暨工会职工工作会议上审议通过。

在河南省建设厅2004年度工程建设(勘察设计)优秀QC小组评选中，设计院热工QC小组获二等奖，规化总图室产能QC小组获三等奖。

油建公司为中标的鲁苏皖成品油管道工程第七标段举行开工仪式。

8月27日 河南省厂务公开检查团到油田进行了为期一天的厂务公开调查。

8月下旬 油田摄影作者孟延军加入中国摄影家协会，成为油田第一个中国摄影家协会会员。

8月下旬 油田工程院马宏伟、研究院夏东领、油建公司尹海港、钻井公司王斌被集团公司评为2003年青年岗位能手。

精蜡厂获ISO14001环境管理体系认证证书。

精蜡厂共销售乳化炸药蜡3700吨，市场占有率居国内同行业第一位。

8月27日 来自水电厂、精蜡厂和南机厂的3个QC小组获得国家优秀QC小组称号。

9月1日 在北京召开的中国名牌产品暨全国质量管理先进企业先进个人表彰会上，油田被授予“全国质量管理先进单位”称号。

9月2日 中石化集团公司监察局副局长耿礼民一行莅临油田，调研并指导效能监察工作。

全国石油城市人大工作研讨会的代表来油田视察。

油田首次召开“安全排险标兵”立功授奖大会，局长袁政文、副局长唐大鹏为获奖的10位标兵颁发了立功证书。

9月3日 在湖南岳阳巴陵石化举行的中国石化第一届职工文艺汇演中，河南油田获得团体总分第一名，其中陈小林男声独唱获一等奖；曹文社唢呐独奏获二等奖；白艳芳二胡独奏获二等奖。河南油田还获得优秀组织奖。

9月4日 在全国再就业工作表彰大会上，国家劳动和社会保障部及国家人事部联合授予南石医院“全国再就业先进单位”称号。该院董事长、院长赵俊祥和与会代表一起，受到温家宝总理和黄菊副总理的接见。

9月6日 南襄盆地4条二维地震基干大剖面被中石化集团公司确定为样板剖面。

9月7日 中石化集团公司党组副书记、副总经理周原、思想政治工作部主任苏文生、油田勘探开发事业部总工程师沈琛、油田企业经营管理部副主任刘汝山一行6人来河南油田调研。

9月9日 油田陶瓷公司拿到英国UKAS质量体系认证证书，标志着陶瓷产品取得了欧洲市场通行证。

领导信访接待日制度开始在油田实行。

9月10日 油田第20个教师节庆祝表彰大会在文体中心召开。

9月14日　油田总医院加盟“河南省人民医院协作医院”揭牌仪式举行。

9月15日　油田未成年人思想教育辅导学校成立。37名来自各二级单位的党委书记、科研骨干、技术能手被聘为首批志愿辅导员。

在河南省2004年名牌产品表彰会上，油田精蜡厂生产的“卧龙牌石蜡”被河南省名牌战略推进委员会授予“河南省名牌产品”称号；南阳二机石油装备(集团)有限公司生产的“华石牌海洋钻修机”、机厂生产的“豫石牌抽油机、油管”，南阳豪地陶瓷有限公司生产的“豪地牌干压陶瓷砖”、精蜡厂生产的“源润牌医药凡士林”被授予2004年“河南省优质产品”称号。

9月16日　中石化集团公司安全检查团一行12人对油田进行了为期4天的安全环保大检查，查出各类事故隐患和问题50个。

油田在文体中心举办第二届群众性技术创新成果展。开幕式上，局领导李联五、彭生明、邱荣华为获得2003年度河南省“管理创新单位”的采油一厂和获得2003年度河南省“经济技术创新示范岗”的钻井工程公司固井大队固井班颁发了河南省五一劳动奖状，为获得河南省“技术创新能手”称号的姜春风、文湘杰、张有天、佘梅卿、李玉峰和获得河南省“百名技术英杰”称号的尹海港颁发了奖牌，为油田50个优秀创新项目的代表颁发了证书。

9月17日　中石化集团公司安全督察与井控安全检查组到钻井公司进行为期两天的安全井控检查。

9月21日　油田公安局快速出警，仅用13个小时就追回了被盗的3个液氯钢瓶，消除了一起重大安全隐患。

9月中旬　油田警方快速侦破了发生在油区的首起网上诈骗案。

在第34届世界儿童画展览中，油田二小焦孟阳的线描作品、李钰琨的色彩作品获得了“派通奖”。

9月24日　“河南油田庆祝建国55周年职工自创歌曲歌咏大赛”在文体中心举行。

在河南省南阳市依法治市办公室的统一安排和局普法办公室的具体组织下，局领导袁政文、彭生明、张国全及油田千余名科级以上干部参加了河南省干部法律知识考试。

9月下旬　地调处在中石化集团公司东北项目经理部组织的地震工程招标中，中标三江盆地二维地震采集工程。

10月10日　地调处赴埃塞俄比亚地震勘探施工人员一行10人正式启程。

10月11日　安棚碱矿有限责任公司举行年产40万吨二期扩建工程奠基仪式。

10月14日　人民大学信息资源管理学院副院长赵国俊一行4人来油田进行“效能保障体系构件研究”学术交流。

研究院在井楼地区部署的高浅10井见到6层17米油气显示，新发现1.6平方千米的含油区块，控制储量192万吨。

10月15日　河南省建设厅一行5人组成的检查验收组来油田，对申报参评2004年省级物业管理示范小区——泰山区进行验收。

10月17日　南阳市第二届运动会暨首届职工运动会闭幕，油田代表队获得1枚金牌、3枚银牌、2枚铜牌。

10月中旬　油区发生12名患者食物中毒事件，通过职工总医院的精心救治，患者全部康复出院。

10月24日　全国石油工业质量学术论坛落幕。油田供销处的李晓、孙立新撰写的《试论运用物流质量管理理论，建立物资供应工作的质量控制程序》获得一等奖，由局质量技术监督处王学民撰写的《六西格玛项目与QC小组活动的一致性》获二等奖。

为庆祝建国55周年，中石化集团公司离退休工作部举办了全系统离退休人员文艺比赛。油田老年艺术团自编自演的歌伴舞《戏曲串烧》获一等奖；舞蹈《瞧这些油大嫂》获二等奖；舞蹈《西部春潮》获三等奖。勘探局获优秀组织奖。

10月30日 油田召开信访工作会议，要求各单位健全信访组织，完善信访制度，划分责任区，明确责任目标，建立责任追究和考评制度。

11月1日 油田中心区公交车开始试行全员售票收费。

2004年油田冬季征兵工作全面展开。

11月5日 河南油田召开庆祝第五个记者节大会。局党委书记张召平，局党委副书记、工会主席彭生明，局党委副书记、纪委书记张国全为24名先进记者、40名对外报道先进个人、10个对外报道先进单位和3个先进新闻单位颁发了奖状。

11月6日 南阳二机石油装备（集团）有限公司召开第一次党员代表大会，选举产生了中共南阳二机石油装备（集团）有限公司第一届委员会和中共南阳二机石油装备（集团）有限公司纪律检查委员会。

11月上旬 国家人事部、国务院国有资产监督管理委员会下发《关于表彰中央企业劳动模范和先进集体的决定》，油田采油一厂作业4队队长李斌、钻井公司32616钻井队队长王中民获得“中央企业劳动模范”称号，第一采油厂双河矿采油12队获得“中央企业先进集体”称号。

双河社区被中央文明办、国家体育总局命名为“全国城市体育先进社区”。

11月11日 局再就业服务中心召开南阳油区公益性岗位安置工作会议，571个公益性岗位安置工作启动。

11月12日 爱馨托老院开业。油田有了第一家为老年人提供规范养老服务的专业养老机构。

11月19日 “油田各直属单位党政正职、局机关处室长深入学习贯彻十六届四中全会精神研讨班”举行。局党委书记张召平和中央党校哲学部副主任、博士生导师韩庆祥教授为研讨班授课。

11月21日 局团委获省未成年人思想道德建设交流成果优秀组织奖。

11月下旬 在中石化集团公司和股份公司2004年度统计工作会议上，油田被授予“2004年度统计工作先进单位”称号，并有3篇统计分析分获优秀统计分析一、二、三等奖。

研究院在全院范围内公开招聘科技项目负责人，有62名科研人员通过答辩竞争上正、副项目组长。

中石化集团公司党组副书记周原在新疆调研期间，到中3井施工现场看望河南油田7012钻井队职工，并勉励该队：巩固勘探成果，多找石油资源。

12月4日 受南阳市委、市政府邀请，油田安全部门人员组成的检查团对南阳两属（中央、省级）和市直企业进行安全检查。这是油田安全部门首次组团走出油田检查地方企业。

12月8日 2235地震队在中石化西部新区勘探指挥部2004年度“三创一争”活动评比中，获“名牌基层队”、“思想政治工作先进单位”称号。

油田华油集团新惠通汽车服务有限公司首届股东大会和创立大会召开。

12月9日 井下作业公司揭牌仪式举行。局党委书记张召平为井下作业公司成立揭牌。

12月10日　油田外闯市场事迹首场报告会在工程院报告厅召开。

南阳仲裁委员会油田办事处宣告成立。

12月上旬　在全国青年时代风采电视大赛中,精蜡厂工会干部杨华获得“最佳口才奖”。

油田高级中学被南阳市授予“普通高中示范学校”称号。

油田有8名职工被授予中石化集团公司2003～2004年技术能手称号。8名技术能手是焊工尹海港、采油工刘桂军和陈婷、测试工朱香美、测井工尚文汇、电工赵晓春、车工蒲新颜和铣工杨新远。

12月12日　中石化西部新区召开了2004年勘探工作会和思想政治工作会。会上油田获得先进14项,14人受到表彰奖励。油田分公司经理李联五、副经理邱荣华参加了会议。

12月20日　局党委三届四次全委扩大会召开。会议审议通过了党委、行政两个工作报告及其他4个相关报告。油田领导张召平、袁政文、李联五、彭生明、李清亮、邱荣华、鲍培义、陶光辉、樊中海参加了会议。

概　况

河南油田是中国石化集团河南石油勘探局(以下简称河南石油勘探局)和中国石化股份有限公司河南油田分公司(以下简称河南油田分公司)的统称,是以油气生产为主,集油气勘探、开发、炼油化工、施工作业、辅助生产和多种经营、社会服务于一体的、专业门类齐全的国有大一类企业。油田地跨河南省南阳、驻马店、平顶山和新疆巴音郭楞蒙古族自治州4地(市),分布在新野、唐河、桐柏、卧龙、宛城、镇平、泌阳、叶县和新疆博湖、焉耆等10县(区)境内,占地面积33.94平方千米(其中西部公司1.39平方千米)。1993年全国油气勘探市场开放后,油田开始参与新疆塔里木探区风险勘探,先后中标三塘湖盆地和焉耆盆地勘探项目,并在库尔勒市、焉耆、博湖等县展开油气地质勘探开发等工作。1997年取得内蒙古巴彦浩特盆地的勘探权。2000年,又在塔里木盆地取得了3个区块的勘探权。截至2004年底,共探明15个油气田(其中西部2个),含油面积169.4平方千米,地质储量2.69亿吨、天然气储量161.01亿立方米,累计生产原油5805.2万吨,建成62万吨的原油年加工能力。在油气勘探过程中,在泌阳凹陷发现安棚碱矿(地质储量4849万吨),1979年发现舞阳盐田(地质储量2300亿吨)。

截至2004年底,河南油田机关设26个职能处室,分公司下设11个二级单位,勘探局下设20个二级单位。分公司11358人,勘探局16742人,油区总人口8.79万人。油田党委下设直属单位党委35个(其中党总支2个、工委1个)。基层党总支110个,基层党支部900个,党员总数17833名(女党员2628名),有干部身份人员8417名,取得各类专业技术职务任职资格人员7552名,其中具有教授级高级专业技术职务任职资格49名,高级专业技术职务任职资格1314名,中级专业技术职务任职资格3319名,初级专业技术任职资格2870名。21人享受政府特贴;6人为集团公司有突出贡献的科技和管理专家,8人为集团公司优秀青年知识分子。集团公司学术技术带头人第一层次(在国内具有领先水平的)有2人,第二层次(在石化集团处于领先水平的)有11人,第三层次(现场勘探开发、生产装置专家等)有32人。

全油田拥有固定资产原值111.27亿元(其中分公司91.49亿元),净值54.16亿元(其中分公司40.53亿元)。2004年河南油田存续部分企业主营业务收入23.47亿元,分公司主营业务收入40.17亿元,实现利税10.65亿元(其中分公司实现利税11.23亿元)。

企业管理水平稳步提高,1988年荣获国家二级企业称号。按销售排列,1995年列全国500家最大工业企业第157位;按净资产排列,列国有企业500强第133位。2002年河南油田列全国最大工业企业第173位,位居河南省工业综合实力百强企业第五位。河南油田自1988年起连续17年保持"全国思想政治工作优秀企业"称号。

2004年,河南油田增储稳产,开拓市场,改制分流,科技创新,全面实现了各项工作目标，油田经济持续协调发展。

经济效益取得历史性突破。2004 年实现总产值 72.49 亿元，实现利税 10.65 亿元，首次突破 10 亿元，创油田历史盈利最高水平。

油气勘探和地质认识取得突破。泌阳凹陷北部斜坡带二次整体评价勘探获得较大发现，2004 年新增探明储量 1280 万吨、控制储量 1112 万吨、预测储量 1137 万吨。塔里木盆地河南区块联合攻关研究认为环满加尔坳陷生油区成藏条件优越，落实了圈闭，圈闭面积 1242 平方千米，圈闭资源量约 3 亿吨。

原油生产实现了硬稳定。生产原油 188.31 万吨，完成总公司调整后的产量指标，新建产能 44.8 万吨。自然递减控制在 17.19%，综合递减控制在 5.84%，采收率达 44%，开发指标继续保持较好水平。

石油化工实现石蜡化工转型，实施特色发展战略。炼油深加工与燃料型产品销售收入达到 5.3∶4.7，标志着原油加工由燃料型转向精细石蜡化工型。新产品开发取得进展，系列相变蓄能材料专用蜡产品填补了国内空白，已成为国内石蜡品种最齐全的生产厂家之一。炼油化工产品年销售收入突破 15 亿元。

进军国际油气资源市场，开拓国内石油工程市场。加强国际合作，已注册河南石油尼日利亚有限公司，获得在尼境内承担区块勘探开发及石油工程技术服务的主体资格。2004 年 5 月同中石化国际公司签订尼日利亚 STUBBCREEK 油田委托管理协议，10 月拿到了 OML64&66 区块的操作权。同时油田各专业化公司加强国内市场开拓，新增外部市场 21 个，总数达到 80 个，同比增加 10 个；扣除改制分流单位后同口径计算，外创市场收入 6.16 亿元，同比增创 1.77 亿元，增幅达 40%。

开展“科技创新年”活动，科技创新实现新跨越。2004 年确定 105 项重点科研项目，同比压缩 40%，80%的科研经费用于勘探开发项目，着力解决制约增储上产的技术难题，全年完成科技项目 115 项，实现科技增油 10.3 万吨，科技增效 1.52 亿元，新产品产值达到 2 亿元以上，11 项科技成果通过集团公司验收鉴定，6 项科技成果获集团公司科技进步奖，其中二等奖一项，三等奖五项。“3000 米车装钻机”获国家科技进步二等奖。

改制分流取得重大突破。完成 11 家企业的改制分流任务，共分流人员 4068 人，其中全民工 1674 人，集体工 2394 人。用于改制分流账面净资产 13359 万元。特别是南阳石油机械厂成功改制，标志着河南油田改制分流取得重大突破，改制后南机厂全年供货订单突破 5 亿元，实现盈利 804 万元，同比增盈 30%。

实施再就业工程，关注弱势群体，创建和谐油区。2004 年油田领导关心、关注弱势群体的实际困难，安排社区公益性岗位 1051 个；钻井、油建、地调等单位清退社会用工，先后安排协解人员及子女临时性生产岗位 3100 多人；培训下岗失业人员 1288 人，建立送温暖基金和困难家庭档案，为 927 户（次）特困家庭发放生活补助费 22.6 万元，为 116 名困难家庭子女发放助学金 16 万元，发放下岗职工基本生活费 875.4 万元，发放低保金 52 万元。

河南油田主要经济指标

表 1　　亿元

指标名称＼年份	2004		2003		2002		2001		2000		1999
	勘探局	分公司	勘探局	分公司	勘探局	分公司	勘探局	分公司	勘探局	分公司	
工业总产值①	9.23	52.11	13.41	41.83	11.85	8.67	2.87	8.44	2.06	8.32	9.25
工业增加值	3.99	27.79	4.23	23.11	4.04	17.76	1.48	19.65	0.71	20.39	14.87
资产总计	35.16	52.35	31.06	49.76	41.42	49.24	39.37	50.02	39.99	44.70	63.76
其中：流动资产	18.52	7.48	17.43	4.61	23.57	6.21	23.51	8.42	25.64	11.03	23.46
固定资产原值	19.78	91.49	15.58	95.34	22.89	89.10	20.49	76.68	18.75	67.46	56.33
固定资产净值	13.63	40.53	11.10	41.67	14.51	39.55	13.07	33.02	11.88	28.57	28.62
销售收入	23.47	40.17	24.03	33.31	20.29	27.86	18.96	28.48	13.31	32.11	24.62
实现利税	−0.58	11.23	1.37	7.48	1.49	4.35	−1.22	9.60	−0.80	11.08	3.03
其中：税金	1.31	6.41	1.37	4.99	1.49	3.24	1.10	5.90	0.53	6.38	2.97

①从 1999 年到 2002 年按 1990 年不变价计算。

河南油田主要生产建设指标

表 2

产品名称＼年份	2004	2003	2002	2001	2000	1999
原油产量/万吨	188.31	186.00	188.02	186	185.06	183.03
天然气产量/亿立方米	1.02	1.00	1.1	0.90	0.9025	—
新增原油生产能力/万吨	44.8	34.73	37.0	22.20	26.7	11.5
新增天然气生产能力/亿立方米	0.20	—	0.48	0.06	—	—
新增探明石油地质储量/万吨	1280	1100	1243	1230	1142	675.47
新增探明天然气地质储量/亿立方米	—	—	0	10.68	2.07	—
二维地震/千米	542.36	914.13	353	1364	1586	3280
三维地震/平方千米	195.72	290.09	180	172.81	224.29	50.23
石油钻井/口	368	322	251	206	123	110
其中：探井/口	89	67	35	22	22	17
采油井/口	307	208	151	139	70	63
注水井/口	27	45	36	23	19	27
资料井/口	2	2	29	7	12	3
钻井进尺/万米	33.96	38.82	38.92	43.97	18.76	19.61
勘探投资/亿元	3.12	3.22	2.35	3.51	2.78	2.67
开发投资/亿元	8.59	8.45	8.82	8.85	4.15	3.31

生产建设

油气勘探

【概述】 2004年勘探系统取得的主要成果可以归纳为:一个重大发现,两个新的突破,七个新的进展。

1.一个重大发现

2001～2004年泌阳凹陷北部斜坡二次整体评价勘探取得重大发现

通过对新庄—王集地区二次整体勘探,2002年在新庄南三块和泌浅57块新增探明储量1243万吨,2003年在新庄泌浅61、67块及王集新增探明储量1132万吨,2004年新庄、杨楼新增探明储量1128万吨。截至2004年,北部斜坡新庄—王集地区已累计探明石油储量5049万吨。北部斜坡带目前已累计探明储量7433万吨,控制储量1112万吨,进一步勘探最终有望实现整个区带探明亿吨级的储量规模。

2.两个新的突破

一是泌阳凹陷南部陡坡带勘探取得新的突破,是下一步拿储量的有利地区;二是焉耆盆地焉参1井老井复查取得新的突破,本东地区三维资料重新处理取得新发现。

3.七个新的进展

一是塔里木盆地联合研究攻关取得新进展,环满加尔坳陷生油区成藏条件优越,河南探区勘探潜力大,勘探前景日趋明朗;二是泌阳凹陷分层段资源潜力分析取得新进展,认为核三下段资源潜力较大,是下一步勘探的有利层系;三是南阳凹陷区带评价取得新进展,马店地区是下一步勘探的有利地区;四是南襄盆地地震基干大剖面采集攻关取得进展,对盆地整体解剖取得新认识;五是南华北盆地地质综合研究取得新进展,上古生界有较大天然气资源前景;六是望江—潜山盆地地质综合研究取得新进展,分析认为凉泉凹陷为油气勘探有利凹陷;七是三江盆地二维地震攻关取得新进展,绥滨坳陷是勘探的有利地区,前进坳陷的挠力河凹陷有一定勘探潜力。 (石　磊)

【2004年勘探工作量完成情况】 2004年我油田共开展四个勘探项目:泌阳、南阳凹陷油气勘探项目(含滚动);焉耆盆地油气勘探项目;老区新带(邓州凹陷、南襄北部)勘探项目;塔里木河南探区油气勘探项目(西指统一部署)。

1.物探工作量

2004年计划二维地震资料野外采集工作量542.36千米,三维地震195.72平方千米。实际完成二维地震野外采集工作量542.36千米,完成年计划的100%;完成三维地震野外采集工作量195.72平方千米,完成年计划的100%。

2.探井工作量

2004年勘探计划钻井88口,进尺7.04万米。实际开钻85口,完钻88口,完井88口,完成钻井进尺7.0351万米,完成计划的100%(含滚动勘探16口,1.1351万米)。

泌阳、南阳凹陷开钻66口(南87、88井,泌288、289、290、291、292井，杨浅32、33、34、35、36、37、38、39、40、41、42、43、44井，新浅57、61、63、64、65、66、67、68、69、70、71、72、73、74、75、76、77、78、79、80、81、84、85、86、87、88、89、90井，付浅18、19、20、21、22、23、24、25井，高浅1、2、3、4、5、6、7、8、9井，古浅7井），完钻69口（南86、87、88井，泌285、287、288、289、290、291、292井，杨浅32、33、34、35、36、37、38、39、40、41、42、43、44井，新浅57、61、63、64、65、66、67、68、69、70、71、72、73、74、75、76、77、78、79、80、81、84、85、86、87、88、89、90井，付浅18、19、20、21、22、23、24、25井，高浅1、2、3、4、5、6、7、8、9井，古浅7井），完井69口（南86、87、88井，泌285、287、288、289、290、291、292井，杨浅32、33、34、35、36、37、38、39、40、41、42、43、44井，新浅57、61、63、64、65、66、67、68、69、70、71、72、73、74、75、76、77、78、79、80、81、84、85、86、87、88、89、90井，付浅18、19、20、21、22、23、24、25井，高浅1、2、3、4、5、6、7、8、9井，古浅7井），完成探井进尺50995米。

焉耆盆地开钻2口（马5、图10井），完钻2口（城2井、马5井），完井2口（城2井、马5井），完成探井进尺4000米。

邓州凹陷开钻1口（邓参1井），完钻1口（邓参1井），完井1口（邓参1井），完成探井进尺4005米。

滚动勘探全年完成滚动探井16口，进尺11351米。

3.试油工作量完成情况

2004年完成新老井试油9口23层，获工业油气流5口。

4.圈闭准备及钻探情况

泌阳凹陷新发现和落实油气圈闭38个，圈闭面积11.88平方千米，钻探圈闭64个，获工业油气流圈闭26个，见油气显示圈闭11个，落空圈闭27个，圈闭钻探成功率40.6%。累计储备油气圈闭119个，合计圈闭面积78.81平方千米，圈闭资源量7813万吨。

南阳凹陷新发现和落实油气圈闭12个，圈闭面积4.94平方千米，钻探圈闭3个。累计储备油气圈闭45个，合计圈闭面积25.66平方千米，圈闭资源量1548万吨。

焉耆盆地新发现和落实油气圈闭7个，圈闭面积68.12平方千米，钻探圈闭3个，其中见油气显示圈闭1个，正钻圈闭1个。累计储备油气圈闭23个，合计圈闭面积138.52平方千米，圈闭资源量8702万吨。

（石　磊）

【2004年取得的主要勘探成果】 1.三级油气储量勘探成果。

2004年计划新增探明储量1100万吨，控制储量1000万吨，预测储量1000万吨。实际完成新增探明石油地质储量1282.7万吨（油当量），新增控制储量1023万吨，预测储量1137万吨。

(1)探明储量完成情况

2004年河南油田新增探明储量的地区是泌阳凹陷新庄、杨楼地区及下二门地区，探明石油地质储量1282.7万吨，可采储量308.5万吨。

①新庄地区：新增含油面积1.6平方千米，新增探明石油地质储量388万吨，新增可采石油地质储量134万吨。

②杨楼地区：新增含油面积4.3平方千米，新增探明石油地质储量740万吨，新增可采石油地质储量117万吨。

③下二门地区：新增含油面积0.5平方千米，新增探明石油地质储量152万吨，可采储量56.7万吨；溶解气地质储量0.27亿立方米，溶解气可采储量0.08亿立方米。

(2)控制储量完成情况

2004年新增控制含油气面积7.6平方

千米，新增控制地质储量1023万吨（油当量），分布于焉耆盆地宝浪苏木背斜构造带宝中地区和泌阳凹陷井楼西北部地区。

①宝中地区：2004年5月通过对焉参1井复查试油，发现新的含油气层系（西山窑组），获得高产油气流。新增控制含气面积2.6平方千米，新增控制天然气地质储量30.09亿立方米，凝析油10.1万吨。

②井楼西北部地区：本次新增控制储量为井楼油田西北部高庄鼻状构造高浅3含油断块、楼浅15断块、泌浅19断块和泌浅22断块，累计控制含油面积5.0平方千米，控制石油地质储量712万吨。

(3)预测储量完成情况

2004年新增预测储量分布在焉耆盆地四十里城西推覆构造带城2井区，新增预测含油面积7.1平方千米，预测石油地质储量1137万吨。

(4)油气资源序列状况分析

截至2004年底，河南油田所属探区内已有探明石油地质储量27005.9万吨，天然气探明储量161.01亿立方米，可升级的控制石油地质储量2849.1万吨，可升级的预测石油地质储量5049万吨，可升级的潜在资源量18063万吨，推测资源量19806万吨（泌阳、南阳和焉耆等老区总资源量74383万吨）。按2005年计划探明储量1000万吨计算，资源序列比为1：2.85：5.05：18.06：19.80。2001～2003年的资源序列比分别为：1.34：3.46：12.85：31.89、1：2.11：3.82：11.75：26.23和1：2.78：3.77：12.71：23.49。与前三年相比，累计储备的控制储量、预测储量和圈闭资源量逐步增高，资源序列结构不断优化，逐渐趋于合理。这是在老区勘探不断深化，三维地震工作量有保证的基础上，复杂隐蔽的各种类型圈闭得以查明的结果。

2.泌阳凹陷南部陡坡带勘探取得新的突破，是下一步拿储量的有利地区

(1)区带资源评价成果表明：该带仍有较大的勘探潜力

①该带紧邻生油区，油源充足，仅双河—赵凹—安棚地区还有可供勘探的剩余资源量就有5172万吨。

②沿边界断裂下降盘发育一系列扇三角洲砂体，储集条件良好。这些砂体与鼻状构造、滚动背斜配置良好，形成了有效的油气富集场所。砂岩上倾尖灭油气藏仍是该带勘探值得重视的一个种类型。

③砂体和边界断裂两种输导体系控制陡坡带发育岩性油藏、浅层次生油藏及基岩油藏。近期研究认为岩性圈闭、小型构造圈闭、浅层次生圈闭及基岩圈闭是该区下一步勘探的多种类型圈闭目标。

(2)南部陡坡带地震攻关初见成效，边界断裂和各种地质现象反射清晰

泌阳凹陷南部陡坡带东段是一个富含油气的区带，已发现下二门油田，并在多处见到油气显示。2003～2004年度在栗园和梨树凹地区部署高精度三维地震163平方千米。新采集三维地震资料经叠前深度偏移处理后，资料品质明显提高，构造面貌清晰，边界大断裂及盆地基底形态、地层接触关系清楚，主要地质界面同相轴连续性好，反射特征稳定，易于追踪对比。此外，地层超覆、尖灭等地质现象较为明显，易于开展构造解释、储层预测和多种类型圈闭目标的落实工作，为地质综合研究和勘探部署提供了可靠的资料。

(3)泌285、291井钻探取得较好地质效果，有望成为下一步拿储量的有利目标

在凹陷南部郑老庄地区以钻探岩性圈闭为目的的泌285井，完钻井深4000米，共见油气显示28层47米，油斑5层11米，油迹8层14米，荧光15层22米；电测解释差油层

1层1.9米,措施油层3层8.1米。确定试油2层,第一层3648～3654米(H_3Ⅵ砂组),测试回收1.61立方米原油,准备下一步进行压裂改造,有望获得工业油气流。

2004年部署钻探泌291井,见油气显示40层129米,5700测井综合解释油层2层8.7米,差油层5层29.5米,油水同层2层8.1米,差气层2层8.6米,气水同层1层7.5米,合计12层62.4米。下一步试油并进行措施改造,有望获得工业油气流。

3.焉耆盆地焉参1井老井复查取得新的突破,本东地区三维资料重新处理取得新发现

(1)焉参1井老井复查取得新的突破,发现新的含油气层系,新增控制储量311万吨

焉参1井位于宝浪苏木背斜构造带,是焉耆盆地的第一口参数井。

通过对该区老井复查和地质条件的再分析认为,该区构造背景好,西山窑也发育储层,具备形成油气藏的基本条件,且构造低部位有井见到油气显示,需要进一步探索。本次复查的第一层2247.2～2265.5米录井见到微弱的气测异常,低部位钻探的评价井宝201井、开发井宝221井在相应层位录井为低级别荧光显示,宝201井试油日产油0.028吨,水0.154立方米,天然气微量。综合评价后决定对该井的西山窑组进行老井复查试油。

试油井段2247～2275米,综合解释油层7.0米、同层17.0米。2004年7月30日对井段2247.2～2265.5米(2层13.3米)进行测试联作试油。测试采用三开二关工作制度。二开测试,装6毫米油嘴自喷,井口油压11.5兆帕,测试折算日产天然气57亿立方米、凝析油10.12立方米。三开测试,装8毫米油嘴生产12.08小时,井口油压17兆帕,测试折算日产天然气79911立方米;9.52毫米油嘴生产25.3小时,油压14.75兆帕,折算日产天然气153701立方米、凝析油7.07立方米。

焉参1井西山窑组老井复查试油获得高产工业油气流,开辟了焉耆盆地油气勘探的新层系,同时展示了焉耆盆地西山窑组(包括第三系底部)油气勘探具有良好前景。通过初步计算,在宝中区块初步控制天然气地质储量30.09亿立方米,凝析油10.1万吨。下一步工作的重点是开展西山窑组油气成藏机理研究,进行评价勘探,扩大勘探成果,寻找规模储量。

(2)本东地区三维资料重新处理取得新成果,新发现一个背斜构造,已部署图10井钻探

本东构造属于焉耆盆地博湖坳陷本布图构造带,与本布图背斜以一鞍部相隔。1999年前发现图3井和图301井油层,探明地质储量1034万吨(油当量)。2004年对本东三维地震资料重新做了叠前深度偏移处理,进一步落实了本东区块的构造形态。构造仍为一近东西走向的断背斜,但呈现东西两个高点,分别是图8井西局部高点和图301井东高点,两构造之间以一鞍部相隔。东部断背斜已发现本东油田,探明储量1034万吨,而2001年钻探的图8井位于图3井西部,目的在于进一步查明图3井西的含油气性及储层物性的变化情况。图8井完钻井深3270.0米,完钻层位为侏罗系八道湾组,全井地质录井在2878.0～3113.5米,见荧光显示15层108.2米,测井解释油水同层2层50米。从目前构造成果图可以看出,图8井位于本东构造西高点的较低部位。

重新处理解释的叠前深度偏移资料发现的西高点,侏罗系三工河组Ⅱ油组背斜圈闭面积1.98平方千米,幅度50米,预测圈闭资源量500万吨。部署图10井钻探,低部位的图8井试油获得2个油水同层,预测本井可钻遇油层增加新的地质储量。

4.泌阳凹陷分层段资源潜力分析取得新

进展，认为核三下段资源潜力较大，是下一步勘探的有利层系

通过对泌阳凹陷各油田原油、油砂与烃源岩精细分子地球化学研究表明，核三上段的原油来自于核三下段油源的是不多的，仅在井楼、古城油田发现。核三下段油气开始生成时间早，成熟源岩体积大，生烃潜力也大。核三下段资源量约1.8251亿吨，目前仅在江河、井楼、古城北部、杨楼、安棚、下二门等地区核三下段探明石油地质储量4276万吨，剩余资源量1.3975亿吨，除部分油气运移到核三上段聚集成藏外，核三下段应具有较大的资源潜力，是下步勘探的重要层系。

依据泌阳凹陷核三下段各砂组均存在的一个继承性的势能分隔槽（沿安棚—张厂一线方向），将凹陷划分为两大油气运聚区，即南西油气运聚区和北东油气运聚区。将核三下段源岩分成两大部分，烃源岩向各自的油气运聚区内供给油气。

在南西油气运聚区内，发育有三大砂体，即平氏砂体（含栗园砂体）、长桥砂体、古城砂体，其中，平氏砂体上找到双河、赵凹油田，长桥砂体之上找到井楼油田，古城砂体上找到古城油田。该区核三下段找到的储量近4121万吨，而北东油气运聚区内，发育候庄—王集砂体和杨楼—付湾砂体，该区核三下段找到的储量仅155万吨，表明北东油气运聚区核三下段的勘探潜力较大。此外，核三下段以岩性为主的圈闭类型也是油气聚集的有利场所。

下一步工作的重点是开展针对以核三下段为主要目的层的地震资料采集、处理与解释攻关，解决构造面貌不清以及储层横向预测困难的问题；其次是针对核三下段开展基础地质研究工作，包括油气排烃效率及运移机制的研究和有利储集相带分析等问题，以期在深层系的勘探中有新的发现。

5.南阳凹陷区带评价取得新进展，马店地区是下一步勘探的有利地区

马店地区位于张店油田以东，面积约150平方千米。该区成藏条件良好：一是来自北部的砂体广泛分布；二是有鼻状构造背景，为油气运移的主要指向区；三是发育有断鼻、断块圈闭。2004年新发现和重新落实三级圈闭3个，面积11.17平方千米，分析认为圈闭形成时间早，有利于捕获油气，据圈闭评价计算合计圈闭资源量582万吨。

2004年通过新的地震资料解释发现马店地区发育一轴向南北的鼻状构造带，由两个相对的鼻状构造组成，北部为宽缓的马店鼻状构造，特征与张店类似，向南倾没；南部为张清寨断鼻，受控于南部边界断层，向北倾没。已发现的马店含油区块位于构造西翼，已钻探井6口，5口井见到油层，其中南66、68和南80井已试获工业油流。综合分析认为该区是南阳凹陷下一步勘探的重点地区。

6.南襄盆地地震基干大剖面采集攻关取得进展，对盆地整体解剖取得新认识

南襄盆地是自晚白垩世以来，在秦岭褶皱带上发育起来的一个以下第三系为主的中、新生代断坳型陆相含油气盆地，面积1.7万平方千米。为了整体解剖盆地的构造特征、凹陷的边界及接触关系、基底性质以及沉积地层发育情况等地质特征，扩大油气勘探领域，寻找新的油气资源接替区块，2003～2004年度在南襄盆地部署基干大剖面5条（总长372千米），进行野外采集攻关。

本次采集处理的区域大剖面具有三方面的特点：首先是资料品质较好，克服了因为地面障碍物引起的施工困难，地震剖面上基本无缺口；第二是盆地内各构造单元如各个凹陷、凸起的边界、断裂及接触关系清晰可靠，为建立该盆地各凹陷构造格架奠定了基础；第三是首次在泌阳凹陷深层系获得较清晰的

地震反射，剖面浅、中、深反射层次齐全，波组特征明显。

南襄盆地大剖面为解剖南阳—泌阳—襄枣凹陷的接触关系提供了依据，也为进一步整体研究南襄盆地资源潜力打下了坚实基础。通过基干大剖面的处理解释，发现三个凹陷沉积差异大，在沉积岩总厚度上，泌阳凹陷最厚超过 8000 米，是南阳凹陷的近 1.5 倍，是襄阳、枣阳凹陷的 2 倍。地质综合研究认为三个凹陷湖盆形成期也不同，泌阳凹陷在大仓房组沉积晚期已形成水体较深的湖盆，发育有暗色泥岩，核三段已处于湖盆的鼎盛时期，核桃园组暗色泥岩最厚达 2000 米以上；南阳凹陷在核三段沉积初期尚未形成较深水体的湖盆，最稳定沉降期是在核三段晚期和核二段沉积时期；襄枣凹陷在核二段沉积时期才形成湖盆，凹陷中心仅有浅湖相沉积，分布范围也相当局限，占凹陷面积不足 5%，生油岩厚度较小，且最大埋深仅 1800 米。各凹陷发育特征及沉积条件的差异，是其下第三系成油条件悬殊的主要原因。

7.南华北盆地地质综合研究取得新进展，上古生界有较大天然气资源前景

(1)烃源岩分布范围广、厚度大、层系多，具有形成天然气藏的良好物质基础

南华北盆地上古生界面积约 5.7 万平方千米，烃源岩层系有本溪组、太原组、山西组和石盒子组；煤系烃源岩有机质类型以腐植型(Ⅲ型)为主，灰岩以腐植—腐泥型(Ⅱ型)为主。与鄂尔多斯盆地相比，华北南部上古生界烃源岩好于鄂尔多斯，有机质丰度相对较好；生烃层系多于鄂尔多斯，煤系地层厚度大于鄂尔多斯。烃源岩具有分布范围广、厚度大、层系多的特点。

(2)石炭—二叠系砂岩广覆型分布为天然气聚集提供了较好的储集体，多套储盖组合为天然气聚集成藏形成有利条件

8.望江—潜山盆地地质综合研究取得新进展，分析认为凉泉凹陷为油气勘探有利凹陷

通过野外调查，在宿松等地下志留统砂岩和下寒武统、下二叠统灰岩中发现多处油气显示，并以烃源岩分析工业制图为基础，采用烃产率法进行资源量计算，望江—潜山盆地，油气总资源量(油当量)约为 2.26 亿～3.72 亿吨，具有较雄厚的资源基础。

望江盆地南部凉泉凹陷为继承性沉降区，勘探面积 4000 平方千米，处于沿江对冲构造核心区，构造相对稳定，构造和岩浆活动影响较弱，是古生界—中生界地层保存最好的地区之一。目前已发现多个与油气直接相关的古生界隆起和重、磁力异常，地面和钻井已发现多处油气显示，可作为油气勘探的首选地区。

9.塔里木盆地联合研究攻关取得新进展，环满加尔坳陷生油区成藏条件优越，河南探区勘探潜力大，勘探前景日趋明朗

孔雀河及两北区块分别位于满加尔生油凹陷的东缘及西北缘，成藏背景有利。经过 2004 年的攻关研究，特别是 3 个月的联合研究会战，在构造及成藏规律研究方面取得新的进展。发现和重新落实各类圈闭 97 个，累计圈闭面积 5880 平方千米。同时，经过综合研究，进一步明确了两北及孔雀河区块主要的勘探领域和有利钻探目标。通过综合评价，优选出 4 个有利圈闭，部署了 4 口探井(尉梨 1、孔雀 2、孔雀 3、顺 8 井)，4 个圈闭累计面积 1242 平方千米，累计圈闭资源量约 3 亿吨，单个圈闭资源量均在 5000 万吨(油当量)以上。通过上述 4 口井的钻探，2005 年有望在该区取得油气勘探的突破，发现有较大储量规模的整装油气田。

10.三江盆地二维地震攻关取得新进展，绥滨坳陷是勘探的有利地区，前进坳陷的挠

力河凹陷有一定勘探潜力

三江盆地区域上地跨中俄两国，自我国佳木斯至俄罗斯的共青团城，呈北东方向延伸，长约500千米、宽约200千米，总面积约为90370平方千米。俄罗斯境内部分称中阿穆尔盆地，面积约56640平方千米。我国境内位于黑龙江、松花江与乌苏里江“三江”汇合带，面积约33730平方千米。三江盆地整体勘探程度较低，且勘探工作量在面上分布很不均衡。已有资料显示，该盆地具备形成油气藏的地质条件，有必要继续完成盆地评价工作。

(1)绥滨坳陷

根据原有资源评价成果，绥滨坳陷石油资源量为1.66亿～2.77亿吨，天然气资源量为358亿～716亿方。

我油田近期重新处理解释的1∶20万重力资料显示，沿绥滨坳陷东部边界大断层分布3个北东向排列的凹陷，而以前的测线未延伸到该区，推测主要沉积地层与坳陷西部相同，下一步需部署二维地震进行概查。

南部山前地震测线少，而已有剖面证实该区存在中生界煤系地层，下一步需部署地震搞清构造格局与地层分布。

中部地区中石化登记区块内，目的层较厚，构造成排成带发育，但以往地震资料信噪比低，测线较稀，需加密测线进一步查明构造，并为今后圈闭落实及预探井井位做准备。

(2)前进坳陷

前进坳陷解释三级构造圈闭14个，面积1168平方千米，负向构造4个，面积5787平方千米，由于工区内测线较稀，所解释圈闭均为推测性解释。从地震剖面上发育有晚期断层的特征分析，这些断层的存在对区内油气保存具有不利因素，因此，本区圈闭保存条件不是很理想。但从对本区次级构造单元分析，位于工区东南部的挠力河凹陷，有可能存在着较好的圈运保条件。另外，浓江凹陷中的3个向斜，如果存在生油岩系，也可形成良好的圈运保条件。

前进坳陷的构造带主要以北东向展布，区内发育了浓江凹陷和挠力河凹陷两个较大的负向构造带。正向构造发育继承性较差，构造主要与断层伴生。挠力河凹陷是本区有利勘探区，浓江凹陷次之。（石　磊）

【勘探投资及勘探效益】 2004年勘探投资计划29808万元，实际完成投资29807.93万元，完成年计划的100%。

河南老区泌阳、南阳凹陷完成勘探投资17214.95万元。其中探井完成投资11221.29万元，探井成本每米2200.51元，与2003年相比每米进尺减少113.71元(减少的主要原因是钻探浅井较多，成本下降)；三维地震完成投资5993.66万元，综合成本每平方千米230.62万元，单位成本比上年增加4.49万元。

焉耆盆地完成勘探投资4066万元，其中探井完成投资4066万元，探井成本每米10165元。

外围新区襄枣凹陷、邓州凹陷完成勘探投资3396.98万元，其中探井完成投资1169.96万元，探井成本每米2924.90元；二维地震完成投资2227.02万元，二维地震综合成本每千米4.1062万元。

滚动勘探计划投资4000万元，实际完成投资4000万元，其中滚动探井投资2490万元，探井成本每米2193.64元。

2004年计划单列项目完成投资1130万元(含外围盆地研究费用)。

根据探明石油地质储量和工作量完成情况，2004年的勘探效益为：米进尺探明石油地质储量182.33吨；吨探明储量直接投资20.50元(不含勘探先导项目研究费用)。

（石　磊）

油气田开发

【概述】 河南油田迄今已在南阳、泌阳2个凹陷和焉耆盆地探明了15个油田，含油面积169.4平方千米，地质储量26904万吨。其中东部油区探明13个油田，含油面积144.6平方千米，地质储量23779万吨；西部油区探明2个油田，含油面积24.8平方千米，地质储量3125万吨。

截至2004年底，东部开发了双河、下二门、魏岗、赵凹、王集、张店6个稀油油田和井楼、古城、新庄3个稠油油田，动用含油面积99.2平方千米，动用地质储量19072万吨，占探明储量的83.5%。

西部已投入开发了宝浪油田和本布图油田2个油田，动用含油面积11.3平方千米，动用地质储量1436万吨，占探明地质储量的45.95%。

2004年底河南油田开发区标定采收率为37.87%，可采储量7655.8万吨，累积产油5805.2万吨，剩余可采储量1850.6万吨。其中东部油田开发区标定采收率38.3%，可采储量7250.3万吨，累积产油5645.1万吨，剩余可采储量1605.2万吨，西部油区标定采收率28.2%，可采储量405.5万吨，累积产油160.1万吨，剩余可采储量245.4万吨。

截至2004年12月，河南油田共有各类井3223口，其中采油井2377口，注水井798口，油水井数比为2.98，观察井26口，未建未投井22口。

2004年12月，河南油田油井开井1992口，油井利用率83.8%，日产油水5147.1吨，平均单井核实日产油2.5吨，年产油188.30万吨，日产液水平53310吨，平均单井日产液26.8吨，年产液量1903.1万吨，综合含水90.28%，年均综合含水90.21%，年自然递减18.32%，综合递减7.25%。开发区采油速度0.91%，剩余可采储量采油速度9.65%，采出程度28.82%，可采储量采出程度77.13%，采液速度9.40%。注水井开井716口，利用率89.7%，日注水平51061.6立方米，平均单井日注水71.3立方米，月注采比0.94，年注水量1781.98万立方米，累计注水28358万立方米，累积注采比0.85。地下累计亏空5202万立方米。（杜学军）

【油田主要开发任务完成情况】 1.原油、天然气产量完成情况

2004年河南油田原油生产计划188万吨，实际完成188.3056万吨，完成计划的100.2%。其中：新井产量15.19万吨，完成计划的81.7%；措施增产量20.65万吨，完成计划的135.9%；老井自然产量152.455万吨，完成计划的98.9%；三采区块产量34.69万吨，完成计划的101.9%。

2004年生产天然气1.0193亿立方米，完成年计划的101.9%，其中气层气生产0.0045亿立方米，溶解气生产1.0148亿立方米。

2.滚动勘探开发完成情况

2004年河南油区计划部署滚动勘探井8口，进尺2.0万米，实际完成16口，进尺1.14万米，与计划对比增加8口。

3.新老区产能建设及技术改造完成情况

2004年产能建设完成336口，进尺30.22万米，投资84499万元，分别完成计划的100%、101.2%和100%。建成产能43.5万吨。其中：新区完成223口，进尺13.45万米，投资45255万元，建成产能30.8万吨；老区完成63口，进尺12.85万米，建成产能12.7万吨，投资27245万元；技术调整改造完成14口，进尺2.18万米，投资3800万元；

开发准备完成36口，进尺1.74万米，投资3155万元，老油田调整改造完成9口，进尺1.42万米，投资4564万元；天然气产能改采井3口，投资240万元。

老油田技术改造和调整综合治理年增油5.7万吨，恢复产能10.87万吨，年增加注水能力47.1万立方米，恢复水驱控制储量228.8万吨，恢复水驱动用储量169.7万吨，恢复可采储量69.3万吨。

2004年投产油井307口，年产油15.1960万吨，单井年产油495吨，其中新区167口，年产油6.2067万吨，单井年产油372吨，平均含水54.99%；老区140口，年产油8.9893万吨，单井年产油642吨，平均含水67.55%。

4.增产增注措施完成情况

2004年实施油井措施720井次，较计划增加140井次，年措施增油20.65万吨，较计划增加5.45万吨，措施单井年增油287吨，措施有效率77.1%。注水井实施措施213井次，年增注101.17万立方米，措施有效率89.2%。

5.注水量与产液量完成情况

2004年产液量计划1743万立方米，实际产液1777.8万立方米，较计划增加34.8万立方米，注水量计划1822.3万立方米，实际注水1773.6万立方米，较计划减少48.7万立方米。

6.油田综合含水和含水上升率情况

2004年12月份河南开发区综合含水为90.51%，年含水上升率0.69，与计划相比分别高0.28和0.19。

7.原油产量递减变化情况

2004年油田自然递减为18.32%，综合递减7.26%，与计划相比自然递减高0.25个百分点，综合递减小0.1个百分点。

8.三次采油情况及稠油热采完成情况

2004年新增三采区块1个(双河油田Ⅴ上层系)，地质储量494.5万吨，覆盖地质储量301.6万吨，三采区块累计11个区块，覆盖地质储量3494.3万吨，化学剂(干粉)当年用量0.21万吨，当年增油6.8362万吨，累计化学剂用量1.79万吨，累计增油86.014万吨，较预测要低。

稠油热采当年新动用储量1250万吨，上报动用储量362万吨，累计热采井总数766口，开井595口，年产油量28.37万吨，累计热采增油253.47万吨，回采水率96.82%，年注汽79.30万吨，年吞吐油汽比0.36，累计油汽比0.34。

9.新增可采储量完成情况

2004年新增可采储量177.4万吨，年度储采比0.97，其中新区增加可采储量99万吨，老区调整增加可采储量78.4万吨。

10.井下作业完成情况

2004年井下作业4166井次，较2003年增加538井次，其中：油井作业3286井次，较去年增加474井次，属主要措施作业958井次，占29.2%，较去年同期增加0.9个百分点；注水井作业880井次，较去年增加64井次，属于主要增注措施作业365井次，占41.4%。

11.动态监测完成情况

油田动态监测完成1190口，完成年计划的119.0%，其中：油井测压366口、注水井测压178口，测产液剖面7口，测吸水剖面413口，饱和度测井64口，工程测井10口，裂缝测试8口，流体性质测井144口。

12.生产经营完成情况

2004年开发投资8.45亿元，当年实现利润7.73亿元，油田生产完全成本1284.75元/吨，较计划降低0.25元/吨，现金操作成本63.06元/桶油气当量，与计划持平。

全年生产液化气1.40万吨，原油商品率

92%,商品量 173.24 万吨。天然气商品率 15.5%,商品量 0.155 亿立方米。

（杜学军）

【油气田开发措施】 1.实施油气资源战略,努力搞好滚动勘探开发工作

2004 年河南油田围绕着油气资源战略目标,进一步加大滚动勘探开发力度,立足于泌阳、南阳凹陷老油田周缘和宝浪油田周缘,以增加可采储量、建成接替产能为目的，充分利用三维地震、定向钻井、现代测井、现代试井技术，开展油藏精细描述地质综合研究工作和滚动勘探开发的潜力分析，为油气资源战略的实现和原油产量的稳步增长奠定了基础。

①针对新庄新区出现的特殊情况,及时采取措施,弥补新区工作量和产量,在井楼油田老区滚动扩边及难采储量评价动用,部署新井 63 口,建成产能 6 万吨。

②加大滚动勘探力度,增储效果明显,新增探明储量 258 万吨,控制储量 292 万吨。

在精细三区南部Ⅲ6 层油藏地质特征研究的基础上,在楼资 27 井东南部分别部署了滚动评价井,已完钻 2 口井均钻遇Ⅲ6 层,油层有效厚度平均 5.0 米,新增储量 40 万吨。

通过对杨楼油田构造和储层展布研究,部署杨资 1、杨资 2、杨资 4、杨资 5、杨资 10 等评价井,使该区储量由 45 万吨达到 263 万吨。

通过对井楼五区西部储层进行重新研究,新增控制储量 92 万吨。

开展安棚区深层系储层研究,通过对 B261 井Ⅶ7－9 压裂试采,初期日产达到 46.6 吨,预测 B261 井区控制储量 200 万吨左右。

③及早对新庄、杨楼油田新增储量进行开发前期评价,进一步落实储量和产能，为 2004、2005 年产能建设方案部署奠定了基础。针对勘探重点发现区块，对 BQ67、BQ94－95、BQ90、XQ45、BQ93 井区进行了开发评价,共部署评价井 21 口,评价落实储量 768 万吨。其中 BQ67 块储量评价后,储量由评价前的 741 万吨缩减为 427 万吨;新浅 45 块评价后落实储量为 128 万吨;BQ93 井区落实储量 84 万吨;BQ94－95 块评价后落实储量 129 万吨。

④老区老井复查取得好的效果,新增储量 77 万吨,产油 1.77 万吨。2004 年进一步完善了老区老井复查工作,全年完成复查 43 井层,新增探明储量 87 万吨。验证井日产能力由措施前的 72 吨上升到措施后的 210 吨,目前产能 77 吨/日,累计产油 1.58 万吨。为 2004 年产量任务的完成起到了积极作用。

2.优化综合治理及技术改造方案,实施项目化管理,恢复老油田产能

①老区注采井网完善:钻更新井 6 口(油井 2 口，水井 4 口）年增油 0.36 万吨,年增产能 0.6 万吨,恢复可采储量 11.6 万吨,恢复控制储量 39.5 万吨，恢复动用储量 33.9 万吨。

②侧钻井实施:2004 年部署侧钻井 5 口,开钻 5 口,已完钻投产 4 口,年增原油生产能力 0.76 万吨,累积产油 0.59 万吨,恢复控制储量 11.1 万吨,可采储量 4.4 万吨。

③油水井大修:2004 年共完成油水井大修作业 49 口,年恢复原油生产能力 3.21 万吨,年恢复注水能力 42.5 万立方米,恢复可采储量 35 万吨。其中:大修油井 41 口,大修后日增油 122.5 吨,含水 81.7%,年增油 0.93 万吨,恢复产能 2.66 万吨,增加可采储量 20.8 万吨。

④长停井复产:2004 年共扶长停井 83 口,复产后日产油 251.5 吨,平均含水 82.1%,通过这批长停井的复产,年恢复原油生产能

力6.3万吨，年增油3.5万吨，恢复动用储量66.5万吨，恢复可采储量18.3万吨。

⑤区块单元综合治理：

2004年开展重点治理的单元5个(双河Ⅶ下层系、安棚区、王集油田、井楼一区、古城BQ10区)通过实施见到了较好的效果。

3.搞好三采的投入和动态调整，稳定三采区块产量

聚合物驱三次采油至今已投入11个区块(含双北Ⅳ1－3试验区)，聚驱覆盖地质储量3494.7万吨(占稀油田总储量的23.2%)，采油井总数272口，注聚井累计93口，目前45口，累计注干粉17931吨，注交联剂3229吨，2004年增油6.84万吨，累计增油83.35万吨，年产油34.69万吨(占总产量的27%)。

2004年河南油区新增高温聚合物驱区块1个(双河Ⅴ上层系)，覆盖地质储量301.6万吨，有注聚井16口，注聚对应采油井29口。实施油井补孔16口35层，新井投产1口；水井完善补孔15口35层，油井转注3口、新井投注3口；对5口井进行示踪剂监测，先后对12口注聚井实施调剖，有2口油井见到调剖效果，3口井见到注聚效果，日产油由10.1吨增至15.7吨，含水由92.3%下降到88.9%。

4.紧密围绕制约油田开发的工艺技术瓶颈问题，集中精力，加大技术攻关和配套的力度。

(1)完善配套砂砾岩厚油层细分开采技术

厚油层油藏精细描述技术；厚油层井网综合调整技术；厚油层细分开采配套工艺技术。

(2)80摄氏度以下断块油藏交联聚合物驱配套技术

整体深度调剖技术；剩余油分布跟踪监测技术：该技术在下二门油田H_2Ⅲ层系应用后，取得了累计增油14.3万吨、聚合物换油89吨、提高采收率5.75个百分点、驱剂费用节约369万元的好效果。

(3)“隔热注采技术”和“固井技术”

针对新庄油田注蒸汽热采过程中管外窜槽严重、热采吞吐热损失大等制约开发的瓶颈问题，进行技术攻关，突破了“新庄油田隔热注采技术”和“固井技术”等生产技术难题。

实现了隔热注采一体化，注汽后能及时转抽，与光油管注汽相比，减少了热损失，同时也缓解了套管受热损坏的矛盾。与隔热油管相比，该项技术成本低，单井投资节约11.1万元。杨楼、新庄地区地层胶结疏松、泥岩不发育，用常规的完井方法，在热采时套管受热变形造成水泥环胶结界面破坏，导致汽窜和管外窜，影响正常开发。为此，进行固井技术攻关配套，预应力固井技术应用取得初步成效，降低了高温注汽对固井质量的影响。

(4)偏磨井治理技术

针对大斜度的偏磨井进行影响机理的研究和治理，对126口严重偏磨井进行治理，利用斜井抽油机有杆泵设计软件优化实施22井次；安装抽油杆双向保护接箍15井次；应用抽油机多功能减振悬绳器20井次；采用无杆泵采油技术10井次；应用油管张力锚、张力封隔器固定管柱6井次；优化地面参数28井次。使抽油井因偏磨造成杆管断脱多的现象得到遏制。

(5)深度调剖技术

利用污泥调剖、聚合物调剖等工艺，改善厚油层的吸水剖面，控制大孔道无效注水量，改善驱替效果，提高潜力层段的动用程度。其中含油污泥调剖主要原理是利用含油污泥中的泥组分、油组分，加入适量的悬浮剂和分散剂，形成均一、稳定的乳状液。在地层深部通过吸附、粘联聚集形成较大粒径的“团粒结构”，沉降在大孔道中，封堵高渗透层带。与

其他同类技术相比，该技术一是可大剂量使用，实现油层深部液流转向；二是可有效解决污泥外排所造成的环境污染问题，节约含油污泥固化费用。2004 年在 6 个区块 26 口井进行调剖，实施了交联聚合物、絮凝剂和含油污泥调剖，使吸水剖面得到部分改善，累计增油 3874 吨，处理含油污泥 6100 立方米。

(6)分站计量及抽油机无线远程监控技术

油井无线监控具有自动报警等功能，通过无线方式传输每口井的运行数据，在总控制器上及时发现停井和躺井情况。目前已应用 185 口油井（电泵井 70 口，抽油机井 115 口），控制油井产量近 1200 吨/日，采油有效时率提高 0.5%。

5. 搞好油田开发先导试验，为河南油田发展做好技术储备

(1)表面活性剂驱试验

2004 年在古城油田 B125 区开展了表面活性剂驱试验，先后对 B125 区试验区 3 口注水井实施分层深度调剖、分层注水和动态调配（日注水量由 100 立方米提高到 190 立方米），同时为减小外围注水井对内部试验井组的影响，实现井组间的注采平衡，针对层间和平面矛盾突出的外围注水井进行深度调剖和注水调整，日注水量 95 立方米增加到 170 立方米，使外围井组地层能量逐步恢复。至目前表面活性剂驱试验，已初步见到效果，注水压力平均上升 2.63 兆帕，含水平均下降 2%，日产能力增加 6.1 吨，累计增油 838 吨。

(2)BQ10 区蒸汽驱试验

2004 年开展了古城 BQ10 区Ⅳ9 层蒸汽驱先导试验，试验采取对 GJ501、GJ503、G51722 三个井组同时注汽的方式，面积汽驱。汽驱前对吞吐时汽窜严重的 GJ501、GJ503 井实施了深度调剖。三口汽驱井共注汽 2.5374 万吨，汽驱注汽速度 139.7 吨/天，注汽压力 3.7～3.4 兆帕，温度 251 摄氏度左右，注入过程中注入参数基本达到方案设计要求，注汽质量较好。汽驱对应 14 口油井见到汽驱反应，有 4 口井见效。截至 12 月底蒸汽驱受效已基本结束，累计产液 3.0739 万吨，产油 0.2574 万吨，综合含水 91.6%，累计增油 1833 吨，阶段采注比 1.21，油汽比 0.1。

6. 搞好注水结构的调整和治理，改善开发效果

2004 年开展“双江注水系统优化”、“简化注水管柱，提高注水合格率”、“污水水质改善”、“调整欠注井增注方式”、“含油污泥深度调剖”等注水项目组开展注水治理调整工作。

动态调配方面从地质研究着手，搞清剩余油分布，充分利用动态监测、测试、测井资料，从小层—井组—油藏，分析储层动用状况、注水受效情况、水淹状况、注采平衡和能量保持利用状况，进一步落实 A、B、C 动态管理办法，实施上确保重点 A 类井的运行。先后实施调配 372 井次、453 个层段，潜力层提高注水 199 口 254 层，增加注水 5463 立方米/日；控制强淹和无效注水 173 口 199 层，减少注水 4418 立方米/日。

措施增注改造方面全油田实施欠注井酸化改造 131 口，年增注 59.67 万立方米；实施高压注水 17 口，年增注 8.3 万立方米；完善补孔 53 口 61 层，年增注 26.2 万立方米。

新井投注老井转注、新方向注水方面：新投转注 32 口，年增注 40.6 万立方米。

实施分注 85 口，打塞和封堵 30 口，调剖 34 口，大修 22 口。

注水实施工作较前二年相比，力度明显加大，通过调整治理，注水结构有所改善，到 2004 年 12 月全油田日注水量上到 51062 立方米，注采比达到 0.94，水井措施有效率 77.1%，年减少无效注水 67.3 万立方

米，注采关系有了改善，有82口油井注采调整见效，日增产能143.1吨，降低含水2.2个百分点，年累计增油1.6万吨。

7.狠抓措施挖潜工作，弥补老区的产量递减

全年实施老井措施720井次，较计划增加140井次，有效井555井次，措施有效率达到77.1%，年措施增油20.65万吨，较计划增加5.45万吨。共培育高效优质措施井73口，增加产能961吨/日，平均单井增加产能13.2吨/日。

对低效井治理从地质选井、方案设计、工艺、施工、对应井层的注水状况、措施时机把握等方面着手，全年治理295口，有216口井产状得到改善，增油8.62万吨，治理前后对比，日增产能615吨，含水下降6.1个百分点，平均单井日产量由1.1吨增至5.8吨。

8.调整天然气利用方式，提高综合效益

对双魏输油管线采用加降凝剂运行，停止唐河2#站加热炉或降低热负荷，节约天然气5000立方米/日；利用精蜡厂锅炉剩余能力，实施了精蜡厂向魏岗油矿供热工程，使魏岗油矿停用了2台4吨蒸气锅炉、4台200万大卡水套加热炉，减少用气量2.8万立方米/日；魏岗停用天然气后，自产伴生气（含张店油田）多余部分8000立方米/日，通过双魏线ф219管线输到井楼三区使用。今年在伴生气产量下降的情况下，采油一厂供采油二厂天然气2200万立方米，比去年多供气1300万立方米。

9.强化生产组织和管理工作，提高油藏经营管理水平

2004年组建两个厂的测试大队和井下作业公司，实现队伍、装备、技术一体化管理。构建修井作业的质量监督体系，完善内部市场化生产运行机制和油藏经营管理体制。

完善油藏管理工作，积极开展“五项”劳动竞赛活动，实行吨油工资含量包干，原油生产按老区新井、措施、老井、三采、捞油组织运行。完善作业施工的监理制度，开展“降低无效作业工作量，提高作业措施效益”两项专题活动，提高作业质量和措施有效率。加强油水井的基础管理，提高生产时率和进罐率，搞好油水井的动态分析活动，及时调整注采关系，优化生产参数和油井举升方式，对油藏边缘物性差的难采井和井身结构复杂井，采取降回压、防偏磨、电加热、化学降黏、就地进罐简易生产等措施手段，改善难采井的开发效果，提高采油综合时率和储量动用程度。

2004年加大“有偿推广新技术”规模，项目由2003年的7个增加到11个，实施井次由2003年的45井次增加到119井次，规模逐年扩大。

试行“油公司”管理模式。在稠油新区成立开发项目经理部，作为油田开发甲方全面负责新庄、杨楼油田的开发生产。

（杜学军）

【产能建设】 2004年油田开发工程钻井336口，建成产能43.5万吨，其中新区223口，建成产能30.8万吨；老区钻井63口，建成产能12.7万吨。

2004年稀油新井平均建井时间11天，比去年同期缩短了1天；稠油新井平均建井时间16天，比去年同期缩短了3天。

调整加大老区的工作量，老区全年新井投产140口，建成生产能力12.7万吨，当年产油8.99万吨，平均单井年产油642吨，综合含水74.09%。投入的新区储量品位较差，建成投产167口，建成产能30.8万吨，当年产油6.2067万吨。

全年实施低效新井措施42口，增油1.56万吨。其中采油一厂新井实施措施17口，日产能力由30.2吨增至148.5吨，含水

由97%降至81.2%，年增油达1.08万吨。

（杜学军）

油气田简介

【宝浪油气田】 1.地理位置

宝浪油田分布在新疆巴音郭楞蒙古自治州境内。含油面积约占河南油田总含油面积的8.1%。油田四面被山脉所环绕，北面为南天山，南面为库鲁克塔山，西面为霍拉山，地面海拔1050米左右，地表条件比较复杂，有戈壁、沙漠、沼泽、湖泊、农田等多种类型的地貌。盆地内水源充足，草木茂盛，农、牧、渔业都比较发达，是新疆主要的粮食和蔬菜基地。南疆铁路和乌喀公路南北向穿过盆地，交通比较方便。

2.地质特征

宝浪油田位于焉耆盆地宝浪苏木背斜构造带，主要含油层段为侏罗统西山窑、三工河组，构造为一局部剪切应力场形成，具有多期构造成因的长轴状高陡背斜。背斜呈北西—南东向展布，背斜形态相对完整，东北翼较陡（倾角为30°～45°）、西南翼相对较缓（倾角为12°～13°）。区内III级断层发育，影响局部砂体的连同状况、油水分布。含油层段属陆相淡水湖盆环境中的辫状河三角洲—滨浅湖沉积体系，由于小盆地、近物源、短水道沉积的砾状—含砾不等粒砾岩，砾石含量较高，颗粒分选差，成熟度低。

储层孔隙度为12%～13%，渗透率（15～27）$\times 10^{-3}$平方微米，含油饱和度为65%。地面原油密度为0.797～0.8101克/立方厘米，黏度1～2毫帕·秒，油气比为211立方米/吨，含硫量0.07%～0.14%，凝固点为45～50摄氏度，天然气甲烷含量80.6%，含蜡量为8%～14%，胶质沥青质含量为2%，原始地层温度95摄氏度，地层压力24～26兆帕，饱和压力16.8～17.6兆帕。地层水Cl^-含量18880～25700毫克/升，总矿化度33600～44300毫克/升，水型为重碳酸钠型。

3.2004年开发方案及开发效果

2004年产能建设部署钻井16口，进尺4.08万米。年安排基建13口，其中油井11口，建成产能3.6万吨；投产11口，年产油0.8万吨，投注2口。年安排生产原油15.9万吨。其中老井产油15.0万吨，措施增油0.9万吨，年产液量21万吨，年注水46.0万立方米。

截至2004年底，宝浪油田已投入含油面积9.0平方千米，地质储量1144万吨，可采储量338.2万吨，有采油井103口，开井89口，日产油水平272.5吨，年产油量13.7888（老井12.31，措施1.41，新井0.06）万吨，累积产油145.8198万吨，地质储量采油速度1.21%，采出程度12.75%，综合含水36.11%，自然递减31.34%，综合递减23.47%；注水井57口，开井50口，日注水量1392立方米，年注水量52.66万立方米，月注采比1.73，累积注采比1.37，年生产天然气0.3658亿立方米。地层压力20.26兆帕，总压差6兆帕，平均动液面1401米，压力保持水平85%。

当年完成钻井16口，进尺4.08万米，新建生产能力3.0万吨，百万吨产能投资34.28亿元；当年投产油井3口，产油0.06万吨。投转投注水井12口，当年注水4.72万立方米。

宝浪油田自1997年实现注水开发以来，阶段注采比不断提高，由1998年的1.03上升至2005年2月的1.59，月平均日注水1256立方米，累计注采比1.37，目前注采状况从数据上能满足开发需要。但有效注水量低，边外注水井外溢量控制难度大，存水率低，欠注井、层仍较多，欠注量大，能量仍呈下降趋势，裂缝发育造成部分油井暴性水淹，目前压力水平保持高的宝北区块Ⅲ油组，西北区已基本暴性水淹，形成油井的局部高压，这些因素严重制约了油田的下步开发。

（李国强）

【本布图油气田】 1.地理位置

本布图油田分布在新疆巴音郭楞蒙古自治州境内。油区和勘探区介于北纬41°58′～42°01′和东经86°43′～86°51′之间，含油面积约占河南油田总面积的6.4%。油田四面被山脉所环绕，北面为南天山，南面为库鲁克塔山，西面为霍拉山，地面海拔1050米左右，地表条件比较复杂，有戈壁、沙漠、沼泽、湖泊、农田等多种类型的地貌。盆地内水源充足，草木茂盛，农、牧、渔业都比较发达，是新疆主要的粮食和蔬菜基地，南疆铁路和乌喀公路均南北穿过盆地，交通比较方便。

2.地质特征

本布图油田位于焉耆盆地博湖凹陷本布图构造带，主要含油层段为侏罗统三工河组，构造为一轴向北西向背斜，整个背斜呈北西—南东走向，背斜西南翼缓（地层倾角为4°～6°），东北翼陡（地层倾角为15°～22°）。由于受多期构造的影响，背斜东北翼发育着大小5条逆断层，其方向大致与水平最大主应力方向平行，岩心观察，含油层段内裂缝不发育。含油层段为辫状河三角洲—滨浅湖沉积体系，主要的沉积微相类型有：水下分流河道、河口坝、席状坝、决口扇及河道间。

储层平均孔隙度为12.2%，平均渗透率9.80×10^{-3}平方微米，原始地层温度90～110摄氏度，地层压力27～29兆帕，地面原油密度0.799～0.84克/立方厘米，黏度1～5毫帕·秒，凝固点13～15摄氏度，含蜡量12%，天然气甲烷含量72%，不含硫或微含硫。

3.2004年开发方案及开发效果

2004年安排生产原油2.3万吨，其中老井产油2.0万吨，措施增油0.3万吨，年产液4.0万吨，年注水5.0万立方米。

截至2004年底，本布图油田动用含油面积2.3平方千米，地质储量292万吨，可采储量67.3万吨。有采油井23口，开井19口，日产油水平39.1吨，年产油量2.233（老井1.52，新井0.68，措施0.04）万吨，累积产油14.3132万吨，地质储量采油速度0.76%，采出程度4.9%，可采储量采出程度21.27%，综合含水23.88%；有注水井15口，开井13口，日注水量174.3立方米，年注水量5.35万立方米，月注采比1.67，累积注采比0.35；年生产天然气0.0497亿立方米。地层压力21.55兆帕，总压差5.65兆帕，平均动液面1682米，压力保持水平79.23%。

当年投产油井10口，产油0.68万吨。投转投注水井7口，当年注水2.2万立方米。

本布图油田自2002年实行注水开发以来，东南区由于物性差，长期注不进水，西北区物性稍好，但欠注量仍较大，目前月注采比虽达到1.63，但能达到配注的井仅3口，注采比上升主要是因为采液量下降形成。该油田累计注采比仅0.38，累积亏空17.4万立方米，因此造成地层能量下降，供液不足，产液量下降，平均单井日产油仅2.3吨，边水推进、底水锥进现象突出，难以治理，自然递减在2004年达到50%，该区块目前主要工作是做好水井增注工作。　（李国强）

【古城油气田】 1.地理位置

古城油田分布在唐河境内。油区和勘探区介于北纬32°38′～32°41′和东经112°56′～

113°01′之间，含油面积约占河南油田总面积的3.9%。油田为坦荡的平原，海拔在92～170米之间；西临唐河水系，水源充足，地理位置优越。

2.地质特征

古城油田位于泌阳凹陷西北斜坡带的古城鼻状构造，油层主要分布在第三系核桃园组核三段，其构造是一向东南倾没的鼻状构造，西邻宋庄鼻状构造，东北与付湾鼻状构造相邻，向东南与前杜楼—双河鼻状构造相接。该鼻状构造被北西、北东和近东西向三组大小不等的正断层切割。

油藏类型为复杂断块油藏和稠油油藏。储层砂体属三角洲的前缘向，故岩性较细分选较好，以细砂岩为主，胶结松散，胶结类型为孔隙型，胶结物以泥质为主。

储层有效孔隙度为27%～32%，空气渗透率为0.283～1.006平方微米，含油饱和度为54%～70%。地面原油密度为0.917～0.970克/厘米，黏度80～88500毫帕·秒，油气比9～26立方米/吨，天然气甲烷含量76.6%～99.0%，凝固点为7～24摄氏度，含蜡量为5%～18%，胶质沥青质含量均为27%～41%，原始地层温度30～57摄氏度，地层压力2.9～9.2兆帕，饱和压力3.3～7.1兆帕。地层水Cl^-含量2000～4000毫克/升，总矿化度7400～9300毫克/升，水型为重碳酸钠型。

3.2004年开发方案及开发效果

2004年安排生产原油10.8万吨。其中老井产油9.4万吨，措施增油1.4万吨。年产液量85万吨，年注水59万立方米。

古城油田投入开发了泌123区、泌124区、泌125区、泌浅10区等4个区块，共计含油面积4.3平方千米，动用地质储量1185万吨，可采储量296.8万吨。其中泌123区、泌124区、泌125区为注水开发，泌浅10区为注蒸汽吞吐开发。

截至2004年底，古城油田共投产各类井317口，其中采油井263口（常采井132口、热采吞吐井131口），采油井开井206口，日产液水3042.1吨，日产油水366.9吨，综合含水88.14%，吞吐日注汽水582吨，月油汽比0.35；注水井开井54口，日注水1807.8立方米，月注采比0.91。累积产液640.60万吨，累积产油186.79万吨，采出程度15.76%；累积注汽269.95万吨，累积吞吐油汽比0.32；累积注水396.31万米，累积注采比0.98。

热采吞吐开发区块BQ10区累积吞吐1552井次，平均单井吞吐8.3个周期，最高单井吞吐20个周期。

2004年古城油田生产原油11.79（老井8.88，措施2.55，新井0.36）万吨，日均生产原油322.2吨，注水开发区块通过井网完善、动态调配、油藏挖潜，实现了稳产。泌123区、泌124区、泌125区三个注水开发区块产能由232.3吨到231.8吨，基本稳定，古城油田日产水由303吨到322吨，含水由86.26%到88.14%，含水上升率由1.69%到2.04%，2004年综合递减为0，自然递减为10.17%。

2004年通过注水动态调配，潜力层加强注水，低渗透层酸化改造及投、转注新井，逐步提高注水量，注水区块日注水由1210立方米，提高到1473立方米，地层能量得到恢复，泌123区地层压力稳定，泌124、泌125区地层压力均上升。泌124区地层压力上升0.62兆帕，泌125区压力上升1.16兆帕。通过注水井动态调配及措施实施，对应油井有31口见效，日产油量由76.1吨，上升到110.5吨，含水84.7%降到83.2%。水驱开发效果得到改善，水驱控制程度和水驱动用程度分别提高5个百分点和3个百分点。

当年投产油井12口,产油0.36万吨;当年投转注水井5口,注水4.73万立方米。

(李国强)

【井楼油气田】 1.地理位置

井楼油田分布在唐河境内。油区和勘探区介于北纬32°36′～32°39′和东经112°54′～112°59′之间,含油面积约占河南油田总面积的4.6%。油田为坦荡的平原,海拔在92～170米之间;西临唐河水系,东临沙河,水源充足,地理位置优越。312国道从油田穿过,交通便利。

2.地质特征

井楼油田位于泌阳凹陷西斜坡带的井楼背斜,油层主要分布在第三系核桃园组核三段,其构造是一轴向北西南东、西南翼被断层切割的长轴鞍型复式背斜,北东翼地层倾角11°,南西翼地层倾角约17°。

油藏类型为稠油油藏,储集层主要有两个沉积砂体,北部为古城三角洲的前缘部分,砂层分布面积较广,厚度较薄、粒度较细。南部为长桥水下扇三角洲主体,砂砾岩发育厚度大、粒度较粗。储层岩性为一套灰绿色、浅灰色含砾砂岩、细砂岩、粉砂岩。胶结类型为孔隙型,胶结物以泥质和碳酸盐为主。

储层有效孔隙度为31%～35%,空气渗透率为0.57～1.967平方微米,含油饱和度为65%。地面原油密度为0.916～0.964克/立方厘米,黏度88～94000毫帕·秒,油气比4～12立方米/吨,天然气甲烷含量94.3%～97.2%,凝固点为3～17摄氏度,含蜡量为7%～14%,胶质沥青质含量均为25%～37%,原始地层温度22～45摄氏度,地层压力1.8～3.7兆帕,饱和压力1.03～1.06兆帕。地层水Cl^-含量1800～2700毫克/升,总矿化度4600—5900毫克/升,水型为重碳酸钠型。

3.2004年开发方案及开发效果

2004年井楼新区年产能建设部署钻井97口,进尺4.24万米;年建产能11.42万吨。安排生产原油18.3万吨。其中老井产油10.8万吨,措施增油3.5万吨,新井产油0.5万吨。年注水4.0万立方米。

井楼油田投入开发了零区、一二区、三区、六区、五区、七区、楼八区等7个区块,共计含油面积7.4平方千米,动用地质储量899万吨,占总动用地质储量的27.9%。除楼八区注水开发外,其他区块均为热采开发。

截至到2004年底,井楼油田共投产各类井530口,其中采油井516口,注水井9口,观察井5口。累积产油178.94万吨,累积产水503.59万吨,采出程度19.9%;累积注汽465.46万吨,累积吞吐油汽比0.35;累积注水38.30万立方米,累积注采比0.89。

2004年井楼油田年产油量为22.76(老井12.93,措施3.51,新井6.32)万吨,2003年产油量为14.69万吨,产量上升了8.07万吨。产量上升主要有三个方面的原因:一是加强老井管理,减缓递减。2004年自然递减由2003年的36.36%下降至9.69%,自然递减下降了26.67个百分点。二是加大了措施挖潜力度,对长关井、低效井进行了认真分析,筛选出了有潜力的井实施相应的措施,2004年共实施措施井108口,年措施增油23126吨,与2003年相比,增加了12808吨,综合递减由2003年的17.09%下降至14.92%,下降幅度较大。三是在楼八区、一区、三区、七区部署了113口调整井,年产油量达6.35万吨。

2004年井楼油田综合含水为76.68%,与2003年相比上升了1.05个百分点,含水上升率较低,2004年仅为0.415。

2004年井楼油田累计注汽49.57万吨,2003年累计注汽29.24万吨,增加了20.33

万吨，油汽比由2003年的0.43下降至0.40。一是由于部分距离断层、剥蚀线和村庄近的油井限压注汽，造成注汽速度低、蒸汽热焓低，导致注汽质量差，油井吞吐效果差，周期产油期短，递减快，油汽比低；二是一区投产在沙滩边部，评价认识兼采层Ⅲ6的油井，一方面因处于Ⅲ6层油水边界，吞吐生产一个月后见边水，部分油井投产后一直高含水；另一方面油层条件差（油层厚度＜5米），周期生产天数短（60～80天），周期产油低（200～300吨），日产油水平低（1～3吨），周期递减快，吞吐效果差，油汽比低。

新区当年完成钻井97口，进尺4.24万米，新建生产能力12.0万吨，百万吨产能投资12.93亿元；当年投产油井119口，产油6.32万吨。（李国强）

【双河油气田】 1.地理位置

双河油田分布在南阳市的唐河、桐柏二县境内。油区和勘探区介于北纬32°33′～32°37′和东经112°59′～113°03′之间，含油面积约占河南油田总面积的19.8%。双河油田为坦荡的平原，海拔在92～170米之间；水系北有泌水河，南有淮河，沙河横穿油区，水源充足，地理位置优越。312国道横穿整个油田，交通便利。

2.地质特征

双河油田位于南襄盆地泌阳凹陷，主要含油层是下第三系核三段，构造为一轴向东南—西北向鼻状构造，地层倾向80°～140°，地层倾角3°～12°。整个构造分布有规模大小不同的多条正断层。一般延伸长度0.7～2.0千米，倾角35°～60°，断距8～138米。

油藏分布主要受构造岩性控制，主要为岩性油藏。储层以砾状砂岩、含砾砂岩为主的混杂砂砾岩复合体，属典型的湖盆陡坡型扇三角洲沉积，沉积旋回复杂，非均质十分严重。

储层平均有效孔隙度为18%，空气平均渗透率为0.72平方微米，平均含油饱和度为68.3%。地面原油平均密度为0.865克/立方厘米，黏度4～22毫帕·秒，平均油气比为21.5立方米/吨，天然汽甲烷含量55.8～70.5%，含硫量0.07%～0.14%，平均凝固点为36.3摄氏度，平均含蜡量为31.8%，胶质沥青质含量均为12.5%，原始地层温度49～100摄氏度，地层压力13.5－21.4兆帕，饱和压力0.58～6.1兆帕。地层水Cl^-含量520～7122毫克/升，总矿化度1100～9300毫克/升，pH值为7.7～9.04，水型为重碳酸钠型。

3.2004年开发方案及开发效果

2004年产能建设部署钻井27口，进尺5.31万米。年安排基建24口，其中油井22口，建成产能5.25万吨；当年投产21口，产油4.62万吨，建成注水井2口，投注6口。年安排生产原油69.5万吨。其中老井产油63.5万吨，措施增油4.0万吨，新井产油2.0万吨，年产液量1150万吨，年注水1270万立方米。

截至2004年底，探明含油面积33.8平方千米，地质储量10176万吨，动用含油面积33.8平方千米，动用地质储量10176万吨，占探明储量的100%，标定采收率为44.6%，可采储量4540.9万吨，已累积采出原油3849.4万吨，剩余可采储量691.5万吨。

截至2004年底，双河油田共有采油井683口，开井616口，日产油能力1879.4吨，日产油水平1858.3吨，年产油69.32万吨（其中老井60.772万吨，措施5.66万吨，新井2.88万吨），采油速度0.68%，采出程度37.83%，综合含水94.12%，年含水上升率0.81，自然递减19.54%，综合递减12.04%。

双河油田平均泵深为1474米，生产压差

为7.77兆帕，总压差为－3.86兆帕，同井同层总压差为－3.89兆帕，压力保持水平为77.23%，平均动液面为1065米，同井同层动液面为1062米。

有注水井438口，开井411口，日注水量34251立方米，年注水量1183.99万立方米，月注采比为1.08，累积注采比为0.95，累积地下亏空1203.91万立方米；年生产天然气0.13亿立方米，累积生产天然气6.01亿立方米。

当年完成钻井27口，进尺5.31万米，新建生产能力5.40万吨，百万吨产能投资18.74亿元；投产油井22口，当年产油2.88万吨；投转注水井21口，当年注水23.3万立方米。（李国强）

【王集油气田】 1.地理位置

王集油田分布在唐河阳县境内。油区和勘探区介于北纬32°39′～32°42′和东经113°06′～113°11′之间，含油面积约占河南油田总面积的9.7%。油田为丘陵地带，东临连绵起伏的桐柏山，海拔在92～170米之间；北有泌水河水系，北临县级公路，油田公路畅通便利。

2.地质特征

王集油田位于泌阳凹陷北部斜坡底王集断裂鼻状构造带内，油层主要分布在第三系核桃园组核二段和核三段，其构造是一被北东向断层复杂化了底向东南倾没底宽缓鼻状构造，东缓西陡，由一系列底断快组成，油藏类型主要为断层—岩性油藏。

储集层以王集三角洲沉积体系和东北侯庄三角洲沉积体系，以侯庄三角洲沉积体系为主。储层以长石－石英中细砂岩为主，分选中等，泥质胶结，物性纵、横向差异大，非均质严重。

储层有效孔隙度为18%～25%，空气渗透率为0.4～0.54平方微米，含油饱和度为65%～70%。地面原油密度为0.88～0.93g/立方厘米，黏度26～110毫帕·秒，油气比8～9立方米/吨，含硫量0.07%～0.14%，凝固点为19～22摄氏度，天然气甲烷含量50.1%～58.1%，含蜡量为19%～28%，胶质沥青质含量均为18%～203%，原始地层温度48～87摄氏度，地层压力10.2～12.8兆帕，饱和压力1.8～2.2兆帕。地层水Cl^-含量800～1200毫克/升，总矿化度1600～3600毫克/升，水型为重碳酸钠型。

3.2004年开发方案及开发效果

2004年产能建设部署钻井8口，进尺1.07万米。年建产能1.42万吨；投产10口，年产油1.0万吨。年安排生产原油4.5万吨。其中老井产油2.9万吨，措施增油0.6万吨，新井1.0万吨，年产液量24万吨，年注水47万立方米。

截至2004年12月，王集油田共有油水井92口，其中油井66口，正常开抽57口，水井26口，正常注水24口。油水井数比2.53。其中王集东区47口，油井34口，正常开抽26口，水井13口，正常注水12口，油水井数比2.62。柴庄区33口，油井25口，正常开抽24口，水井8口，正常注水7口，油水井数比3.12。泌242块12口，油井7口，正常开抽7口，水井5口，正常注水5口，油水井数比1.4。王集油田正常注水井24口，其中分注井19口，水井分注率达79.2%。

截至2004年底，王集油田年产油5.21(老井4.21，措施0.28，新井0.72)万吨，累积产油65.42万吨，年注水34.73万立方米，累积注水237.22万立方米，累积注采比0.98。日产油154.9吨，平均单井日产油2.7吨，综合含水81.04%，采油速度0.87%，采出程度10.89%。日注水901方，月注采比1.05。

当年钻井 8 口，进尺 1.07 万米，新建生产能力 1.40 万吨，百万吨产能投资 15.11 亿元；当年投产油井 9 口，年产油 0.72 万吨。

王集油田从 2002 年年底以来产量呈上升趋势，综合含水上升。王集油田整体压力保持水平较高，目前保持水平为原始地层压力的 91.6%，总压差 1.02 兆帕。

王集油田构造、储层展布较为复杂，开发调整难度较大。在注水开发中，由于注采井网不完善，水驱控制程度低，剖面上油层物性差异大，严重制约了注水开发效果。

王集油田水驱控制程度 59.3%，柴庄区静态水驱控制程度最低，只有 42.5%。层间矛盾突出，水井纵向上吸水差异大。据 16 口注水井吸水剖面资料统计，共有 71 井层，总砂厚 240.9 米，不吸水和吸水差两者合起来，总层数 41 层，占总层数的 57.7%，砂厚 133.1 米，占总砂厚的 51.2%。（李国强）

【魏岗油气田】 1.地理位置

魏岗油田分布在南阳市宛城区、唐河县、新野县境内。油区和勘探区介于北纬 32°37′～32°41′和东经 112°33′～112°37′之间，含油面积约占河南油田总面积的 8.6%。魏岗油田为坦荡的平原，海拔在 92～170 米之间；水系有涧河横穿油区，水源充足，地理位置优越。油区粮食作物种类繁多，五谷杂粮、时令蔬菜齐全。油田公路畅通，交通便利。

2.地质特征

魏岗油田位于南阳凹陷南部魏岗—北马庄断鼻构造带上，主要含油层为核桃园组核二、核三段，构造为一被多条断层切割而复杂化了底鼻状构造，构造背斜轴向为北西—南东向，两翼基本对称，北东翼倾角约 10°，南西翼倾角约 6°，断层走向多为北东—南西向。

储层主要为金华—张店三角洲前缘席状砂亚相砂岩和三角洲相泥岩，岩性为粉、细砂岩，泥质胶结。

储层有效孔隙度为 24%～25%，空气渗透率为 0.358～557 平方微米，含油饱和度为 65%。地面原油密度为 0.85～0.86 克/立方厘米，黏度 13～15 毫帕·秒，油气比为 11～33 立方米/吨，含硫量 0.07%～0.14%，凝固点为 45～50 摄氏度，含蜡量为 46%～47%，胶质沥青质含量为 13%～15%，原始地层温度 69～77 摄氏度，地层压力 13.7～15.3 兆帕，饱和压力 1.6～5.6 兆帕。地层水 Cl^- 含量 3800～8000 毫克/升，总矿化度 10300～16500 毫克/升，水型为重碳酸钠型。

3.2004 年开发方案及开发效果

2004 年安排生产原油 8.9 万吨。其中老井产油 7.8 万吨，措施增油 0.5 万吨，新井产油 0.6 万吨，年产液量 63 万吨，年注水 76 万立方米。

截至 2004 年底，探明含油面积 14.7 平方千米，地质储量 922 万吨，动用含油面积 12.5 平方千米，动用地质储量 881 万吨，占探明储量的 95.55%，标定采收率为 43.3%，可采储量 381.5 万吨，已累积采出原油 309.1 万吨，剩余可采储量 72.4 万吨。

截至 2004 年底，魏岗油田共有采油井 91 口，开井 82 口，日产油能力 276.1 吨，日产油水平 273.8t，年产油 10.10 万吨(其中老井 10.86 万吨，措施 0.56 万吨，新井 0.31 万吨)，采油速度 1.15%，采出程度 35.08%，综合含水 86.12%，年含水上升率 1.33，自然递减 0%，综合递减 0%。

魏岗油田平均泵深为 1255 米，生产压差为 6.07 兆帕，总压差为－4.07 兆帕，同井同层总压差为－4.16 兆帕，压力保持水平为 71.66%，平均动液面为 1041 米，同井同层动液面为 1088 米。

共有注水井 44 口，开井 34 口，日注水量

2009.5 立方米，年注水量 74.8 万立方米，月注采比 1.02，累积注采比 0.96，累积地下亏空 57.5 万立方米；年生产天然气 0.0184 亿立方米，累积生产天然气 0.6662 亿立方米。

当年投产油井 4 口，产油 0.31 万吨；投转注水井 1 口，年注水 0.612 万立方米。

（李国强）

【下二门油气田】 1.地理位置

下二门油田分布在驻马店地区的泌阳县境内。油区和勘探区介于北纬 32°35′～32°38′和东经 113°12′～113°14′之间，含油面积约占河南油田总面积的 4.7%。下二门油田为丘陵地带，东临连绵起伏的桐柏山，海拔在 92～170 米之间；水系北有泌水河，油田公路畅通便利。

2.地质特征

下二门油田位于南襄盆地泌阳凹陷东部泌阳—栗园大断裂带，主要含油层是下第三系核二、三段，构造形态为一轴向近南北的被断层复杂化的不完整短轴背斜，三条主控断层将整个短轴背斜切割为Ⅰ、Ⅱ、Ⅲ三个主要断块。

油藏类型受构造控制明显，以断层—岩性油藏、断层—背斜油藏、断块油藏为主，与断层有关的油藏占 65%以上。储集层属侯庄三角洲前缘相沉积，储集层沉积复杂，砂层多为复合韵律；岩性主要为含砾中砂岩，属于典型的大孔道中高渗透储层。

储层有效孔隙度为 13%～25%，空气渗透率为 0.130～1.582 平方微米，含油饱和度为 70%。地面原油密度为 0.84～0.93g/立方厘米，黏度 4～113 毫帕·秒，油气比为 10～28 立方米/吨，含硫量 0.07%～0.14%，凝固点为 19～37 摄氏度，含蜡量为 16%～34%，胶质沥青质含量为 5%～31%，原始地层温度 50～103 摄氏度，地层压力 9.9～27.0 兆帕，饱和压力 1.0～8.2 兆帕。地层水 Cl^- 含量 100～200 毫克/升，总矿化度 1400～2500 毫克/升，水型为重碳酸钠型。

3.2004 年开发方案及开发效果

2004 年产能建设部署钻井 7 口，进尺 1.39 万米。安排基建 6 口，其中油井 6 口，建成产能 1.62 万吨；年投产 6 口，年产油 0.7 万吨。年安排生产原油 27.5 万吨。其中老井产油 24.5 万吨，措施增油 2.3 万吨，新井产油 0.7 万吨，年产液量 277 万吨，年注水 221 万立方米。

截至 2004 年底，下二门油田共有采油井 234 口，开井 217 口，日产油能力 844.1 吨，日产油水平 831.1 吨，年产油 28.61 万吨(其中老井 23.57 万吨，措施 4.06 万吨，新井 0.98 万吨)，采油速度 1.37%，采出程度 38.13%，综合含水 90.39%，年含水上升率 0.18，自然递减 18.19%，综合递减 4.11%。

下二门油田平均泵深为 1240 米，生产压差为 5.04 兆帕，总压差为－2.58 兆帕，同井同层总压差为－2.68 兆帕，压力保持水平为 79.65%，平均动液面为 853 米，同井同层动液面为 879 米。

共有注水井 81 口，开井 64 口，日注水量 5902 立方米，年注水量 214.03 万立方米，月注采比为 0.69，累积注采比为 0.59，累积地下亏空 2125.21 万立方米；年生产天然气 0.2286 亿立方米，累积生产天然气 3.4908 亿立方米。

当年完成钻井 7 口，进尺 1.39 万米，新建生产能力 1.8 万吨，百万吨产能投资 15.27 亿元；投产油井 15 口，当年产油 0.98 万吨。投转注水井 2 口，当年注水 1.9 万立方米。

（李国强）

【新庄油气田】 1.地理位置

新庄油田分布在唐河、泌阳县境内。油区和勘探区介于北纬 32°39′～32°42′和东经

113°06′～113°11′之间，含油面积约占河南油田总面积的5.0%。油田为丘陵地带，东临桐柏山，海拔在92～170米之间；泌水河水系从油田穿过，县级公路穿过，交通便利。

2.地质特征

新庄油田位于泌阳凹陷北部斜坡带东段，油层主要分布在第三系核桃园组核二段和核三段，其构造格局受该区东部及南部两条边界大断裂控制，发育北东向和北西西向两组正断层。地层呈北高南低的缓鼻状构造，向东南方向倾没，平面上被北东向和北西西向两组正断层交互切割成一系列大小不等的复杂断块、断鼻圈闭，从而形成复杂断块油气田，油藏类型以断鼻油藏为主。

储集层以侯庄近源三角洲水下分流河道砂沉积为主要特征，多以砾状砂岩、含砾砂岩、细砂岩为主，岩石成分粗杂，分选差，颗粒磨圆度次圆—次棱角状，成熟度低。胶结物以泥质为主，钙质次之，一般为孔隙式胶结为主。

储层有效孔隙度为26%～34%，空气渗透率为0.53～3.78平方微米，含油饱和度为65%～70%。地面原油密度为0.92～0.98克/立方厘米，黏度297～16468毫帕·秒，含硫量0.07%～0.14%，凝固点为6～22摄氏度，含蜡量为7%～27%，胶质沥青质含量均为21%～42%，原始地层温度22～57摄氏度，地层压力1.2～9.4兆帕。地层水Cl^-含量100～200毫克/升，总矿化度900～1300毫克/升，水型为重碳酸钠型。

3.2004年开发方案及开发效果

2004年安排生产原油6.9万吨。其中老井产油0.8万吨，措施增油0.1万吨，新井6.0万吨，年产液量13.0万吨。新庄新区年产能建设部署钻井78口，进尺4.13万米；年建产能11.8万吨。

新庄油田位于泌阳凹陷北部斜坡带东段，构造格局受东部及南部两条边界大断裂控制，以局部构造及断裂比较发育为主要特征。构造隆起幅度50～120米，构造范围约40平方千米。新庄油田勘探面积50平方千米，2002年上报探明储量1247万吨。

新庄油田是1986年5月泌浅2井取心见10.2米/4层油层发现的一个稠油油田，1990年初期勘探后由于构造破碎，砂体变化大，储量不落实，热采成本高，常规试油产量比较低等原因一直未投入开发利用。

1997年10月通过对新浅25井采用大孔径(>20毫米)，深穿透(>600毫米)，高孔密(32孔/米)射孔技术射孔，进行常规试油，取得较好效果，1998～2000年先后对新庄油田南三块进行滚动评价，采用螺杆泵常规开采取得突破。

2003年对BQ57区4口油井进行热力试采，BQ57、BQ66、EX23三口井取得了成功；BQ80井在热力试采过程中出现了高含水，分析认为其主要原因是由于油层井段隔、夹层岩性疏松，油水层间互出现，注汽后固井质量变差，导致油井管外窜，油井含水升高。2004年4月重新调整了新区的开发工艺配套设施，采用了隔热技术，低密度、高强度、耐高温固井技术，在新庄油田BQ57区试验取得了成功，为新区的开发提供了保障。

截至到2004年底，新庄油田共投产油井111口，正常开井86口，核实日产液量519.5吨，核实日产油量116.6吨，综合含水77.2%。累积核实年产液量21.71万吨，累计核实年产原油8.05万吨，综合含水62.9%。

其中新庄油田南三块共投产51口井(含利用探井、评价井)，正常开井38口，动用油层18层共235.6万吨地质储量，核实日产液量137.5吨，核实日产油量41.7吨，采油速度0.43%，综合含水69.6%，累积核实产液量16.87万吨，累计核实生产原油7.07万吨，综合含水58.1%，采出程度2.13%。

新庄油田新区累积注汽6.6276万吨，核实日产液量382吨，核实日产油量74.9吨，综合含水80.4%，累积核实产液量4.83万吨，累积核实产油量0.98万吨，综合含水79.7%，累积核实采注比0.73，累积核实油汽比0.15。

新区当年完成钻井81口，进尺4.28万米，新建生产能力11.4万吨，百万吨产能投资14.14亿元；当年投产油井32口，产油0.81万吨。（李国强）

【张店油气田】 1.地理位置

张店油田分布在唐河境内。油区和勘探区介于北纬32°39′～32°41′和东经112°39′～112°42′之间，含油面积约占河南油田总面积的6.5%。油田为坦荡的平原，海拔在92～170米之间；东临唐河水系，水源充足，地理位置优越。油田公路畅通，交通便利。

2.地质特征

张店油田位于南阳凹陷张店鼻状构造带，主要含油层为核桃园组EH_2Ⅱ、EH_2Ⅲ、EH_3Ⅰ、EH_3Ⅱ，构造为南倾北抬的宽缓鼻状构造，构造轴向近南北向，两翼基本对称。构造西部被近东西向北掉正断层切割形成一系列断鼻构造，断层延伸长度3.2～7.0千米，断距一般在50～150米；东侧被另一组近东西走向南掉正断层切割，断层延伸长度1.5～3.0千米，断距50～100米，断层较陡。这两组断层为张店油田油气主控断层。目前主力开发含油断块为南38、南37断块。

油藏类型为断鼻、断层一岩性油藏，储层以张店三角洲前缘水下分流河道砂体与河口砂坝体为主要储集体，其间发育厚薄不等的灰色或深灰色泥岩隔层。储集层砂体主要以含砾砂岩和细砂岩为主，为中低孔隙度特征。

储层有效孔隙度为11%～29%，空气渗透率为0.122～0.218平方微米，含油饱和度为57%～65%。地面原油密度为0.83～0.86克/立方厘米，黏度4～32毫帕·秒，油气比为25～80立方米/吨，含硫量0.07%～0.14%，凝固点为38～48摄氏度，含蜡量为24%～56%，胶质沥青质含量为3%～18%，原始地层温度47～126摄氏度，地层压力9.8～29兆帕，饱和压力9兆帕。地层水Cl^-含量2000～5000毫克/升，总矿化度7000～13000毫克/升，水型为重碳酸钠型。

3.2004年开发方案及开发效果

2004年安排生产原油5.0万吨。其中老井产油4.3万吨，措施增油0.7万吨，年产液量16万吨，年注水10万立方米。

截至2004年底，张店油田探明含油面积11.1平方千米，地质储量404万吨，动用含油面积6.5平方千米，动用地质储量273万吨，占探明储量的67.57%，标定采收率为23.6%，可采储量64.4万吨，已累积采出原油24.7万吨，剩余可采储量39.7万吨。

截至2004年底，共有采油井29口，开井26口，日产油能力133.0吨，日产油水平121.3吨，年产油4.87万吨（其中老井4.4733万吨，措施0.35万吨，新井0.046万吨），采油速度1.78%，采出程度9.04%，综合含水68.33%张店油田平均泵深为1676米，生产压差为1.29兆帕，总压差为－12.08兆帕，同井同层总压差为－13.29兆帕，压力保持水平为42.64%，平均动液面为1551米，同井同层动液面为1541米。

共有注水井10口，开井10口，日注水量246.6立方米，年注水量6.40万立方米，月注采比为0.56，累积注采比为0.41，累积地下亏空30.08万立方米；年生产天然气0.0456亿立方米，累积生产天然气0.0821亿立方米。

当年投产油井1口，产油0.05万吨，投

注1口，当年注水0.0091万立方米。

（李国强）

【赵凹油气田】 1.地理位置

赵凹油田分布在唐河、桐柏县境内。油区和勘探区介于北纬32°32′～32°35′和东经113°04′～113°09′之间，含油面积约占河南油田总面积的12.2%。油田为丘陵地带，南临桐柏山，海拔在92～170米之间；南有沙河水系，水源充足。南靠312国道，油田公路畅通，交通便利。

2.地质特征

赵凹油田位于南襄盆地泌阳凹陷，主要含油层是下第三系核三段，构造为一轴向北西—南东且向东南倾没的缓鼻状挠曲，倾伏角5°36′。西北向发育一条正断层，延伸长度约3.5千米，倾向334°，倾角53°，断距20～93米。

油藏类型复杂，有砂岩上倾尖灭油藏、透镜状油藏、断层—岩性油藏。储层砂体沉积为近物源陡坡型扇三角洲沉积，具有岩性较粗、厚度变化大的特点。平面上，各含油区独立分布。纵向上，含油层数多、井段长，油藏埋藏较深，油层主要分布在核三段Ⅱ油组和Ⅳ油组，油层以中、薄层为主，主力油层厚度大，储量集中在Ⅰ、Ⅱ类主力油砂体中。

储层有效孔隙度为4%～17%，空气渗透率为0.014～0.580平方微米，含油饱和度为65%。地面原油密度为0.756～886克/立方厘米，黏度17～33毫帕·秒，油气比为17～643立方米/吨，含硫量0.07%～0.14%，凝固点为41摄氏度，含蜡量为36%，胶质沥青质含量为12%～17%，原始地层温度70～140摄氏度，地层压力15.2～34.0兆帕，饱和压力3.5～4.9兆帕。地层水Cl^-含量2000～2400毫克/升，总矿化度5400～8900毫克/升，水型为重碳酸钠型。

3.2004年开发方案及开发效果

2004年产能建设部署钻井5口，进尺1.0万米。年安排基建井7口，其中油井5口，建成产能1.01万吨；投产5口井，年产油1.5万吨，投转注2口井。年安排生产原油14.1万吨。其中老井产油11.7万吨，措施增油0.90万吨，新井产油1.5万吨，年产液量115万吨，年注水142万立方米。

截至2004年底，探明含油面积20.8平方千米，地质储量2099万吨，动用含油面积18.7平方千米，动用地质储量2064万吨，占探明储量的98.33%，标定采收率为22.2%，可采储量457.2万吨，已累积采出原油225.7万吨，剩余可采储量231.5万吨。

赵凹油田共有采油井134口，开井105口，日产油能力364.2吨，日产油水平309.6吨，年产油12.94万吨（其中老井10.86万吨，措施1.71万吨，新井0.37万吨），采油速度0.63%，采出程度10.94%，综合含水89.22%，年含水上升率2.54，自然递减23.89%，综合递减11.89%。

赵凹油田平均泵深为1802米，生产压差为5.98兆帕，总压差为－3.40兆帕，同井同层总压差为－4.29兆帕，压力保持水平为86.37%，平均动液面为1438米，同井同层动液面为1261米。

共有注水井64口，开井57口，日注水量4239.3立方米，年注水量152.83万立方米，月注采比为1.29，累积注采比为1.04，累积地下亏空－46.79万立方米；年生产天然气0.1693亿立方米，累积生产天然气1.6949亿立方米。

当年完成钻井5口，进尺1.0万米，新建生产能力1.1万吨，百万吨产能投资17.98亿元；投产油井5口，当年产油0.37万吨；投注2口，当年注水3.15万立方米。

（李国强）

钻井工程

【概述】 河南石油勘探局钻井工程公司(以下简称钻井公司)是河南油田惟一从事陆上石油、天然气勘探开发钻井施工的单位,国际钻井承包商协会(IADC)会员,具备在陆上任何一个区域钻井施工的资质能力。截至2004年末,钻井公司用工总量为2407人,其中民,全民在岗职工1543人,多种经营企业职工91人,内退职工106人,非全民工667人。在岗全民职工中有大中专以上文化程度的专业技术人员360人,其中,硕士研究生学历2人,在读研究生5人。投入生产运行的钻机(包括修井机)31部,其中,东部老区19部,新疆分公司5部,西北钻井工程处3部,鄂尔多斯1部,埃及2部,印度尼西亚1部,另有一部顶驱装置在苏丹服务。机关设17个职能科室,下设钻前大队、管子站、固井大队、工艺研究所、新疆钻井分公司、西北钻井工程处、腾龙实业总公司等大队级单位7个。所属31支钻井队,其中,集团公司甲级钻井队6支、乙级钻井队9支,达标钻井队5支。70119钻井队为集团公司石油工程金牌队,70129钻井队、70832钻井队和固井技术服务队为集团公司石油工程银牌队。拥有固定资产原值2.64亿元,净值1.97亿元。其中全民固定资产原值2.3亿元,净值1.84亿元,多种经营固定资产原值0.34亿元,净值0.13亿元。有主要设备232台(套),其中,主要钻机31部,包括ZJ70D电驱动钻机2部、ZJ70L钻机1部、ZJ50L钻机1部、ZJ50D钻机1部、ZJ—45钻机4部、ZJ40K钻机1部、ZJ40C钻机1部,大庆130钻机5部、ZJ32L—2钻机2部、ZJ—20B7钻机3部、TSJ2000A钻机2部、GZ2000钻机2部、车载钻机3部、车载钻机3部;钻采特车47台,运输车辆51台,动力设备57台,工程机械42台,金属切削机床4台。

2004年,钻井公司加强经营管理和基础管理工作,完善"五单井"管理,加大经营考核兑现力度,促进降本增效,实现结算收入5.3亿元,完成勘探局下达的各项经营考核指标。多种经营全年共实现产值7143万元,利润140万元。　(贾民迅)

【完成钻井工作量】 2004年,内外部市场平均动用钻机22.43台,共计完成开钻347口,完井357口,完成进尺428700米,比上年多开钻56口,多完井75口,多打进尺7946米,创造年钻井进尺新纪录。其中:东部自营钻井平均动用钻机7.68台,实际完成开钻90口,完井96口,进尺165720米,其中探井完成开钻15口,完井18口,完成进尺27608米;东部稠油钻井平均动用钻机7.35台,实际完成开钻197口,完井199口,进尺120385米,其中探井完成开钻60口,完井60口,完成进尺31713米;西部新疆平均动用钻机1.83台,实际完成开钻17口,完井18口,进尺45040米,其中探井完成开钻1口,完井2口,完成进尺4242米;油田外部市场平均动用钻机5.57台,实际完成开钻43口,完井44口,进尺97555米。

钻井主要经济技术指标良好。井身质量合格率100%,固井质量合格率100%,取心收获率84.47%。东部稠油钻井平均钻机月速度为1699米/(台·月),平均机械钻速为12.53米/时,分别比上年提高6.17%和13.6%;东部钻井井下故障和复杂时效由上年的4.17%下降到1.27%。　(贾民迅)

【钻井技术进步】 2004年,钻井公司共开展科技项目27项,其中集团公司项目1项,局级项目4项，公司级项目22项。科技投入产出比达到1∶4以上。《钻井泵的状态监测与故障诊断系统》项目获得局科技进步一等奖，《缩小停注、停采半径和时间的固井技术研究》项目获得局科技进步二等奖，《安棚深层系固井技术研究与应用》、《抗盐抗高温深井钻井液技术研究》和《复合钻井技术的研究与应用》项目获得局科技进步三等奖。

(1)《钻井泵的状态监测与故障诊断系统》确定钻井泥浆泵的数据采集系统的组成，并建立泥浆泵的故障模板，开发的实时故障诊断系统装置能够在不拆卸泵的情况下对泵的工作状态进行监测诊断。对及时掌握泵的运转情况，保证设备安全，延长泵的使用周转时间，减少大修成本都具有直接的意义。

(2)《缩小停注、停采半径和时间的固井技术研究》能有效预测各注、采层的地层压力分布情况，通过对调整井油、气、水窜机理的研究，找出影响调整井固井质量的原因，针对不同的研究区块，优选防窜水泥浆体系和防窜技术措施，确定最佳的停注、停采方案，缩小停注、停采半径和时间，解决调整井固井质量和周边井因停注、停采造成原油生产损失二者之间的矛盾。

(3)《安棚深层系固井技术研究与应用》筛选出多套适合安棚深层系特点的水泥浆配方，避免水泥浆超级缓凝现象的发生，解决单级注水泥方式在长封固段既要防漏又要防窜的施工难题，采用紊流、塞流复合顶替技术，解决固井施工中施工压力高、顶替效率低的难题，提高"糖葫芦串"井段的顶替效率，获得良好的固井质量评价效果。

(4)《复合钻井技术的研究与应用》针对河南油田地层特点，优选出一套包括螺杆结构、工作参数、钻头型号在内的小角度单弯螺杆的滑动式导向钻具组合，可在不更换钻具组合的情况下，通过改变钻具的工作方式，对井眼轨迹实施连续控制，有效地减少起下钻次数，提高井眼轨迹平滑度，减少井下事故和复杂情况，提高钻井时效和钻井效益，并为后续采油作业创造良好的井下条件。

(5)《抗盐抗高温深井钻井液技术研究》形成一套以成膜理论为基础的防塌、润滑、抗温的泥浆技术，研制的抗温抗盐钾基复合成膜聚磺钻井液深井钻井液性能稳定，抗温性、抗污染性、防塌性、润滑性及悬浮携带能力强，抗温能力可达200摄氏度，解决了深井钻井中高温高压井壁失稳、盐膏污染、泥浆高温老化、压差卡钻、泥浆成本高等难题，并能有效保护油气层。　（贾民迅）

【外闯市场】 2004年，钻井公司成立苏丹、印尼和尼日利亚三个国外项目经理部，制定《开拓国际市场战略纲要》，从技术、设备、人才等方面加强外闯市场的战略管理。苏丹、埃及、印尼、新疆、陕北等外部钻井项目均保持良好的运行态势。

印尼钻井项目经过协商和谈判，解除与四川德阳公司的合作关系，收回钻机，实现公司独立经营。尼日利亚钻井项目与壳牌公司签订70D钻机钻井施工合作协议，并完成70119钻井队钻机动迁前的配套整改及各项准备工作。为公司进军国际市场开辟一条新的途径。一支钻井队进入华北局鄂尔多斯钻井市场。

2004年，钻井公司在外部市场共完成开钻43口，完井44口，钻井进尺97555米，全年实现对外创收9675万元。　（贾民迅）

【机修厂、运输大队重组分离】 2004年，钻井公司成立重组改制工作领导小组，对下属的机修厂和运输大队的资产、人员等进行清理。3月底，钻井公司分别与机械制造厂和运输处交接机修厂、运输大队的人员、资产、财务等全部工作，实现两单位的平稳过渡，精干了钻井公司生产经营主体。此后，钻井公司又妥善安置重组后的68名富余人员。

（贾民迅）

【开展封闭式军事训练】　钻井公司党委结合实际，创新工作思路，于11月9日至11月16日，在油田人力资源开发中心对100名车间队以上干部进行为期一周的封闭式军事训练和政治教育，促进职工的执行意识、纪律观念。（贾民迅）

【首部5000米电动钻机落户油田】　钻井公司2003年通过中石化融资集中采购的ZJ50D电驱动钻机于2004年8月底在公司东部施工区完成现场配套，9月2日在东部安棚探区新B254井开钻。该钻机由兰州石油机械厂生产，采用国内外成熟的先进技术和装备，智能化和自动化程度高，技术性能和可靠性达到国际先进水平，是河南油田引进的首部5000米电动钻机。（贾民迅）

【开展“三基”工作】　针对钻井施工点多、线长、面广、安全风险高、管理难度大的特点，为加强基层管理工作，在所属的38个基层队伍中开展以ISO9001质量管理和HSE管理为主线的“三基”工作。编印下发钻井公司135个岗位工种《员工岗位手册》，加强基础资料标准化、设备配套标准化、生活服务标准化、现场管理标准化、队伍管理标准化等“五个标准化”管理。制定《基层队资质等级审核细则》和《“三基”工作考核实施细则》，将“三基”工作落实情况纳入日常考核，并与职工的收入挂钩，促进“三基”工作的有效落实。

（贾民迅）

【安全教育培训】　2004年，钻井公司开办井控、转岗、HSE等各类安全培训33期，培训1392人，提高了职工的安全意识、安全技能和专业理论水平，为安全文明生产奠定基础。

（贾民迅）

【承办全国固井技术研讨会】　2004年5月23日至24日，全国石油钻井固井技术研讨会在厦门召开。会议由河南省石油学会主办，河南油田分会和钻井公司承办，是中石油、中石化两大集团公司重组后召开的首次全国性固井技术研讨会。参加会议的有中石油、中石化、中海油所属油田及科研院所、石油院校等25个单位的领导、专家和技术人员80余人。会议共征集到固井技术论文33篇，交流探讨大斜度井、定向井、水平井、分支井及深井、调整井、含盐（碱）井、特殊工艺井固井及复杂地层条件下的固井新技术、新方法，研究固井技术应用及施工难题，探索国内固井技术创新与发展的方向。（贾民迅）

石油地球物理勘探

【概述】　中国石化集团河南石油勘探局地质调查处（以下简称地调处），现有职工770人（含内退职工102人），在各类专业技术人员中，有教授级高工1人，高级工程师35人，工程师100人，助理工程师122人，技术员24人；有高级技术工人167人，工人技师23人，高级工人技师2人。现有一线生产单位9个，二线辅助生产单位4个，科级单位1个，机关设13个科室，直属单位3个。拥有固定资产原值1.97亿元，净值1.42亿元，设备新度系数0.72。重要设备及资产有：SN388有线遥测地震仪3套，ARA米、AREIS地震仪2套，408UL地震仪3套，VSP数字测井仪1

套，VLTRA60 工作站 7 台套，GPS－4000、5700、徕卡/350 卫星定位系统 21 台套、D8R 沙滩推土机 4 台，TY－320 推土机 2 台，TY－220 推土机 1 台，沙漠气水两用钻机 8 台，米 AN－300 钻机 3 台，奔驰、曼车、东风系列沙漠车，丰田、富奇等各类运输车 200 余台。2004 年，总收入 17086 万元，创历史新高，收支相抵后，盈余 709 万元；职工工资总额较上年有新的提高。2004 年地调处承担邓州凹陷、和田河、阿北顺北、川东南、三江盆地等 13 个地震勘探项目，坚持“四级质量检查”和“四级质量分析”制度，进一步完善野外资料“采集、处理、解释”一体化质量监控体系，优质高效地完成地震采集任务。全年共完成二维采集工作量 2378.7 千米，资料合格率 99.96％，优级率 90.78％，三维地震采集工作量 195.72 平方千米，资料合格率 99.95％，优级率 91.87％；测井 13 口，小折射 1033 个物理点。资料合格率、优级率均高于局规定指标。

地调处坚持以人为本的方针，2004 年第一次开展了荣誉疗养工作，先后分三批安排劳模、先进生产者、生产骨干等 106 人次到海南、昆明、大连等地进行荣誉疗养。

地调处继续深入实施党政一体化效益型大政工的工作机制，强化了思想道德建设和形势任务教育，2004 年被评为局“先进党委”、局党风廉政建设先进集体，地调处再次被评为南阳市综合治理先进单位、市标兵文明单位。　（毕洪谦）

【埃塞俄比亚地震勘探】　2004 年初，地调处与中原油田物探公司达成初步合作意向，5 月份，与中原油田物探公司签订合作协议，全面参与其中标的非洲埃塞俄比亚 B1 区块二维地震勘探项目施工，由河南油田地调处提供地震仪器等主要勘探设备和 18 名工程技术人员，与中原油田物探公司人员组成一个地震队，共同承揽该项目；该项目位于埃塞俄比亚西南部，设计 26000 炮，工区主要是沼泽地、林区，无路可行，施工难度大，只有在 11 月到次年 5 月的旱季才可以施工。10 月，所有人员奔赴埃塞俄比亚施工，施工到 2005 年 6 月结束。该项目是地调处第一次走向海外施工。　（毕洪谦）

【川东南山地二维地震勘探】　2003 年 11 月，地调处首次中标集团公司南方海相川东南山地二维地震资料采集项目，2235 队承担该项目的施工，这是地调处第一次承担山地勘探。该项目位于四川、贵州、重庆交界处，是国家级森林保护区，平均高差 500 米，最大高差达 1000 米，工区无路可行，所有设备全靠人抬肩扛，施工难度大。2235 队历时 8 个月，于 2004 年 7 月 23 日完成全部采集工作，共完成地震测线 21 条，生产炮数 2635 炮，满覆盖长度 310.86 千米。通过南方公司的竣工验收，并获得南方公司领导的高度评价。　（毕洪谦）

【三江盆地二维采集项目】　2004 年 10 月，地调处中标三江盆地二维采集攻关项目，2224 队承担该项目的施工，这是地调处首次进入东北市场。由于高寒地区施工经验不足，施工前期工作一度陷入被动。2224 队认真总结前期经验，及时调整工作思路，使施工进入正常轨道。一期工程后，通过议标，又承担绥滨坳陷二维地震采集 1 号子项目（二期工程）。历时 114 天，完成一、二期工程 478 千米的工作量。　（毕洪谦）

【设备购置】　2004 年，地调处共购置 76 台套设备，其中 32 台套为 2003 年的融资租赁非安装设备，4 台套为 2003 年非安装设备调整计划购置，2 台为 2003 年科研计划购置；其它 38 台套为 2004 年计划购置，总计投资 7857.84 万元。其中，地震排列车、地震仪器、油水灌车等 73 台套设备已经投产使用，其它设备由于暂无生产任务，尚未投产。购置这些设备，解决了设备不足的问题，适应西部沙漠地震勘探的需要，增强了市场竞争力。（毕洪谦）

【市场开拓】 2004 年，地调处实现“三个首次”：2004 年 10 月，与中原油田物探公司联合承揽非洲埃塞俄比亚地震勘探项目；11 月，首次进入西北局市场，承揽阳霞二维采集项目；10 月，首次进入东北市场，承揽三江盆地二维采集项目。2004 年，地调处参与塔里木盆地、南方海相等 9 个地区地震资料采集项目的投标及议标工作，签订外部市场合同共 6 项，年创收 9037 万元，再创历史新高。（毕洪谦）

【安全生产】 认真落实安全生产责任制，层层签定 HSE 责任状。2004 年，地调处 HSE 管理工作迈上新台阶，千人死亡率、千人重伤率、千台车死亡率均为零，时隔 2 年后，地调处再次被勘探局评为 HSE 管理先进单位；同时，地调处还被评为 2004 年度南阳市交通安全管理工作先进单位。（毕洪谦）

【科技进步】 2004 年，地调处坚持“科技强处”的指导思想，共承担中石化集团公司科研项目 1 项，局级项目 4 项，处级项目 20 项。《南阳凹陷高精度三维地震勘探采集方法研究》获中石化集团公司科技进步三等奖，《泌阳凹陷北部斜坡三维地震勘探技术》获勘探局科技进步特等奖，《泌阳南部陡坡带三维地震采集方法研究》获勘探局科技进步二等奖，《焉耆盆地西部山前推覆体地震采集方法研究》获勘探局科技进步三等奖，《地震采集适时质量分析控制系统研究与应用》获勘探局科技进步三等奖。2004 年是地调处争取科研经费最多的一年，达到 260 多万元。（毕洪谦）

【职工培训】 2004 年，地调处始终把“学习、培训，提高职工素质”当作一项重要工作来抓，全年共培训 900 多人次，有 25 人参加集团公司组织的培训，有 10 多人到国外进行学习；各基层单位也以不同形式开展岗位练兵、技术培训活动。（毕洪谦）

【队伍建设】 参加西指工委开展的“三创三争”活动，把争创“名牌地震队”当作重要工作来抓。继 2003 年 2236 队被评为名牌地震队之后，2004 年 12 月 2235 队再次被西指工委评为名牌地震队，2236 队还被集团公司评为金牌地震队，2224 队被集团公司评为银牌地震队。川东南、和田河等多项工程被甲方评为“优质工程”。（毕洪谦）

石油地球物理测井

【概述】 截至 2004 年末，河南石油勘探局地球物理测井公司（以下简称测井公司）用工总量 633 人，其中，全民职工 614 人（含内部退养职工 42 人），协议工 17 人。各类专业技术人员 278 人，其中教授级高工 2 人，高级职称 74 人，中级职称 112 人，初级职称 76 人。测井公司机关设职能科室 10 个，机关直属单位 4 个，基层单位 11 个。现有测井、射孔专业施工队伍 26 个，其中拥有集团公司甲级队资质 2 个，乙级队资质 12 个，6 个队获集团公司西部（南方）市场准入资质，5700 队获集团公司银牌队称号。主要测井、射孔地面设备 26 套，其中 ECLIPS5700 成像测井系统 1 套，CLS3700 数控测井系统 3 套，CJX521、SKH2000、SKD3000、WELLSUN2000、DCLS－2000、DCLS－B 等国产数控测井系统 16 套，SSQ－B 国产数控射孔取心设备 6 套；DEC－ALPHA 工作站、IB 米工作站、SUN 工作站等资料处理解释设备 4 套、24 台；各类井下仪器 160 支(套)；一体化绞车、工程车等机动车辆 98 台。固定资产原值 13015.83 万元，净值 9822.31 万元。全年完成测井、射孔 2467 井次，为年度计划 1860 井次的 132.63%，同比增长 21.53%；年实现劳务收入 1.26 亿元，同比增长 10.53%，实现利润 601 万元；测井曲线合格率 100%，测井解释符合率 80.38%，射孔合格率 100%，各项质量指标均达到或超过局考核指标。　(周俊丹)

【测井生产及成果】 ①全年完成探井测井 77 口、127 井次，使用 3700、5700 测井系列，利用泌阳凹陷北斜坡复杂断块测井解释技术、低孔低渗测井评价技术、5700 成像测井评价技术等，共解释油层 33 层、措施层 6 层、油水同层 9 层，厚度共计 132.3 米。发现新含油区块 4 个。②完成开发裸眼完井测井 336 口、753 井次，普通生产井使用国产三孔隙度系列，资料井、评价井、探边井使用 5700 测井系列或 3700 三孔隙度系列，共解释油层 1103 层、措施层 82 层、油水同层 109 层，水淹层 567 层；完成动态监测及工程测井 396 口、430 井次，其中产液剖面 7 口、7 井次，吸水剖面 355 口、387 井次，氧活化 5 口、5 井次，中子寿命 7 口、7 井次，陀螺测井 1 口、1 井次，40 臂井径 1 口、1 井次，CBL 测井 12 口、13 井次，声放磁 8 口、9 井次。③完成成像测井 2 口、8 井次。④完成大斜度、水平井 3 口、10 井次。　(周俊丹)

【技术进步】 2004 年，测井公司共承担科技进步项目 19 项，其中局级项目 5 项，公司自立项目 14 项，各个项目均按计划进度完成。开展偶极子声波、高分辨率阵列感应等测井技术应用研究，逐步消化、吸收、掌握 5700 测井新技术，为解决油田勘探开发技术难题提供新手段。测井动态监测水平有新的提高，开展高含水期剩余油动态监测技术研究，先后引进取样式含水仪、氧活化、套管井中子伽马等测井技术及装备，提高测井资料的解释精度和符合率，增强测试问题井和疑难井的能力，测井一次成功率和资料质量明显提高，创收 416 万元。固井质量评价取得新经验，GR－GR 测井技术得到广泛推广应用，解决泌阳凹陷北斜坡疏松地层固井检测第二界面难确定的问题。已经形成 SBT、GR－GR 及变密度测井仪器组成的固井质量检测系统，能够满足河南油田不同井的固井质量检测要求。老井复查和二次处理评价工作取得新成果，共复查老井资料 1000 余口，二次处理解释出图 376 口，完成老井复查成果 22 份，发现新油层 36 层，新增地质储量 65 万吨。

(周俊丹)

【外部市场收入创历史新高】 5700 测井队、射孔施工队伍分别进入吐哈油田和塔指市场。陕北分公司在比上年减少 2 个队的情况下，以优质的施工质量和服务质量赢得饱满的工作量，2004 年全年完成工作量 599 井次，实现产值 639.02 万元，较上年同期增长 14.43%。5700 队、动态监测队伍以技术、服务优势在西部树立良好的形象，外创收入 465.04 万元。外部市场全年完成工作量 955 井次，实现产值 1473.32 万元，同比增长 80.94%，到账收入 1179.1 万元，创历史最高水平。　(周俊丹)

【职工队伍素质建设】 公司重视加大对复合型人才的培养力度，为进入国外市场做好人才储备。有计划地开展以“新理论、新方法、新技能、新信息、新知识”为主要内容的培训工作。2004年全年共组织内、外部培训1090人次，其中内部培训724人次，送外培训366人次，师带徒形式培训42人。组织开展岗位练兵23项次，参加482人次，职工队伍素质得到提高。 （周俊丹）

【完成多种经营改制分流】 测井公司两家多种经营单位（三利实业公司、测井新技术研究中心），被列入勘探局2004年度改制分流企业。先后完成清产核资、财务审计、资产评估、改制实施方案的编制上报和批复实施等工作，按照资产匹配方案，清退计划外用工20人，协解集体工66人，回归主业项目3个、全民工15人。12月28日，改制后的南阳三利工贸有限公司和南阳市天达同兴石油技术有限公司正式揭牌成立，两家多种经营企业改制分流工作圆满完成。 （周俊丹）

【HSE管理】 测井公司实施领导分管重点要害生产单位（部位）轮流监督检查制度，制定下发《测井公司领导干部HSE责任事故引咎辞职及责任追究暂行办法》。抓好安全技术措施项目实施，安排安全隐患治理和重大隐患应急整改项目11项，落实资金85.3万元。制定完善放射性物质和爆炸物品HSE管理规定、应急处置预案，做到防患于未然。坚持安全生产监督检查，完成勘探局下达的安全生产控制指标，被评为勘探局安全生产先进单位。 （周俊丹）

【加强与改进思想政治工作】 修改完善ISO9000政工体系文件，把思想政治工作渗透到测井生产、开拓外部市场和多种经营改制工作中，保证了各项工作的开展。健全完善信访稳定工作责任制和信访工作长效机制。针对少数人员参与群体性上访，测井公司先后18次召开稳定会议，耐心细致地做好家属、协解、内退和离退休等人员的思想政治工作，有效控制和化解了少数人员参与集体上访的问题，保持稳定的局面。 （周俊丹）

地质录井

【概述】 河南石油勘探局地质录井公司（以下简称录井公司）是以从事石油勘探开发过程的随钻地质资料采集为主，集工程监控、资料处理、油气层评价、油藏描述等为一体的专业化录井公司。截至2004年底，录井公司用工总量576人，其中正式职工431人，完善用工35人，临时用工110人；全民主业用工525人，其中正式职工415人。一线用工365人，占全部用工的69.52%。管理及专业技术人员179人，其中具有高级职称的20人、中级职称的96人，初级职称的63人。职工平均年龄为35岁。录井公司机关设6个职能管理部室，下属7个基层单位。公司固定资产原值3666.86万元，净值2615.04万元。主要录井装备57台套，其中综合录井仪器25台（具有国际先进水平的DLS型综合录井仪6台），快速色谱气测仪1台，地化录井仪10台，定量荧光录井仪13台（套），钻时录井仪4台，岩石P—K分析仪4台。拥有局级甲级队18支，乙级队8支，达标队9支。专业录井队伍构成：综合（含气测）录井队20支，地质录井队31支，地化录井队15支，定量荧光录井8支，P—K录井队2支。

2004年，录井公司全年共完成内部录井

416口井，38.20万米，总住井12661天。外部录井产值突破一千万元。录井收入实现创纪录的5267.47万元，实现利润218.44万元。在抓好生产经营工作的同时，加强党组织建设，精神文明建设成效显著。被勘探局、局党委评为"党风廉政建设先进单位"、"思想政治工作先进单位"、"综合治理先进单位"、"厂务公开优秀单位"，录井公司工会被评为"模范职工之家"，录井西部分公司被局授予"模范集体"称号，录井4队被评为集团公司"金牌队"，录井2队被中石化西部新区授予名牌队和"优秀基层队"。涌现出局劳动模范、河南省"新长征突击手"王宏亮，勘探局"巾帼标兵"樊红乔为代表的先进典型。在国庆自创歌曲比赛中荣获全局一等奖。

（凌　珊）

【内外部市场开拓】　瞄准内外部两个市场，搞好市场开拓，实现"两个突破"、取得"一个重要进展"和得到"一个提高"。"两个突破"：一是内部录井产值再创新高，全年录井产值突破五千万元；二是外部录井产值首次超过千万元大关，取得历史性突破。全年实施外部录井项目共36个，新增录井队伍6支，完成录井进尺9.27万米/2720天，工作量收入为1173.31万元，比上年增长了43.3%。"一个重要进展"：开拓国际市场有新进展。参与印度、孟加拉、哈萨克斯坦、沙特、卡塔尔石油工程项目等5次国际录井项目投标。尼日利亚录井项目进入实施阶段，成立尼日利亚录井项目工作领导小组和项目组，已按照工作运行计划实施。"一个提高"：录井资料质量得到提高。对管井人员提出"三到现场"的具体要求。每半年开展一次资料质量大检查、质量体系内部审核和全年优秀完井资料评比活动。建立质量奖励机制。创办《录井基础工作月报》，发挥其表彰先进、鞭策后进的作用。坚持召开录井小队"一长两师"会议、录井技术交流会等会议，不断提高"一长两师"的业务素质和管理水平。通过上述措施，录井工作不仅得到河南油田勘探开发甲方的肯定，在西部新区、西北石油局、南方海相等外部市场也得到甲方的信任，外部录井有5个项目被甲方评为"优质工程"。主要录井质量指标稳中有升。油气显示发现率100%，油气层综合解释符合率86.96%，剖面符合率91.46%，地质、工程预报准确率95.95%，资料质量合格率100%，顾客满意率98.67，资料数据差错率2.11‰。

（凌　珊）

【录井成果】　共发现油气显示15763米/4031层，见显示取心获含油岩心280.5米。①在E新52等69口井通过精细对比和分析，累计发现新油层282.8米/159层，经甲方验收确认属设计外新油层的253.5米/73层，预计增加储量100万吨。②通过地层对比和分析，在泌292、K4072等11口井提出提前完钻的建议被采纳，共节约进尺1668.07米，预计节约投资300万元。③发挥综合录井仪的钻井实时监测作用，为钻探提供技术保障。全年成功预报立管刺漏、H_2S异常、井漏、掉钻具、钻头终结、井涌等工程异常57次，成功54次，成功率94.7%，避免了工程事故，为科学打井提供可靠依据，受到甲方和钻井方的充分肯定。④提高钻井取心收获率。从油气层评价，储量的计算及开发方案的编制出发，发挥主观能动作用，主动收集和分析新庄地区井层的取心资料、钻井参数、割心位置选择等资料，向钻井提出建议，协助确定割心位置，使该区收获率由上年的61%提高到86%。

（凌　珊）

【人才开发】　以提高职工队伍素质为目标，全面建设"学习型企业"。通过开展"百人英语提高工程”活动，为走出国门开拓海外市场作准备；以学习和培训为主要手段，加快实施录井公司制定的一线操作工向“一长两师”转化的战略。2004年，举办ISO·HSE体系，井控技术，计算机，录井仪器操作与维修，岗前培训等共13期573人次参加，送外培训56人次，使职工素质得到全面提高，满足了市场竞争对人才的需要。（凌　珊）

【科技进步】 2004年科研项目投入86.5万元。全年开展科研项目14项，开展生产型科研项目10项。《YKR—1岩石快速热解仪研制》获二等奖，《地化录井技术在水淹层解释中的评价研究》和《赵凹地区寻找新储量综合地质研究》获三等奖。①录井设备研制、改造升级及相关应用软件开发。与22研究所联合研制的“S米Y—2岩屑描述仪”，通过河南省信息产业厅组织的产品技术鉴定，该技术达到国际水平。与上海神开公司开发的《上海神开3D01—Q地化仪数据采集及资料处理软件》，已在江苏、吉林、塔河等油田广泛应用，受到用户的一致好评。与北京中石油技术公司开发的一套三维数据处理配套软件，已在辽河油田推广应用。自行研制的HE—1J型绞车传感器，在双K1007井现场应用中取得了较好的效果，预计每年可节约成本12万元。②油气层综合评价。对完钻的每口探井都做跟踪评价，其中重点评价18口井，探井油气层解释符合率达80%。对340口开发井进行跟踪评价，编制并提交单井油层综合评价报告150口井，经跟踪收集10口井22层的试油试采结论，统计出解释符合率100%。③对外科技服务。在青海油田分公司承揽《综合录井多种解释技术评价油气层方法研究》项目，实现对外科技服务创收37万元。④创新思路，科学评价，老井复查取得新的成果。摸索出一条从录井显示入手，提取有利的油气显示信息，采取点面结合的方式进行评价的复查思路和方法。2004年，对焉耆盆地的焉参1井、江河油田的核三上段、井楼—古城油田的稀油区、下二门油田等进行了挖潜评价，共复查评价出新油层19层，新增石油地质储量276万吨，提出试油（或补孔投产）井位20口。其中，对焉参1井、赵11井、楼1井等3口井实施试油4层，均获工业油气流，探明储量82万吨。（凌　珊）

【实施科学管理工程】 2004年，录井公司围绕标准化、信息化、甲级队认证、流程再造、多种经营改制等方面，规范管理。①以创建品牌队伍为目标，搞好甲级队资质认证，为市场开拓做准备。围绕资质认证，从人员、设备、管理等多方面着手，认真抓好标准化录井队建设，向集团公司申报甲级资质15个，乙级资质17个，在9月份集团公司组织的资质认证工作中，上报的所有队伍一次通过验收。②开展流程再造工作。年初，录井公司被确定为流程再造试点工作单位，开展工作动员、绘制老流程、分析诊断、确定再造主流程、部分节点的改造等工作。③启动信息化工程建设。为发挥录井资料信息服务于勘探开发甲方决策的作用，6月，开始开展现场录井数据远程传输系统的引进与应用，远程传输实验11口井，有9口井数据从现场传回二线。数据库软件的开发工作也在进行。④实现安全生产。按照HSE体系要求明确职责，重点抓好全员危害识别、员工的HSE素质培训、检查监督和考核等工作，使各项制度和措施得到落实，全年没有发生一起上报事故，被勘探局评为“安全生产达标单位”。⑤积极稳妥地推进海达公司的改制工作。根据勘探局重组改制工作的统一部署，成立改制分流工作领导小组和实施小组，做好宣传动员、制定改制分流方案、上报审批等工作。上报的改制方案已获中石化集团公司批准。

（凌　珊）

【企业文化建设】　录井公司党委围绕经济建设这个中心，全面实施企业文化发展战略。先后树立以王宏亮、樊红乔为代表的一批先进个人和集体典型，通过《河南石油报》、河南油田电视台等媒体广为宣传，既为录井公司外闯市场树立形象，也使广大职工学有榜样、赶有目标。充分发挥工团组织的优势，围绕生产经营广泛开展民主管理、劳动竞赛、合理化建议、创新创效等活动。在全局发生退休协解人员及家属集体上访事件时，在政策允许的范围内，把切实解决广大职工和退休协解人员的各种实际困难与做好政策解释以及其他思想政治工作紧密结合起来，录井公司没有发生一起上访事件。（凌　珊）

井 下 作 业

【概况】　截至2004年底，河南油田井下作业公司下属21个作业队（年作业能力3100井次），井下作业系统总人数为1580人。

2004年底河南油田根据石化股份公司《油田井下作业系统重组工作指导意见》及集团公司、股份公司重组工作会议精神，整合井下作业人力和装备资源，组建了河南油田分公司井下作业公司。公司现有职工1577人。下属21个作业队，年作业能力3100井次。3个大修队，年大修能力100井次。

1.作业工作量以及效果

截至2004年底，共完成井下作业总工作量4166井次。其中，维护作业2393井次（含动态监测）；措施1411井次；新投产井307口；投转注55口。油井作业3286井次。其中，油井维护1969井次（含动态检测375井次）；油井措施1010井次。水井作业880井次。其中，水井维护424井次（含动态检测7井次）；水井增注、调剖措施401井次；投转注55口井。截至2004年底，油（气）井中待大修井67口。其中，套变27口，套管错断7口，套管破漏10口，井下落物11口，管柱卡4口，其他8口。注水井中待大修42口。其中，套变24口，套管错断2口，套管破漏7口，井下落物4口，管柱卡5口。

油气水井措施1411井次，有效率74.48%，增油24.5万吨。其中：油井老井措施917井次，有效率66.85%，增油20.97万吨；油井新井措施93井次，有效率89.25%，增油3.5331万吨。注水井措施313井次（不包括分注、转注），有效率85.3%，增注157.4954万立方米，对应油井增油1.6366万吨。

补孔改层：油井补孔改层498井次，有效317井次，当年累计增油14.3665万吨。

压裂：油井压裂44井次，有效36井次，当年累计增油1.0707万吨。注水井压裂1井次，有效1井次，当年累计增注水0.4233万立方米。

酸化：油井酸化26井次，有效11井次，当年累计增油0.1144万吨。注水井酸化163井次，有效137井次，当年累计增注水65.4143万立方米。

防砂：油井防砂17井次，有效15井次，当年累计增油0.4966万吨。同比工作量增加5井次，有效井次增加4井次，增油量增加0.2166万吨。

大修：油井大修52口，当年累计增油1.1676万吨，恢复可采储量54.6万吨；注水井36口，当年累计增注水72.6525万立方米，恢复水驱可采储量165.2万立方米。平均修井周期30.39天。

机械卡堵水159井次，成功158井次，当年累计增油1.3829万吨，降水15.2376万立方米。

注水井调剖31井次，对应油井增油0.5568万吨，降水0.45万立方米。

稠油热采总井数766口，开井595口，注蒸汽268井次，当年累计注汽79.3024万立方米，注汽干度73%，热采汽油比2.80。

三次采油：注聚合物井114口，年累计注聚合物干粉1551.40吨，年累计增油6.18万吨，吨聚合物增油量39.84吨，增加可采储量82.26万吨。

2.装备技术

采油系统作业及配套设备共有201台(套)。其中履带通井机27台，车装修井机78台，压裂车组1套6台，运送压裂液罐车17台，酸罐车10台，运砂罐车5台，水泥车(包括300型、400型和700型)44台，锅炉车7台，油水罐车44台，试井车15台。

抽油杆在用274.25万米，新投入128.04万米，报废31.59万米，修复7.8万米；油管在用467.99万米，新投入72.01万米，报废26.98万米，修复76.26万米；抽油泵在用2389台，新投入1234台，报废893台，修复861台。油管检测线1条，年修复能力30万米；抽油杆检测线1条，年修复能力6万米；抽油泵(含电泵)年修复能力1410套。

3.工程质量

2004年，河南油田的地层测试合格率为83.98%，作业一次施工合格率98.2%，施工有效率达到97.48%，施工质量全优率达到85.57%，施工工序一次成功率达到99.22%。

(赵文民　王　凯)

2004年12月9日，河南油田井下作业公司成立大会。　摄影　石正文

【技术进步】 1.加大套损井、低产低效井和停产井治理力度，夯实油田稳产基础。2004年，河南油田在对套损井调查分析的基础上，坚持防治结合，加大套损井治理的力度，本着先易后难的原则，优先对具有生产潜力层或是有未动用的主力生产层位的油井和控制水驱储量较高的中心注水井进行修复。进行长停井扶产83口，复产后日产油95.9吨，平均含水82.1%，年增油3.5万吨，恢复动用储量66.5万吨，恢复可采储量18.3万吨。

2.降低无效作业工作量，提高作业措施效益

2004年，通过开展“低效、无效、多轮次作业工作量大调查”活动，分类分析了造成低效、无效作业工作量的原因，并有针对性地采取了治理措施：①研究配套、推广应用新工艺新技术，提高作业工艺成功率，减少无效工作量。包括：漏失井冲砂工艺、多级机械找堵水技术、稠油井140毫米套管井普通隔热不动管柱转抽技术、热采井套管补贴堵水工艺技术、新型化学封堵剂封堵技术等。②多种手段相结合，开展偏磨井专项综合治理，提高油

井免修期。包括：利用斜井抽油机有杆泵系统节点分析与优化设计软件、加双向保护接箍、应用抽油机多功能减振悬绳器、采用无杆泵采油技术、安装旋转井口等，做好简化管柱、抽油杆底部加重、下3″油管增大环形空间等工作。③结合稠油油藏特点，开展热采井出砂井专项治理。④加强作业生产管理，提高作业施工管理水平。完善作业施工生产管理制度，完善油水井交接及作业监督管理制度，建立下井新工具试验实行项目负责人制度，制定、下发了《新井油管、抽油杆管理办法》和《井下器具管理办法》。⑤加快后勤厂站建设，提高下井管杆工具质量。包括：改造双河油管厂管、杆修复线，提高修复管杆质量，宝浪油管厂将新增一套抽油泵试压装置，拟建一条环氧粉末防腐油管生产线等。“降低无效作业工作量，提高作业措施效益”活动开展一年来，作业一次成功率达到99%；措施有效率达到76.4%；减少无效作业、多轮次作业191井次；油水井免修期由去年的445天延长至499天；降低作业费用936万元，提高了井下作业施工的经济效益。

3.多层可重复机械找堵水技术，为油层挖潜提供了技术支持

对测试找水符合率低、识别潜力油层技术手段不足、作业找堵水工作量大的问题，独创了以上提光杆调层的多级找堵水工艺技术，具有多层、多段任意组合生产、封堵、并能多次重复调层的特性，工艺简单，施工方便，一趟管柱实现四段找堵水。2004年4月至11月，在双河、古城油田现场试验9口井，调层6口井14井次，认清油层15层，工艺成功率100%，有效率88.8%。截至2004年底，已累计增油919吨，降水10007.7立方米，减少封堵作业14井次。该技术的应用，为油层挖潜及高含水后期多层开采提供了技术保证。　(赵文民　王　凯)

【井下作业大事记】 1.加强井下作业管理力度

推行厂、矿、队三级作业监督管理体系，设立作业监督岗，目前培训作业监督52人次，取证上岗人员42名，以适应井下作业系统重组整合需要。

推行甲方设计管理，在井下作业重组中提出二套实施方案：一是油井维护及措施地质、工程方案由甲方编写、审核，乙方负责按方案施工。二是维护性作业地质方案由甲方编写，乙方编写施工方案，经甲方审核后实施；措施井地质方案及施工方案由甲方负责，乙方根据甲方提供的依据编制施工设计，经甲方审核后实施。

2.制定并启动井下作业管理五项规定

为加强河南油田分公司井下作业工程的市场化运作及标准化管理，根据《中国石油化工股份有限公司井下作业管理五项规定》，结合河南油田实际情况，制定并实施了河南油田分公司井下作业类别划分规定、河南油田分公司井下作业工程设计管理规定、河南油田分公司井下作业市场管理规定、河南油田分公司井下作业工程监督管理实施办法、河南油田分公司井下作业工程质量验收办法等五项规定与实施细则。

(赵文民　王　凯)

采油工程

【概况】 截至2004年底，油田共有油井2377口，开井1992口，开井率83.8%，生产时率92.52%，平均单井日产液26.8吨，平均单井日产油2.62吨；抽油机井2221口，占总井数的93.4%，产量占90.2%；电泵井75口，占总井数的3.2%，产量占7.84%；其他井9口，占总井数的0.38%，产量占0.66%；

注水井798口，开井716口，同比增加27口，开井率89.72%，注水时率95.15%。年累计注水1781.98立方米，平均单井日注71.8立方米，其中，方案分注井628口，实际分注井578口，方案分注率92.04%；截至2004年底，河南油田分公司共有3个采油厂、1个采油工程技术研究院。采油厂下属22个采油队、3个大修队(年大修能力100井次)、5个测试队(年测试能力610井次)、6座联合站(含污水处理站)。采油工程系统总人数为3756人。　(赵文民　王　凯)

【管理工作与技术进步】 1.试行油公司管理模式

在稠油新区投产开发过程中，成立新庄油田开发项目经理部，作为油田开发甲方全面负责新庄、杨楼油田的开发生产，试行油公司管理模式，为河南油田全面实施油公司管理模式积累了经验。

2.实行有偿推广新技术，促进科技创效

下发《加强石油工程技术推广的实施意见》，推行“有偿新技术推广”的成果转化新模式，配套了科研单位和生产单位“风险共担、效益分成”的实施办法。

3.成立注水水质检测中心，加强水质监控力度

为了强化对油田开发生产中注入水水质的监督与管理，在河南油田工程技术研究院组建成立了“河南油田分公司注水水质检测中心”，行政上隶属于石油工程技术研究院管理，业务上直接受开发事业部领导，代表分公司对河南油田注入水水质进行监督检测。制定下发《河南油田分公司东部注水水质检测管理办法》，规定对东部油田82个注水取样点涉及注水水质的pH值、含油量、总铁量、硫化物含量、TGB、SRB、DO、悬浮固体含量、侵蚀性二氧化碳和悬浮固体颗粒直径中值等共10项检测指标进行定期检测。

4.开展“降低无效注水，提高注水效益”活动

按照股份公司的要求，结合河南油田实际情况，成立注水活动领导小组，对开展“降低无效注水，提高注水效益”活动进行了统一部署和安排。一是开展全油田注水调查工作。二是加强水井动态监测和注水动态分析，及时调整注水结构，同时加强注水井测试和吸水剖面测试，采取同位素、电磁流量计、分层测试等多种技术手段进行吸水状况的认识，搞清吸水状况。三是加强注水井分层注水力度，从井筒工艺上保障有效注水。河南油田不仅在地质上合理配注，大力调整注水结构，而且继续发挥分层注水技术优势，在井筒工艺技术上确保分层(细分)注水。2004年全油田实开水井716口，方案分注628口，方案分注率92.04%；实际分注578口，实际分注率72.43%，比2003年的68.0%提高了4.43%；层段合格率也由2003年的73.3%提高到83.6%，提高了10.3%。全年降低无效注水67.3万立方米。

5.应用稠油热采配套技术，实现了新庄、杨楼油田工业化开采

河南油田稠油热采新区油藏类型为复杂小断块稠油油藏，主要特点是断层发育，含油面积很小，油层埋藏浅、层薄，储层变化大，岩性疏松，含油条带窄，边水活跃。由于地层胶结疏松，泥岩不发育，夹层成岩性差，用常规的预应力方法固井成功率低。而且，采取常规注蒸汽开采工艺，在注蒸汽热采过程中，套管受热变形造成水泥环胶结界面破坏，固井质量变差，容易导致油井管外窜。为解决这一问题，开展了预应力固井和井筒隔热重复性不动管柱转抽工艺技术的攻关研究。

在预应力固井方面，从预应力固井工具的优选与改进、工艺方案的优化等方面进行

技术研究攻关，研究形成了新型预应力固井地锚和适应不同地区的预应力完井工艺，解决热采新区预应力固井的难题。现场应用110井次，成功率92.9%；在井筒隔热注采工艺方面，研究成功了井筒隔热注蒸汽重复性不动管柱转抽工艺技术，缓解了套管受热损坏的矛盾，并降低了隔热措施成本，与光油管注汽相比，减少热损失55%。该技术实现了隔热注采一体化，注汽后能及时转抽，简化了工艺过程，避免了作业占产时间及作业过程中的热能损失。该技术在140毫米和178毫米两种套管井应用均取得了成功，耐温高达355摄氏度，耐压达到20兆帕，现场试验应用74口井，密封成功率94.6%。以上技术的研究应用，使新庄、杨楼油田1250万吨的储量得以有效开发。

6.聚驱后进一步提高采收率技术，改善了后续水驱开发效果

针对聚合物驱转水驱后区块油井含水上升快，产量递减幅度大的问题，开展该项技术研究。该技术利用残留在地层内的大量聚合物，通过注入絮凝剂，在地层中形成絮凝堵塞作用，改善纵向吸水剖面和平面液流方向，扩大后续水驱波及体积，改善开发效果。2004年在双北Ⅱ4—5单元进行了3口井的现场试验，措施后注水井启动压力平均提高1.4兆帕，注水压力平均提高2.5兆帕，注水井吸水剖面得到改善，在所对应的14口油井中，10口井含水上升、产油下降的势头得到抑制。2004年底在双河油田437区块进行现场实验，注水压力平均提高3.2兆帕，部分油井已呈现出增油势头。

7.双河Ⅳ1—3区块细分开采配套技术集成化应用，综合治理成效显著

双河油田已进入特高含水开发后期，综合含水已高达94.12%，井下油水关系日趋复杂，油层层内及层间矛盾更加突出，主要潜力已由层间转入层内，由主力油层转为非主力的薄差油层。根据油藏特点和工艺技术条件，开展了大厚层区块整体细分开采综合治理。以“细分注水、细分堵水和细分酸化”技术为主导技术，结合其它常规措施，综合应用于试验区块，以提高区块的整体开发效果。

在双北Ⅳ1—3试验区块，实施81井次，其中细分注水21井次、细分堵水18井次、细分酸化19井次、补孔11井次、解堵1井次、压裂3井次、超细水泥封堵2井次、油井转注3井次、高压注水2井次、调剖1井次。与设计方案相比，综合治理方案实施率97.6%。措施工艺成功率100%，有效率97.5%。通过实施综合挖潜措施，措施井累计增产原油15826吨、减少产水14.26万立方米、累计增注水量43.69万立方米、控制无效注水20.34万立方米，投入产出比1∶5。试验区含水率上升的趋势得到有效控制，日产油量回升。区块地层压力保持水平提高2.3个百分点，储量动用程度增加3.21个百分点，增加水驱可采储量11.22万吨。该技术的研究为河南油田开发后期实现稳油控水提供了一项有效的技术手段，特别是为油田实施厚油层内细分开采提供了可靠的技术支持。（赵文民　王　凯）

油　气　集　输

【概述】 截至2004年底，河南油田有联合站6座，原油计量检定站1座，计量站162座，集油站17座，集油管线总长度1215千米，集油干线252千米，原油稳定能力210万吨/年，原油外输管线67千米，输油能力425万立方米/年。输油机泵274台套，加热炉73台，原油储罐18.5万立方米。原油预处理能

力3303.8万立方米/年，污水处理能力2274.9万立方米/年。截至2004年底完成预处理液量2085万立方米，原油稳定145万立方米/年，原油管道外输157.9万吨，原油销售172.3万吨，外输原油平均含水0.69%。天然气内部输送2266万立方米，对外销售448万立方米。污水处理1920.2万立方米，达标外排170.4万立方米。　（严其柱）

【主要经济技术指标】 原油应密闭量188.31万吨，实际密闭172.28万吨，密闭率91.49%；运行加热炉63台，热效率70.99%；输油泵85台，泵效71.28%；外输原油含水率0.69%。

（严其柱）

【技术进步】 1.新庄油田产能系统配套项目：新建YQ3、BQ57、BQ67集油注汽站3座，计量站16座，铺设王集转油站至稠联站集油干线38千米，满足新庄油田开发生产需要。

2.新建下二门天然气集气站一座，集气能力6万立方米/年，实际集气3万立方米/年。输气工艺流程：

气井来气→集气站→下联增压→江联站→井楼计量→采油二厂

3.缓解江—魏输油管线江—井段输油量不足问题，保证江—魏输油管线的安全运行和降低运行成本，新铺设输油管道11千米，管线规格219×6，待连头试压。

4.污水处理工程：稠联站新建污水生化处理装置污水处理能力0.3万立方米/天。下二门污水处理增加气浮悬装置，污水经气浮悬装置处理后，注水水质明显改善。王集转油站和安棚集油站新装撬装式污水处理装置各一台，王集站污水处理能力500立方米/天，安棚站污水处理能力0.15万立方米/天。

5.魏岗集中供热改造：魏岗联合站停烧锅炉，全部由油田精细石蜡化工厂蒸汽供热，节约天然气用量。根据季节的不同，魏岗每天可外供0.6万—1.0万立方米天然气，保证井楼一区和三区注汽锅炉燃烧天然气和实现油气混烧，降低渣油和原油消耗。

6.稠油联合站原油预处理能力扩建

稠联站增加两台高效分离器及相应配套设施，稠联原油处理能力增加到0.8万立方米/天，井楼、古城脱水原油含水为1%～3%，新庄脱水原油含水在1%左右，三相分离器水出口污水含油750毫克/升。

7.新庄油田外输干线管道模拟试验研究

利用“稠油降黏输送和不掺稀脱水试验环道”，对新庄稠油和王集稀油进行实际运行工况下的模拟分析，得出结论：王集与新庄原油混合后的转相点含水率在26.5%至31.4%之间。当含水低于32%时，升温降黏效果明显，当含水高于75%时，升温对降黏几乎不起作用。新庄油田集输管线基于研究结论进行设计，降低工程投资和能耗，从而减少该管线的运行费用。

8.江—魏线加剂输油，降低能耗

双江原油含蜡量高，原油凝点在38摄氏度，经江联加剂降凝，双江原油凝固点降至30摄氏度左右。原油凝点的降低，原油计量检定站外输油温度由过去的41～43摄氏度下降为38摄氏度，实际外输油温度比往年下降3～5摄氏度。在江联实现密闭输油的情况下，江—魏线中间加热站平时停运，仅在魏岗收油温度低于37摄氏度时启运，可节约天然气0.3万立方米/天，以保证井楼三区注气锅炉实现油气混烧。

9.宝浪油田膜过滤技术研究

在宝一联进行陶磁膜过滤技术小试。宝

一联污水经过处理，在含油小于30毫克/升，悬浮物小于30毫克/升后，再经陶磁膜过滤，污水含油可小于5毫克/升，悬浮物小于3毫克/升，悬浮物粒径中值不大于2微米。该项研究应用于工业化生产，可以使宝浪油田地层产出水达标回注。（严其柱）

炼 油 化 工

【概述】 2004年，南阳石蜡精细化工厂加工原油57.3万吨，完成年计划58万吨的98.79%，同比提高1.03万吨。其中生产汽油9.81万吨；柴油15.22万吨；润滑油4.53万吨，聚丙烯1万吨。主营业务收入达到15.88亿元。

2004年，桐柏安棚碱矿有限责任公司全年累计生产纯碱28.71万吨，产品合格率100%；销售纯碱28.59万吨，实现销售收入3.01亿元，创利税6943.53万元。

全年研制开发了相变蓄能材料专用蜡、口香糖专用蜡等6种特种蜡新产品，其中系列相变蓄能材料专用蜡填补国内空白，其生产技术已申请国家专利；2004年生产蜡系列产品5.31万吨，同比提高了10%，其中生产特种蜡7032吨，同比提高了144%，生产微晶蜡5613吨，同比提高了236%。2004年深加工化工产品与燃料型产品销售收入比达到5.31∶4.69，完成局考核指标5∶5的目标（上年同期为4.95∶5.05）。

蜡系列产品用户比上年增加178户，增长71%，用户的认可度和市场占有率明显提高。目前精蜡厂已成为国内蜡产品种类和牌号最齐全的厂家。2004年9月“卧龙”牌蜡系列产品被河南省政府授予省名牌产品称号，“源润”牌凡士林产品被授予省优质产品称号。

2004年炼化实现安全生产无任何上报事故，安全年度工作目标和联保责任全面落实；主要技术经济指标同比有所提升：综合商品率为83.78%，同比提高0.68%，加工损失为1.10%，同比降低0.13%，轻油收率50%，同比提高0.64%，炼油吨油完全费用378.52元，同比降低5.48元/吨；实现利润1460.22万元，比股份公司下达年度指标500万元超盈960.6万元。

（肖旭慧 王业玺）

【30万吨/年燃料乙醇项目】 中石化重点建设项目、河南省重点建设工程南阳天冠30万吨/年燃料乙醇项目按计划运行，主体工程已基本投运。30万吨/年燃料乙醇项目是国家产业结构调整的重点工程之一，也是河南省工业结构调整标志性项目。该项目由中国石油化工集团公司、河南省建设投资总公司、河南天冠企业集团有限公司三方共同出资，总投资12.46亿元，按照中石化集团公司的要求，勘探局代表集团公司直接参与项目建设工作。该项目建设工作于2003年9月全面启动，2004年11月29日，热电站、制粉站、谷朊粉车间、燃料乙醇车间及公用工程水、电、风联合投入试生产，整个工程完成投资10亿元，已完成总投资的80%。（肖旭慧）

【动力锅炉煤代油改造项目】 动力锅炉煤代油改造项目是将精蜡厂动力锅炉燃料由燃油改为燃煤，项目实施后可提高炼油综合商品率和经济效益，降低生产成本。为了做好该项目的论证审查工作，2004年初，炼化部门及时组织设计院、精蜡厂有关技术人员赴桐柏吴城碱矿进行考察，取得了燃煤流化床锅炉的第一手资料，为项目的审查评估奠定了良好的基础，并多次与精蜡厂、设计院结合，召开专题会，落实方案，督促进度。项目可行性研究报告上半年报股份公司后，为争取项目投资，炼化部和计划处一起多次到总公司汇报，获得了股份公司的支持，同意该项目进行初步设计。经过组织，设计单位已审定为油田设计院，对制造厂和用户的技术考察工作已开展，项目运行计划正在制订。（肖旭慧）

【强化炼化部门管理职能】 按照股份公司有关文件要求和油田分公司基本制度规定，2004年进一步规范完善了三方面的管理。一是规范炼化项目技术审查。严格按程序实施炼化专业上报分公司计划项目的审查把关，新出台了炼化“新技术、新设备工业应用前的技术审查”规定，确保了炼化装置建设和技术改造项目的顺利实施和炼化项目的投资有效。二是加强炼化发展战略规划的研究编制和定期评价工作。实行半年、年度对《精蜡化工2004～2006年市场开拓战略》目标完成、重大项目进展、战略实施中存在的问题进行跟踪检查与评价，提出下一步拟采取的措施和战略调整意见。并在此基础上，根据下一年工作安排和股份公司对接意见，组织编制了《2005～2007年炼油化工发展战略》，为精蜡厂持续发展提供战略保障。三是加强销售管理，组织修订完善了精蜡厂销售管理办法。结合市场实施有效促销，确保了精蜡厂产销平衡。（肖旭慧）

【精细炼化生产管理】 一是在组织精细化工生产中，最大限度发挥装置潜能，确保生产装置高效运行。加大了生产计划的调整优化力度，坚持生产、经营、成本监控机制的有效运行，注重市场需求和产品价格的理性分析，适时进行产品结构调整优化，以实现效益最大化，保证了整体经营目标的实现。在聚丙烯价格处于高位运行的情况下，抓住机遇，提高产量，全年生产聚丙烯突破1万吨，首次达到装置设计负荷。二是加强生产技术和设备工艺管理。围绕装置达标工作，严格操作规程、生产工艺的执行管理，积极开展新材料、新技术、新设备、新工艺推广应用，确保生产装置“安、稳、长、满、优”运行，实现均衡生产。三是在精蜡厂积极开展“降本增效管理年”工作。按照股份公司“降本增效管理年”活动要求，调整和细化了精蜡厂经营管理考核办法，使降本增效管理制度化、规范化。广泛开展降本增效、节能降耗活动，把降低加工损失做为一项重点工作，在精蜡厂成立专项降损指标攻关小组，从产、储、销整个流程查原因，堵漏洞。（肖旭慧）

【炼化专业HSE管理】 2004年，全面实施炼化专业HSE管理，加强安全隐患治理，负责编制了《河南油田油品及液化气突发事件应急预案》，组织编制了2004年炼化专业HSE管理实施方案和实施计划，并按计划进行了考核检查，完成了精蜡厂5个局级重大危险点源的应急预案编制，组织编制了精蜡厂安全隐患三年治理规划并进行了实施监督，使炼化安全生产管理更科学规范。认真落实集团公司安全工作会议和电视电话会议精神，扎实开展日常安全监察与管理，坚持每月进行一次重点部位安全检查。全年组织开展了两次危害识别和风险评价工作，辨识危害10068个，发现重大危害12个，不可容许危害3个，已累计消除不可容许危害6项，重大危害18项。开展了多项专项工作。如加强生产现场的管理和监控，要求精蜡厂有计划的整改和预防重大事故隐患。3月份监督完成了催化待生滑筏整改和蒸馏石脑油管理的更换，5月份，组织精蜡厂进行了常压炉部分减薄炉管弯头更换。如针对精蜡厂液化气充装站存在安全隐患，成立了协调小组，负责完成了官庄镇政府气瓶点变更事宜的协调，关闭了精蜡厂液化气充装站，排除了不安全因素。并对精蜡厂在生产出现的安全事故进行处理。9 月份，糠醛装置因废液加热炉 F2102 辐射室腐蚀穿孔，对技术处理问题做了具体安排，并进行了整改协调。2004 年，通过各种方式的检查，共检查出问题 165 项，全部进行整改落实。完成了精蜡厂三年安全隐患整改项目的计划安排。组织精蜡厂对全厂隐患进行了识别和评价，按照风险度大小分轻重缓急编制了《2004～2006 年精蜡厂安全隐患治理三年计划》，列入隐患 59 项，总计金额 2778.3 万元，其中重大以上隐患 17 项，2004 年已整改 19 项。做好集团公司级隐患项目精蜡厂消防水管网、道路整改安全项目监管工作，在集团公司没有下达投资计划的情况下，经过与分公司计划、财务部门协调平衡，利用精蜡厂四期装置设备变现的资金解决部分投资，保证了该项目于四季度开始实施。油田级隐患项目轻油发车设施油气回收项目，方案已批复，预计下一年可按计划完成投资。　（肖旭慧）

【实施炼化技改，降本增效】　一是实施了精蜡厂常减压装置挖潜技术改造。2003 年精蜡厂增产微晶蜡改造工程实施后，蜡系列产品生产瓶颈得以消除，但常减压装置多年来一直未进行技术改造。2004 年实施常减压装置挖潜技术改造，改造内容包括：常减压—催化联合装置 DCS 系统改造、常压塔改造、减压塔增加减五线、常压炉改造、部分机泵及仪表更换。为保证项目顺利实施，在项目完成可研编制后，炼化部门认真进行了专业审查，提出了修改意见并监督修改。考虑批复有个过程，DCS 供货周期长和便于利用装置大修时间实施改造等因素，一方面组织精蜡厂先做改造设计，另一方面建议以四期工程设备变卖资金为保证，对项目中的 DCS 部分先由分公司批复。批复后，即及时组织设计院、咨询中心、精蜡厂有关技术人员讨论制订了 DCS 招标技术标准，组织进行了技术招标，参与了商务招标，为保证整个改造项目在年内实施赢得了时间。在装置停工项目实施和投产中，炼化部组织市场办、供销处、计划等部门对材料订货中的特殊问题进行了协调解决，处领导和生产技术人员“十一”长假期间仍深入现场，进行施工协调监督，确保施工工期、质量和顺利投产。项目实施以后，为蜡系列生产装置提供充足优质原料，并开发生产液体石蜡及高熔点混晶蜡原料，实现蜡原料的优质化、最大化，预计年增利润 282 万元。改造项目于 2004 年 10 月 1 日竣工投产。项目实施后，常减压装置的原油加工能力、产品质量、装置能耗、自控水平和安全性能都有较大的提高，为下步更好地发挥特色化产品优势打下基础。二是依靠科技进步降本减耗。通过实施碱渣处理回用和污水回用，达到了减少污水排放量，降低外购水量，节省费用的目的。通过优化工艺条件，重质酮苯装置和高压加氢装置能耗大幅下降；动力车间把降低自用蒸汽和管网损失率为目标，采取多种节汽措施，杜绝跑冒滴漏，减少热损失。全年实施科技进步项目 16 项，均取得预期的效果。

（肖旭慧）

【召开碱化工第二届六次董事会、二届六次监事会及 2003 年度股东大会】　2004 年 3 月 16 日，桐柏安棚碱矿有限责任公司在郑州未来大厦召开公司第二届六次董事会、二届六次监事会及 2003 年度股东大会，公司董事长贺占海主持会议，油田董事陶光辉、路胜旗、杨广亭，监事刘宗元参加了会议。董事会其他董事全部到会。公司监事、经营班子成员列席了会议。　（王业玺）

【召开碱化工2004年第二次临时股东大会】 2004年8月25日，在河南石油勘探局油田宾馆召开桐柏安棚碱矿有限责任公司2004年第二次临时股东大会。三方股东及授权代表戴连荣（内蒙古股东代表）、李清亮（河南油田股东代表）、蒋玉申（桐柏县股东代表）出席了会议，会议由公司董事长贺占海先生主持，公司董事、监事及公司总经理等有关人员列席了会议。会议就桐柏安棚碱矿有限责任公司筹建二期扩建项目、二期扩建项目资金筹措、桐柏安棚碱矿有限责任公司向河南石油勘探局支付碱资源勘探补偿费及2003年股东分红方案等问题达成了一致。

（王业玺）

【40万吨/年重质纯碱扩建项目评估工作完成】 2003年，河南石油勘探局以"豫油[2003]计字269号"文件向中国石油化工集团公司上报了"关于申请安棚碱矿有限责任公司40万吨/年重质纯碱扩建项目投资的请示"，以争取集团公司的支持。集团公司委托胜利石油管理局建设项目经济技术评估咨询公司对该项目进行评估。胜利油田咨询公司于2004年12月完成了"安棚碱矿有限责任公司40万吨/年低盐重质纯碱扩建项目评估咨询初评报告"。报告认为该项目技术方案可行、经济上可行，实施项目建设是必要的。

（王业玺）

【桐柏安棚碱矿有限责任公司二期扩建项目奠基】 2004年10月11日，桐柏安棚碱矿有限责任公司举行二期扩建项目奠基仪式。二期扩建项目估算投资6亿元人民币，预期工期一年，将于2005年年底竣工，2006年一季度投入运行。二期扩建项目完成后，桐柏安棚碱矿的总生产能力将达到70万吨，实现年生产总值6亿元，年创利税2亿元。

（王业玺）

【规范碱化工劳动合同】 根据国家有关政策及在桐柏安棚碱矿工作的原河南油田职工要求与油田解除劳动合同的情况，为规范劳动关系，兼顾公司与职工个人利益。经河南石油勘探局领导研究，同意在桐柏安棚碱矿工作的原河南油田职工在自愿的基础上与河南石油勘探局协议解除劳动合同。2004年4月30日，河南油田与在桐柏安棚碱矿工作的127名原油田职工、9名集体工签订了"协解合同"。

（王业玺）

【河南石油勘探局向桐柏安棚碱矿有限责任公司转让安棚碱矿碱资源采矿权】 由于桐柏安棚碱矿有限责任公司目前的采矿人和采矿权人不符，政府地质矿产部门依照国家的相关法律、政策将对其进行处罚。为了使桐柏安棚碱矿有限责任公司取得合法采矿权，保证生产经营正常进行。河南石油勘探局、分公司联席办公会议研究，同意在保证油田利益的前提下向桐柏安棚碱矿有限责任公司转让安棚碱矿碱资源采矿权。2004年8月25日，公司第二次临时股东大会就办理采矿权转让问题达成一致意见，河南石油勘探局将持有的安棚碱矿采矿权转让给桐柏安棚碱矿有限责任公司，桐柏安棚碱矿有限责任公司向河南石油勘探局支付一定的补偿。2004年12月31日，河南石油勘探局、桐柏安棚碱矿有限责任公司签订了《转让桐柏安棚碱矿采矿权合同》和《碱资源勘探补偿费补偿支付合同》等文件。

（王业玺）

【全面开展碱化工ISO9001:2000质量体系贯标活动】 桐柏安棚碱矿有限责任公司2004年全面推行ISO9001:2000质量管理体

系，到2004年底，完成了工作程序文件及相关材料，完成了内审的各项工作。

（王业玺）

【完善碱化工安全管理制度，狠抓安全生产】 2004年桐柏安棚碱矿有限责任公司不断完善各项安全管理制度。修订了《桐柏安棚碱矿有限责任公司安全生产管理规定》、《安全检修管理规定》、《消防管理规定》等规章制度。在全体员工中开展安全知识竞赛、演讲比赛、事故反思等系列活动，进一步提高全体员工的安全生产意识。加大安全生产考核力度，通过"日巡检、周检查、月考核"的办法，使安全工作从"要我安全"转变为"我要安全"的自觉行动上来，实现全年无安全事故。

（王业玺）

【1.2万吨/年氯酸钠项目筹备建设】 按照勘探局"做好1.2万吨/年氯酸钠项目的市场和技术调研论证、申报工作，争取早日发挥岩盐资源丰富的优势"的战略部署。围绕1.2万吨/年氯酸钠项目这一中心，继续对氯酸钠项目情况进行跟踪调研，对国内主要氯酸钠生产企业及生产能力、氯酸钠销售情况及价格等进行全面了解；分析国家政策对氯酸钠项目的影响、电价调整、建筑材料涨价对1.2万吨/年氯酸钠项目的影响。为决策上马氯酸钠项目提供依据。同时与中国无机盐工业协会、原化工部规划设计院保持密切联系，掌握国内盐化工行业的最新发展动态及国内氯酸钠的市场情况。并且通过电话、传真与氯酸钠设备生产厂家进行联系，派人到设备生产厂家进行调查，对各家生产的设备的价格、质量、性能等有了进一步了解，为设备订货打下了基础。

（王业玺）

【寻找合作伙伴共同开发叶县岩盐资源】 按照合资开发岩盐资源的总体工作安排和部署，寻找合作伙伴，共同开发叶县岩盐资源。先后向多家有意开发岩盐资源，共建盐化工项目的企业发送了"中国石化集团河南石油勘探局1.2万吨/年氯酸钠项目简介"，分别与韩国祥真（音译）产业株式会社、内蒙古伊科科技有限公司进行了谈判，这两家公司都有合作开发叶县岩盐资源的意向。7月份又与香港中国经济报业集团信阳迪森铝业开发有限公司取得联系，洽谈合作、共同开发叶县岩盐资源事宜。

（王业玺）

【妥善处置局在叶县盐化工基地的土地】 1992年，河南油田在叶县征用土地245936平方千米（折合368.72亩），作为兴建河南油田盐化总厂项目用地。由于项目迟迟未能开工建设，2004年11月29日，河南省叶县人民政府将《关于收回中国石化集团河南石油勘探局盐化总厂闲置国有土地使用权的决定》送达河南油田。为妥善处理此事，局领导研究后，于2004年11月31日将河南勘探局文件（豫油土地[2004]325号）"河南石油勘探局关于《叶县人民政府收回中国石化集团河南石油勘探局盐化总厂闲置国有土地使用权的决定》的函"送达叶县人民政府。同意叶县收回土地的要求，并与叶县人民政府协商，要求保留局盐化总厂厂前办公区（约3公顷土地）及已建成的设施；且与叶县政府签订协议，盐化总厂在今后五年内开工建设项目，叶县政府将无偿提供与本次收回的等量的土地。2004年11月30日，河南石油勘探局以豫油土地[2004]324号文件"关于《叶县人民政府收回中国石化集团河南石油勘探局盐化总厂闲置国有土地使用权的决定》的报告"向中国石化集团公司财务计划部汇报。

（王业玺）

油田地面建设

【概述】 2004年，全油田累计完成地面建设投资50064万元（不包括2004年第三批经济适用住房17栋640套，完成投资202.5万元），其中分公司完成地面建设投资41004万元，勘探局完成地面建设投资9060万元；全年完成工程大修理投资10770万元，其中分公司完成工程大修理投资3102万元，勘探局完成工程大修理投资7668万元。

①油气田开发地面建设及产能系统工程：完成投资35299万元，新建油气水井335口，新建原油生产能力39.75万吨。双河油田高压增注工程、安棚油田污水处理工程、魏岗测试队点建设工程、魏岗供热燃料替代工程、双河油田Ⅴ上层高温聚合物驱先导试验工程、赵凹—下二门油田道路改造工程、下二门油田电力系统调整工程、双河油管厂修复油管、杆作业z线改造工程、井楼—古城道路大修工程、BQ57区8#集油注汽站、杨楼9#集油注汽站、新庄—杨楼—王集—稠联输油管线、王集35KV开关站及外网建设工程等重点工程按计划竣工投产。新庄油田至稠联输油管道工程、江魏输油管道（江河—井楼段）改造工程、下二门油田天然气增压集输工程、双河油田主干道路改造工程等跨年实施。

②炼化及综合利用工程：完成投资2094万元，常减压—催化装置自控系统改造、常减压装置减压塔增加减五线，增产70#微晶蜡技术改造等5项工程完工。

③系统工程：完成投资1084万元，黄山集中供热二期工程、黄山集中供热管网调整工程、五一村排水系统改造工程、双河兴业路改造工程、黄山路东侧人行道改造工程等工程竣工投用。

④矿区民用建设及配套工程：完成投资6130万元（不包括2004年第三批经济适用住房17栋640套完成投资202.5万元），大庆区1#、2#公建、大庆小区系统配套工程、中心区交通信号灯建设工程、五一路2#服务楼建设工程竣工投用，2004年第三批经济适用住房17栋640套，已开工11栋352套。

⑤后勤辅助工程：完成投资2720万元，汽车综合性能检测站改造升级工程、技术监测中心办公楼改造工程、房地产管理处办公楼改造工程、影剧院门前场地改造工程、双河景怡路3#生活服务用房建设工程、双河西苑小区基础设施建设工程、双河月亮湖基础设施建设工程等竣工。

⑥信息工程：完成投资1124万元，泰山区宽带入户工程、信息化校园教学网络系统建设工程等竣工投用。

⑦安全环保隐患整改工程：完成投资1613万元，江魏输油管线唐河穿越工程、下联污水处理改造工程、第一采油厂联合站可燃气体报警系统改造工程等工程竣工。第一采油厂联合站消防系统安全整改工程、魏联含油污水处理系统改造工程、第一采油厂作业废水达标处理工程、第二采油厂原油集输干线安全整改工程、稠联污水处理系统扩建工程、稠联油泥砂处理工程、稠联污水生化处理工程等工程跨年施工。

⑧房屋及公用基础设施大修工程：完成投资10770万元，胜利路大修工程、大庆路中段及中南路北段排水系统大修工程、大庆路西段大修工程、大庆路油建段大修工程、五一路和广南路路面大修工程、五一路街景改造工程、五一小区物业管理配套设施大修、运输处机关会议室安全隐患大修等工程竣工，中

中南路南段大修、中南五路改造工程等跨年施工。（卿　平）

【油田建设市场管理】 ①市场准入管理。2004年，按照油田基本制度规定，建设单位对施工单位资质业绩、信誉进行了考察，基建处通过复审施工单位营业执照、企业资质等级证书、HSE资格确认书以及资信等证书，外部施工队伍准入18个，内部施工队伍准入12个。同时，为了进一步规范油区建设市场秩序，加强建设工程管理，确保施工质量和安全，根据局领导要求，基建处专门下发文件，由各建设单位和有关部门对进入油区的施工单位进行综合考评，考评结果公布排名。②工程项目招投标管理。为了加强建设市场管理，营造公开、平等的竞争秩序，按照《中华人民共和国招标投标法》、《中国石油化工集团公司建设工程招标投标管理规定》和油田基本制度要求，各建设单位对30万元以上的新建项目和10万元以上的大修维修工程均实行了招标。全年共完成项目招标150项，节约投资670余万元。③内部市场保护。2004年产能地面建设及产能系统配套工程等投资35299万元，油建公司承揽33746万元，占95.6%，内部多种经营施工单位承揽1553万元，占4.4%。2004年矿区建设、系统工程和后勤辅助等工程总投资约14365万元，油田内部单位承揽工程投资12986万元，占90.4%（其中油建公司承揽工程投资10242万元，占71.3%，内部多种经营承揽工程投资2744万元，占19.1%），外部施工单位承揽工程投资1375万元，占9.6%。④搞好沟通协调，维护油田整体利益。在产能地面建设方面，根据油田产能建设分散、投产要求急等特点，基建处多次向集团公司工程建设部反映，争取到了2005年东、西部产能建设和部分产能系统配套工程直接由油建公司总承包的政策，满足了产能地面建设项目保油上产的需要。在矿区建设方面，基建处和地方行政主管部门进行了多次沟通协调，保证了黄山集中供热二期工程、黄山集中供热主干外网调整工程等总投资4500万元的项目直接由油建公司总承包，局办公楼安全隐患整改工程、北区供热系统改造工程、中南路南段大修等总投资约4000万元工程项目实行面向油田内部施工单位招标的政策，维护了油田整体利益。（卿　平）

【工程质量管理】 ①认真执行施工图审查制度。对小型工程项目由建设单位组织施工图审查，大中型项目或重点工程项目由基建处组织审查，对审查出的问题限期整改。未经施工图审查的项目不准实施，把有关问题解决在工程开工之前。提高了施工图设计质量，避免返工损失。②健全质量管理体系。工程建设各单位认真落实工程质量责任制，建立健全质量管理网络体系，所有的工程项目，都处在质量监控网络的覆盖之中。③严格工程监理，强化工程质量监督。为了加强施工过程管理，10万元以上项目由建设单位委托工程建设监理，并委托工程质量监督，监理单位按要求组建现场工程监理机构，推行旁站监理制、检验试验制，加强隐蔽工程施工管理。河南石油分站推行质量监督专人负责制，认真编制重点工程质量监督计划，严格进行停检点的检查。未经监理工程师和质量监督人员检查签认的停检点，不得进入下道工序施工。④组织工程质量安全大检查。2004年先后组织工程质量安全大检查3次，查处各类问题61个，对于存在的问题限期整改，提高了工程质量。从检查的结果来看，建设工程实测点合格率94.9%，同比提高1.3%，2004年没有发现重大质量、安全隐患，工程

质量整体上处于受控状态。 （卿 平）

【抗震管理】 ①修订、完善了《河南油田破坏性地震应急预案》。根据中国石化集团公司中国石化安【2003】35号文件精神和勘探局豫油[2004]安字115号文《关于制(修)订油田突发事件应急预案的通知》精神，对2000年编制的"河南油田破坏性地震应急预案"从功能、各单位责任、框架结构以及层次上进行了进一步修改完善，可操作性更强。经油田突发性预案审定组审定后，编入《河南油田突发事件应急预案》，正式下发各单位执行。②组织开展了建筑物抗震性能鉴定和加固工作。2004年，根据豫油基[2003]199号文下达的建筑物抗震鉴定计划，按照《建筑抗震鉴定标准》(GB50023—1995)，对已建成未采取抗震设防措施和可能发生严重次生灾害的建筑物，进行了抗震性能鉴定，同时，结合局大修计划的安排，对部分建筑物采取了必要的抗震加固措施。2004年完成了教学楼、办公楼、工房和职工宿舍楼等25栋58886平方米建筑物的抗震性能鉴定工作，占计划的19.03%；按计划安排完成了3栋房屋6929平方米建筑物的加固任务。③组织完成了《河南油田抗震防灾规划》初稿的编制。根据《中华人民共和国防震减灾法》、《城市抗震防灾规划管理规定》精神以及中国石化集团公司抗震办公室的要求，委托设计院结合局"十五"后三年及2010年发展战略编制《河南油田抗震防灾规划》，2004年底前完成了初稿的编制。 （卿 平）

【重点工程简介】 1.黄山集中供热二期工程

随着2001年第二批经济适用住房的陆续建成，黄山集中供热站2台14兆瓦层燃式燃煤热水锅炉已不能满足供热需要。为保证迁入新居的2300多户居民的冬季采暖，经中国石化集团公司批准，建设黄山集中供热二期工程。

工程建设规模及主要工程量：在原黄山集中供热站内安装3台14兆瓦层燃式燃煤热水锅炉及锅炉辅机，配套机泵27台套，工艺管线1740米及电气仪表等；扩建锅炉房953平方米，风机房200.6平方米，维修工房104平方米，干煤棚1327平方米，完善供电、给排水及场地等系统配套工程。设计供热面积64万平方米。

工程于2003年6月开工建设，2004年8月竣工验收，总投资1972万元。

工程设计单位：河南石油勘探局勘察设计研究院。施工单位：河南油田油建工程建设有限责任公司。监理单位：河南石油勘探局勘察设计研究院监理部。

2.黄山集中供热二期管网调整工程

该工程为黄山集中供热二期工程的供热管网调整配套工程。

主要建设工程量：新建黄山小区至五一小区DN350联络管线1940米，广场区至北小区DN350联络管线780米，测井公司至医院DN250联络管线1070米。

工程于2003年11月开工建设，2004年11月竣工，总投资545万元。

工程设计单位：河南石油勘探局勘察设计研究院。施工单位：河南油田油建工程建设有限责任公司。监理单位：河南石油勘探局勘察设计研究院监理部。

3.赵凹—下二门油田生产道路改造工程

工程主要工程量及建设规模：改造原柏油路面道路11724米。其中：K0＋000－K1＋789段重新铺筑路基路面，其余路段局部修补路基，重新铺筑路面，路基宽7.5米，为水泥稳定砂及沥青碎石，路面宽6米，为沥青混凝土。该道路设计使用年限12年，车速为30千米/小时，公路等级为三级。

工程于2004年8月1日开工建设,2004年11月竣工。总投资1080.9万元。

工程设计单位:河南石油勘探局勘察设计研究院。施工单位:本工程分两个标段,第一标段:赵凹转油站—大杨庄大桥南端段,长度为6950米,由河南油田飞亚实业公司施工;第二标段:大杨庄大桥—下二门联合站西段,长度为4773.5米。由河南油田油建工程建设有限责任公司路桥处施工。监理单位:第一标段由河南油田监理中心监理,第二标段为南阳宏亚工程咨询公司监理。

4.双河油田Ⅴ上层高温聚合物驱先导试验地面建设工程

主要工程量:新建注聚站2座(5#、6#注聚站),对原1#注聚站进行改造,新建及改造注聚井17口,改造玻璃钢管及钢骨架复合塑料管17千米以及电力、总图道路等配套工程;修理改造注聚泵14台,安装注聚泵3台、高压增注泵3台。

工程于2004年2月1日开工建设,2004年5月30日竣工,总投资1121.94万元。

工程设计单位:河南石油勘探局勘察设计研究院。施工单位:河南油田油建工程建设有限责任公司第三工程处。监理单位:河南油田设计院工程监理部。

(张志学　王振强　卿　平)

辅助生产

油田机械设备制造及维修

【概述】 2004年，勘探局和分公司拥有主要专业设备7924台（套），设备原值184230万元，设备净值85407万元，设备新度系数0.46。其中：勘探局共有在账全民设备2533台（套），设备原值82089万元，设备净值45457万元，设备完好率97.2%，主要装备综合利用率66.8%，设备新度系数0.55。本年度因改制和移交地方等原因减少设备共541台，原值4826.32万元。其中：南机厂509台，总医院20台，教育中心12台。由存续公司转上市公司原因减少设备共83台，原值344.38万元，技术监测中心83台。河南油田分公司共有在账全民设备5391台套，设备原值102141万元，设备净值39950万元，设备完好率98.92%，设备综合利用率69.83%，设备新度系数0.39，本年度因改制、分流原因减少设备20台，原值273.38万元，公安局20台。无重大特大责任事故发生。依法对五大类765台套特种设备实施监管，注册监管率100%。完成9626台次设备年审，年审达标率98.2%。实施技术改造46台套，盘活低效设备资产36台套，节约资金462万元。完成核心装备配套148台套/1.1亿元。专业市场管理效益显著，内部单位承揽投资装备制造27台套，2834.2万元。设备大修1120台套，3845.74万元。协调、完成南机厂等油田内部机械制造厂重组改制工作。完成集团公司“设备技术信息系统”建设工作。围绕“三基”工作，开展规范修订、操作人员技能培训、设备现场管理标准化示范基层队建设。红旗设备达标评比活动成效显著，评选出红旗样板设备10台，红旗设备82台。设备管理工作在集团公司炼化设备和油田设备大检查中名列前茅。扶持、培育内部企业竞争能力，新取得行业资质6个（见附表），编制完成《2004～2006年装备规划》。

（马志英）

【设备检查】 2004年5月17日至21日，集团公司设备检查团对河南油田设备管理工作进行了检查，重点检查钻井公司、第一采油厂、第二采油厂、录井公司、运输处、地调处等主要生产单位的设备管理工作。检查团对河南油田的设备管理工作给予了较高的评价。同时也指出河南油田存在设备投资和维修费用不足等问题。5月10日至12日，集团公司暨股份公司炼化设备检查团，分综合管理、压力容器及工业管道、工业锅炉、大机组转动设备、电气设备、仪表及控制系统、循环水供水系统、加热炉等八个专业，对精蜡厂炼化设备管理工作进行检查，检查组对精蜡厂的设备管理工作给予了肯定。

（马志英）

【机械系统改制】 2004年，按照集团公司改制分流政策，对改制企业中人员上千、资产上亿、用工最复杂的南机厂及附属企业进行了归并整合、全民营化改制。经过资产清查、审计、评估、上报改制实施方案等各项工作，改制新公司南阳二机集团石油装备有限公司于6月26日按计划正式成立挂牌。实施运行证明，新体制、新机制的潜力超过预期，改制企业显现勃勃生机，下半年南阳二机集团新增订货3亿元，全年盈利800多万元，创历史最好水平。

（马志英）

【管理达标标准】 2004年，编制《捞油队锅炉房达标标准》。捞油、试油和钻井野外锅炉房达标标准从基本要求、人员配备、制度资料等方面明确了野外锅炉房的达标标准。

（马志英）

【设备购置】 2004年，全油田完成大型非安装设备配套148台套，1.1亿元。其中勘探局80台套，6550万元，分公司68台套，4567万元。

（马志英）

【外创市场】 2004年，通过装备配套，新增7个具备甲级队装备能力专业队伍。特别是ZJ50D、ZJ40LDB、ZJ40K、XJ120等4台钻机的配套投产，使钻井队伍整体技术水平得到提升，新增3个具备甲级装备能力的钻井队伍，大、中、轻型钻机能力结构更为合理。

（马志英）

【设备年审】 2004年，完成车辆、锅炉、游乐设施等设备安全技术性能年审9626(台)次，其中：9597台(次)通过国家强制性设备年审，29台(套)大型设备通过油田内部设备年审，551台特种设备、1810台车辆通过强制技术性能评审和强制维护审验。组织局级特种设备监察16次，抽查特种设备736台次，召开现场会3次。

（马志英）

【特约维修站】 2004年，根据"一手抓改制，一手抓扶持"的原则，培育专业化维修能力，取得显著成效。协助油田机厂、钻井机修站与济南柴油机厂合作建立济柴河南油田特约维修站；飞亚汽车大修厂与重庆铁马重型汽车有限责任公司合作成立河南油田铁马集团公司特约维修站。宏达汽车修理厂与国际著名博世公司的郑州沃根汽车修理厂建立联锁关系，4月30日挂牌试运行。为企业改制后具备特色维修，增强市场竞争力奠定了基础。

（马志英）

【维修资质】 2004年，油建公司取得起重机械改装省级资质，成为河南省惟一具备该资质的修理企业。运输处大修厂取得汽车吊省级维修资质，成为南阳市惟一具备该资质的企业，增强了市场竞争力。

（马志英）

【设备大修】 2004年，完成装备大修1120台套，3845.74万元。其中：勘探局748台套，2956.12万元；股份分公司372台套，889.692万元。内部单位承揽装备大修728台套，2768.9万元，占总工作量的72%。

（马志英）

【装备维修】 2004年，完成装备维修8236台套，4963.29万元，内部单位承揽7642台套，4022.8万元，占总工作量的81.1%。

（马志英）

【技术进步】 2004年，以效益为中心，实施装备技术改造，全年完成技术改造46台套，盘活不良装备资产420万元，节约资金390万元。一是对库存多年的一台SG－20－NDS－15型注汽锅炉进行技术改造及工艺配套，盘活资金190多万元，节约设备购置投资282万元。二是对39台老式加热炉技术改造，炉效由原来的70%左右上升到85%。三是在抽油机上推广35台节能永磁电动机，节电率10%以上，年节电150万千瓦·时。四是推广抽油机降冲次装置92台，通过2次减速，单井能耗平均降低30%，年节电240万千瓦·时。　　（马志英）

河南石油勘探局2004年核心装备规划实施情况

附表1

项　目	数　量（台套）	投　资（万元）
合计	148	11117
物探装备	18	440
钻井及配套装备	15	1790
测录井装备	16	2905
井下作业及配套设备	31	2210
运输装备	33	1795
机加工装备	5	360
其他装备	30	1617

河南油田股份公司2004年度主要专业设备情况

附表2

设备名称	设备总数（台、套）	设备完好率（%）	装机总功率（千瓦）
设备总数	5391	98.92	327682.42
钻采特车	225	99.63	59837.20
测井及物探设备	50	95.99	4418.10
注采设备	2326	98.51	118578.70
天然气加工处理与集输	39	100	23969
起重搬运机械	53	100	2601.70
运输车辆	485	99.76	39697
辅助车辆	42	99.85	4224.30
动力设备	717	98.84	43057.24
电器设备	195	100	13832
金切机床	35	100	309.65
炼油化工设备	988	98.89	8694.30
焊接及切割设备	55	100	1662
工程机械	96	99.90	3700.12
其他	85	96.47	3101.11

河南石油勘探局 2004 年度主要专业设备情况

附表 3

设备名称	设备总数（台、套）	设备完好率（%）	装机总功率（千瓦）
设备总数	2533	97.20	685648.31
钻机	88	100	62976.10
钻采特车	17	99.82	3133
测井及物探设备	198	89.39	12041.65
注采设备	97	97.94	4821.80
起重搬运机械	86	98.84	5889.5
运输车辆	861	96.63	82584
辅助车辆	51	98.04	4701.63
动力设备	148	97.97	98577.10
电器设备	270	96.67	324398
金切机床	115	99.97	1376.41
焊接及切割设备	341	98.53	9996
工程机械	162	99.40	15974.68
锻压设备	11	100	319.20
其他	88	96.67	58859.24

河南油田 2004 年度设备管理经济技术指标完成情况

附表 4

项目/单位	综合完好率（%）	综合利用率（%）	重特大事故发生率（‰）	一级保养完成率（%）	故障停机率（%）	维修费用率（%）	新度系数
上市公司	98.92	69.83	0	100	0.33	2.01	0.39
存续公司	97.20	66.80	0	100	0.41	10.49	0.55

河南油田2004年度特种设备监控情况表

附表5

项目＼类别	现有台数	在用台数	检验台次	一检合格率(%)	订货购置	安装	注册发证	大修	改造	移装
锅炉	118	92	92	97.7	19	14	9	4	4	1
电梯	12	12	12	91.7		2	2		2	
厂内机动车辆	335	298	270	96.7			3			
起重机械	296	280	179	95.5	2	6	20	6	3	
游艺机及游乐设施	4	4	4	100						
合计	765	686	557	96.4	21	22	34	10	9	1

河南油田2004年度特种设备年审情况

附表6

设备类别	年　审(台次)	完好达标(台次)	达标率(%)
合　　计	9597	9424	98.20
锅炉	86	84	97.67
起重机械、电梯	191	182	95.29
厂内机动车	270	261	96.67
车辆	1810	1796	99.23
二级维护审验	7240	7101	98.08

公 用 工 程

【概述】 2004年,油田生产严格按照计划运行,全年完成二维地震542 .36千米、三维地震195.72平方千米,分别完成年计划的100%、100%;探井开钻92口,完井89口,完成进尺7.03万米;建成油水井335口,新建原油生产能力44.8万吨;上报生产原油188.3056万吨、生产天然气1.019亿立方米、加工原油57.313万吨、分别完成年计划的100%、101.9%、100.55%。(龚银忠)

【生产信息管理】 2004年,生产调度部门加强生产信息管理,完善了生产信息管理制度和生产调度信息网络,坚持每天召开生产电话会和24小时值班管生产,收集、整理、分析全局的生产信息，全年编制生产综合日报366份，编制周生产运行情况报表52份，编写月度生产工作总结12份，向集团公司汇报日、周、月生产情况，保证了领导了解生产动态，决策指挥生产对基础资料的需要。

（龚银忠）

【生产运行管理】 2004年，根据勘探局和分公司的要求，紧密围绕油田"五大战略"总目标，进一步完善"专业化生产、项目化管理、市场化运作"的生产运行新机制。一是修订完善了《河南油田石油工程及日常生产运行管理办法》，进一步明确了工作目标、工作标准和责任，认真实施甲乙方合同约束与生产协调相结合的生产运行管理办法，加强生产环节的管理，加快了工作节奏，提高了生产组织管理水平。二是认真组织召开周一生产协调会，及时协调解决生产运行中存在的问题，紧密生产衔接，提高生产运行管理质量，保证了全局生产建设工作的平稳运行。（龚银忠）

【生产保障工作】 2004年，供电方面：①全年供电74890.5万千瓦·时，同比增加1.28%，电量上升趋势得到有效控制；电网功率因数达0.93，获南阳市电业局电费奖励110.8万元。②组织完成了电网设施检修工作，共检修线路77条，更换零克、避雷器3166处(只)；发现及处理缺陷1857处，完成了江变、魏变等10座变电所、开关站的检修。③依法实施水电专项治理，取缔了王集塑编厂、马振扶黄牛厂、下二门2家塑编厂和下二门2家塑料颗粒厂等高耗能企业，规范了王37#塑编厂、富都塑业和埠江彩印厂的用电，减少电量流失840万千瓦·时。④加强了防雷减灾工作，成立了领导小组，组织对17个站点、118栋公用建筑进行了检测。⑤组织编写了《河南油田电力突发事件应急预案》，规范了电力事故应急救援和处置的组织保障、预防预警措施和应急行动程序。⑥10月20日王集开关站正式建成投运，降低了王集油田供电线路损耗，电网运行的可靠性得到了提高。供水方面：①全年供水2431万立方米，比上年下降5.8%。②组织完成了水管网的检修工作，全年检修设备120多台套，仪器、仪表300多只，各类阀门400多只，实现了返修率为零、安全事故为零，满足了生产、生活对供水的需要。通信方面：①建设完成了千兆互联网业务平台，使油田互联网设备技术水平得到本质提高，真正具备了电信级的运营服务能力，极大促进了互联网业务的发展。②为保证局办公楼改造电话搬迁工作，成立了搬迁领导小组，召开专题会议研究搬迁方案，较好地完成了局办公楼改造电话搬迁工作。③全年新装以太网1100多部，宽带网络用户有了较大发展，网络服务质量进一步提高。交通运输管理方面：①完成货运量108.3万吨，货运周转量14418万吨千米，完成钻井队搬迁723队次，井架基础158台套，其他生产生活物资4.1万吨，西部外运原油14.34万吨，搬迁合同履约率100%。油田中心区公共交通车年发运6.387趟次，客运正点正线率98%，旅客满意率86%。②开展了道路化学品运输整治工作，58台危险品车辆全部加装了车载GPS定位仪。③自2004年11月起，公交由福利性改革为有偿性，实行了全员乘车售票。④对勘探局属二级单位5吨以上的货车、吊车、罐车等车辆进行了专业化整合重组，共重组到运输处车辆140台，划拨人员79人。⑤运输处改制分流完成了整合重组、编制改制初步方案、资产清查审计、评估报告备案和改制实施方案报批等工作。地方关系工作方面：①协调处理地方关系问题148起。降低支出2552.9万元，较2003年降低支出487.66万元。②出资133万元与地方共建共用设施3项(瓦官路、岳庄村路、东区农贸市场)。③支援南阳和桐柏、唐河、新野、泌阳一市四县物资及资金315万元。④经与地方政府认真协商后,签订了施庵镇政府承包钻井公司白岗农场636亩土地协议,保证了油田资产不流失。

(张璐钰　武　强　李　钰)

【节能管理】　①2003年度立项节能技措项目实施完成后,经过二级单位评审,上报到局的共有81项,2004年,经过局评审委员会评审,共评审出一等奖8项,二等奖19项,三等奖30项。②2004年7月,河南油田分公司节能监测站通过了国家技术监督局计量认证资质复审。③2004年7月,油田代表5人参加了中石化集团公司在青岛召开的2004年节能技术交流会,在大会上报告论文2篇,交流论文12篇,编入《中国石化2004年节能技术交流会论文集(油田、化工部分)》。④2004年7月~9月,组织23个局属单位进行了节能现状调查,在此基础上编制并向总公司申报2005年节能技措项目19项。⑤2004年11月迎接并通过了河南省发革委、建设厅、水利厅和质量监督局四部门及南阳市发改委对油田的资源节约专项检查。　(文　辉)

油气(储运)管道勘察设计

【概述】　河南石油勘探局勘察设计研究院(以下简称设计院)为国有企业法人,注册资金773万元。全院工作性质分为勘察设计、科学研究和新技术推广三大部分,有12个专业室,7个机关职能部门,1个科技公司,3个设计分院。从业人数329人,其中高工79人,工程师111人,助工、技术员等75人。持有国家主管部门颁发的工程总承包甲级、工程设计甲级、消防设计甲级、环境污染防治工程专项设计甲级、工程咨询甲级、一至三类压力容器设计、压力管道设计、工程勘察乙级、建筑、市政设计乙级、工程监理甲级、工程造价咨询乙级等资格证书。通过ISO9001质量体系认证。2004年,设计院继续实施“保内创外”(确保河南油田内部市场,广泛开拓外部市场)的工作方针,经营再创新高。

①经营情况。主营业务收入5862万元;考核账面利润991万元,实际利润1816万元,比上年同期增长1205万元,收入和利润都达到历史最高水平。

②工作量完成情况。全年完成设计项目449项,比上年多46项,完成图纸6171标准张,比上年多2063张;完成前期项目217项,完成监理项目145项,完成设计项目和图纸达到历史最高水平。

③外部市场。全年实现对外创收收入1876万元(是上年的205%),其中勘察设计及监理主业占56%,设备销售和工程总承包占44%,实现对外开拓中突出主业的目的,达到历史最高水平。

④设计质量。继续在设计人员中开展“两个加强,两个提高”(加强服务意识,加强质量意识,提高设计质量,提高技术水平)活动;坚持运行质量体系,建立专家评审制度,强化质量考核和监管,有效提高设计水平。

⑤资质建设。监理资质石油、化工主专业升为甲级,监理业务纳入ISO9000质量体系认证。取得城市燃气设计资质。

⑥技术进步。承担科技进步项目13项。(其中集团公司级3项,局级10项),已按计划完成。提交成果5项。聚合物污水处理装置、撬装式污泥处理装置、油气水砂四相分离设备、膜过滤技术应用研究等项目取得阶段性成果。

⑦分支机构。在新疆分院的基础上，新成立陕北和郑州两个设计分院。新疆分院实力进一步壮大，收入达 1000 万元；陕北分院依托陕北，开拓周边市场，前景良好；郑州分院积极筹备郑州基地建设。三个分支机构将为设计院创造较为广阔的发展空间。

⑧多种经营。万方公司全年实现收入 1752 万元，比上年增加 161 万元；实现利润 43 万元，比上年增加 7 万元。

⑨企业管理。制订设计院“十五”后三年发展战略，提出“重树两个观念、建立四大板块、实施六大战略、抓好两大工程”(牢固树立服务观念和市场观念；建立勘察设计、科学研究、工程总承包和工程监理四大经济板块；积极实施市场开发、技术创新、自身建设、人力资源、企业文化和管理创新六大战略；抓好企业改制、郑州基地建设两大重点工程。）的工作思路，积极开展企业股份制改造的探索，进行分配制度的改革，调动职工工作积极性。

⑩基础建设。为新疆分院购买办公楼 600 平方米，改造院办公楼、试验楼和综合楼，新购计算机 70 多台，笔记本电脑 10 多台，车辆 5 台，全年院总投资约 800 万元，是历年最高的一年。

⑪精神文明建设。围绕企业的改革和发展，加强两级领导班子建设、党组织建设和职工队伍建设，全年无一人上访。

⑫获奖项目。全年获省级优秀 QC 成果奖 4 项，局科技进步奖 2 项，局级优秀 QC 成果奖 5 项，院级优秀工程项目 17 项；院级科技进步奖 10 项；院级优秀 QC 成果奖 12 项。 （赵　娟）

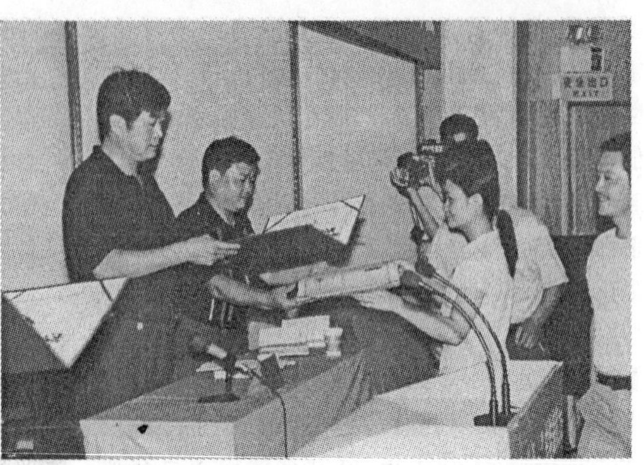

2004 年 6 月 28 日，河南油田勘察设计研究院庆“七一”暨创先争优总结表彰会。摄影　**赵祚军**

【完成新庄、杨楼油田工程设计】 新庄、杨楼油田产能建设工程是河南油田 2004 年产能建设的重点项目。设计院成立以院长为组长、主管生产和技术的副院长为副组长，生产科、技术室和各专业室主任为成员的新区产能建设组，全面负责项目设计的运行和协调、技术方案的审定及设计质量的把关。为确保进度，春节、“五一”和国庆节等几个节日均成为“突击会战节”，全年召开项目运行协调会 80 余次，组织技术、工艺方案审查会 26 次，审查施工图图纸 210 标准张，文件资料 320 页，先后有 900 多人次为新庄、杨楼油田建设提供现场服务，共上报地面建设方案 8 项，完成 43 个项目的施工图设计，设计图纸 920 标准张，文件资料 1300 页。同时，针对浅薄层稠油的特点，在设计中采用稠油地面优化布站、稠油高效脱水工艺技术、稠油地面集输工艺技术、稠油地面除砂技术、优化供热系统技术、燃料乳化与燃烧技术等先进技术，使地面配套工程工艺先进。在保证设计质量、设计进度和技术创新的前提下，完成新庄、杨楼油田设计任务，满足滚动开发的要求。

（赵　娟）

【设计院外闯市场形成新亮点】 按照以陆上中、小油田和无设计院的单位为主战场的市场定位，设计院发挥市场部和各专业室的积极性，在设备推广、工程总承包的基础上，不断扩大勘察设计和监理主业的市场占有率，使全年对外创收提高，达到1876万元，形成新疆分院、市场部、华北局、周边市场等几个创收亮点。新疆分院在完成宝浪油田生产任务的同时，继续巩固塔指市场，挤进西北局市场；市场部继续巩固冀东、吉林油田等老市场，进入胜利油田新市场；华北局鄂尔多斯市场以监理业绩为依托，扩展设计和仪表自动化总承包业务，显示出良好的市场前景；周边勘察设计市场不断扩大，实现冲出河南的目标，除天冠乙醇项目外，进入湖北孝感燃气市场，与徐州管道局建立的合作关系。

（赵　娟）

【含油污泥实现无害化处理】 针对河南油田污泥处理系统中存在的污泥浓缩剂成本高、处理设备占地面积大、投资费用高、利用率低及干化污泥未能有效处理等问题，设计院科研人员开展“河南油田含油污泥无害化处理技术研究”。该项目通过对高效污泥浓缩剂的筛选、高效污泥分离器的研制以及污泥脱水设备的优化选型，优选出新型高效污泥浓缩剂，其成本降低3/4。研制一套撬装式含油污泥处理装置，将原污泥处理系统中的污泥分离池、浓缩罐和机械脱水设备合为一体，提高设备的处理效率，解决联合站污泥处理系统运行中出现的问题。经过在河南油田稠油联合站的现场试验，污水污泥池中含水99%的污泥经该装置处理后，脱出干化污泥含水≤40%。将含油干化污泥与煤按一定比例混合焚烧，混合燃料燃烧完全，锅炉的烟气及炉渣中有害物质的含量均小于国家规定的排放标准，使含油污泥真正实现无害化处理。经中石化集团专家组评议，该技术整体上达到国内先进水平，其中撬装式含油污泥处理装置达到国内领先水平。

（王　军）

【聚合物三次采油地面工艺配套技术研究成功】 针对聚合物驱三次采油技术应用过程中存在的产出液处理难题，设计院科研人员进行科研攻关，开发出聚合物采出液脱水技术、含聚合物污水处理技术和含油污泥处理技术，形成聚合物三次采油地面工艺配套技术。该项目对采出液脱水采用新型聚结分离元件，提高设备脱水效率，使含聚合物产出液经三相分离器一段脱水达到净化油标准；把低阻高效旋流除油技术与分离设备相结合，研究开发重力—旋流一体化脱水技术和设备，保证含聚合物产出液脱水设备的污水水质指标。含聚合物污水处理技术重点解决过滤罐板结失效和沉降罐罐底污泥和罐顶浮渣淤积的问题，并研制适合于不同浓度聚合物污水的新型絮凝剂。污泥处理采用化学浓缩—机械脱水—固化处理工艺，并研制污泥固化配方。该技术在双河油田得到应用，使含聚合物产出液一段脱水达到净化油合格标准，脱出水含油≤500毫克/升；含聚合物污水处理后油含量≤10毫克/升，悬浮物含量≤8毫克/升，注水水质得到改善；双河联合站污泥固化处理率≥90%，固化污泥实现无害化并得到综合利用。

（罗立新）

多种经营

多种经营

【概述】 截至2004年底，多种经营系统共有法人企业54家，其中全民所有制企业4家，集体所有制企业44家，有限责任公司6家。多种经营系统从业人员4765人，其中全民职工1520人，占用工总量的32%，非全民工3245人，占用工总量的68%。全局多种经营系统资产总额为94910万元，负债总额71958万元，权益总额22952万元，资产负债率75.85%。

主要产品涉及石油化工、盐、碱、建材、医药、机械、电子、塑料、针织、工艺品、橡胶制件等类型，共29大类217种。主要服务包括商业、饮食服务、设备安装维修、技术施工、咨询、计算机销售及软件开发、广告企划、装修装潢、汽车运输、房屋租赁等10大类35种。

2004年是局多种经营系统改制与发展取得重大突破的一年。全系统(剔除17家企业，其中完成改制企业10家，正在进行持续经营审计待改制企业7家)实现经营销售收入64869万元，完成年度计划6亿元的108.12%；改制分流工作取得较大进展，全年上报改制分流实施方案14家，挂牌运行10家企业；清收处置不良资产2464万元；安棚碱矿有限责任公司生产纯碱28.71万吨，产销率100%，超额完成年度生产经营计划。2004年10月安棚碱矿举行了400千吨/年，低盐重质纯碱扩建项目奠基仪式，改扩建工程全面启动；郑州瑞康制药有限责任公司通过GMP认证；完成太康农场农工养老统筹移交地方工作；完成了南阳市“两会一节”的各项工作；91家多经生产厂点企业通过安全生产资格换证和年审；全年实现安全生产无上报事故。　(任煜源)

【龙头产品及特色服务】 主导产品有建筑陶瓷、西药制剂及原料药、盐、纯碱、硅酸盐水泥、工业卷钉、1.14千伏防窃电装置、油田化学助剂、汽车齿轮及轴、劳保服装、凡士林、编织袋、散热器、弯头、化工助剂。特色服务有管道锅炉楼宇清洗修复、各类井下工具、深井泵维修大修、电气维修、油井地质勘查及工程修缮服务、机械维修及配件加工、摩托车修理、新技术新产品开发服务、咨询及中介服务、炼油技术服务、仪表修理检验、轴承校验、石油技术开发、石油地面工程技术推广服务、仪器仪表电气安装施工、防腐保温施工、修井作业、线路管理安装、计算机网络自动化控制系统安装服务、自动化工程施工、装饰工程设计施工、电器仪表安装、公用民用建设项目设备安装、水电暖安装、信息网络工程施工、计算机应用、打字、复印、企划广告、室内外装潢、艺术设计、艺术摄影、商业、住宿、饮食、汽车装璜、车辆运输、房屋租赁。　(任煜源)

【重组与改制】 改制分流工作是2004年多种经营系统的重点工作。一是认真做好企业改制分流的前期准备工作。对拟改制单位进行广泛的宣传动员工作，组织员工认真学习贯彻集团公司、勘探局改制分流的各项政策，引导员工支持和投身于改制分流；二是建立健全改制分流工作组织领导机构，落实人员、明确分工并排出工作运行时间表，使多种经营系统的改制分流工作有条不紊地稳步推进；三是认真编制改制分流方案。通过改制企业、局相关部门和集团公司三级审核，确保方案获得通过；四是认真组织开展改制企业的资产评估工作。为了保证审计评估工作的顺利完成，对审计评估工作进行了统一安排。通过资产清查、资产剥离和损失认定、勘探局确认，最后出具了资产评估报告；五是完成了亚南公司等10家改制企业的匹配资产划转、移交工作；六是及时解决改制分流中出现的新问题。在改制过程中，发现问题及时与有关部门沟通，向局领导、集团公司反映，使问题得到尽快解决。在各部门的通力合作下，改制工作稳步顺利进行。

2004年，完成10家企业改制分流工作即：华油集团的迪士比公司、三元商厦、亚南公司、电子元件厂、惠通汽车服务中心、三元大修厂、宏达汽修厂、测井新技术研究中心、测井三利实业公司、双河社区腾远公司。10家改制企业677名员工通过协议解除劳动合同成为新企业的股东，其中全民工224名，非全民工453人；勘探局匹配资产1140.44万元，其中现金654.87万元。

除10家改制企业外，各多种经营企业(含碱矿)892人协议解除劳动合同，其中：全民职工262名，非全民工630人。

(任煜源)

【控制丙烷压缩机注油器注油量项目革新成功】 河南油田远征实业公司液化气站大力开展科技创效活动，很好地解决了控制丙烷压缩机注油器注油量问题。以前该站在使用丙烷压缩机注油器时，尽量放大注油量，以加强对各运动部件和密封面的润滑，耗油量大，一般月耗油量在500千克左右。经过革新，在调整耗油量的同时加强设备维修，减少曲轴箱油耗，使月耗油量控制在340千克左右，年节油2000千克。(任煜源)

【完成第一批上报企业改制工作】 改制分流工作开展以来，多种经营系统在无先例、无经验的情况下，克服重重困难，历时一年零三个月，到2004年上半年，完成了第一批上报的河南油田亚南实业公司、河南油田南洋电子元件厂、南阳迪士比五金有限公司和河南油田三元商厦等四家企业的改制工作。

2003年3月20日根据集团公司要求，局上报集团公司4家多种经营企业为第一批改制分流单位。4月起，河南油田亚南实业公司等四家企业进入改制分流初步方案编制工作。5月至6月，陶光辉副局长、资产经营管理部、华油公司部分人员到改制企业进行工作调研。6月21日向局领导汇报改制分流工作进展情况，四家拟改制企业的初步方案已经完成。7月17日勘探局上报豫油[2003]便字18号《关于上报南阳迪士比五金有限公司等四家企业改制分流初步方案及有关事项的请示》，将迪士比、亚南公司、三元商厦、电子元件厂的初步方案上报集团公司。7月24日集团公司对迪士比公司、亚南公司、电子元件厂和三元商厦下发中国石化改[2003]21号《关于河南石油勘探局南阳迪士比五金有限公司等四家企业改制分流初步方案的批复》。8月23日四家企业向集团公司提出评估申请并于8月26日得到集团公司批复，8月30日起由中审会计师事务所有限公司对四家企业开展资产清查工作，由南阳市晨光地产评估咨询有限责任公司开展土地评估工作。11月19日向集团公司上报四家企业资产评估项目备案表，集团公司于12月

19日备案。2004年3月22日勘探局上报豫油[2004]企字72号《关于上报河南油田三元商厦等三家企业改制分流实施方案的请示》，3月29日上报豫油[2004]企字82号《关于上报河南油田南洋电子元件厂改制分流实施方案的请示》，将三元商厦、迪士比公司和亚南公司、电子元件厂实施方案上报集团公司。3月31日集团公司下发了中国石化油[2004]329号《关于河南石油勘探局转让南阳迪士比五金有限公司国有股权分流职工的批复》和中国石化油[2004]427号《关于河南石油勘探局南洋电子元件厂改制分流实施方案的批复》，4月8日集团公司下发了中国石化油[2004]204号《关于河南石油勘探局三元商厦改制分流实施方案的批复》和中国石化油[2004]205号《关于河南石油勘探局亚南实业开发公司改制分流实施方案的批复》(文件日期均为2004年3月31日)。5月12日三元商厦全民工与勘探局协议解除劳动合同;集体工与三元商厦解除劳动合同。5月16日亚南公司全民工与勘探局协议解除劳动合同;集体工与亚南公司解除劳动合同。同日，河南油田三元商厦注册为南阳市丰益商厦有限公司，5月18日丰益商厦(原三元商厦)挂牌成立。陶光辉副局长、局机关有关处室负责人，官庄镇书记及税务、工商、银行等相关部门的领导参加了挂牌仪式。陶光辉副局长、资产经营部负责人、官庄镇书记和改制企业负责人在仪式上讲话。5月22日迪士比公司全民工与勘探局解除劳动合同;集体工与迪士比公司解除劳动合同。5月26日河南油田亚南实业公司注册为南阳市亚南工贸有限公司，5月28日亚南有限公司(原亚南公司)挂牌成立。6月3日电子元件厂全民工与勘探局协议解除劳动合同;集体工与电子元件厂解除劳动合同。6月18日润祥工贸有限公司(原电子元件厂)挂牌成立，6月29日河南油田南洋电子元件厂注册为南阳市润祥工贸有限公司。自此，多种经营系统第一批上报企业改制完成。　(任煜源)

【第二批上报企业改制工作按计划实施】 从2003年下半年开始，多种经营系统经过大量的工作，确定了河南油田测井新技术研究中心等11家企业为系统第二批改制企业。在局有关领导和相关处室的积极支持和大力配合下，做了大量艰苦细致的工作，到2004年底，完成了河南油田测井新技术研究中心等6家企业的改制分流工作，其他企业按计划继续进行。

2003年10月8日勘探局上报豫油[2003]便字22号《关于上报南阳石油机械厂等七家企业改制分流初步方案的请示》，将第二批企业河南油田大正实业公司、河南油田康兴实业有限公司、河南油田四维实业有限公司、河南油田三元汽车大修厂、河南油田惠通汽车运输维修服务中心和河南油田宏达汽车修理厂等6家企业初步方案上报集团公司。12月18日勘探局上报豫油[2003]便字26号《关于上报河南油田测井新技术研究中心等五家企业改制分流初步方案的请示》，将第三批企业河南油田测井新技术研究中心、河南油田三利实业公司、河南油田腾远实业总公司、河南油田飞亚实业总公司、南阳豪地陶瓷有限公司等5家企业初步方案上报集团公司。2月11日，11家拟改制企业评估申请报送集团公司审批，2月13日得到集团公司审核批准。从2月23日至10月，资产经营管理部和改制企业在局有关领导和处室的积极支持下，做了大量艰苦细致的工作，委托中实会计师事务所、亚太会计师事务所、兴河会计师事务所、光华会计师事务所完成了资产评估工作，委托南阳市晨光土地估价事务所完成了土地评估工作，解决资产匹配问题，审定上报集团公司评估结果和实施方案，并多次赴总公司汇报。10月28日勘探局上报豫油企[2004]294号《关于上报河南油田三利实业公司改制分流实施方案的请示》、豫油企[2004]295号《关于上报河南油田宏达汽车修理厂改制分流实施方案的请示》、豫油企[2004]296号《关于上报河南油田四维实业有限公司改制分流实施方案的请示》、豫油企〔2004〕297号《关于上报河南油田康兴实业有限公司改制分流实施方案的请示》、豫油企[2004]298号《关于上报河南油田腾远实业总公司改制分流实施方案的请示》、豫油企[2004]299号《关于上报河南油田三元汽车大修厂改制分流实施方案的请示》、豫油企[2004]300号《关于上报河南油田测井新技术研究中心改制分流实施方案的请示》、豫油企[2004]301号《关于上报河南油田惠通汽车运输维修服务中心改制分流实施方案的请示》,12月1日上报豫油企[2004]326号《关于上报河南油田大正实业公司改制分流实施方案的请示》,将上述9家条件相对成熟的企业的实施方案上报集团公司。11月30日集团公司下发了中国石化油[2004]774号《关于河南石油勘探局测井新技术研究中心改制分流实施方案的批复》、中国石化油[2004]775号《关于河南石油勘探局宏达汽车修理厂改制分流实施方案的批复》、中国石化油[2004]776号《关于河南石油勘探局惠通汽车运输维修服务中心改制分流实施方案的批复》、中国石化油[2004]777号《关于河南石油勘探局三利实业公司改制分流实施方案的批复》、中国石化油[2004]778号《关于河南石油勘探局三元汽车大修厂改制分流实施方案的批复》、中国石化油[2004]779号《关于河南石油勘探局腾远实业总公司改制分流实施方案的批复》。12月9日集团公司下发了中国石化油[2004]822号《关于河南石油勘探局四维实业有限公司改制分流实施方案的批复》。12月22日集团公司下发了中国石化油[2004]871号《关于河南石油勘探局大正实业公司改制分流实施方案的批复》、中国石化油[2004]873号《关于河南石油勘探局康兴实业有限公司改制分流实施方案的批复》。12月12日河南油田腾远实业总公司正式更名为南阳腾远石油工程技术服务有限公司,12月21日河南油田惠通汽车运输维修服务中心正式更名为南阳市新惠通汽车服务有限公司、河南油田三元汽车大修厂正式更名为南阳市正辉汽车修理有限公司、河南油田宏达汽车修理厂正式更名为南阳市广通汽车修理有限公司,12月23日河南油田三利实业公司正式更名为南阳三俐工贸有限公司、河南油田测井新技术研究中心正式更名为南阳市天达同兴石油技术有限公司，完成改制分流工作。 （任煜源）

安　全、环　保

安　全　、环　保

【集团公司考核指标控制情况】　2004年，油田发生工业生产伤害事故6起，轻伤6人，千人死亡率、千人重伤率为0。与上年同期相比，起数下降50%，死亡下降100%，轻伤下降50%；发生交通事故11起，死亡5人（其中非考核统计范围的有4人：运输2人、地调1人、双河1人），轻伤6人，千台车死亡率0.35，低于集团公司千台车死亡率<2的考核指标。油田开发废水回注率为95.14%，开发废水排放达标率84.78%，炼油废水排放达标率97.47%，炼油加工吨油排水1.6吨/吨，以上四项指标均在集团公司考核指标控制之内。　（赵胜利）

【完善领导干部HSE责任体系】　按照《安全生产法》的要求，2004年出台《河南油田领导干部HSE责任事故引咎辞职及责任追究暂行办法》，使油田的HSE领导责任由权力问责向制度问责转变，从追究"有过"的直接责任者向追究"无为"的管理者深化，从而使领导责任制形成了从明确责任、履行责任到追究责任的闭环网络。

分三个层次全面开展了HSE持证上岗培训工作。局暨分公司举办培训班22期，培训领导干部、安全管理人员、多经厂点负责人、重点要害部位管理人员1720名，其中局、处级领导干部335名、安全环保管理人员380人取得了河南省安全生产监督管理局颁发的上岗资格证书。

充分发挥"HSE委员会会议"的作用，建立了会议议定事项跟踪报告制和责任落实考核制。2004年两次会议议定的15个议题，不仅全部落实，而且其中7项内容以局暨分公司正式文件下发。

对领导干部的责任履行情况实行"一切用业绩说话"，年底进行了两项考核：一是33个单位的管理者代表向局暨分公司报告了本单位HSE实施运行情况，并提交了年度风险评估报告，由15个机关管理部门进行评分，10个单位被考核为HSE管理好的单位，8个单位被考核为HSE管理较差单位。二是每位厂（处）领导干部向局暨分公司提交HSE责任履行情况考核表，并由HSE委员会办公室对每位领导干部联系点监督检查情况进行量化评价，199名现职厂（处）领导干部中111人被考核为优秀，占55.8%；70人为合格，占35.2%；18人为基本合格，占9%。

为11名局暨分公司领导制作了"河南油田领导HSE责任牌"，将每位领导的HSE职责、工作标准及内容、应承担的责任，放置在领导案头。2004年19名副总师以上的油田领导共履行联系点监督检查93人次，检查到位率122%，共查出问题368个，整改率98.7%。　（赵胜利）

【全面推行HSE管理体系】　油田的HSE管理体系从2003年2月10日发布试运行以

来，运行正常。2004 年 26 个二级单位完成了体系的建立与发布，14 个单位完成了作业指导书的编制，有 5 个单位通过了 HSE 体系认证，11 个单位进行了年度体系内审。为整体推进油田的 HSE 管理，6 月初召开了“河南油田 HSE 经验交流会”，5 个单位介绍了各自的典型做法。

“安全生产月”期间，开展了危害识别和体系内审。在危害识别活动中，全油田有 29 个单位的 349 个基层队完成了危害识别工作，参与职工 19413 人，涉及 3491 个岗位，共识别危害因素 61538 项，其中重大风险 476 个，不可容许风险 11 个，全部制定了风险控制措施。同时，组织了油田第一次 HSE 体系全要素内审，分 3 组对 30 个二级单位的体系运行情况进行了内部审核。此次审核共涉及管理部门 146 个，询问最高管理者和管理者代表 40 人，随机追踪核查基层队 51 个，通过核查共发现一般性不符合 155 项、严重不符合 20 项。

11 月 10 日召开“油田 HSE 管理研讨会”，对各单位年度 HSE 运行情况进行了审核，32 个单位报告了本单位的 HSE 工作建立运行情况，进行了 2004 年度风险评估，提出了工作建议和下步工作设想，在此基础上形成了油田 2004 年度风险评估报告，并上报集团公司。

根据 HSE 管理体系要求，为了提高系统办公效率，按照 HSE 体系十要素的框架思路，与水电厂联合研制开发了“河南油田 HSE 信息管理系统”，现已完成该系统的开发建立工作，正在修改和试运行中。该系统的运行，能够快速、准确、规范地完成油田 HSE 监督与管理、控制与考核、查询与交流等功能。　(赵胜利)

【隐患治理和 HSE 评价】 2004 年建立了油田 HSE 专家队伍，制定了《河南油田 HSE 专家队伍章程》。油田第一届 HSE 专家组由副局长唐大鹏任组长，专家组设 7 个专业组，首批聘任 59 名 HSE 专家。专家组按计划完成了 37 个油田级重大危险源的安全评价工作。

2004 年，集团公司下达隐患治理项目计划 6 项 1200 万元。已经按计划全部完成。其中王天普高级副总裁重点监管项目——采油一厂油气集输场站可燃气体报警仪配置项目，11 月 24 日全部完成。

全年完成油田级隐患治理项目 19 项：年初下达油田级隐患治理项目计划 5 项，计划投资 266 万元，12 月 22 日已全部完成；临时突发性重大隐患治理项目 14 项 280 万元，截至 12 月 13 日已全部完成。

精心组织前期工作，争取到集团公司 977 万元环保项目追加投资。为 2005 年实施作业废水处理、稠联油泥固化和开展宝浪油田采油废水回注等环保治理工作落实了资金。　(赵胜利)

【构建河南油田 HSE 文化】 2004 年的安全环保工作会议上，局长袁政文对领导层提出了“诚惶诚恐知敬畏、令行禁止敢管理、细针密线保平安”的安全行为观念。在管理层和操作层，局安全部门提出了“安全才能生产、安全才有效益、安全才能回家”的安全生产价值观，把它作为油田最基本的行为理念，贯穿于所有的管理行为和文化活动中。副局长唐大鹏在 HSE 培训时针对性地提出了“一级查一级、层层抓落实；全面覆盖、各负其责、互不代替；对隐患和问题‘四不放过’；谁用工、谁主管、谁负责”的 HSE 检查四大原则，并把“把隐患和问题当作事故进行‘四不放过’”处理作为新的管理思想，纳入油田 HSE 观念文化之中。

“安全生产月”期间，开展了以“倡导HSE理念，弘扬HSE文化”为主题的演讲比赛和群艺大赛。先后举办7场分区赛、总决赛，6月28日举行了大型颁奖晚会，在家的局暨分公司领导全部出席晚会。本次系列活动参加演出人员和参赛选手达600余人次，现场直接受教育观众达到1.5万人，油田电视台两次播出现场实况，活动覆盖了整个油区，使HSE文化成为了油田企业文化的一大亮点。为了使HSE文化理念能够深入人心，把局长袁政文告诫领导干部的三句话和油田安全生产价值观在宣传媒体、公共场所、办公区域、公交车上进行广泛展示。在44个危险场所、38个建制车队统一设立了人性化的安全警示牌。发挥网站的HSE文化阵地作用，全年发布重要HSE信息1854条。

（赵胜利）

【环境保护监督管理】 按省、市环保局要求，完成了2004年度油田30个二级单位和28个多种经营企业共82个场点的排污申报工作。

集团公司第三次环保会议后，按局暨分公司党政联席会的要求，对油田环保问题进行了专题研究，制定了2004—2006年污染治理规划，确定对14项污染治理项目实施分步治理。

完成排污费政策性调整的协调工作。面对排污政策性收费标准的大幅提高的严峻形势，经过10余次沟通和协调，减少上缴排污费245.5万元。

开展了放射源专项清查。确认我油田共有放射源和射线装置119枚（台）。7月30日，按法规要求完成了8枚报废放射源向河南省核废物库的送贮工作。同时制定完善了《河南油田放射源与射线装置管理规定》。

（赵胜利）

【新的八项管理措施】 ①建立HSE月度例会制度。2004年共召开HSE月度例会12次。例会由主管副局长亲自主持，每月下发《安全情况通报》，发现的隐患和问题全部按“四不放过”原则进行追根求源、严肃处理、追踪通报。全年HSE月度例会上通报的122个典型问题，均严格按照“四不放过”的原则进行了查处。其中：开除留厂察看1人，行政记过处分1人，行政警告3人，通报批评76人；调离原工作岗位4人，吊销特种作业证5人；经济处罚129人，对个人罚款6.89万元；清退承包商、供应商2个，停产整顿7个基层单位，对8个单位黄牌警告、3个单位挂黑牌；全年累计考核扣罚安全挂钩工资72.79万元。

②编制完成了油田级应急预案文件。“河南油田应急预案文件”按四个层次设计，即总预案、专业预案、危险源预案、相关规程说明和记录。总预案、13个专业预案、37个油田重大危险源应急处置程序于7月底完成编制工作，汇编下发执行，并于7月29日上报了集团公司和省、市政府安全监督管理部门。

③编制《基层队HSE检查表》。按“人、机、环、管”四要素编制了56个主要队种的《基层队HSE检查表》，作为HSE检查的依据和基层队自查和规范管理的标准。

④开展了“安全排险标兵”评选活动。为了鼓励员工及时发现和排除重大险情，调动全体员工积极参与安全、以主人翁的姿态关心安全，首次开展了“安全排险标兵”评选活动。首批从各单位上报参评的105名候选人中，评选出了10名排除重大险情、避免重大事故的“安全排险标兵”进行了奖励。油田劳动竞赛委员会分别对4人记二等功，6人记三等功。其中2名排险标兵被集团公司授予“安全卫士”。

⑤进行用工规范管理。为了保证员工的上岗安全素质，人力资源处、组织部等五大部门联合下发了《河南油田安全用工管理规定》，对用工规范管理、员工持证上岗、岗位教育培训、违规处罚等进行了明确规定。按照规定从2004年起，特种作业培训、HSE全员轮训由人力资源部门负责组织。2004年共举办特种作业培训及复训班66期，培(复)训3433人，对全油田在岗工人进行了一次全员轮训，轮训率达到85%。

⑥在HSE系统开展持证上岗管理。出台了《安全环保人员持证上岗管理规定》，规定中将具备注册安全工程师执业资格作为油田安全环保人员上岗的必备条件。今年国家首次组织考试，油田参考327人，50人取得注册安全工程师执业资格，通过率为15.3%。安全环保处参加考试15人，通过10人，通过率67%;14名现职厂(处)领导干部参加考试，通过8人，通过率57%。

⑦强化承包商HSE管理。依据《河南油田承包商HSE管理办法》，对54个外部承包商、41个外出承包商和内部跨单位施工承包商的HSE资质进行了审查和确认。

⑧部署开展交通专项整治。以贯彻《道路交通安全法》为重点，部署开展交通专项整治。4月15日召开了油田交通安全专项整治部署会议，把监控重点放在对交通违章的治理上，对单位实行百台车违章率考核，对驾驶员实行违章记分处罚。为了严格企内准驾证制度，对2738名驾驶员进行了综合素质审查，对29名不合格驾驶员坚决清理出企内驾驶队伍。为了提高车队的管理水平，组织对121名车管干部进行了新一轮持证上岗培训。　(赵胜利)

技 术 监 督

技 术 监 督

【概述】 截至2004年年末，技术监测中心在册职工118人，中心机关设有5个科室，下属6个站、所单位。全年共检测检验车辆设备4592台次，完成年计划的115%，计量检定计划6300台(件)，实际完成7600台(件)，完成计划的120%；建材检测试验完成4839组，检验液化气瓶2.5万只、压力容器334台、压力管道13000余米，全面完成了年计划工作量。9月份划归本单位的环境监测站及节能站也分别完成了年初所在单位下达的工作任务，其中环境监测站全年完成监测数据12567个；节能站全年完成节能监测项目45项，节能新产品、新技术鉴定37项，设计基础数据测试2项，完成全年的测试任务。全年组织技术监督系统管理人员送外培训60多人次，1171人次参加了第二次全面质量管理知识培训。

2004年组织相关部门制定了《河南油田物资采购供应质量管理办法》，使物资采购供应质量有了依据。按照勘探开发和经营管理分专业编制年度产品(施工作业)质量指标考核计划，年初制定并下发了2004年质量管理考核细则。

根据国家质量监督检验总局的要求，按照南阳市质量技术监督局的统一部署，年度共完成了15个单位的质量档案的收集、填报、上报工作，2004年，河南油田首次被国家质量监督检验检疫总局授予“2004年度全国质量管理先进企业”称号。

(刘　芳)

【机构调整重组】 2004年上半年，按照集团公司要求，完成了工程质量监督站的事业单位法人改制工作。9月份，按照油田联席会议提出的对技术监测中心进行改革重组的相关要求，对环境监测站、节能监测站两个站的资产、人员进行了划转，技术监测中心财务统一合并到分公司帐套上，使重组后的中心整体划入到油田分公司进行管理。宣传、解释勘探局有关重组改制、协议解除劳动合同的政策，2004年中心协议解除劳动合同3人。全年完成重组改制、减员分流工作。

(刘　芳)

【质量管理与监督】 2004年共对13个生产厂家的45种产品进行了质量认可、复核换证，对60种已获得“工业产品生产许可证”、“强制性认证产品”的生产厂家的生产情况等进行了实时监控，此外对全油田生产建设有重大影响的油井水泥及外加剂、泥浆原材料及外加剂、油田化学助剂、建筑材料及液化气等产品实施企业内部监督检查，共抽检外购、自产产品136批次，抽检综合合格率为86.6%。

2004年，油田所有认证企业的管理体系都完成由ISO9000:1994向ISO9000:2000版的转换工作，并均通过了2004年认证公司的年度监督审核。先后对授权的泥浆材料、油井水泥、油气水及化工产品、建材物资、阀门等6个质量监督检测中心，不定期对其试验室条件、技术文件的有效性、档案管理等实施跟踪指导。对于向社会提供公证数据的环境监测、医疗卫生、机动车性能、建筑工程、劳动安全等方面的检测机构，督促这些单位进行计量认证，按评审准则建立质量体系，确保检测数据的准确性、公正性。

2004年全油田共注册QC活动小组300多项，4000多人参与活动，普及率达23%。25个二级单位共有187项成果获局级奖励，与2003年相比，参加活动单位增加3家，局级成果增加16项，获得经济效益4500万元。截至2004年河南油田已累计获得国优小组12个，省部级成果150项。组织河南油田第五届质量管理论文研讨会，两篇被确定为《2004年石油工业质量学术论坛》发布论文。9月，举办"我为企业奉献质量，企业为我创造生活"为主题的质量月活动。

2004年在局工会的支持下，开展"讲质量、求效益、创名牌'质量杯'"劳动竞赛，在此基础上组织多家油田企业参与"河南省名牌产品、优质产品"评选活动，在10月份河南省2004年名牌产品表彰大会上，石蜡精细化工厂"卧龙牌"石蜡被命名为"河南省名牌产品"，石蜡精细化工厂的"源润牌"医药用凡士林，南阳石油机械厂的"华石牌"海洋钻修机，机械制造厂的"豫石牌"抽油机、油管，南阳豪地陶瓷有限公司的"豪地牌"干压陶瓷砖被命名为"河南省优质产品"。（刘　芳）

【计量监督与检查】 2004年共完成55000台(件)计量器具检定工作量。组织油田计量技术机构通过地方政府考核授权工作，在地方政府对油田技术监测中心的考核中，油田计量技术机构的20项标准全部一次性通过，其中2项是在原有基础上的新增项目。此项工作的完成，意味着油田95%的强制检定计量器具不需送外检定，为油田降低成本费用提供了技术保障。同时还开展了加油站、计量器具抽查等计量监督专项检查，共检查厂点30余个。（刘　芳）

【标准化工作与管理】 为执行国家《标准化法》，有序地开展河南石油勘探局暨分公司企业标准的制定、修订工作，提高标准文本质量，年初组织编制115项局级企业标准。2004年共办理企业代码证申办和年检90份，为14个二级单位提供标准查询服务380多人次，标准查新达1560项，直接提供安全与环保、汽车检测、防雷检测、气瓶检测等方面标准文本466册。（刘　芳）

科研开发与管理

科研开发与管理

【概述】 2004年共安排科技进步项目112项。集团公司级18项,投入科技经费3050万元,其中分公司2200万元,勘探局850万元。申请专利12件,新产品实现产值1亿元。全年完成科技项目115项,实现科技增油10.3万吨,科技增效1.52亿元,新产品产值达到2亿元以上,申请专利技术22件,其中发明专利4件,获权专利9件,实施专利30件。11项科技成果通过集团公司组织的验收鉴定,达到国际领先水平3项,2项成果达到国际先进水平。"泌阳凹陷成烃成藏基础理论研究"等6项科技成果获得集团公司科技进步奖,其中二等奖1项,三等奖5项。"尼日利亚油气资源概况与投资环境调研"等14项成果获得南阳市科技进步奖,其中一等奖2项,二等奖5项,三等奖7项。2004年河南油田共评出科技进步奖117项,其中特等奖1项,一等奖9项,二等奖24项,三等奖83项。　　（李　铮）

【科技攻关及新技术推广】 1.油气勘探方面

①泌阳凹陷油气勘探取得新发现。通过泌阳凹陷隐蔽油气藏勘探综合研究及北部斜坡成藏规律研究,油气勘探取得重大成果,为完成年度油气储量任务和明确进一步勘探方向奠定了基础。一是在泌阳凹陷北部斜坡新庄外带、杨楼地区新增探明储量1128万吨。通过地震地质综合研究,分析油气富集规律,开展浅层三维地震资料精细解释,落实断鼻、断块圈闭和地层、岩性圈闭,在新庄外带部署一批浅井钻遇油层,扩大了含油区块面积,新增探明储量388万吨,在杨楼地区开展预探和滚动勘探,新增探明储量740万吨。二是付湾地区圈闭预探取得新成果。根据付湾鼻状构造所处的位置和沉积特征,研究认为圈闭类型以断鼻、断块为主,还存在断层—岩性等圈闭类型,部署浅井钻探发现油层,控制石油地质储量109万吨。三是井楼西—唐河低凸起勘探取得大的突破,新增控制储量712万吨。研究认为井楼西一唐河低凸起有形成断块、地层不整合及基岩潜山等类型油藏的条件,对新三维地震资料处理解释后,发现一批圈闭,部署浅井钻探,发现新的含油区块,经计算新增控制面积5.2平方千米,控制储量733万吨。四是泌阳凹陷南部陡坡带地震地质综合研究取得新进展。应用叠前深度偏移等新技术,对160平方千米新老三维地震资料处理后,资料品质得到明显改善,构造面貌清晰,边界大断裂及盆地基底形态、接触关系清晰,地震解释与地震地质综合研究攻关,取得了较丰富的成果和认识,新发现和落实圈闭11个,圈闭面积8.8平方千米。部署钻探的泌285、291井钻遇良好的油气显示,为该带油气勘探的突破奠定了基础。

②南阳凹陷油气勘探取得新认识,研究认为凹陷东部是下一步勘探的有利地区。通过开展南阳凹陷油气成藏规律与勘探潜力研究等科技攻关,对魏岗、张店—马店和东庄地

区三维地震资料进行了精细对比解释，在南阳凹陷发现和落实圈闭33个，累计圈闭面积20.8平方千米，优选圈闭2个，部署探井2口。综合分析认为南阳凹陷东部张店一马店地区具有良好的成藏条件，是下一步油气勘探的重点地区。

③焉耆盆地油气勘探取得新的进展，对勘探潜力区块的地质认识不断深化和提高。焉耆盆地焉参1井老井复查试油取得突破，发现西山窑组新的含油气层系，新增控制储量311万吨。焉耆盆地四十里城西逆掩推覆构造带勘探取得新进展，城2井在推覆体下发现侏罗系目的层并见油气显示，拓展了油气勘探领域。

④塔里木河南探区勘探取得新进展。开展塔里木盆地河南探区油气富集规律及勘探目标评价研究，对探区地层、沉积、构造等基础地质进行了系统的研究，通过对孔雀河区块和阿北—顺北区块新、老二维地震资料精细解释，落实和发现主要目的层圈闭97个，从两个区块优选出有利圈闭16个开展井位论证，2004年通过西指审查部署探井4口，并完成探井设计方案，目前尉犁1、孔雀2、顺8三口井正在钻进，有希望取得塔里木河南探区油气勘探的突破。

2.油田开发方面

①稀油油田水驱开发提高采收率技术攻关成效显著。开展砂砾岩厚油层特高含水期提高水驱经济采收率配套技术的攻关与应用，形成了一套注采井网局部完善、强化注采系统和注采井网重新综合调整技术。通过在老油田推广应用36个开发单元，老井措施年增油7.5万吨，增加可采储量360万吨，水驱采收率提高了2.5个百分点，为稀油老油田特高含水期稳油控水发挥了重要作用。

②低孔低渗、小断块复杂油气藏开发挖潜效果明显。一是开展下二门油田改善开发效果关键技术研究，形成了下二门油田提高采收率配套技术，现场实施后，水驱采收率提高了4.9个百分点，增加可采储量55.9万吨，改善了开发效果。二是开展了宝浪油田低渗透油藏水淹规律研究和增注技术研究，明确了主力区块潜力大小及挖潜的方向，为油藏开发动态分析、井网动态调整及注采关系的完善提供了依据，实施水淹区综合治理技术措施49井次、累计增油1.47万吨。

③稠油开采技术配套为稳产提供了保证。一是稠油老区，开展薄层稠油提高采收率技术研究等课题攻关，形成了蒸汽吞吐后期优化开采技术、特—超稠油小井距蒸汽驱技术和普通稠油热水驱技术等三项配套开采技术，共实施工艺措施143井次，增油2.04万吨。二是在稠油新区，攻关制约稠油新区开发的瓶颈技术，开展新庄复杂小断块稠油油藏开采关键技术和稠油热采工艺技术及稠油热采预应力固井技术，热采工艺获得突破，并优化了开发方案设计，稠油新区部署开发井336口，投产新井56口，新井投产平均单井日产油4.0吨。

④三次采油的应用领域进一步拓宽，80℃Ⅱ类储量聚合物工业性先导试验初见成效。作为二类储量动用的双河Ⅴ上层系5月投入注聚，经过前期的井网调整，整体补孔、调剖等工作后，有2口井见到调剖效果，1口井见到聚合物驱效果，区块日产油水平由聚合物驱前的98吨上升到117.2吨，综合含水由94.96%下降到94.39%，整体产量走势达到预期指标。该单元三采技术的成功应用，展示了河南油田动用二类储量增油的前景。形成的断块油藏交联聚合物驱提高采收率技术及井网优化组合技术在国内外同行业中处于领先水平，对河南油田其他复杂小断块油田开发具有很好的推广价值。

3.物探、钻、测、录等方面

①在地震资料采集方面。推广应用地震采集处理一体化技术、地震采集实时质量控制分析技术、Walkaway vsp 2D 井地联合采集处理技术和河道、河床区地震激发技术及三维地震采集束平面图自动绘制技术等,地震资料采集合格率达到 99.95%,优级率 75%,地震采集现场处理剖面合格率 100%。

在地震资料处理上,引进 PC 机群处理系统,该系统使叠前处理技术(叠前噪声压制技术、叠前时间域处理技术、叠前深度域处理技术及其他叠前处理技术)水平上了一个新台阶。2004 年开始安装培训,目前在南阳地震资料连片处理、南部陡坡带资料处理和西部资料处理中已初见成效,年三维资料处理能力由以前的 1000 平方千米增加到 1500 平方千米。

②钻井技术方面。一是在钻井工艺上,主要推广应用了优快钻井技术、大斜度井井眼轨迹控制技术等 11 项工艺技术,使得钻井生产经营指标不断提高,全年钻井进尺 30 万米以上,平均机械钻速 8.99 米/时。二是推广应用了大斜度井钻井液技术、钻井液完井液控制技术、抗盐抗高温深井钻井液技术和油气层保护技术等,保障了钻井顺利施工,减少了对油气层的污染。三是固井工艺主要推广应用了高含水调整井缩小停注、停采半径和时间的固井技术、安棚深层系和下二门复杂区块固井技术及稠油浅井固井技术等,固井质量一次合格率达到 97.2%,综合评价固井质量合格率 100%。

③测井方面。引进应用 5700 成像测井系统中的核磁成像测井、交叉偶极子阵列声波测井、高分辨电阻率测井等新技术,大大提高了复杂水性条件下油气层、低阻油层和低孔低渗储层及薄层测井评价水平。引进的俄罗斯 GR-GR 测井技术解决了泌阳凹陷北斜坡疏松地层固井检测第二界面难确定的问题,并得到广泛推广应用。目前已经形成了 5700SBT、俄罗斯 GR-GR 测井仪器、不同直径的变密度测井仪器组成的固井质量检测系统,完成 GR-GR 测井 22 井次,在大斜度井中完成 5700SBT 测井 5 井次,取得了比较好的经济效果。

④录井方面。完成了集团公司项目“PDC 钻头条件下随钻岩性识别技术研究”,研制了“SMY—1/2 型岩屑描述仪”,并通过了集团公司组织的鉴定。专家组认为,该仪器的研制成功,为 PDC 钻头下岩屑岩性识别增加了一个全新的技术手段,填补了国内空白,基本解决了 PDC 钻头在勘探井中难以推广应用的部分难题,在 PDC 钻头条件下录井技术有了一个突出的发展。

⑤测试技术。大力推广应用稠油井螺杆泵试油技术,大位移定向试油、测试配套技术,射孔——测试联作工艺技术和测试资料解释技术等,特别是泌阳凹陷北坡外带泌浅 94 井浅层稠油热采试验取得突破,稳产效果明显。

4.油田开发新技术应用

①采油一厂围绕注水产液结构的完善和调整、油水井增产增注、稀油老区改造的配套等方面。推广应用厚油层井网综合调整技术,厚油层细分卡、堵水工艺技术,长关井、疑难井综合治理技术,污泥调剖技术、抽油井远程监控、综合节能技术及群众性的革新成果等 50 多项。进行现场试验和新技术推广 575 井次,实现科技增油 4.7 万吨,增注水量 54 万立方米。

②采油二厂重点围绕稠油新区隔热注采工艺技术、预应力固井技术和稠油老区封堵窜及深部调剖技术开展新技术应用,推广复杂小断块边水稠油油藏注蒸汽开发技术、浅薄层稠油油藏组合开采配套技术,稠油增效汽驱技术、固砂、防砂技术和稠油井降黏、

解堵技术等 17 项工艺措施，实现科技增油 2.44 万吨。

③宝浪项目经理部在低孔低渗油田开发方面主要围绕宝中Ⅱ油组、本布图油田等低孔低渗特殊油藏的增产增注技术开展推广应用，形成了宝中Ⅱ油组的“酸化＋防膨”增注工艺技术、焉 2 区块的“三套酸液配方＋憎水剂”增注工艺技术，现场实施 5 井次，累计增注 5500 立方米。（李　铮）

【新产品开发】 机械制造厂承担的集团公司科技攻关项目“伺服平衡抽油机研制”，目前已将硬齿面减速箱存在的问题全部整改完，正在进行厂内试验。完成了液压伺服平衡系统的结构设计，出了整套图纸，原理机制造已经完毕，正在进行功率放大试验，样机预计 2005 年 6 月完成。在油管车、清蜡车和节能抽油机等新产品销售上，实现产值 1440 万元。

精蜡厂在年初举行了 2004 年微晶蜡特种蜡技术交流暨供需恳谈会，特种蜡和微晶蜡产品订货客户同比增加 20％，累计订货量同比增加 32％，特种蜡产品市场份额不断提高，并进一步掌握了国内特种蜡市场的需求情况。新产品市场占有率不断提高，累计生产销售特种蜡 5320 吨，同比增加 132.5％；累计生产销售微晶蜡 4646 吨，同比增加 266.6％；累计生产销售中高档润滑油 2578 吨，同比增加 34.5％，累计多创经济效益 500 多万元。（李　铮）

【科学技术协会】 ①配合局工会组织研究院和工程院开展劳动竞赛。选择 15 个项目，针对新庄、杨楼新区的开发、钻井固井及老区稳产等开展科技攻关，“139.7 毫米套管井隔热注采管柱技术”和“稠油热采预应力固井技术”两项制约新庄、杨楼新区上产的钻采工艺技术应用取得了明显效果。

②积极搭建学术交流平台。举办了全国石油钻井固井技术研讨会和省地质学会第七届常务理事会。组织参加了“世界石油工程师大会”、“SPE 碳酸岩油气田勘探开发技术研讨会”和“纳米技术在油田开发中的应用”等学术会议 9 次，交流论文 64 篇，参加人数 163 人次。

③围绕油田污水处理召开专题研讨会。针对油田采出液成分非常复杂、污水处理难度大的特点，围绕油田污水处理工艺流程适应性、污水处理设备适应性、剩余污水出路和污水处理运行管理等四个方面的主要问题进行了专题研讨，确定下一年科技攻关的 6 个研究课题。（李　铮）

【科技信息工作】 ①2004 年完成科技信息检索 272 项次，为局、厂有关领导检索有关资料 16 次，为科研生产单位检索总公司立项资料 5 次。②完成了 2004 科技创新年重点情报项目《石油现刊数字化及网络化技术研究与应用》；组织完成情报调研项目 5 项。③组织参加了专利查新人员和图书管理人员两个培训班。④组织申报第八届河南省科技情报成果奖，共有 13 项情报成果获奖，其中一等奖 2 项，二等奖 5 项，三等奖 6 项。⑤出版《科技信息》电子版共 6 期；完成 2004 科技成果汇编网页编制。⑥组织工程院、研究院等单位参加各类科技情报交流会 5 次，完成了万方数据、维普全文期刊等几个数据库的更新。（李　铮）

【专利及技术市场工作】 ①按照技术市场主体资质审查认证和市场准入管理办法，认真做好技术市场准入的日常办证工作。截至 2004 年 12 月 31 日，油田各单位共引进技术项目 250 项次，其中引进油田外部单位 211

项次，引进油田内部单位39项次。

②进一步加强了技术合同审查和登记备案，对合同条款认真审查把关，维护企业的合法权益。截止2004年12月31日，共审查和登记备案技术合同113项。

③加强专利工作者队伍建设，与组织部联合举办了为期8天的河南油田专利技术管理提高班，聘请国家知识产权局的专家及著名高校教授讲课，共有48人参加了培训。

④支持南阳石油机械厂的改制分流工作，确保其在持续经营期间合法使用知识产权，许可南阳石油机械厂改制后的新公司继续使用原以"河南石油勘探局南阳石油机械厂"名义取得的专利技术、专有技术和注册商标，签订了知识产权使用许可协议。

⑤在油田科研单位与生产单位之间，模拟市场运作，有偿推广新技术，2005年有偿推广新技术11项。　（李　铮）

2004年度河南油田职务专利申请情况一览表

序号	专利申请名称	申请类型	申请号	申请日	申请人
1	双输入齿轮传动箱及应用该传动箱的钻机或修井机	实用新型	0420002725.6	2004—1—17	南机厂
2	水源井防污染井口装置	实用新型	0420003506.x	2004—2—13	水电厂
3	大行程井架伸缩液压缸	实用新型	0420006968.7	2004—3—12	南石力天
4	石油钻机动力传动装置	实用新型	0420006969.1	2004—3—12	南机厂
5	抽油井过环空多功能产液剖面测井仪器	实用新型	0420007708.1	2004—3—28	测井公司
6	无机延迟硅酸凝胶堵调剂	发明	0410029654.3	2004—3—30	工程院
7	绞车液压盘式刹车装置	实用新型	0420007553.1	2004—3—30	南机厂
8	一种变压器防盗放油阀	实用新型	0420047522.9	2004—4—2	水电厂
9	用于石油钻修设备的半拖挂钻台	实用新型	0420049300.0	2004—4—19	南机厂
10	井下射流泵	实用新型	0420059624.2	2004—5—21	工程院
11	深抽防气管式泵	实用新型	0420059634.6	2004—5—21	工程院
12	高强度易溶解纳米堵水剂	发明	0410042581.1	2004—5—25	工程院
13	一种偏孔单流阀	实用新型	0420067114.x	2004—6—15	工程院
14	机械式测井电缆刮泥器	实用新型	0420072818.6	2004—6—29	测井公司
15	一种家用配电箱	实用新型	0420072819.0	2004—6—29	盛达公司
16	一种相变储能材料用蜡	发明	0410056908.0	2004—8—20	精蜡厂
17	一种直线电机驱动的柱塞式抽油泵	发明	0410077923.3	2004—9—20	机械厂
18	一种直线电机驱动的柱塞式抽油泵	实用新型	0420092485.3	2004—9—20	机械厂
19	一种张力油管挂	实用新型	0420091757.8	2004—9—17	采油一厂
20	逐级解封封隔器	实用新型	0420096342.x	2004—9—27	工程院
21	分层酸化排液阀	实用新型	0420096341.5	2004—9—27	工程院
22	酸化封隔器	实用新型	0420096340.0	2004—9—27	工程院

2004年度河南油田职务专利获权情况一览表

序号	专利名称	申请类型	专利(申请)号	申请日	授权日	专利权人
1	井下管柱机械校深装置	实用新型	03242544.9	2003－3－26	2004－4－14	工程院
2	一种抽子	实用新型	03242871.5	2003－4－2	2004－5－19	采油二厂
3	聚合物井下配注器	实用新型	03242874.x	2003－4－2	2004－4－14	工程院
4	活动式偏心水力声波发生器	实用新型	03253033.1	2003－9－28	2004－10－27	工程院
5	一种故障补相组合变压器	实用新型	03264514.7	2003－6－18	2004－10－13	水电厂
6	锥齿轮夹具	实用新型	03264508.2	2003－6－18	2004－8－4	南机厂
7	石油钻井和修井用井架	实用新型	03264513.9	2003－6－18	2004－8－4	南机厂
8	并车分动装置	实用新型	03266447.8	2003－7－1	2004－8－11	南机厂
9	快接绳帽	实用新型	0320104039.5	2003－10－27	2004－10－27	采油一厂

河南油田获2004年度集团公司科技进步奖项目一览表

序号	项目名称	主要完成单位及完成人	等级
1	泌阳凹陷成烃成藏基础理论研究	中国石油化工股份有限公司河南油田分公司 林社卿　全书进　邱荣华　罗家群　杨道庆　涂阳发 包书景　李军营　夏东领　王正文　金振奎　吴胜和	二等奖
2	安棚高含碱油田优快钻井技术研究	中国石油化工股份有限公司河南油田分公司 蒋建宁　袁建强　张　宇　陈博安　李光胜　王学良 唐大鹏　肖俊峰　薛建国	三等奖
3	改善聚合物驱开发效果技术	中国石油化工股份有限公司河南油田分公司 黎锡瑜　李联五　孔柏岭　马宏伟　孙尚如　张丽虹 唐金星　谢云龙　王子荣	三等奖
4	宝浪低孔低渗油田改善注水开发效果技术研究与应用	中国石油化工股份有限公司河南油田分公司 罗洪友　范喜群　李军营　黄忠桥　刘　斌　张文玉 陶良军　罗立新　彭燕明	三等奖
5	稠油出砂冷采技术研究与应用	中国石油化工股份有限公司河南油田分公司 樊中海　高孝田　刘新福　王书林　马玉霞　杨志彬 谭贵勇　陶良军　孙　冲	三等奖
6	石油天然气行业标准《石油修井主要提升设备》	中国石化集团河南石油勘探局 侯延德　薛铁环　王　平　王卫星　靳红兵　王立涛 王芬兰　余德方　赵东海	三等奖

河南油田获2004年度河南省科技情报成果奖项目一览表

一等奖

序号	项目名称	主要完成单位	主要完成人
1	尼日利亚油气资源概况与投资环境调研	石油勘探开发研究院	余功铭 罗涛 赵川喜 吴官生 王忠 孟金焕 张玉霞
2	人工神经网络技术在石油钻采工程的应用	石油工程技术研究院	吴太平 李生莉 王根欣 蒋莉 聂永丽 吴小平

二等奖

序号	项目名称	主要完成单位	主要完成人
1	稠油热采地下催化降黏技术调研	石油工程技术研究院	赵长喜 范喜群 吴太平 王卫星 陈渊 谢云龙 张文玉
2	网络环境下期刊文摘信息系统的建立及应用	石油勘探开发研究院	李中章 袁仲民 罗涛 张爱芳 张洪军 董文清
3	稠油开采新技术调研	石油勘探开发研究院	王金旗 罗涛 党俊芳 孟金焕 孙丽
4	沙漠地区低信噪比地震资料处理技术调研	石油勘探开发研究院	赵川喜 孟金焕 余功铭 党俊芳 罗涛 张玉英 张玉霞
5	尼日尔三角洲石油地质及资源潜力调研	石油勘探开发研究院	余功铭 罗涛 赵川喜 吴官生 王忠 孟金焕 孙梅莲

三等奖

序号	项目名称	主要完成单位	主要完成人
1	复杂结构井钻井完井技术调研	石油工程技术研究院	吴太平 吴小平 李生莉 黄春燕 张爱芳 赵林生
2	国内外堵水调剖技术的新发展	石油工程技术研究院	吴太平 李正涛 李新 程文平 尹健斌 黄春燕
3	白云岩油藏开发技术调研	石油工程技术研究院	吴小平 吴太平 范喜群 黄晓 蒋莉
4	山地低信噪比地震资料处理技术调研	石油勘探开发研究院	王忠 张玉霞 余功铭 罗涛 赵川喜 党俊芳 孟金焕
5	地震技术在储层饱和度研究中的应用	石油勘探开发研究院	赵川喜 吴官生 罗涛 赵跃华 余功铭 党俊芳 张玉霞
6	南方海相地层地震勘探调研	石油勘探开发研究院	孟金焕 赵川喜 余功铭 王忠 李桂林 罗涛 张玉霞
7	勘探图形、图像数据库的设计开发与研究应用	石油勘探开发研究院	宋建华 王金旗 孙丽 吴官生 魏佳伟

获2004年度河南石油勘探局暨河南油田分公司科技进步奖项目一览表

特 等 奖

序号	项 目 名 称	主要完成单位	主 要 完 成 人
1	泌阳凹陷北部斜坡三维地震勘探技术	石油勘探开发研究院 地质调查处	李 锋 田小敏 刘景彦 张永华 杨文平 贾全根 宋建平 商建立 步清华 付江娜 刘振东 周 罡

一 等 奖

序号	项 目 名 称	主要完成单位	主 要 完 成 人
1	泌阳凹陷王集—新庄地区复杂断块油藏勘探综合研究	石油勘探开发研究院	李连生 李 磊 张永华 罗家群 朱景修 郭 毅 靳 玲 苏桂芝 朱丕跃
2	塔里木东北缘及邻区含油气远景评价	石油勘探开发研究院	何明喜 肖 学 袁政文 严永新 乔桂林 宋建华 古 哲 南红丽 杨云飞
3	杨楼油田开发初期油藏地质特征研究	石油勘探开发研究院	孙 冲 王克杰 贾玉培 曲玉线 费永涛 崔连训 高孝田 杨志彬 沈 宏
4	扩大聚合物驱溶液波及体积的调整方法研究	石油勘探开发研究院	代亚竑 黎锡瑜 陈祖华 李玉梅 徐学品 柏红霞 邬 侠 程旭波 王纪云
5	污泥调剖技术在河南油田的应用研究	第一采油厂	倪明镜 刘晓军 丁连民 胡 荣 余庆中 陈云霄 陆广玉 杜益民 张伶莉
6	分层注聚合物工艺技术研究	石油工程技术研究院	马宏伟 单 晶 石步乾 申秀丽 董军锋 李 峰 罗井泉 党永峰 刘 苓
7	新型酸化液在河南油田的应用研究	石油工程技术研究院	邢德钢 黄青松 姚奕明 陶良军 张林业 冯兴武 贾跃立 杨 芳 许惠林
8	钻井泵的状态监测与故障诊断系统	钻井工程公司	王灵奎 张志毅 万广伟 王留贵 贾伟辉 武永起 王殿顺 高养林 裴彩霞
9	油田地质矢量图 Oracle 集成平台	石油勘探开发研究院	华运隆 袁 里 李春霞 王新芳 孙 鹏 李明江 王翠兰 徐增兴 卢 栋

二 等 奖

序号	项 目 名 称	主要完成单位	主 要 完 成 人
1	泌阳南部陡坡带三维地震采集方法攻关研究	地质调查处	贾烈明 王 勇 梁运基 陶焕坤 王帮助 孙进才 李 丽
2	塔里木河南探区圈闭综合评价研究	石油勘探开发研究院	肖 学 郭清正 杨云飞 于明德 李丽贤 刘司红 卢佳岚
3	泌阳凹陷油气成藏组合体与油气分布规律研究	石油勘探开发研究院	夏冬领 王正文 李 辉 郭 毅 陈 萍 朱丕跃 朱 军
4	焉耆盆地中生界大孢子化石组合与地层划分对比	石油勘探开发研究院	崔炜霞 朱红卫 曾光艳 郭海燕 徐文奇 赵厚宏 沈 建
5	YKR－Ⅰ岩石快速热解仪研制	地质录井公司	全 杰 吕德红 刘国萍 苑 淮 周 江 刘行万 张 成
6	蒸汽驱先导试验研究	石油勘探开发研究院	高孝田 李彦平 孙 鹏 曲玉线 江谋勇 崔连训 海玉芝
7	魏岗油田注水综合调整及效果分析	第一采油厂	王汉林 李 红 吴莉玲 崔 英 邱坤态 张春雨 苏建栋
8	井楼一区水淹区潜力分析及挖潜对策研究	第二采油厂	韩 怀 刘铁岭 贾胜彬 王素青 关群丽 石晓渠 院文庆
9	稠油热采井冲砂管柱的研究与应用	第二采油厂	徐子彬 马永本 白长琦 任国亮 陈义发 张兆义 郭晓芳
10	河南井楼稠油油田提高注汽锅炉系统效率配套技术研究与应用	第二采油厂	李胜彪 沈和平 李防震 张清军 聂惟国 郝利军 胡 克
11	河南井楼稠油油田油气集输系统提高效率配套技术研究与应用	勘察设计研究院	宋新红 李 涛 郑友林 余 昊 孔令军 石英达 施玉霞
12	宝浪复杂油藏油层改造技术研究	石油工程技术研究院	陶良军 林景禹 邢德钢 罗全民 刘洪涛 贾跃立 杨 伟
13	特高含水期水淹层六级精细解释技术研究	地球物理测井公司	刘正峰 王天波 白 丽 韩颜锋 万其力 王 宁 吴海忠
14	缩小停注、停采半径和时间的固井技术研究	钻井工程公司	唐大鹏 王学良 文湘杰 何德清 汪金泸 林立新 宋福军
15	短半径水平井钻井技术研究与应用	石油工程技术研究院	张君亚 薛建国 蒋建宁 李光胜 吕成元 宋艳霞 孟卫东
16	注汽锅炉燃油掺水乳化技术的研究与应用	第二采油厂	王海平 王 晗 白长琦 聂惟国 秦鹏辉 潘迎晖 温国芬

续表

序号	项目名称	主要完成单位	主要完成人
17	35/21MPa 单级套管头研制	机械制造厂	刘云珍　杜国全　高惠良　陈　健　刘国强　王恩庆　陈宏晓
18	微晶蜡高压加氢工业应用研究	南阳石蜡精细化工厂	刘建平　张忠和　刘付升　贾铁汉　朱光兰　庞全党　邓继业
19	虚拟专用网络应用技术研究	信息中心	李　靖　王小杰　房忠明　涂林霞　杨雨峰　李志凯　杜伟勋
20	河南油田勘探数据库的建设与应用	石油勘探开发研究院	胡志方　郭宏平　徐　斌　蔡利平　姚宗山　张道慈　靖莉琴
21	尼日尔三角洲石油地质及资源潜力调研	石油勘探开发研究院	余功铭　党俊芳　刘司红　赵川喜　王金旗　孟金焕　张玉霞
22	冠心病的介入性诊断和治疗	总医院	翟晓江　王慎付　秦志慧　殷运收　丁汉元　朱海玲　李政伟
23	中国石油石化企业人力资源开发新模式研究	人力资源开发中心	苟兴超　田　丰　李祥宽　赵继国　刘凤珍　王述师　张士田
24	草坪病虫害及香樟黄化病综合防治技术研究	五一社区服务中心	张全华　刘书宏　梁云峰　彭远梅　李慧珍　辛　钊　杨运华

三　等　奖

序号	项目名称	主要完成单位	主要完成人
1	焉耆盆地西部山前推覆体地震采集方法研究	地质调查处	张付生　胡东海　陈亚强　张政威　周咸玉
2	地震采集实时质量分析控制系统的研究与应用	地质调查处	李辉峰　李小红　张　建　陶启龙　孙进才
3	塔中卡塔克地区碳酸盐岩古岩溶发育带地震预测技术研究	石油勘探开发研究院	张　宏　陆光辉　杜思耕　张　驰　王永敏
4	山地低信噪比地震资料处理技术研究	石油勘探开发研究院	杜　贤　段洪有　孔剑冰　张亚斌　陈彩花
5	泌阳凹陷三维地震资料处理方法研究	石油勘探开发研究院	朱生旺　何和英　贾艳霞　蒲春志　姚振方
6	泌阳凹陷三维地震资料解释方法研究	石油勘探开发研究院	张　宏　张永华　田小敏　常炳章　靳　玲
7	塔里木盆地河南油田探区速度场研究及应用	石油勘探开发研究院	刘传川　罗　涛　郭清正　宋建平　张玉霞
8	周口坳陷有效烃源岩研究	石油勘探开发研究院	蒋永福　孔凡军　刘司红　邓世英　谢其锋

续表

序号	项 目 名 称	主要完成单位	主 要 完 成 人
9	泌阳凹陷核桃园组沉积及储层研究	石油勘探开发研究院	周建文 陈 磊 刘桂兰 杨 波 张本书
10	泌阳凹陷构造特征研究	石油勘探开发研究院	丁艳红 闫福旺 李 磊 季玉瑶 周庆敏
11	焉耆盆地种马场构造带成藏条件研究	石油勘探开发研究院	段心建 张 辉 任军战 韩玉戟 方欣欣
12	塔里木卡塔克2、3、4区块构造特征及有利勘探目标研究	石油勘探开发研究院	郭清正 冯全东 胡艳莎 刘司红 白海琴
13	孔雀河区块维马克2号背斜构造孔雀1井单井地质综合评价	石油勘探开发研究院	包书景 李永林 赵德力 严永新 陈希敏
14	周口坳陷油气藏特征研究及选区评价	石油勘探开发研究院	孔凡军 邓世英 蒋永福 刘司红 马荣芳
15	油气勘探计划决策系统在河南油田的应用及目标优选	石油勘探开发研究院	李朝勇 彭国力 王 艳 全书进 杨园园
16	赵凹地区寻找新储量综合地质研究	地质录井公司	徐进成 张社民 刘行万 段仁春 马金堂
17	地化录井技术在水淹层解释中的评价研究	地质录井公司	刘焕正 周金堂 李长宏 郭年会 田 荻
18	宝浪低渗油藏注水开发综合调整研究	石油勘探开发研究院	申志军 刘 斌 杨建玲 靳晓军 刘 宇
19	聚合物分子量和水解度与油藏条件的适应性研究	石油勘探开发研究院	唐金星 韩 杰 孔柏岭 皇海权 张丽庆
20	双河油田北块Ⅳ1－3层系剩余油潜力评价及三采井网适应性研究	石油勘探开发研究院	曾 俊 郭恩常 黎锡瑜 李玉梅 马 丽
21	油气田开发方案经济评价基准参数与指标体系研究	石油勘探开发研究院	庞建功 李庆蓉 吴建平 李 越 申建晖
22	聚合物驱开发指标预测与开发效果评价方法研究	石油勘探开发研究院	陈祖华 代亚竑 徐学品 马 艳 李 环

续表

序号	项目名称	主要完成单位	主要完成人
23	新型耐温抗盐聚合物性能评价与筛选	石油勘探开发研究院	杨力生　皇海权　魏志宏　吕晓华　周伟民
24	宝浪油田低渗透油藏精细描述及地质模型建立	石油勘探开发研究院	黄　郑　龙国清　许胜利　李　红　林正良
25	油气储量评估方法与OGRE软件的研究应用	石油勘探开发研究院	杨园园　赵玉欣　胡志方　唐　磊　李朝勇
26	双河油田北块Ⅱ4—6层系聚驱后潜分析及动态调整研究	第一采油厂	王艳霞　党永峰　李　爽　丁庆昌　李本轲
27	双河油田438断块高含水期潜力分布规律及挖潜对策研究	第一采油厂	毕　生　黄海香　黄瑞婕　宋宏宇　梁　华
28	河南稀油田疑难井综合治理技术推广应用	第一采油厂	陆广玉　郑俊生　胡　荣　陈云宵　李　峰
29	GX—1封窜技术的引进应用	第一采油厂	余庆中　任海珍　陈云霄　罗建军　倪明镜
30	江魏线原油添加降凝剂输送工艺技术试验研究	第一采油厂	周卫民　刘殿勋　孙兆强　李志和　黄　英
31	河南井楼稠油油田提高机采系统效率配套技术研究与应用	第二采油厂	马道祥　田小兰　张明亮　潘迎晖　郝立军
32	河南井楼稠油油田提高电力系统效率配套技术研究与应用	第二采油厂	李桂芹　刘彦生　贾　容　肖　彬　郭晓芳
33	提高稠油热采井高周期开采效果新技术推广应用	第二采油厂	王书林　包术成　李金玉　余　兰　袁秀丽
34	宝浪油田清污水水性及水质精细处理技术研究	勘察设计研究院	罗立新　佘月明　罗全民　张献波　王秀丽
35	河南井楼稠油油田提高注水系统效率研究	勘察设计研究院	朱宜庚　黄兴纬　郑友林　孔令军　罗立新
36	液—液旋流分离器在含聚合物污水处理中的推广应用	勘察设计研究院	王　军　白子华　李性伟　胡纪军　赵世玉

续表

序号	项目名称	主要完成单位	主要完成人
37	宝浪油田注水工艺技术研究	石油工程技术研究院	张文玉　彭元东　佘月明　邢德钢　王志清
38	聚合物解堵工艺技术研究	石油工程技术研究院	谢建军　陈　渊　李　峰　宋春红　王新亮
39	多层酸化工艺管柱研究与应用	石油工程技术研究院	李家明　张宏禄　童　琥　陈晓喜　吴荷香
40	宝浪油田套管损坏因素及预防措施研究	石油工程技术研究院	曹　珍　黄　晓　楼振英　李丹梅　潘　洁
41	安棚深层系注采过程中的油层保护技术	石油工程技术研究院	周　晔　戚宝良　冯兴武　党新明　赵　亮
42	分层调剖管柱的研究	石油工程技术研究院	马宏伟　单　晶　董文军　赵　娜　彭冠宇
43	多级气举排酸技术的推广应用	石油工程技术研究院	刘东奇　李生莉　陈升宏　王新志　杨玉山
44	聚合物驱注采剖面动态监测技术研究	地球物理测井公司	王子荣　田学信　井洪泉　毕　生　刘苏庆
45	低产井三相流产液剖面测试技术研究	地球物理测井公司	彭燕明　苏宏远　李桂军　苏新杰　吴海忠
46	新型同位素在双河油田注水剖面动态监测中的应用	地球物理测井公司	胡永锋　胡年有　赵　汉　程庆甫　邱亿岩
47	宝浪油田中厚层内水淹层测井解释方法研究	宝浪油田开发项目经理部	黄忠桥　苏新杰　鄢胜才　郭玉津　王静伟
48	抗盐抗高温深井钻井液技术研究	钻井工程公司	肖俊峰　李忠宏　薛建国　胡金鹏　常洪超
49	安棚深层系固井技术研究与应用	钻井工程公司	文湘杰　陈　祥　曾洪图　孙风华　于三跃
50	复合钻进技术研究与应用	钻井工程公司	孙明亮　吕成元　孟卫东　潘金山　李文生
51	王集油田钻井过程中油层保护技术研究	石油工程技术研究院	张国新　周　代　邱建君　陈新安　孟怀启
52	北区集中供暖系统自动化监控技术应用研究	五一社区服务中心	孙为民　彭　旭　尹郑建　张　涛　樊　江
53	弱爆炸除灰技术在加热炉上的应用	五一社区服务中心	彭　旭　方　云　孙为民　李洪林　赵　胜

续表

序号	项目名称	主要完成单位	主要完成人
54	黄山集中供热工程变频调速控制系统切换技术	五一社区服务中心	张　涛　方　云　彭　旭　李洪林　施昌军
55	注汽锅炉含盐废水再利用技术研究	第二采油厂	张清军　沈和平　马道祥　张明亮　翟先花
56	注汽锅炉运行工况集中监控技术研究与应用	第二采油厂	沈和平　李防震　李桂芹　马道祥　李新军
57	河南油田中低压电网过电压防护技术研究	水电厂	刘彦生　王勇焕　张　明　肖　彬　姜俊莉
58	江河变电站改造技术方案优化研究及实施	水电厂	张　明　贾建友　杨明乾　韩　敏　姜俊莉
59	提高原油蒸馏轻油和蜡油收率工艺研究	南阳石蜡精细化工厂	王　伟　张黎鹏　曹清浩　赵兴波　何爱明
60	瓶制工艺品密封专用蜡的研制	南阳石蜡精细化工厂	杜兰英　潘金亮　李国红　张晓霞　张　宁
61	河南油田党风廉政信息系统	纪委监察处 信息中心	赵永乐　王海云　刘　昱　李　珩　王迎军
62	河南油田财务信息管理系统	财务资产部 信息中心	张树根　崔庆江　李　珩　王　蕾　刘　昱
63	河南油田外事信息网络管理系统开发应用	对外合作部	王培良　蒋全珍　朱建民　付晓燕　樊瑞权
64	通信营收账务系统研究与开发	通信公司	张金山　王耀邦　吴　兵　刘　文　张　舜
65	河南油田生产计划信息管理系统	规划计划处	曾庆耀　薛　哲　唐　建　白　辉　姜福春
66	油藏地质建模技术应用研究	石油勘探开发研究院	徐家润　陈　宏　孙　鹏　王翠兰　庞长英
67	油藏描述、数值模拟及数据库集成平台研究	石油勘探开发研究院	樊中海　华运隆　李中建　吕正芳　宋　腾
68	河南油田物价信息发布系统	财务资产部	侯亚琳　崔庆江　范保国　王进军　赖凤平
69	河南油田地籍档案管理系统	房地产管理处	李　炜　袁社荣　谢晓清　聂永丽　郭铁哲
70	河南油田档案标准与信息化管理应用	档案馆	陈洪远　高海照　周　静　徐　虹　钱惠彩

续表

序号	项目名称	主要完成单位	主要完成人
71	白云岩油藏开采技术调研	石油工程技术研究院	吴小平　吴太平　范喜群　黄　晓　蒋　莉
72	脑电双频谱指数、边缘频率和心率变异性与全麻深度相关性研究	总医院	郑万铭　张太义　马明琴　吴东恩　李　梅
73	新生儿窒息的心肺复苏治疗	总医院	顾晓蓉　谭小林　桑凌云　杨　臻　俞竹梅
74	人工髋关节置换术的临床应用	总医院	张建立　邓云虎　关春辉　周爱萍　乔明甫
75	腔内泌尿外科的临床应用	总医院	王汉松　刘克锋　刘　延　万久恺　孙明瑞
76	电脑机器人活动的开展与青少年创新能力的培养	文体中心	王振枚　常　虹　张占纯　姚　勇　王建国
77	河南油田多种经营信息战略与企业信息化建设	资产经营管理部	郭向阳　唐　威　李国威　万章国　武明毅
78	河南油田货物运输专业化重组改制方案研究	石油工程技术研究院	周卫英　易崇建　孙振强　鲁东岳　喇华璀
79	河南油田存续企业管理模式研究	石油工程技术研究院	李建国　司尚奎　马正参　袁丰义　张金双
80	河南油田建立物业管理公司方案研究	石油工程技术研究院	王　玲　白腊辉　李　昭　王守俭　周卫英
81	河南油田建立依法治企规范经营的运行机制研究	石油工程技术研究院	姚志宏　何　静　姜凌霞　孙义忠
82	改进企业机关作风有效途径的研究与实践	机关党委	陈永正　崔晓国　贾德永　周立功
83	百合种球引种及栽培繁育技术实验研究	润河社区服务中心	闫京文　王康欣　王　龙　彭　红　韩志强

【2004年获得集团公司科技进步奖项目成果简介】 1.泌阳凹陷成烃成藏基础理论研究

主要完成单位:中国石油化工股份有限公司河南油田分公司

主要完成人:林社卿　全书进　邱荣华　罗家群　杨道庆　涂阳发　包书景　李军营　夏东领　王正文　金振奎　吴胜和

获奖等级:集团公司科技进步二等奖

成果简介:该项目主要针对陆相油气成藏研究中的薄弱环节以泌阳凹陷为实例开展的基础理论探索研究。课题从构造、沉积相、成岩相、烃源岩特征与演化、油气输导体系与运移、油气差异充注成藏等多个方面系统揭示了泌阳凹陷油气成烃成藏的机理，同时紧密结合油田勘探部署，取得了以下理论研究和实际应用成果：①系统研究了泌阳凹陷的构造和沉积特征，分析了构造幕式活动对沉积、圈闭、油气运移、成藏活动的影响；提出了定量沉积相划分及成岩模式。②建立了核桃园组烃源岩生排烃综合模式；对各油田主要产油层油气运移、充注特征进行了系统的研究，识别出核三上、下段两种典型的原油及Ⅳ砂组混合型原油，并具有不同的成熟度特征；应用盆模排油强度、古今流体势等方法剖析了油气运移平面、剖面特征。③运用油气差异泵吸的概念、原理对泌阳凹陷油气差异分布机理进行了系统的研究，差异泵吸作用导致了凹陷平面及纵向上油气分布的差异性。④泌阳凹陷油气运移输导体系包括砂体和断层两个基本要素，二者组合形成两大类四种输导体系类型，油气运移以顺层侧向运移为主，并且明显存在级差优势通道。⑤泌阳凹陷油气成藏共分为三个期：廖庄期早期油气运移（成藏）期，中新世中期油气运移（成藏）期，中新世晚期—上新世早期晚期油气成藏期，其中晚期成藏期为泌阳凹陷的主要成藏期；建立了四种典型油气成藏模式：双河油田型、下二门油田型、古城油田型、王集—新庄油田型。⑥对油气成藏组合体理论进行了充实和完善，提出了成藏组合体的划分原则，划分了两大油气运聚区七个油气成藏组合体，并对七个成藏组合体开展了勘探潜力综合评价，指出了有利勘探区。⑦运用研究成果指导泌阳凹陷油气勘探，2001－2003 年新增探明储量 3533 万吨，控制储量 2069 万吨，预测储量 1546 万吨，总体上形成了泌阳凹陷第三次储量增长高峰，取得了显著的勘探成果。

2. 安棚高含碱油田优快钻井技术研究

主要完成单位：中国石油化工股份有限公司河南油田分公司

主要完成人：蒋建宁　袁建强　张　宇　陈博安　李光胜　王学良　唐大鹏　肖俊峰　薛建国

获奖等级：集团公司科技进步三等奖

成果简介：安棚高含碱油田优快钻井技术研究属于油气田开发领域，该项目主要研究内容包括以下几点：地层可钻性评价与钻头优选技术、钻井参数的优选、地层自然造斜规律的研究应用以及饱和碱钻井液体系研究、抗碱固井技术研究。通过该项研究，形成了适合安棚高含碱油田特点的综合配套技术，实现了安棚高含碱油田产能建设任务的重大突破。主要技术特点如下：

①利用测井资料对安棚油田岩石抗钻特性进行评价，在取得整个井身剖面全部岩石力学参数的基础上，进行灰色关联聚类分析并得到岩石的综合级值，为钻头选型提供可靠依据。

②采用释放钻压试验，在研究不同井段的门限钻压和转速指数的基础上，探讨出各个井段钻压和转速对机械钻速的影响程度，首次提出了转速对机械钻速影响的临界井深观点，并依此规律建立了各井段钻井参数的合理匹配关系。

③在研究利用地层自然造斜规律的基础上，建立了该地区的地层自然造斜规律数学模型，解决了该区块井眼轨迹控制难度大、井身质量差导致钻具事故多的难点。

④针对安棚油田天然碱层溶解对钻井液污染严重的特点，开展了抗碱钻井液体系的研究，依靠钻井液中 Na_2CO_3、$NaHCO_3$“饱和效应”和饱和碱的“钝化”理论稳定碱层的溶蚀，形成了一套适合安棚高含碱油田的抗碱钻井液体系，解决了安棚高含碱油田油、气、碱并存的难题。

⑤针对安棚油田天然碱的溶出，造成水

泥浆污染，容易使井径扩大并形成“糖葫芦”井眼而造成顶替效率差等影响固井质量的难题，开展了抗碱固井技术研究。研究出了一种抗碱(盐)降失水剂，形成了一套适合安棚高含碱油田特点的抗碱型欠饱和盐水水泥浆体系，使固井质量合格率提高了 54.27 个百分点。通过现场 47 口井应用表明，优化了井身结构，平均机械钻速提高 70.98%，建井周期缩短 65.21%；复杂及事故降低了 8.14 个百分点，固井质量合格率达到 97.87%，优质率达 82.98%；累计创造直接经济效益 2.41 亿元。

3.改善聚合物驱开发效果技术

主要完成单位：中国石油化工股份有限公司河南油田分公司

主要完成人：黎锡瑜 李联五 孔柏岭 马宏伟 孙尚如 张丽虹 唐金星 谢云龙 王子荣

获奖等级：集团公司科技进步三等奖

成果简介：针对河南油田复杂小油藏建立了聚合物驱井网优化调整方法和注采结构、参数调整技术，完善了聚合物驱效果评价方法和手段；对于不同油藏条件，研究了聚合物驱的水解规律及其对黏度的影响，建立了聚合物分子尺寸(分子量)、水解度等结构参数与不同油藏条件的匹配关系。

在聚合物驱注采工艺、措施和效果监测方面，研制出了低剪切配注器，实现了聚合物溶液井下分层配注，并能在不影响分注的情况下，实现全井反洗井；开发出潜在的二氧化氯解堵剂配方，实现了多功能段塞组合解堵，提高了解堵工艺的针对性和高效性；研制出的注入产出剖面仪器和井下流体取样器，不仅可以实现点测与连续剖面测试并能测取分层含水和聚合物浓度，提高了测试资料的解释水平和精度。

课题研究成果运用在<75℃的聚合物驱单元，使双河北块 II4－5 层和下二门 H2II 油组聚合物驱提高采收率幅度，分别从数模跟踪预测的 5.98 个百分点提高到 6.79 个百分点和 7.82 个百分点提高到 10.03 个百分点，已实施的三采区块增加可采储量 31.6 万吨，实施后增油 26.8328 万吨，增加产值 41635.2 万元。

应用到双河高温(80.3℃)油田Ⅴ上层系，预测聚合物驱后累积产油 269.16 万吨，增产原油 21.63 万吨，提高采收率 6.72 个百分点。

4.宝浪低孔低渗油田改善注水开发效果技术研究与应用

主要完成单位：中国石油化工股份有限公司河南油田分公司

主要完成人：罗洪友 范喜群 李军营 黄忠桥 刘 斌 张文玉 陶良军 罗立新 彭燕明

获奖等级：集团公司科技进步三等奖

成果简介：该项目属于油气田开发类技术领域，该配套技术针对宝浪低渗油藏在注水开发过程中遇到的产量递减快、吸水能力差、压力保持水平低、强水敏软地层压裂技术难度大、污水处理难度大、产液剖面测试误差大等生产难题，通过对油藏的精细研究和描述，调整开发层系和井网，进一步提高储量水驱动用程度和采收率；通过增注技术和地层防垢技术研究，进一步稳定地层吸水能力；通过分层注水工艺和卡堵水技术研究，提高注入水的有效利用率；通过对清水和污水的水质处理技术研究，确保注入水水质达标，实现了污水 100%回注，避免了环境污染，为该区的污水处理找到一条出路；通过对低产三相流生产井七参数集流产液剖面测井仪器的配套和资料解释方法的研究，为动态调配提供准确的测试资料，大大提高了三相流生产井产液剖面测试资料解释精度。通过该配套技术的研究和实施，宝浪油田取得了较好的开发指标，截至2003年12月，增加可采储量35.5万吨，水驱控制程度由65%提高到82.3%，采收率由29.6%提高到32.7%；工艺技术现场应用91口井，工艺成功率100%，进行了整个宝浪油田注入水化学防垢，注入水结垢现象得到了有效的抑制，注水泵压一直维持在32兆帕以下。累计增油4.1460万吨，增加有效注水31.5749万立方米，减少无效注水和无效产水14.1906万立方米。

5.稠油出砂冷采技术研究与应用

主要完成单位:河南油田分公司

主要完成人：樊中海　高孝田　刘新福　王书林　马玉霞　杨志斌　谭贵勇　陶良军　孙　冲

获奖等级:集团公司科技进步三等奖

成果简介:该项目主要是针对浅层低品位稠油资源利用率低和注蒸汽开采成本高的问题开展了该项研究。其主要研究内容如下：

①通过技术考察和大量文献调研，对稠油出砂冷采适用的油藏条件和开发程序、出砂冷采开采特征、确保稠油出砂冷采成功的关键技术和对策以及相应的钻井、完井、采油、地面集输、废物处理和矿场监测技术有了较全面系统的了解。

②在国内首次开展了稠油出砂冷采物模实验，弄清了稠油出砂冷采的主要开采机理，研究了稠油冷采的出砂条件和出砂规律，以及溶解气含量对出砂冷采效果的影响。同时研究了出砂冷采井距、井筒举升装置和工艺参数的优化。

③研究并成功应用了大孔径、深穿透高能气体复合射孔完井激励油层出砂技术和稠油冷采活化剂、高能气体压裂及井下低频脉冲震荡等诱导地层出砂技术。

④针对稠油冷采高含砂的特点，优化设计了冲砂管柱结构。

⑤采用物模试验开展了砂粒、砂团在不透明流体中的沉降实验，研究了井筒降黏剂配方、使用浓度、乳化条件和破乳性，提出了既降黏、又携砂的优化方法。

⑥研究了适合于油田出砂冷采生产的两步除砂及活动洗砂工艺，实现了粒径大于0.065毫米砂子的脱除，除砂效率可达95%以上；净化砂中含油量0.13%，符合国家外排标准。

⑦研究了稠油出砂冷采的应用条件，建立了稠油出砂冷采筛选标准，并对河南油田适宜出砂冷采的稠油资源进行了测算。

⑧开展了七种类型稠油油藏出砂冷采先导试验和三个区块的推广应用，已投产冷采井56口，平均日产油5.4～15.2吨，单井累计产油2340～4338吨，截至2002底已累积产油7.36万吨，开采成本较蒸汽吞吐降低38.3%～47.2%。

6.石油天然气行业标准《石油修井主要提升设备》

主要完成单位:河南石油勘探局

主要完成人：侯延德　薛铁环　王　平　王卫星　靳红兵　王立涛　王芬兰　余德方　赵东海

获奖等级:集团公司科技进步三等奖

成果简介:石油天然气行业标准SY/T5208—2000《石油修井主要提升设备》，是石油天然气行业上游产品标准。用于指导石油天然气行业修井机、车装钻机和轻型钻机使用的游车大钩、天车、水龙头的设计、制造及质量检验。

该标准合并修订了SY/T5208—1991《修井用游车大钩》、SY/T5209—1991《修井用天车》、SY/T5210—1991《修井用水龙头》三项石油天然气行业标准的内容，规定了石油修井用游车大钩、天车、水龙头的型式、型号与基本参数、要求、试验方法、检验规则以及标志、包装、运输、贮存等内容，工作量和难度较大。对石油化工工业的发展具有较大的影响，标准水平高。

该标准的主要特点是等效采用了美国石油学会API Spec 8A中与游车大钩、天车、水龙头有关的技术内容，填补了国际上无石油修井机产品标准的空白，具有国际先进水平。该标准可满足国内、国际上设计、制造和使用石油修井机主要提升设备的需要。

该标准自2001年6月实施以来，已有国内宝鸡石油机械厂、南阳石油机械厂、江汉四机厂、中原油田机械厂等10余个厂家全部采用该标准。据统计，累计制造石油修井机和轻型钻机所使用的游车大钩约2200台、水龙头约2100台、天车约2000台，三种产品总产值约6亿元。净增效益约1.45亿元，南阳石油机械厂和江汉四机厂制造的石油修井机已出口到英国、土库曼斯坦等国20余台，其中提升设备创汇1000万美元。该标准完全可以满足国内石油修井机和轻型钻机的制造需要，为中国石油钻、修井装备走向国际市场提供了可靠依据。 （李　铮）

对外合作及外事工作

对外合作及外事工作

【概述】 2004年,对外合作执行涉外工程服务合同4个,新签合同2个,启动国际石油勘探开发项目2个。共办理出国人员76批260人次,外事接待10批30人次。2004年共签订设备进口合同18份,合同总金额993.991043万美元;办理进口设备免税项目5项,免税总金额2000多万元。协助南机厂、精蜡厂和DSB公司出口,全年出口额折合人民币3935.642万元。　(傅晓燕)

【外事工作】 2004年油田共派出赴美国、加拿大、巴西、南非、法国、英国、德国、奥地利、意大利、荷兰、丹麦、希腊、保加利亚、日本、澳大利亚、新西兰、越南、印度、阿联酋、尼日利亚、苏丹、埃及、印度尼西亚、俄罗斯、哈萨克斯坦、土库曼斯坦等26个国家的出访团组76批260人次,其中管理与技术人员224人次,工人36人次。出国执行的任务主要是技术培训、劳务输出、设备技术考察、设备验收、对外合作项目、出口设备技术交流及售后服务、参加国际展览及参加国际会议等。团组情况:培训组20个89人次;劳务组10个49人次;考察组23个46人次;验收组5个16人次;对外合作项目7个31人次;出口设备技术交流及售后服务组1个1人次;会议组1个1人次;参展组9个27人次。

全年累计接待外宾(商)共10批30人次。来访公司主要国别有:美国、英国、法国、尼日利亚等国公司,外宾(商)含外国公司的中国雇员。主要执行海外项目合作洽谈和合作项目共同研究、设备引进合同及技术交流任务。

全年主要完成尼日利亚出国团组6批26人次,保证了油田人员按时参加尼日利亚64/66区块和边际油田的联管会议和项目接管工作。及时办理尼日利亚70D钻井项目合作的邀请任务共5批19人次,保证尼日利亚合作方人员按时来油田洽谈合作项目的任务,确保油田发展过程中对外合作与技术交流活动的畅通。　(傅晓燕)

【境外突发事件应急预案】 为确保河南油田外派工程劳务及常驻人员在境外的人身、财产安全,避免在所在国由于自然环境条件或政治、民族、宗教等各种矛盾造成的风险,按照集团公司的通知要求,外事方面及时建立了《河南油田外派工程劳务及常驻人员在境外突发事件应急预案》,成立油田应急中心,设立由局领导担任总指挥,对外合作处、安全处和各外派工程项目劳务人员单位的领导组成应急处理指挥部,负责油田外派工程劳务及常驻境外人员突发事件应急处理工作。2004年河南油田外派出国团组未发生重大意外安全事件,处理境外突发事件应急机制运行良好。　(傅晓燕)

【进出口工作】 2004年,油田共签订设备进口合同18份,合同总金额993.99万美元。

装备引进合同的报关、商检、运输、安装调试，验收合格率100%。

河南油田国际经济贸易有限公司代表油田对外自主签订引进合同7份，总金额为160.99万美元，主要有英国C&C Group Ltd.公司的全球大油气田类比决策专家知识系统软件（Version4.0）一套、法国SERCEL公司的408UL地震记录系统备件2批、德国Elementar公司的元素分析仪（Vario EL III）一套、美国BAKER ATLAS公司的实时采集板一套、英国KLFIN INTERNATIONAL公司的EPS软件一套、美国PETROSOLUTION TECH公司的SMT软件系统一套。油田通过中国石化集团公司国际事业公司签订外贸引进合同8项，总金额251.92万美元，主要有美国Trimble Navigation Ltd.公司的Trimble 5700 GPS卫星定位二套、美国International Logging Overseas Ltd.公司的DLS综合录井仪一套、美国公司的制氮注气装置一套、美国Solar Turbines International Co.公司的燃气发电机组的返修合同、美国公司的GOCAD油藏地质建模软件一套、美国公司的GMAPLUS地震正演模拟软件一套、美国公司EPT储层频谱成像解释软件一套、美国公司的刀片式服务器（32个VERARI计算节点）一套。

承担油田重点引进和改造项目。其中西部宝浪项目部1号发电机组大修项目一次点火成功，确保宝浪油田开发生产的正常运行，并为油田节约投资110万元人民币；完成制氮注气装置设备的调研、选型和进口合同的签订工作。

（傅晓燕）

【国际石油工程项目】 2004年，河南油田国际石油工程项目共收集有实际应用价值的项目信息14条。实施项目4个，启动项目1个，投标项目3个，跟踪项目6个。

（傅晓燕）

【实施石油工程项目概况】 2004年运作实施的国际工程项目有4个，即苏丹顶驱技术服务项目、埃及修井项目、印尼钻井项目和埃塞俄比亚物探项目。截至2004年12月底，累计投入资产6964万元，累计完成合同额7659万元，累计盈利3182万元，累计工作234井次。其中，苏丹顶驱项目和埃及修井项目已于2003年底全部收回投资，印尼钻井项目也于2004年10月份将钻机的经营权收回，开始独立经营，预计2005年可收回全部投资。（傅晓燕）

【苏丹顶驱服务项目】 1998年8月与长城钻井公司签约，河南石油勘探局出一台套TDS－9S顶驱装置赴苏丹施工，合作方式为日费。1998年12月30日，苏丹顶驱技术服务项目正式运作，投入固定资产1048万元，有8名技术人员参与了该项目的技术服务。截至2004年底，共完成20口井的钻探任务，累计取得项目合同收入3549万元。该项目已于2003年收回全部投资。（傅晓燕）

【埃及修井项目】 1999年10月3日油田投入了ZXJ80和XJ120两部钻、修机，先后有14人参与了该项目的技术服务。截至2004年底，共完成了120口井的修井工作量，累计完成合同额2872万元。2003年已收回全部投资。2004年年底两台钻机在埃及哈尔塔油公司和佩特瑞贝尔油公司（Petrobel）进行修井作业。（傅晓燕）

【印度尼西亚钻井项目】 2000年同四川德阳公司签订钻机租赁合同，共投入固定资产净值907万元。为实现2004年底收回印尼境内的 ZJ32－L2 钻机，实现独立经营的预定目标，一方面，油田钻井公司 2004 年 9 月中旬派人赴印尼负责钻机收回的现场工作；另一方面，油田领导及钻井公司、对外合作处领导成立谈判小组于 2004 年 10 月初赴成都，与德阳公司就钻机移交及费用清算问题进行了磋商，并签订了钻机移交及费用清算协议。该钻机在印尼已由德阳公司移交给河南油田，2004 年 10 月油田将钻机的所有权和经营权收回、开始独立经营。累计施工 6 口井，累计合同收入 860 万元。（傅晓燕）

【埃塞俄比亚物探项目】 2004 年 5 月，油田地调处同中原油田地球物理勘探公司签订了埃塞俄比亚 B－1 二维地震资料采集项目设备租赁合同，合同期为一年。投入固定资产原值 3026.68 万元、净值 2538.35 万元。8 月份设备、人员到位，10 月份开始正式施工。2004 年合同收入 378 万元已经到账。

（傅晓燕）

【尼日利亚 70D 钻井项目】 2004 年，河南油田启动的石油工程项目为尼日利亚壳牌石油公司的 70D 钻井项目，由河南油田和尼日利亚当地的合作伙伴 FMES 共同承担，合同期为 2＋1 年，采用作业日费合同形式。2004 年 8 月 19 日，河南石油尼日利亚有限公司在当地的合作伙伴 FMES 公司向油田表达了联合投标壳牌尼日利亚公司 70D 钻机项目的合作意愿，2004 年 9 月 23 日 FMES 公司总裁及其律师来河南油田就双方合作的细节进行了磋商，最终达成一致意见，并签订了合作意向。9 月 30 日至 10 月 2 日，SHELL 委托第三方设备检验机构——Moduspec 公司派人赴新疆 70119 队井场对 70D 钻机进行了为期三天的检验。10 月 12 日河南石油勘探局、河南油田分公司联席办公会同意尼日利亚 70D 钻井项目实施运作方案。10 月 15 日油田主管领导及对外合作处、钻井公司负责领导就该项目向中国石化集团国际石油工程公司做了详细的汇报。11 月 26 日该项目中间动迁过渡协议在 SHELL 尼日利亚总部签署。SHELL 尼日利亚公司、尼日利亚国家石油公司（NNPC）、FMES 三家于 12 月 12 日抵达中国，共同验收钻机，商谈签署钻井主合同。（傅晓燕）

【投标项目】 2004 年投标的国际石油工程项目 3 个：尼日利亚 AGIP 石油公司的 70D 钻井项目、卡塔尔综合录井项目、苏丹 5A 区块的 50D 钻井项目。三个投标项目均因我方报价高而未中标。（傅晓燕）

【重点跟踪项目】 2004 年，重点跟踪了 6 个工程项目：印尼的 4000 米钻机项目、印尼的管道建设项目、尼日利亚 OML64/66 区块的石油工程项目、尼日利亚 STUBB CREEK 油田的石油工程项目、阿曼国家石油公司的修井项目、伊朗录井项目。（傅晓燕）

【河南石油尼日利亚有限公司】 2004 年，河南石油尼日利亚有限公司获得了 DPR 石油行业特种许可证、尼日利亚内陆税务部授予的“税务清算证明”及纳税号、尼日利亚移民局授予的居住许可证。完成了向花旗银行尼日利亚分行申请开设账户的工作，开设了美元和奈拉账户。完成了 First Marine & Engineering Services Ltd. 公司与河南油田联合投标 AGIP70D 钻机项目的牵线搭桥工作并签署了合作备忘录。按照河南石油勘探局的授权，代表勘探局以“河南石油尼日利亚有限公司”的名义与尼日利亚最大的石油公司 SHELL 公司签署了钻井合同的中间协议。完成了尼日利亚石油勘探开发和石油工程项目的信息收集、传递、协同考察等工作。收集了尼日利亚有关商检方面的资料,协同油田钻井项目部同进口海关代理进行了谈判。准备了PAN OCEAN公司的部分投标资格预审资料。办理了尼日利亚国家石油公司、SHELL、FMES公司前往中国检查验收钻机人员的签证。完成油田代表团在尼日利亚考察的接待工作。 (傅晓燕)

【国际石油勘探项目】 油田国际勘探开发重点目标区域为西非。2004年,对外合作处组建了国际勘探开发部,研究院成立了海外研究所,整体上加大了国际项目跟踪和开发力度。以尼日利亚技术支持和项目开发为重点,在5月和10月相继同中国石化集团国际石油勘探开发公司签署了斯坦伯·克里克(STUBB CREEK)边际油田开发项目和OML64&66区块勘探开发项目内部委托管理协议,油田获得两个海外项目操作权,海外项目取得了实质性进展,为开拓海外资源市场提供了新的发展机遇。 (傅晓燕)

【尼日利亚OML64/66勘探开发项目】 河南油田作为中石化集团公司国际石油勘探开发有限公司重要的海外项目技术支撑单位。2004年7月,接受中石化国际公司的委托,油田负责组织《OML64/66区块勘探开发可行性研究》、《OML64/66区块勘探开发工作计划及预算》的编制工作,完成了地质、地震、油藏、地面、钻采、经济评价等方面详细的分析研究工作,上交了报国家发改委的可行性研究报告。9月在油田召开的有胜利油田、中原油田专家代表参加的“OML64/66区块老井利用技术研讨会”上,两项课题得到与会专家们一致的赞赏。10月中国石化集团国际石油勘探开发有限公司同河南油田在北京正式签署了“尼日利亚OML64/66区块勘探开发内部委托管理协议”。11月8日,中国石化集团国际石油勘探开发有限公司尼日利亚有限公司(SIPEC)同尼日利亚石油开发公司(NPDC)正式签署“尼日利亚OML64&66勘探开发服务合同”,标志着项目正式实施开始。10月油田选派了项目前期管理人员赴尼日利亚进行项目交接。11月15日,局领导率团亲赴尼日利亚现场考察和指导工作,明确了领导班子主要成员。 (傅晓燕)

【尼日利亚边际油田项目】 2004年5月14日同中国石化集团国际勘探开发有限公司(SIPC)签订了尼日利亚STUBB CREEK油田委托管理协议,该协议是SIPC同油田间签署的第一份委托管理协议,标志着河南油田获得了边际油田的操作权。6月上旬,中国石化集团国际石油勘探开发有限公司尼日利亚有限公司(SIPEC)同UNIVERSAL就联合作业协议的关键条款达成一致。2004年完成了STUBB CREEK边际油田区块地质综合研究,STUBB CREEK边际油田2005年开发工件部署报告初稿和运行计划。

(傅晓燕)

【重点跟踪的石油勘探项目】 2004年6月份,跟踪了埃及2004年首轮招标项目陆上区块,并获中国石化集团国际石油勘探开发有限公司立项,6～9月,购买资料包并进行了地质综合评价研究。油田赴埃及项目考察团组8月份在埃及完成了投标前有关问题资料的收集和相关问题的澄清,获得了埃及国家石油公司(EGPC)区块租让协议的标准文本。按照中国石化集团公司勘探开发战略的统一部署,油田停止了9月份埃及区块投标。

跟踪研究了南美、北非一些国家石油区块。重点跟踪并完成了南美哥伦比亚、玻利维亚等两国的主要含油气盆地资料的收集整理，以及拟招标勘探区块资料调研。

（傅晓燕）

【加强国际合作人才培训与储备】 2004年，对外合作处与油田组织部门联合进行了国际项目后备人员调查，建立了油田365人的国际项目后备人员人才库。在集团公司人教部的组织安排下，河南油田从非涉外岗位上选择思想、业务素质好的人员接受涉外业务知识的培训。2004年，油田共选派约110人参加了集团公司组织的国际工程项目管理、工程项目监理、涉外财务、法律、国际采办、英语等培训班的学习。

配合协助油田组织（干部）处进行全油田的海外项目后备人员的英语考试。2004年12月，对外合作处举办了为期一周的尼日利亚项目管理知识培训，参加培训人员28人。

（傅晓燕）

企业经营管理

企业经营管理

【概述】 2004年，企业管理围绕油田改革与发展的总体思路和工作目标，重组改制取得实质性的进展并得到中石化集团公司的肯定，各项管理措施及经营政策得到落实，市场开拓取得新的进展，内部市场管理进一步规范，企业经营行为更加规范有序，油田的合法权益得到保护，同时，协会工作也取得成绩，组织申报的管理成果获奖级别创历年最高等级。　（张玉赞　陈志华）

【改制工作】 2004年，完成南阳石油机械厂、南阳迪士比五金有限公司、河南油田南洋电子元件厂、河南油田亚南实业公司、河南油田三元商厦、河南油田三元大修厂、河南油田惠通汽车运输维修服务中心、河南油田宏达汽车修理厂、河南油田腾远实业总公司、河南油田三利实业公司、河南油田测井新技术研究中心11家企业的改制分流工作，分流人员2537人，其中，全民工970人，集体工1567人。

在推进改制分流的过程中，勘探局从整体规划、宣传动员和稳步实施三个层次开展工作。

1. 整体规划

2004年初，编制了《河南油田内部结构调整、改制分流总体方案》及11个配套办法。制定了《河南石油勘探局暨河南油田分公司改制分流工作程序》、《河南石油勘探局暨河南油田分公司改制分流企业董事会监事会和经营班子成员产生指导意见》，对改制分流中有关工作的基本原则、工作程序、工作要求进行规定，保证规范操作，有章可循。

2. 宣传动员

统一领导层的认识，增强开展改制分流工作的信心，加快改制分流的决策效率。有针对性地聘请政府官员和经济专家讲课、现场答疑解惑、外出参观等方式进行宣传引导。统一职工的思想认识，引导职工积极参加改制分流。

3. 稳步实施

一是精心组织，明确分工。成立了13个专业工作组，开展工作。二是实行改制分流例会制度。每周一次的例会，听取各专业组的汇报，检查工作计划落实情况，提出指导意见并以纪要文件形式给予明确。如在南机厂改制分流方案实施过程中，专门下发了《关于南阳石油机械厂改制分流方案实施的指导意见》。三是加强与地方政府沟通，争取各级地方政府部门的理解和政策支持。在工商注册、税收、土地评估过户等方面，给予油田改制企业优惠政策。四是实行工作责任制，抓实改制分流工作。从领导层、职能管理层和改制主体层三个层次建立责任制，将工作责任落实到部门、人头，与经济利益挂钩，同时纳入各单位、部门领导班子的任期目标考核内容。

在实施改制分流的过程中，依靠法律保障，做到改制结果的“四个规范”：即改制企业产权规范，资产、负债及土地处置规范，劳动关系规范和市场运作规范。

（张玉赞　陈志华）

【企业管理与创新】 1.调整发展战略

在发展战略实施过程中，根据内、外部环境的变化和战略实施情况，向局领导提出战略调整建议。8月，与党政办协作，组织召开河南油田2004年度战略研讨会。

2.完善管理办法

树立资本收益率和投资回报率的概念，在保持政策稳定的前提下进行适度调整。确定工资提取与管理指标扣罚两条线运作；完善各单位、各部门的经营考核指标体系，并把单位重点工作和工作质量指标与岗位工资挂钩；完善细化经营管理者考核管理办法，使单位领导班子既享受经营成果，又承担相应责任。

3.实施流程再造

选取地质录井公司开展流程再造试点，选择以市场开拓管理流程、人力资源管理流程等10个再造的流程，编制试点工作运行大表和项目进度规划，录井公司和经济研究所按照进度要求完成了各项工作。

4.实施新庄油田"油公司"体制试点工作

2004年，制订稠油新区"油公司"体制试点方案，实行新区开发项目经理部为甲方，以提供采油、作业、注汽、后勤服务等队伍为乙方的市场运行机制试点方案。

（张玉赞　陈志华）

【国家级管理创新成果】 由企管协会、经济学会组织上报的《石油存续企业以提升生存发展能力为目标的有效管理》获2004年国家级管理创新成果二等奖，获奖成果级别创历年最高等级。《基于市场价值的岗位薪酬动态管理》获2004年河南省管理创新成果一等奖。河南油田企协被石油企协评为推广应用管理成果组织奖，在石油企协成立20周年大会上，河南油田企协被授予石油企协先进单位。

（张玉赞　陈志华）

【强化市场管理工作】 2004年，全局物资市场招议标采购28917.07万元，招议标431次，节约采购资金2672.63万元。完成河南油田物资招标采购专家评委库的组建及人员培训工作，制定下发《河南油田物资计划管理实施细则》（试行）等五个管理办法，对2004年申请入网的和已经入网的供应商进行综合审查，剔除50家不合格的供应商。全年共办理准入证568个，其中内部36个；队伍准入证138个，其中内部9个。

（张玉赞　陈志华）

法律事务工作

【概述】 2004年，全局法律事务工作以坚持"提供优质法律服务、维护油田合法权益"为工作原则，将法律服务贯穿于油田生产经营过程之中。全年共提供法律意见665项，办理委托授权56份，审查签订合同3800多份，避免和减少行政处罚850余万元。

【合同管理】 建立健全了企业合同管理运作机制，以防范为重点，避免经济纠纷和经济损失的发生。

一是强化了合同全过程管理。①事前管理。在合同签约前要认真进行调研论证，对于立项手续不齐、主体资格不符、合同条款不全、法律责任不明以及可能导致纠纷的合同而不予审批或责令其整改。②合同结算管理。严格按照局合同管理办法，不经审查的合同,结算部门一律不能结算。③合同履行的动态管理。把经办人对合同履行确认和结算单作为依据来签字结算,合同管理部门可以知道合同履行情况,是阶段付款、还是最终结算,避免合同风险。④参加重要合同谈判、重点审查把关。如塔里木河南勘探公司输油气工程合同、郑州办事处、上海办事处的建筑合同谈判审查等工作。

二是严格授权委托制度。杜绝随意签订合同,严格审查油田外部合同经办人员的授权委托证明,避免签订无效或虚假合同。全年共办理授权委托56份,其中存续部分35份,分公司部分26份,涉及委托事项258项,审查签订各类合同3800多份,标的额9亿多元,履约率达100%,未发生差错和合同纠纷。河南油田连续14次被评为河南省"重合同守信用"企业,并于2004年12月荣获全国"守合同、重信用"企业称号。

三是严格合同审查制度。通过法律审查把关,无一份合同发生差错,没有因合同条款不严谨致使企业蒙受损失,合同风险为零。

【法律纠纷管理】 围绕生产经营管理,突出重点,妥善解决各类诉讼和非诉讼法律事务,依法维护企业的合法权益。

一是加强管理,进一步规范局属各单位诉讼和非诉讼法律活动。在《河南石油勘探局对外争议和纠纷管理规定》的基础上,下发《河南石油勘探局及河南油田分公司对外争议和纠纷管理规定》,规定案件管理程序,加大管理力度,要求各单位按照文件的规定处理对外纠纷,实行统一管理,分级负责。

二是认真负责,妥善处理各类案件。2004年共发生各类案件38起,涉案标的金额达1000万元,特别是涉及到土地处罚、环保、技术监督、工商管理、劳动争议等,标的金额大、处理难度大。勘探局和分公司领导对案件的处理非常重视,多次召开会议商讨解决办法,法律事务人员积极工作,妥善处理,将损失减到最小程度,依法维护油田的合法权益。

三是为职工群众排忧解难,依法维护职工权益和油区社会稳定。首先是坚持值班制度,利用节假日免费进行法律咨询,解答广大职工群众中关心的涉及集资、劳动争议、婚姻、家庭、债权债务等方面的问题。全年接案室咨询解答法律问题700多个,其中,接待三人以上咨询就有40多起。其次是法律事务人员还经常深入到基层单位,深入到法律顾问单位,解答职工中存在的一些法律问题。

【工商、商标事务管理】 促进油田所属各企业内部管理,规范企业经营行为,针对改制企业不断出现的新问题,与工商行政等部门协调,征得地方行政执法部门的理解和支持,避免和减少行政处罚850余万元,维护了油田的利益。

【法制宣传与培训】 一是认真落实"四五"普法规划,采取集中与分散相结合,职工和干部相结合,法律事务人员与非法律事务人员相结合的方法,以各二级单位为主,广泛开展普法教育工作;二是针对与企业密切相关的重要法律,采取"请进来"、"送出去"的办法进行学习;三是根据局党委的安排、部署,集中力量、集中时间开展法制宣传教育活动。

规划、计划管理

【概述】 河南油田计划处(河南油田分公司计划部和河南石油勘探局规划计划处的合称)作为负责油田中长期规划、投资管理、生产平衡、企业统计的综合管理部门,下设7个职能科室(规划科、项目前期科、设计管理科、投资计划科、投资管理科、生产计划科、综合统计办公室),现有职工30人,其中:处领导4人,副总师1人,正副科长16人,主任师5人,主管5人。（方　炜）

【加强政策研究和项目前期工作,积极筹措建设资金】 一是积极争取建设资金。随着中国石油化工集团公司重组改制工作的不断深入,投资决策权逐步上移,投资体制和核算体制也发生了比较大的变化。为搞好2004年投资计划编制工作,落实投资规模,计划处多次向油田领导汇报2004年建设计划的编制情况,确定油田2004年的主要工作目标和投资规模;在2004年前、2004年后由油田领导带队或根据指示编写材料,多次到集团公司和股份公司汇报油田客观存在的困难;在集团公司和股份公司领导到油田视察工作期间,每次都准备了详细的汇报材料,汇报油田存在的困难和发展的潜力。在多次对接会上,先后准备了9批次投资计划汇报材料和多次单个项目的汇报材料,积极反映油田存在的实际困难和问题。经过深入细致的工作,使投资规模由年初集团公司和股份公司确定的13.33亿元,提高到15.49亿元,增加2.16亿元,其中:分公司由11.83亿元增加到目前的13.05亿元,增加1.22亿元;勘探局由1.5亿元,增加到目前的2.4439亿元,增加0.9439亿元。二是加大集团公司和股份公司审批项目的工作力度,争取重点项目投资。2004年,计划处研究集团公司和股份公司投资政策、投资决策程序,分析集团公司和股份公司投资重点和投资方向,研究和确定油田上报项目,争取集团公司和股份公司重点项目投资。2004年上报审批重点工程项目16项、投资6.06亿元,其中:分公司7项、投资5.3亿元,勘探局4项、投资1.04亿元。为争得集团公司和股份公司的理解支持,油田领导先后20多次到集团公司和股份公司汇报,共争取集团公司和股份公司审批项目12项、投资33574万元,其中:分公司8项、投资24574万元,勘探局4项、投资9000万元。为2004年油田各项生产建设的顺利完成奠定了物质基础。三是争取住宅小区系统配套资金10830万元。为了争取集团公司的投资支持,加快矿区建设,解决住宅小区系统配套费,计划处积极调查研究,与集团公司沟通,上报了豫油计[2004]262号《关于解决住宅小区配套建设资金的请示》,为河南石油勘探局争取资金10830万元,并进2004年损益,降低了资产负债率。（方　炜）

【做好项目前期工作,确保油田勘探开发生产建设任务的完成】 为争取2004年建设项目和大修项目的及时实施,计划处组织审查上报项目建议书及专题报告180余项,列入2004年度及季度前期工作计划的共132余项,否定或暂缓项目32项;计划处组织审查(方案)共近152项,批复可研报告及计划任务书106项,年计划80项,已完成年计划132.5%,其中分公司审批56项,审批投资14333万元,审减1706万元。勘探局审批50项,审批投资6290万元,审减2635万元。2004年共审查完成项目初步设计和设计方案48项,安排并完成工程项目施工图会审和审查256项,已开工项目全部安排和进行了施工图会审和审查,审定工程概算18225万元,共审减工程投资562万元。建设项目前期工作的完成,为油田建设项目的顺利实施争取了主动权。（方　炜）

【多方筹措建设资金,加强基础设施】 为美化矿区环境,改善油田职工家属的居住条件,计划处积极争取集团公司和股份公司支持，把油田基地的绿、洁、畅、亮、美作为重点工程来抓，2004 年集中资金 7000 多万元，筹集其他社会资金 5000 万元用于基础设施、街景改造和小区配套。

基础设施建设：组织了黄山集中供热二期工程、北区集中供热节区改造、魏岗供热节能改造、五一路大修工程、广南路大修工程、中南路（钻井段）大修工程、中南五路大修工程、双河中兴路大修工程等基础设施项目，使中心区、双河基地面貌得到了彻底改善。供热项目实现集中供热和燃料煤代油后，预计每年可降低成本 2000 万元以上。

街景改造：2004 年伊始，计划处紧紧抓住油田及周边地区改革发展的大好局面，加大油田矿区街景改造力度，坚持以高起点、高品位、城市化的先进理念对矿区建设进行规划设计，全面推进城市化进程，相继对大庆路，五一路，广南路，梦迪诗广场、黄山路东侧场地建设，大庆小区公共建设及沿五一路两侧六处商业和公共建筑等进行了详细的规划和设计，并对影响交通、影响形象的狭窄道路进行了拓宽改造，对部分老矿区公共场所进行了拆墙透绿，并对中心区主要地段实施了景观改造建设。通过一年来大刀阔斧的改造建设，中心区主要道路及街景、广场均发生了脱胎换骨的变化，建设品位及层次得到了大幅度的提升，其中大庆区配套工程，道路华表灯及广场改造等建设理念和效果达到了较高层次，已逐步形成了具有现代气息，并融入油田和地域文化内涵的城市化矿区。南阳市各级领导在油田视察工作中对此均给予了高度评价，并成为了周边市县学习和观摩的目标，被油田广大居民称为“油田成立以来矿区面貌实质性变化最大的一年”。

住宅小区配套：2004 年河南油田计划处组织了涧河南区、涧河北区、双河西区、精蜡小区、五一小区等居民小区的改造和配套完善，极大地改善了小区环境。为提高居民生活质量，计划处下现场 60 人次，对油田 24 个居民区的离退休活动室进行了调整和大修，安排资金 370 万元，新建或大修项目 18 个。

（方　炜）

【适时进行计划调整，确保改制分流工作的稳步推进】　根据油田总体改革思路和分流改制中提出的新问题，提出了适当压缩设备购置规模，调增改制分流单位投入，进一步加大公益性基础设施建设投资的计划调整思路，对 2004 年固定资产投资与大修理计划进行了适时合理的调整：一是非安装设备购置由原安排的 10180 万元调整为 8000 万元，调减 2180 万元，压缩 21%。主要调减 4000 米钻机 1 台、柴油机 4 台、录井仪 3 台、50T 吊车 1 台等；二是增加系统配套工程投资 7280 万元。主要增加北区供热燃料替代工程、郑办综合服务楼建设、压力检测所和总医院太平间迁建、总医院传染病房改造、双河垃圾堆放场建设、中心液化气站整改、教育中心教学网络改造及老干部活动场所建设等；三是大修费用由 2710 万元调整为 1970 万元，调减 740 万元，增加了技术监测中心办公楼、总医院工字楼、教育中心教学微机、教学楼及场地等大修；四是按照改制分流相关政策，根据改制单位人员与资产相匹配的原则，对运输处、机械厂、总医院及教育中心的设备和基础设施等进行补差和配套完善。为油田改制分流工作的顺利开展起到推动作用。（方　炜）

【组织产运销储炼平衡工作，争取高效益】　一是合理安排输油计划，追求吨油经济效益最大化，2004 年取得经济效益 1469 万元。通过多方收集资料，合理预测下月原油价格走势，在保证原油安全运行罐存的情况下，全年原油实际平均销售价格与发布价格相比，每吨高出4.04元，为油田分公司多实现销售收入631万元。同时在月度原油销量、油价一定的情况下，全年销精蜡厂原油价格与销管道原油相比，每吨低出28.94元；与东部平均销售价格相比，每吨低出14.49元，为精蜡厂节约原油款838万元。二是及时协调原油外输存在的问题，保证原油销售工作顺利进行。几年来，河南焉耆原油东运销售一直在洛阳河南油田分公司和西安河南油田分公司两单位之间频繁调整，不仅增加了原油购销双方的协调难度，而且对配置计划的完成也造成一定的影响。2004年3月，西安河南油田分公司无故不予接油，影响原油销售1828吨；4月，洛阳河南油田分公司不执行配置计划，影响原油销售5760吨。计划处多次向集团公司和股份公司主管部门汇报情况，请求集团公司和股份公司加大协调力度，保证了月度原油配置计划顺利实施，稳定了焉耆原油的销售。三是进一步加强原油生产运行和盘库制度，确保原油产、运、销、储、炼安全平稳运行，计划处坚持每月月底召开一次生产运行会，掌握本月的油气生产及销售预计完成情况，协调解决生产运行过程中存在的问题，安排落实下月的原油生产和输油计划；同时加强原油盘库制度，每周、旬进行盘库，摸清家底，为领导决策服务。　（方　炜）

【统计信息咨询服务工作再上新台阶】 2004年共上报集团公司、股份公司及地方各级政府（国家统计局、省经贸委、省计委、省地矿、省城调队、省企调队、南阳市统计局、南阳市经贸委等）各类统计年报104种，较上年同期净增39种。上报各级机关的统计年报，及时率达到100%，差错率控制在0.5‰以下。同时，对《月度生产建设公报》进行了较大的调整和充实，并及时编撰出版了《河南油田统计提要》（1970～2003年）。河南石油勘探局统计工作分获集团公司及股份公司“2004年度统计工作先进单位”称号，油气田存续企业经济效益统计监测方法等3篇分析分获集团公司及股份公司2004年度优秀统计分析，“油气田存续企业经济效益统计监测方法”科研课题获全国统计科研成果一等奖、集团公司统计科研成果一等奖。　（方　炜）

【组织了改制分流单位的土地确认工作】 按照“维护规划、支持改制、有序分流、规范操作”的原则，2004年，组织有关职能处室、二级单位和改制单位参加的处理土地问题会议20余次，深入现场60多人次，向领导汇报10多次，协调处理有关问题70多个，确保了机修厂、总医院、教育中心和多种经营改制单位等改制分流工作的顺利进行。　（方　炜）

【开展2005年计划的前期工作】 根据集团公司和股份公司关于2005年投资计划工作的有关精神，结合油田实际，计划处认真准备股份公司、存续公司投资建议计划会议及勘探、开发、信息等重点项目前期工作对接会议材料，会上、会下积极做工作，向集团公司和股份公司汇报、沟通，争取集团公司和股份公司各部门对油田的理解和支持。经充分讨论，反复测算，综合平衡，上市和存续分别提出了2005年投资建议计划。　（方　炜）

【协调地方各种关系，维护油田利益】 ①在大朱岗—油田道路、瓦店—油田道路改造中，积极与唐河、宛城交通部门沟通，多次协商，签订协议，使油田东、西方向出入口顺利畅通。

②在信南高速公路油田连接线道路建设中，河南油田计划处多次与省交通厅、南阳市交通局、市高速公路协调办、高速公路指挥

部、中交公路第一设计院等结合，确定桐寨铺—油田道路引线设计、建设有关问题，目前各项工作进展顺利。

③关于中心区设立行政区问题。计划处制订行政区规划方案，先后起草两个文件、三个汇报材料，组织了专家讨论会，40余人次赴南阳市政府有关部门汇报，使油田设立行政区申报工作有序进行。

④埠江镇城镇规划建设工作，涉及到油田根本利益。地方政府原规划在油区建设商贸区和工业区，计划处通过协调，提供油田基础设施和地下管网资料以及各类法律、法规，使地方政府对油田安全生产有了认识。

⑤其他协调工作。河南油田计划处在大庆路改造、官庄镇政府恒山小区建设、高速公路通过油田区域等工作中，都做了大量的协调工作。（方　炜）

财务、资产管理

【概述】 2004年，勘探局和分公司克服成本缺口大、原油生产形势紧张等困难，完成集团公司和股份公司下达的各项财务指标。

1.效益指标完成情况

勘探局和分公司合并报表实现利润108765万元，大大超过了年初确定的“合并计算实现利润900万元”的奋斗目标，创历史最好纪录。其中：

①勘探局账面亏损18965万元，扣除集团公司认可的预算外协解费用和离退休职工生活补贴后，考核亏损10292万元，与集团公司下达指标10300万元基本持平。具体构成是：经营总收入237427万元。其中：主营业务收入234758万元，其他收入2669万元。经营总支出256392万元。其中：主营业务支出208054万元，销售税金及附加支出3005万元，其他业务支出2118万元，营业费用支出1879万元，财务费用支出539万元，管理费用支出32315万元，营业外支出8482万元。

②分公司实现考核利润119057万元，将股份公司批准的油气资产报废损失等47396万元列入当期损益后，账面实现利润71661万元，考核利润比股份公司年初下达指标8700万元多完成110357万元。其中：油田部分实际完成利润118360万元，炼油部分实际完成利润697万元。具体构成是：经营总收入466476万元。其中：产品销售收入401701万元，其他业务收入63794万元，营业外收入981万元。经营总支出394815万元。其中：产品销售成本182680万元，产品销售税金及附加8398万元，其他业务支出66570万元，销售费用支出2516万元，财务费用支出7576万元，管理费用支出67667万元，勘探费用支出23802万元，营业外支出35606万元。

2.主要成本费用指标完成情况

①油气成本：吨油完全成本账面完成为1431.29元，比股份公司下达指标1285元高146.29元，扣除股份公司政策调整因素后，吨油完全成本为1284.75元，比股份公司年初下达指标低0.25元，比上年同期高18.14元，上升1.43%。

②炼油成本：吨油完全费用为382.84元，比股份公司下达指标低1.16元，下降0.3%；比上年同期低4.65元，下降1.2%。

③钻井成本：钻井每米综合成本为1147.84元，比上年同期降低112元，下降9%。其中：探井每米成本1216元，比上年同期降低359元，下降22%；开发井每米成本1130元，比上年同期降低71元，下降5.9%。

④地震成本：二维地震每千米成本为

35191元,三维地震每平方千米成本为293243元,分别比上年同期上升12.28%、6.60%。

⑤管理费用指标:勘探局管理费用支出32315万元,控制在集团公司下达的指标之内。

3.税费实现情况

勘探局和分公司合并计算实现各种税费77553万元,比上年同期相比增加12902万元,上升19.95%。其中:勘探局13437万元,分公司64116万元。

4.关联交易情况

勘探局和分公司关联交易情况是:分公司买入、勘探局卖出162765万元,分公司卖出、勘探局买入65480万元。其中:文教卫生、社区服务10523万元,控制在集团公司和股份公司规定的额度之内。

5.工资支出情况

勘探局和分公司合并计算列入成本费用中的工资总额为73978万元。其中:勘探局列入成本费用中的工资总额为39067万元,分公司为34911万元。

6.福利费收支情况

按照国家规定标准,勘探局和分公司2004年计提福利费10471万元,支出福利费总额10940万元,动用以前年度结余469万元,其中:勘探局列支5834万元,分公司列支5106万元,主要用于医疗保险费、困难补助、职工疗养、慰问等项目支出。　(李会营)

【预算管理】 一是编制预算,层层传递压力。2004年初,根据集团公司和股份公司工作会议精神和下达的各项财务指标,组织人员认真测算,反复向预算管理委员会汇报、修改,采取"倒算法",编制了2004年度财务预算。在此基础上,多次同二级单位对话,做到科学、合理地分解指标,层层传递了压力,逐级落实了责任。二是细化月度预算,加强过程控制。进一步强化和细化月度预算管理,不断提高月度预算的准确性和严肃性,通过提高月度预算管理水平,建立预警机制,及时发现预算执行中存在的问题。同时,坚持组织开展经济活动分析,多次深入基层,组织开展成本、费用等专题调研。对完成预算指标较差、问题突出的单位,进行重点跟踪监控,及时解决问题,确保了预算平稳运行。三是严格考核兑现,确保预算完成。为确保预算执行的严肃性,加大了考核兑现力度,将成本费用预算完成情况作为考核的重要指标,"按月考核、按季兑现"。　(李会营)

【资金管理】 一是加强资金运作,减少财务费用。按年度预算进行月度资金流量控制,对预算内应流入的资金及早收回,全年共收回原油销售款418946万元,回收率为100%。争取总部投资拨款资金126694万元,到位率为100%。同时,加强资金运作,充分利用优惠金融政策,通过办理协定存款业务和合理调剂定活期存款,增加利息收入400多万元。通过用低息借款提前归还以前年度高息贷款,减少财务费用支出502万元;签发银行承兑汇票53313万元,减少财务费用支出669万元。二是加大各种应收款项清理力度。根据《关于清理和避免油田内部相互拖欠问题的通知》要求,所属各单位认真清理应收款项余额,分析挂账原因,对油田内部拖欠限期进行清理,共清收关联交易款145038万元;对外部拖欠,一方面落实清欠责任,加大清欠力度,对外创收资金回收率达90%,另一方面采取相互抵账的办法进行清欠,共抵账3000多万元。对账销案存的往来账项进行建案管理,逐笔追索;对改制单位收回的全额减值的不良债权,进行认真梳理,调查形成原因,分析回收的可能性,制定回收措施,为回收债权打下基础。三是强化统一管理，化解财务风险。强化资金的统一运作，定期对全油田各单位银行账号进行认真清理，对确需保留的银行账户，按照新的结算管理办法，重新开户登记，对不需要保留的账户清理销户。同时，结合油田海外项目的开展情况，在集团公司海外结算中心办理开户，加强了对海外项目资金的管理和监控力度。

（李会营）

【成本管理】 一是优化方案与设计，实现源头避免。抓好前期立项和方案优化工作，坚持按效益排队，坚持多方案比选，坚持推行限额设计、项目责任制、招投标制。同时，实行设计计划任务与设计单位的工资挂钩、限额设计与奖金比例挂钩的双向考核机制，促使设计人员积极采用新工艺、新技术、新材料，不断优化方案、优化设计，为控制投资奠定了基础。二是实施结构调整，减少无效消耗。在燃料结构调整中，组织采油二厂、五一社区、双河社区等单位，对稠油热采注汽锅炉和供暖锅炉进行技术改造和配套，改单纯烧稀油为稀油、渣油混烧及渣油、天然气混烧，降低了燃料中原油、渣油的比例，提高了原油商品率，降低了燃料成本。仅以气顶油就顶替出燃料原油 9298 吨，创经济效益 600 多万元，五一社区减少渣油消耗实现经济效益 293 万元。三是优化生产工艺，避免无效投入。在稀油生产中，对低能且含水率低的油井，采取间停间抽；对高能量高含水的油井，控制稳油、降低电耗生产；对地理位置偏远，集输半径大的油井，采用井口降压高架罐生产，仅实施油井间开生产就节约电费 439 万元。四是实施项目管理，降本增效效果显著。组织开展“降本增效管理年”活动，将股份公司下达的 9269 万元降本增效指标，分解落实到相关部门和单位，实施项目化管理，并建立检查考核制度，逐月检查，半年考核，随时追踪分析各项降本增效措施的实施情况，对没有效果或效果不好的及时进行调整，对好的降本增效措施认真总结、推广。截至 2004 年底，确立的 68 个项目累计实现降本增效 9285 万元，有力地消解了成本紧张的压力。

（李会营）

【清产核资】 一是做好改制分流过程中的资产评估和清查工作。制定了重组改制有关资产负债处置和会计处理规定，确定了资产清查、财务审计与资产评估的范围、方法、确认条件及审核程序；同时，学习研究重组改制有关规定，把握好政策尺度，2004 年，组织完成了 11 家改制企业的资产清查、审计、评估和备案工作，发现并纠正违规 46 个；组织人员对 29 个单位开展清产核资，清产核资涉及金额达 310630 万元，发现并整改问题 9 个，避免经济损失 197 万元。同时，多次深入改制单位调研，协调改制分流过程中出现的问题，确保国有资产不流失。二是处理移交办社会过程中的财务问题。组织人员学习有关政策、规定，对列入移交名单的资产、费用，认真进行调查、核实、汇总，认真组织清产核资，按规定处理有关财务问题，尤其是对核查中反映出的矛盾和问题，集中力量进行研究，及时向集团公司、河南省、南阳市政府等反映情况，寻求理解支持。油田公安局已于 5 月份挂牌，成为省公安厅直属单位，教育系统移交工作已顺利完成。三是加强“账销案存”资产管理。加强已核销不良资产管理，加大对资产处置回收的监管力度，规范资产处置行为，最大限度地降低国有资产损失。勘探局成立了“账销案存”资产管理领导小组，制定并下发了“账销案存”资产管理办法和工作实施方案，并召开实施动员大会，广泛宣传动员；组织各单位统计损失资产现状，进一步完善了处置程序，规范了处置工作，并组织纪检、审计等部门进行全过程监督和跟踪,以最大限度地减少国有资产损失。全年共处置账销案存固定资产原值3580万元,随中小学移交地方账销案存资产原值2034万元,随企业改制账销案存资产原值4645万元。(李会营)

【财务基础工作】 一是实施核算层次上移,提高监控能力。按照股份公司统一安排,继续深化核算体制改革,本着"积极稳妥,符合实际,循序渐进,满足要求"的原则,采用"二级核算、二级管理、一级数据实时集中"模式,在2003年实现会计核算层次从三级向二级上移的基础上,2004年,又组织实施了从二级向一级的上移,实现了财务信息采集和归集方式的统一,进一步提高了会计核算监控能力。二是制定内控制度,上报股份公司。按照股份公司要求,结合油田实际,组织分公司对股份公司内控手册中的业务流程进行"穿行测试";根据流程管理的需要,对物资采购管理办法等17个与内控手册规定有冲突的制度、办法,进行了补充、修订和完善;从实际出发,制定了与股份公司内控制度相配套的实施细则和权限指引,按时上报股份公司审批。同时,组织人员研究业务流程再造,开展内控制度培训,做好了实施内控制度的准备工作。三是充分利用国家政策,减轻企业负担。组织人员加强政策学习,在规范管理的同时,充分利用政策减轻企业负担,实现管理增效。在税费减免返还方面,争取政策,依法做好进项税的抵扣以及以税还贷、教育附加费、矿产资源税的返还工作,共减免、返还各种税费920万元;认真为改制企业进行纳税筹划,每年可节税700多万元;在接受税务机关稽查的过程中,对提出的问题耐心解释,据理力争,争取理解和支持,为油田节税2270万元。(李会营)

【财会队伍建设】 一是举办三期《企业会计制度》培训班,对全局财务人员进行了一次新企业会计制度的全面培训。二是继续抓好财务骨干人员的岗位培训,组织6名财务科长参加集团公司组织的业务骨干的岗位资格培训,进一步提高骨干人员的业务素质和管理能力。三是做好财务人员的继续教育培训、上岗人员从业资格证培训、会计电算化培训、财务管理软件应用培训和网络及服务器维护知识培训,2004年,共举办培训班12期,培训640多人次。四是财务人员积极参加河南省会计学会开展的活动,作为课题主持人,组织开展的《石油企业财务管理扁平化模式的研究》,获河南省会计重点科研课题评审一等奖;6篇论文获河南省会计理论研讨会征文一、二等奖,并获优秀组织奖称号。

(李会营)

工程造价(概预算)管理

【概述】 概预算中心是河南油田工程造价管理的职能部门。下设5个科室,截至2004年底实有职工42人。2004年,完成了全年各项工作任务,工程造价控制在投资计划以内。全年地面建设及其配套和公用工程,完成估算审查1项508万元;概算审查6项,审定金额1.28亿元;预算审查400项,审定金额6.95亿元,审减1985万元,审减率2.79%;完成结算审查1380项,送审6.17亿元,审定金额5.58亿元,审减5927.85万元,审减率9.6%。石油专业工程完成结算6.49亿元,审定金额5.97亿元(含2003年已预结金额),审减5243.51万元,实际审减1440.27万元,审减率2.22%。以上结算审查合计,送审12.67亿元,审定11.55亿元,实际审减

7368.12 万元,结算审减率为 5.82%。

(张旭东)

【工程造价全过程管理】 一是强化职能管理,明确投资控制方向。2004 年实施了工程造价管理工作在油田建设中的"三个定位"(投资控制定位、管理职能定位、工作对象定位),实现"三个转变"(实现变事后被动算账为事前主动控制管理、实现从被动等待为主动跟踪控制的转变、实现由操作型向管理型转变)。二是实施工程费用完全结算。由于工程造价构成的多元性和管理体制、机制等方面的原因,以前,油田工程建设项目仅是对工程造价的建安费进行管理和控制,而且侧重于事后算账,无法有效地控制工程造价的整体投资,为扭转这种状况,完善补充了工程结算管理办法,下发了《河南油田工程结算补充管理办法》、编制发布了《产能建设使用旧抽油机结算的通知》和《关于发布工程建设建设单位管理费及监理收费标准的通知》等管理办法,把工程二类费用和设备费等纳入工程结算的范围,逐步实现工程建设项目的完全结算。三是实行项目负责人制和"三审制"(即:施工单位一审,建设单位二审,概预算中心审定),全面搞好项目投资控制。在实施过程中严把"三关",实行"五不结算"。"三关"即施工队伍是否有进入油田建筑市场的准入证、工程物资是否自行私自外购(是否采用了油田多种经营产品)、工程是否按规定进行了招投标,没按规定执行的工程项目,按照"四算"管理办法,对建设单位和施工单位分别按照管理制度和合同,进行考核和经济处罚。"五不结算"就是对责任不清、资料不全的工程执行五不结算制度,即:没有承包合同的不结,预算中所用的定额或取费标准不合规定的不结,竣工验收资料不全的不结,费用调整没有依据的不结,结算书没有主管领导签字的不结。对没有实行招投标的项目,特别是维修、自提大修工程按油田有关规定不计计划利润、施工组织措施费和规费,降低工程造价 10%以上。

(张旭东)

【深化预算管理,开展造价分析】 ①编制完成了 2004 年勘探开发投资成本预算。2004 年,通过对年度勘探开发整体方案部署进行细致分析研究,在与勘探开发管理部门和主要施工单位认真结合、探讨的基础上,结合钻井、测井、录井、试油、物探、产能地面建设等专业定额,依据勘探开发方案及其地质和工程设计,利用已掌握的基础数据进行综合对比分析测算,编制完成了各板块的年度投资执行预算,为年度勘探开发投资计划的制订提供了有力的支撑。10 月份,又根据勘探开发调整方案及投资预算实施情况,对当年投资成本进行了分析预测,为平衡投资计划和年度计划调整提供了可靠依据。通过实施,预算符合率达 98.3%,按可比口径计算,投资成本降低 1.21%。②完成了 2003 年度工程造价分析。并在集团公司工程造价管理工作会议上做了专题发言。③勘探开发工程投资成本调研。分别深入到钻井、测井、录井、地调处等单位,对勘探开发的钻、测、录、试、物探等施工作业单位的成本情况、队伍结构、技术状况、设备能力等情况进行了调研分析,基本摸清了施工单位生产经营情况。特别是对钻井公司的调研,投入了大量的精力,剖析了钻井公司亏损的原因,提出了降本增效建议,先后两次向局领导联席办公会做了专题汇报,受到油田领导的好评。④经济适用房结算及造价分析。油田职工关注的第二批经济适用住房(61 栋 2326 套住房)于 5 月 20 日全部结算完毕,住宅造价分析圆满完成。在项目审查过程中,项目审查人员挤出施工单位造价单上的"水分"1600 多万元,为油田

住户节约了可观的住宅建设费用,维护了广大购房职工的切身利益。　（张旭东）

【完善定额体系,扩大定额覆盖面】 ①规范市场交易行为,维护甲、乙双方的利益。针对油田勘探开发工程建设和油田内部市场运行情况,从设计到竣工结算进行了统一规范,制定发布了钻井工程设计、酸化压裂及试油设计、稠油热采隔热管柱设计和缝高测试项目费用标准,为合理确定工程造价奠定了良好的基础。②编制完成了稠油钻井定额。③配合股份公司做好井下作业工程定额编制工作。全局共抽调 140 余人,采集了 2001～2003 年单井作业施工总结、地质资料、财务资料、工资报表和资产统计等四大类 638 个子项共 9600 多井次的基础资料,配合股份公司圆满完成了井下作业定额编制任务。④编制了《长输管道河底爆破、输油管道不停输连头补充单位估价表》填补了全国统一定额、石油专业定额和油田施工技术的空白。2004 年,除三维地震勘探工程部分采用议标外,其他工程结算全部执行定额。　（张旭东）

【严格控制费率招标】 2004 年,严格控制费率招标,对大型、复杂工程,采用无"标底"招标,采取一次性包死的做法,避免了投资失控。针对费率招标在工程造价控制中的种种弊端,明确规定凡是油田管辖招标范围内的地面建设工程(包括大修、维修项目),一般不得采用费率招标;对特殊项目,需要采用费率招标时,需经审核,确定相关活口费用的计取办法。严格的审批程序,大幅度减少了费率招标项目,加快了工程结算速度。避免了费率招标的随意性,控制了活口费用,对于防止扩大建设规模提高建设标准发挥了作用,使造价管理工作进一步落到了实处。

（张旭东）

【工程量清单计价试点工作】 工程量清单计价是国家为改革现行工程造价管理运行机制,而颁布实施的一项新的管理制度,2004 年,油田共选择了 25 个项目(总价 1076 万元)进行工程量清单计价的试点,进一步摸索清单计价的特点,积极的积累和总结经验。从结算审查情况看,与传统定额计价相比,由于工程量清单招标采用事前定价方式,在很大程度上简化了结算审查内容,提高了结算准确性,加快了结算速度。　（张旭东）

【职工培训、管理】 ①进行人才培养和岗位业务技术培训,培养"学习型、知识型、创新型、专家型、效率型"职工,强化工作态度、工作方法、工作作风的培养和专业知识、技术技能的更新,适应新形势、新机制上的转变,维护油田的整体经济利益。全年送外培训 6 批 37 人次,内部办班培训 2 批 73 人次。②建立健全了工程造价网络系统,对产能建设、石油专业工程建设项目推广应用了工程造价软件,预算审批、结算审查均通过网络进行传输。把预算人员从繁杂的手工计算中解放出来,实施办公自动化。③资质证管理。全面完成了年度预算资格证的审查工作。2004 年 9 月底到 11 月上旬,概预算中心按照股份公司造价管理中心的统一部署,成立组织机构,编制了资格证年审方案和运行计划,对油田具有中石化工程造价管理资质证的有 260 名预算员进行资格考核,本次年审合格 232 人,注销 28 人。同时,通过年审基本上摸清了油田工程造价队伍状况,现从事工程造价管理工作人员有 255 人(其中无石化证人员 13 人)。　（张旭东）

人力资源管理

【概述】 2004年是河南油田加快实施五大战略,积极推进结构调整、改制分流、规范劳动关系、移交办社会、协议解除劳动合同、深化内部分配制度改革、调整非全民工工资待遇、强化职业技能开发等工作取得实质性进展的一年。一是职工总量持续下降。截至2004年末,勘探局、分公司职工共计25964人,比2003年末净减少2136人,减少7.6%。其中:油田分公司职工人数为11358人,比2003年末净减少79人,减少0.69%。勘探局职工人数为14606人,比2003年末,减少2057人,减少12.34%。职工总量继续实现负增长,超额完成了集团公司下达的控制指标。二是专业化持续重组、改制分流工作取得突破。实施了运输、机械制造、医疗、井下作业系统的专业化重组工作,对上市、非上市资产、人员分离项目,主业、多种经营交叉项目进行了调整、整合。下发实施了勘探局、分公司改制分流的有关办法、规定,完成了南阳石油机械厂和三元商厦、亚南公司、迪士比公司、电子元件厂、腾远公司、新技术公司、三利公司、三元汽修厂、惠通汽修厂、宏达汽修厂、四维公司等11家多种经营企业的改制分流工作。完成了机械制造厂、总医院、运输处、监理中心、报社印刷厂等单位改制方案上报,工龄审查、补偿补助金计算等前期准备工作。三是内部分配制度得到进一步完善和深化。结合岗位绩效工资制度实施情况,本着有利于建立长效激励约束机制,促进专业技术、经营管理和技能操作三支人才队伍建设的原则,在2003年工作基础上,跟踪检查运行情况,加强过程监督,进一步完善配套政策,建立健全了以劳动力市场价位为导向的有效激励机制。四是职工培训、职业技能开发成果显著,职工技能素质不断提高。2004年局统一组织工人培训10516人次,组织高技能操作人才、优秀技术工人、人力资源开发系统送外培训286人次,各单位组织工人脱产、半脱产培训10155人。完成鉴定前培训7562人,组织开展各级各类职业技能鉴定7405人。

【勘探局、分公司机构调整】 2004年,按照勘探局、分公司的总体要求,对勘探局、分公司所属的有关机构进行了调整:一是成立了河南油田西部石油工程项目服务管理部,是河南石油勘探局派驻西部石油工程项目市场开拓与协调的管理机构,其行政隶属关系挂靠塔里木河南勘探公司。二是将对外合作部(外事办公室)更名为对外合作处(外事办公室)。三是在原河南石油勘探局建设工程质量监督站的基础上,组建石油化工工程质量监督总站河南石油分站,为局机关的附属单位,业务上分别接受石油化工工程质量监督总站、河南省建设厅的指导、河南石油勘探局基建处的管理与指导。同时,撤销河南石油勘探局建设工程质量监督站。四是在河南石油勘探局南机厂社区服务站的基础上组建河南石油勘探局南阳社区服务中心。五是成立了河南油田国际经济贸易有限公司,是勘探局、分公司授权,勘探局绝对控股的从事河南油田国际经济合作为主的惟一经营性公司。六是在原河南石油勘探局房改资金管理中心的基础上,成立了南阳市住房公积金管理中心河南油田分中心。南阳市住房公积金管理中心行政上受勘探局领导,业务上接受南阳市住房公积金管理中心的指导。七是成立了河南石油勘探局未动用储量合作开发项目部。受勘探局委托,主要负责统一管理勘探局未动用储量合作开发项目工作。八是调整充实加强了社区基层组织的管理机构，进一步加强了居民住宅区的管理，确保了矿区稳定。九是在勘探局机关增设了信访办公室和离退休职工管理处，同时撤销了离退休职工管理中心。十是成立了河南明珠大酒店和河南油田宾馆，为驻外办事机构、宾馆服务行业的改制分流或租赁经营培育条件。

（崔全正）

【专业化重组和改制分流】 2004年，河南油田加快专业化重组和改制分流。一是实施了运输系统的专业化重组。将水电厂、钻井、测井、机厂、录井、油建等单位的有关车辆及人员划入运输处统一管理，基本实现了运输系统专业化管理；二是完成了机械制造系统的专业化重组。将钻井汽车轮毂厂、双河社区汽车转向节厂和采油一厂油管厂等项目及人员划入机厂统一管理；三是将双河医院、涧河医院、炼油厂卫生所的资产及人员划入总医院统一管理，实现了医疗系统专业化重组；四是实施了井下作业系统的分离、重组工作。根据集团公司深化改革工作要求，将油田井下作业、准备、特车、油管厂、油杆厂、“杆、管、泵”及井下工具修理与维护、特车维修等相关配套队伍实行整体分离，组建了井下作业公司，编制了机构方案，实施了人员交接；五是推进专业化持续重组，将技术监测中心由勘探局调整到分公司，同时将资产在上市的，而人员行政隶属关系在存续的安全环保监察处、节能环保监测中心也分别从局机关、勘察设计研究院调整到技术监测中心；六是成立了河南明珠大酒店和河南油田宾馆，为驻外办事机构、宾馆服务行业的改制分流或租赁经营培育条件；七是为保证油田结构调整、改制分流工作的顺利实施，起草、下发了《河南石油勘探局暨河南油田分公司关于改制分流中规范劳动关系的具体规定》、《河南石油勘探局暨河南油田分公司在资产重组结构调整中实施协议解除劳动合同办法》。完成了南阳石油机械厂和三元商厦、亚南公司、迪士比公司、电子元件厂、腾远公司、新技术公司、三利公司、三元汽修厂、惠通汽修厂、宏达汽修厂、四维公司等11家多种经营企业的改制分流工作。全年共计参加改制2560人，其中全民职工977人，非全民工1583人，不参加改制81人，其中：全民工2人，非全民工79人。完成了机械制造厂、总医院、运输处、监理中心、报社印刷厂等单位改制方案上报，工龄审查、补偿补助金计算等前期工作；八是开展全民工、集体工等人员协议解除劳动合同工作。分别于5月底和11月底完成了704名全民职工和827名集体工等人员的协议解除劳动合同工作，按规定及时支付了补偿补助金。

（崔全正）

【劳动力管理】 一是为全面落实集团公司减员增效工作有关要求，在2003年实施改制分流的基础上，进一步加大了改制分流的力度。

局召开表彰集团公司技术能手座谈会，局领导与集团公司技术能手合影。　摄影　李明

截至2004年底,已完成了南阳石油机械厂、亚南公司、迪士比公司、三元商厦、电子元件厂、腾远公司、三元大修厂、三利公司、测井新技术公司、惠通公司、宏达修理厂、四维公司等12家企业的改制分流工作。参加改制2560人。二是抓好劳动定员标准的制定、修订工作。按照集团公司的统一安排,局承担了石油主业、社会服务等行业劳动定额、定员标准的制定、修订工作。参与完成了《地震勘探工程劳动定员》、《钻井工程劳动定员》、《测井工程劳动定员》、《地质录井工程劳动定员》、《采油采气工程劳动定员》、《井下作业工程劳动定员》、《油气集输工程劳动定员》等7项标准的编制,现已发布实施。三是深化用工制度改革,合理平衡劳动力余缺,不断提高劳动生产率。针对协议解除劳动合同后存在的结构性缺员问题,各单位都自觉加压,采取有效措施,优化劳动组织,盘活人力资源,提高定员水平,确保生产工作的正常进行。第二采油厂探索"油公司"经营管理模式,对新庄油田实行甲乙方合同制,变用人为用工,建立了灵活的用工机制。第一采油厂按照集团公司《石油主业劳动定员标准》组织生产,节约用人,提高了生产效率。地质调查处对启动的物探工程项目,实行"双向选择、择优聘用、竞争上岗、优胜劣汰"的用工机制,盘活和优化了内部人力资源配置。精蜡厂通过双向选择,调剂53人到采油二厂一线生产队伍。

(崔全正)

【薪酬管理】　一是进一步深化内部分配制度改革,完善职工基本生活保障待遇。根据在岗职工不同的工作时间段,确定基本生活保障费项目标准,设计4个工作时间段及4个待遇标准,月最低标准380元,最高标准560元。同时取消基本生活费和工龄工资。简化了工资项目,规范了薪酬管理,优化了薪酬结构。二是以市场价位为导向,探索技术要素参与分配的特薪制度。在坚持2003年内部分配制度改革成果基础上,对石油勘探研究、石油开采研究、石油工程研究、精细化工研究等科研项目实行特岗特薪,聘任130名科研项目负责人,实行年标准5000元、10000元和20000元的特薪补贴;对物探、采油、集输、试油、作业、钻井、测井、录井、油建、炼油主要装置等主体队种的关键岗位评选的特人,实行特人特薪,聘任109名关键岗位人员,实行年标准5000元、10000元的特薪补贴。实施特薪激励政策,较大幅度提高了专业技术骨干、关键岗位人员工资收入,稳定了骨干,留住了人才。三是提高企业内部退养职工待遇,保障基本生活水平。比照集团公司(股份公司)规范离退休人员企业补贴的办法,对内部退养职工按照内退前职务(职称)增加企业补贴,分4个标准,月最低标准260元,最高标准500元;比照河南省给离退休人员增加基本养老金的办法,对内部退养职工增加生活补贴,分4个标准,月最低标准40元,最高标准60元。给内部退养职工增加补贴,共享企业改革和发展成果,体现了累积劳动贡献,保障了基本生活需要。

(崔全正)

【职业技能开发】　一是结合油田生产实际和工人技术结构现状,开展工人培训需求调研,有针对性的开展工人培训。积极探索工人教育培训督导评估的管理模式和操作标准,提高培训质量;并采取走出去,请进来的办法,把工人培训班办在基层,为基层生产服务;二是进一步加强工人安全教育培训工作,做到"三清一账",即特殊工种(岗位)清、人头清、取(换)证时间清,建立特殊工种及人员培训管理台账;三是组织开展厂(处、公司)、车间(队)、班组三级HSE教育,使HSE教育培训工作制度化、规范化、经常化;四是严格技术工人持证上岗制度，对无证或有证到（过）期的人员，要求限期培训鉴定取证；五是充分发挥技师、高级技师在生产中的骨干作用，组织技师、高级技师轮训，提高其操作技能、技术革新等能力。2004年局统一组织工人培训10516人次，组织高技能操作人才、优秀技术工人、人力资源开发系统送外培训286人次，各单位组织工人脱产、半脱产培训10155人；六是组织完成了技能操作人员鉴定报名组织工作，全年报名参加鉴定的人员共计8516人；七是组织开展鉴定前培训，已完成培训7562人；八是组织开展了各级各类职业技能鉴定，完成鉴定7405人；九是完成了2003～2004年度集团公司技术能手的评选推荐工作，评选推荐了7名集团公司技术能手，并有1名被集团公司作为全国技术能手候选人向劳动部上报推荐，为河南油田历史上首位全国技术能候选人；十是组织开展了参加全国石油石化行业第三届职业技能竞赛参赛选手的选拔和赛前培训工作，并取得较好成绩。2004年6月在江汉油田举行的中央企业职业技能大赛初赛暨石化集团公司职业技能竞赛上，油田选派的三名选手分别取得车工和铣工第二名和第四名，创造了河南油田参加历届石油石化行业技能大赛的最好成绩，同时这两名选手也获得集团公司技术能手称号。　　（崔全正）

【非全民工管理】　一是调整非全民工岗位工资标准。为合理调整非全民工工资结构，建立工资长效机制，不断提高非全民工的收入水平，按照《河南油田“十五”后三年发展战略计划纲要》，根据局联席办公会议精神，结合企业经济效益情况和油田薪酬制度改革的有关要求，本着“按劳分配，效益优先，竞聘上岗，改革、发展、稳定”的原则，2004年，共完成了5624名已完善工资制度实行岗位技能工资制非全民工的岗位工资调整和1196名实行日工资制非全民工的效益工资完善工作，非全民工的收入水平得到了一定提高。二是实施集体工等人员协议解除劳动合同工作。根据集团公司文件精神和规定，结合油田实际情况，对已纳入改制分流工作计划，需要瘦身减员后才能实施改制分流或通过其他渠道难以分流安置富余人员的单位，实施集体工等人员一次性协议解除劳动合同工作。经个人自愿申请，单位审查同意，完成了827名集体工等人员与用工单位协议解除劳动合同工作。　　（崔全正）

人才劳动力交流和就业管理

【综述】　局再就业服务中心与人才劳动力交流中心、南阳油区劳动就业管理服务中心、南阳油区众业劳务技术服务有限公司等机构合署办公，截至2004年底有职工22人，下设7个科室。主要负责对油区下岗、失业人员进行政策咨询和就业指导、职业介绍和培训等再就业服务，组织对外劳务输出，提供社会保险接续、档案管理等劳动人事代理服务；对下岗职工进行管理并筹集发放生活费；通过培训、争取政策，开发公益性岗位和项目，为油区失业人员再就业服务；对非全民工进行劳务派遣和劳动人事代理工作；负责新增劳动力的招聘录用、退伍军人的接收安置工作，协助大中专毕业生接收分配工作；油田职工子女就业管理工作；通过油区劳动保障平台管理油区城市居民最低生活保障；配合地方劳动部门搞好油区劳动保障监察工作。2004年共向油田用工单位提供劳务派遣6200人次，进行再就业培训1860人次，实现再就业2200人次，培训劳务人员2639人次，安置退伍军人 57 人，参与接收大中专毕业生 91 人，为 564 名城镇低保人员发放低保金 52 万元。

（任书兰）

【再就业管理与服务】 2004 年，及时筹集、发放下岗职工基本生活费 605 万元，代下岗人员缴纳社会保险费 270 万元。通过加强组织领导、开发公益性岗位、扶持项目、加强技能培训、鼓励自谋职业、建设再就业基地等措施，全力推进再就业服务工作。结合实际制定了三年再就业战略规划，安置了 1101 名大龄困难失业人员参加公益性岗位，加强宣传，帮助下岗失业人员转变就业观念。管理下岗失业人员档案 9400 份，办理《再就业优惠证》331 份，协调减免各项费税 47 万元，为 8000 多名失业人员接续社会保险。通过上述措施，确保了油田改革顺利推进，维护油区稳定，被推荐为河南省再就业先进单位。

（任书兰）

【劳务人员管理】 劳务派遣人员已成为油田生产建设的主要力量，为了搞好劳务人员管理，加强劳务派遣工作的制度化和规范化建设，2004 年起草了《劳务人员管理办法》，办理了 503 名劳务人员的基层单位、岗位变动手续，对管理、技术岗位需求劳务人员的情况进行了调查摸底。减化工作程序，主动收集反馈信息，对劳务费的征收比例和计算办法进行重新调整，确保了劳务人员工资的及时发放。与人力资源处、资产经营部一起，为 871 名劳务人员办理了协议解除劳动合同相关手续。9 月份，为劳务人员提高了岗位工资，增加了效益工资，人均增额近 100 元，对稳定劳务人员队伍，促进企业发展起到了良好作用。在日常管理方面，办理社会保险关系手续 1596 人次，办理新建、转移住房公积金等手续 1799 人次。　（任书兰）

【大中专毕业生接收分配】 2004 年，按照集团公司和勘探局的需求计划，参加了各石油院校和国家重点院校的毕业生双选会，共接收录用毕业生 91 名，其中双学位 1 名，本科生 90 名。为满足油田生产需求，按照“公平、公正、公开”的原则，从 86 名符合申请条件的油田职工子女本科生中择优接收录用了 31 人，分配到各用工单位的生产、科研、教育单位。　（任书兰）

【退伍军人安置】 根据国家政策和实际用工需求，继续对退伍军人实行多渠道安置，在岗前培训和综合考核的基础上进行劳务派遣。为确保公平、公正，在考试组织、综合考试成绩和测算过程中，严格按照有关规定，全面公开，加强监督。针对群众反映的部分退伍军人立功情况不实的问题，与纪委、工会、劳资等部门配合，到部队进行了实地调查。10 月，57 名退伍军人被劳务派遣到油建公司、钻井公司、地质调查处和消防支队。

（任书兰）

【劳务输出与劳动人事代理】 通过文明窗口创建活动推动劳务输出，推行个性化、登门式、一站式、全程式服务模式，提高求职者和用人单位的满意度，受到局有关部门的表扬和局领导的肯定。全年进行政策咨询和政策宣传、就业指导等服务 1200 人次，办理求职登记 220 人，发布对外招聘信息 47 期，提供招聘岗位 34 批次，举办招聘会 21 场次，实现对外劳务输出和订单式培训就业 245 人次，其中向日本输出劳务人员 1 名，实现国际劳务输出零突破。劳动人事代理工作全面启动，为改制企业提供良好的劳动人事代理服务，共与 7 家改制企业建立劳动人事代理关系，规范了服务程序和内容，实现单位委托人事代理 2321 人，对个人开展人事代理业务

112人次。

（任书兰）

【油区城市低保工作】 进一步规范低保管理工作，广泛宣传政策，发放低保户明白卡1000余份，对低保申请实现居委会、社区劳动保障工作站、南阳油区劳动保障所三级把关，三榜公示，坚持入户调查，强化基层管理。2004年，油田享受低保待遇的户数和人数分别由138户、344人增加至240户、564人，人均补差额70多元，全年发放低保金52万元，做到应保尽保，受到了南阳市民政局的通报表彰。与有关部门协调，为200多户低保户减免电视费、交通费等66000多元，维护了困难群体的利益。 （任书兰）

【劳动保障监察】 深入用人单位，宣传《劳动法》、《河南省劳动保障监察条例》和《劳动力市场管理规定》等劳动保障法律法规，依法纠正和查处用人单位的违法行为。对油区三桥以内的180个用人单位进行了劳动保障执法检查，下达《询问通知书》、《听证告知书》和《行政处罚决定书》120份，督促用人单位754名员工签订了劳动合同书；调查处理收取员工押金、工作超时、拖欠工资等8起违法行为，有效规范了油区用人单位的用工行为，促进了矿区经济圈的健康发展。

（任书兰）

信息工作

【概述】 信息中心是河南油田分公司机关直属单位，其主要管理职能是：负责组织编制企业信息化建设中长期规划和年度信息技术项目建议计划；组织项目可行性论证和立项；组织项目承接单位的资质审查、软件和硬件统一选型、统一询比价、统一采购和配置；负责信息基础项目和研究性项目建设，负责项目建设管理和技术支持；负责对外信息技术项目合作、技术交流和培训。受勘探局非上市企业委托，代管非上市企业信息化管理和建设工作。截至2004年底，信息中心有员工50人。其中，干部26人，工人24人。在读博士生1人、硕士研究生10人，大学本科学历21人，大专学历的18人。具有高级职称6人，中级15人，初级14人，工人技师3人。局级科学技术带头人2人。信息中心下设综合管理科、生产技术科2个职能科室和系统部、网络部、软件开发部、数据集成部4个专业技术部门。拥有各种网络设备、服务器设备、存储设备、电源设备等500余台套，资产原值1881.42万元，净值1081.69万元。开展了“开发生产监控系统”、“地理信息系统(GIS)、遥感、全球定位系统”、“Ku波段卫星传输系统”、“VPN技术应用”、“ERP系统”等课题研究。先后承担银行储蓄、税务征收、计划管理、办公自动化(OA)、综合一体化平台等多项应用系统的开发建设。2004年10月信息中心获中国计算机协会并行机分会“先进单位”荣誉称号，获河南省计算机技能大赛“优秀组织奖”。

（杜树广）

【信息网络建设】 2004年，信息中心管理运行油田总部（魏岗）、双河（采油一厂）、唐河（采油二厂）等三个区域210千米的光纤网络及主接点交换设备，35个局域网，运行维护办公自动化、油田至集团公司视频会议、《河南油田信息港》等十几个信息应用系统。

河南油田信息网光缆干线拓扑图

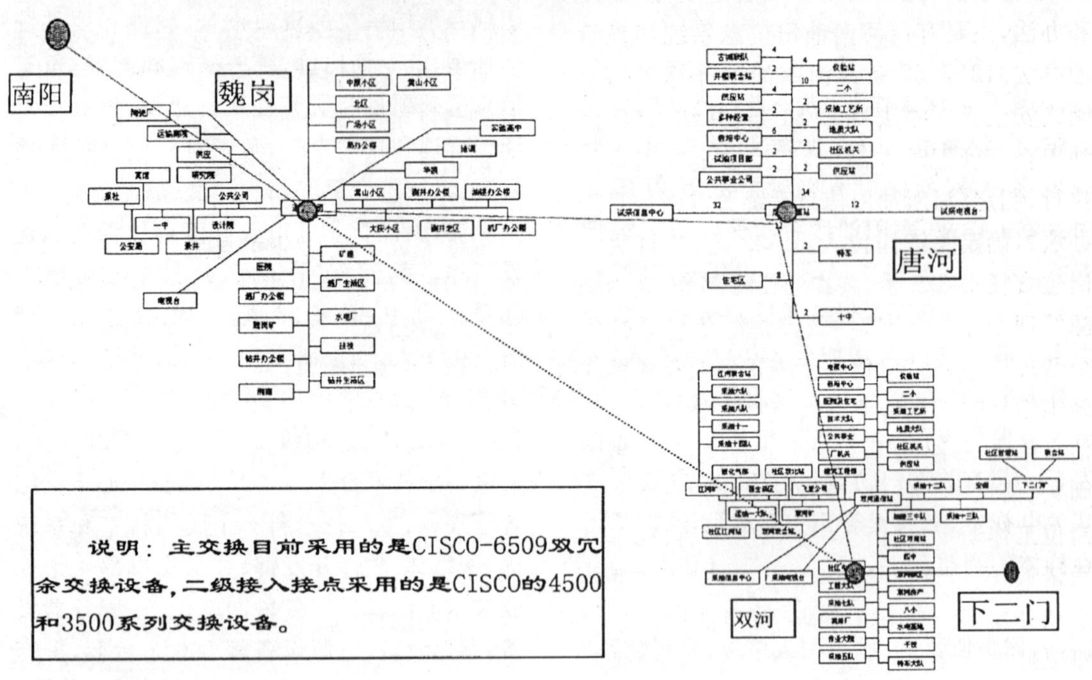

油田信息网络是结合语音、电视系统，采用“三网合一、同缆分纤”传输方式的设计思想，进行规划组织建设的(见下图)。实践证明，这种设计既满足了信息传输的需要，也满足了电话通信、电视传输的需要，同时还节省了大量投资和建设周期，是石油企业一种理想的网络解决方案。

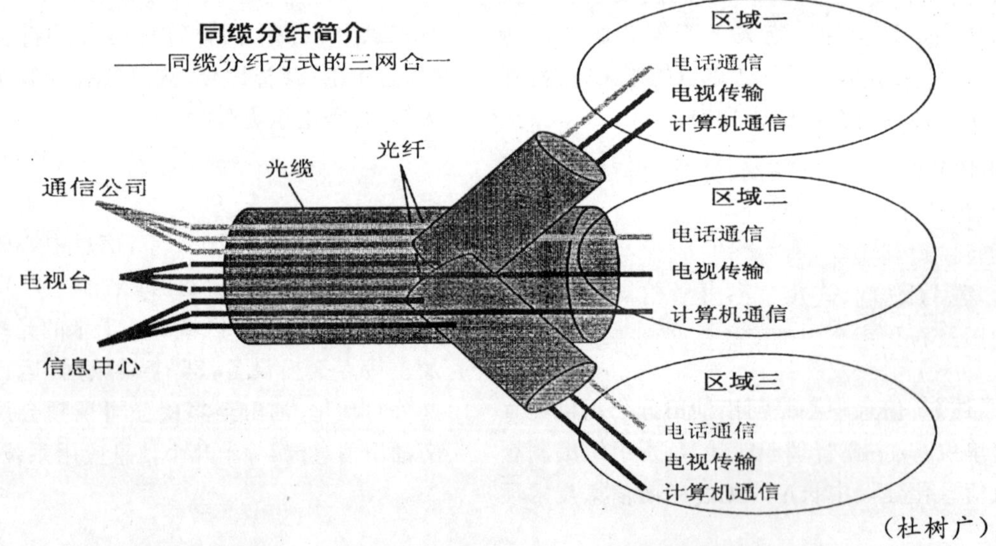

（杜树广）

【信息管理】 先后制定多项管理规定、制度和办法，主要有：《河南油田信息系统建设管理办法》12 章 57 条，《河南油田计算机信息网络安全管理办法》4 章 31 条，并纳入《河南油田企业管理基本制度》汇编在全油田贯彻执行；制定《河南油田信息系统关键岗位管理办法》，确定关键岗位人员 322 名，签订关键岗位责任书 322 份，并在油田干部处、人力资源管理处建档备案，形成完备的信息系统安全管理体系；制定《信息系统管理业务流程实施细则》和《信息资源管理流程实施细则》；在信息中心内部建立《信息中心文明服务规则》、《信息中心员工管理办法》、《信息中心各岗位工作职责》、《信息中心服务项目、标准和承诺》、《网络维护及故障申告办法》等 7 项制度和办法；完成 2004 年版《河南油田分公司概况》(中英文文稿)组织编写工作，在中国石油化工股份有限公司网站发布。ERP 系统建设前期准备工作启动。成立项目领导和研究小组，依据系统建设模板，结合油田流程再造进行流程的前期调研和方案论证工作。

(杜树广)

【信息应用系统建设】 2004 年，建设推广信息应用系统 6 项。

①GPRS/VPN 技术应用系统。建设完成 GPRS、VPN 技术应用系统，终端用户达到 400 多个。在勘探局、分公司领导移动办公、地质录井公司、采油一厂、采油二厂生产运行中得到实际推广应用，实现全国范围的远程数据访问，解决了 GPRS 用户安全访问油田及石化系统内部网络资源的难题。

②人力资源管理信息系统(eHR)。基于集团公司推广建设的人力资源管理信息系统，完成了硬件设备安装、调试，软件安装、参数配置、数据录入等项工作，系统正式投入运行。

③设备管理信息系统投入运行。

④推行基于网络的应用服务器整合工作。2004 年完成了综合业务信息系统、财务管理信息系统、人力资源管理信息系统、钻井生产管理信息系统、生产调度管理信息系统、办公自动化系统等服务器集中整合管理工作。

⑤开始实施开发生产监控系统项目。

⑥完成了集团公司与股份公司网络电视、电话会议的技术保障工作。先后召开会议 50 多次，实现会议图像、语音清晰，接通率 100%的全年工作目标。 (杜树广)

【办公自动化系统运行】 2004 年，办公自动化系统(OA)工程基本建设完成。建设完成覆盖全局所有三级单位的办公自动化系统工程，开通用户 3200 多个，访问界面由 C/S 模式升级为 B/S(客户/服务器)模式(系统体系结构见下图)。

系统主要完成公文管理、档案管理，会议管理等十余个子系统的开发，满足河南油田办公模式的需要，是企业办公自动化可靠的软件系统。2004 年 5 月通过集团公司科技部组织验收，达到国内领先水平。(系统网络结构见下图)。

【河南油田信息港】 2004 年 11 月，信息中心对《河南油田信息港》内部网站进行全面改版升级。

在改版设计、开发中采用 JSP 技术，后台数据库使用 MySQL。在《信息港》上利用流媒体技术建立音频、视频点播服务，购置扩容 10000 用户的邮件服务器，开通 6000 多个 50M 电子邮箱，供油田广大计算机用户免费使用。《信息港》挂载党风廉政网、局干部网、党校、安全处、勘探、开发事业部、财务部、宝浪油田、研究院、五一社区、采油一厂、采油二厂等 45 个厂处单位主页。开办安全生产、万博信息、ERP、局机关党委、网络安全、信息发展、最新股价油价、信息快递等十多个专栏，并由网络编辑人员负责。《信息港》在频道栏目设计上，开设了“企业概况、新闻中心、生活、学园、读书、影视、音乐、游戏、下载、办公自动化”等 10 个频道。

到 2004 年底，登陆、访问《河南油田信息港》网站达到 370 万人次，日平均 5000 人次。

（杜树广）

河南油田办公自动化二期工程结构

系统体系结构——分布式与集中相结合

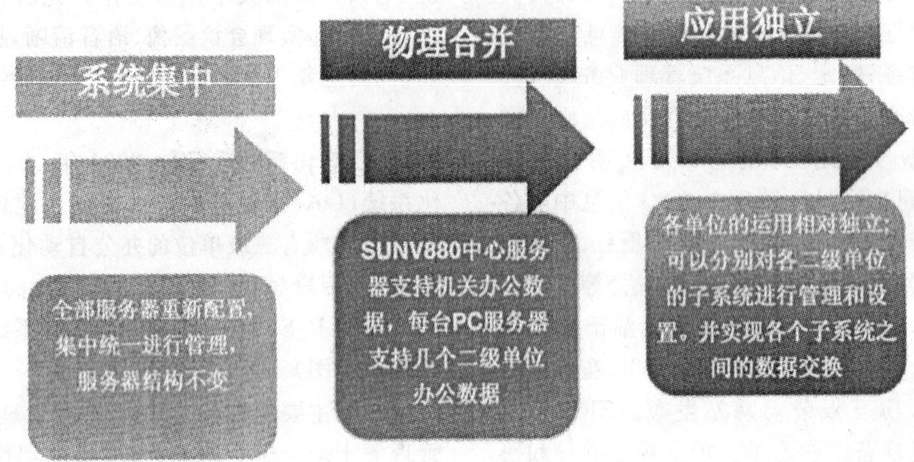

系统网络结构

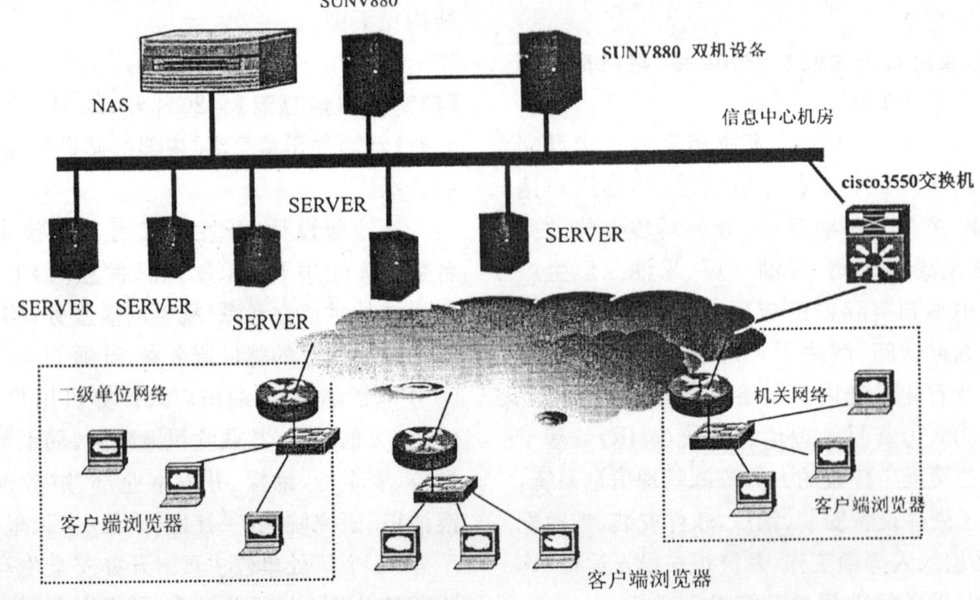

审 计 工 作

【概述】 2004年,油田审计部门共完成审计项目65项,完成年度计划的162.2%,查出违纪违规问题金额7606.4万元,纠正违纪违规金额6771.6万元,收缴各种违纪违规资金及罚款712.2万元,基建工程审减金额829万元,促进增收节支4217.9万元,并针对审计发现经营管理中存在的问题和薄弱环节,向勘探局、油田分公司及被审单位提出审计意见和建议176条。全年主要开展了厂(处)长、经理任期经济责任审计、经营承包指标考核审计、改制分流审计、多种经营企业审计、基建工程审计等项工作。2004年,油田上报的《南阳石油机械厂厂长杨汉立同志任期经济责任审计》、《油建公司各单位2002年度经济效益审计》、《精蜡厂厂长张忠和同志任期经济责任审计》3个审计项目获石化集团优秀审计项目二等奖,《局分公司2003年经营承包指标考核审计》、《塔里木河南勘探公司原经理袁鹏昌同志离任经济责任审计》2个审计项目获石化集团优秀审计项目三等奖。上报的《企业经营指标考核审计初探》、《经营成果审计的难点及对策》两篇论文获石化集团优秀审计论文一等奖和二等奖。

(崔红明)

【厂(处)长、经理任期经济责任审计】 2004年2～7月,审计处按照《河南油田厂(处)长、经理任期经济责任审计暂行办法》,对地质调查处、勘察设计研究院、涧河社区、职工总医院、油田石油报社、消防支队、南机厂、运输处、机械制造厂等9个单位的厂(处)长、经理开展了任期经济责任审计。重点对厂(处)长、经理任职期间各项经济责任指标的完成情况;资产的保值增值、安全完整及效益情况;内部控制制度的建立健全及执行情况;财经纪律执行情况;个人廉洁自律情况等进行审计。共查出各类违纪违规问题金额2955.5万元。主要是:收入核算不规范,乱挤乱摊成本,发放的工资性支出不进工资总额,全民与集体界限不清,账外资产多等。针对上述问题,按照有关法规和政策,及时提出了整改和处罚意见,督促被审单位整改,审计结束后大部分问题已基本整改完毕。审计中没有发现较大的违纪违规问题,没有发现个人不廉洁的行为,审计综合考评结果为1个单位的厂长(经理)评价值达到了优秀,8个单位厂长(经理)评价值达到了良好。开展厂(处)长、经理任期经济责任审计,进一步落实了勘探局提出的三年任期必审制度,分清了领导干部的经济责任,对任职者进行了客观公正的评价,为局、分公司干部的使用和管理提供了参考依据。

(崔红明)

【经营承包指标考核审计】 为全面落实《2003～2005年经营承包管理办法》,按照局一年审两次的工作要求,2004年,审计处分别在上半年、年终组织开展局、分公司所属各单位的经营承包指标考核审计。审计的重点是勘探局、分公司下达的利润(亏损)、限额补贴、经费、对外创收、资产保值增值率等效益指标的完成情况。经审计核实和确认,存续部分28个单位有23个单位全面完成了计划指标,运输处、机械制造厂、职工总医院;教育中心、报社等5个单位未完成计划。上市部分,15个单位有12个单位完成了计划指标,采油一厂、采油二厂、宝浪油田项目经理部等3个单位未完成计划。审计发现各类问题8123.92万元,其中:违纪违规问题4849.37万元,对外创收未到账资金扣减创收金额3274.5万元。审计结束后,已督促整改问题金额7739.8万元。主要问题是:改制企业虚增亏损,资本性支出列入收益性支出,少计收入等问题。开展经营承包指标考核审计及时地为局、分公司考核兑现提供了依据。

（崔红明）

【改制分流审计】 按照勘探局、油田分公司的要求,为配合局改制分流工作,2004年,审计处组织人员对运输处、机械制造厂、职工总医院、石油报社印刷厂、工程建设监理中心、腾远实业总公司、三利实业公司、测井新技术研究中心、三元汽车大修厂、惠通汽车运输维修服务中心、宏达汽车修理厂、开源实业总公司、医达公司、康兴实业公司、四维实业有限公司、大正实业公司、宏发实业总公司、唐河汽车齿轮厂等18个单位开展了改制分流审计。审计的重点,是对中介机构出具的资产清查报告和资产评估报告进行审查,对改制企业的厂长经理开展任期经济责任审计,对改制企业基准日至挂牌日持续经营期间进行持续经营审计。对中介机构出具的资产清查报告及评估报告初稿进行审查,查出中介机构在资产清查和资产评估过程中存在评估标准不统一,资产清查与评估不完整,资产的确认、产权的界定和账务的调整不够准确以及评估结果缩水较大等问题,提出应调增资产552.95万元,调减负债1466.16万元,净资产调增1876.11万元。并提出各项审计意见和建议36条。局有关部门协调中介机构按照内部审计部门提出的意见,及时调整了资产清查报告和资产评估报告,保证了资产评估结果的客观、真实。对改制企业主要行政领导开展任期经济责任审计,查出部分改制单位存在收入成本核算不实、全民职工工资未纳入工资总额、资产核算不实、全民企业与集体企业界限不清、会计核算业务不规范等问题。对改制企业开展持续经营审计,查出部分改制单位存在少列收入412.8万元;突击领料多计成本521.4万元;没有实施的设备大修理费用虚列成本326.2万元;计划外发放工资奖金等多列支出290.4万元;虚列养路费计入当期成本193万元;资本性支出列入损益性支出142.7万元;多提折旧128.3万元;挤占持续经营期间的成本费用408.1万元。合计共审减亏损2422.9万元。

（崔红明）

【专项审计】 按照集团公司的工作部署,2004年,集团公司统一组织开展了宾馆、疗养院、驻外埠办事处的经营情况,外供水电气暖费用的收缴情况以及对外投保情况等三个专项审计调查。对宾馆、疗养院、驻外埠办事处经营情况的审计调查,重点对这些单位勘探局投入资产的使用情况、拨付经费或补贴的使用情况、自身经营业务的开展情况和会计核算的规范性、及时性等进行审计,共查处违纪违规金额242.4万元,潜盈382.3万元,潜亏292万元,账外资金1456.4万元,账外资产(建筑物)3535.9平方米。外供水电气暖费用收缴情况的审计调查,重点抽查了水电厂、五一社区、双河社区、涧河社区、采油一厂、采油二厂等16个单位外供水电气暖费用的收缴情况,查看了合同、台账,收费管理及内控制度的建立健全和执行情况,调查了水电气暖的有关计量、定价、收费文件和规定,审查了有关账表。通过审计,查清了外供水电气暖费用收缴损失存在的问题,分析了损失的原因,提出改进计量、收费管理、日常控制及堵塞管理漏洞的审计建议7条。对外投保情况审计调查,重点审查了局财产保险的缴纳、返还及使用情况,社会保险的管理、计提、缴纳情况和参与地方商业保险的种类、缴费及列支情况。审计发现财产保险重复投保165万元;社会保险少征集139万元,应列入福利费的基本医疗保险费用挤占成本202万元,停歇业的多种经营企业少缴纳各种保险255.27万元等问题。三项审计调查的结果,按照集团公司的要求,做到及时上报,按时完成总部安排的工作任务。

按照局领导的要求,2004年7至8月,审计处组织人员开展了对五一社区、双河社区、涧河社区2003年度的经营情况审计调查。调查着重对社区的财务状况和经营成果进行审查,对存在的问题进行了综合分析。调查结果反映,三个社区的资产结构基本是合理的,但存在着服务项目盈利能力较差,管理机构较为庞大,成本核算不实等问题。同时,针对社区管理中存在的问题和薄弱环节,审计部门提出了加强物业、水电、供热管理的审计意见和建议8条,进一步促进社区管理水平和效益的提高。（崔红明）

【基建工程审计】 2004年,油田基建工程审计在建设单位、概预算中心审查的基础上审计部门进一步加大基建工程审计力度,履行审计监督职责。基建工程审计共完成矿区建设、产能(包括地上、地下)及配套、大修、维修等基建预结、决算项目1110多项,审计金额45152万元,审减金额829万元,参加工程招投标65人次,参加施工现场验收、调研80多人次。基建工程审计坚持主审负责、室主任把关的两级把关、两级审批制度,注重工程项目的行为审计,加大对外委施工单位结算的审计力度。（崔红明）

经 济 研 究

【概述】 石油工程技术研究院经济研究所(以下简称经济研究所)下设企业管理研究室、发展战略研究室、政策法规研究室和综合办公室。截至2004年底有研究人员26人,其中:研究生3人,大学本科学历17人;具有高级专业技术职称的10人,具有中级专业技术职称的8人。

2004年,经济研究所承担涉及战略管理、流程再造、机制创新、管理创新、成本管理、人力资源管理、绩效管理、建立现代企业制度及油田改革等多方面的局级科技进步项目8项,专题研究9项。有15项科研项目获局级及院科技进步奖,发表论文10余篇,在局级以上会议上研讨交流20余篇。

（柳正哲 王志刚）

【业务建设】 ①参与《河南油田"十五"后三年及2010年发展战略纲要》及实施各板块子战略编制,开展战略管理滚动研究,形成河南油田战略管理体系。

②主持开展油田重大科研项目《河南油田实施流程再造研究》,作为试点工作和实施工作的理论依据,成效显著。

③主持开展科研项目《河南油田建立和实施五大机制研究》,从油田长远发展的角度出发,考虑到资源型企业内外部环境的变化,客观评价五大机制实施的效果,深入分析五大机制实施中存在的问题及成因,据此,有针对性地提出进一步完善的方向和措施。

④承担《河南油田分公司标准成本控制体系研究》,为创新原油成本管理提供科学依据。

⑤承担的《河南油田效能保障体系研究》项目成果受到人民大学专家和局领导高度评价:对效能保障体系进行研究,河南油田是第一家,研究规范、精细,达到了目前国内一流水平,为全国企业开展效能建设开辟了新路子。

⑥主持开展《河南油田社区服务系统市

场化运作模式研究》，提出社区职能分类，实行有偿性服务，市场化运作。

⑦主持开展《河南油田开拓外部市场模式研究》，对油田开拓外部市场进行形势分析，找出开拓外部市场存在的问题并进行透彻的分析，在充分借鉴兄弟油田外闯市场经验的基础上，立足油田长远发展战略，提出符合河南油田实际的外部市场开拓模式。

⑧主持开展油田重组改制、结构调整、管理创新等方面的政策法规研究，为企业改革提供政策依据。　（柳正哲　王志刚）

【人才队伍建设】 加强经济研究人才队伍建设，实现两个根本性转变：一是实现组建后人员的转轨变型，初步形成一支优秀的经济研究队伍；二是实现由研究向研究与推广并重的转变，全面推进河南油田的管理创新。在全所开展个人专业生涯设计，确定专业方向，定出规划目标，加强内外培训，提升专业素质。在所里提出"三个一"工程：每人每年要研读一本专业书，参加一个局级项目，发表一篇学术论文。促进全所业务水平的提高。

（柳正哲　王志刚）

【优化研究环境】 建立软科学科研项目归口立项制度；探索实施与专业对口部门合作、与著名高校协作的研究机制，有效促进软科学的前瞻性、针对性和可操作性，建立与中石化系统各油田经济研究机构及中国人民大学、西北大学、中国地质大学等著名高校的合作伙伴关系以及与有关处室定期交流机制；建立软科学研究项目试点、推广、应用机制，促进了理论和实际的结合，管理职能和研究职能的互动，提高科学研究水平，推动了软科学成果的转化。　（柳正哲　王志刚）

工程咨询

【概述】 石油工程技术研究院工程咨询中心（以下简称工程咨询中心）下设评估一部、评估二部、技术经济部、中后评估部、安全评价部和综合办公室。截至2004年底有研究人员27人。其中，研究生4人，大学本科学历20人；具有高级专业技术职称的10人，具有中级专业技术职称的13人。

2004年，工程咨询中心按计划完成19项工程咨询任务和41项安全评价工作，涉及投资总额60亿元。获得省部级优秀咨询成果4项、安全科技成果奖1项，获得局级三等奖3项。　（柳正哲　金业青）

【取得安全预评价资质】 2004年5月，通过国家安全生产监督管理局的验收取得采矿业、石油天然气开采业、石化化工、机械、通讯、电力、热力等10个行业的预评价资质，这是继取得国家非煤矿山、危险化学品两个专项安全评价资质后，又取得的一项国家级安全评价资质。　（柳正哲　金业青）

【完成19项工程咨询项目】 2004年，按计划完成19项咨询工作，涉及投资总额60亿元。其中前期评估项目9项，投资总额2.4亿元；后评估项目1项，投资总额9.2亿元；编制可行性研究报告项目7项，投资额49亿元；专题研究项目2项，分别是尼日利亚OML64/66区块油气勘探开发可行性研究、尼日利亚油田stubb creek勘探开发可行性研究等项目。　（柳正哲　金业青）

【完成安全评价项目41项】 工程咨询中心积极开拓油田内、外部市场，2004年先后完成各类安全评价项目41项,其中油田内部评价项目25项,完成外部评价项目16项。主要有采油二厂0区注汽站安全评价、南阳衡渝制药厂危化品使用安全评价等。

（柳正哲　金业青）

【获得各种成果奖8项】 获得省部级成果奖5项,获得局级成果三等奖3项,分别是:

①省部级安全科技进步成果一等奖1项:

《非煤矿山尾矿库安全评价模式》

②省部级优秀咨询成果奖4项:

《河南油田地震仪购置可行性研究报告》(河南省优秀咨询成果二等奖)

《河南油田钻、测、录、地震"十五"后三年设备更新可行性研究报告》(中咨协石油专业委员会优秀咨询成果二等奖)

《河南油田"九五"开发产能后评估》(中咨协石油专业委员会优秀咨询成果三等奖)

《石油建设项目评价指标及评价模式研究》(河南省优秀咨询成果三等奖)

③局级成果三等奖3项:

《石油建设项目评价指标及评价模式研究》

《河南油田存续企业"十五"对策研究》

《建设项目竞争力分析评价模式的研究》

（柳正哲　金业青）

【调整工作思路,咨询工作取得新突破】 针对集团公司投资决策体制的变化,咨询中心及时地对咨询经营战略的定位进行调整,寻找新的市场目标。开展《尼日利亚OML—64/66区块勘探开发建设项目》、《尼日利亚STUBB CREEK油田开发项目》两项可行性研究编制工作,这是石化集团国际公司安排的对外合作项目的咨询任务,也是石化集团重点项目。该两项工作的完成,为咨询中心进一步开展中、外勘探开发项目可行性研究咨询和国内开发项目的咨询奠定了基础。

（柳正哲　金业青）

【不断探索安全评价的新理论、新方法】 2004年,重点攻关新立的10个科研课题,在尾矿库安全评价过程中,第一次将计算数学、计算力学、有限元理论、遗传变异理论引入尾矿库安全评价中,创造性地提出"理论计算评价法"概念,构筑数字平台上的数字化尾矿库安全评价模式,并融入最新的研究成果,利用"计算评价法"预测尾矿库相关指标在动态环境下的安全可靠性和动力学系统的数字仿真。该评价方法成功应用于5个尾矿库项目的安全评价论证,提高了尾矿库安全评价结论的科学性、权威性和准确性,而且在量纲方面具有重大突破。该评价方法被河南省安全局评为安全科技进步一等奖,同时被国家安全生产监督管理局组织国家级专家鉴定为国内领先水平。（柳正哲　金业青）

【人才培养】 2004年,先后派8人分别参加4期研讨培训班。其中,派4人参加国家安全局举办的安全资质取证学习班,2004年有5位同志考取国家注册咨询工程师、8位同志考取国家注册安全工程师;派2人参加中外合作开发项目评价学习班;派1人参加国家计委在海口举办的全国优秀咨询成果交流会;派1人参加中石化举办的经济评价学习班。（柳正哲　金业青）

党政办公室工作

【以文辅政作用】 2004年,认真履行办公室工作职责,提高文字综合质量,发挥参谋助手作用。草拟局党委三届四次扩大会、油田七届五次职代会、结构调整改制分流工作会议、“七一”总结表彰会、党风廉政建设工作会、综合治理工作会、信访稳定工作会、思想政治工作会等一系列重要会议领导讲话，做到吃透上情、了解下情、掌握实情，体现和延伸领导工作思路。局党委三届四次扩大会议工作报告受到中石化集团公司党组的高度重视，党组领导牟书令、张耀仓等同志在报告上作出重要批示，对河南油田工作给予充分肯定。

（吴明新　任昊庚）

【调研工作】 2004 年，围绕油田重大决策、重点工作和领导关心、群众关心的热点、难点问题，组织开展了一系列调研活动。对运输处、机厂、总医院、三个社区改制分流情况的综合调研以及对南机厂暨南石医院改制分流情况的专题调研，为油田改制分流工作的顺利推进提供了有价值的调研报告；新一届局党委主要领导到任后，陪同领导对各单位进行为期 30 天的工作调研，摸清了油田基本情况和存在的问题，为局党委精神文明建设“四大工程”的提出和决策部署的形成发挥重要作用；组织召开上市、存续单位党委书记片会和党群部门负责人会议，听取意见建议，了解工作情况，为局党委三届四次扩大会议的成功召开提供决策参考。（吴明新　任昊庚）

【信息处理】 2004 年，收到并及时处理中央、省、市、集团公司来文来电 3749 份。处理二级单位上报信息 17266 份。向集团公司上报党务政务信息 80 篇，被采用 56 篇，累计积分突破 300 分，在集团公司近百个直属单位中名列第七。编发《工作通报》31 期、《内部参阅》7 期，及时推广采油一厂实行厂矿两级领导干部谈话制度、地调处开展廉政承诺活动等做法。加快信息传递速度，方便基层及时了解油田党政工作部署，全年对网站进行了 3 次改版，内容及时更新，较好地发挥了促进学习、交流经验、宣传政策的作用。

（吴明新　任昊庚）

【党务督查工作】 2004 年，积极推行“四小时复命制度”，做到了“四个突出”：突出重大决策和重要事项的督查督办，以《督查通报》为载体，督办《联席办公会议纪要》25 期，推动联席办公会决定事项和重点工作落实到位；突出督查调研，开展基本制度等专题督查，促进基本制度的贯彻执行；突出领导批示件的督查，以《领导批示落实反馈》为载体，跟踪反馈，共办理《领导批示落实反馈》41 期，批示件 206 份。突出协调督查，组织召开党群月度例会，协调督办例会议定事项和党群重点工作的落实。（吴明新　任昊庚）

【事务服务工作】 2004 年，坚持做到综合考虑、全方位协调，横向上发挥“总调度”职能，平衡各部门间关系；纵向上加强请示汇报，搞好上下沟通。成功协调组织中石化集团公司领导在东部和西部的调研、南阳四大班子调研等大型活动和重要会议，以及公安局、南机厂、井下作业公司、运输处、机修厂、总医院等单位的挂牌运行，组织机关办公大楼安全隐患整改和办公楼的搬迁、回迁工作，做到搬迁、回迁“通讯不间断，人员不吵闹，文件不失密，工作不受影响”，得到局党政领导的充分肯定和机关、基层的好评。拓展接待服务外延，担负油田联系上下、沟通内外、协调左右的重任，构建了中石化系统、省内企业、相关协作单位、地方政府、高等院校等外部工作网络，密切与上级党委、政府的联系，进一步加强了公共关系。（吴明新　任昊庚）

【密码工作】 2004 年，以确保密码绝对安全和密码通信绝对畅通为主线，严格落实值班制度，保证24小时通信不中断。坚持对紧急重要电报特事特办，快速准确地办理好每一份电报，确保党和国家重要方针政策、重大决策部署的迅速、有效落实。进一步健全管理机制，实施密码通信网络安全保密工程，提高机要装备现代化水平，开展密码通信机房标准化建设，使密码通信网络安全防范能力明显增强。河南油田密码工作在全省党政系统密码工作大检查中，受到河南省委办公厅的充分肯定。　（吴明新　任吴庚）

【保密工作】 2004年，在全局范围内开展保密调研宣传活动，共撰写保密调研论文33篇，并评出一、二、三等奖。建立全局保密员联席学习会议制度，确定61名保密员。下发《信息系统关键岗位安全管理办法》，签订责任书。对重点单位、重点部位开展保密检查，做好高考试题的保密检查验收工作。在办公楼安全隐患整改期间，严格把关，收缴、销毁废旧保密文件资料42吨，未发生失泄密事件，受到局领导的肯定与奖励。

（吴明新　任吴庚）

【油田党政值班工作】 2004年，坚持昼夜值班，落实节假日、敏感期"零报告"制度，承担610办公室值班工作，快速准确地做好上情下达、下情上报工作，确保上级党委、政府和油田党委、行政指示政令的畅通和局党委日常工作的高效运转。对党委、行政安排部署，强化协调、督查和信息工作，在处理清退家属、协解人员群体性上访中，及时推广采油一厂、双河社区等单位做好信访稳定工作的经验，对工作不力的单位进行通报批评，确保了油田稳定局面。　（吴明新　任吴庚）

【政研工作】 2004年，坚持面向基层、面向机关、面向领导的服务方向，完成了文字材料、调查研究、政务信息等各项工作任务。在文风、体例、格式、内容方面进行探索和尝试，打造了职代会主题报告、半年工作会报告、三季度生产经营分析会讲话等，累计50余万字。召开了油田政务信息工作座谈会，进一步加强局、厂之间的沟通和联系，健全了政务信息组织机构和网络，完善工作制度，增强了油田政务信息工作活力，起草下发了《关于加强油田政务信息工作的意见》，正确把握集团公司和油田各个阶段的中心工作、重点工作和领导关注的焦点问题，捕捉信息，挖掘题材，上报信息87篇，内容涉及生产经营、市场开拓、科技进步、战略管理、改制分流等方面，其中《石化信息特刊》刊登40多篇，累计得分突破300分，上报数量、质量在集团公司95个直属单位中均名列前茅，全年组织开展四次调查研究，撰写了调研报告，为局领导掌握各单位结构调整、改制分流工作情况、了解职工思想动态、摸清存在的问题、听取基层意见、科学决策提供了依据。　（乔振涛）

【行政督查工作】 推行"四小时复命制度"，以《督查通报》为载体，及时督促、检查、落实、反馈重点工作运行和联席办公会决定事项，做好油田重大决策和重要事项的督查督办，提高油田的执行力，推动了工作落实。结合各单位在执行油田文件过程中出现的推诿、扯皮及政策脱节、"棚架"等现象，专题开展基本制度督查，研究剖析问题的症结，提出针对性措施，促进了基本制度的贯彻执行，2004年全年出《督查通报》11期，另外，整理下发联席办公会会议纪要24期。　（乔振涛）

【协调工作】 坚持超前考虑、周密计划、统筹安排，疏通环节、化解矛盾，在协调中理顺关系，在协调中推进工作，2004年，组织协调了公安局、南机厂、井下作业公司的挂牌运行，严谨细致地安排党组副书记周原、高级副总裁牟书令调研、集团公司改制调研、南阳四大班子调研等大型活动和重要会议，协助主要领导协调了石化公司总经理陈同海等领导在西部的调研活动，较好地展现了河南油田的精神风貌，也为油田各二级单位树立了较高的工作标准。（乔振涛）

【事务工作】 2004 年，油田发文 463 份，分公司发文 159 份；局收文 1998 份，部门收文 720 份，查、借、复印文件 1200 多人次，用印 12.5 万余枚，开具介绍信 1126 份；日处理电话 150 个以上，接待来人 25 人次，处理各类传真 7 份，全年共组织协调各类会议 380 次。（乔振涛）

【行政工作】 2004 年，主要做了四项工作：一是做好各项日常管理和服务工作，为机关工作人员创造了良好的临时办公环境；二是精心组织，周密安排，完成了局办公楼的临时搬迁工作，上半年考察了 18 个办公场所，最终选择其中的 7 处作为机关临时办公地点，并及时督促各临时办公地点的改造进度，制定了四套搬迁管理办法，经过 12 天的努力，终于安全、顺利、规范有序地完成了机关临时搬迁工作，达到了局领导要求的“搬迁期间生产指挥不乱、工作运行不间断、信息畅通”的目标；三是尽职尽责对办公楼安全整改工程进行协调和督办，半年多来，先后对工程中 30 多项工作进行了及时有力的协调，对 6 个方面的重要工作进行了妥善的解决，下发《督办通知》5 次，确保了工程的顺利进行；四是精心细致地做好办公家具的配备工作，先后对四个家具厂进行考察，六次修改《家具配备方案》，与生产厂家进行谈判，以低廉的价格配备了优质的家具。（乔振涛）

【接待工作】 树立“接待工作无小事”、“接待出效益”的观念，贴紧一线精心抓好重点接待工作，督促指导业务科室做好日常接待工作，协调机关处室、二级单位完成一般接待工作，担负起联系上下、沟通内外、协调左右的重任，先后与 50 多个单位进行交流和沟通，建立了工作联系，增进了友谊和了解，构建了中石化系统、省内企业、相关协作单位、地方政府、高等院校等外部工作网络。加强接待系统业务管理，积极配合，完成了郑州办事处职能分设和油田宾馆的整合。2004 年，共接待大型团体 10 多个、内外部客人 1774 多人次，订购火车、飞机票 525 张，收发传真 329 次、1372 张，为油田职工出差、住宿、旅游、购物、看病提供了方便。（乔振涛）

【车队管理】 围绕安全生产、设备管理、“文明窗口”创建为主要内容开展工作，超额完成上级下达的各项考核指标，无交通责任事故和机械责任事故，为局机关工作用车提供了保障。全年安全行驶 264 万千米，总收入 1640 万元，赢利 348 万元，车辆完好率 98%，车辆利用率 88%。（乔振涛）

【北京联络处】 全年完成总收入 175.36 万元，接待入住宾客 15564 人次，接待就餐人员 13280 人次，为客人订购火车、飞机票 12630 余张，接、送站 11250 人次，为来京看病人员联系就诊 340 余人次。（乔振涛）

【郑州办事处】 接待住宿 6109 人次，接待就餐 9980 人次，接、送站 253 人次，订购火车票 1233 张，订购飞机票 224 余张，为油田职工家属联系看病 113 人次。（乔振涛）

【上海联络处】 全年收入 61.8 万元，支出 57.8 万元，盈 4 万元，共接待职工及病人 327

人，接、送站、飞机场66人次，订购飞机票、火车票93张。（乔振涛）

【南阳办事处】 全年共接送部、局级领导190多人次，接送油田职工、家属及客人8600余人次；购车票、飞机票5550余张；接待大型团体14次；帮助购物、提货、寄存物品30余次100多件；为油田职工、家属办事、咨询、找医院联系医生就诊共180余人次；安排就餐5500余人；对外联络41次；协助信访部门劝说、拦截来南阳或进京上访人员3次历时近40天。总收入113万元，支出98万元。

（乔振涛）

【无锡疗养院】 接待团体142次、会议21次、就餐30000人次、住宿38284人次；接送站580人次，联系就医70人次；订购火车票760张、飞机票200张；对外联络87人次。实现收入319万元，支出319万元。

（乔振涛）

【油田宾馆】 完成客房接待12148人次，其中外宾7人，接待大型会议327次；餐饮接待5863桌；接待各种检查团、调研团26团次。全年共完成客房收入147万元，内部转账31万元，餐饮营业收入70万元。（乔振涛）

档案、志鉴工作

【概述】 2004年，全局档案人员围绕油田改革与生产经营，推行“文明窗口”创建活动，强化责任意识和服务意识，开展多层次多渠道全方位的服务。加强档案基础业务工作、档案安全管理工作职能，推进档案管理现代化和标准化建设，做好改制分流企业档案移交工作。全年共归档文件材料25847卷，16562件；照片1116张，底图43771张。其中局档案馆接收进馆档案13772件(卷)，照片档案132张，分流改制及撤销单位档案7000卷。机关文书档案3905件，会计档案2881卷，科研成果档案110卷；全局共编制档案目录1749本，微机著录97127条。提供档案借阅772200卷(件)/次，其中局档案馆提供档案借阅1520件(卷)、950人/次，提供档案复印件2000余张。收发汇交生产地质资料45.2万份。编撰出版2004年版《河南油田年鉴》60余万字。向《中国经济年鉴》、《中国石化集团公司年鉴》、《河南年鉴》、《南阳大事记》及《河南省志—测绘志》、《南阳市志》(1986～2004)、《南阳党史第二卷》、《宛城区志》石油工业篇等八种专业志鉴提供河南油田部分稿件共20.8万余字。完成了《河南油田志(1991～2000)》的出版发行工作。

（张迎久）

【改制分流企业档案移交】 2004年3月中旬，制定下发《河南油田分流改制单位移交档案的具体规定》。分完全改制、勘探局参股、移交地方政府等不同改制分流形式，对改制的企业进行分类和排队。区别不同形式，与改制单位共同商定应移交进馆档案的种类、范围和时间。已完成南机厂档案移交进馆7000卷。（张迎久）

【档案管理信息化建设】 为配合局办公自动化系统二期工程的推广应用，协助信息中心调试、完善二级单位办公自动化系统档案管理模块。充分利用原有档案管理系统中的数据资源，做好与局域网的对接，研究院、工程院、第一采油厂、地调处等单位档案室实现部分档案数据在局域网上的共享。水电厂档案室在原《超星档案管理系统》的基础上研制开发《水电厂档案图书检索系统》，实现档案图书的网上检索，并通过该系统及时了解档案的管理情况。土地局档案室逐宗清查4486宗地籍资料，1000本土地证，进行录入转化形成地籍信息的电子档案，实现地籍档案的电子查询，达到数据库、宗地档案、土地三对应的管理模式，提高了工作效率和管理水平。

（张迎久）

【档案安全管理】 2004年3月，按照集团公司办公厅《关于加强档案安全工作的通知》的要求，局档案馆组织所有人员分三个组从七个方面，对全局33个单位的档案室进行一次全面的安全工作大检查。共检查出各种安全隐患问题24个，全部限期进行整改。

局档案馆在完善《档案库房管理制度》及《库房安全管理制度》的基础上，制定《办公楼安全整改期间档案库房管理办法》，将档案库房二、三层的大门更换为实体防盗门，成立专门的档案安全领导小组，认真做好办公楼装修整改期间档案库房每日值班工作。明确一名技术主管专职管理档案库房安全，四名档案管理人员分两班常驻档案库房，便于档案的借阅利用。部分单位将档案的安全管理与工资效益挂钩。工程院档案室实行每周档案安全考核记分制，考核结果与绩效工资挂钩，年终奖惩总兑现。（张迎久）

【档案业务培训和学术研讨】 2004年，重视档案业务培训和继续再教育工作。档案馆先后分7批派出18人次，参加办公自动化应用、电子档案管理、文书档案管理、年鉴编撰以及档案保护技术相关的学习和培训，提高档案人员的知识结构和实际工作能力。鼓励档案人员撰写学术论文，开展学术交流研讨与科研活动，分别向河南省档案学会、集团公司油气田档案协作组等提交各类论文45篇，获一等奖3篇，二等奖5篇，三等奖9篇。向局企业管理协会申报的《馆藏结构实行优化管理》成果获局企业管理现代化成果二等奖。

（张迎久）

【地质资料管理】 2004年，共收发汇交生产地质资料45.2万份。重新编制《河南油田勘探开发生产资料发放表》。实现计算机登记、录入与统计，并通过Internet和办公自动化系统，将有关信息通报相关单位，使他们能够及时了解资料的流动走向情况，避免重复登记，方便使用单位，提高工作效率。

（张迎久）

【志鉴工作】 2004年，编撰出版了2004年版《河南油田年鉴》60余万字。向《中国经济年鉴》、《中石化集团公司年鉴》、《河南年鉴》、《南阳大事记》及《河南省志—测绘志》、《南阳市志》(1986～2004)、《南阳党史第二卷》、《宛城区志》等八种专业志鉴河南油田部分稿件共20.8万余字。（张迎久）

【《河南油田志(1991～2000)》出版】 《河南油田志(1991～2000)》于2001年6月开始编纂，至2004年12月出版发行，历时3年半。该书由中州古籍出版社出版。志书共分十九篇九十九章，155.1万字。全面、客观地记述和再现河南油田1991－2000年的发展历史面貌和各方面工作的经验教训。（张迎久）

党　群　工　作

综　　述

【党委工作创新】 2004年，局党委提出实施精神文明建设“四大工程”，即以素质工程为核心，促进干部群众转变观念，提升思想道德和科学文化水平；以环境工程为基础，坚持以人为本，营造吸引人才、支持人才干事创业的软硬环境；以平安工程为保障，确保河南油田稳定大局；以繁荣工程为标志，用河南油田企业文化统一职工价值理念，丰富职工群众的精神文化生活。“四大工程”建设成为党委工作的重要载体，拓展党组织发挥政治核心作用的新思路。同时，建立完善党群工作例会制度，对党委各路工作统筹安排、严格检查、强化监督，推进各项工作高效有序运行。

（吴明新　任吴庚）

【领导班子建设和干部队伍建设】 2004年，局党委突出领导班子思想政治建设，规范中心组学习制度，保证时间、内容、效果三落实。注重抓好领导干部的理论培训，围绕学习贯彻“三个代表”重要思想、以及十六届三中、四中全会精神，以油田党校为阵地，全年共举办各单位党、政处级领导干部学习班5期、培训350人次。重视领导干部民主集中制建设，落实职代会民主评议和领导干部民主生活会制度，先后对25个直属单位的166名现职处级领导干部进行民主评议。突出领导班子组织建设，按照“有能力、肯干事、干成事”的要求，把部分后备干部调整充实到各级领导班子中来，试行领导干部岗位公开招聘制，对全局范围内7个处级岗位进行公开招聘。根据结构调整、重组改制需要，完成5个单位领导班子的调整配备，对改制分流企业董事会、监事会和经营班子设立、产生及管理提出指导意见。突出领导干部的能力建设，更新知识，提高政策运用水平，强化教育和培训，通过“请进来”“走出去”相结合的方式，先后举办“改制分流政策”、“企业信息化领导力”，“安全管理知识岗位资格”等培训，厂处干部540多人次接受培训。积极推进人才开发战略，对全局8000多名各类人才开展培训需求调查，制定完善《2004～2006年大规模培训干部规划》。抓好技术干部岗位技能培训，按15个管理门类，对1206名管理人员进行岗位资格取证培训，对1106名专业技术人员进行更新知识和技能培训，针对勘探、开发等主体专业技术的管理骨干进行复合型技术培训；适应“三基”工作要求，对366名基层班组长进行岗位适应性培训；适应油田开拓外部市场、实施“走出去”战略需要，考试选拔103人参加中石化集团公司国际化经营人才培训。完善人才激励机制，在全局进行高级主任师聘任试点，突出素质、能力、业绩，在关键技术岗位实施特岗特薪。

（吴明新　任吴庚）

【党组织自身建设】 2004年，按照《河南油田党组织建设条例》要求，进一步明确了基层党组织职责定位，规范了党内基本工作制度和工作程序，加强对“三创一争”活动的指导、检查、考核、评比，各单位党委建立完善了党建工作责任制，把责任层层落实到党支部、党小组，形成党委书记负总责、党委常委分工负责、各党支部书记分级负责，层层抓落实的局面。局党委把争创活动的重点放到基层，与强化“三基”工作相结合，突出抓好以党的建设为核心的基层工作，制定下发了《基层党支部考核标准》，抓住提高基层党支部书记素质和能力这个重点，举办四期培训班，培训支部书记 234 名。高度重视党的组织建设，健全完善 5 个单位的党委、纪委班子，指导全油田 85 个支部进行换届改选。加强改制企业党组织建设，帮助改制企业健全组织，开展工作。加强党员队伍的教育管理，积极做好“保持共产党员先进性教育”活动的前期准备。

（吴明新　任吴庚）

【非在职职工党员教育管理】　2004 年，出台《关于调整充实加强社区基层组织实施方案》，对社区基层管理机构、职责、关系定位等作出明确规定。局党委制定《河南油田社区党组织建设暂行规定》，在全局初步形成以社区党委为龙头、党总支为核心、支部为主体、小组为基础的非在职职工党员四级管理网络，从组织管理机构上加强对非在职职工党员的教育管理。全局各社区建立非在职职工党总支 27 个，按楼栋建立党支部 161 个、党小组 542 个。河南油田非在职职工党组织建设得到集团公司的肯定，在中石化系统党建工作专题会议上作了典型发言。

（吴明新　任吴庚）

【党风廉政建设工作】　2004 年，局党委不断深化党风廉政建设责任制，把领导干部廉洁自律摆在突出位置，推进廉洁自律各项制度规定的落实，建立完善廉政谈话制度，开展节假日警示提醒，执行重大事项报告制度，强化对领导干部的教育管理。重视发挥职工群众的监督作用，受理来信来访，在全局聘请 20 名兼职纪检监察员，落实对领导干部的日常监督。集中力量查处一批有影响的违纪违法案件，其中大要案 22 起，为企业挽回经济损失 335.5 万元。深入推进效能监察工作，结合深化改革实际，把工作重点放在不良资产核销管理、物资采购管理、改制分流、基建工程等领域，通过整改经营管理中存在的漏洞、加大对违法违纪问题的纠正、查处力度等手段，避免经济损失 1906 万元，增加效益 1806 万元，取得较好的经济效益和社会效益。河南油田被评为中石化集团公司效能监察工作先进单位。　（吴明新　任吴庚）

【信访稳定工作】　2004 年，为适应信访稳定形势任务需要，加强信访组织机构建设，成立专门信访工作机构，配备专职人员。高度重视信访稳定工作，积极主动化解不稳定因素，及时处置了多起集体上访和越级上访事件。同时，牢固树立群众观念，正确把握维护稳定与维护职工群众切身利益的辩证关系，坚持解决思想问题与解决实际问题相结合，积极开发社区公益性和生产技术岗位，先后安置符合条件的失业人员 571 名。着力解决职工群众的实际困难，把扶贫助困工作落到实处，为 57 户、115 人办理享受低保待遇手续，为 233 户低保户发放明白卡，发放低保金 52 万，全年累计为 927 户(次)特困家庭发放生活补助费 22.5 万多元，为 131 名困难家庭子女发放助学金 20.5 万元。离休干部和退休职工的“两个待遇”得到全面落实。

（吴明新　任吴庚）

【思想政治工作】　2004 年，局党委精心组织筹划形势任务教育宣讲活动，成立形势任务教育宣讲团，做专题报告26场，听众达5406人，帮助大家进一步认清油田内外的改革发展形势，促进思想观念的转变。组织"外创市场先进事迹报告会"，在全局巡回演讲，使干部和职工群众树立起拓展市场求生存、求发展的开放式经营理念和发展意识。全面实施企业文化战略，通过油田媒体、专题讲座等形式，大力宣传油田企业文化，借助街景改造工程，在醒目路段、公共场所，制作宣传企业精神和企业文化为核心内容的广告、标志牌，营造文化氛围。深入开展文明单位创建活动，召开"文明单位创建活动经验交流会"，推广先进典型和经验。开展"爱我河南油田，建设美好家园"活动，以美化环境、建设家园为出发点，重视矿容矿貌治理，油区环境得到明显改善。全年创建省级文明单位1个，市级标兵文明单位5个，市级文明单位7个，局级文明单位12个。

（吴明新　任吴庚）

【服务生产经营中心工作】　各级党组织以"创新增效攻关"活动为载体，围绕生产经营、科研中的重点、难点，组织开展技术革新、小发明、小创造等丰富多彩的攻关活动；工会组织发挥联系群众的优势，广泛开展"科技增油创效"等六大系列的劳动竞赛，开展创新管理、创新技术、优质服务等七个方面的合理化建议和技术改进活动，激发职工的工作热情，有5名职工被授予省部级以上荣誉称号，10名职工在省、部、国家级技术比赛中获奖；局团委充分发挥全油田318支青年突击队的作用，围绕生产经营和重点攻关项目，组织开展青年创新创效活动、"五小"活动，激发青工岗位成才、建功立业的热情，"青年文明号活动"，获"全国优秀组织奖"；油区综合治理工作围绕生产经营中心，建立以公安、保卫、护厂护矿力量为主的打防机制和企地共建油区生产治安秩序专项治理的长效机制，在主要原油生产区集中组织开展打击涉油犯罪活动、取缔土炼油炉、整治窃电乱点等专项治理，取得明显的经济、社会效益，促进全年生产经营任务的完成。

（吴明新　任吴庚）

【局党委重要会议】　2004年12月20日，局党委召开三届四次扩大会议，党委书记张召平作了题为《提升党组织执企能力，实施"四大工程"，推进"五大战略"，加快河南油田改革发展步伐》的局党委工作报告；局长袁政文代表局、分公司向局党委扩大会议作了题为《认真贯彻落实十六届四中全会精神，全力推进油田矿区经济圈整体协调发展》的行政工作报告；分公司经理李联五作了《关于滚动编制2005～2007年河南油田发展战略的说明》；局党委副书记、局工会主席彭生明作了《关于河南油田2005～2010年精神文明建设实施纲要及配套办法编制的说明》。局党委三届四次全会审议并通过局党委工作报告和行政工作报告、《河南油田发展战略(2005～2007)》、《河南油田2005～2010年精神文明建设实施纲要》、《关于加强局厂两级领导班子思想政治建设的若干意见》、《河南油田社区党组织建设暂行规定》。

局党委召开常委会4次，其中，2月6日，听取党风廉政建设有关汇报，审定2003年党风廉政建设责任制先进单位、优秀责任人、一般和差的责任人等事宜；2月13日研究干部问题，局政工会拟表彰先进集体等事宜；5月21日下午研究水电厂、工程院召开党代会等事宜；5月26日研究张道友同志到局纪委工作事宜。

局常委扩大会议8次，其中，5月5日下午，研究南机厂改制后的领导班子组成问题；6月3日研究干部问题等事宜；6月30日研究七一表彰，二级单位选举和增补两委情况等事宜；7月14日召开领导班子成员会，中石化集团公司党组宣布对河南油田领导班子调整的决定，张召平同志任局党委书记，姚大福同志改任调研员；7月16日新老班子成员座谈会，介绍油田情况；2004年9月4日，研究干部调配事宜；11月26日研究干部任免事宜；12月18日讨论局党委三届四次扩大会议，研究制定调研员管理办法，讨论井下作业公司党委选举事宜。

（吴明新　任昊庚）

【局党委重要制度、决定和通知】　①2004年12月20日，局党委三届四次扩大会议审议通过《河南油田发展战略（2005～2007）》、《河南油田2005～2010年精神文明建设实施纲要》、《关于加强局厂两级领导班子思想政治建设的若干意见》、《河南油田社区党组织建设暂行规定》。②制定下发《基层党支部考核标准》、出台《关于调整充实加强社区基层组织实施方案》，对社区基层管理机构、职责、关系定位等作出明确规定。③2004年，局党委发出的重要通知：《关于做好全国全省“两会”期间稳定工作的意见》，《关于学习贯彻〈中国共产党党内监督条例（试行）〉和〈中国共产党纪律处分条例〉的通知》和《关于实行局、厂两级领导干部谈话制度实施意见的通知》。

（吴明新　任昊庚）

组织干部工作

【概述】　2004年底，油田有直属党委35个（其中党总支2个、工委1个）。基层党总支110个，基层党支部900个，其中非在职职工党支部159个。党员总数17833名（女党员2628名），其中在职职工党员8953名（已参加企业改制的党员629名），占党员总数的50.2%，非在职职工党员8880名，（离退休职工党员4982名；内部退养职工党员642名；协议解除劳动合同党员3060名；其他党员196名），占党员总数的49.8%。有干部身份人员8417名，取得各类专业技术职务任职资格人员7552名，其中具有教授级高级专业技术职务任职资格49名，高级专业技术职务任职资格1314名，中级专业技术职务任职资格3319名，初级专业技术任职资格2870名。聘任到专业技术岗位人员4331名，其中：高级主任师18名、主任师474名、技术主管1498名、技术主办1984名、技术员357名。经营管理岗位人员3050名，其中局级干部12名，处级干部376名，科级干部1495名，科员652名，办事员515名。　（马萧萧）

【领导干部队伍建设】　举办了直属单位党政正职、机关处室长学习贯彻十六届四中全会精神研讨班，加深对加强党的执政能力的精神实质、科学内涵、历史背景的认识和理解，提高了领导干部的执行力。组织召开局、厂两级党员领导干部民主生活会，通过开展批评和自我批评，增进领导班子解决自身问题的能力和班子成员间的团结融合。按照“靠得住、有本事、过得硬”的标准，对6个单位的领导班子进行考核调整，19名处级后备干部被充实进领导班子。按照现职处级干部动态管理机制要求，14名领导人员按规定年龄改任调研员。组建了河南明珠大酒店、井下作业公司等单位领导班子。推进干部人事制度改革，对对外合作处、社保中心、再就业中心、局团委5个副处级岗位进行公开招聘。按照发布招聘公告、个人报名或组织推荐、资格审查、书面考试、提交应聘答辩书、公开答辩、民主投票、组织考察、研究决定、任前公示等程序，顺利完成招聘工作。局、厂两级职工代表对现职局厂两级领导干部进行了民主评议，强化了群众监督。做好任期、离任和重大经济项目的审计，对6名厂处领导干部进行了任期(离任)审计。制定了《河南油田改制分流单位董事会监事会和经营班子成员产生指导意见》，对改制分流企业董事会、监事会和经营班子设立、产生及管理提出具体意见，为改制分流企业领导层的产生提供了依据。进行中层管理干部精简工作。制定了《河南油田中层管理人员精简分流工作实施方案》，确定了对管理机构、管理流程进行精简和优化的途径和方法。开展处级后备干部滚动调整工作，按照局党委《关于进一步做好培养选拔优秀年轻干部工作的实施意见》和后备干部“5121”培养规划要求，下发了《关于做好处级后备干部考核调整工作的通知》，对考核推荐程序、年龄知识结构、上报审查提出明确要求。审核确定了600多人的处级后备干部人选，为领导人员选配储备了人才。

(马萧萧)

【专业技术人才队伍建设】 2004年，制定了油田发展战略(2004—2006)人才资源开发目标。不断完善机制，创设环境，发挥专业技术人才干事创业积极性。制定《河南油田高级主任师岗位竞聘上岗办法》，在研究院、工程院、设计院等三个单位进行高级主任师聘任试点，经过个人申报、单位组织考核答辩、局专家组评议审定、公示等程序，共竞聘上岗18名高级主任师。制定了《高级主任师管理办法(试行)》，明确高级主任师岗位职责要求，细化考核办法，加强聘后管理。对关键技术岗位实施特岗特薪，共有16个单位25人享受了特岗特薪待遇。注重高层次人才队伍建设。21人享受政府特贴；6人为集团公司有突出贡献的科技和管理专家，8人为集团公司优秀青年知识分子。集团公司学术技术带头人第一层次(在国内具有领先水平的)有2人，第二层次(在石化集团处于领先水平的)有11人，第三层次(现场勘探开发、生产装置专家等)有32人。服务“走出去”战略需要，建立“涉外人才库”，按“成熟、比较成熟、中长期培养”三个层次，对263名进入“涉外人才库”的人才，逐人制定了培养计划。采取与高校合作“订单式”培养、提供安家费等途径，引进油田急需专业高校毕业生，全年共引进本科毕业生104名。开展对外人才合作交流。与西北分公司达成互派兼职专业技术人员意见，接受西北分公司9名专业技术人员到我油田工作学习。选拔4人借聘到华北分公司从事试油(气)技术监督。接待胜利油田、中原油田、江苏油田及南方勘探公司、天津石化等兄弟单位来油田考察学习全员竞聘上岗和专业技术人员评聘分开经验、做法。

(马萧萧)

【人才开发培训】 2004年初，首次按照管理人才、专业技术人才、低聘落聘人员三个层次，对全油田7600余名各类人员进行培训需求调查，为按类别、分层次、大规模开展人才培训提供了依据。制定《河南油田培训经费使用管理办法》,《河南油田送外脱产培训补充规定》等，完善人才开发培训制度。局厂两级举办内部培训94期，培训6684人次；送外培训178班次，培训583人次。对管理人才分层次实施培训。请中央党校、北京大学、国资委、国家专利局等单位领导和专家教授来油田举办专题讲座，培训在职领导干部568人次；对376名在职局、厂领导干部进行安全管理岗位资格培训，并取得了河南省安全交通局颁发的“安全培训资格证书”；对36名在职副处以上领导干部进行《工商管理基础知识》、《公文写作与口语表达》两门公共课培训和考试；对局机关 65 名处室长进行了拓展训练；19 名领导干部参加了集团公司组织的审计、财务、宣传、组织、企管、质量监督等岗位资格培训。按管理门类，对 1200 多名科级干部进行了提升岗位能力培训，对 400 多名基层党支部书记，基层车间主任、队长进行了岗位适应性培训。按岗位需要对专业技术人才分类开展培训。举办新技术、新理论、新方法培训班 8 期，培训 368 人次；举办勘探、开发高级研修班 2 期，培训 96 人次；组织开办法律法规、计算机网络应用等培训班 8 期，培训 366 人次；举办石油工程复合技术培训班 2 期，培训 198 人次。注重高层次、复合型人才培养。以厂校联合的方式培养油气田开发、物探工程、采油工程、物流工程、机械工程等在职工程博士、硕士研究生 98 名；选拔推荐 56 人学术技术带头人及技术管理骨干参加集团公司高层次人才培训；选拔推荐 54 人参加了集团公司油藏工程、储藏预测理论与技术、钻井新技术、物流工程、国际贸易、国际法律人才等培训；组织 18 人参加了集团公司组织的钻井、物探、测井、试油、井下作业施工、建筑工程监理等"工程质量监督"资质取证培训。突出涉外人才培训。选送 97 人参加国际化经营人才培训，选送 43 人分别赴英国、美国、加拿大、俄罗斯等国参加国际石油工程、勘探开发、国际财税等培训。举办英语、项目经理等涉外人才培训班 4 期 128 人，为尼日利亚等涉外项目提供了人才保证。

（马萧萧）

【职称评审工作】 2004 年，职称评审工作共评定 1156 人，其中教授级 10 人、高级 308 人、中级 556 人、初级 282 人。组织了职称外语、计算机水平考试。1342 人参加职称外语水平统一考试(其中：晋升高级职称 427 人、中级职称 915 人)。1487 人参加职称计算机考试。建立考点负责人、考务人员、监考人员、工作人员层层监督机制，端正了考风、严肃了考纪。严把资格审查关，对申报人员的学历、资历、业绩成果、论文等基本条件进行逐人逐项审查，共审查 2687 人次，18809 份原始资料；严把论文评审关，对个人提交的专业论文送交单位以外的三个同行专家进行评审，组织参评人员进行论文答辩；严把综合评定关，对业绩、能力、水平等进行集体量化综合评定，减少了人为因素。首次进行职称评审检查验收，会同局纪委监察处组成检查验收组，深入全局 33 家单位，进行检查验收。共查阅验收各类证件 12320 份、论文 5600 篇。全面了解掌握各单位职改工作真实情况，及时发现矛盾和问题，及时加以解决。服务专业技术人员资质取证考试，鼓励取得多个任职资格。共组织 2203 人次参加地方人事部门组织的经济、统计、审计、注册安全工程师等 13 个专业技术资格(执业资格)报名考试，为专业技术人员提高素质、满足其资质需求提供了保证。

（马萧萧）

【党组织建设】 2004 年，油田有 3 个单位召开了党代会进行换届选举，5 个单位健全了党委、纪委班子，增补委员 34 人，85 个支部进行换届改选。选举了出席南阳市第三次党代会的 7 名正式代表。指导改制单位——南阳二机石油装备集团公司，顺利召开了首届党代会，选举产生了新公司"两委"班子。以把各级党组织建设成为"三个代表"重要思想的组织者、推动者和实践者为目标，以持续、深化、重实效为工作思路，深入开展"三创一争"(创先进党委、创先进党支部、创先进党小组和争做优秀共产党员)活动，促进了党组织建设的全面加强。"七一"前夕局党委组成五个考核组，对 24 个申报先进党委的单位进行检查考核。7 月 1 日，局党委召开了河南油田庆祝建党83周年暨“三创一争”总结表彰大会，表彰了12个先进党委，50个先进党支部，50个先进党小组，100名优秀共产党员和50名优秀党务工作者。加强社区党的组织建设，召开了社区党支部建设座谈会，进行非在职职工党支部建设情况调研。制定了《河南油田社区党组织建设暂行规定》，《规定》分十章五十条，对社区党组织建设的目标任务、工作职责、工作要求、党员教育管理以及思想政治工作等方面都做出了明确规定，是油田社区党组织建设的纲领性文件。依据《规定》要求，完善了以社区党委为龙头、居民区党总支为核心、支部为主体、小组为基础的基层党组织和党员分层管理网络。举办党支部书记培训班，有234名同志参加了培训学习，提高了基层支部书记素质。对改制企业进行了党组织工作调研，初步明确了改制企业党组织的设置、领导关系及开展党建工作的方式方法，保证了党建工作不留空白，不出现断档。

（马萧萧）

【党员队伍建设】　制定了全年党员教育学习安排，把学习十六大精神、贯彻集团公司暨股份公司工作会议精神和油田形势任务作为全年党员教育的重点，根据不同党员群体，选取不同的教育内容。安排部署了《中国共产党党员权利保障条例》的学习贯彻，保证党员权利得到落实。开展了向许振超、任长霞、杨止超等先模人物同志学习活动，增强了全体党员牢记党的宗旨，立足岗位奉献，永葆先进性的意识。深入开展“创新增效攻关”主题活动，全年全局共立攻关项目2000余项，产生较好经济效益和社会效益。开展党员队伍现状调查，完成了《河南油田关于保持共产党员先进性调研报告》，分别上报省委组织部和集团公司党组，为全面开展保持共产党员先进性教育活动做好了准备。制定下发了《河南油田发展党员公示制暂行办法》，全面实施党员发展公示制，党员发展的做法和经验在河南省委组织部召开的党员发展工作会上进行介绍。全年新发展党员478名。进一步理顺非在职职工党员管理，不留死角和空白，非在职职工党员的教育管理工作在集团公司召开的南昌会议上介绍了经验。参与制定了《河南石油勘探局、河南油田分公司改制分流过程中党、工、团组织关系移交的规定》，规范改制企业党员关系转递。党员基础信息管理进一步规范科学，在全省组织报表评比中，被评为全省优秀。关爱帮助特困党员，局厂两级慰问党员689人（户），发放补助费12万元。

（马萧萧）

宣传、统战

【概述】　截至2004年底，宣传部下设4个科室，定员11人。附属单位3个：河南油田电视台、中国石化报记者站、河南油田文化办公室。业务主管单位2个：河南石油报社、河南油田新华书店。2004年，河南油田连续第17年保持全国思想政治工作优秀企业称号。《河南石油报》在2004年省企业报评选中，被评为优秀企业报。河南油田电视台被评为中国石化优秀企业电视台、中国企业最佳有线电视台。

（和元丽）

【创新思想政治工作】　2月24日，局党委召开了河南油田思想政治工作暨精神文明建设工作会议，局党委副书记、工会主席彭生明做了《求真务实开拓创新为油田改革发展稳定提供强有力的思想保证和精神动力》工作报告。会议表彰了2003年度思想政治工作先进单位14个、思想政治工作先进集体48个、优秀思想政治工作者68名、优秀政研会12个、优秀政研会工作者40名、优秀政研成果15项、优秀政研论文27篇。下发了《中共中央宣传部2004年宣传思想工作要点》、《中共河南省委宣传部2004年宣传思想工作要点》、《2004年河南油田宣传思想工作要点》。4月15日，召开了"河南油田思想政治工作创新研讨会"。会上宣传部和测井公司对"ISO9000基本原理在政工系统的应用"和"河南油田思想政治工作机制创新"两项成果作了多媒体介绍，下发了《ISO9000基本原理在政工系统的应用》和《河南油田思想政治工作机制创新》文本，在全局范围内对思想政治工作创新成果进行推广，不断探索新形势下加强和改进思想政治工作的新机制新方法。从建立领导机制、激励机制、运作机制、考核机制、预警机制和保障机制等6个方面入手，致力于思想政治工作机制的创新，制定了相应的制度。

按照局党委、勘探局、分公司的统一部署和要求，组织了河南油田外闯市场事迹报告会。参加报告团的有油建公司、钻井公司、地调处、录井公司王宏亮、精蜡厂赵韶华等先进单位代表和个人。自12月10日在工程院报告厅举办首场报告会后，连续做了12场报告，油田31个单位的厂矿、车间(队)、科以上领导干部、职工代表、家属代表、离退休人员代表，共计4000人参加了报告会。

结合实际，以促进企业的改革发展稳定为研究重点，确定并完成了18项重点政研课题。进行了"河南油田政工干部队伍状况调查"和"油田形势任务教育情况及当前职工思想状况问卷调查"活动，撰写了调查报告。出版发行了4期政研会会刊《实践与探索》。

(和元丽)

【结构调整、改制分流工作中的思想政治工作】 编印了1万册《河南油田内部结构调整、改制分流宣传提纲》分发到各单位。由宣传部、企管法规处等联合组成结构调整、改制分流政策宣传组，到南机厂、双河社区、油建公司、报社等改制单位，与职工座谈交流，宣传政策，答疑释惑，开展调研。组织总医院、五一社区、涧河社区、华油集团、运输处等改制单位宣传干部在机厂召开了"宣传工作交流研讨会"，就改制分流过程中如何进一步做好干部职工的宣传教育引导工作进行了研讨交流。同时指导报纸、电视加强对改制政策的宣传解释，全过程报道改制分流工作进程。

(和元丽)

【形势任务教育】 从完善制度入手，制定了《关于规范局、厂两级党委中心组学习的意见》、《职工思想理论教育制度》和《关于局、厂两级党委中心组2004年理论学习安排意见》，对学习的时间、形式、内容、效果和考核等提出了明确规定。局、厂两级领导班子坚持按照计划，采取系统学习、专题研讨、座谈交流、请专家辅导、收看录像等方式进行集中学习和个人自学。基层各级党组织结合实际，制定了本单位的学习计划，利用"三会一课"、政治学习、党团活动等时间，发挥电视广播、报纸杂志、局域网、宣传橱窗等舆论阵地作用，采取宣讲辅导、座谈会、知识竞赛等形式组织学习。9月份，编印、发放了5000册《当前河南油田形势任务教育宣传提纲》。成立了由8名成员组成的形势任务教育宣讲团深入到各单位，开展形势任务教育。为全局33个直属单位做了26场报告会，听众达5400余人。

(和元丽)

【精神文明创建】 为全面提高企业员工的道德文化素质，提升油区人文环境的文明程度，着力打造诚信品牌企业，局党委提出了全面推进实施四大工程，即素质工程、环境工程、平安工程和繁荣工程。围绕四大工程的实施，起草了《河南油田2005～2010年精神文明建设实施纲要》及20个配套办法，编纂出了《河南油田精神文明建设宣传手册》初稿。组织开展了全局环境卫生工作大检查，参与了油田街景改造工程的规划、大型宣传牌的设计、监制。2004年，双河社区在获南阳市“体育进社区”先进社区基础上，又获省、全国“体育进社区”先进社区称号，油田有两户家庭获河南省文明家庭称号，4个单位被命名为市级文明单位，4个单位为市级标兵文明单位，命名表彰了一批局级先进集体和个人。在检查验收的基础上，推荐上报了4个2005年度省级文明单位、6个市级标兵文明单位、7个市级文明单位。指导、协助局小车队、油田宾馆等7个服务单位制定了文明窗口创建规划，举办了创建启动仪式。协助机关党委召开了争创文明窗口经验交流会，印发了局领导在经验交流会上的讲话。（和元丽）

【思想道德建设】 2004年，学习贯彻《中共中央国务院关于进一步加强文明单位和改进未成年人思想道德建设的若干意见》，下发了《河南油田关于贯彻落实中共中央国务院〈关于进一步加强和改进未成年人思想道德建设的若干意见〉的通知》及局文明委关于贯彻落实《通知》精神的目标任务分工文件、《河南油田关于聘请老年志愿者担任精神文明建设义务监督员的通知》，聘请了8名职工为精神文明建设义务监督员，就切实提高油田未成年人思想道德素质提出了要求，做出了安排，开展了工作。组织开展了“9·20”全国第二个公民道德宣传日活动。教育系统开展了“知诚信、讲诚信”演讲比赛、“文明伴我行”活动、“远离不良文化”征文比赛等多项活动。

（和元丽）

【普法活动】 开展了普法工作调研，起草下发了《关于2004年河南油田普法工作的安排意见》、《河南油田关于在干部中进行〈中华人民共和国宪法修正案〉〈中华人民共和国行政许可法〉等法律知识学习考试的通知》、《河南油田关于开展2004年“12·4”全国法制宣传日活动的通知》等文件，对全局普法教育工作做出安排，指导全局的普法与依法治企工作。局、厂两级党委中心学习组带头学习，各单位结合实际开展了相关法律知识的学习。通过学法用法，进一步增强了法制观念，增强了依法治企的水平。大力开展法律进社区活动。组织开展了“12·4”全国法制宣传日活动，组织全局1835名科以上干部参加了河南省组织的全省干部法律知识考试活动。

（和元丽）

【新闻工作】 2004年11月5日，召开了第五个记者节总结表彰会。表彰了24名先进记者、40名对外报道先进个人、10个对外报道先进单位、3家先进新闻单位，好新闻一等奖15篇、二等奖20篇、三等奖30篇。2004年，《河南石油报》共出版报纸147期，《河南石油报通讯》4期，在2004年省企业报评选中被评为优秀企业报。河南油田电视台共播发《油田新闻》251期3000多条，《每周要闻》13期45条。在省、市新闻及石化新闻中发稿70条。同时播出石化新闻中心制作的石化要闻51期，石化新闻中心制作的新闻专题12部。全年有20件作品在中国石油记协电视协会、中国石化报社、中国电视艺术协会企业分会和市记协获奖，9人次被评为优秀记者。油田电视台被评为中石化优秀企业电视台、中国企业最佳有线电视台。《河南油田信息港》全年上载国际国内新闻2562篇，油田新闻2278篇，信息快递新闻消息750篇，图片262幅，科技、经济生活等1729篇，电视台可视新闻224期，生产、油品、股市动态950篇。《河南石油》共出版7期，编发涉及油田勘探、开发、石油工程、炼化工程、经营管理等方面论文230篇。（和元丽）

【对外新闻报道工作】 2004年，全局在省部级以上报刊发表各类新闻稿件2320篇，为年度计划1200篇的193%，其中一版头题稿件也由上年的6篇增加为11篇，各版头题稿件由上年的38篇增加为78篇，完成了对外新闻报道任务。中国石化报记者站全年为《中国石化报》、《中国石油报》组稿近500多篇，见报208篇，发表各版头条及重点稿件53篇，超过14万字。在年度评比中被评为中国石化报优秀记者站。中国石油画报记者站和中国石油摄影报记者站，全年为新闻单位提供稿件310余篇幅，被新闻单位采用的新闻专题就多达10个，采用的文字稿件和新闻照片共计203篇幅。在年度考核评比中，两站双双被评为先进记者站。（和元丽）

【五大战略、四大工程的新闻报道工作】 新闻媒体根据局党委、勘探局、分公司不同时期、不同阶段的工作重点，有计划地组织报道，及时反映全局勘探开发、市场开拓及生产经营任务完成等情况。

局党委提出精神文明建设的四大工程后，宣传部与报社、电视台刊发、播出了局党委书记张召平的署名文章，刊发、播出了系列评论员文章，开辟《精神文明建设四大工程解读》专栏，全面阐述了四大工程的丰富内涵、重大意义，明确了四大工程之间的内在联系。大力宣传实施四大工程建设的实际工作和取得的新成绩新成果。对五一社区实施四大工程和油田团员青年投身四大工程建设分别进行了系列报道。以庆祝建国55周年为契机，全面反映油田的发展成就，表现河南油田人生活发生的深刻变化。（和元丽）

【各类典型的新闻报道工作】 2004年，开展“远学许振超近学油田先模”活动，大力宣传油田的“许振超”。组织了报社、电视台记者赴青岛进行实地采访，电视台制作播出了5集许振超先进事迹系列报道和一部专题，河南石油报发表了4篇长篇通讯，掀起了宣传学习许振超先进事迹热潮。宣传了油田先模朱一斌、陈道田、姜春风；集团公司岗位技术能手杨新远、蒲新颜；中央企业劳动模范王中民、李斌以及优秀共产党员、模范教师等各类典型的先进事迹。加强对各类先进集体的宣传。特别是对“全国再就业先进企业”南石医院、改制先进单位南机厂、开拓外部市场取得成效的精蜡厂、钻井公司、地调处，以及采油一厂打造执行型企业、魏岗矿降本增效等典型进行了系列报道。（和元丽）

【企业文化】 编写了《河南油田企业文化手册》和《河南油田员工手册》。推出了《河南油田之歌》。撰写了《河南油田企业文化战略完善与提升研究报告》，研讨企业文化的思路和对策。在石油企业文化建设经验交流会上作了《推行战略管理，建设具有河南油田特色企业文化》的书面发言。《河南石油报》开辟“河南油田企业文化解读”专栏，组织系列文章对油田企业文化战略进行阐释；4月至5月份重点开展学习先进、弘扬先模精神活动；6月份突出进行HSE安全文化宣传；7月、8月、9月集中开展执行文化研讨和案例宣传，着重提高执行力。“敬业务实，追求卓越”的企业精神引人注目；五一广场时代感强、文化气息浓；文化创新取得了新进展，形成了“安全才能生产、安全才有效益、安全才能回家”的HSE文化和以“敬业、责任、服从、诚实”为核心的执行文化，树立了良好的企业形象，增强

了团队凝聚力。（和元丽）

【文联工作】 2004年油田文协在《人民文学》、《十月》、《山花》、《地火》、《中国石油报》、《中国石化报》等几十种报刊发表了50余篇小说、散文、诗歌、报告文学等作品，盛丹隽的中篇小说《电视时代的图像》获第二届中华铁人文学奖；中篇小说《带着纸鹞上路》获中国石化小说创作大赛一等奖，并出版了作品集《成人童话》，该书收入作者28篇短篇小说，计30余万字。蒙福全的小说《西部以西》获中国石化小说大赛三等奖，发表于《躬耕》的短篇小说《凭客》被《小说选刊》2005年第一期选载。书法协会全年有3人次参加了国家级展览，5人次参加了省以上展览。全年开展丰富多彩的文化艺术活动11次，8月21日，举办纪念邓小平诞辰100周年书法、美术、摄影作品展，展出作品123幅，并巡回在五大社区展出，参观人数数以万计。举办迎接建国55周年书法展，展出书法作品100余幅，周边县市的优秀书法家也送作品参加了展览。《石油文学》按时出版了4期，计发50余万字的作品。全年发表反映油田职工艰苦奋战，拼博奉献再创辉煌的报告文学，其篇幅几乎占整个刊物容纳量的1/3。并编辑出版了纪念邓小平诞辰100周年诗歌、散文专辑。

（和元丽　盛丹隽）

【文化市场管理】 2004年，文化市场管理部门对油区文化市场、新闻出版各类经营进行年度审核，办证率100％。进行日常性市场检查每周2次，共98次。完成扫黄打非行动12次。配合南阳市文化局，完成了油区网吧管理平台的安装，重点对油区22家网吧进行长期、有效的监控，对8家存在未成年人进入、超时营业的网吧进行集中整治。协调公安、工商、消防、文化等部门开展了“三项集中整治”活动。配合南阳市文化局、新闻出版局、联合油田公安局等部门进行“学生教材专项检查”、“图书、音像市场专项突击检查”“网吧整顿”、“演出市场突击检查”等扫黄打非集中行动6次，出动人员200余人次，车辆60余台次，共检查图书、报刊零售亭28家，音像出租、零售35家，无证摊点12家，无证营业的文化娱乐场所3家，并勒令其停业整顿；查收非法图书120余本、音像制品320余盘。对8家非法经营中的2家电子出版物出租门店作出勒令停业的处理。进行专项整治3次，共收缴非法书刊200余本，非法音像制品400余盘，勒令限期整改6家。加强对经营者的培训工作。先后配合南阳文化局、新闻出版局对油区网吧、音像民、书报刊等经营业主进行了法律、法规知识培训。

（和元丽）

【统战工作】 一是做了阳光扶贫工程。全年对家庭有困难的统战对象进行扶贫慰问20多人次，帮助一名统战对象料理去世妻子的后事并送去了慰问金。二是重视归侨权益的保护和政策落实。对归侨生活状况进行了调研，由于油田的归侨多已进入老龄化阶段，在住房、医疗等方面存在许多实际困难，对他们反映的问题，能解决的给予解决，不能解决的给予认真答复。针对近年来信教人员的行列使信教人员不断增多情况，采取上教堂、到家庭聚会点参加聚会和与信教人员座谈、与居委会加强联系了解情况等方式，重点开展了宗教调研。摸清了信教人员构成情况和所信仰的教派、油区教堂及家庭聚会情况。油区至今没有发生一起违法信教情况。

（和元丽）

纪 检 监 察

【概述】 2004年，局、厂纪检监察部门认真贯彻中石化集团公司、河南省纪委及局党委、勘探局、分公司关于党风廉政建设工作的部署和要求，在协助党委加强党风廉政建设和组织协调反腐败工作中，认真履行“保护、惩处、监督、教育”职能，坚持惩防并举，治本抓源头，各项重点工作深入开展并取得新的成效。2月，局纪委、监察处被中石化集团公司党组、中石化集团公司授予“纪检监察系统先进集体”称号；5月，勘探局被中石化集团公司授予“效能监察工作先进单位”称号。2004年2月，张国全、柳振海、赵祚良、朱再新、王新华、尹家书、刘国斌、孙俊红、缪士军等9名同志被中石化集团公司党组、中石化集团公司授予“纪检监察系统先进工作者”称号；同年5月，袁政文、王国欣被中石化集团公司授予“效能监察工作先进个人”称号。

（刘国斌）

【党风廉政建设责任制工作】 一是落实奖惩制度。2月中旬，局党委依据对2003年度直属单位和处级领导干部执行党风廉政建设责任制和廉洁自律规定情况的检查考核结果，对10个党风廉政建设先进单位、40名处级优秀责任人进行了表彰奖励，对1个执行责任制基本合格单位的主要领导、1名执行责任制一般的处级责任人进行了诫勉谈话；对2名执行责任制差的处级责任人分别予以免职和调整岗位。直属单位对执行责任制一般和差的20名科级责任人进行了责任追究，其中给予党政纪处分2人，组织处理9人，诫勉谈话、通报批评9人。

二是注重责任分解。4月，根据河南省委、省政府《关于制订2004年度党风廉政建设责任目标的通知》，局纪委协助局党委制定印发了《河南油田2004年度党风廉政建设责任目标》，明确了9名局、分公司党政领导和20个职能处室、22名处室负责人落实责任制、廉洁自律和源头治理等6个方面、25项工作的具体任务分工，把党风廉政建设责任目标落实到了人头。印发《直属单位党风廉政建设责任书签订程序》，对科级以下干部8种责任书的签订程序进行了统一规范。按照分级管理、分级签订的原则，局、厂两级重新划分责任区952个，签订或补签责任书4702份，完善了责任网络体系。

三是探索外闯市场单位、油田主营业务单位、社区服务单位、改制分流单位以及局机关职能部门落实责任制工作的有效方法和途径。重点总结了油田参与市场竞争较早的油建公司，在落实责任制工作中，坚持制度规范，实行公司领导承包项目制、项目经理负责制、外包工程廉政合同制、主管会计委派制、经济效益审计制、杜绝“小金库”承诺制等制度，使党风廉政建设融入到对外经营管理工作之中，有效地促进市场拓展的经验；推广介绍了地调处把“要我干”与“我要干”相结合，自上而下逐级签订《党风廉政建设责任书》，中层干部自下而上逐级递交《党风廉政承诺书》的做法。

四是修订考核标准，认真检查考核。结合形势任务变化，第五次对《直属单位和处级领导干部落实党风廉政建设责任制检查考核标准》进行修订，增强检查考核的针对性、实效性和可操作性，特别是区别处理了直属单位发案和主动查办案件的关系，调动了直属单位查办信访、案件的主动性。10月下旬至11月上旬，局纪委抽调44人、成立10个组，对勘探局、分公司33个直属单位和处级领导干部2004年度执行党风廉政建设责任制和廉洁自律规定情况进行了检查考核，掌握了基本情况，为局党委、勘探局实施奖惩提供了依据。全年处级干部共巡回检查党风廉政建设责任区2161人次，发现和解决问题615个，319人向组织书面报告了个人执行责任制和廉洁自律规定情况。（刘国斌）

【领导干部廉洁自律工作】 2004年，根据河南省关于进一步治理领导干部违反规定收受现金、有价证券和支付凭证和严禁党员干部参与赌博的文件精神，组织开展了以治理党员干部参与赌博和治理领导干部违反规定收受现金、有价证券、支付凭证的“两项治理”工作；制定下发了《关于实行局、处两级领导干部谈话制度的实施意见》，规定了廉政谈话的内容、程序及有关要求，对勘探局、分公司领导谈话对象进行了明确分工。“五一”、“十一”期间，向全局340名处级干部编发廉政短信息，及时提醒诫勉，有229名厂处级干部向局纪委报告了重要节日期间廉洁自律情况。全年有68人主动登记、上交了收受的礼品、礼金折款15.7万余元，26人次拒收礼金、礼品折款5.5万元；86名处级以上干部报告了本人出国、子女婚事操办、购房装修等重大事项，319名厂处领导干部向局党委、纪委按时报告了执行责任制和廉洁自律规定情况。

发挥信访工作对领导干部廉洁自律的监督促进作用。6月上旬，召开纪委全委扩大会通报近2年来的信访查办情况，分析存在问题、原因和薄弱环节，明确加大查办力度的措施。8月，制定下发了《关于实行纪检监察信访查办责任制的暂行规定》。全年局、厂纪检监察部门共受理群众来信来访82件、办结77件。通过查办信访共收缴各类违纪违规款129.90万元。

整合人力资源，加大日常监督力度。主动适应企业深化改革的需要，创新监督机制，优化纪检监察系统人力资源，4月中旬，制定《河南油田兼职纪检监察员管理制度》，明确兼职纪检监察员聘任条件、程序、职责和组织管理。兼职纪检监察员由局纪委、监察处聘任，每届任期三至四年，并受局纪委、监察处统一管理，实行持证上岗和年度考评制度。首批从直属单位纪检监察部门聘请20名兼职纪检监察员，分别参加了落实党风廉政建设责任制检查考核、信访调查等工作。

健全局（厂）务公开检查考核体系。9月，协助局党委制定下发了《直属单位厂务公开考核评价工作实施意见》，形成了职代会测评、网上抽查、日常监督和专业组评价“四位一体”的检查考核体系。局、厂两级不断总结、拓展厂务公开工作的途径，创新方式方法，畅通职工群众参与民主监督的渠道，建立了网上平台，保证公开内容的落实，增强了实际效果，职工满意度明显提高。（刘国斌）

【案件检查工作】 2004年，全油田共查办案件25起，涉案25人，其中大要案22起，处级干部2人，科级干部6人，一般干部9人，工人8人；党员18人，非党7人。通过办案为国家、企业挽回直接经济损失195.50万元。

创新办案思路，拓宽办案渠道和领域。加强案件检查与信访、效能监察等工作及地方检察机关的有机结合，强化案件线索分析排查，慎重初核，严格执纪。

强化办案机制，提高办案效率。对重大、疑难案件，坚持“全局一盘棋”，形成整体办案合力；坚持领导包案制、办案责任制和项目负责制，提高案件检查效率；坚持以自办案件为主，搞好与地方司法机关的协作配合，增强办案的经济和社会效果。同时，先后抽调12名人员参与集团公司纪检组、监察局组织调查的案件查处工作。

突出办案重点，查处经济领域的违纪违

法案件。查处以权谋私、贪污受贿案件和违规变通、中饱私囊的案件等。重点查处了物资供销处个别领导干部、有关业务科室人员和第一采油厂供应站有关人员，在物资采购供应过程中，采取“空收空发”、内外勾结、变通套取、设立“小金库”等手段，贪污、受贿、私分等案件，特别是立案查处了物资供销处违纪违法案件10起，涉案总金额93.9万元，收缴赃款、违纪款65.46万元。成功突破了精蜡厂灌装车间原主任姜某与油品计量员陈某相互勾结、利用科技手段实施犯罪的案件，打击了侵吞国有资产的犯罪行为。查处了原商业公司办公室有关人员与不法商人内外勾结合同诈骗、严重损害员工利益、影响单位稳定的案件，共避免和挽回经济损失81.80万元，其中避免经济损失46.90万元，挽回经济损失32万元，收缴违纪款2.90万元。同时，重视抓好案件成因分析和警示教育，深化案件检查职能。针对物资管理领域案件多发的实际，及时在供销处召开了案情通报会，统一认识、分析原因，查找问题、汲取教训，并组织协调供销处有针对性地开展了以案释纪系列警示教育活动。

做好案件审理工作。坚持惩处与教育并举、纪律处分和组织处理结合，严格区分错误性质，严格把握政策界限，在立案查处的25起案件中，从轻处理6人；另外，不予立案免于处理11人，教育了态度好、错误情节较轻的职工。全年审理、复核案件22起。配合上级组织和有关部门对有关重、特大案件的后续工作进行了认真处理。建立案件审理协作区6个，解决了直属单位存在的查、审不分问题，提高了工作效率和审理质量。对2003年度案件质量和处分决定执行情况进行全面检查，发现、督促整改了个别单位组卷归档不及时、手续不完备、涉案文书不规范等问题。

（刘国斌）

【效能监察工作】 2004年，局、厂两级效能监察组织分3批对22个局级立项监察项目进行了监察，并对上年度接转的16个项目进行了跟踪监察，全年监察项目共38个，涉及基本建设（包括产能建设）、物资采购、成本费用、经营管理、炼油化工等5个管理领域，其中事中监察项目35个，占立项项目总数的92%；事后监察项目3个，占8%；监察涉及资金总额28.88亿元。全油田开展效能监察的直属单位共30个。重点项目有《2000～2003年河南油田大型非安装设备采购使用管理》、《河南油田不良资产核销管理》、《河南油田改制分流监督管理》、《双河油田Ⅴ上层系高温聚合物驱先导实验工程》、《2004年原油加工损失控制》、《2004年物资采购供应质量管理》等。

截至2004年12月底，38个项目，除南机厂2个项目因企业改制、行政隶属关系变更停止监察外，有30个项目完成监察任务，占83%；未完成监察任务的6个项目，均是事中监察项目，继续进行跟踪监察。通过局、厂两级效能监察组织和广大效能监察人员的扎实工作，效能监察工作取得了较好的经济效益和社会效果。9月上旬，中石化集团公司纪检组、监察局来我油田检查指导效能监察工作，对勘探局近3年来着力开展事中效能监察工作的做法、成效，以及2004年重点开展的不良资产核销管理等效能监察工作，给予了充分肯定。通过效能监察及时发现和整改管理中的有关问题、审减工程款、拒收不合格物资、追收欠款、调帐处理、拒付资金、追究罚款等，共避免经济损失1926.48万元；通过督促提高物资（设备）采购招投标率和加大招标监督力度、修旧利废、优化方案、降低成本、加强管理等，共节约资金2624.95万元；通过缩短基建（产能）建设周期、提高设备利用率等，增加经济效益1873.43万元。

强化了过程监控，促进了企业加强管理。通过监察，共发现管理中存在的各类问题、漏洞和薄弱环节339个，已组织整改320个，有针对性地提出监察建议314条，督促修订完善有关制度规定133项、673条。局效能监察领导小组办公室依据袁政文局长关于对2003年效能监察发现的有关问题及监察建议的批示意见，3－4月，重点协调督促有关责任主体部门和单位，通过完善制度及加大制度执行监督力度等措施，组织对“基建工程年终集中结算”、“信息网络工程建设管理混乱”、“物资采购供应计划管理不力”、“油田内部企业的发展扶持”等四个方面的问题进行整改，使问题得到了有效的解决。5月份，针对“大型非安装设备采购使用管理”解剖监察中发现的少数单位设备管理基础工作不够规范、有关设备暂时闲置或效益较差、个别单位变通购置设备和变更技术协议、设备附加费及落户手续办理不协调等问题，及时提出监察建议5条，督促设备采购、管理部门整改。

发现并查处了有关案件，倡导了勤政廉洁。通过对大型非安装设备采购使用管理、2004年原油加工损失控制、物资采购供应质量管理等项目的立项监察，以及对有关管理问题的追溯监察，共发现违纪违法案件线索11件，从中立案查处以损害企业利益为代价的内外勾结、营私舞弊、侵占公款、收受贿赂等经济案件8件，涉案8人(外部1人)，追缴赃款、违纪款挽回经济损失111.89万元；对监察发现存在其他违规违纪问题的10名责任人员，分别给予了调整岗位、通报批评、政纪处理等，做到了监督预防与惩处的有机统一。

实现了探索规范，建立了事中效能监察工作模式。局、厂两级效能监察组织和效能监察人员，围绕2003年初勘探局提出的3年内建立起“具有河南油田特色的、规范开展事中效能监察工作模式”的目标任务，共同实践探索，特别是局效能监察办公室注意总结实践经验，努力形成理性认识，从组织协调、监察方法、操作规程、指导督促、检查验收、成果评审等方面，形成了一套事中监察规范运作的工作模式，事中效能监察工作步入了制度化、程序化运行的轨道。同时，根据油田“一手抓效能建设，一手抓效能监察”的整体思路，2004年，勘探局将“河南油田效能保障体系研究”作为科研课题立项，由局纪委监察处、经济研究所和精蜡厂共同组成项目组，与中国人民大学“效能保障体系构件研究”项目组结合开展了研究工作，取得了阶段性研究成果。　　(刘国斌)

【落实依法治企规范经营监督约束机制工作】局、厂两级基本形成了与党风廉政建设责任制相配套的、党内监督和行政监督有机融合的两大监督体系。2004年，22个责任主体部门和相关单位，按照监督约束机制实施办法的要求，加强对部门、业务系统及重点工作的管理监督，促进了工作规范和职能作用的发挥。组织(干部)、财务、企管、审计、监察及其他部门和单位，进一步修订完善了相配套的制度规定，并认真抓好制度的落实。特别是在油田结构调整、主辅分离、改制分流工作中，监察处依据上级和《河南石油勘探局暨河南油出分公司内部结构调整、改制分流总体方案》及配套办法，3月，制定印发了《河南油田改制分流监督工作方案》，明确监督的目的、监督依据和标准、监督的重点内容和环节、监督的组织领导和工作方式等，对局厂两级纪检监察部门加强对改制分流工作的监督提出了具体要求，公布监督电话和电子举报信箱，并在拟改制分流单位张贴监督公告，发动群众参与监督，拓宽监督渠道。具体工作中，监察处改制分流监督工作领导小组办公室采取组织人员参与改制分流有关会议、参与对改制企业资产清查损失鉴定及多经企业厂长(经理)离任经济责任审计等监督措施，了解改制分流情况，掌握工作进度，督促有关责任主体履行职责、遵循程序，对信访反映的有关问题及时进行调查，促进了改制分流工作的开展。　(刘国斌)

【学习贯彻两个《条例》】 局、厂分层次多形式学习《中国共产党党内监督条例(试行)》和《中国共产党纪律处分条例》。两级党委中心组举办两个《条例》专题学习会，利用政治学习日学习，理解把握贯彻落实的根本环节；局纪委监察处以讲座的形式对局纪委常委、委员和全体纪检监察干部集中培训；对全体党员、干部广泛开展学习竞赛，6月份精心编发100道两个《条例》学习参考题，7月份各直属单位组织科以下10000多名党员、干部以演讲、笔试答题等形式进行竞赛，8月份每个直属单位领导班子抽调3人参加全局组织的党内法规知识闭卷考试，共有88名处级领导干部参加了考试答题竞赛。局、厂两级还选送21人参加中国政法大学举办的专题培训班，请专家、教授作专题报告5场次、900多人参加。全局通过多层次学习，增强了各级党组织和党员干部开展党内监督工作的意识，促进了两个《条例》的贯彻落实。

(刘国斌)

【正反典型教育】 统一组织播放了《集团公司廉洁勤政优秀领导干部先进事迹》92场次、9000多人观看，组织科以上干部和部分机关干部3000多人观看反腐倡廉豫剧《忠诚卫士》，局、厂利用电视、报纸、纪检监察信息、板报、橱窗等舆论阵地，宣传局、厂两级表彰和日常工作中涌现出的100多个党风廉政建设集体、个人的事迹和典型做法，其中在地市以上报刊发表60多篇，弘扬了正风正气。编发了《十个腐败分子的忏悔录》，给处级以上干部配发《党员干部党性修养镜鉴》，统一组织播放4部警示片，特别是精心组织开展了"以身说法"警示教育现场会，与地方司法局配合，由南阳市第二监狱的6名服刑人员为油田局、处、科三级干部共1500多人现身说法，给各级领导干部上了一堂警示教育课。

(刘国斌)

信访工作

【概述】 2004年，局信访办公室接待受理了大量的群众来信来访。全年信访总量达6580人(件、次)，同比上升16%。其中：集体上访92批6044人(次)，同比批数上升21%、人数上升16%；个体来访345人(次)，同比上升21%；群众来信191件，同比上升17%。赴京集体上访8批66人(次)，均被及时劝返。职工群众反映的问题：①家属问题，主要包括经济补偿、建立社会保险、生活保障、法律诉讼等问题，约占信访总量的19.6%；②协解职工问题，主要包括养老及医疗保险金交纳、水电气补贴、再就业等问题，约占信访总量的15%；③企业改革问题，主要是由结构调整、改制分流和移交办社会引发的一些矛盾，约占信访总量的14.7%；④离退休及内退职工问题，主要包括离退休待遇、内退职工年功工资、医疗保障、住房补贴、职工疗养、文体活动等，约占信访总量的9%；⑤社会集资问题，主要包括官庄镇"两金会"储户、启明星公司集资户上访问题，约占信访总量的8.6%；⑥社区管理问题，主要包括居住环境、小区管理、基础设施建设与管理、环卫绿化、居民纠纷等问题，约占信访总量的5%；⑦建国前参加工作的退休老工人问题，主要包括医疗保障、离退休问题等，约占信访总量的3.4%；⑧其他问题，主要包括历史遗留问题、军转干部及参加“两弹”核试验转业军人待遇、劳动争议、职工福利、工伤鉴定、子女就业、特殊困难、物业管理收费、占地村民安置、公益性岗位招聘、非全民工待遇、非在职人员管理、腾空旧房出售、住房维修、矿区规划与建设、社会治安综合治理等，约占信访总量的24.7%。

协调处理了一批热点、难点问题。全年共办理上级批转、领导批示反映热点、难点的重要信件96件，占群众来信总量的50.3%；协调解决群众反映强烈的焦点问题40多个、涉及群众切身利益的难点问题70多个。排查化解不安定因素，解决、控制或避免了一批集体上访、越级上访和重复上访。局信访办公室坚持早介入、早谋划、早预防、早作为、早化解的方针，防患于未然。全年共排查化解各种不安定因素110个，收集上报并及时处理重要信息86条(次)，避免集体上访、越级上访、重复上访36批(次)；及时出台了《预防和处置因结构调整改制分流引发的群体事件工作预案》；接待因改革引发的集体上访28批(次)、个体来访36人(次)，处理群众来信16封，协调解决个性问题28个；变群众上访为干部下访，组织干部下访42次，现场解决问题22个，超前化解了太康农场部分农工、南阳石油二机集团不参加改制的非全民工、安棚天然碱公司不愿协议解除劳动合同的职工等24批越级集体上访。

建立健全各项规章制度和新的运行机制。制定并下发了《河南油田信访工作长效机制》、《加强信访稳定工作党委行政责任制的意见》等文件，对信访工作管理体制、运行机制、部门职责、工作程序、管理制度、考核办法和责任追究等问题作出了明确规定，信访系统的基础工作和基层工作普遍得到加强，信访行为正在规范，全局信访工作管理水平和执行力稳步提高。2004年，河南油田被评为南阳市信访工作先进单位。

(李国奇)

【妥善处理大规模集体上访事件】 2004年10月12日至11月19日，协解人员和职工家属为主的特殊群体持续到勘探局集体上访，部分协解人员和职工家属赴京上访。局党委、勘探局、分公司多次召开信访稳定工作紧急会议，分析形势，研究工作方案，先后采取了各单位主要领导带领工作人员现场劝返、公安保卫部门控制局势，局领导带领部门负责人分片督导、设立多道防线，公安、纪委分头同重点挑头人员和参与上访的党员进行训诫谈话等一系列有效措施，最终妥善处理了这一复杂的群体性事件。11月18日，赴京上访的22名协解人员及职工家属全部被劝回油田，上访群众基本息访。

(李国奇)

【处理官庄“两金会”油区储户集体上访事件】 官庄“两金会”油区储户对地方有关部门的工作感到不满，多次到勘探局和官庄镇政府集体上访。油田各级组织本着维护储户利益和社会稳定的原则，协助地方政府做好沟通协调、上传下达、来访接待、组织对话等相关工作。全年共接待储户集体上访12批(次)，向地方政府上报信息10条(次)，组织政府官员同储户或储户代表对话8场(次)，向储户通报情况6次，及时消除了误解，理顺了情绪，化解了矛盾，避免了储户赴京上访事件的发生。

(李国奇)

局机关党群事务工作

【概述】 2004年，局机关党工团组织和全体职工积极工作，重点工作任务全面完成。在勘探上取得了一个重大发现、三个突破和十个新进展；开发上完成了原油生产计划，保持较高开发水平；开拓外部市场取得历史性突破；企业改革整体推进，改制分流有重大突破；科技创新成绩斐然；各项经济技术指标胜利实现，经济效益再创新高。管理创新呈现活力，执行力得到强化，处室职能作用得到有效发挥，油田持续发展能力明显增强。党组织工作不断加强，党支部和党员的作用得到较好发挥，机关党委再次被局党委授予先进党委。机关作风建设全面推进，"文明窗口"创建活动效果显著，受到局党政领导的充分肯定和广大群众好评，保持了南阳市级标兵文明单位称号。创建"学习型"团队初见成效，员工思想观念明显更新，业务技术和管理素质整体提升。综合治理、信访稳定工作扎实有效，机关无越级上访、无集体上访，确保了机关安全。局机关党委被评为油田党建先进党委，油田综合治理工作先进单位。机关党委办公室被评为油田党办系统、组织系统先进集体，机关团委被评为油田"特色活动先进单位"。局机关涌现出2个局先进集体、机关先进集体16个、先进班组21个、先进工作者123名、党支部责任制优秀责任人32名、党风廉政建设先进集体5个、党风廉政建设先进个人61名、社会治安综合治理工作先进单位6个、社会治安综合治理工作优秀责任人18名，社会治安综合治理工作先进个人14个。

截至2004年底，局机关共有26个职能处室、7个直属单位、17个附属单位；有职工1274人，其中干部914人。干部中，局级12人，处级144人，科级341人；具有高级专业技术职称的285人，中级职称的359人；有11个党总支、65个党支部、1193名党员。

（贾德永）

【落实党的十六大精神和油田重要工作部署】 一是学习贯彻局重要会议精神。机关党工团组织、各级领导干部把学习贯彻党的十六大精神、落实集团公司暨股份公司工作会议、局党委三届三次全委扩大会、油田七届四次职代会等会议精神，作为一项政治任务来抓，组织党员和员工深入学习，按照实施"五大战略"的要求，结合各自职能，查找差距，进一步理清思路，制定目标、措施，在油田电视台开办了处室长访谈录，在《河南石油报》开办了专栏，26个处室长畅谈2004年的工作思路、措施。各处室、单位对重点工作年有安排，季有计划，月有运行表，分工明确，责任到人，经常督促，月度讲评，季度考核，确保了局党委、勘探局、分公司决策在机关的贯彻落实。二是抓好形势任务教育。局党委部署开展形势任务宣讲后，机关党委下发了专门通知，列出运行大表，明确责任人，分工负责，抓好落实。结合机关实际，认真修改宣讲报告。严密组织报告会，机关党委书记为770余名员工做了形势任务教育宣讲，9月11日召开机关干部大会，请局党委书记做了形势任务报告。之后，组织以党支部为单位开展讨论，在学习讲话，统一认识，解放思想，转变观念，求真务实，真抓实干上下功夫，努力做到"五个明确"，树立"五种意识"，"五个带头"。召开小型座谈会6次，与职工面对面交流沟通，解疑释惑，深化了理解。深入处室了解形势任务教育工作成效，制作、下发并收回形势任务理解情况调查问卷225张，占处室干部数的46.5%。三是积极参与油田重组改制分流，为油田新机制的运作发挥了重要作用。机关党委教育和动员机关干部进一步解放思想，转变观念，牢固树立改革意识、发展意识、大局意识，按新机制创造性地开展工作，企管法规处、组织部（干部处）、人力资源处、生产协调处、机动处、基建处、公共事业部、财务资产处（部）、审计处等处室的87人直接参与了油田重组改制19个方案的制订与运作。

（贾德永）

【抓“学习型”机关建设，全面提升机关群体素质】 机关党委把开展创建“学习型”机关活动作为一项重点工作来抓，一是精心部署学习。根据局党委要求，结合机关实际，下发了《关于认真开展大兴学习之风，全面提升机关群体素质活动的通知》，明确了学习的指导思想、内容、要求等，纳入重点工作抓好落实。二是创造学习条件。机关党委购买下发了《“三个代表”重要思想学习纲要》、《哲学》、《科学社会主义》、《党史》、《没有任何借口》等5本书籍，提供学习资料等条件。三是采取多种方法学习。党委中心组成员和470多名处、科级党员干部带头学习、记读书笔记、写心得体会，带头提升素质，发挥了表率作用。各党支部组织员工认真学习理论、业务和有关书籍，做到了学习计划、组织、时间、人员、内容、效果“六落实”。通过举办报告会、座谈会、经验交流会、撰写心得体会等方式推动学习。四是组织培训学习。局党委组织部、纪委监察处、企管法规处、人力资源处、机动处等部门，采取请进来、走出去的办法，组织系统员工培训。机关员工学习热情高涨，思想政治素质、业务技术水平、管理素质、抓好改革发展稳定的能力有了新的提升。　（贾德永）

【加强机关党的组织建设】 一是抓党委自身建设，锤炼坚强有力的党委班子。在学习上党委中心组成员坚持每周四集体学习制度，每人撰写学习心得进行交流，形成了互相启发、共同提高的氛围。通过学习，进一步统一了思想，做到了“五个清楚”，实现了“三个转化”，对提升党委工作水平、推进机关建设发挥了重要作用。在工作上，按照党建工作五年规划，明确了党建工作责任区，党委成员经常深入支部调研指导工作，掌握抓好党建工作的主动权。在制度上，进一步健全了党委各项规定，认真落实以民主集中制为核心的各项制度。在以身作则上，要求班子成员做到的，主要领导带头做好；要求大家不做的，党委成员严格遵守。二是抓好党员教育。完成了保持共产党员先进性教育活动的调查，写出调研报告，提出11条建议上报了局党委组织部。组织为党员上“学习许振超精神”的集体党课、创建“学习型”机关的报告会，组织530名党员观看了以“98抗洪抢险”为背景的电影《惊涛骇浪》，坚持开展“两个务必”和党的优良作风教育。三是抓好党支部工作目标责任制的落实。65个党支部按照与党委签订的责任书要求，制定了党建目标责任制及实施办法，把支部工作细化分解到支委成员，使支部工作有人负责，有人操心，有人办事，有人落实。对党建责任制落实情况，党委每季度调研一次，每半年考核、通报一次。推广了局党政办党务党支部、局纪委监察处党支部等6个先进典型，针对存在的共性问题培训了支部书记。对离退处总支下属支部进行了整合，加强了对离退休党员的教育管理。经考核，机关A类党支部达到42个，占支部总数的84%，推选先进党支部32个，表彰优秀责任人32名。党内“四会一课”等制度落实率达98%以上，工作程序比较规范，基础工作得到加强，党建整体水平有了新的提高。四是做好新党员发展工作。组织对42名入党积极分子进行了培训，按照党章规定和程序,发展新党员24名,合格率达100%。五是积极发挥党员的先锋模范作用。围绕生产经营重点难点,组织党员完成56个"创新创效"攻关项目,创造良好的经济效益、社会效益,较好地发挥了党支部的战斗堡垒作用和党员的先锋模范作用,党员作用的发挥,带动了职工队伍建设,广大职工保持了团结向上、积极进取的精神状态,工作热情高涨,创新意识增强,形成了学先进、出实招、争一流、比贡献的风气。（贾德永）

【党风廉政】 一是坚持开展党风廉政教育。组织党员干部学习了中纪委3次全会及局党风廉政建设会议等精神,学习《党员干部修养镜鉴》、组织110多名处级党员干部观看了豫剧《忠诚卫士》,200名党员干部观看了曲剧《纪检风云》,进行正面教育。组织学习了《中国共产党纪律处分条例及相关条规选编》、《中国共产党党内监督条例及相关条规选编》、《党纪政纪法规制度选编》等,1100名党员、干部参加了学习《两个条例》知识竞赛活动,观看了中央台播出的党的法规知识竞赛。开展了"以身说法"警示教育系列活动,350多名参加了局纪委、监察处组织的"以身说法"警示教育,以支部为单位学习了关于王怀忠严重违纪案件的通报等,联系实际进行讨论,吸取5名"以身说法"人员的教训,286名科以上干部撰写了学习体会,查出48个问题,健全完善38条制度规定。二是廉政建设责任制得到落实。新聘任的3名处级干部、9名科级干部补签了责任书,268名科级干部签订了党风廉政建设责任书,建立108个处级干部责任区、268份科级干部廉政档案,各级责任人对责任区巡检406人次,整改问题83个。三是监督工作得到加强。机关党委、纪委参与了机关人员竞聘上岗、职称评审等项工作的监督。机关成立处务公开小组36个,处室公开176次,对群众反映的意见件件有结果。党员干部廉洁自律意识普遍增强,较好地落实了党风廉政建设责任制,11名处级干部被评为局级优秀责任人,涌现出54名党风廉政建设先进个人。四是开展效能监察工作。组织对899项原值7876万元、净值3074万元的不良资产进行了效能监察,提出16条意见督促进行了整改。对2001年以来采购的9台价值在50万元以上的大型设备采购使用管理情况进行了效能监察。

（贾德永　杨文娅）

【机关作风建设】 局机关党委坚持不懈抓机关作风建设,把重点放在提高效率、效益上,不断巩固、深化作风建设成果。一是进一步抓好首办负责制等作风建设7项制度、规定的落实,提高工作效率。机关员工急事急办、特事特办、主动办、快办、办好的习惯养成,对事关油田改革发展、群众切身利益的事情,努力做到节奏快、效率高、质量好、效益佳。二是把改进作风与加强科学管理结合起来。教育和引导机关员工养成按程序运作、按规矩办事的习惯,认真履行岗位职责,主动做好本职工作。三是抓好干部下基层工作。督促172名年青干部分批下基层锻炼学习,230多名机关干部经常深入基层调查研究,帮助解决问题117个,得到基层职工群众的广泛好评。在油田二级单位1000人参加的测评中,基层对局机关总体满意度保持在92%以上。（贾德永）

【开展"文明窗口"创建活动】 从2001年年初开始,机关党委把作风建设向直、附属单位延伸、深化,一是调整充实了机关文明委,进一步明确了分工、职责,强化了责任意识,党委和文明委成员分片包干抓好文明创建活动。二是按照油田"五大战略"要求,结合机关实际,下发了《关于进一步加强局机关直、附属单位精神文明建设的通知》。明确了精神文明建设的指导思想、目标、措施，列出了运行大表，明确了责任人等，总结推广了社保中心北区报销站创建“文明窗口”的经验。三是加强督促指导。党委4次召开专题会议，研究创建工作，党委和文明委成员7次深入试点单位调查研究，发现和解决问题，提出21条指导意见、建议。党委主要负责人亲自出面协调，帮助解决实际困难7个，与试点单位领导共同研究加强和改进文明创建活动的措施办法，一起讨论、修改经验总结材料。各试点单位也高度重视，根据各自特点，领导亲自安排部署，亲自主持制定规划和实施办法。各试点单位领导亲自带领有关人员到先进单位学习，亲自抓好创建措施落实，确保了创建活动的健康发展。9月底召开了经验交流会，推广了6个单位的先进经验，在机关所有服务单位开展“文明窗口”创建活动，取得明显成效。一是员工的文明服务理念、企业文化意识增强，以人为本、文明服务的理念已经在员工心中扎根。二是员工的精神状态发生可喜变化，工作积极性、主动性普遍增强。三是制度逐步健全规范，管理工作得到加强。四是学习业务、钻研技术的氛围形成，员工素质普遍提升。五是环境卫生面貌一新。六是服务质量显著提高，得到了领导和群众好评。七是经济效益、社会效益明显提高。涌现出2个局十佳文明窗口，8个机关“文明窗口”创建活动先进单位、20个文明科室、33名文明职工、24户文明家庭。　（贾德永）

【落实社会治安综合治理措施，创造良好环境】　一是做好机关临时搬迁中的安全保卫工作。机关综治委制订了安全保卫工作计划，采取6条保证措施，与各处室签订了责任书，及时掌握搬迁工作信息，加强现场督查，统一废旧资料收缴，严格登记手续，共查验867车出门资料，发现堵塞漏洞15个，做到了机关临时搬迁中人员无伤害，办公设备、资料无丢失、无损坏，无失、泄密问题。二是积极抓好临时办公场所安全保卫工作。下发了《关于加强机关临时办公场所安全管理的通知》，提出10条具体要求，督促抓好落实，合理调整警力，加强了值班巡逻工作，确保了临时办公场所安全。三是严格管理，抓好要害部位的治安防范工作。重点治理薄弱环节，查找工作漏洞。进行消防检查5次，发现隐患19个，下发整改通知单11份，整改率为100%。加大检查力度，夜间抽查16次，强化了值班人员的责任心。四是加强基础工作。增加了硬件投入，提高了物防、技防水平；加强了治安、消防知识和安全防范技能学习。五是抓好信访稳定工作。重视落实信访稳定防范机制，对285名协解人员、清退家属工等人员实行承包责任制，各级领导深入有关人员家庭宣传有关政策，帮助解决实际困难，分片包人负责，排查消除不稳定隐患。通过努力，确保了机关无治安灾害事故、无刑事案件、无“法轮功”习练者滋事、无集体上访、无越级上访，保持了良好的工作秩序。

（贾德永　宋全林）

工会工作

【概述】　截至2004年底，河南油田共有工会会员37797人，其中，全民合同工会员28100人，非全民工会员9697人。局级工会委员会1个，厂（处）级工会委员会32个，矿（大队）级工会委员会76个，基层（队）级工会731个。局、厂（处）两级工会有专（兼）职工会干部132人，矿（大队）工会干部76人，基层（队）工会干部733人，工会小组长2696人。

2004年，河南油田各级工会组织坚持党的领导核心，服务经济建设中心，维护权益凝聚民心，围绕油田工作重心，不断探索和创新工会工作思路，团结带领广大会员群众，在河南油田改革发展和稳定等方面，发挥了工会组织的积极作用。河南油田再次被授予河南省五一劳动奖状、河南省推行集体合同先进单位、河南省女工维权先进集体，局工会保持了全国模范职工之家称号。（王怀亮）

【职工之家建设】 2004年，油田各级工会组织贯彻落实党的全心全意依靠工人阶级指导方针，深化创建"学习型职工之家、争做许振超式职工"活动，坚持做到了"三个加强"，不断推进职工之家建设活动。在全局开展各级工会组织建设情况考核验收，对15个二级单位模范职工之家进行了复查，评选出了各级模范职工之家、模范职工小家及先进工会组织及优秀工会工作者等。召开了职工之家建设表彰座谈会，探讨了新形势下职工之家建设的问题与对策，促进了全局创建职工之家活动的深入开展。局工会组织召开了局七届四次职代会。全年举办工会干部训班1期，培训工会干部133人；投入100余万元专项资金加强基层职工之家建设。在局七届四次工会会员代表大会上，职工代表对工会职能的履行、对职工之家建设、对"三个形象"教育的满意和基本满意程度，分别达到97.82%、99.1%和95.96%。（王怀亮）

【局七届四次职工代表暨工会会员代表大会】 2004年1月8日～10日，局七届四次职工代表暨工会会员代表大会召开。大会完成了十项主要任务：一是审议通过行政工作报告；二是审议通过行政财务工作报告；三是审议通过局2003年度业务招待费使用情况报告；四是审议通过七届三次职代会提案落实情况的报告；五是审议通过七届四次职代会提案审查情况的报告；六是审议《河南油田"滚动发展战略计划"》；七是民主评议了在职局领导；八是审议通过局工会工作报告；九是审议通过局工会财务工作报告；十是签订《河南石油勘探局2004年集体合同》和《河南油田分公司2004年集体合同》。

（王怀亮）

【局(厂)务公开】 2004年，局(厂)务公开工作共公开876次近2613项(次)。其中，通过职代会或职代会团组长会等各种会议公开26次、87项(次)，利用公开栏公开659次。在全局各单位组织400名职工代表开展了《企(事)业厂务公开工作职工调查问卷》调查，经统计，职工对局、厂两级推行厂务公开的总体评价满意和基本满意率达到98%。为进一步完善厂务公开检查考核工作，促进公开工作健康有序发展，根据上年厂务公开经验交流会上有关领导提出的要求，厂务公开检查考核要突出生产经营任务是否完成、领导班子是否廉洁奉公、职工队伍是否稳定、职工群众是否满意等几个硬条件，局工会与局纪委一起，对以往的检查考核办法进行了修改完善，组织部分单位工会主席、副主席和有关专业人员对实施意见进行了讨论修改，下发了局《直属单位厂务公开考核评价工作实施意见》。（王怀亮）

【劳动竞赛】 2004年，局、厂(处)两级工会全年开展"增储上产、科技增效"、"管理创新、降本增效"、"优质服务、创收增效"等劳动竞赛活动262项(次)，实现投入产出比1：6；河南油田再次被授予河南省五一劳动奖状。一是在勘探开发重点单位开展"增储上产、科技增效"竞赛。局工会联合行政专业部门在钻井公司、采油一厂、采油二厂、新庄稠油新区开展了“快速优质、管理增效”、“增油上产、争先创优”等4个“增储上产”专项竞赛，在工程院、研究院科研人员中开展“科技攻关、增储上产”等2个专项竞赛。勘探三级储量提前完成全年计划，新增探明石油地质储量1255万吨，实现盈利6.17亿元，对外创收合同额7亿元。采油一厂江河油矿针对一、二季度欠产的严峻形势，组织职工开展夺油上产劳动竞赛。通过优化参数，强化管理，引进旋转式旋绳器等先进设备和技术，使油井工作制度更为合理，免修期由年初的423天延长到现在的482天。研究院在开展的老井复查竞赛中，经对井楼—古城地区三维地震资料重新复查、解释，部署高浅10井，新增控制储量192万吨，进一步展示了油田老区勘探的良好前景。宝浪油田经对焉参一井进行复查，在侏罗系西山窑组获日产原油7.07立方米、天然气15.3万立方米的高产油气流，标志着焉耆盆地新层系勘探取得重大突破；二是在生产辅助单位开展“管理创新、降本增效”竞赛。在油建公司开展了“保产能、闯市场、抢重点、增效益”专项劳动竞赛。精蜡厂开展了降本增效竞赛，运用“作业成本管理法”，在物资的采购、运输、包装等8个环节减少浪费，节约费用470万元；三是在经营单位开展“产品创新、质量创优”竞赛。局工会联合技术监督处、技术监测中心在各单位组织开展“质量杯”劳动竞赛，在开发新品、提高质量、开拓市场上下功夫，培育企业新的效益增长点，为企业发展奠定坚实基础。取得显著成绩。精蜡厂“卧龙”牌石蜡获河南省名牌产品称号，南机厂“华石”牌海洋钻修机、机械制造厂“豫石”抽油机、油管，华油集团陶瓷厂“豪地”牌陶瓷砖、精蜡厂“源润”牌医药凡士林获河南省优质产品称号；四是在后勤服务单位开展“优质服务、创收增效”竞赛。五一社区开展“供暖设备检修”、“创建复合型技术人才”、“保环卫质量、创清洁家园”等6项竞赛，节约成本182万元；五是在各单位开展“群众性科技项目攻关创效”竞赛。以科技增效为主题，针对企业生产经营的重点、难点问题，组织开展点题攻关、贴榜招贤、技术革新活动，发挥广大职工的聪明才智，各单位已上报局工会群众性技术攻关竞赛项目56项。水电厂双河供电车间外线二班研制的变压器分接开关紧固工具，解决了变压器分接开关渗漏油这一难题，分接开关渗漏油处理成功率由原来的42%提高到100%，平均处理时间由原来的30分钟缩短为现在的5分钟。全年可实现综合效益9.9万元。被评为全国质量优秀QC成果；六是在各单位开展“争创甲级基层队(车间)、五星级站(库)”竞赛。联合行政部门在各单位开展以建设标准化基层队伍、推行HSE管理体系和质量管理体系为主要内容的竞赛。钻井公司。开展三基工作竞赛，实现基础资料管理、设备配套、生活管理、现场管理和队伍管理标准化，促进了钻井生产的顺利进行。前10个月，该公司比上年同期多开钻71口，多完井79口，多打进尺39007米，创下钻井历史新纪录。

（王怀亮）

【合理化建议和技术改进活动】 2004年，局、厂各级工会通过开展合理化建议和技术改进活动，来提高企业科技含量，实现企业技术进步。2004年初，局工会下发“关于实施群众性经济技术创新工程的通知”，围绕生产、管理、效益的关键点，开展以小窍门、小革新、小发明、小制作、小改进、先进学习法、先进作业法、先进管理法“五小三法”为主要内容的合理化建议和技术改进活动。并在五月份集中开展合理化建议征集活动。引导职工立足本职，为油田改革、发展、稳定出主意，想办法，献计策。2004年，油田各单位共收到职工合理化建议10265条，实施4611条，创效6046万元。9月16～17日，局工会举办油田第二届群众经济技术创新成果展，采取实物展示、专题宣传、成果发布的形式展出职工的小改小革、发明创造，在全局进行推广。共展出职工小改小革、技术创新、发明创造成果353件(套)，表彰50个优秀技术攻关项目。局工会将近年来职工的251项小改小革、发明创造成果汇编成《智慧的结晶》一书，向全局各单位推广应用。　（王怀亮）

【劳动保护工作】 组织开展"安康杯"竞赛，促进油田安全生产和劳动保护工作。2004年初，局工会对"安康杯"竞赛进行了部署，安排了安全生产月、劳动保护监督检查、为一线职工送清凉、推广应用"一法三卡"、"十个一"活动等各项工作，使工会劳动保护工作进一步制度化、规范化。6月是全国"安全生产月"，局工会和安全处联合开展了一系列宣传教育活动。局工会牵头组织开展了"安全合理化建议征集"活动，举办"安全与我同行"文艺大赛。各单位围绕"安全生产月"主题，开展了"安康杯"知识竞赛、"安全与我同行"演讲比赛、"往日事故今日反思"、"班组安全讲话"、安全合理化建议征集等各种形式的安全教育活动，提高了职工的防范意识和自我保护能力。　（王怀亮）

【表彰先模】 通过职工民主投票评选王中民等10名劳动模范、钻井工程公司32640钻井队等9个模范集体、钻井工程公司管子站工具车间等20个先进集体、刘建军等100名先进生产(工作)者。2004年1月11日召开隆重的先模表彰大会，对劳模、模范集体、先进集体和先进生产(工作)者进行隆重表彰；评选推荐河南省和中国石化集团劳动模范。推荐陈道田等3人为河南省劳动模范，李斌等10人为中石化劳动模范，其中李斌、王中民为中央企业劳动模范，推荐第一采油厂采油12队、地调处2236队为中石化先进集体。其中第一采油厂采油12队为中央企业先进集体。　（王怀亮）

【巾帼建功系列工程】 2004年，各级女职工组织深入贯彻落实全总"311"工作计划，围绕油田生产经营目标，大力实施"巾帼建功系列工程"，抓载体，促维权，建机制，提素质，充分发挥女职工在经济建设中的"半边天"作用和精神文明建设中的特殊作用，团结和带领广大女职工为油田稳定发展作出积极的贡献。各级工会女职工组织从促进油田改革发展入手，在制约勘探开发的瓶颈上下功夫，根据各单位不同特点，采用不同形式开展巾帼建功活动。在勘探开发采油作业单位，以增储上产、节能降耗、提高质量、增加效益作为创建的突破口；在窗口服务单位把创优质服务、品牌服务、知识服务作为主要创建内容；在教育、卫生等单位则围绕培养人才、技术改进、增设特色服务等项目做文章。在河南省职工技术运动会上，女职工刘丽娟以扎实的技术功底，在全省电焊工比赛中取得第21名的好成绩，获优秀参赛选手的称号。全年共有29个单位参加"巾帼建功示范岗"的创建活动。创建示范岗280个，其中有1个单位被推荐为省"巾帼建功示范岗"，有2个单位被推荐为中石化集团公司"巾帼文明示范岗"。全年局共涌现出10名巾帼标兵、90名"三八"红旗手、10个先进女职工委员会、25个巾帼建功示范岗。局工会女工委被河南省总工会评为"女职工维权示范岗"、"女职工工作先进单位"。　（王怀亮）

【送温暖工程、生活保障工作】 2004年，各级工会组织实施为困难职工"送温暖"工程，切实维护困难职工的利益。建立健全特困职工、特困子女助学、职工遗孀、患大病职工、困难劳模动态档案，当好困难群体的“第一知情人”。按时发放月度生活补助费，两级工会累计为134户特困户发放生活补助费202874元；双节期间(元旦、春节)为217名患大病的职工家庭每户发放500元的补助，对生活困难的101户协解人员家庭给予500元的生活补助，向345名局级以上劳动模范发放春节慰问金23.57万元。并对402名住院治疗的伤、病员进行了慰问；开展经常性社会捐助活动，有8359名职工捐助棉衣等物资23213件，捐款7192元；坚持做好职工健康疗养工作，组织744名职工到风景秀丽的无锡、昆明、青岛、厦门等地方进行疗养，关心和保护职工的身心健康；依法维护女职工群众的合法权益和特殊利益。贯彻执行省总关于“推广女职工特殊疾病保险”工作精神，开展了女职工团体特病安康保险。开展了向单亲困难女职工送温暖活动，实施“女职工爱心帮扶工程”。通过“手拉手、一帮一”结对帮扶、定期走访慰问等，帮助困难女职工解决生活中的实际困难。 (王怀亮)

【文体活动】 各级工会组织充分发挥文体活动在凝聚人心、培养职工团队精神、丰富职工精神世界、推进企业文化建设方面的作用，用健康向上的文化占领职工思想阵地，以“健身健心健精神”为主题，把大型文化广场与全民健身活动结合起来，做到了天天有活动、月月有赛事、季季有表演。先后举办了“迎春晚会”、“迎新春元宵灯展和焰火晚会”、“庆祝建党83周年活动”、“庆祝建国55周年职工自创歌曲歌咏大赛”、“油城之夏”、“‘安全与我同行’群艺文化大赛”等大型系列文化广场活动166场，观众达40万余人(次)；承办了全国“步步高”男排联赛河南油田赛区第二、三阶段比赛，开展了足球、篮球、排球、网球、羽毛球、乒乓球“六球”比赛；开展了送歌送舞送戏下基层活动，组织文艺小分队到双江河地区及新疆、鄂尔多斯探区进行慰问。“亲情西部”艺术团带着43个精心打造的对亲人无限祝福的节目，远征新疆探区，历时16天，跋涉数千公里，深入到远在塔克拉马干沙漠腹地施工的钻井队和在博斯腾湖沼泽地作业的采油队以及新疆地方政府、友好单位演出慰问。 (王怀亮)

共青团工作

【概述】 截至2004年底，油田共有40岁以下青年18632名，其中35岁以下青年15581名，共青团员3652名，少先队员6780名。局属二级团委(青工部)31个，团总支41个，基层团支部322个，基层青工组332个，专兼职团干部405人，专兼职少先队辅导员187名。局团委获“十年全国青年文明号优秀组织奖”，省部级先进集体4个，先进个人10名。 (赵昌治)

【青少年思想教育】 一是认真抓好“三个代表”重要思想和团十五大精神的学习活动。基层各级团组织结合油田实际，通过读书会、座谈会、知识竞赛、征文比赛等形式，分层次、分阶段、有步骤地开展教育活动，同时充分利用网站、报刊等教育阵地，扩大教育的覆盖面，增加教育的吸引力。油田各级团组织共组织理论学习820场次，上万名团员青年参加了学习、座谈、讨论。专兼职团干部撰写200余篇心得体会。油田团委给团干部和团员青年发放了1000余本《“三个代表”青年读本》，并在中小学生中组织开展了“青春仪式”、“‘走进成年、走向成才’十八岁成人仪式”等活动，集中对青少年进行爱国主义和集体主义教育活动，近4000多名同学参加了活动。二是围绕《河南油田2004～2006年滚动发展战略》要求，加强团员青年职业道德教育。坚持服务企业、服务青年的宗旨，把青年成才与企业发展结合起来，与落实团的十五大精神结合起来，引导青年立足岗位奉献、钻研岗位业务、追求岗位成才。以“向许振超学习”活动为契机，在团员青年中青年开展职业道德教育，通过学习，广大团员青年都能以先模人物为榜样，投入本职工作。举办了河南油田F1大赛形象“青春之星”选拔大赛，教育、引导团员青年爱石化、爱油田。

（赵昌治）

【青年创新创效活动】 围绕油田“科技创新年”活动，大力弘扬创新精神，充分发挥青年创新创效活动在改革发展中的作用。一是着重在引导青年职工的创新意识上下功夫，提高青工对创新创效活动的认识，同时建立健全活动评价考核和激励机制。二是贴紧项目做文章，明确定位，广泛开展“开发一项新产品、创造一项新工艺、推广一项新技术、转化一项新成果”、“五小”、“推广先进操作法”等为主要内容的群众性创新活动，按照项目化运作方式，组织、动员青年参与重点攻关项目。2004年，油田青年共完成局级创新创效项目50个，厂（处）级创新创效项目300个；三是与科研、财务等部门配合，选树了一批以生产一线的朱一斌、赵世玉，科技一线的马宏伟、程学峰，管理行业的费希有等为代表的优秀创新创效带头人，以点带面，弘扬青年科技工作者献身科技进步、勇攀科学高峰的奋斗精神；四是开办青年创新论坛，开展青年科技活动周等活动，营造科技创新、创造的火热氛围。 （赵昌治）

【青年文明号活动】 一是加大“五个一”岗位训练、各种技术比赛、导师带徒等活动的力度，提高青工职业素质；二是开展“青年安全示范岗”、“团员责任区”等多种形式的竞赛活动，做到“岗上无事故，身边无事故”；三是通过创建“青年文明信用示范路”、“青年文明信用示范站”等活动，加大青年文明号的信用建设，逐步推进青年文明号的精细管理，引导广大青工树立忠于企业、诚实守信的职业道德和讲信用、重信誉的文明新风；四是召开“开拓市场、奉献青春”现场推进会。隆重表彰了70129钻井队、2235地震队等5个外拓市场青年文明号；李伟、赵韶华等10名外拓市场青年标兵。有力地促进了以“岗位文明、岗位奉献、岗位创造”为中心的青年文明号活动良性发展，促进油田“基层建设，基础工作和基本功训练”全面上水平。 （赵昌治）

【青年志愿者行动】 推行青年志愿者网上注册和“星级”评定制度。创建了青年志愿者管理网站，以志愿服务时间为依据，实行“星级”评定制度，实现了网上注册、网上管理、网上登记，注册志愿者达到4460名，每人年服务时间达到48小时以上。坚持以原油生产为重点，开展巡井护油、安全巡查和突击抢险活动。油田青年志愿者活跃在百里油区，对盗水、盗电、盗油犯罪分子进行集中打击，对高产井、易盗井和偏远井实施蹲点守候。据统计，截至2004年底，油田青年志愿者出动730余人次，发现并派出生产事故15起，抓获不法分子8人，截获盗油车辆2台；挽回原油45余吨。坚持“一助一”包户服务。一方面继续做好为西征、困难职工和老、弱、病、残等弱势群体服务；另一方面拓展服务领域，为外闯市场职工提供包户服务，常年坚持提供家教、家政等，兑现了“一户不漏走到，把真情温暖送到”的承诺；此外还为配合局“科技创新年”活动，志愿者又与承担重点科研项目科技人员的家庭“一助一”结对服务。全年油田志愿者共结对837对。四是围绕油区“四大工程”，广泛开展志愿奉献活动。利用青年中心、青年文化广场、共青团网站等活动基地，举办晚会、游园、趣味运动会等文化娱乐活动，广泛开展宣传教育，在百里油区形成人人学雷锋、处处学雷锋、事事学雷锋的良好氛围。五是开展了“保护环境”、“爱我家园，保护环境，争做现代文明青少年志愿者行动”、“创青年文明路，做油田文明人”活动，推动油区文明建设。（赵昌治）

【学习型组织创建活动】 开展“争创学习型团组织、争做学习型团干部”活动，把创建工作作为全年工作的重中之重。一是宣传发动。通过开展“什么是学习型组织、怎样创建学习型组织、团组织如何在创建活动中发挥作用”的专题讨论、选树在全国性电脑动画设计大赛中获得二等奖的身残志坚的平春玲等典型，引导青年树立终身学习的良好意识。二是健全制度。紧紧结合科研、生产项目，共建立100多个学习型组织，成立350多个学习型项目组，初步形成了“以用促学、学用结合”的学习模式。拟定《创建学习型团组织考核评估标准》，把创建活动纳入共青团工作年度目标考核之中，作为团组织的常项工作来抓。三是找准载体，推动学习型组织创建活动深入开展。利用青年之家、英语角等学习阵地，通过开展英语角、计算机座谈交流、网络互动、动画设计大赛方案评比表彰、“青工杯”英语风采大赛、李阳疯狂英语之夜等活动，调动团员青年钻研业务技能的积极性，为青年成才搭建舞台。（赵昌治）

【团的建设】 以创建“五四红旗团委”、“五四红旗团支部”为主线，增强团组织的凝聚力和号召力。各级团组织以扩大覆盖和活跃基层为重点，依靠党建、围绕生产、联系育人抓团建，以“班子建设好、主题活动好、队伍建设好、阵地建设好”为内容，稳步推进“五四红旗团委”、“五四红旗团支部”创建工作，推进了基层团组织的发展。突出特色活动和重点工作，全力开创“青”字号工程。为适应油田改革发展的需要，推动共青团重点工作得到扎实有效的贯彻落实，使团的工作更加紧密地贴近油田实际，局团委实施了共青团特色活动、重点工作立项申报制度，增强了团组织工作的计划性。加强油田共青团网站建设和青年中心试点建设，加快了团的信息化建设的步伐。每年对共青团网站进行改版和充实，实现了全局共青团网络信息体系的联网，实现了资源、信息的共享和网上办公。

（赵昌治）

【少先队工作和未成年人思想道德建设】 组织未成年人思想道德建设论文研讨，共收到研讨论文65篇，其中23篇论文在团河南省委的论文研讨活动中分获一、二、三等奖。开展了“快乐新学期”助学活动，通过青少年发展基金和全油田团员青年捐款，向二级单位推荐上报的103名困难职工在学子女发放助学金5万元。成立河南油田未成年人思想教育辅导学校，选聘38名未成年人思想道德教育志愿辅导员，组织了第一次公开授课并在《河南石油报》刊登了每位辅导员的照片，在油田范围内营造关注未成年人思想教育的氛围。在高级中学高三年级全体学生中举办了“走进成年走向成才”十八岁成人仪式，千名学生到现场参加活动，强化了未成年人的公民意识和社会责任感。开展了未成年人思想道德建设调研，设计了专题调查问卷，在实验高中近500名初高中学生中组织了问卷调查。（赵昌治）

公安、武装

公安工作

【概述】 河南油田公安局位于油田五一村大庆路西端，占地面积2.65万平方米，1982年5月经河南省人民政府批准成立。截至2004年底，共有在职职工202人，其中男民警188人，女民警14人；处级领导5人，科级干部37人；民警中大专以上文化程度157人，具有高级专业技术职称12人，中级职称59人，初级职称79人。机关设3个科室，下设15个科、室、队、所。截至2004年底，拥有固定资产588万元。

2004年，公安局围绕"打造平安油区"和"保油上产"这一中心任务，按照"打基础，树形象，上台阶，确保社会大局稳定"的工作思路，以"命案必破"和"打抢反盗"为重点，严厉打击各类违法犯罪活动，实现了油田治安好转、大局稳定。以深化公安体制改革和开展"从严治警，执法为民"教育整顿和"大练兵"为主线，大力推进公安正规化建设，不断提升公安队伍的执法水平和整体战斗力，圆满完成了各项公安保卫任务。在维护油区稳定工作中，一是强化不稳定因素的排查调处工作。采取多种手段，通过多种渠道，努力挖掘苗头性、动向性、预警性情报信息，及时掌握油区的不稳定因素，深入开展矛盾纠纷排查调处工作。全年共搜集上报各类不稳定情报信息36条，先后妥善处置油田改制单位职工、清退家属工、集体工、协解职工等大规模群体上访事件70余起，及时排查化解各类矛盾纠纷167起。二是深入扎实地开展了对"法轮功"等邪教组织斗争。开展了以打击"法轮功"非法活动为主要内容的"镇邪"专项行动，成功捣毁法轮功设在油田、南阳的地下秘密窝点3处，抓获法轮功顽固分子15名，刑事拘留12人，治安处罚3人，收缴电脑、打印机等作案工具7台，法轮功书籍、音像资料、传单、横幅6000余份。三是认真做好重大节庆活动的安全保卫工作。在油田双节烟火晚会、灯展及全国男排河南赛区比赛期间，认真细致地落实了对法轮功练习者、重点人口、上访老户的管理措施，严密对车站、交通要道等公共场所的巡逻查控，有效防止和避免了各类重大事故。

（魏彦方　王　建）

2004年，油田公安局开展"以提高实战技能"为目的大练兵活动。　摄影　王建

【刑事侦察】 坚持以“命案必破”为龙头，一手抓“严打”，一手抓重点整治的方针，先后开展“雷霆”、“春雷”、“打抢反盗”等专项斗争，保持了对违法犯罪活动的高压态势。一是全力以赴，打好命案攻坚战。建立完善了领导上案、快速反应、整体联动、优先保障等命案侦破机制，先后侦破了采油二厂唐河基地“10·21”特大杀人案、钻井“12·16”杀人案、新野县“2·16杀人抛尸案”、邓州市“2000·10·8”杀人案。二是重拳出击，严厉打击“双抢”、“入室盗窃”、“诈骗”等多发性侵财犯罪活动。采取强化社会面的巡逻防控，公开着装巡逻与便衣伏击相结合的方法，加强重点路段、部位、居民区等区域的防控力度，先后及时侦破了“3·17”持枪预谋拦路抢劫案、“3·18”持刀入室抢劫案、“7·12”特大诈骗案，打掉了“蒋德善、朱伟强等人重大持刀抢劫团伙”、“马庆通、刘磊重大流窜持刀入室抢劫、入室盗窃犯罪团伙”、“白卫强等人系列撬盗保险柜团伙”等一批重特大刑事犯罪团伙，破获“双抢”案件27起、系列性入室盗窃案件46起。三是切实维护企业正常经营秩序，严厉打击经济领域犯罪活动。相继破获了精蜡厂“2·26”、“4·29”特大职务侵占案、金世纪超市“2·11”重大合同欺诈案、“5·5”重大制售假发票案、“4·15”特大诈骗案等一大批经济犯罪案件，为企业和群众挽回经济损失140余万元。全年共立各类刑事案件487起，破获各类刑事案件372起，其中现行案件157起，重特大案件111起，摧毁犯罪团伙33个，涉及成员118人，共抓获各类犯罪嫌疑508人(逃犯36人)，其中刑事拘留155人，逮捕118人，移送起诉112人，其他处理126人。缴获赃款赃物总价值230万余元。 （魏彦方　王　建）

【治安管理】 坚持“打防结合，预防为主”的方针，以基层平安创建为载体，以深化整体联动防范工程建设为切入点，以开展治安乱点整治和安全大检查专项行动为重点，不断完善“打防管控”一体化防控体系建设，提升驾驭社会治安的能力。一是结合油区治安实际和治安防控工作特点，制定《河南油田社会治安防控整体联动工程建设方案》，构建了以派出所为平台，保卫科、居委会、基层治保组织为支点，110指挥中心快速反应机制为枢纽，以交巡警、防暴应急分队、值班机动队为骨干力量，组成跨区域整体联动体系，强化对油区社会面的防范控制。全年共开展治安巡逻2876次，排查各类矛盾纠纷215起，抓获现行违法犯罪嫌疑人287人。二是加强对剧毒、危险爆炸品和重点行业的安全管理。全年共清查娱乐服务场所432家(次)，出租房屋826间(次)，网吧40余处次，发现整改治安隐患206处，从中发现并抓获各类违法犯罪嫌疑人36人。检查涉爆、涉枪、涉毒等重点单位、特行特业146处(次)，发现整改各类安全隐患30余处，培训、考核重点单位从业人员284人次。三是强化治安案事件的查处力度，全年共立各类治安案件1499起，查处各类治安案件1102起，治安处罚829人，其中，拘留142人，罚款255人，警告432人；收缴非法出版物50余本，淫秽光碟100余盘，铲除毒品原植物600余株。

（魏彦方　王　建）

【油区治理】 坚持“露头就打，截流堵源”的方针，采取联合行动与分散行动相结合，集中打击与专项打击相结合的方法，严厉打击各类涉油、涉电违法犯罪活动。一是持续开展取缔土炼油炉专项斗争。按照“发现一座，取缔一座”的工作方针，全年共组织土炼油炉取缔专项行动43次，出动警力2790余人，车辆530余台，取缔土炼油炉51座，收缴被盗原油 200 余吨，截获盗运原油车辆 58 台，打掉重特大盗油、盗设备团伙 19 个，抓获盗油分子 108 人，其中刑拘 35 人，逮捕 19 人，收缴被盗油田生产物资 1396 件。二是严厉打击涉电违法犯罪活动。全年共取缔非法窃电 19 家，捣毁非法金属收购点 6 处；依法传唤业主 54 人，刑事拘留 3 人，监视居住 9 人，取保候审 17 人，收缴变压器 4 台，塑料颗粒 115 袋，电线 2525 米。三是妥善处置一批企业与地方纠纷事件。抓住挂牌收编的有利契机，进一步强化整治企业周边治安秩序的力度，对侵害企业和职工合法权益的案件做到及时处理，快速侦破。全年共妥善处理严重影响油田生产的群体性事件 32 起，侦破偷窃企业生产物资的案件 3 起，抓获违法犯罪嫌疑人 4 名。

（魏彦方　王　建）

2004 年 10 月 22 日，在河南省消防部队科技练兵交流会上，河南油田消防支队代表在进行网络练兵成果汇报。　　摄影　徐伟

【交通与消防管理】　在交通管理工作中，以《中华人民共和国道路交通安全法》颁布实施为契机，把预防重特大交通事故作为油区道路交通管理的首要任务，创建平安大道活动，严厉查处各类交通违法行为。全年油区共发生各类交通事故 152 起，其中重大事故 3 起，死亡 4 人；一般事故 18 起，重伤 16 人，轻微事故 131 起，轻伤 82 人，直接经济损失 18.7 万元。破获交通肇事逃逸案 15 起，调解交通事故 147 起。查处各类交通违法 9850 人次，暂扣车辆 791 台，开具强制措施凭证 1230 份，清理各种违法占道 33 处，行政拘留 83 人，刑事拘留 1 人。

在消防监督管理工作中，进一步强化消防监督力度，先后组织开展“冬防百日安全大检查”、“春季消防安全大检查”、“五一消防安全大检查”、“自动消防设施大检查”、“五小场所安全大检查”、“三夏麦收安全大检查”等一系列消防安全大检查专项行动，杜绝了重特大火灾事故的发生。全年油田共发生一般火灾 3 起，经济损失 1.7 万余元。

（魏彦方　王　建）

【队伍建设】　以揭牌收编为契机，以“从严治警，执法为民”教育活动为载体，以“大练兵”为切入点，全面推进队伍正规化、法制化建设。一是紧紧围绕“立警为公，执法为民”这一主题，深入开展了“从严治警，执法为民”教育整顿和“学长霞，铸警魂、树形象”教育活动，狠抓民警执法观念的转变、纪律作风的培养、工作效率的提高。全体民警执法为民的思想观念进一步增强，共为群众办好事、实事 60 余件，救助危难群众 70 余人次，收到群众感谢信、表扬信 87 封，锦旗 41 面，有 4 个集体和 37 名民警受到记功和奖励。二是以提高队伍战斗力为目标，积极开展“大练兵”活动。按照公安部的要求，全警动员，积极开展“大练兵”活动，通过基本知识学习、基本队列训练、基本体能训练和业务培训等，促使民警的个人素质和整体战斗能力有一定提高，民警的纪律作风和精神面貌有较大改观。三是认真落实从严治警方针，加强队伍内部管理。以贯彻落实公安部“五条禁令”和省公安厅《从严治警，执法为民责任追究十条规定》为重点，建立健全各项管理制度，加强日常管理，始终保持对民警违法违纪查处工作的高压威慑力，有效杜绝民警违法违纪事件的发生。 （魏彦方 王 建）

【油田公安局移交地方政府】 1994年，根据《国务院批转公安部关于企业事业单位公安机关体制改革意见的通知》精神，油田公安局进行了体制改革。2002年2月25日，河南油田公安局正式编入河南省公安厅建制序列，直属河南省公安厅，同时，更名为河南省南阳油田公安局，为正处级单位，定员110人。2004年5月25日，按照国务院办公厅[2004]22号《关于中央企业分离办社会职能试点工作有关问题的通知》精神，“河南省南阳油田公安局”正式挂牌成立，河南油田委托南阳油田公安局代管油区保卫处。

（魏彦方 王 建）

【破获10·21特大杀人案】 2004年10月21日中午，平顶山市叶县夏李乡农民李聚芳因骗婚不成，闯入油田唐河基地某居民楼内，将油田女职工王某和其姐残忍杀害。在逃脱无望后，李某将室内煤气罐打开，并扬言已在居民区内安放了三处爆炸装置，将炸毁居民区。接报后，公安局迅速集结警力赶赴现场，紧急疏散周围居民。在劝说无效的情况下，民警果断开枪将李某击伤擒获。

（魏彦方 王 建）

【破获4·29特大职务侵占案】 2004年4月29日，公安局在接到油田精蜡厂恒达公司关于该厂业务员李某携近百万元巨款去向不明的报案后，迅速立案调查。经过30余天的缜密侦察，2004年6月3日，一举将携巨款潜逃至上海的犯罪嫌疑人李某抓获。次日，民警在深圳其曾租住过的房屋内缴获现金62.3万元及部分存折，共计67.3万元。

（魏彦方 王 建）

【取缔土炼油炉专项行动战果显著】 2004年7月16日深夜，在勘探局领导的亲自指挥下，油地警方出动警力260多人，车辆36台，在唐河县大河屯乡一举取缔土炼油炉10座，查获被盗原油40多吨，抓获犯罪嫌疑人8名。 （魏彦方 王 建）

消 防 工 作

【概述】 河南油田消防支队（以下简称消防支队）是一支全员军事化管理的专职消防单位，担负着油地火灾扑救、抢险救援、灾害处置和油田工业生产区防火监督检查及油区职工家属生命财产消防安全的重任。截至2004年底，消防支队全民职工326人，非全民工64人，其中干部31人，工人359人，女工69人；大学文化程度13人，大专文化程度31人，中专文化程度12人，技校57人，高中189人，初中以下文化程度29人；各类专业技术人员38人，其中高级职称3人，中级职称10人；技师2人。消防支队设9个基层单位，驻防分布在魏岗、双河、下二门、井楼、南阳石蜡精细化工厂、新疆等地域。有各种消防车辆46台，固定资产原值1496.25万元，净值651.69万元。

下设的消防器材销售维修站主要经营消

防器材销售和维修项目，拥有固定资产原值56万元，净值45万元。全年共维修灭火器材4508台(具)，销售消防器材3800(台)具，合格率100%；实现销售收入344万元，比上年同期增长30%；完成利税22.4万元，利润40万元。

2004年全年共扑救各类火灾75起(其中油田内部41起，地方火灾34起)，出动消防车辆258台次，消防人员719人次，扑救成功率100%；为油田各单位现场动火值班22847小时，出动消防车辆4105台次10629人次，正点到位率100%；辖区单位满意度100%。开展消防技能训练项目139个，参训人员47519人次，完成训练课时7456小时，理论学习课时1758小时；训练合格率100%；对油田241个重点单位、要害部位进行灭火实战演练，出动消防车辆1101台次4229人次；编制完成针对油田重点单位要害部位灭火抢险联防预案240份；防火安全监督检查1214次，查出火险隐患1386处，现场督促整改隐患580处，限期整改隐患806处，提出整改建议2232条，培训辖区消防单位义务消防队30次5294人次，重点单位要害部位防检覆盖面100%。

【管理工作】 制定了《消防支队二〇〇四年管理考核办法》，19个大项的考核细则，实行集中管理分别考核的管理办法：一是以目标管理为内容，实行支队副职领导与各基层单位党政正职领导“责、权、利”相结合的风险抵押金制。二是以《消防支队干部管理能力积分考核制度》为手段，对基层管理干部和机关人员实行“德、能、勤、绩”综合能力测评制度。三是以强化管理干部政绩考核为举措，对新疆消防六大队实行“主管领导负责制和资金兑付制”管理模式。四是以内部分配制度改革后的激励作用为新的工作“增长点”，不断深化支队人事和薪酬改革制度。五是以《消防支队二〇〇四年管理考核办法》为依据，对各部门和基层单位实行经费包干制，各消防大队实行劳务收入目标承包责任制。

加强物资采购和供应工作，制定《关联交易管理办法及考核细则》、《重大火灾后勤保障管理办法》等10个办法、细则，健全“三卡”制度，建立与采购权限相配套的资金申报、审批、结算、运行制度，完善物资计划、编制、平衡、审批和执行程序，成立由服务队、财务科、安全装备科、纪检和工会组成的物资采购谈判小组，对物资的采购实行招标和监管。全年采购物资166多万元，发放物资166多万元，库存物资14多万元，低于局核定的库存物资标准。

加强信访稳定工作。全年共下基层700多人次，为基层单位解决各种问题80多个。重新确立领导小组和办公室，组成50人的常备稳定工作应急分队，五分钟可到达局机关办公楼的位置，十分钟可集结100人到达局领导指定的油区位置，确保油田稳定。

加强党的组织建设。以《消防支队基层党支部考核细则》为标准，表彰先进党支部2个，优秀共产党员17名，优秀党务工作者9名；硬化党的作风建设，逐级签订党风廉政建设责任书和划分责任区，覆盖落实面达100%。工会开展群众性经济技术创新工程、企业文化建设工程、“阳光工程”、“送温暖工程”和“六比”劳动竞赛、合理化建议等活动11次；对消防支队内部重大改革方案、奖金分配方案、民主评议领导干部等12个方面的内容，采取公开栏张贴明示公开和支队网络信息反馈公开，全年队务公开178次。共青团开展“双争”、“创新创收”、“青年岗位能手”和“111”读书活动，表彰先进团支部2个，优秀团干6名，优秀团员6人，先进志愿者18人。综合治理实现“无刑事案件、无重大治安案件、无职工犯罪、无治安灾害”的目标。消防支队获得中石化集团公司“优秀消防队”、局“油田文明单位”、“综合治理先进单位”，支队工会被局工会授予“巾帼建功示范岗”，支队团组织被局团委评为“五四特色团委”。

（徐　伟　范建国）

【消防业务训练】 从实战出发，把业务训练场变为模拟火场。一是把科技练兵中的“拳头产品”网络练兵落到实处。在上年开发单机版平面网络练兵演示系统的基础上，经过改进，已实现网络二、三版交互式网络练兵演示系统。制作完成局级、支队级和大队级火灾扑救、抢险救援预案 560 份，重点单位、要害部位预案覆盖率 100％，达到训练中心基地化、灭火预案模拟化、电脑演示网络化、指挥中心一体化为标志的新型训练指挥形式。二是抓实基本功训练，按照消防部队《训练大纲》的标准，结合油田消防工作的实际需要设置训练课目 31 个，完成训练课时 3769 小时，两盘水带连接、两节吸水管连接、百米障碍、攀登、高空救人、火场救护、特情处置等 20 多个项目合格率 100％，优秀率达 84.6％。三是抓细技术应用训练，一线指战员和专业技术人员对油田重点单位要害部位“四掌握，六熟悉”达到 100％，有双岗位、三岗位证书的 228 人，占一线在岗人员的 64.7％，实现了一人多岗、一人多能的训练目标。把业务训练的重点放到战术训练和实战模拟演练上来，通过建立小型移动式石化装置、钢窗等消防模拟训练设施，进行烟气室训练、火场抢险、室内排爆、化工装置堵漏、强行破拆等模拟设施训练，把火场搬到训练场，有效的提高了指战员在高温、辐射、毒气、浓烟、夜间等复杂环境下扑救火灾和抢险救援的能力。四是抓活战术应用训练，把训练重点放在堵截、冷却、隔离和单兵、单车(班)、多车(各种特勤车辆)协同、集团公司区域联防合成演练等实战性进攻型战术应用上，施训课目 24 个，落实训练时间 4129 小时，达标率 100％。2004 年 4 月 5 日至 10 月 2 日，支队以油田文体中心、翠湖公园、中心气站、魏岗联合站、加油站等重点单位要害部位为联合演练对象，抽调消防一、四、特大队消防车 16 辆和指战员 93 人，按照设想火情和险情，分别由六个基层单位的大队长组织指挥，合成演练，综合评定。五是抓好模拟实战演练，油田工业区以网上练兵为主，加大科技练兵的力度；生活区以实地模拟演练为主，强化实战力度，全年演练 158 次，出动消防车辆 793 台次 2766 人次。

（徐　伟　范建国）

【消防宣传】 消防支队针对油田重点单位要害部位的消防规范和标准，修订完善防火档案 147 个，利用“安全宣传周”、“119 消防宣传日”、“支队消防活动日”和“消防到学校、消防到社区、消防到家庭、消防到社会”活动，在油区组织大型消防知识宣传、咨询活动 6 次，发放消防传单近万份。与油田 12 所学校联手成为警校共建单位，组织专业技术人员进校入室进行消防常识教育授课 23 次，受教师生 1300 多人次。上门为油田老年职工活动中心 200 多名离退休人员讲授消防常识，演示灭火器的使用。利用“消防活动开放日”对油田黄山区、嵩山区两个幼儿园 300 多名教职工、幼儿进行消防知识授课讲解，通过展板、装备器材展示、消防演练、消防常识讲解和模拟火场逃生等内容和项目的现场演说示范。

（徐　伟　范建国）

【职工培训】 消防支队把岗位培训、各种专业技能训练作为培训工作的主导，利用支队培训中心基地对在岗职工进行 11 次 230 多人次的化学危险品知识讲演。对分配来队的

22名复员军人，进行为期40天全封闭式的军事化管理和基本功训练。先后对消防员、防火员、驾驶员等6个专业160人进行职业技能培训，合格率、持证上岗率100%。组织干部参加全国消防指挥员资质认证考试，有26人取得由河南省武警总队颁发的“消防指挥员合格证书”。与廊坊武警学院联系，选送20名消防优秀人员参加武警学院消防专业成人高考，7人被大专班录取，13人被本科班录取。（徐　伟　范建国）

【安全工作】 消防支队依据《中华人民共和国消防法》和油田消防特点，实现一岗一责制和分工负责、逐级管理责任制与风险抵押金制度。对在岗102名驾驶员进行大队、支队、局三级考试，对挂牌33台车辆进行年审，合格率100%。展开HSE体系的管理工作，重新调整HSE管理体系建立和推行领导小组，设立专门办公室，制定《消防支队安全、环境与健康(HSE)管理体系建立推行方案》。制定支队正副职领导HSE岗位责任制。编写和制定符合支队工作的HSE管理文件、HSE管理手册、23个程序文件和31个运行控制文件。利用工作表分析(JHA)和故障类型分析(FMEA/PHA)等方法，对支队140个工作岗位、8个重点要害部位、10种消防防护用品、32种消防器材、24种消防特勤器材、7种消防车辆进行安全评估评价；共识别危害因素152个，其中，轻微危害107个，中等以上风险38个，重大、不可许风险7个，并逐个制定和实施了整改控制措施。

（徐　伟　范建国）

【科技练兵成效显著】 2004年10月22日，在濮阳市召开的河南省消防部队科技练兵经验交流会上，河南油田消防支队作为河南省惟一一家企业单位参加科技练兵经验交流，对网络建设和网络练兵的经验和成果进行汇报和演示，得到省消防总队领导的高度肯定和与会各市武警消防部队领导的一致好评，从网络练兵的技术成果来看，已走在全省消防部队科技练兵的前列。

（徐　伟　范建国）

油田综治、武装工作

【局综治委总结表彰大会】 2004年，局综治委与纪委联合召开总结表彰大会，大会对工程院等10个先进单位，第一采油厂等20个先进集体，第一采油厂双河护矿队等10个先进基层组织，局机关等6个稳定工作先进单位，刘晓东、禹伦等26名见义勇为先进个人，曹正先等100名社会治安综合治理先进个人进行奖励和表彰；并推荐油田公安局、第一采油厂、第二采油厂、南阳机械厂为南阳市社会治安综合治理先进单位，推荐第二采油厂、研究院、精蜡厂、供销处、通信公司为南阳市治安模范单位。（王华山）

【开展油区整治】 2004年度局综治委先后下发了《油田“扫黄”“打非”行动方案》；《关于表彰2004年“春雷”行动先进集体和先进个人的决定》；《关于构筑社会治安防控体系、创建“平安油田”的意见》，《关于开展警校共建活动的通知》；《关于开展整治油区生产治安秩序专项行动的工作安排》等14份文件对油区综合治理工作进行督导。

全面加强社会治安综合治理的组织建设、制度建设和队伍建设，开展生产、生活、校园周边治安秩序三项治理，维护了油田改革发展稳定，确保了油区一方平安。

①矛盾纠纷和不稳定因素得到及时处

理。建立完善局、厂、矿(大队)、基层队(车间)四级矛盾纠纷排查调处信息网络。排查矛盾纠纷1243起,调解1243起,调解成功1205起,调成率97%;排查不稳定因素1716起,化解除1561起,化解除率91%;妥善处理油田内部群体上访133批、6100余人次,未发生越级集体上访事件。

②严打斗争成效突出。油田公安局建立经常性的严打工作机制,开展严打专项斗争,共立各类刑事案件357起,破获297起,其中,破现行案件167起,重大案件78起,摧毁犯罪团伙20个,涉及成员58人,共抓获、处理各类犯罪嫌疑人260余人,其中刑事拘留122人,逮捕81人,移送起诉78人,始终保持对犯罪分子的高压态势,有力地维护油田的治安稳定。

③治安防范能力不断增强。建立油田公安机关、单位内保部门、社区“三会一队”、“三位一体”的治安防范体系,推广治安责任承包制,602个重点要害部位“三铁一器”到位率达到100%,案件发生率为零。2004年发生单位内部可防性案件13起,同比下降35%,全局有21个二级单位全年未发生任何治安、安全等责任事故。

④油区生产治安秩序明显好转。建立以油田公安、保卫、护厂护矿力量为主的打防机制,建立以经济承包为杠杆,企地共建油区生产治安秩序专项治理长效激励机制和联席会议制度,对油区突出的生产治安问题实施联手、联治、联打。全年共发现并取缔炼油炉42座,截获盗油车辆108台,摧毁盗油团伙8个,抓获盗油分子131人,收缴被盗原油379吨,整治窃电厂点49处,收缴窃电变压器2台,电线1.5万余米,减少电力损失1340万度,查处整治非法金属收购点6家。

⑤防范和处理法轮功问题成绩突出。对法轮功痴迷人员进行集中教育转化,实现社会面控制转化率100%。破获油区法轮功案件2起,挖出外地法轮功案件3起。

⑥预防青少年犯罪扎实有效。持续开展普法教育、法律进社区、警校共建等活动,职工家属法制观念不断增强,教育系统实现在校学生违法犯罪零目标。

⑦安全生产责任措施得到有效落实。全年实现重特大安全生产责任事故零目标。

(王华山)

【民兵训练】 2004年,参训基干民兵600人,其中:第一采油厂民兵应急分队80人;第二采油厂60人;南阳精细石蜡化工厂60人;南阳社区27人;五一社区、涧河社区、双河社区各20人;油田公安局40人;运输处51人;消防支队222人。结合油田需要,在消防支队成立民兵防化营。防化营下设1个核生化防护连,2个防化洗消连,定员222人。6月2日上午在消防支队院内举行隆重的民兵防化营成立仪式,南阳军分区政治部主任祝润安大校等军分区有关人员参加大会并发表讲话祝贺,河南石油勘探局局长、民兵团长袁政文同志宣布河南油田民兵防化营成立并向民兵防化营授旗;局武装部部长、民兵团副团长房延武同志宣读由民兵团团长袁政文、民兵团政治委员姚大福签发的“豫油[2004]民兵字2号文件”《关于周海等四名同志任职的决定》,任命周海同志为消防支队民兵营营长、赵卫为消防支队民兵营政治教导员、郑光全同志为消防支队民兵营副营长、樊有峰为消防支队民兵营副政治教导员;民兵防化营营长周海同志宣读民兵防化营连排干部任职决定;民兵防化营副教导员樊有峰同志宣布防化营编组结果;军分区司令部参谋常拍乐同志抽查点验;民兵防化营教导员赵卫同志作上年度民兵工作总结,表彰先进集体、先进个人,提出下步工作要求;民兵防化营副营长郑

光全同志宣布规章制度；军分区政治部主任祝润安大校检阅民兵队伍。　（王华山）

【征兵工作】　按照国务院、中央军委2004年冬季征兵命令和南阳市征兵办公室部署，油田自9月初开始摸底，10月份开始宣传动员，11月4日召开全局征兵大会。2004年度按照2003年的征兵工作方式，应征青年的登记、报名和初审工作由四大社区负责。严格按照政治、身体、文化、年龄、户口关系等条件，充分发挥社区、居委会基层组织作用，经过个人报名、单位推荐、资格审查、体格检查和政治审查，经三榜公示，确定33名青年应征入伍，赴天津武警部队服役。　（王华山）

【拥军优属工作】　2004年，油田武装部按照国家关于做好“双拥”工作有关的要求，对南阳军分区、独山装甲旅、镇平二炮旅、卧龙区、宛城区武装部进行慰问，对油田11户军烈属特困户进行走访慰问，局武装部统一对2003年32名军人家属、2004年33名军人家属进行慰问。　（王华山）

新闻与企业文化

报　纸

【概述】 河南石油报社(以下简称报社)是河南石油勘探局党委机关报,1983 年 12 月组建。位于油田五一村大庆西路,占地 1.33 公顷,建筑面积 5302 平方米。

《河南石油报》于 1993 年被国家新闻出版总署批准为全国统一刊号,2003 年改为对开四版,周三刊。报社业务科室为五部一室,有编采人员及辅助人员 28 人。报社机关有 2 个职能科室,2 个直属单位。截至 2004 年底,全民合同制员工 70 人,完善工资的集体工 8 人。大专以上学历的 47 人,有中、高级职称的 25 人。报社有固定资产原值 314.51 万元,净值 162.71 万元。2004 年,《河南石油报》全年共出版报纸 147 期,出版《河南石油报·通讯》4 期,每期报纸发行 1 万份。印刷厂全年完成产值 260 万元,广告信息中心完成产值 80.3 万元。

2004 年,完成报纸出版任务,没有出现政治、政策性失误及重大事实差错,报纸综合质量不断提升。报社及印刷厂全年实现收支平衡,方圆广告信息中心完成报社下达的创收任务。　　(郭万江)

【新闻工作】 2004 年,报社实施精品战略,通过河南省第五届报纸质量检测,被评为河南省二级报纸。在全国企业报委员会的评比中,被评为全国优秀企业报。在河南省企业报委员会的年度评比中,荣获河南省企业报“最佳企业报”称号。同时,报社还在全国企业报新闻奖、全国副刊优秀作品、中国石油新闻奖、中国石化好新闻、河南省新闻奖等评选中,获奖 41 件次。有十余人次获得中国石化报刊协会、河南省记者协会、河南省企业报委员会、南阳市记者协会颁发的优秀新闻工作者荣誉称号。　　(郭万江)

【重点报道】 一是突出发展主题,发挥“加油站”的作用。《河南石油报》紧密跟踪五大战略的实施进展情况,及时报道五大战略取得的新成果。及时报道勘探上的新发现、新突破,《泌阳东部断裂带勘探拉开序幕》、《泌阳凹陷北部斜坡外带前景看好 泌浅 94 井喜获工业油流》等报道,让油田职工家属看到了老区不老,尚有潜力的可喜局面;《地调人纵横南襄盆地》、《地调处逐鹿西部力拔头筹 中标西部探区和田河区块二维地震资料采集项目》、《大东北:我们来了 我油田中标三江盆地油气勘探项目》、《川东南勘探艰难推进》、《钻塔高耸鄂尔多斯》等报道,让油田职工家属看到了油田勘探在外部新区南征北战的壮举;《商务部批准我局在尼日利亚设立公司》、《联手中原物探 进军非洲市场 地调处借船出海》、《油田将投标埃及油气勘探项目》等报道,让油田职工家属看到了油田勘探开拓国外市场的前进步伐。

及时报道油气开发的新进展。《在这片充满希望的土地上——采油二厂职工会战新庄油田写意》等报道,展现了老区开发的新面貌;《宝浪低孔低渗有“药”可医——来自工程院的科研报道》等报道,描绘出西部新区开发战线职工如何运用先进的技术攻关夺隘的情景。《新技术有偿推广收成好 去年7个项目增油1.2万余吨 今年又有11个新技术上市交易》的报道,向职工家属传达河南油田的生产经营已经步入依靠科技进步、提高科技含量的发展轨道。

及时报道了油田开拓外部市场的新进展、新经验。《油田外部市场传佳音:今年前9个月外部产值同比增长五成多》等报道,反映了油田开拓外部市场取得的丰硕成果;《地调处2235地震队开拓南方市场纪略》的系列报道,《熠熠生辉看新星——南机厂实现可持续发展探究》,《蝉蜕的翅膀——精蜡厂实施特色发展战略纪实》,《踏着市场节拍前行——采油一厂开拓外部市场纪略》等报道,反映一些单位开拓市场的做法,为其他单位开拓市场起到引导作用。

及时对五大战略实施进程进行总结和分析。报纸开辟《解读油田发展战略》专栏,先后刊发6篇记者述评。开辟《实施五大战略两年回眸》专栏,先后刊发6篇总结性的报道。开辟《形势任务教育》专栏,刊发河南油田科学发展系列评论员文章。

二是突出改革主题,发挥“催化剂”的作用。

紧贴改革进程,全景记录油田改革历史。《各单位内部分配制度改革加快》、《集团公司批复12家企业首批改制分流 河南油田占总数三分之一》、《精蜡厂精减上百名机关后勤人员》、《多种经营企业加速“变脸”15家企业改制分流初方案获批复》、《油田公安局纳入省厅编制》、《南机厂改制分流进入倒计时》等一系列报道,记录油田改革进程。

紧贴职工的思想矛盾,为改革教育引导工作。报纸开设《我与竞聘上岗》等专栏,在职工群众中引起强烈反响。

紧贴改革中的问题,为改革做好理论探讨。报纸刊发的评论员文章《触及“腰包”触及“灵魂”》,论述分配制度改革的重大意义;刊发局长袁政文的署名文章《改制分流是解放生产力 加快发展的良好机遇》,从理论上澄清认识、统一思想。

三是突出稳定主题,发挥“减震器”的作用。

在油田实施竞聘上岗时,报纸开设《谈心亭》、《发展放谈》、《我与竞聘上岗》、《竞聘之后怎么办》等专栏,起到缓解情绪,提高认识的作用。

及时报道油田及各单位为保持稳定所做的种种努力。《做好“减震器”,当好“防火墙”——华油集团党委为改制创造稳定环境》、《构筑企业“防震大堤”——油田劳动争议调解工作述评》等一大批报道为油田稳定工作营造良好的氛围。

及时报道油田为维护安全的生产和社会环境所做的综合治理工作《油区隆隆响“春雷”油田公安局开展春季专项打击整治行动》、《南阳与油田联手整治油区环境》等一大批报道,反映油田在治理周边环境、社会秩序等方面所做的艰苦努力。

四是突出安全主题,发挥“警示钟”的作用。

及时报道油田安全工作所取得的成功经验。报纸刊发一组述评文章。

五是突出企业文化主题,发挥“主阵地”的作用。

全面报道油田各级党组织创新企业思想政治工作、党的建设和廉政建设等方面的典型经验和先进个人。（郭万江）

【全部编采人员持证上岗】 2004年3月,报社全体编采人员通过网上审核及文本审查,全部更换国家统一的新版记者证，实现持证上岗。此前2003年7月至9月，按照国家新闻出版总署的统一部署，报社全体从事编采的人员分期分批参加河南省新闻出版局组织的新闻从业人员资格培训考试，并全部取得合格证，为更换国家统一的新版记者证，实现持证上岗基础。　（郭万江）

【《河南石油报》首次实行有偿发行】　2004年，《河南石油报》在创刊20年后首次改免费赠阅为有偿发行，共计发行报纸一万余份，实现发行收入约140万元，为报社实现报纸产业化经营迈出关键的一步。　（郭万江）

【《河南石油报》光盘制作完成首期工作量】　为便于《河南石油报》的保存、查阅，以及扩大对外宣传，2004年，《河南石油报》光盘制作完成首期工作量，从1984年1月1日创刊号，至1990年间的所有新闻稿件，均录入制作完成，并制成光盘。该项工作主要由报社编采人员利用业余时间完成。　（郭万江）

电　视

【概述】　截至2004年底，油田电视台在册职工63人，其中采编人员31人，大专以上学历52人，高级专业技术职称7人，中级职称21人。有线电视网主干线路全为光纤线路，传送电视节目42套，其中自办节目2套，调频广播节目10套，闭路电视接收用户约1.5万户。全年共播发《油田新闻》251期3000多条，《每周要闻》13期45条，《每周新闻综述》38期190条，《油海纪实》4期，《油城视点》4期，《文化生活》8期，《油海纵横》42期，制作播出临时性专题和现场录像41部(场)，制作播出《广布周知》10部，在省、市新闻及石化新闻中发稿100多条。同时播出石化新闻中心制作的石化新闻51期，石化新闻中心制作的新闻专题12部。全年有20件作品在市记协、石油记协电视分会、石化电视分会和中国电视艺术协会企业分会获奖，油田电视台被评为石化电视分会优秀电视台、中国电视艺术协会企业分会最佳有线电视台和优秀电视台。被局党委授予先进新闻单位。张秉宇、何婉丽、赵颖、雷顺莲、雷波、张晓欣、杜国强、闫志明被中国电视艺术协会企业分会评为优秀企业电视工作者。吴文超、牛新萍、汤庆被评为中国石化优秀新闻工作者，王波被评为南阳市“十佳”新闻工作者。

（李有金）

【重点报道】　2004年，油田电视台首先在油田新闻、新闻专题及专栏节目中，先后对《中国共产党党内监督条例》、《中国共产党纪律处分条例》和十六届四中全会精神，以及中央和地方有关国企配套改革的政策、法规进行了宣传报道。二是在《油田新闻》中开辟“结构调整、改制分流”专栏，从油田召开动员会、各单位积极实施改制分流到油田干部职工的反映等进行集中报道，并配发电视评论，从舆论上引导干部职工积极投身改革，自觉维护油田稳定。在此基础上，《油海纵横》栏目配合新闻报道，在“新闻纪实”、“专家访谈”“百姓话题”子栏目中，及时推出了《关注结构调整、改制分流》、《改制分流大势所趋》、《面对一次观念的挑战》等栏目专题、谈话节目，对油田结构调整、改制分流的意义、目的等进行深度报道，在屏幕上形成了立体报道之势，有力地配合了油田中心工作，为油田结构调整、改制分流的顺利开展提供了强有力的舆论支持。三是以生产建设和企业发展为重点，全力以赴报道油田勘探、开发的进展和取得的成就。

根据油田不同时期、不同阶段的工作重点，有计划组织战役性报道。年初，根据上年油田所取得的成绩，编发了《2003 年工作回顾》系列报道，并以各单位“开好头起好步”为主题，及时报道各单位生产动态。进入下半年，结合油田原油欠产的严峻形势，及时组织摄制了 10 集大型系列报道《油田上半年生产经营回顾》，从勘探、开发、市场开拓、改制分流、企业管理、油田基本建设、思想政治工作等方面进行了总结分析。并针对老区勘探取得的新进展、新发现，如焉参 1 井取得重大突破、唐河高浅 7 井见到良好油气显示、泌 94 井获工业油气流等出现的“亮点”进行了重点报道，为夺油上产鼓劲加油。四是以先进典型宣传为切入点，营造浓厚的学先模、赶先模氛围，大力弘扬企业精神。电视台以向许振超学习为契机，从学习许振超事迹到油田职工以实际行动学习许振超、学习身边先模，在《油田新闻》中开辟新闻专题栏目“远学许振超 近学身边先模”，集中报道了学习活动和朱一斌、陈道田、姜春风等一批油田先模事迹，并在《油海纵横》栏目中报道油田干部职工的学习体会，把学习许振超活动不断引向深入。五是大力宣传企业文化建设，以优秀的企业文化鼓舞职工奋发向上。电视台先后录制播出了“春节文艺晚会”、“庆祝建国 55 周年职工自创歌曲大合唱”、“文化广场”文艺演出等近十场表现油田企业文化建设成果的节目。同时，加大执行文化、“文明窗口”和“四大工程”建设报道力度，先后推出了《采油一厂强化执行力系列报道》、《五一社区加强“四大工程”建设系列报道》和对局机关党委组织开展的“文明窗口”创建活动进行追踪报道，促进了企业文化建设。（李有金）

【自办节目改版】 电视台以油田分配制度改革为契机，对采编系统进行了调整，对《油田新闻》、《每周要闻》和专题栏目进行改版，并制定完善《河南油田电视台采编系统管理考核办法》，对采编系统的管理程序、岗位职责、定额工作量、奖惩办法等作了明确规定。采编系统调整后，保留总编室，将原新闻部和社教部合并为新闻部。改版后的《油田新闻》设时政动态、经济建设、党群生活、文教卫生和社会生活 5 个板块，更注重内容的丰富、形式的新颖和题材的多样。将《每周要闻》改为《每周新闻综述》后，不仅在形式上述评结合令人耳目一新，而且在内容上更具穿透力和深度，受到观众的普遍好评。改版后的栏目《油海纵横》下设《新闻纪实》、《专家访谈》、《文化广场》、《百姓话题》、《油田明星》、《生活小窍门》、《法与规》和《凡人奇事》8 个子栏目，容量更大，时效性更强，更具生活贴近性。

（李有金）

文体工作

【概述】 文体中心（体委）为局机关直属单位，一个机构，两块牌子，主要负责职工文化体育、少儿校外艺术培训及青少年科普教育工作。下设文体活动中心、文化宫、体育场、电影公司、青少年宫、儿童乐园等 6 个单位。截至 2004 年底，文体中心有职工 93 人，其中，专业技术人员 45 人，拥有净资产 900 多万元。全年共举办大型文艺晚会 3 场，文化广场活动 4 场，组织下基层演出 4 场；开展体育比赛 7 项，承办步步高“家庭影院杯”全国男子排球联赛第二、三阶段比赛 5 场；开办校外艺术培训班 14 个，培训学员 700 人次；各场馆全年共承办各类大型会议、比赛、演出 102 场，体育训练开放 408 场，电影放映 97 场，举办舞会 36 场，游泳池开放 200 场次，游

乐场所接待游客5万人次。　(刘燕春)

【举办庆祝建国55周年职工自创歌曲歌咏大赛】 大赛以创新为主题，打破以往仅为歌唱比赛的形式，融入了原汁原味的“油”文化，要求参赛的24个单位均演唱两首歌曲，其中一首为自创歌曲，这些由油区职工自己创作的歌曲，旋律优美，体现了石油行业特点，反映出当代石油工人昂扬向上的精神风貌，弘扬了企业精神，具有浓郁的时代气息。比赛组织周密，井然有序，在油田电视台连续播出后，得到了职工家属的一致好评。

(刘燕春)

【组织“亲情西部”艺术团赴疆演出】 2004年7月22日至8月6日，在局党委副书记、工会主席彭生明的率领下，河南油田“亲情西部”艺术团带着精心编排的43个节目赴新疆慰问演出。艺术团成员先后来到河南油田西部勘探公司基地、宝浪油田开发项目部生活基地、博湖县影剧院、焉耆县一中礼堂、巴音郭楞蒙古族自治州环保局、库尔勒市风帆广场，深入远在塔克拉马干沙漠腹地施工的70119、70832钻井队和在博斯腾湖沼泽地施工的45759、45758钻井队、宝浪油田采油二队、乌鲁木齐市中石化西部新区指挥部办公基地等14个单位演出，受到西部油区和当地群众的欢迎。演出结束后，局长袁政文用四个“没想到”(即:没想到领导那么重视，没想到演出质量那么高，没想到演员那么能吃苦，没想到那么受西部职工欢迎)总结演出效果。

(刘燕春)

【文化广场活动丰富多彩】 5月至9月，先后举办《五月欢歌》、《纪念邓小平诞辰一百周年大型广场文化活动》、《永远的歌谣》、《中华戏曲》等文化广场活动。河南油田文化广场活动以场面宏大、主题突出、内容丰富、群众参与面广等特点，多次受到中石化音舞协会调研人员的称赞。2004年5月召开的中国石化音乐舞蹈家协会一届三次会议上，协会主席沙启军对河南油田“以练身、练心、练精神为目标，把全局社区和单位划分为五大文艺板块”，广泛开展以广场文化活动为亮点的群众性文艺活动给予了高度评价。会议授予河南油田集团公司2002～2003年度“群众文艺工作先进单位”称号。

(刘燕春)

【全民健身宣传(周)月活动】 各单位根据活动主题，坚持经常化、普遍化、社会化、科学化、制度化和多样化的原则，广泛开展了“全民健身齐动员、强身健体闯市场”、“抓好全民健身、努力促油上产”、等活动。2004年全民健身活动在组织发动、参与人数、内容形式方面比往年有较大的扩展和提高，影响面大，社会效益明显。据不完全统计，在全民健身(周)月活动中共悬挂、张贴标语150余条；制作宣传画及材料160余张(份)；办板报400多期；报刊、电视台报道10余次。油田获河南省2004年全民健身宣传(周)月活动先进单位。　(刘燕春)

【对外比赛喜结硕果】 2004年，参加南阳市第二届运动会暨首届职工运动会，河南油田代表队先后夺得职工组羽毛球单打金牌、银牌；职工组乒乓球男子团体银牌；老年组乒乓球女子团体银牌；老年健身秧歌铜牌；河南油田获优秀组织奖和先进单位称号。参加巴音郭楞族蒙古自治州成立50周年“大庆杯”篮球比赛，河南油田以13场全胜的战绩捧得“大庆杯”。参加南阳市五大班子乒乓球邀请赛，油田领导袁政文等五名运动员参加比赛，取得团体冠军。参加了河南省秧歌比赛，河南油田代表队获第二名。参加巴陵石化举办的中石化第一届职工文艺汇演(中南片),获声乐一等奖;器乐二等奖。参加河南省第18届青少年科技创新大赛,获一等奖12项,二等奖15项,三等奖11项。参加第19届全国青少年科技创新大赛,共有4项(学生项目1项、团体项目3项)作品参赛,学生工程学项目获二等奖。 (刘燕春)

【创建文明窗口活动】 2004年,文体中心按照豫油文明委[2004]3号文件的要求,以“提供一流服务、争创一流业绩”为目标,以创建“文明窗口”活动为载体,以提高文体中心广大职工职业道德素质和文明服务水平为重点,努力解决文明言行、服务制度、服务设施、服务环境、工作效率等方面存在的问题,促进五个转变,即指导思想由“软”到“硬”,工作姿态由“要我创建”到“我要创建”,工作主体由少数人搞创建向全员广泛参与,活动内容由一般性创建向全方位、深层次创建,创建效果由“虚”向“实”转变,实现窗口单位服务水平的全面提高。文体中心第二、第三党支部分别被评为局机关创建“文明窗口”活动先进单位,第三党支部还获得局“十佳”文明窗口。

(刘燕春)

社　会　服　务

医　疗　卫　生

【概述】　①截至2004年底，油田医疗卫生机构共有56个，即：局总医院1所，二级医院2所，卫生所11个，医务室10个，保健站31个，局卫生防疫站1所，实开病床475张。工作人员总数757人（人员减少是因职工与原单位协解），其中卫生技术人员695人，在岗正、副主任医师68人（正高4人）。②2000元以上设备817台（套），资产原值3865万元，其中大型医疗设备有多功能数字减影X光机1台、彩色B超2台、螺旋CT 2台、电视腹腔镜2台、C型臂X光机1台、800mAX光机2台、高压氧舱1座、电子胃镜2台，人工肾机、人工心肺机、碎石机2台等。医疗用地约7.05公顷，建筑面积5.04万平方米。③全年完成门诊工作量335029人次，急诊4112人次，观察收治19917次，收住院5906人次，出院5905人次，手术1463例，抢救病人904人次。其中治愈2963人次，治愈率54.96%(2963/5391)；好转2107人次，好转率39.08%(2107/5391)；死亡115人，病死率2.13%(115/5391)；治愈好转率85.86%(5070/5391)。健康体检28541人次，预防接种56108人份。④2004年医疗收入68711.57万元，对外创收575万元，局卫生处荣获南阳市2004年度卫生工作目标管理先进单位。

（张玉祥　姚德慧）

【开展疾病普查和宣传活动】　2004年，局卫生系统在作好正常医疗工作的同时，开展了疾病普查和预防疾病的教育宣传活动，共查出法定乙、丙类传染病11种142例，发病率164.48/10万(142/86335)，发病例数比上年度增加37例（增加主要原因是，国家新修订公布实施的《传染病防治法》，对法定传染病由原35种，调整增补至37种）。142例中：乙肝45例，占31.69%；丙肝6例，占4.23%；未分型肝炎6例，占4.23%；菌痢26例，占18.31%；风疹1例，占0.7%；疟疾（间日疟）5例，占3.52%；流行性腮腺炎8例，占5.63%；流行性出血热1例，占0.7%；急性出血性结膜炎2例，占1.41%；肺结核30例，占21.13%；淋病1例，占0.7%；梅毒（Ⅰ期）9例，占6.34%；AIDS（艾滋病）2例，占1.41%。全年无鼠疫、霍乱、脊髓灰质炎、狂犬病、流行性脑脊髓膜炎、流行性乙型脑炎病例发生。局卫生防疫站对全油田来自疫区的1597名职工、家属进行血吸虫病普查，查出血吸虫病感染者14名。对上年度查出的102名莱姆病患者安排治疗。

利用报刊、电视开展了新修订的《传染病防治法》、禽流感、传染性非典型肺炎、计划免疫、高血压病、食品卫生、糖尿病、艾滋病、职业病等疾病的防治知识宣传教育活动，发放宣传册、单等材料10.5万份，挂横幅31条，制作黑板报198余块，出宣传橱窗132期。

（张玉祥　姚德慧）

【计划免疫工作】　局卫生防疫站、双河医院、涧河医院、唐河站卫生所、南阳石蜡精细化工厂卫生所等五个计划免疫接种点，2004 年完成“五苗”接种：卡介苗接种率为 99.06%(1581/1596)、脊髓灰质炎疫苗接种率为 97.17%(4766/4905)、百白破三联疫苗接种率为 97.45%(6276/6440)、麻疹疫苗接种率为 96.69%(2779/2871)、乙肝疫苗接种率为 98.69%(3742/3792)。

甲肝疫苗接种 3480 人份，腮腺炎疫苗接种 1750 人份，风疹疫苗接种 805 人份，水痘疫苗接种 892 人份，轮状病毒口服疫苗 530 人份，流脑疫苗接种 4173 人份，狂犬疫苗接种 558 人份，乙肝疫苗接种 2370 人份，乙脑疫苗接种 1890 人份，流行性出血热疫苗接种 6048 人份。

一是落实脊髓灰质炎基础免疫接种程序，从全局 5 个接种点的调查看，实际接种率为 97.17%。二是继续加强强化免疫服苗工作，在每年一度的 12 月 5 日与次年元月 5 日两轮强化服苗工作中，严格按照河南省卫生厅和南阳市卫生局的要求，制定切实可行的油田接种方案，组织严密、分片包干、责任到人、督导实施。由于采取了定点服苗与送服相结合。通过全局防疫人员的共同努力，两轮共接种 14468 人次，在地方政府对局强化服苗工作抽查时，共抽查三个区域，未发现一例漏服者。三是开展计划免疫接种率调查工作，调查人数 210 人，建卡 210 人，建卡率 100%；建证 210 人，建证率 100%。单项疫苗接种率均达到 98%以上。四是坚持开展常规计划免疫门诊 170 次(其中进行周接种 80 次，进行旬接种 90 次)。油田卫生防疫站计划免疫门诊被评为河南省省级示范门诊。

(张玉祥)

【结核病防治】 2004 年，全局共报告新发结核病人 30 例，年报告率为 34.75/10 万(30/86335)。菌阴 2 例，未痰检 28 例。地方患者经局诊断为肺结核的 26 例，转诊 26 例。转诊率达 100%。

(张玉祥)

【非典防治】 2004 年，防疫站认真执行传染性非典型肺炎一日两次的“零报告”制度(接到上级通知后于 2004 年 6 月 8 日停止报告)。同时，坚持开展非典早期预警监测 13940 人，其中患发热呼吸道病例 921 人，发热肺炎病例 110 人，非典预警病例和流感及流感样病例均为零，全年无非典病例发生。

(张玉祥)

【艾滋病防治】 2004 年 11 月 4 日，勘探局下发《关于进一步加强艾滋病防治工作的通知》(豫油卫[2004]307 号)，12 月 1 日在世界第 17 个艾滋病日到来时，卫生处组织 7 名人员，向油田的五一社区、双河社区、涧河社区等单位发放宣传画 500 余份，并在油区 97 个宣传橱窗进行张贴。油田防疫站组织对卫生防疫人员进行了艾滋病知识培训，总医院、双河分院等医疗单位也分别开展了培训工作，累计培训人员达 850 人次。根据河南省统一安排，8 月份在全油田开展了大规模的“有偿供血人员”普查登记，共普查 83256 人(其中包括流动人口 324 人)，共发现有偿供血 8 人，经 HIV(艾滋病病毒)全部为阴性。截至 2004 年 12 月 31 日，油田医疗单位检测 HIV 2895 份，阳性 2 份。自愿检测 HIV 2 份，阴性 2 份。根据防治艾滋病工作需要，防疫站建立了 HIV 初筛实验室，并通过了南阳市卫生局验收。截至年底油田有 AIDS 患者 2 人。

(张玉祥)

【禽流感防治】 2004 年 1 月 23 日(农历正月初一)，卫生处转发了 1 月 22 日深夜接到的卫生部特急电报《卫生部关于印发〈突发人间禽流感应急预案及有关防治方案〉的通知》(豫油卫处[2004]1号),对油田防治禽流感工作进行了安排布置,成立了河南油田人间禽流感防治工作领导小组,卫生处汤洁浩处长任组长,防疫站组建了18人参加的技术指导和预备队2个专业小组。在禽流感防治期间,先后出动车辆37次,卫生监督员126人次,在监督过程中及时处理了因其他原因引起的死鸭、鸡、鸽、麻雀等事件6起,其中1月29日,协助地方政府对位于总医院以南、水电厂以北的中间地带,一处魏氏个体户饲养鸭场,发生因患浆膜炎而致死亡的500余只鸭(饲养28天)进行消毒、焚烧及深埋处理。同时开展对油田原局机关、水电厂、地调处、机械制造厂、运输处等5家农场存在房屋出租养鸡、鸭情况进行调查,6户租赁房屋饲养的14000余只鸡、鸭进行了禽流感疫苗接种。截至2004年12月31日,油田未发生1例人感染高致病性禽流感患者。　(张玉祥)

【职业卫生】 2004年10月11日,勘探局下发《关于贯彻实施〈工作场所职业病危害警示标识〉的通知》(豫油卫[2004]281号),按文件要求,全局统一订购国家规范的有毒有害场所警示标识牌1200块,安放在不同的有毒有害作业场所。5月份,卫生处组织10名工作人员深入到钻井队、作业队等生产一线进一步开展《职业病防治法》宣传,油田电视台、河南石油报及时进行报道。同期卫生处派出3名职防专业人员深入到机械制造厂、水电厂等二级单位对中层干部进行《职业病防治法》宣讲,800余人接受培训。2004年对采油二厂、研究院、工程院、机械制造厂、水电厂、测井公司、油建、双河社区、总医院、亚南责任有限公司等单位的2748名接触有毒有害作业人员进行了体检,体检率为96.69%(2748/2842),其中接触化学因素656人,粉尘566人,噪声513人,高温498人,放射262,其他253人,发现职业禁忌症13人,按要求均调离了原工作岗位。为受检人员建立了个人监护档案,建档率达100%。2004年共监测噪声、粉尘、苯、汞、硫化氢等有毒有害场所185个,监测率达80.79%(185/229)。油田防疫站被评为2004年度南阳市直管企业职业病防治先进单位。

(张玉祥)

【放射卫生】 2004年,对接触射线的254人开展健康体检,体检率达96.95%(254/262)。对从事放射性测井、医用X线诊断、工业X线探伤的262名工作人员进行了放射防护知识培训,培训率达100%。与河南省、南阳市放射卫生监督机构一起对全局16个放射作业场所进行了监测,监测率达100%。放射人员个人剂量监测254人次,监测率达96.95%(254/262)。为262人办理了放射工作人员证。截至年底油田有患外照射慢性放射病5名。　(张玉祥)

【职业病防治】 2004年,全油田累计职业病及观察对象76人。新发观察对象(汽油)3人。现有职业病患者52人,其中尘肺24人;毒物中毒23人;外照射慢性放射病5名。观察对象24人,其中尘肺观察16人,慢性中毒观察8人。2004年安排职业病患者住院治疗23人次,门诊治疗123人次。

(张玉祥)

【食品卫生与环境卫生】 ①2004年共体检食品和公共场所从业人员1740人,其中食品从业人员1468人,受检率为97.03%(1468/1513);公共场所从业人员体检272人,受检率为98.19%(272/277),检出乙肝表面抗原阳性41人,检出率为2.36%(41/1740),按要求全部调离原工作岗位,调离率为100%。②审核发放卫生许可证477份,其中,审核、发放食品从业单位卫生许可证405份;发放公共场所从业单位卫生许可证72份;卫生许可证审核发放证率为96.17%(477/496)。核发从业人员“健康证明”1699份,办证率为100%(1699/1699)。其中:食品从业人员办证1390份,公共场所从业人员办证268份。③2004年,在油田区域内对食品及公共场所从业单位进行经常性卫生监督1755户次,其中食品从业单位1628户次,公共场所127户次,监督覆盖率为100%。④2004年采集食品样品80份,合格样69份,样品检验合格率为86.25%(69/80)。⑤采集生活饮用水样42份,合格41份,合格率97.62%(41/42)。⑥采游泳池水质样18份,合格18份,合格率100%。⑦开展游泳人员体检2389人,办健康证2345份,办证率98.16%(2345/2389)。⑧在安徽阜阳劣质奶粉造成“大头娃”事件披露的全国查处劣质奶粉中,油田共查处7个不合格品种41袋奶粉。还依据《食品卫生法》和《化妆品卫生监督条例》要求,组织卫生监督员,对辖区内的食品从业场所和化妆品经销单位进行监督检查,对检查出的不合格食品193瓶(袋)、月饼70公斤、散装食品60公斤、桶装饮用水69桶进行了没收、销毁处理。⑨开展医院消毒监测1次,采样42份,合格样品40份,合格率95.24%(40/42);消毒产品监督监测3次,抽样23份,合格22份,合格率95.65%(22/23)。⑩根据卫生部安排,开展食品卫生监督量化分级管理33家,促进企业改进卫生设施37项。举办食品从业人员等培训班3期,培训人员257人次。

(张玉祥)

【食物中毒事故】 2004年10月12日上午,涧河区域出现三四个操四川口音的流动商贩,挑着近百只生薰板鸭,以每只6~10元的超低价沿街叫卖,该区居民购买十分踊跃。中午发生了两家13人因食此薰板鸭而发生食物中毒。事发后油田紧急启动预案,要点:一是积极抢救病人;二是对薰板鸭进行检验,尽快查明中毒原因;三是公安局负责追捕商贩;四是利用电视、广播及行政等多渠道进行宣传,阻止晚餐再有居民食用该类薰板鸭而发生新的中毒患者。袁政文、张召平、彭生明、张国全、陶光辉等局领导来到总医院急诊室,看望了中毒患者,嘱咐医院要全力抢救中毒患者,确保他们的生命安全。经对薰板鸭检验,检出鸭体内亚硝酸盐超标达270倍。由于诊断明确,措施得当,13名患者经抢救全部脱险。

(张玉祥)

【学校卫生】 2004年,按照《学校卫生工作条例》要求,对油区6所中学、9所小学的毕业班学生进行体检,共体检学生1953人,其中:小学生927名,发现视力低下307人,视力低下率33.12%(307/927);肥胖170人,肥胖率18.34%(170/927);沙眼112人,沙眼率12.08%(112/927)。中学生1026名,发现视力低下839人,视力低下率81.77%(839/1026);肥胖141人,肥胖率13.74%(141/1026),沙眼134人,沙眼率13.06%(134/1026)。根据《河南省卫生厅关于开展春季学校食品卫生专项检查的通知》要求,开展对13所中小学的学校食品卫生工作进行检查,在13所中、小学中,存在学校食堂5家,全部为中学。检查中没有发现受查处的不合格食品,但对卫生制度不完善、三防(防鼠、防蝇、防虫)设施不全等问题下达了《卫生监督意见书》5份,要求学校对存在的问题限期整改。

(张玉祥)

【妇幼保健】 2004年对油区的12所幼儿

园、托儿所的390人保育员、幼师和后勤人员进行了预防性健康检查，查出5人为乙肝表面抗原阳性者，按规定均调离了原工作岗位，调离率为100%。全年住院分娩912人，住院分娩率达100%。全年未发生孕妇、产妇死亡；围产儿死亡2例。开展妇科病治疗8368人次，住院手术治疗202人。为541名婴儿办理了《出生医学证明书》，并按要求为他们建册、建卡，实行儿童系统管理。进行儿童健康检查1608人次，查出肥胖儿童20人，肥胖率3.79%(20/528)；佝偻病儿童20人，佝偻病率3.79%(20/528)。未发现出生缺陷和畸形儿。为自愿参加婚前检查的2对青年进行了婚检。（张玉祥）

【无偿献血工作】 2004年在钻井公司、地调处、精蜡厂、通信公司、消防支队等5家单位和油区街头社会公民的参与下，1038人共献了154600毫升血液，其中油区街头社会公民773人，自愿参加献血84600毫升血液，首次出现了社会公民自愿献血人次和量大于单位组织献血的良好风尚。油田献血办获南阳市公民无偿献血组织奖。（张玉祥）

公共事业及社会服务管理

【人口与计划生育】 2004年，油田总人口87968人，其中：已婚育龄妇女18564人；出生人口计划962人，实际出生678人，其中：政策内一孩654人，政策内二孩24人，出生率为7.71‰；政策生育率达100%，全年死亡134人，净增人口544人，人口自然增长率为6.18‰；当年领取独生子女证654人，领证率为100%；男女性别比例为100：104，属正常；综合节育措施落实率为100%；组织全油田已婚育龄妇女健康检查18041人，康检率达100%；办理流动人口(验)证率达95%；计划生育优质服务满意率94%。

2004年，根据南阳市政府的要求，结合油田深化改革、改制分流、移交办社会的实际，落实计划生育各项工作目标。

一是完善责任制，确保人口计划生育管理目标的完成。油田自上而下坚持层层签订了人口与计划生育目标责任书，把目标任务纳入单位生产经营管理和精神文明指标体系中，使计划生育工作做到了与油田“三个文明”同部署、同检查、同考核、同奖惩。

二是强化动态管理。于4月初印发了《关于重组改制期间的计划生育管理对象移交工作有关事项的通知》，规定了改制分流单位移交人员的范围、移交程序、移交时间和具体要求。完成了计划生育档案资料的移交工作，油田8个二级单位，移交了1249户、3714人，做到人走卡走，人变卡变，不漏管、底子清、情况明。

三是完善考核机制，建立考评分析制度，促进油田计划生育管理水平提高。

四是落实计生优惠政策，印发了豫油〔2004〕公共字138号《关于计划生育特殊人群和家属有关费用报销的通知》，解决了特殊人群和家属计划生育“四项”手术费用报销难的问题。全年慰问独生子女12872人次，帮助基层解决实际困难204人次，为9768名独生子女办理了“少儿两全”保险，投保金额109.17万元。

五是举办各种培训班，加强培训。2004年举办新婚夫妇优生优育培训班9期，参加人员903人；生殖健康、避孕知情选择培训班5期，参加人员1578人；组织观看科普教育片6场，参加人员2475人。

六是加大流动人口管理力度。5月份，制定印发了豫油公共〔2004〕148号《河南油田流动人口计划生育暂行管理办法》建立了流动人口登记、检查、统计报表及责任追究等制度。

七是转变服务观念，提高计生健康服务质量。全年油田共有18041名已婚妇女参加计生健康检查，查出患各种疾病人员502人；开展计划生育避孕药具知情选择，为育龄妇女发放避孕药具78956人次。

八是加大人口与计划生育宣传教育力度。组织开展人口与计划生育、预防艾滋病知识有奖竞赛活动，油田31个二级单位，有12328人参加了竞赛答题活动。油田计划生育主管部门印制发放竞赛答卷1565份，二级单位翻印10763份，答题准确率达98%。2004年，油田荣获河南省预防艾滋病知识竞赛组织奖及2004年度中国计生协组织学习《人生》活动二等奖。

九是协会组织建设进一步得到加强。2004年，共健全协会组织31个，改选、增补常务理事46人，建立"会员之家"36个，发展新会员648人。油田90%以上的二级单位协会实现了工作制度、协会网络、工作程序、工作标准上墙，使协会会员学习有阵地，活动有场所。通过采取不同措施，保证了计生协人员落实，组织机构和网络健全。

（曾宪美　贺爱华）

【物业管理】　2004年，公共事业部紧紧围绕全年社区系统生产经营目标，稳步推进社区内部改革，强化服务意识，推进物业管理，规范服务行为，拓宽服务领域，不断提高服务质量，努力实施"四大工程"，认真抓好生产经营、创收增效、改革管理、维护稳定等各项工作。

2004年11月26日，河南油田社区工作会议。

摄影　卢军

一是积极稳妥地推进社区服务系统改革。牵头成立了社区改革宣教领导小组，就集团公司社区改革及水、电、气、暖收费等问题利用电视、报纸等媒体广泛深入地进行宣传；编辑了《国家、集团公司、地方政府物业管理服务收费办法汇编》；制作了专家访谈、政策专访等专题节目，在油田电视台播放，使油区居民进一步了解了改革政策；制定了《河南油田社区服务系统内部结构调整及改革方案》、《2005～2007年河南油田社区服务系统发展战略》和《关于调整充实加强社区基层组织实施方案》等。解决了目前社区基层管理中存在的体制不顺等问题，为今后三年社区服务系统的改革发展指明了方向。配合勘探局改制分流、专业化重组，协调社区，接收了改制单位剥离的项目和人员。原由社区管理的学校、医疗等机构从社区剥离，实行了专业化管理；中心区离退休管理基层单位纳入五一社区管理，实现了全局离退休人员的社区化管理；南机厂改制后，原南机厂社区划归勘探局管理，成立了河南油田南阳社区服务中心；完成了运输处、机械制造厂、油建公司、测井公司所属4个农场的资产、人员划归五一社区管理工作。

二是提高物业管理和服务水平，做好物业管理优秀(示范)住宅小区创建工作。制订了物业管理优秀住宅小区创建计划，并作为社区的考核指标，纳入社区重点工作进行考核，与岗位工资和效绩工资挂钩。各社区通过努力，五一社区泰山小区于10月份通过了河南省建设厅组织的验收，获得了省级物业管理示范住宅小区称号；双河社区香苑小区等4个住宅小区被评为南阳市物业管理优秀小区；涧河社区魏岗小区等6个小区达到了油田物业管理优秀住宅小区标准，住宅小区物业管理水平逐步提高。

三是狠抓“三基”工作，夯实管理基础。组织编写了社区基层队资质审核细则，完善了“三基队”考核评审标准，组织了社区“三基队”创建及达标验收工作，三大社区有10个基层队(站)通过了勘探局的检查验收，取得了河南油田甲级基层队的称号。各社区按照“三基”工作的基本内涵，制定完善了以HSE和ISO标准化质量管理体系为主的规章制度。强化安全管理工作，牢固树立安全就是最大效益的思想。通过深入开展“反三违、查隐患、促整改”活动，从源头杜绝事故隐患，切实落实安全生产责任制，积极推行HSE管理体系等工作，保证了社区全年安全环保目标的实现。

四是强化服务意识，提高服务质量，树立社区良好形象。严格履行服务承诺制，提高服务质量；认真搞好小区服务管理。社区通过推行“分类、分片、定时，包干”管理，建立完善“三级检查制度”，实行工作量、工作效果与工资分配挂钩考核，初步形成了一套比较科学的监督约束机制；加强了社区服务质量综合考评。通过实地检查考评和调查问卷等各种行之有效的措施，促进了社区各项管理服务工作水平的提高。公共事业部共组织80多人次深入社区进行监督检查，共检查住宅小区248个·次，公共场所26个、道路60条，提出整改意见130条。社区综合服务质量全年平均得分90.24分，高于85分的局考核标准。

五是实施四大工程，推进社区文化及精神文明建设。坚持以素质工程为核心，促进干部群众转变思想观念，提升思想道德素质和科学文化素质。以环境工程为重点，加大整治力度，强化服务质量，提高油区环境水平。以平安工程为保障，确保队伍稳定、生产稳定、社会稳定。以繁荣工程为主渠道，丰富油区职工群众的精神文化生活。

六是做好维护稳定工作，为油田改革发展创造良好的社会环境。公共事业部以服务油区群众、维护油区稳定为工作出发点，积极参与部署稳定工作。组织人员对上访人员做耐心细致的说服解释工作，化解矛盾。各社区成立了稳定工作领导小组，划分了稳定承包责任区，根据形势的变化，掌握改革与管理中的新情况、新问题，制定了防范监控预案，调整和完善各项管理措施，并对关系企业改革、发展的重大政策措施，耐心细致地向职工群众、居民做好宣传解释工作，把重大改革措施向职工群众交底，争取职工的理解和支持。

(刘志勇　卢　军)

【绿化工作】 2004年，油田绿化工作按照总体规划的要求，坚持绿美结合、建管并举，共投入绿化资金248.5万元，在不断改善老区容貌的同时，高起点、高规格地绿化和美化新区环境。全年参加义务植树人数达3.78万人次，义务植树尽责率达55%，共植树59.09万株，其中：乔木1.75万株，花灌木57.34株，铺草坪15.46万平方米，植绿篱0.87万延长米，新增绿化面积17公顷，整体绿化覆盖率达到37.9%，植树成活率达到92%

以上。

一是调整、充实了局、厂两级绿化委员会和绿化领导小组，做到了分工明确，责任到人，局领导带头植树造林。

二是把建设花园式生活小区作为绿化工作的奋斗目标，因地制宜，适地适树，按照“生态优先、产业优先、景观优先，景观优美”的原则，高标准、高起点地做好绿化规划。

三是把宣传教育工作贯穿于绿化工作的始终，大力宣传植树造林，绿化美化石油矿区，改善生态环境的重要意义，使广大职工在树立企业良好形象与优化投资环境、在搞好矿区绿化工作上形成了共识，积极投身植树造林绿化矿区的事业中去。

四是各社区以创建“国家级、市级、局级优秀(示范)住宅小区”及“物业管理优秀住宅小区”为目标，坚持绿化一片，美化一片，在规划布局上突出一点一景，生态平衡的主题，以实现“小区公园化”、“庭院园林化”、“道路林荫化” 为目标，突出绿美结合，造型图案与草坪结合，收到了很好的绿化美化效果。

五是加强对绿化专业人员的培训。6 月份，选送 37 名责任心强、热爱绿化工作的专业人员到河南农大进行为期一个月的绿化技术培训，参加培训人员全部取得了由国家农业部颁发的中级园艺技工任职资格技能证书。

六是完成了泰山区、涧河魏岗小区、双河新区、月亮湖的绿化工作；完成了五一广场绿地，五一路至梦迪诗、新邮局路段街景，文化广场，唐河基地一号小区和二号小区等老区的绿化工程改造工作。

（来喜玲　卢　军）

【残联工作】　2004 年，油田残联被河南省残联评为“残疾人之家”、“河南省按比例安排残疾人就业先进单位”；参加河南省残联举办的“春天的事业——纪念邓小平诞辰 100 周年”演讲大赛荣获“优秀组织奖”；被南阳市残联评为“残疾人工作先进单位”。截至 2004 年底，油田共有残疾人 956 人，其中肢体残 564 人，智力残 120 人，精神残 85 人，听力残 63 人，言语残 29 人，视力残 95 人。

一是完善油田残疾人组织建设。针对油田结构调整、重组改制中组织机构和人事变动，调整了河南油田残疾人主席团和理事会成员，经河南省残联同意，将“河南石油勘探局残疾人联合会”更名为“河南油田残疾人联合会”，为确保残疾人工作的开展奠定了组织基础。

二是完成并通过了按比例安排残疾人就业年审工作。

三是再就业安置因企业效益差收入得不到保障的 10 名残疾人重新上岗。同时，跟踪上年度新安置的 58 名残疾人就业后的收入情况，监督协调，保证其工资达到南阳市最低工资线以上。

四是组织开展各类有益于残疾人身心健康的活动。第十四次“全国助残日”期间，组织召开年度总结表彰会、制作宣传自强模范和优秀福利企业的电视专题片、组织了游园、募捐、慰问福利企业等活动；八月份举办了“春天的事业——纪念邓小平诞辰 100 周年”演讲大赛；十月份召开了残疾人体育趣味运动会。

五是全年共慰问福利企业 8 家，对特困和大病残疾人进行救助，对困难户开展帮扶共计 1867 人次 29.2 万元。

六是代表南阳市残联，组队参加了省残联举办的“春天的事业——纪念邓小平诞辰 100 周年”演讲大赛，荣获一等奖 1 名，优秀奖 2 名。

七是选送 7 名残疾人到省、市职业技能学校培训。为两名从事按摩职业的盲人向河南省申报了医师和医士职称。

八是做好残疾人及亲属来信来访工作。为33户无房和因肢体残疾确需调房的困难户解决了问题;为残疾军人和盲人解决了免费乘坐油田公交车的问题。（苏曼莉）

【城建监察】 截至2004年底,五一社区、双河社区、涧河社区三个社区的城建监察队,共有员工61人,分别隶属社区保卫科和环卫绿化站。主要负责辖区矿容建设法规的宣传教育工作,保证规划、建设、管理的依法实施;负责对辖区内的城市规划、市政工程、公共事业、园林绿化、市容市貌、环境卫生等方面的违法、违规行为进行监察,及时纠处违法违规行为;负责辖区公共秩序的管理;负责协助维护治安秩序。

市场秩序管理:对辖区的早市、夜市、农贸市场、街道中的乱摆乱放、私拉乱扯、占道经营、乱倒垃圾脏水、欺行霸市等商户200余户进行了教育整顿;对不在市场内经营的沿街摆放摊点100余户进行清理搬迁;对私设的篷帐、广告横幅、标牌等400余处进行了集中整治,规范了市场,整顿了秩序。

道路畅通管理:对辖区道路两旁的占道经营、乱摆摊位、乱搭棚屋、乱堆乱放、乱停车辆等阻塞交通现象进行了清理整顿。2004年共拆除道路旁违章建筑40余间;清理占道堆放楼板900余块,石子150余吨,砖3万余块;治理违规停放车辆2000余辆次,保证了道路的畅通。

辖区卫生管理:用宣传车、板报等工具多次在辖区内宣传有关卫生管理条例,特别是双河城建监察队发放了《致双江唐油区经营单位和经营商户的一封公开信》400余份,使环境卫生管理有关条例家喻户晓;对辖区乱贴乱挂、乱涂乱画非法小广告进行了清理,累计清理非法小广告4000余处;对沿街商户签订了"门前三包"协议,并不断检查落实三包协议的履行情况。（李德成）

【移交办社会工作】 2004年,根据国办发[2004]22号文件精神,中国石化集团公司于5月16日召开了分离移交办社会工作会议,油田迅速传达会议精神,成立了"分离办社会职能工作领导小组"和办公室,安排部署移交工作;编制了宣传手册和提纲,采用形势与任务教育报告会和教育、公安系统职工代表座谈会等形式,进行广泛学习和宣传。为全面核查拟移交的人员、资产和费用,成立了人员、资产、经费核查、宣传、协调等7个工作小组,并与地方政府进行联合核查。经与地方政府长达7个多月时间反复、艰苦的谈判、协商,2004年12月3日晚,在郑州中州宾馆三号楼,河南省政府与中国石化集团公司草签了《中小学、公安机构移交协议书》,2004年12月8日河南省人民政府与中国石化集团公司正式签署了《中小学、公安机构移交协议书》(以下简称《协议》)。《协议》规定"河南石油勘探局中小学连同教育机构整体移交南阳市管理;河南石油勘探局公安局划归河南省公安厅建制序列"。教育系统移交在职教职工1330人,离退休教职工517人,公安系统移交110人。（张东旭）

【总医院改制分流工作】 2004年2月份,根据《河南石油勘探局暨河南油田分公司内部结构调整、改制分流总体方案》的要求,总医院积极稳妥地推进医疗卫生系统的专业化重组和改制分流工作。3月初,公共事业部组织社区服务系统专业组经调研,制定并下发了《河南油田医疗卫生系统整合重组实施方案》,于4月15日前完成了重组移交接转手续,于5月底前解决了重组移交过程中的遗留问题。整合重组完成后,公共事业部组织专业组进行了多次调研，分析形势、研究问题、理清思路，认真做好可行性分析，于7月初，编报了《河南石油勘探局总医院改制分流初步方案》。集团公司9月1日批复《总医院改制分流初步方案》后，于9月底前顺利完成了资产界定、处置、划转工作。10月初，分房屋、土地、医疗器材设备、债权债务、物资、监督、综合等6个专业鉴定小组，按照财政部、国资委、集团公司有关资产清查文件规定，对总医院所有资产进行清查，对房屋、土地、医疗器材设备、债权债务、物资存货及应收款项进行技术鉴定和内部审计，于10月14日形成了初步鉴定意见和内部审计报告。在资产鉴定和内部审计基本结束的基础上，10月28日郑州亚太评估事务所进总医院进行资产评估；11月19日，编写了《实施方案》，11月25日，局联席办公会审议通过了《资产评估报告》和《实施方案》，并报集团公司审批和国资委审查备案，集团公司于12月31日正式批复了《实施方案》。《实施方案》批复后，2005年元月25日，选举产生了总医院改制分流筹备委员会、出资人代表49名、董事会和监事会、确定了经营班子、全院713名自愿参加改制分流的职工与勘探局解除了劳动合同，2005年元月31日，总医院完成了新医院的注册登记。2005年3月16日，新医院挂牌。至此，总医院的改制工作宣告正式完成。

（张东旭）

房地产管理

【概述】 河南石油勘探局房地产管理处（以下简称房地产处）负责河南油田土地征用和管理、矿区建设项目管理、公房管理及职工住房产权产籍管理、房改工作、住房公积金管理等工作。截至2004年底，有职工163人（含天鹏建安公司27人，内退职工14人），其中干部95人，工人68人。有各类专业人员96人，占职工总数的59%，其中高级职称11人，中级职称52人，初级职称33人。下设17个科室和单位。

2004年，房地产处从加强基础工作管理着手，修订和完善质量管理的规章制度，开展目标成本管理，建立成本管理责任制，严格控制费用支出，完成各项生产建设经营任务。

（李长虹）

【完成第二批经济适用住房（集资房）配套系统和进行第三批经济适用住房（集资房）的建设任务】 第二批和第三批经济适用住房（集资房）建设工程是河南油田的重点工程。房地产处完成第二批经济适用住房（集资房）配套设施的建设任务；第三批经济适用住房（集资房）按建设计划顺利运行。在投资控制方面，实行技术、预算、项目经理一体化管理，节约投资资金200多万元。拨付的工程预付款同工程进度挂钩，对已拨付工程款进行跟踪管理，专款专用，保障工程的有序实施，监督各施工单位及时发放农民工工资。全年还完成9号院2栋四类住宅、大庆小区1#、2#公建工程、郑州办事处宿舍住宅楼工程及综合楼主体装修工程。2004年完成建设投资2824万元，施工面积4.1万平方米，其中住宅楼开工面积38063平方米。

（李长虹）

【完成腾空旧房的分房任务】 根据编制修订的《河南石油勘探局2003年腾空住房出售办法》，对住户上报的住房资料反复进行校对、审核。对200多个问题进行纠正。完成腾空住房1700余套的选房、出售工作。

（李长虹）

【开展房产证的办理、发放工作，推动勘探局分流改制工作】 2004年办理了勘探局10个改制分流单位公房及第二批经济适用房(集资房)的房产证，共198栋建筑面积12万平方米。对2326套第二批经济适用住房(集资房)和3680套旧房的资料进行收集、整理录入。发放400多套零星户的房产证。同地方政府协调，及时办理改制分流企业房产的变更、处置等相关事宜，推进勘探局的改制分流工作。（李长虹）

【河南油田宏宇测绘队管理】 完成河南油田宏宇测绘队资质年审资料的自查自改、汇总整理工作，健全完善质量控制、队伍管理等相关规章制度。在办理勘探局10个改制分流单位公房及经济适用房(集资房)所有权证工作中，为勘探局节约测绘费73.6万元。《河南油田宏宇测绘队志》被收编到《河南省志》中的《油气、煤炭测绘篇》。（李长虹）

【住房公积金管理】 充分利用国家公积金管理政策，使公积金存款得到有效增值。2004年归集31969个账户，归集额为1.37亿元。提取住房公积金3342人次，提取4976.26万元。收支相抵后实现增值100多万元。根据住房公积金管理条例及属地管理原则，2004年11月河南油田住房公积金管理中心更名为南阳市住房公积金河南油田住房公积金管理分中心，做好向南阳市住房公积金管理中心移交的准备工作。（李长虹）

【公房管理】 公房管理中心挂牌成立后，建立统一的油田内部租赁市场，统一公开招租房屋、办理房屋租赁许可证，提高勘探局经营性商业用房的经济效益。办理了39个单位部门房屋租赁备案登记，共计325份，合同年租金额共计358.6万元。（李长虹）

【建设用地管理】 向集团公司、有关省市县土地管理部门编制、上报了勘探局暨分公司2004年～2005年建设项目用地计划指标。催办河南省政府对油田分公司2002年产能建设项目征用土地(50宗，172.617亩)的批复、2004年产能建设征地(331宗，949.95亩)初审、预审的批复。审查、上报分公司的产能建设项目用地资料2860份97套。全年共审核支付勘测定界费23.75万元；土地开垦费(造地费)80.52万元。

（李长虹）

【维护油田利益，认真抓好土地监察工作】 建立土地管理动态巡查制度，实施动态巡查，协调解决河南油田违法违规用地问题。先后协调解决18起土地违法行政处罚、土地纠纷案件。（李长虹）

【改制分流企业土地资产处置工作】 2004年勘探局对教育、公安系统移交社会管理，对机械、运输汽修、医疗等系统和监理中心、报社印刷厂、飞亚、腾远等企业进行改制工作，涉及到大量的土地资产需要处置。房地产处对移交社会系统、改制分流企业的160多宗土地进行现场调查、汇总整理，完成上述企业土地的勘测定界、地籍测绘、评估和变更登记工作，共测绘土地面积3293.22亩；评估土地99宗，总值达16208.26万元；对7家已改制企业的土地进行变更登记办证工作，推动油田改制分流工作的顺利进行。（李长虹）

【职工已购住房用地登记发证工作】 印发《河南油田职工已购住房用地登记发证宣传材料》2000本，分别发放到各二级单位，利用报纸、电视等新闻媒体加大登记发证的宣传力度。全年完成12034户的申请登记、2782户土地证的发放工作。（李长虹）

【地籍档案管理工作】 建立地籍信息电子档案，达到数据库、宗地档案、土地证三对应的管理模式。已建立12个小区、7850户、224宗、每宗13件的三房发证住户档案。按照档案管理的专业要求，确保档案的完整与安全。

（李长虹）

离退休职工管理

【概况】 截至2004年底，全局共有离退休职工8574人，其中：离休干部165人，退休干部3001人，退休工人5408人（含建国前参加工作享受供给制的退休工人74人）；有离退休职工党员4471人，建立党总支13个，党支部103个，党小组375个；有离退休管理服务人员164人。离退休职工活动中心（室）32个，建筑面积2.08万平方米。五一社区、双河社区、涧河社区、南阳社区都设立离退休职工管理科（站）作为社区离退休职工管理的职能部门，对离退休职工进行管理和服务。

2004年，局党委、勘探局、分公司召开了离退休职工管理工作会议，对先进集体和先进个人进行表彰。组织召开离退休职工形势任务报告会，参加人员近千人次。组织召开离退休职工思想政治工作研讨会，交流论文28篇。走访慰问1663人次，协调解决离退休人员学习和生活中的实际问题117个。接收和整理了局机关625名离退休职工的人事档案。根据集团公司要求，对1949年10月1日至所在地解放期间参加革命工作的退休干部进行调查摸底，查出此类退休人员300名，并上报集团公司离退休工作部。健全和完善离退休职工信息数据库。投资182.5万元新建和调整维修离退休职工活动室；投资45.3万元购置离退休职工活动器材；投资150万元对干休所供暖管网、道路、绿化和办公楼进行了维修改造。局机关第二退休职工党支部被评为集团公司先进离退休党支部，张建立、冯世义被评为集团公司离退休先进个人。毕德民被评为河南省先进离退休干部。南阳社区第三离退休党支部被评为南阳市先进离退休党支部，张秋福、姜廷禄被评为南阳市先进离退休干部。王仲奎被评为河南省健康老人。付仕健、蒋成伟、林荫被评为集团公司离退休工作系统“树形象”活动先进个人。

（丁建宇）

【管理机构调整】 2004年3月，勘探局对离退休职工管理处（离退休职工管理中心）机构进行了调整。撤销离退休职工管理中心，将离退休职工管理处调整为局机关职能处室，为勘探局、分公司离退休职工管理、服务、协调、监督和思想政治工作的职能部门。处内设离退休职工管理科、综合管理科。将干休

2004年2月22日，河南油田离退休职工门球比赛入场仪式。 摄影 张豫蒙

所、离退休职工活动中心、局机关管理站(更名为局机关退休职工管理站)、老干部小车队调整为局机关附属单位,行政及业务上接受离退休职工管理处领导。五一管理站、西区管理站、南区管理站、东区管理站等四个管理站和现有在岗人员整体划归五一社区服务中心管理。离退休职工活动有关费用由局机关财务科统一管理。原离退休职工管理中心内部退养人员由原所属站进行管理,其关系分别转五一社区服务中心和局机关。在原离退休职工管理中心已退休的人员划归局机关管理站进行管理。 (丁建宇)

【落实离退休职工政治、生活待遇】 在落实政治待遇方面:坚持落实政治学习、离退休干部阅读文件、党组织生活、通报情况、邀请老干部参加有关重要会议和社会政治活动、走访慰问、参观工农业生产等制度。春节、老人节期间,局党委、勘探局、分公司都召开了离退休职工代表座谈会,张召平、袁政文、李联五等党政主要领导都亲自参加,向离退休职工通报油田改革发展和生产经营情况,听取意见和建议。2004年,全局为离退休职工订阅了《中国老年报》426份、《石化老年》1200份,《老人春秋》2000份等报刊,供离退休人员学习;勘探局及各单位都做到了邀请离退休人员代表参加职代会等有关重要会议和活动,并先后组织了126名离退人员分别到新庄油田、邓州市编外雷锋团等地参观考察和学习。在落实生活待遇上,离退休工作部门积极主动地与有关部门相互配合,协调解决养老金发放和医疗费报销过程中出现的问题,确保了养老金按时足额发放和医疗费按规定及时报销,同时,还协助社会保险中心做好调整退休职工养老金、规范离退休职工企业补贴等有关工作。勘探局还为建国前参加工作享受供给制的退休工人解决了医疗补贴问题。春节期间,勘探局为离休干部和建国前参加工作享受供给制的退休工人发放慰问金21万元。先后为489名生活困难离退休人员发放困难补助费107.23万元。老人节期间,勘探局为离退休职工发放节日慰问费113.86万元;部分单位还为离退人同发放了慰问品,折款86.42万元。为患重大疾病的离退休人员发放补助费9万元。全年为离退休人员发放水电气补贴、误餐费等近千万元,为处级以上离退休干部报销电话补助费24.6万元,为异地居住的离退人员报销医疗费20多万元,及时慰问因病住院和困难离退休职工,为104名去世的离退休人员处理了后事。组织62离退人员到无锡等地进行了健康疗养。筹措117.25万元资金,对2853名符合条件的离退休人员进行健康体检。组织对321名离退休人员进行了血吸虫病检查。

(丁建宇)

【离退休职工文体活动】 在组织开展好日常文体活动的基础上,举办了全局离退休职工乒乓球、门球、钓鱼、地掷球、太极拳等比赛。并选拔组队参加集团公司、河南省、南阳市老年文体比赛。5月份,参加了河南省第20届老年门球赛,获得了男子第三名和女子第五名。7月份,参加河南省老年汽排球比赛,获精神文明队称号。9月份,代表河南省参加了中南六省老年门球赛,获得第三名。10月份,选派了两支门球队参加河南省“企业杯”门球赛,分别获得了第二和第三名的好成绩。组队参加了南阳市首届职工运动会老年组的健身秧歌、门球、乒乓球等3个项目的比赛,分别获得健身秧歌团体第三名、乒乓球女子团体第二名,乒乓球男子团体第四名。老年艺术团组织编排了四个文艺节目参加集团公司离退休职工电视文艺比赛,分别获得一、二、三等奖,离退休职工管理处获得优秀组织奖。举办了离退休职工柔力球、健身秧歌培训班。老年大学根据离退休人员的要求，开设了书法、绘画、舞蹈、声乐、电脑、太极拳等 9 门课程，招收学员 264 人。“七一”期间，举办了老年大学学员书画作品展，参赛作品 216 幅。（丁建宇）

【关心下一代工作委员会】 按照集团公司关心下一代工作委员会(以下简称关工委)的要求和油田实际，对局关工委成员进行了调整和充实，由局党委副书记、纪委书记张国全担任主任，原局党委副书记杨帼珍担任常务副主任，并调整和加强了关工委基层组织。“清明节”期间，局、厂两级关工委与各中小学校共同组织 900 余名学生，分别到镇平县彭雪枫纪念馆、唐河县张星江烈士纪念馆、桐柏县烈士纪念馆、邓州市编外雷锋团展馆及南阳市烈士陵园参观、扫墓，进行革命传统教育。教育中心关工委组织 400 多名中小学生观看了电影《少年雷锋》。“六一”期间，局关工委在《河南石油报》上向全局小朋友发了慰问信。各级关工委成员与有关领导和部门一起到中小学校、幼儿园进行节日慰问，送去价值近两万元的学习用品及书籍等慰问品。配合教育、公安、文化等部门对油区网吧进行了专项整治活动，净化未成年人文化市场。配合教育部门，通过中小学生“遵守网络文明公约，争做网络文明小使者”团(队)日活动、“中学生能否进入网吧”辩论赛等活动，举行告别“三室一厅”、拒绝不健康书籍、杜绝不良行为签字仪式，开展“远离不良文化”教育；聘请法制教育辅导员对中小学生进行法制教育，提高青少年法律意识和自我保护能力；组织了 120 名中小学生和 30 名青年教师到桐柏革命烈士纪念碑前举行了新团员宣誓仪式，少先队员重温了誓言；组织了 900 名中学生举行了“走进成年，走向成才”的成人仪式；开展了“手拉手”夏令营、“手拉手”书信赛、“手拉手”互访等活动。与教育部门共同组织了 40 名优秀中学生参加集团公司关工委组织的“梦圆北京”夏令营活动；组织参加了集团公司关工委组织的青少年摄影比赛，获得了一等奖 2 个，二等奖 3 个，三等奖 4 个；与有关部门共同选聘了一批离退休人员担任未成年人思想道德建设义务监督员。协助教育部门办好家长学校，积极为家长学校的工作提出合理化建议，并开展了家教论文评比和优秀家教老师评选活动，征集了数百篇来自家长和老师的家教论文和家教心得，经过评审共有 77 篇论文得奖。（丁建宇）

社 会 保 险

【概述】 截至 2004 年底，社会保险中心在册职工共 56 人，下设全民工养老保险科、医疗保险科、失业保险科、非全民工社会保险科、财务科、稽查科、大额医疗保险办公室、中心区第一医疗报销站、第二医疗报销站和第三医疗报销站共 10 个科室，负责河南油田及各改制企业的社会保险管理工作。2004 年，社会保险费征缴率完成了河南省劳动保障部门规定的指标任务；及时、足额支付参保人员的各项社会保险待遇；改制分流单位和协议解除劳动合同人员的社会保险关系接续平稳；太康农场农工的养老保险问题得到了根本解决；失业人员的技能培训成效显著；工伤保险加入了省级统筹；开展了门诊重症慢性病鉴定工作。（龚　晋）

【社会保险费的征集与待遇支付】 2004 年，社会保险费征集任务按计划完成，社会保险基金运行规范、安全、平稳，为维护参保人员

的社会保险权益提供了强有力的保障。各项社会保险待遇拨付及时、足额，支付率达到100%。（龚　晋）

【为改制分流单位接续社会保险】　2004年，制定《河南石油勘探局、河南油田分公司改制单位和移交办社会单位社会保险接续管理办法》；对改制到位的企业如南阳二机装备、亚南公司、丰益商厦、南石医院、润祥公司等单位，及时到省有关部门办理社会保险机构登记、养老保险接续申报等手续，改制单位社会保险变更登记、平稳衔接率100%，促进了改制分流工作顺利实施。（龚　晋）

【为协议解除劳动合同人员接续社会保险】一是为2004年协议解除劳动合同的全民工、非全民工办理社会保险接续手续。2004年4月和10月，勘探局分别安排了全民工、非全民工协议解除劳动合同工作。社会保险中心到省劳动厅先后为“协解”全民工690人、非全民工817人共1507人办理了养老保险中断和接续手续，同时办理了医疗保险接续手续，为协议解除劳动合同工作顺利进行发挥了积极作用。二是对2001年协解人员进行了社会保险接续工作。完成了6950名“协解”人员2003年7月～2004年6月养老保险费收缴工作和7056名“协解”人员医疗保险接续工作。在协解人员自愿的前提下，养老、医疗保险接续率100%。（龚　晋）

【太康农场农工养老保险参加周口市统筹】由于国家政策所限，太康农场农工养老保险一直没有解决渠道，引发太康农场农工多次集体上访。2004年，社会保险中心多次到河南省有关部门、到周口市反映情况，积极努力，取得了河南省劳动厅的理解支持和周口市劳动局的同意，与周口市劳动局签订了相关协议，从2004年6月1日起，太康农场包括农工在内的共445人(其中在职251人，退休194人)的养老保险开始参加周口市统筹管理，使太康农场农工的养老保险问题得到妥善解决。（龚　晋）

【为离退休人员增加养老金】　根据豫劳社养老[2004]8号《关于转发劳社部发(2004)2号文件增加企业离休人员基本养老金的通知》、豫劳社养老[2004]9号《关于从2003年10月1日起正常晋档增加企业离休人员基本养老金的通知》等文件精神，组织落实了离休及建国前参加工作的老工人养老金增发工作，人均增资106.5元/月。根据豫劳社养老[2004]43号文件《关于从2004年7月1日起增加企业退休人员基本养老金的通知》精神，为2003年12月31日前已按规定办理退休(退职)手续的企业退休人员，按缴费年限(含视同缴费年限)分别增加了40、45、50、60元退休金。（龚　晋）

【教育系统退休人员移交南阳市管理】　按照油田教育系统移交工作整体部署，认真细致清理了全油田教育系统退休人员资料，保证了移交人员资料过硬、基础扎实。从2005年1月1日起，河南油田教育系统共有526名全民退休职工由南阳市管理。（龚　晋）

【为异地居住、外出探亲人员制定便利的医疗政策】　一是组织了异地居住人员自愿选择定点医疗机构工作。由异地居住人员根据自身情况，在当地社会保险定点医疗机构中自行确定两所医疗机构，作为其定点医疗机构，报社会保险中心备案后，所发生的医疗费用即可按规定报销。二是制定探亲期间就医及医疗费用报销政策。针对油田职工退休、退养、协议解除劳动合同后，不少人员回老家或到子女处探亲的客观情况，制定了豫社[2004]医管字1号《关于对退休、退养、协解接续医疗保险人员在探亲期间就医及医疗费用报销等有关问题的补充通知》，对探亲人员探亲证明的办理、审批、突发急病住院后的申报，报销所需证明、资料、报销比例都做了明确规定，妥善地解决了这部分人员在探亲期间就医医治及医疗费用报销的实际问题。

（龚　晋）

【开展门诊重症慢性病鉴定工作】 为减轻患重症慢性病人员门诊医疗费负担，社会保险中心组织了2004年门诊重症慢性病的申报、鉴定工作。门诊重症慢性病申报人员共706人，申报病种1102人次。严格按照河南省劳动和社会保障厅颁发的门诊重症慢性病标准、鉴定的程序和要求，做到"鉴定工作专业化、鉴定程序规范化、鉴定依据标准化、鉴定人员专业化"，对全局申请门诊重症慢性病的人员进行了初审、复审、再复审等过程的鉴定。把鉴定结果在《河南石油报》上公示无异议后，为通过鉴定人员办理了门诊重症慢性病医疗卡，使其享受相应的医疗待遇。

（龚　晋）

【开展失业人员培训工作】 针对油区失业人员多、人员结构复杂、文化程度低、四零五零人员多、就业技能单一、就业观念陈旧、就业渠道不畅等实际困难，根据失业人员自身的素质和愿望及市场需求，2004年，社会保险中心共开办了微机操作、烹饪、医疗按摩、汽车驾驶、焊工、保洁培训班共24期失业人员培训班，培训失业人员1298人，支付培训费用102万元。

（龚　晋）

【工伤保险加入省级统筹】 根据《河南省实施〈工伤保险条例〉暂行办法》和豫油[2004]社险字90号文件精神，从2004年1月1日起，河南石油勘探局（分公司）的工伤保险纳入河南省省级统筹管理。根据河南省劳动和社会保障厅豫劳社工伤函[2004]13号文件《关于河南石油勘探局工伤保险有关问题请示的复函》，河南石油勘探局社会保险中心作为河南省工伤保险河南油田代办处，代管工伤保险管理业务，具体负责河南石油勘探局和河南石油勘探局改制企业的工伤保险费的征缴、工伤人员的管理和待遇支付、工伤认定的初审和劳动能力鉴定的相关工作。

（龚　晋）

教育事业

基础教育

【概述】 截至2004年底，河南油田共有中小学校13所，其中小学6所，初中1所，九年一贯制学校3所，完全中学2所，12年一贯制学校1所。在校中小学生14000人。中小学在岗教职工1285人，小学、初中、高中教师的学历达标率分别达100%、100%、95%。全年教育经费总支出7612万元，大修及计划投资866万，五小、涧河、高级中学、三小、七中、二小、八小等学校的办学条件得到改善。移交地方工作稳步推进。2004年12月，中石化与省政府签订移交协议，教育中心机关、机关附属及13所中小学全部移交南阳市管理，油田与南阳市的交接手续尚未办理。各项工作围绕提高教育教学质量中心任务开展，中高招考试、各类竞赛、调研考试，保持着良好的发展势头。

（李永韬　田向远）

【普通高校招生考试】 2004年，油田普通高招参加考试学生共1156人，上线率达68.25%，同比提高16.4个百分点；共录取899人，录取率达到77.77%，同比提高6.53个百分点；理科、文科最高分分列南阳市第二、第四，600分以上69人，同比增加27人；特长类考生双过线率上升，比2003年提高12.78个百分点。名牌院校录取保持良好势头，张丹桐、王小艺、季佳等3名同学分别被清华大学、北京大学录取，还有一部分学生被复旦大学、浙江大学等名牌院校录取。

（李永韬　田向远）

【各类竞赛成绩优异】 2004年，河南油田中、小学生参加国家级、省级竞赛捷报频传，获国家级一等奖35人，二等奖75人；获省级一等奖53人，二等奖96人。其中高级中学吕原野、马永蕺同学代表河南省参加第13届全国中学生生物奥林匹克竞赛，分获金牌、银牌。油田已连续6年在该项赛事中夺金摘银，累计为河南省夺得5金3银1铜9枚奖牌。在第19届全国青少年科技创新大赛上，高级中学黄昕、季佳、王跃华三位同学的发明创造作品代表河南省参赛荣获三等奖，实验小学、一小、三小的科技实践活动受到好评。在河南省第18届青少年科技创新大赛中，有7人获得创新作品一等奖（占该类一等奖的11%），11项获二等奖；5项实践活动获一等奖，3项获二等奖。在南阳市第六届中小学生“晨光”体育活动中，高级中学女子排球队和第七中学男子排球队均获冠军，高中男子篮球获第三名，河南油田代表队荣获团体总分第一名。参加河南省青少年爱国主义教育读书活动“学雷锋精神树时代新风”知识竞赛，有3名学生获一等奖、7名学生获二、三等奖；教育处获优秀组织奖。一年来，教育中心还组织了丰富多彩的特色活动，如中小学诗文朗诵比赛，中小学球类运动会，第五届中小学生科技创新大赛，中学生英语能力竞赛决赛，中小学师生口语技能大赛等，进一步提高了师生素质。

（李永韬　田向远）

2004 年 7 月，河南油田移交中小学工作会议。

摄影　何小龙

【首次选派五名教师出国培训】 教育中心与澳大利亚国际商会协作，通过选拔考核，选派韩仲民等 5 位英语教师赴澳大利亚进行了为期三周的培训。五位教师回国后，为全局英语教师作了专场报告会，受到大家的好评。这是教育中心首次选派教师到国外进行培训，在外出渠道、费用支出、人员选拔方面作探索，为以后的教师培训工作开拓新的道路。（李永韬　田向远）

【加强教师队伍建设】 2004 年，各学校开展教师培训和师德教育活动，全面提高教师的政治素质和业务水平。组织以考试评价改革为主题的“校长”论坛，各中小学管理干部及教育中心机关科室长参加研讨。陈东煊、葛均献等 2 人获省特级教师称号，4 人获省优秀教师称号，4 名校长被评为南阳市优秀校长，8 人获市优秀教师称号。推荐 58 名教师为市骨干教师培训对象，选拔局级教育教学专家 15 人、学科带头 20 人、骨干教师 142 人。10 人参加河南省进行的省级骨干教师培养对象培训或跟踪培养，18 人参加市组织的在华东师大脱产学习的高级研修班，10 人参加北师大研究生课程进修班学习，推荐 20 余人参加攻读教育学硕士学位入学考试。为中心成立以来获得局级模范教师及其他荣誉称号的教师订阅全年的《人民教育》，对“593 人才工程”所遴选的局级教育教学专家、学科带头人给予月津贴奖励。

（李永韬　田向远）

【命名油田特色学校】 2004 年，为鼓励学校凸显特色，教育中心组织评估专家组对申报的 6 所中学、6 所小学进行了评估验收，认定高级中学、第七中学、实验小学等 3 所学校为河南油田中小学特色学校建设示范学校；第一小学为河南油田中小学特色学校建设教科研特色学校；第四中学为河南油田中小学特色学校建设艺术教育特色学校。

（李永韬　田向远）

【高级中学被命名为南阳市示范性高中】 2004 年，根据市公布的验收结果，油田高级中学被命名为南阳市示范性高中，第四中学、南机厂高中保持原有的类别，分别为 B 类和 C 类。原实验高中（2002 年评估为市示范高中）、第一中学（2002 年评估为市 A 类高中）合并为油田高级中学。通过验收评估，是对该校办学水平的肯定。（李永韬　田向远）

【推进新课程实验】 2004 年 2 月，组织“走进新课程，反思教育教学”研讨，收到论文 135 篇。3 月，总结一年多来的试教经验、广泛听取各学校意见，分学科编写印发河南油田《新课程学科教学指导意见》，涉及小学和初中两个学段 12 个学科，对新课程实验的开展起指导作用。3月至4月组织“新课程研讨暨第十届优质课教学观摩”活动，62名教师参加课改研讨观摩的讲课。开展“新课程实验教学案例评选活动”并编写出版《享受改变》一书。组织800多名教师参加师德培训和新课程通识培训考试，邀请人教社王贺玲副编审做新课程培训。注重校本课程和地方课程开发，教育中心结合油田特点，组织编写安全教育读本，高级中学、第五小学分别结合学校实际组织编写校本课程教材。河南油田应邀在南阳市新课程实验经验交流会上作经验介绍，得到市教育局领导和与会代表的好评。　　（李永韬　田向远）

【加强教育科研】　各项课题实验取得丰硕成果，其中，河南省教育厅“十五”教育科学规划课题《教育信息网络建设及应用》2004年元月结题，经有关专家评审，通过鉴定，课题研究报告获河南省教育厅2004年教育科研优秀成果一等奖。“教育信息网络资源库建设开发及应用”平台开发工作完成，于2004年5月开通使用，有课件400多个。7月15日至18日，在洛阳新安县组织全国“会学⇌学会”教学思想的理论探索与实践研究第二届学术年会，课题组顾问、中央教科所副所长、全国教育实验研究会理事长、博士生导师田慧生研究员作《新课程改革与课堂教学重建》学术报告，教育部新课程专家组成员河南大学教科院副院长刘志军博士作《新课程背景下的评价改革》学术报告，课题组组长、信阳师范学院教科院院长杨光岐教授作《师生互动教学方式》学术报告，课题组副组长、特级教师、河南油田教育处处长黄传录作阶段性实验成果的报告。实验区优秀教师现场做示范课，油田的王晓慧、刘伟玲、李永立、张书田、崔金玉、樊文联等六位教师做了示范课。4月19日，实验小学在省教科所组织的全省教育科研工作培训会上作了经验介绍，得到了与会人员一致好评。（李永韬　田向远）

【开展“文明伴我行”系列活动】　2004年，制定《河南油田中学生文明规范》和《河南油田小学生文明规范》。9月举办中小学生“弘扬和培育民族文化”启动仪式暨“人人知诚信、人人讲诚信”知识竞赛和板报评比，组织“文明伴我行”所见所闻作文评比、DV作品评比。11月份组织了“远离不良文化”征文活动，共收到征文763篇，使学生通过活动受到教育。为庆祝建国55周年，举办河南油田师生书画展。

（李永韬　田向远）

【深化课堂教学改革】　2004年4月，参加了信阳召开的“会学⇌学会”教学思想研讨会。6月中旬，组织河南油田第三届“会学⇌学会”教学思想论文评选，收到论文209篇。4月，组织开展课堂教学改革观摩课活动，作课教师包括获得省优质课一等奖、局优质课一等奖教师在内的30名教师。组织第二届网络教学评比暨观摩活动，34名教师参加评比，500人次的教师进行观摩学习。一年来，组织多个学科教师参加省级以上优质课比赛，共有来自油田高级中学4人、第四中学1人、第七中学2人、实验小学2人、第一小学1人、第八小学1人共11位教师获得省优质课比赛一等奖，涧河学校侯玉娜获国家级比赛一等奖，高级中学2人、第二小学1人获国家级优质课比赛二等奖。

（李永韬　田向远）

【加强教育信息化建设】　推进“班班通”建设，中心区各小学“班班通”覆盖率达45%以上，中学达25%以上，双河地区的四中和唐河基地学校发展迅速，为信息技术与学科教学的整合提供有利条件；购置“国之源”教育资源库，利用论文评比、课件制作评比、教案评比收集网络教育资源；规范电教工作，建立奖励激励机制，制定电化教育先进学校、先进工作者评选办法和电化教育成果奖励办法。11月份，组织河南油田首届中小学生上网学习大赛，调动学生学习现代信息技术的热情。

（李永韬　田向远）

【严格各项管理工作】 严格按程序做好物资供应、设备维修，发挥集中统一采购的降本增效作用。把安全工作放在首位，加强领导，规范和落实领导干部责任制。2004年7月1日起实施教育中心HSE体系，开展“安全生产月”活动，处领导、车管干部、安全员等32人参加厂处两级上岗培训，65%的人员进行岗位危害辨识工作并对安全隐患进行整改。开展警校共建活动，配合局综治办、油田公安局对校园周边环境进行专项治理。加强信访工作和政（校）务公开工作，2004年被评为局信访接访先进单位，连续3年被评为局厂务公开优秀单位。

（李永韬　田向远）

【幼儿教育】 组织教师学习贯彻《幼儿园教育指导纲要》，促使幼教工作者进一步转变观念；围绕五大领域新课程、幼儿多元智能及早期阅读试验课题，开展了多种形式的课题培训、观摩学习等教研活动，进一步提高教师的教育技能和综合素质；加强幼儿健康教育，对幼儿各项体能达标项目严格进行评估考核，促进幼儿身心全面和谐发展；组织诗歌朗诵表演赛、少儿书画大赛等丰富多彩的教育活动，开发幼儿的心智和潜能。

【实现平稳移交】 2004年3月，国务院办公厅下发《关于中央企业分离办社会职能试点工作有关问题的通知》，提出将中石油、中石化、东风汽车公司三家企业作为试点，推进中央企业分离办社会职能。12月8日，中国石化集团与河南省人民政府签订移交协议。油田与南阳市的交接手续尚未办理。基本实现“两不两有”的移交目标，即：油田教育不肢解，教职工人员不富余；职工待遇有保证，教育费用有保障。

（李永韬　田向远）

职工培训

【概述】 中国石化集团河南石油勘探局人力资源开发中心（以下简称人资中心）位于河南省南阳市宛城区，占地面积15.6万平方米，建筑面积7万平方米。截至2004年12月底，人资中心共有各种用工260人，其中在职全民工233人，非全民工27人。在职全民工中，主业在岗职工208人，内部退养职工22人，分流职工3人，其中干部136人，工人97人；主业职工中具有本科以上学历101人，大专学历66人，中专学历27人，操作服务36人；高级职称24人，中级职称61人。人资中心现有教学、机关、后勤、多经四个系统，共设置了18个科（室），机关职能科室8个，教学培训及教学辅助科室8个，后勤及多经系统单位各1个。人资中心组建10个党支部和10个基层工会。

2004年度，人资中心完成了勘探局下达的各类培训任务。实际完成各类培训工作量26789人次。其中工人技能培训3878人次（含技能鉴定）；安全教育及特殊工种培训（含取证培训）6395人次；干部培训3372人次；实用技术培训901人次；汽车驾驶员培训（含年审培训）11049人次；学历教育1194人次。职工培训考试一次合格率98%；职工培训学员满意率98.6%；职工培训资料齐全率99.2%；学历教育在校生统考及格率84.5%、优良率30%；工人技能鉴定合格率100%。各项质量指标全部达到勘探局的要求。

2004年8月，河南油田企业培训者培训开班典礼在河南油田人力资源开发中心举行。摄影　李洁

2004年度，人资中心培训教学基础设施得到有效改善，勘探局投资180万元改造多媒体教室2个，新增第五代ZM－5型汽驾模拟器、不间断电源UPS、新型教练车、微机、投影仪、音响等教学办公设备71台/套；投资90万元对教学楼抗震加固及门庭大修、路灯大修、教练场地排水沟大修；人资中心自筹资金150万元，维修汽驾训练场地及围墙、灯光球场、实验楼屋顶、拓展训练基地厕所、大门等，维修学生宿舍，新增43个房间、86个床位。

拥有固定产原值1078.15万元，净值840.59万元。可同时容纳2500人前来培训学习。

2004年，人资中心获南阳市委党校“函授教育考务管理先进单位”、石油大学现代远程教育“优秀教学站”、长江大学“优秀函授教学站”等称号。

（郝晓旸）

【职业培训】　人资中心在2004年进一步拓宽培训业务，一是在巩固与中央党校、石油大学、长江大学、中南大学、河南省委党校合作办学基础上，新增西安石油大学合作伙伴，合作办学单位由原来的5所增加到6所，开办28个专业；二是新取得总公司硫化氢培训资质；三是承担集团公司“三次采油”培训项目；四是新开拓展训练项目。

为充分利用高校师资力量，人资中心运用现代化培训技术，开通三个远程教育培训网络（高校远程教育网、中央党校远程教育网、中企视讯网）。传送多媒体音频、视频、教学信息，进行实时教学、网上答疑，学员可以点播、下载课件，为学员接受高水平的教育提供便利条件。培训中充分发挥局域网、公网的作用，在网上及时发布培训信息、学员技能鉴定成绩、教室管理信息等。

（王　伟）

【建立河南油田启新拓展培训基地】　河南油田启新拓展培训基地（以下简称拓展训练基地）是人资中心和勘探局团委于2004年6月正式建成和启用，专门从事素质拓展训练、人力源资管理、户外体验式培训的专业机构。引进和开发的拓展培训课程是一种极具挑战性的户外体验式培训，以心理学、组织行为学、管理学为基础，同时结合最新培训理念的一种现代化培训模式。该基地能容纳100位以上学员分7组团队同时训练，并有完善的食宿条件。

拓展培训内容包括以器械为依托的高空项目、场地项目，水上项目、野外项目以及室内培训等多个方面。拓展培训项目按受训主体来分，主要有个人挑战项目、团队挑战项目。个人挑战项目以"低体能要求，高心理挑战"来设置，如：空中断桥、空中单杠、云梯、高空钢索、攀岩等。团队挑战项目以"复杂性、艰巨性、愉悦性"而设计的协作项目，如：海上逃生、冲出亚马逊、天梯、背摔、电网、盲人岛、飞越激流等。

（金　梅）

【完善流程化培训模式】　2004年，人资中心为提高培训质量，进一步完善原有的培训模式，把培训划分为"确定培训需求——设计和策划培训——实施培训——评价培训结果"四个阶段流程。培训研究开发科负责培训开发调研，掌握培训需求，设计策划培训；按培训对象不同分别由安全、工人、党校、实用技术、汽校、继续教育等六个培训业务科室组织实施培训；教务科负责对培训项目全过程跟踪检查，进行督导评估确保培训质量的不断提高；后勤服务科为培训提供服务保障。

（郝晓旸　金　梅）

【加强培训调研工作】　2004年，人资中心加大调研工作力度，一方面采取与勘探局机关处室、二级单位、基层队(生产现场)的领导、专业技术人员、职工研究讨论等访谈形式进行调研；另一方面采取发放问卷调查形式进行调研(共发放调查问卷7000余份)，及时了解一线职工培训需求，按需施培，为制定培训计划提供依据，为服务对象提供有效服务。

通过调研，使培训工作能够沿着一种理性的、科学的方法进行。根据生产单位工作特点，采取灵活多样的培训形式，满足生产单位培训需求，如采用中、长、短期培训及现场班、双休日班、夜班等多种办班形式。一年来，在第一采油厂、第二采油厂、南阳石油机械厂等一线单位开办了采油工、井下作业工、泵站操作工等培训班100余期，涉及专业工种38个，培训职工4849人次，使生产与学习两不误，解决了工作与学习的矛盾。

（王　伟　金　梅）

【教师队伍建设】　人资中心始终把教师队伍建设作为一项重要任务来抓。一方面根据教培需要对部分教师进行送外培训。2004年，送外培训教师共计83人，其中，12人取得安全评价师证书、4人取得注册安全工程师证书、10人取得拓展培训师证书，3名教师参加国际培训师取证培训。另一方面鼓励教职工参加经济师、人力资源师、自学、函授学习等各类资格、资质考试。同时，人资中心在内部举办"多媒体课件制作"、"教法创新"、"培训培训者"等培训班4期，组织内部教师系统学习，参加学习人数达120人次，较好地提升教师基本素质。

人资中心重视兼职教师队伍建设，聘请油田外教授60人、油田内专家170人，为各类培训班授课充实兼职教授人才库。

（王　伟　金　梅）

【培训教学研究成果】　2004年，人资中心为搞好培训教学研究，重点抓好五个环节：一是精心编制培训计划；二是严把聘教关。专兼结合，优中选优；三是优化课堂教学，教师使用多媒体课件教学，实现培训手段多样化、直观化；四是培训组织管理；五是严格考试、考核和学员考勤制度。为解决培训技术难题，人资中心组织骨干力量进行科技攻关。开设"体验式培训研究、成人函授教育精品课研究、党校干部培训模式与方法研究、培训质量管理体系研究、河南油田安全信息库建设研究、管理软件研究应用、泥浆性能测试"等6个科研课题立项研究，项目开题率100%。

2004年，人资中心开展优质课大赛、优

秀培训项目评选、优秀教研论文交流、优秀教研成果鉴定等活动，全年共有16名优秀教师、10个优秀培训项目、12个优秀教研成果受到奖励。

人资中心组织教师编制218个培训项目，开发新的培训项目16个，编印《人资中心管理制度汇编》、《员工手册》及教材7648本。

（郝晓旸　金　梅）

单 位 选 介

塔里木河南勘探公司

【概述】 2004年,塔里木河南勘探公司始终把油气勘探放在首位,开展原油稳产攻坚战,拓展外部市场,推进科技创新和技术进步,深入开展"三创五争一树"和降本增效活动,提高生产经营管理水平,较好地完成勘探开发、生产经营、施工作业各项任务。2004年,塔里木河南勘探公司工委被河南油田党委和西指党工委分别授予"先进党工委"、"思想政治工作先进单位"荣誉称号,并获得西部新区指挥部思想政治工作创新奖;2235地震队、70129钻井队被授予西部新区名牌基层队荣誉称号;录井2队、70832钻井队、宝浪油田开发项目经理部采油1队被评为西部新区优秀基层队;宝浪油田开发项目经理部党总支、70832钻井队党支部被授予思想政治工作先进单位荣誉称号;西部工委的《探索"双向管理"体制下干部队伍统一管理的新方法和新途径》等5项成果获得思想政治工作创新奖;有8名同志被评为优秀思想政治工作者和优秀管理工作者;有6人获得先进工作者和"四十佳"荣誉称号。　(丁玉萍)

【油气勘探不断取得新进展】 2004年,焉耆老区城2井钻探,在推覆体之下发现良好油气显示,拓宽了焉耆盆地的勘探领域;老井复查工作获得突破,焉参1井在侏罗系西山窑组试获高产油气流,拓展焉耆老区的勘探领域。塔里木新区,加快勘探步伐,完成二维地震1500千米;新钻探井4口,进尺25900米;共评价出大于20平方千米的圈闭52个,其中向指挥部上报Ⅰ、Ⅱ类储备圈闭16个。联合攻关取得阶段性成果,新部署井位4口,正在钻进的3口井分别是尉犁1井、孔雀2井和顺8井。孔雀3井正在做补充论证工作。

(丁玉萍)

【油田开发初步遏制了产量下滑的势头】 2004年,针对宝浪油田全面进入低中含水开发阶段、产量递减快、措施效果差的严峻形势,油田开发强化油藏地质综合分析研究,优化措施方案,强化注水,提高注水效率,遏制产量递减速度;科学管理油水井生产,不断提高油田开发管理水平,完成原油产量16.2万吨,生产液化气1万吨,注水58.12万立方米;销售原油13.0094万吨,实现销售收入29577万元,与上年同期相比,增收808万元;销售液化气9255吨,实现销售收入1867万元;销售天然气387万立方米,实现销售收入82万元,增收19.97万元。　(丁玉萍)

【外部市场占有率逐步扩大】 2004年,在西部工委的统一协调下,成立河南油田驻乌鲁木齐石油工程项目管理部。项目部成立后,建立各种联系渠道,到中石化西部新区指挥部和西北石油局(分公司)收集市场信息,了解两个甲方单位的部署安排和投资发展方向,研究制定开拓市场的最佳方案和策略,分析参与竞争的领域和项目,协助各参战单位做好投标等组织工作,先后有13支施工作业队伍在西部新区承揽20多个项目,累计完成工作量1.8亿元。为进一步开拓外部市场,项目部还建立与克拉玛依、吐哈、塔里木、青海等中石油各油田的联系,全方位了解市场信息,为更广泛地参与市场竞争奠定基础。

(丁玉萍)

【经营管理水平不断提高】 按照经营型、效益型的要求,探索项目管理为主要内容的生产组织与管理新方法,收集汇编石油天然气行业有关技术标准和工程定额标准,编制并下发十大类管理办法和实施细则,建立一套适应西部勘探、操作性强、科学规范的管理体系,确保了以勘探发展为中心的各项工作的高效运行,2004年,塔里木河南勘探公司获得中石化西部新区勘探项目管理二等奖;各项成本费用均控制在油田分公司下达的指标之内;安全环保继续保持"全国环保先进单位"荣誉称号。

(丁玉萍)

【生产组织管理】 为适应西部新区勘探组织运作模式,在生产组织运行机制上,实行项目化管理、专业化服务、市场化运作、合同化约束的管理模式。在具体生产组织管理中,注重抓好以下几个环节:一是对勘探投资实行项目管理,保证勘探生产有效开展。二是充分发挥焉耆基地距离现场较近,办公、后勤保障条件较完备的优势,采用东西部之间、不同专业之间充分结合的办法,重点抓住研究部署和现场实施两大环节,推进各个区块勘探工作。三是按照"抓两头,带中间"的原则,狠抓现场管理,为深化研究提供扎实可靠的第一手资料。四是根据专业性质的不同,成立地震现场管理组和探井、化探现场管理组,定期和不定期地深入现场检查工作。五是加强信息的收集与反馈,保证生产指令畅通。

(丁玉萍)

【推进地质理论和技术创新,为勘探突破提供技术支撑】 在技术创新上,针对西部的特点,一方面引进"外脑",学习、借鉴、引进国内外先进技术,与有关院校合作,开展孔雀河区块沉积构造演化特征及烃源岩评价等3个项目的攻关;另一方面,坚持综合配套技术与单项攻关技术相结合的原则,开展塔里木油气层保护及酸化、压裂改造技术、高分辨率地震采集技术等9项技术攻关和推广应用,解决制约勘探进展的"瓶颈",完善西部特点的勘探技术系列,为实现勘探突破提供技术支撑。

(丁玉萍)

【以"三创五争一树"活动为载体,为完成各项生产经营任务提供思想组织保证】 一是实现双向管理体制下干部队伍的统一管理,为勘探突破提供坚强的组织保证。在探区各级干部中实施"统一思想教育、统一监督管理、统一考核评价"为主要内容的"三统一"管理模式,增强各级领导班子的整体功能,提高凝聚力、向心力和感召力,在2004年的领导班子和领导成员的民主评议中,工委及公司班子成员的优秀、胜任率均在95.6%以上,探区各参战单位领导班子及其他副科级以上干部优秀、胜任率也达到94.6%以上。二是探索发挥"两个作用"的有效途径,增强基层党组织的凝聚力和战斗力。开展系列党建活动;强化流动党支部和流动党员管理,制定流动党支部和流动党员管理制度,保证队队有支部、班班有党员;建立党建工作责任区,增强各级领导干部和基层党支部搞好党建工作的责任感,实现党建工作与生产经营的紧密结合。三是深化内涵,扩充外延,推动"三创三争"活动向纵深发展。结合队伍建设的实际，在探区 70 多个基层队中开展以“创业、创新、创效，争当名牌基层队、优秀基层队、先进党支部、优秀党员、一流员工，树立河南油田西部参战队伍的品牌声誉和良好形象”为主要内容的“三创五争一树”主题教育活动，提升基层管理水平和队伍竞争力，树立河南油田西部队伍的品牌声誉。四是发挥思想政治工作优势，为勘探突破提供精神动力。根据各个阶段的工作任务，确定不同的教育主题，开展形势任务教育，进一步理清发展思路。大力推行“一岗双责”制，发挥党政合力做思想政治工作的优势，杜绝思想政治工作与生产经营“两张皮”现象。实施“暖心工程”，制定《各级党组织关心联系群众“五必访”、“五必谈”制度》，工委成员和职工零距离接触，开展谈心活动，开展丰富多彩的文体活动，丰富职工的业余文化活动。

（丁玉萍）

第一采油厂

【概述】 中国石化河南油田分公司第一采油厂（以下简称第一采油厂）位于桐柏县埠江镇，是一个集油气生产、集输于一体的二级单位。生产区域横跨南阳、驻马店两市的宛城、新野、唐河、桐柏、泌阳 5 个县区。该厂组建于 1977 年，经过 27 年的发展，截至 2004 年底，全厂共有员工 4609 人，其中，全民职工 4063 人（含内部退养 181 人）；劳务工 546 人。在岗职工中干部 563 人，工人 3316 人。专业技术人员 559 人，具有高级以上职称的 89 人，中级职称的 226 人，初级职称的 231 人。厂机关设 18 个职能科室，下属 11 个三级单位，6 个直属单位，1 个附属单位，2 个直属基层队。

第一采油厂管理的稀油油田已开发的有双河、下二门、魏岗、赵凹、张店 5 个油田，探明含油面积 87.9 平方千米，地质储量 15747 万吨，动用含油面积 77.2 平方千米，动用地质储量 15484.4 万吨，占探明储量的 98.3%，标定采收率为 41.8%，可采储量 6469.2 万吨，已累计采出原油 5206 万吨，剩余可采储量 1263.2 万吨。

截至 2004 年 12 月，已累计建成各类井 1912 口，其中采油井 1233 口，注水井 637 口，油水井比为 1.94，观察井 20 口，未建未投井 22 口。2004 年 12 月，油井开井 1083 口，油井利用率 87.8%，日产油 3474.2 吨，年产油 128.59 万吨（如含王集油田则年产油为 130.59 万吨），开发区采油速度 0.81%，剩余可采储量采油速度 9.32%，采出程度 33.62%，可采储量采出程度 80.96%，日产液水 45591 吨，年产液量 1662.7 万吨，采液速度 10.71%，综合含水 92.48%；注水井开井 576 口，利用率 90.4%，日注水 46648.4 立方米，月注采比 1.02，年注水量 1632 万立方米，年注采比 0.95，累计注水 27280.3 万立方米，累积注采比 0.89。地下累计亏空 3885.3 万立方米，地层总压降 3.78 兆帕，压力保持水平 76.21%。

2004 年，在生产组织方面，组织实施压裂上产会战和区块单元调剖专项治理，开展“增油上产、争先创优”、“大干二季度、产量上台阶”等夺油上产活动，扭转产量被动的局面；在生产管理方面，在油水井 ABC 分类管理的基础上，对 A 类油井实施“一井一策”制管理，启动注水工作“一把手”（注水工作各单位一把手负责）工程，截至 2004 年 12 月，全厂日欠注水量减少了 1672 立方米。注水工作“三培育”（通过注水来培育措施井、培育压裂井、培育新井）、“一跟上”（针对油井的变化，对注水井的日常分析、管理工作一定要跟上)的思路得到加强;在产能建设方面,创造新井投产周期不到三天的新纪录;在生产考核方面,加大对老井产量的考核力度;在生产技术方面,推广应用油井远程监控报警和智能管理巡检等系统;在综合治理方面,开展非生产用电综合治理活动。

针对油井所处油藏的不同、原油物性的不同、生产状况的不同、井身结构的不同、地面工艺和管网的不同等,通过建立健全资料台账,优化方案设计,优化生产参数,优化工艺参数,合理优化加药、洗井、掺水等日常工作,进行针对性的动态管理。

推行HSE管理体系。在全厂开展危害辨识风险评估活动,对全厂所有采油队做了危害识别与风险评价培训;完成科级干部HSE管理体系培训工作,对班组长以上管理干部、转岗人员及外出施工队伍分别组织培训;落实领导干部HSE责任制和重点要害部位承包制,实施HSE风险抵押责任制,落实责任事故追究制度,制定《采油一厂HSE责任事故追究暂行办法》;执行《河南油田承包商HSE管理办法》,加强对外来施工队伍的监督管理;加强路查路检和夜间巡查,确保全厂交通安全形势稳定。全年实现安全生产无事故,被勘探局评为HSE安全管理先进单位。

推进管理创新工程,增强企业活力。制定《第一采油厂效绩考核办法》,着力建设管理、技术、操作三支队伍;落实竞聘上岗制度,在全厂范围内组织科级干部补缺及新组建单位技术、管理、操作人员的岗位竞聘工作;探索生产经营新模式,成立测试大队,实施下二门管理流程再造的试点工作,推动井下作业系统的重组。

第一采油厂围绕改革发展主题,针对生产经营中的难点问题,进行了研讨,征集论文,取得了好的成绩。在2003年三项成果分别获得省一等奖、石化总公司一等奖和中石油三等奖的基础上,2004年论文53篇,2篇获勘探局企业管理现代化创新成果一等奖,3篇获二等奖,5篇获三等奖。

推行企业文化创新工程,增强职工队伍凝聚力。开展厂歌、厂徽征集活动,着手编制采油企业文化手册。关心职工生活,扶贫解困送温暖,增设公益性岗位,使困难家庭感受到组织的温暖和关怀。

(董科武　张泽华)

【老井复查增储挖潜有新进展】 2004年,通过开展多种形式横向合作,规模化寻找小目标隐蔽油气藏,分别在双河油田、下二门油田、赵凹油田等油田区域开展复查工作,全年利用32口长关井、低效益井进行验证,共验证31层,证实油层13个,增加地质储量66万吨,日增产能127.6吨,年增产原油1.577万吨。

(董科武)

【外创市场取得突破性进展】 2004年制定

2004年8月2日,河南油田第一采油厂测试大队成立。

摄影　庞先斌

《第一采油厂对外创收管理办法》，在巩固西部压裂、酸化等外部市场的同时。新开辟中原油田大修市场、鄂尔多斯试气和陕北压裂市场。全年实现外部收入 1159.27 万元，首次突破千万元大关。（董科武）

【科技创新工程成效显著】 2004 年，采油一厂推行科技创新工程，修订《第一采油厂科研项目运行考核管理办法》和《第一采油厂科技成果管理办法》，加大科技体制改革力度，建立“项目＋效果＋奖励”的激励机制，实行重点项目投资回报制和项目长津贴制，对重要技术岗位实施特岗特薪，长效考核激励机制框架已经基本形成；同时，针对制约油气生产的技术难点，找准定位，以推广应用为主，攻关研究为辅，充分发挥技术创新对油气生产的支撑作用，完成计划项目 33 项，全年通过科技进步，增油 4.54 万吨，增注 20.9 万立方米，节电 151.7 万千瓦 · 时。连续多年被勘探局评为科技管理和节能先进集体。

（董科武）

【实施项目化管理，降本增效成效显著】 2004 年，推广项目化管理，从增产增收、降本减费、安全保障三方面落实“降本增效管理年”活动，安排采油、注水、作业、基建等系统共 25 个降本增效项目，与各项目负责人签订责任状，加大对项目的考核奖惩力度。全年 25 个项目累计增产增效、降本节支 5595 万元。（董科武）

【“三基”工作再上新台阶】 采油一厂加强“三基”管理，深入开展“五项劳动竞赛”活动。2004 年，经企管科、采油科、注水科、地质研究所等联合检查验收，共评选出红旗油矿 2 个，优胜油矿 1 个，金牌基层队 6 个，银牌基层队 3 个，年度进步最快基层队 2 个，五星级计量站 5 个，四星级计量站 6 个，五星级测试车组 2 个，四星级测试车组 4 个，长寿油水井 30 口。（张泽华）

【一项技术获国家专利】 第一采油厂技术人员研制的“快接绳帽”技术，2003 年 10 月 27 日向国家知识产权局申请实用新型专利，已通过审批，并于 2004 年 10 月 27 日授予实用新型专利，专利有效期为 10 年。同时，另一项技术“一种张力油管挂”实用新型专利已于 2004 年 9 月上报国家知识产权局。

（陈建民）

【信息采油厂框架已初步形成】 2004 年，“油水井生产动态辅助分析系统”、“河南油田第一采油厂生产调度系统”、“物资信息管理系统”、“油井无线监控系统”、“分站计量监控系统”等系统已经启用，依托网络技术，采油厂信息框架初步形成。（蔡俊杰）

【三个单位划归井下作业公司管理】 井下作业系统重组成功后，2004 年，采油一厂的井下作业工程部、特种作业工程部和生产准备大队等三个单位划归井下作业公司管理。划转人员 1149 人（其中：全民工 972 人；劳务工 177 人）。自 2005 年 1 月 1 日在井下作业公司起薪。（胡朝荣）

【扁平化、专业化管理】 按“扁平化”、“专业化”管理要求，突出核心业务，减少中间管理层，2004 年 5 月 26 日测试大队挂牌成立；2004 年 6 月 1 日电泵队、输油队开始按厂直属基层队管理。（胡朝荣）

【组建作业 12 队】 由于东庄油田、杨坡油田相继投产，作业力量不足，2004 年 1 月 10 日，采油一厂组建成立作业 12 队，人数

31人。（胡朝荣）

【采油14队划归第二采油厂管理】 2004年6月10日，王集油田生产管线交割，采油14队人员随之划转采油二厂管理，共划转员工91人（其中：全民工86人；劳务工5人）。（胡朝荣）

【优化车辆资源配置组建生产指挥车队】 2004年初将供应站、采油工程研究所、地质研究所、基建工程部、教培中心、会计核算中心等单位的小车和人员划归厂小车队，实行小车设备统一化、专业化管理，组建生产指挥车队。（胡朝荣）

【三人获集团公司技术能手，多人获局级技术能手】 2004年12月在集团公司技术能手评选中，第一采油厂朱香美、陈婷、郭亮等3人被评为集团公司技术能手。2004年11月在勘探局首届劳务工职业技能竞赛中，第一采油厂2人获得了众业公司技术状元称号，7人获得了技术能手称号。（胡朝荣）

【召开厂七届四次职代会】 2004年2月25日～27日，第一采油厂七届四次职工代表暨工会会员代表大会在双河油矿会议室召开。与会正式代表272人，列席代表20人，特邀代表3人。厂长张初阳作《与时俱进，开拓创新，艰苦奋斗，为实现采油一厂持续协调稳定发展努力奋斗》的工作报告。会议还签订了2004年度第一采油厂集体合同，并对在职厂领导进行民主评议。（廉现如）

【合理化建议小改小革成绩显著】 2004年，第一采油厂共收到合理化建议1113条，实施413条，申报成果214条，创效800万元。全年收集小改小革146项，推广11项，创效200万元，其中有121项参加局群众经济创新成果展，并获得局群众经济创新工作先进单位称号。（廉现如）

【江河联合站实现安全生产25周年】 江河联合站自1979年建成投产以来，连续25年实现安全生产。2004年5月8日，勘探局、分公司在江河油矿召开江河联合站安全生产25周年现场经验交流会，江河联合站作了经验介绍，江河油矿和第一采油厂分别进行工作汇报。局长袁政文到会并抽查部分岗位的安全管理工作。（董科武）

【魏岗联合站实现安全生产25周年】 2004年8月2日，勘探局、分公司在魏岗油矿召开第一采油厂魏岗联合站安全生产25周年座谈会，对魏岗联合站的安全生产管理工作的经验进行总结和交流。25年来，先后6年获中国石油天然气总公司安全管理先进站库的荣誉称号后，连续6年获中国石油总公司

2004年8月2日，河南油田第一采油厂魏岗联合站安全生产25周年，厂长张初阳（左）向该站颁发奖金。　摄影　庞先斌

“三标先进管理先进站库”的荣誉称号，2003年荣获中国石化集团公司“五星级站库”称号。副局长唐大鹏、副局长李清亮到会并讲话。（董科武）

【超导洗井技术研究与应用】 超导洗井技术是一项新型的管柱、管道清蜡防蜡技术。2004年首次在河南油田采油一厂试验研究，并推广应用。此技术的特点是利用油井产出液在超导的作用下，迅速升温，使抽油管内外受热，并在热液的冲洗中，将结蜡和结垢层快速溶化，操作简便，接管快捷，省时省力。同时，它以油井产出液为介质，与地层配伍性好，不破坏地层，不污染地层地表，绿色环保。（刘殿勋）

【下二门集气站建成投产】 承担着下二门6口气井、设计总处理能力6万立方米/天的下二门集气站于2004年11月16日建成投产。该集气站建有换热、节流、分离、计量3套装置，目前，实际处理天然气3万立方米/天。（刘殿勋）

【下二门联合站内增压站建成投产】 2004年11月15日，承担下二门联合站内天然气增压任务的增压站建成投产。该站设计增压天然气3.6万立方米/天，实际增压天然气2万～4万立方米/天，确保下二门天然气的正常外输。（刘殿勋）

【作业监督培训上岗】 井下作业系统重组改制后，按照市场运作模式，严格实行甲乙方管理。2004年10月采油一厂对井下作业监督进行培训。第一批40人，经过一个半月的培训，25人取得结业证书，25人已持证上岗。（董科武）

【5#、6#注聚站建成投产】 为配合双河油田Ⅴ上层系高温聚合物驱先导试验的实施，2004年5月，采油一厂江河油矿的5#、6#注聚站建成投产。两个站承担着17口注入井的注聚任务，日配注聚合物溶液2060立方米，实际日注2020立方米。（董科武）

【精神文明建设结硕果】 采油一厂2004年开展创建“五星级”文明单位、文明员工系列活动，组织开展“法制伴我行”为主题的演讲比赛、“两个条例”知识竞赛、法制教育征文、法律知识答题竞赛等十余项系列教育活动，开展“远学许振超，近学朱一斌”和“形势任务教育报告会”以及“我看采油发展辩论赛”等主题教育活动，全年受表彰的“五星级”文明单位矿(大队)6个，文明基层队16个，文明班组(井站)10个，模范“五星级”文明员工40名，文明科室10个，文明家庭30个；1666名员工达到了“五星级”文明员工标准，170个班组(井站)达到了“五星级”班组标准。2004年获南阳市文明单位称号。

积极对外宣传，《河南石油报》、《中国石化报》、《河南日报》、《工人日报》、油田电视台等报刊媒体组发新闻稿件1623篇，文字总量达90余万字。构建采油文化体系，形成《采油之歌》、《采油文化手册》等为核心内容的采油特色文化。涌现出下二门四号女子计量站“全国女职工先进集体”、采油12队、双河油矿两部委先进集体、魏岗矿中石化思想政治工作先进集体和石化集团公司巾帼明星曾照双、劳动模范李斌等为代表的先进典型。（卓利峰）

【青年文明号活动在创新中发展】 青年文明号活动再创佳绩。2004年，魏岗联合站继续保持全国青年文明号，双河油矿采油十二队

40#站、江河油矿采油十一队继续保持河南省青年文明号。下二门油矿联合站等三个基层单位被授予局青年文明号。同时，“青年HSE示范岗”创建试点运行良好。通过创建活动，青工HSE危害辩识能力、自我保护意识、综合素质和能力有了很大提高。在局安全月活动中，李雪芹获得演讲比赛二等奖。厂青年文明号活动入选河南省青年文明号创建活动大型图书《青年文明号礼赞》。

（杨继标）

【青年志愿者行动富有特色】 2004年，第一采油厂青年志愿者行动全年出动730余人次，发现并排出生产事故15起，抓获不法分子8人，截获盗油车辆2台，挽回原油45余吨。青年志愿者为45名老团干和受到省部级以上表彰的青年典型送去了“鲜花”和慰问卡，为护井巡逻作出贡献的48名优秀青年志愿者送去了“爱心包”，为1000多个家庭书写春联。

（杨继标）

【加强干部管理】 完善《第一采油厂干部管理暂行办法》、《专业技术岗位人员绩效考核办法》、《管理岗位人员绩效考核办法》，加强民主评议和组织考核力度，2004年，新聘用科级干部5人，向局推荐处级后备干部21人；调整交流科级干部21人次，降职2人，免职3人。

（陈永保）

【党风廉政建设】 落实厂务公开全员监督防线、节假日超前提醒预警防线，层层签订《党风廉政建设责任书》，把重点要害岗位纳入监控视线，加强教育，落实防范责任。2004年，制定《第一采油厂党风廉政建设监督员管理办法》，聘请17名党风廉政建设监督员。对“非安装大型设备采购管理”和“不良资产核销”进行监察，对5个事中效能监察项目进行效能监察，总涉及资金达1.62亿元，避免经济损失341.36万元，挽回经济损失37.1万元，增加经济效益23.84万元。对37项项目招投标进行监督，通过谈判实现节约资金110万元，对5项竣工项目进行监督验收，落实整改问题12个。

（陈永保）

【规范基层组织，加强党员队伍管理】 根据新《党章》和《河南油田基层党组织建设条例》规定，完成基层党总支、党支部换届选举，共产生新一届党总支9个，党支部84个。规范了全厂党总支、党支部、党小组的设置，规范基础资料台账。在全厂党员队伍中广泛开展党员先进教育调研座谈、开展为基层上党课、送知识系列活动，党员培训率达95%以上。严把党员发展入党教育、发展标准、发展程序、组织审查公示“四个关”，发展党员87人；建立采油党建网站，举办“基层党建工作经验交流会”。

（陈永保）

【围绕生产中心，开展特色党建活动】 厂各级党组织，围绕生产中心，把党建工作与企业改革和管理创新、团队文化和人才培养工作紧密结合。2004年，实施党员科技攻关项目146项，累计创效近千万元。“七·一”前夕，第一采油厂党委表彰先进党支部16个、先进党小组11个、优秀共产党员60名、优秀党务工作者10名。有5个党支部被评为局先进党支部、4个党小组被评为局先进党小组、9名党员被评为局优秀共产党员、4名党务工作者被评为局优秀党务工作者。

（陈永保）

【加大综合治理，净化油区环境】 坚持打防并举，2004年全年共取缔土炼油炉34座，抓获各类违法人员124人，打掉“三盗”团伙4个，查破案件32起，截获外运原油的大卡车、三轮车 66 台，驮油自行车 56 辆，收缴落地及被盗原油 212.88 吨、收缴油管杆和套管 138 根、电泵井工具 26 套、地锚 73 根、油井封隔器 23 台、收缴其他生产物资 4 吨。净化了油区环境，确保了社会稳定。

（陈永保）

第二采油厂

【概述】 中国石油化工股份有限公司河南油田分公司第二采油厂（以下简称第二采油厂），位于唐河县城东郊，生产区分布在唐河、泌阳两个县境内。截至 2004 年底，全厂共有职工 1861 人（其中含内部退养 74 人），在岗人员中：干部 283 人，专业技术人员 185 人，其中具有高级职称的 30 人，中级职称的 135 人，初级职称的 97 人。厂机关下设 17 个职能科室，厂下属 5 个直属单位和 6 个三级单位。

第二采油厂管理的稠油油田共投入开发井楼、古城、新庄、杨楼及王集 5 个油田 16 个区块，共计含油面积 24.1 平方千米，动用地质储量 3588.0 万吨，可采地质储量 828.9 万吨，其中普通稠油 1640 万吨（包括泌 123 区、泌 124 区、泌 125 区、七区、泌浅 10 区Ⅵ油组及新庄油田），占总动用地质储量的 45.7%；特超稠油 1165 万吨（包括零区、一二区、三六区、五区、泌浅 10 区、新庄 BQ57 区、杨楼），占总动用地质储量的 32.5%，稀油储量 783 万吨（楼八区、王集），占总动用地质储量的 21.8%。

截至 2004 年 12 月，全厂累计投产油水井 1242 口，其中热采井 895 口，常采井 253 口，注水井 89 口，观察井 5 口。累计建成集油站 10 座，计量站 70 座，联合站 1 座，注汽站 7 座，注水站 5 座，拥有各类设备 1140 台（套）。全年生产原油 41.69 万吨，完成年计划的 103%，完成原油商品量 33.45 万吨，完成年计划的 103%。创新成本管理，全年降本增效共立项目 70 个，实现降本增效 5600 多万元，全年生产成本控制在局下达指标之内。推行 HSE 管理，实现安全生产环境保护工作目标，被勘探局评为 HSE 管理先进单位。

（赵　清）

【稠油生产实现跨越式发展】 推行油藏管理、井组动态管理、单井目标管理的三位一体管理模式，2004 年稠油生产实现了跨越式发展，原油产量由 2003 年的 27.8 万吨上升到 2004 年的 41.69 万吨，原油日产由 2003 年的 800 吨上升到 2004 年的 1350 吨。

深化油藏地质研究，优化措施方案。全年组织编制实施了 8 个热采、常采，以及长关、低效井的综合调整和治理方案，开展了 7 项油藏地质开发研究工作，针对不同地质情况，实施了系统优化组合和动态配注措施，全年实施措施 273 井次，措施有效率达到 87.8%，措施增油 4.4 万吨，老井吞吐有效率达到 75%。积极实施热采老区综合治理、蒸汽驱推广应用、注水开发区块综合治理、措施增产、难采储量动用和新区上产等 6 项上产工程，保证作业一次成功率 98%，油井利用率 86%以上；热采老井和常采油井采油时率分别达到 77%和 96.5%，同比提高了 0.5%。加快产能建设进度，全年完成投产新井 251 口，年产量达到 9.67 万吨，建井周期与上年相比提前了 7 天。

（赵　清）

【稠油新区产能建设】 2004 年是稠油新区规模开发的第一年，同时也是采油二厂稠油开发的主力油田，产能建设工作量是上年的

3倍。稠油新区建成BQ57、YQ3和BQ673座集油注汽站，计量站16座，建成新庄杨楼至稠联38千米输油管道，完成稠油联合站、1#集油站和王集转油站的改扩建、零区注汽站的扩建工程，完成新庄基层队点建设工程，建成王集开关站及配套35千伏线路59千米等工程项目，配套完成了新庄、杨楼注汽锅炉和生产系统管网，建成新井256口，建成产能30.8万吨，为稠油新区后续开发打下基础。

（刘正睿）

【新庄油田推行"油公司"管理模式】 8月6日，第二采油厂隆重举行新庄油田开发项目经理部揭牌仪式，副局长李清亮主持仪式，油田分公司经理李联五、局党委书记张召平亲自揭牌并讲话。分公司副经理樊中海、副总会计师项习文及局机关相关处室、兄弟单位领导参加了揭牌仪式。新庄油田推行以油藏经营管理为核心的"油公司"管理模式，是河南油田探索"油公司"管理模式所迈出的重要一步，也是采油二厂实现管理体制扁平化，用工机制灵活化，运行机制契约化，激励机制市场化，优化资源配置，促进生产经营效益提高而迈出的关键一步，对于油田分公司的发展有着重要意义。

（赵　清）

【科技创新成效显著】 2004年，第二采油厂开展"科技创新年"活动。展开B125区表面活性剂驱、BQ10区蒸汽驱两个试验。注汽锅炉渣油替代原油、燃油乳化、油气混烧等燃料结构替代技术取得新进展，渣油比从65%提高到90%，全年烧渣油3.3万吨，替代原油3.13万吨；烧天然气2200万立方米，替代稀油1.98万吨，折合商品量5.11万吨，原油商品率由2003年的73.5%上升到2004年的80.24%。通过科技攻关，井筒隔热注采工艺取得技术突破，有效解决稠油新区注蒸汽热采过程中的井筒隔热问题，为中深层系复杂小断块油藏开采提供技术支撑。全年实施36个科技项目205井次(井组)，完成年计划220井次的93.2%，工艺成功率95%，有效率达86%。全年科技增油4.4万吨，科技增油、增效与上年相比增加161%、139%。

（赵　清）

2004年5月，河南油田第二采油厂稠油新区生产建设现场。　　摄影　单朝玉

【召开"三基"工作现场会】 9月29日，第二采油厂"三基"工作现场会在稠油联合站隆重召开。油田分公司经理李联五、副经理樊中海和局生产协调处、安全处、开发事业部、企管法规处、党政办公室等有关处室的领导参加了会议。2004年第二采油厂按照勘探局"三基"工作的总体部署，制定2004年和2005年"三基"工作的总体目标、考核标准和运行计划，把以"达标创牌"为主要内容的"五项劳动竞赛"活动和"三基"工作有机结合起来，相互促进，共同提高，全面提升稠油开发效益和基础管理工作水平。涌现出以稠油联合

站、采油二队、作业三队等为代表的一批先进典型。稠油联合站、采油二队、作业三队和井楼油矿介绍了抓“三基”工作的经验，刘铁岭厂长作了题为《扎实开展“三基”工作，全面提升基础管理工作》的讲话，分公司经理李联五对采油二厂“三基”工作取得的成绩给予了充分肯定。

（赵　清）

2004年9月29日，河南油田第二采油厂三基工作现场会。　　摄影　单朝玉

【人力资源建设不断加强】 2004年，第二采油厂创新人力资源激励机制，有效激发职工工作积极性。通过强化岗位技能培训，全年累计培训员工2691人次，技能鉴定854人，选送20名业务骨干参加了集团公司举办的国际化项目经营人才培训班，24名同志参加在职研究生学习，110名职工参加了在职自学和函授本专科学历教育，全员综合素质稳步提高。组织开展岗位练兵、技术比武、油水井分析大赛等活动，有效提高了岗位职工的学习力和创新力，在油田第11次技术大赛中，采油二厂职工荣获采油工、井下作业工两大主体工种技术状元。完善绩效考核体系，实施竞争机制。制定并实施了科级干部竞聘办法、科技项目长招聘办法、特岗特薪人员评选办法等方案(办法)，通过公开、公平、公正的岗位竞聘，81名年轻干部走到厂中层和基层干部岗位；招聘科技项目长61名，评选局级科研特岗人员5人、厂级20人，评选局级操作岗位特岗人员14人、厂级30人。

（赵　清）

【井楼一区水淹区潜力分析及挖潜对策研究】《井楼一区水淹区潜力分析及挖潜对策研究》获2004年度河南油田科技进步二等奖。该项目综合分析了井楼油田一区高周期吞吐存在的主要问题，研究总结出蒸汽吞吐高周期开发阶段剩余油分布规律，近井地带和汽窜带含油饱和度低；相邻油井之间，远离汽窜带区域剩余油较富集。边水和蒸汽冷凝水沿高渗透层和高渗透带突进严重，中低渗透层和中低渗透区域剩余油较富集。厚油层剖面动用差异大于薄层，剩余油较富集，仍有35%的储量动用潜力；总结归纳出特超稠油水淹规律，油藏边部水淹较内部水淹速度快；超稠油油藏较普通稠油油藏水淹速度快；边水水体能量大，较边水水体能量小，水淹速度快；高采注比水淹速度快；通过硼中子寿命测井曲线离差识别水淹层和剩余油分布富集区，从而对因采出程度高蒸汽冷凝水淹油层和边水侵入水淹层采取封堵措施，动用中低渗透层和弱水淹以及未水淹层，进行高含水井二次吞吐，提高了热采采收率；研究应用了短周期吞吐技术，水淹区采可动油技术，封堵水淹层技术，分层管柱技术，化学增效汽驱使增效剂均匀地扩散到油层中，与油层中油汽水充分混合，能够显著降低岩心残余油饱和度，提高驱油效率。通过该项目研究，一方面对稠油热采高周期油层剩余油分布认识更加清楚，另一方面总结归纳出稠油水淹规律，形成了高周期开发和动用水淹储量配套的油藏技术和工艺技术，对提高稠油热采采收率提供了新的技术支撑，对稠油油藏蒸汽吞吐后期开发有较好的指导作用，具有广泛的推广应用前景。该项目矿场应用后，在井楼一区取得显著效果，实施后年累积增油 2.1335 万吨；年投入产出比 1∶4.4，增加可动用储量 60 万吨；增加可采储量 15 万吨；水淹储量采出程度提高 9%。（赵　清）

【开展两个先导开发试验】 围绕提高常采区块地层压力、热采系统效率和油田开发整体效益，组织开展了两个先导开发试验。在 B125 区组织开展了三个井组表面活性剂驱试验，以及外围井组的调剖与动态调配工作，实施了分层深度调剖、分层注水和动态调配，初步见到化学驱效果，实现阶段性增油 838 吨，较好地解决了注水井层间和平面矛盾突出的问题，注采平衡、稳油控水得到了明显改善；在 BQ10 区开展了蒸汽驱第一轮试验，为区块开发取得了经验和新认识，为油田开发提供了技术储备。（刘正睿）

【古城油矿女子站被全总授予“女职工建功立业标兵岗”】 第二采油厂古城油矿 8 号女子计量站，现有 5 名女职工，管理着 18 口油水井。已成为采油二厂职工学习的创新标杆站，也是河南油田对外展示基础管理工作和女性风采的一个亮丽窗口。

该站坚持“地面—井筒—地下”三位一体的管理理念，克服稠油开发后期稳产难度大，无新的产能接替等不利因素，注重科技增效、管理增效，推广螺杆泵冷采、表面活性剂驱等新工艺、新技术，原油产量连年超产；大力开展挖潜增效活动，积极推行看板管理和代币券制度，节约成本 60 余万元；建立安全环保长效机制，全员参与危害识别工作，实现了安全生产环保无事故；围绕生产难点，积极献计献策，提出上产措施、合理化建议 20 余项，参与技术革新 7 项，创经济效益近百万元。

古城油矿 8 号女子计量站多次被评为局、厂“女职工先进集体”、“巾帼建功示范岗”，1998 年荣获河南省“青年文明号”，2003 年又被授予全国“青年文明号”，2004 年被南阳市国税局选为“艰苦奋斗教育基地”。1996 年 8 月，原中共中央委员、石油部部长王涛到该站视察工作时，对他们的环保工作给予了高度评价，并题字“环保标兵”。该站先后涌现出了一批先模人物，其中陈井彦、苑民英、沙艳梅等获得河南油田“劳动模范”、河南省“五一劳动奖章”和全国“先进女职工”等称号。2004 年，该站获得河南省“五一”巾帼奖，荣获河南省“五一”劳动奖；被全国总工会授予“女职工建功立业标兵岗”。（王　戈）

2004 年 11 月，河南油田第二采油厂古城八号计量站采油生产现场。　摄影　单朝玉

【发挥党组织战斗堡垒和政治核心作用】2004年，厂党委组织开展“争创好班子，争当优秀干部”活动，选树3个好班子和10名优秀干部；坚持把党支部建设摆在基层建设的核心位置，以“抓班子、强基层、求发展”为重点，积极建立特色党支部，推进“三基”工作，扎实开展“创新增效攻关”活动，立项85项，创效1126万元；以“创岗建区”活动为载体，打造知名党建品牌，发挥了广大党员的先锋模范作用。32个党支部达到A类党支部标准，厂党委连续3年被授予河南油田“先进党委”称号。　（王　戈）

【第二采油厂被评为河南省省级文明单位】2001年1月该厂被南阳市文明委命名为市级文明单位，2002年和2003年连续2年被评为市级标兵文明单位，2004年被评为河南省省级文明单位。这是河南油田参加省级文明单位评比7年来获得的第二个省级文明单位。

第二采油厂党委把争创省级文明单位作为厂主要工作目标之一，纳入重要议事日程，把各单位、部门的精神文明建设作为目标管理责任制和干部政绩考核的主要内容，对各级干部实行“一岗双责”，为精神文明创建活动的深入开展提供了有力的组织保证。

第二采油厂围绕原油生产中心，全面推进全厂“三个文明”建设。开办精神文明业余学校，为提高职工文明素质开辟课堂；重点抓好创建文明单位，创建文明家庭，争当“三德”文明职工3项工作；开展社会公德、职业道德、家庭美德和法制建设4项教育；开展“企业文化建设”、“建设学习型企业”、“热爱采油二厂、创建文明矿区”、“讲文明、改陋习、树新风”、“三优一满意”、“矿容矿貌集中整治”等6项活动；在生产单位开展文明井站、文明岗点、文明科室、文明窗口、文明班组等文明细胞创建活动；在职工生活领域以弘扬社会主义公民道德为重点，开展“十型”文明家庭创建和争当“三德”文明个人活动。先后评选出50多名“三德”先进个人。通过举办经常性的“周末文化广场”和体育比赛活动，丰富了职工的业余文化生活，经常开展捐资助困、捐资助学、送温暖献爱心、工农共建等活动，拉近了干群距离，融洽了油地关系；科学绿化、美化环境，为建设文明家园打下良好的基础。　（李庆伟）

井下作业公司

【概述】　2004年12月9日，中国石化集团河南石油勘探局井下作业公司由第一采油厂、第二采油厂、宝浪项目经理部的井下作业系统分离重组而成。截至2004年底，有职工

2004年12月9日，河南石油勘探局党委书记张召平在井下作业公司揭牌成立仪式上讲话。　摄影　石正文

1863人，其中：全民工1580人，非全民工283人；现有高级职称26人，中级职称71人；高级技师、技师22人，高级技工269人，中级工842人；拥有固定资产原值33965万元，净值15200万元；拥有各类机动设备370余台套。

2004年，在公司组建过程中，本着精干高效的原则，在进行机构设置时，公司对井下作业系统部分单位和部门进行整合和职能合并。公司机关设“两办九部”，即：经理办、党委宣传办、生产运行部、机动设备部、安全环保部、市场开发部、经营管理部、人力资源部、计划财务部、组干纪监部、工团工作部。下设机关直属单位4个，直属三级单位6个。机关直属单位为：工程技术所、行政综合队、双河综合办、唐河综合办；直属三级单位为：井下作业工程一部、井下作业工程二部、特种作业工程一部、特种作业工程二部、试油项目经理部、西部项目经理部。

井下作业公司主要从事各类油气井的试油、试气、大修、小修以及压裂、酸化等特殊作业施工和技术服务，是集生产、科研、服务为一体的专业化施工与技术服务公司。公司建立了完善的HSE管理体系和质量管理体系，井下作业、特种作业、试油试气队伍均通过了ISO9001和ISO14001两项国际质量环境管理体系认证。

公司拥有井下作业、试油试气、特种作业等专业施工队伍45个，其中：中石化甲级队11个，乙级队34个，HN－XJ104井下作业队2003年获得中国石化集团公司金牌队荣誉称号，HN－XJ 108、HN－XJ203获银牌队荣誉称号，HN－YL101压裂酸化队获得中国石化股份有限公司油田勘探开发工程技术服务市场准入证。

公司能够提供直井、斜直井、大斜度井及水平井的大小修施工及工程技术服务，积累了在各种复杂条件下施工、作业的丰富经验，总体装备水平高，综合施工能力强，技术配套完善，具备较强的油田增产增注施工、技术服务和装备能力。

公司设有井下工艺技术研究所、试油资料中心和地层测试中心，拥有低渗透油气藏油水井酸化改造、多级气举排酸、一级管柱多层酸化、无杆无管采油、薄夹层精确卡堵水等增油增注工艺技术；拥有成熟的地层测试和先进的试油试气技术手段，试油试气达5000米，能独立完成油水井换套、侧钻、套管补贴、整形等油水井大修施工，特别是在取换套和复杂打捞方面有独到之处，裸眼取换套深度达1100米，居国内领先水平，具备完成各类压裂、酸化、调剖、液淡助排、流体配置及各类井下工具制造、检修能力。另外，公司还拥有MFE和TCP联作加三开抽汲、螺杆泵测试联作试油、水平井大斜度大位移定向井试油测试、中深井试油、修井(7000米以内)等先进工艺技术以及法国SIHPIR、英国EPS试井解释软件。2002年以来，井下作业队伍先后进军新疆焉耆、陕北靖边、内蒙鄂尔多斯、湖北松滋、江苏和吐哈等油田的井下作业市场，锻炼培养了一批熟悉外部市场运作管理规则的施工队伍和项目管理人才。已有14个基层队种拥有中石化颁发的东部、西部和南方井下作业市场入网证，获准进入国内石油施工市场(塔里木新区、西北石油局、陕北、华北局鄂尔多斯井下作业市场、中南局湖北松滋、中原油田)，提供压裂酸化、试油、测试、小修等施工和技术项目。　(孙文长)

【公司揭牌成立大会】 2004年12月9日，河南油田井下作业公司在双河社区工人俱乐部广场举行揭牌成立大会。勘探局领导张召平、彭生明、唐大鹏、陶光辉和局部分副总师，桐柏、唐河、泌阳三县政府领导，地方驻油田办事机构领导，局机关各处室和各厂处单位领导，井下作业公司机关人员及一线职工代表近千人出席了揭牌成立大会。局党委副书记、工会主席彭生明主持大会，井下作业公司经理郭耘致欢迎词，局党委书记张召平发表讲话。中国石化股份有限公司油田勘探开发事业部等单位发来贺电。井下作业公司的成立，标志着河南油田井下作业系统进入一个新的发展阶段。　(孙文长)

【市场开发成效明显】 2004 年，为充分挖掘设备、人力和资产潜力，发挥人才和专业技术优势，井下作业系统开展外部市场信息调研，在巩固中南局湖北松滋采油厂作业、试油和西部酸化压裂市场的基础上，又新开辟了中原油田大修、陕北压裂和内蒙鄂尔多斯试油市场，全系统全年实现对外创收 1500 万元。

(孙文长)

石油勘探开发研究院

【概述】 中国石化股份有限公司河南油田分公司石油勘探开发研究院(以下简称研究院)，主要从事油气田勘探开发综合研究及规划部署、方案编制等工作。截至 2004 年底，在岗职工 571 人。具有大、中专以上文化程度的职工 468 人，占在岗职工总数的 82%，其中博士和在读博士 17 人，硕士和在读硕士 80 人，本科学历 252 人；教授级高级职称 7 人、高级职称 148 人、中级职称 216 人。院机关设 6 部 2 室，下设 13 个基层科研生产单位。拥有固定资产原值 11595.17 万元，净值 5517.99 万元。

2004 年，全院完成科研项目 125 项，其中集团公司科技项目 9 项，局级科技项目 45 项，院级科技项目 71 项。地震资料处理 652595 千米，解释各探区新老二维地震资料 36562 千米、三维地震资料 4828 平方千米；部署论证设计探井井位 85 口，提供开发井钻井地质设计 390 口、投产投注及试油方案 279 口，初复测井位 1213 井次；化验分析样品 32000 块次，试验分析样品 3100 个次。

2004 年，研究院获局级以上科技项目奖励共 50 项，其中，获中国石化集团公司科技进步二等奖 1 项、中国石化集团公司科技进步三等奖 2 项，河南省科技情报成果奖一等奖 2 项、二等奖 5 项、三等奖 4 项，局级科技进步特等奖 1 项、一等奖 5 项、二等奖 6 项、三等奖 24 项。　(姚志云　杨　琴)

【油气勘探成果】 2004 年，泌阳凹陷油气勘探取得新发现。一是在泌阳凹陷北部斜坡外新庄、杨楼地区新增探明储量 1128 万吨。通过地震地质综合研究，分析油气富集规律，开

2004 年 6 月 16 日，河南油田石油勘探开发研究院"科技攻关、增储上产"劳动竞赛动员大会。　摄影　孙跃华

展浅层三维地震资料精细解释，落实断鼻、断块圈闭和地层、岩性圈闭，在新庄外带部署一批浅井钻遇油层，扩大含油区块面积，新增探明储量388万吨，在杨楼地区开展预探和滚动勘探，新增探明储量740万吨。

二是付湾地区圈闭预探取得新成果。根据付湾鼻状构造所处的位置和沉积特征，研究认为圈闭类型以断鼻、断块为主，存在断层一岩性等圈闭类型，部署浅井钻探发现油层，控制石油地质储量109万吨。

三是井楼西—唐河底凸起勘探取得大的突破。研究认为该区具有形成断块、地层不整合及基岩潜山等类型油藏的条件，对新三维地震资料处理解释后，在井楼油田附近发现一批圈闭，钻井后新增控制面积5.2平方千米，新增控制储量733万吨。

四是泌阳凹陷南部陡坡带地震地质综合研究取得新进展。应用叠前深度偏移等新技术，对新老三维地震资料处理后，新发现和落实圈闭11个，圈闭面积8.8平方千米。部署钻探的泌285、291井钻遇良好的油气显示，为该带油气勘探的突破奠定基础。

南阳凹陷油气勘探取得新认识。通过开展南阳凹陷油气成藏规律与勘探潜力研究等科技攻关，在南阳凹陷发现和落实圈闭33个，累计圈闭面积20.8平方千米。综合分析认为南阳凹陷东部张店—马店地区具有良好的成藏条件，是下步油气勘探的重点地区。

焉耆盆地油气勘探取得新进展。焉耆盆地焉参1井老井复查试油取得突破，有两层获工业油气流，新增控制储量311万吨。四十里城西逆掩推覆构造带勘探取得新进展，城2井在推覆体下发现侏罗系目的层并试获低产气流。

塔里木盆地河南探区综合研究取得新进展。开展塔里木盆地河南探区油气富集规律及勘探目标研究，发现一批圈闭，部署探井井位4口，有希望取得油气勘探的突破。

全年完成探明地质储量1283万吨，控制储量1023万吨，预测储量1137万吨。

（姚志云　杨　琴）

【油田开发成果】 2004年，稀油油田水驱开发提高采收率成效显著。开展砂砾岩厚油层特高含水期提高水驱采收率研究，采用注采井网局部完善、综合调整技术，老井措施年增油7.5万吨，增加可采储量360万吨。

低孔低渗、小断块复杂油气藏开发挖潜效果明显。开展下二门油田改善开发效果研究，开发效果明显改善，水驱采收率提高4.9个百分点，增加可采储量55.9万吨。通过宝浪油田低渗透油藏水淹规律研究，明确主力区块潜力大小及挖潜方向，为油藏开发动态分析、井网动态调整提供依据，累计增油1.47万吨。

稠油新区产能建设达到预期效果。优化开发方案设计，稠油新区部署开发井336口，投产新井56口，新井投产平均单井日产油4吨以上。

三次采油技术现场应用见到明显效果。双河油田Ⅴ上区块整体深度调剖技术现场应用后，高渗透层吸水量得到有效遏制，中低渗透层得到进一步启动，3口油井见到增油效果，日产油量增加一倍以上。古城油田B125块表面活性剂驱先导项目试验结果显示，在注入量大幅度增加的情况下，活性剂段塞推进均匀，大部分生产井的产液量、产油量、动液面上升，含水下降，取得初步效果。

（姚志云　杨　琴）

【科研成果】 2004年，研究院加强基础研究工作，科研成果水平明显提高。《泌阳凹陷北部斜坡带含油层段储层预测及含油气性研究》、《赵凹油田安棚区深层系油藏地质特征综合研究》、《周口坳陷油气成藏条件及选区评价》、《地震叠前处理技术在河南探区的应用研究》等一批科研成果达到国内、国际先进水平，中石化入龙项目《耐温耐盐低浓度交联聚合物驱技术》中期评估得到专家的肯定，《望江—潜山地区成油气地质条件评价》项目以中石化南方分公司最高评价级别通过验收，为油田在国内海相油气地质理论和勘探技术研究领域赢得声誉。

（姚志云　杨　琴）

【中标三江盆地风险勘探项目】　三江盆地位于黑龙江省东北部，中石化登记区块面积1.74万平方千米，资源量约为1.8亿吨。在中石化集团公司组织的新区风险勘探项目招标中，河南油田中标三江盆地风险勘探权，并相继完成矿权登记、综合地质评价和近期方案部署工作，地震实物工作已在现场实施。

（姚志云　杨　琴）

【参加西部新区“联合研究会战”】　2004年，研究院抽调30名科研人员，赴新疆参加中石化西部新区勘探指挥部组织实施的“联合研究会战”。“联合研究会战”是实现西部新区勘探突破的重要举措。其主要任务是强化区带、勘探目标和生产动态研究，突击编制一批图件，经综合评价后提出一批探井井位。每年组织2次，每次集中3个月左右时间。

（姚志云　杨　琴）

【人才培养】　2004年，研究院全年选送出国培训58人，长期培训6人，各类短期培训112人。有29名青年科研人员选拔攻读硕士学位，5名攻读博士学位。参加局安排的专业技能和新技术培训180余人次，内部举办勘探开发新理论、新技术、新方法应用讲座以及英语培训、HSE管理体系讲座等活动22期，480人次。（姚志云　杨　琴）

【成立海外研究所】　研究院在原尼日利亚研究所基础上，成立海外研究所。海外研究所的任务是专门从事海外油气勘探开发研究工作，为河南油田实施海外油气资源战略提供技术支持。海外研究所的成立，标志着河南油田把找油目光由国内开始投向海外油气市场。（姚志云　杨　琴）

【对外协作科研项目管理】　2004年，研究院加强对外协作项目的管理工作，对技术支持单位市场准入、项目审定和招投标程序等方面都做出严格规范。对外协作科研项目全部采用招投标的办法选择协作单位，对协作项目执行情况进行全过程监督。通过采取以上措施，不仅提高科研成果水平，而且节约科研费用20%以上。（姚志云　杨　琴）

【公开招聘科技项目项目长】　2004年，实施科研项目负责人招聘制度，对参加竞聘人员条件、竞聘程序做出详细规定。要求竞聘人员以多媒体形式从项目研究的主要内容、要解决的主要问题、具体的技术路线和项目研究预期取得的效果等几个方面做开题答辩，评委量化打分，根据得分情况确定招聘结果。全年，共有31项科研项目在全院范围内公开招聘科技项目负责人，62名科研人员通过竞聘当上正、副项目长。（姚志云　杨　琴）

【泌阳凹陷成烃成藏基础理论研究】　该项目系统研究泌阳凹陷优势烃源岩特征及其分布规律，通过各油田原油、油砂与烃源岩的精细分子地球化学研究，指出核三上下段具有不同的油源特征。通过泌阳凹陷成藏史的研究，提出油气藏具有三期成藏的特点，且幕式构造运动控制幕式成藏，中晚期是凹陷的主要成藏期。首次提出差异泵吸作用的概念、原理及其对泌阳凹陷油气差异分布的控制作用。指出油气运移输导体系包括砂体和断层两个基本要素，二者组合形成两大类四种输导体系类型，油气运移以顺层侧向运移为主，并且存在明显的级差优势通道。提出成藏组合体的划分原则，在泌阳凹陷划分两大油气运聚区七个油气成藏组合体，建立四种典型的油气成藏模式，并对七个成藏组合体开展勘探潜力综合评价，指出有利勘探区。鉴定委员会评审认为：该项目研究成果整体技术水平达到国际先进水平，部分技术达国际领先水平，获2004年中石化集团公司科技进步二等奖。 （姚志云　杨　琴）

【改善聚合物驱开发效果技术】 该项目通过对复杂中小规模油藏剩余油分布的研究和监测、聚合物水解机理研究，确定平面及纵向潜力分布状况，对不同的潜力配套研究井距优化方法及配伍聚合物性能参数。针对聚合物驱开发过程中平面及纵向动用差异大的问题，开展相关的复合调剖剂、低剪切配注、多功能段塞组合解堵等配套技术攻关。建立河南油田聚合物驱效果评价指标体系和评价方法，确定评价标准，探索聚合物驱全过程产量预测模型。研究成果在河南油田注聚区块进行大规模推广应用，取得良好效果。鉴定委员会评审认为：该项目整体达到国际先进水平，其中低剪切分注工艺技术、集流型连续剖面测试工艺等方面达到国际领先水平，获中石化集团公司2004年科技进步三等奖。

（姚志云　杨　琴）

【稠油出砂冷采技术研究与应用】 该项目在国内首次开展稠油出砂冷采物模实验，弄清稠油出砂冷采的主要开采机理，研究稠油冷采的出砂条件和出砂规律，以及溶解气含量对出砂冷采效果的影响。成功应用大孔径、深穿透高能气体复合射孔完井激励油层出砂技术和稠油冷采活性剂、井下低频脉冲震荡等诱导地层出砂技术。优化设计冲砂管柱结构，建立稠油出砂冷采筛选标准，开展七种类型稠油油藏出砂冷采先导试验和三个区块的推广应用，应用效果分别达到或超过攻关目标。鉴定委员会评审认为：该项目整体技术水平达到国际先进水平，获中石化集团公司2004年科技进步三等奖。

（姚志云　杨　琴）

【荣获“河南省职业道德建设先进单位”】 研究院在做好科研生产的同时，广泛开展以“爱岗敬业、诚实守信、办事公道、服务群众、奉献社会”为主要内容的职业道德教育和实践活动，取得显著成绩，2004年，被中共河南省委宣传部和河南省总工会授予“河南省职业道德建设先进单位”荣誉称号。

（姚志云　杨　琴）

【着力打造“四项工程”】 研究院工会立足科研生产，发挥维护职能，着力打造“四项工程”。一是瞄准增储上产目标，精心打造“创新工程”。先后开展“科技攻关，增储上产”等内容的劳动竞赛23(场)次，参加职工达682人(次)。提合理化建议427条，形成“数百名职工献计，条条建议显威”的良好局面；二是帮扶特困人员，关心西征职工，精心打造“温暖工程”。建立困难人员、职工遗属情况档案，根据特困人员的“最急”、“最需”给予帮助。累计为特困人员补助50余人次，解决生活急需十余次，开展东西部职工“一助一”结对子送温暖活动，先后义务志愿服务十余次；三是巾帼不让须眉，精心打造“巾帼工程”。通过深入实施“女职工素质提高”、“巾帼建功”和“爱心邦扶”三大工程，促使女职工巾帼成才，巾帼建功。女职工参与群众性经济技术创新活动15场次，累计加班加点1260人（次），先后有多名女职工竞聘为项目长负责人，涌现出集团公司劳模——翁大丽，局巾帼标兵——田小敏，局巾帼建功示范岗——物研所处理室等一批先进女职工典型，撑起研究院科研生产的半边天；四是“健身、健心、健精神”，精心打造“健康工程”。倡导科学的养生健身方式，举办健康、保健知识讲座及咨询活动。并定期为职工检查身体，配备乒乓球台和健身器材，先后组织职工学习推广木兰拳、太极拳、毽球等各项适合科研人员身心健康的健身活动。常年坚持工间操制度，对有突出贡献的科研人员实行健康荣誉疗养。

（姚志云　杨　琴）

石油工程技术研究院

【概述】 中国石油化工股份有限公司河南油田分公司石油工程技术研究院（以下简称工程院）截至2004年底，有在岗职工385人，其中专业技术干部246人，占职工总人数的63.9%；在专业技术干部中，教授级高工3人，副高级职称91人，中级职称110人，初级职称45人；硕士研究生16人，本科生168人，大专生43人，其他158人。工程院机关设8个部室，8个基层单位。拥有固定资产原值4833.28万元，净值1783.18万元，其中科研仪器设备274台套，原值1234.51万元。

2004年，工程院全面完成各项科研生产任务和经营管理指标，取得“三个提高”、“六项新进展”。

三个提高：一是科技增油比年初预定目标大幅度提高。全年实现科技增油4.74万吨，完成年初预定目标的158%；二是经营创收收入大幅度提高。全年专利技术和其他新技术推广创产值2707万元，比上年同期增加1031万元；三是职工收入水平进一步提高。2004年职工工资总额为1405.31万元，与上年相比，增幅达17.96%。

六项新进展：一是管理创新取得新进展。实行科研室主任师负责制，项目长负责制，实施科研人员特岗特薪管理；二是科技创新实现新跨越。2004年，工程院又有4项技术成果经集团公司专家组鉴定分别达到国际领先和国际先进水平；三是人才引进和培养工作取得新成绩。2004年，引进各类人才13人，25人参加长江大学工程硕士研究生入学考试，9人参加集团公司的外语脱产培训，5名同志分别赴英国、美国和加拿大参加复合型人才和高级管理人才的培养学习；四是基础设施建设取得新进展。全年投资620多万元，用于购置科研仪器、改善办公条件等基础设施建设；五是为科研交流搭建平台。成功召开钻采工程技术研讨会，完成“工程院专题宣传片”和“科技展厅”的设计制作，搭建内外部交流的新平台；六是企业文化建设结出新硕果。完成院歌的创作和学习，“敬业务实、追求卓越”的企业精神深入人心。

2004年，工程院先后荣获“局党风廉政建设先进单位”、“社会治安综合治理先进单位”、“文明单位”等称号，首次跨入“局先进党委”行列。

（柳正哲　戚保良）

【搭建技术宣传交流平台】 成功召开“2004年石油工程技术研究院钻采工程技术研讨会”，完成“工程院专题宣传片”和“科技展厅”的设计制作，为促进工程院科研合作网络体系的完善和特色技术的宣传推广，搭建内、外部交流平台。2004年，科技展厅共接待英国爱丁堡石油服务有限公司、尼日利亚OML油田专家及集团公司领导、兄弟油田同仁等

约50人次。（柳正哲　戚保良）

【开展专项技术劳动竞赛】 2004年6月，针对张店、本部图油田的注水和稠油新区开发等技术难题，开展“攻克技术难关，确保增产增注”专项劳动竞赛活动。其中，“51/2”套管井稠油热采隔热工艺技术“应用于22口井，成功率超过80%，该技术已在新庄、杨楼油田全面推广，成为新区稠油开发的一项主导工艺技术；“预应力固井技术”在杨3519井和新浅69井的现场试验中，所提预应力分别达到42吨和32吨，达到或超过设计要求；“低孔低渗特殊油气藏增注技术研究”和“古城油田B125区调剖技术”的研究和应用为张店、本布图油田的增注和B125区的后续表面活性剂驱提供技术保证。

（柳正哲　戚保良）

【为油田稳产提供压裂技术保障】 2004年，为缓解原油生产的紧张局势，采油一厂先后组织了4次压裂会战，工程院技术人员负责施工设计和现场技术指导。截至2004年底，累计施工37井次，施工井累计增油7668吨。

（柳正哲　戚保良）

【有偿推广新技术工作持续开展】 为调动研究单位和生产单位推广应用科技成果的积极性，充分发挥新技术在油田开发中的支撑作用，促进科技成果向生产力的转化，建立有偿推广新技术创新激励机制。2004年，工程院有偿推广新技术11项、171井次，新增原油商品量8456吨，增创经济效益743.56万元。（柳正哲　戚保良）

【泌阳凹陷深层系优快钻井技术研究】 该项研究首次提出转速对机械钻速影响的临界井深观点，建立该地区的地层自然造斜规律数学模型，并用于指导钻井设计，在国内首次研究成功高含碱区块抗碱钻井液体系和抗碱能力强的高温水泥浆处理剂。在泌阳凹陷深层系应用47口井，与2000年底以前相比，平均单井机械钻速由原来的3.48米/时提高到目前的5.95米/时，建井周期由原来的156.16天缩至54.33天，固井质量一次合格率由原来的43.6%提高到97.87%，直接经济效益2.41亿元。（柳正哲　戚保良）

【短半径水平井钻井技术研究与应用】 研究出一套适合于老井侧钻恢复产能的短半径水平井钻井工艺技术、一套适合于套管开窗侧钻短半径水平井的井眼轨迹连续控制技术和钻井液技术。在吐哈局丘陵油田的陵9—13C井和神泉油田的神109C井完成139.7毫米套管开窗侧钻短半径水平井，中靶率100%，井身质量合格率100%。

（柳正哲　戚保良）

【新型多级多段找堵水技术】 机械多级找堵水技术在不动管柱的情况下可进行任意组合层段的封堵和开采，通过各层的产状差异，有效识别高含水层与潜力层，并能封堵高含水层、开采潜力层。该技术于2004年4月以来现场实施9口井。其中，三级四段1口井；两级三段5口井；一级两段3口井，共调层16井次，工艺成功率100%，有效、成功率100%。累计增油356吨，降水6247立方米，减少作业16井次。（柳正哲　戚保良）

【聚合物驱后利用地层残余聚合物深部调驱技术】 为进一步扼制聚驱后转水驱的油井含水快速上升的势头，研究应用适当的絮凝剂，将残留在地层中的聚合物絮凝沉积，进一步增强对后续注入水的阻力，使注入水在深部发生转向，从而进一步扩大注水波及体积而改善开发效果。2004 年在双北Ⅱ4－5 层系进行三口井的现场试验，共注入絮凝剂干粉 296.8 吨，溶液 9893 立方米。截至 2004 年底，三个施工井组对应的 15 口油井中，有 8 口井原油产量下降和含水上升趋势得到控制，已增油 565 吨，降水 21772 立方米。

（柳正哲　戚保良）

【分抽引效技术推广应用】　分抽混出泵是针对油田高含水期由于油层的非均质性产生的层间干扰问题而研究的一项工艺技术，主要用来解决常规堵水措施需要封堵油层、不能同时开采两层的缺陷。2004 年，现场应用 7 口井 11 个井次，工艺成功率 100%，有效率 100%，平均泵效提高 9 个百分点，累积增产原油 2985 吨。　（柳正哲　戚保良）

【BQ10 成功实现深部封窜】　为了避免蒸汽驱开发过程中因注采井间汽窜通道的存在而影响汽驱效果，决定对泌浅 10 断块Ⅳ9 层 6 口曾经发生过严重汽窜的中心注汽井在转注汽前进行深部封窜。2004 年，组织了 GJ501、GJ503 、G511 和 G51415 四个井组的深部封堵施工。措施后，汽窜通道被有效封堵，汽窜得到控制。先期注汽的 GJ501 和 GJ503 两个井组开井数由原来的 4 口增加到 10 口，井组内对应油井的平均温度由原来的 51℃上升到 61℃左右，液面由过去的 258.5 米升至 211 米，两井组日产液量由过去的 47.74 立方米升高到 138.76 立方米，截至 2004 年底，累计增油 1046.3 吨。

（柳正哲　戚保良）

【职工培训】　2004 年，通过举办英语口语、网络应用、支部书记培训、石油工程复合技术、工程硕士等不同层次、形式多样的培训班以及组织参加油田内外各类岗位资格、转岗、新技术培训，内、外培训达 1400 余人次。在青年技术人员、新来大学生中组织开展“拜师结对”、岗位练兵等形式多样的学习活动。

（柳正哲　戚保良）

南阳石蜡精细化工厂

【概述】　南阳石蜡精细化工厂（以下简称精蜡厂）占地 107 公顷，拥有固定资产原值 7.27 亿元，是一个年加工原油 62 万吨“燃料—蜡（润滑油）—化工”型，并逐步向石蜡化工产品占主导地位方向转型的综合性炼化企业。可生产 10 大类产品 65 个品种 169 个牌号产品（见附表 1），其中 90# 微晶蜡、相变储能材料专用蜡填补了国家产品空白。2004 年全民用工总量为 1926 人，其中女职工 767 人，干部 461 人，具有教授级高级职称 1 人，副高级职称 59 人，中级职称 216 人、初级职称 171 人。拥有高级技师 10 人，技师 64 人。主要生产装置有：62 万吨常减压蒸馏装置，25 万吨/年催化裂化装置，18 万吨/年丙烷脱沥青装置，7 万吨/年减黏裂化装置，8 万吨/年柴油精制装置，6 万吨/年蜡白土精制装置，14 万吨/年糠醛精制装置，12 万吨/年酮苯脱油脱蜡装置，5 万吨/年重质酮苯脱油脱蜡装置，6 万吨/年润滑油白土精制装置，30 万吨/年汽油脱硫醇装置，10 万吨/年液化气脱硫装置，8 万吨/年气体分馏装置，1 万吨/年聚丙烯聚合装置，6 万吨/年润滑油调合设施，6 万吨/年蜡成型装置，4 万吨/年沥青调和，3 万吨/年汽油改质，0.3 万吨/年凡士林加氢装置，1.5 万吨/年特种蜡调和装置等 20 套生产装置，以及与之配套的供汽、供电、供排水、供风等辅助生产装置。厂机关设 15 个科室，拥有 25 个基层单位。

2004年精蜡厂全年加工原油57.30万吨,与年计划相比少加工原油0.7万吨,与上年同期相比,多加工原油1.03万吨。蜡系列产品产量达到5.3万吨,比上年增长10%;吨油完全费用为382.84元/吨,与上年同期的387.49元/吨相比,下降了4.65元/吨,与股份公司下达的年度计划指标384元/吨相比,下降了1.16元/吨;综合商品率为88.78%,比上年同期提高了0.68个百分点;加工损失率为1.1%,单位因数耗能14.71千克标油/(吨·因数)。全年实现工业总产值137818万元(2003年价格),实现经营收入16.23亿元,其中,主营业务收入158,766.32万元。审计认定经营利润1460.6万元,比油田分公司下达指标500万元超960万元。深加工产品与燃料产品销售收入比达到5.31∶4.69。聚丙烯产量达到10019吨,首次达到装置设计能力。多种经营收入1.60亿元,实现利润43.6万元。"卧龙"牌蜡系列产品被河南省政府授予省名牌产品称号,"源润"牌凡士林产品被授予省优质产品称号。

糠醛、蜡白土等装置能耗继续保持国内同行业先进水平。全年半成品一次交罐合格率比上年提高3个百分点,产品出厂合格率保持100%。

年自发电1517万千瓦·时,比2003年增加671万千瓦·时,创效190多万元。规范了聚丙烯原料外购程序,全年外购原料9620吨,增产聚丙烯2011吨,创效292.3万元。平稳有序地做好改革重组、协议解除劳动合同、人员调剂和特岗特薪人员评选等工作。52名职工调剂到采油二厂,全民工46人、非全民工34名与企业解除了劳动合同关系,保健站划归总医院管理,2004年全厂净减员158人。

依靠科技,降本增效,完成包括"定型相变蓄能材料专用蜡"、"系列环保型专用蜡"两项股份公司科研项目在内的科技进步计划项目任务,自筹科技经费1182万元(占厂总成本的1.03%),其中科研经费支出为141.5万元,科技投入产出比为1∶4.55;技术改造费支出为1040.5万元,技措效果明显。全年累计生产特种蜡产品7032吨,是上年产量的2.5倍。催化装置使用丙烯增浓剂,增产丙烯1200多吨,增效100多万元。

贴近市场,积极营销,产品市场空间进一步扩大。蜡系列产品用户持续增长,全年出口蜡系列产品2980吨。

以人为本,统筹兼顾,精神文明建设成效显著,职工权益得到更好维护,继续保持河南省文明单位称号。分期分批组织安排1400名40岁以下职工进行健康体检;建立健全困难职工基础档案,做好帮扶工作,全年慰问离退休职工及职工遗孀395人次,发放慰问金5.55万元,发放救助基金2.6万元,资助困难职工子女就学3人,发放助学金3400元。

精蜡厂恒达公司是具有独立法人资格的多种经营企业,2004年拥有固定资产原值1566万元,实现销售收入1.60亿元,实现利润43.6万元,税金360.9万元。公司设职能部室4个,基层单位9个。主要产品有:燃料油;3#软麻油;软蜡;HD-3A缓蚀阻垢剂;HD-828杀菌剂;HA-18活化剂;增黏剂;塑料制品;医用黄凡、白凡、轻油、工业凡士林等,"源润"牌凡士林产品被授予省优质产品称号。全年生产凡士林1606.1吨,燃料油18626.8吨,软麻油1445.2吨,软蜡41.7吨,化工添加剂113.4吨,加工微晶蜡2120.3吨。3#软麻油销往湖北、安徽、江苏和河南的驻马店、信阳、洛阳等地区;凡士林产品国内用户分布较广,主要在河南、安徽、上海、广东、浙江、江西、福建、陕西等地,并远销到美国、哥斯达黎加、新加坡、朝鲜、越南、蒙古、马来西亚、南非、中国香港、中国台湾等10余个国家和地区。

（张　锋　刘洪波　朱建平）

2004年9月，南阳石蜡精细化工厂常压、催化装置经过DCS改造，仪表控制系统运行良好。　摄影　**庞先斌**

【石化产品市场营销综述】 2004年，精蜡厂产品销售实现重大突破，全年累计销售产品48.07万吨，产品产销率97.85%，主营业务收入158,766.32万元，产品盈利系数位居集团公司炼油企业第二，单位产品销售价格位居集团公司榜首，深加工产品与燃料产品销售收入比达到5.31∶4.69，标志向石蜡化工产品占主导地位方向转型。全年销售汽油94154吨，柴油149736吨，液化气31095吨，燃料油51053吨，溶剂油20123吨，石蜡40664吨，微晶蜡5032吨，特种蜡7007吨，润滑油44658吨，裂化油19933吨，石油脂5778吨。内供汽油6356吨，柴油28516吨。

精蜡厂销售部门加强市场调研，利用荆炼、洛炼、延炼三地销价对精蜡厂的影响大小，制定出三地均价模型，指导定价。做好93#汽油销售工作，销售93#汽油28123吨，价格比90#汽油每吨高200多元。

积极推行“市场战略”，市场份额不断提高。2004年3月，与中国万维化工网等四家网站签定了有偿使用合同，用户通过网络发来定单、询价函190份，仅此一项可增加效益30多万元，微晶蜡和特种蜡当年新增用户178户。为用户及时送货、开展售后服务。在广州、上海、襄樊、南阳、镇平等五个地方建立石蜡、微晶蜡异地库房。销售二部组建“筒装润滑油分部”，已在湖北、河南两省的武汉、襄樊、郑州、洛阳等打开局面，销出产品400余吨。市场信息，为产品推价保价。与上年相比，单价平均增加了688元/吨，实现经济效益的大幅提升。

（张　锋　刘洪波　朱建平）

【常减压蒸馏—催化裂化联合装置大修及DCS改造】 常减压蒸馏—催化裂化联合装置在原油加工流程中占有重要的地位，为提高产品的市场占有率，使常减压装置生产的减五线的流程范围满足生产微晶蜡的要求，需对减压塔内部进行改造；为提高柴油的分离精度，满足相变蜡原料的生产，需对常压塔上段进行改造。同时其自动控制的水平不仅直接影响该装置的产品质量与收益，对该厂经济效益也有着显著的影响。该装置自1991年投入运行以来，一直采用电Ⅲ型Ⅰ系列模拟仪表控制系统。由于电动模拟仪表电子元件性能的局限性，其显示精度为0.5%，控制精度只有2.5%，监控准确性差；而且一块仪表就是一个故障源，导致整个系统故障率高。由于该系统已运行10多年，部分仪表元件性能老化，系统故障率高，维护费用高，仪表配件采购难。装置的自动控制水平降低，已成为提高产品质量和经济效益的瓶颈。

装置改造设计由南阳石蜡精细化工厂规划设计所完成,2004 年 7 月 15 日完成可研报告的编制,2004 年 8 月 15 日完成施工图设计。项目由精蜡厂恒达建安公司承包施工(常减压装置施工队伍为中油一公司,DCS 部分由精蜡厂机械动力部施工),2004 年 9 月 15 日完成装置停工检修改造。2004 年 10 月 1 日装置改造后投料生产,运行一次成功。

DCS 改造共包括常减压蒸馏、催化裂化、汽油改质三套装置,系统招标 7 月份完成,最终采用北京和利时系统工程股份有限公司生产的 MACS－Smar 吨 Pro 系统,系统采用国际最先进的系统软件,该系统满足各种运行工况的要求,确保装置安全、可靠、高效运行。改造完成后,完善催化裂化装置的自保联锁系统,提高装置的自动化程度,确保装置的安全运行;改善操作环境,降低劳动强度,减少维护工作量,降低维护成本,提高装置经济效益。

常压装置改造的内容包括:更换低效燃烧器,采用 LGH/Q 型强化传热型燃烧器(专利技术);更换对流室蒸汽吹灰器,采用 ESW－50 型激波吹灰器(专利技术);常压塔 1～29 层 F1Z－3A 浮阀塔板改用石油大学专利技术 SUPER－V1 型浮阀塔板(专利技术)。减压塔是应用天津大学专利技术对减压塔内部进行改造,在保持蜡油收率和提高质量的前提下,同时生产 70 号微晶蜡原料,为特色产品提供优质原料。通过改造,常压炉热效率提高 5%,换热终温由 273℃提高到 283℃,每年节电 49 万千瓦·时;柴油分离精度提高,溶剂油收率提高 0.5%;日加工能力由 1700 吨提高至 1800 吨以上(62 万吨/年以上);减压塔增加一条侧线抽出,在－10# 柴油生产方案下,蜡油收率提高 3%,总拔出率提高 1%～2%。

(张　锋　刘洪波　朱建平)

【精蜡厂网络定货量迅速增长】 2004 年,精蜡厂通过本厂网站接受订单 190 余份,价值 3700 万元。精蜡厂以往都是通过印制产品说明、定期召开定货会、通过销售业务人员进行对外宣传等方式来宣传产品,但均有局限性,不能及时地把产品信息对外发布。2004 年 4 月,精蜡厂设立企业网站(www.nyfinewax.com),并在网站上接受订单。自网络接受订单开通以来,与精蜡厂联系的商家数量迅速增加。

(张　锋　刘洪波　朱建平)

【精蜡厂生产口香糖专用蜡出口丹麦,产品填补国内生产空白】 2004 年 11 月 26 日,精蜡厂首批 500 公斤口香糖专用蜡装车发往丹麦,标志着精蜡厂又一项特色蜡产品,走出国门,该产品填补国内生产空白。精蜡厂科研人员根据丹麦厂家提供的口香糖专用蜡质量要求,结合该厂蜡产品特点,经过数十次实验,生产出口香糖专用蜡,经企业试用,产品质量达到厂家要求的标准。

(张　锋　刘洪波　朱建平)

【桶装润滑油走向市场】 精蜡厂润滑油自开始生产以来,一直是以散装形式销售,这种方式不但产品售价低,而且达不到创品牌、占市场、创效益的经营效果。为改变被动局面,精蜡厂于 2004 年 2 月 12 日成立了销售二部润滑油营销分部。首先以河南、湖北为突破口,先从省会城市做起,选择有广泛的润滑油经销网络、商业信誉较高的经销商作为代理商,铺设以河南、湖北为基地的营销网络。2004 年销售 2.2L 农柴、4L 柴油机油、汽油机油 5000 桶,200L 桶装 46# 抗磨液压油 2000 桶,合计 400 余吨。

(张　锋　刘洪波　朱建平)

【2004年技术交流与产品供需恳谈会】 精蜡厂于2004年3月15日～3月18日在海南省三亚市召开了2004年度微晶蜡、特种蜡技术交流暨供需恳谈会。来自全国各地的用户代表近40名参加会议。预定目标为通过会议订购产品6000吨,其中微晶蜡、特种蜡各3000吨;实际订单8210吨,超出目标2210吨,其中微晶蜡超出1160吨,特种蜡超出1050吨。与上年的宜昌定货会相比,增加定货量近2000吨。

（张　锋　刘洪波　朱建平）

【精蜡厂在深圳市设立产品专卖店】 精蜡厂蜡系列产品专卖店于2004年12月6日在深圳市华南国际工业原料城开业。专卖店由精蜡厂与南方化工国际有限公司、广州创博化工有限公司合作设立。精蜡厂设立专卖店,可以借助华南国际工业原料城这个平台,更好地对外宣传,掌握市场动态和客户需求。

（张　锋　刘洪波　朱建平）

【软质石油蜡的开发生产】 2004年1月,精蜡厂根据市场对软质石油蜡的需求状况,开始软质石油蜡的实验室研究。2004年4月,研究所成功开发生产出软质石油蜡样品。6月2日～6月5日,重质酮苯装置以轻质酮苯的三线蜡下油为原料进行软质石蜡工业生产;6月5日～6月10日,重质酮苯装置又以轻质酮苯的轻脱蜡下油为原料进行软质微晶蜡工业生产。生产软质石蜡111吨,软质微晶蜡148吨,完成软质石油蜡的开发生产。

（张　锋　刘洪波　朱建平）

【精蜡厂获“南阳市名牌战略工作先进企业”称号】 2004年9月23日在南阳市梅溪宾馆举行大会,对2004年南阳市获得河南省名牌产品优质产品的企业授牌、颁发奖杯。2004年南阳市共获得国家名牌产品1项,河南省名牌产品5项,河南省优质产品9项。精蜡厂获得河南省一项名牌产品、一项优质产品,在河南省创名牌活动中的突出表现,南阳市人民政府授予精蜡厂“南阳市名牌战略工作先进企业”称号,以表彰精蜡厂在市场建设方面做出的成绩。

（张　锋　刘洪波　朱建平）

【精蜡厂成为国内蜡产品种类和牌号最齐全企业】 精蜡厂加工的南阳原油属低硫石蜡基原油,蜡含量高达24.78%,微晶蜡潜含量3.45%,为国内最高,是优质的石油蜡原料。2000年以来,走精细化工发展之路,实现由燃料型向精细化工型的转变。2004年,精蜡厂通过特色产品开发,石蜡产品有52—64各种牌号的全精炼石蜡、半精炼石蜡、粗石蜡;微晶蜡产品有70—90各种牌号的合格品、一级品、食品级微晶蜡;实现工业生产的特种蜡产品有乳化炸药蜡、软质石油蜡、家禽脱毛蜡、相变储能材料蜡、口香糖蜡等,可生产10大类产品65个品种169个牌号产品。能生产64#蜡的厂家仅精蜡厂一家。对于微晶蜡产品,仅抚顺、荆门、南充、独山子等少数厂家能够生产,其产品多为70#、75#、80#微晶蜡,难以生产85#、90#微晶蜡。精蜡厂已成为国内蜡产品种类和牌号最齐全企业。

（张　锋　刘洪波　朱建平）

【“卧龙”牌石蜡获得河南省名牌产品称号,“源润”牌医药凡士林获得河南省优质产品称号】 河南省创名牌活动于2004年5月启动,8月河南省技术监督局委托南阳市技术监督局对精蜡厂管理体系进行评审,经河南省名牌战略推进委员会的最后评审,精蜡厂生产的“卧龙”牌石蜡被评为河南省名牌产品,精蜡厂下属凡士林厂生产的“源润”牌医药凡士林被评为河南省优质产品。2004年9月15日，在河南省政府礼堂举行授牌仪式，河南省人民政府副省长、省人大副主任、政协副主席等领导为获得名牌产品称号的企业颁发证书和奖杯。精蜡厂的“卧龙”牌石蜡获奖证书号为41－2004－139，“源润”牌医药凡士林获奖证书号为41－2004－175，有效期均为三年。

（张　锋　刘洪波　朱建平）

【相变储能材料专用蜡实现系列化，产品填补国内生产空白】 南阳原油含蜡量高，且石油蜡正构烷烃含量高，生产的相变储能材料专用蜡相变焓可达180～200焦/克。2003年，为了满足清华大学奥运场馆节能实验楼建设的需要，精蜡厂为清华大学开发生产出了20#相变储能材料专用蜡。2004年又相继开发25#、30#、35#和40#相变储能材料专用蜡。其中25#、30#、35#相变蜡于2004年6月实现中试生产。相变储能材料专用蜡实现系列化，产品填补国内生产空白，产品生产技术已申请国家专利。

（张　锋　刘洪波　朱建平）

【研制炸药包装纸专用蜡】 根据市场调研，炸药厂家需要用大量的炸药包装纸专用蜡，精蜡厂组织科研人员，该产品的研制开发，在完成产品配方后，将试制的样品送到内乡马山和江苏溧阳等地进行用户应用试验，试验取得预期的效果，包括浸蜡后的包装纸粘结牢度、强度等技术指标均达到了质量要求。产品通过用户试验后，已有多家用户订货，已投入工业化生产。

（张　锋　刘洪波　朱建平）

【环保型特种蜡形成系列】 ZM－1型纸浆模塑专用蜡中试产品在江苏昆山通过用户应用试验，促进精蜡厂产品在造纸行业的应用；抛光砖防污增亮剂在山东淄博合升制釉有限公司通过普通型陶瓷抛光砖防污增亮剂应用试验，可广泛用于大理石、人造大理石、花岗岩等建筑材料各种场所的室内外装修，扩大精蜡厂产品的市场领域。

（张　锋　刘洪波　朱建平）

【粉状乳化炸药专用微晶蜡新产品】 粉状乳化炸药，是国家重点推广发展并用以代替铵梯炸药的新型炸药。南阳石蜡精细化工厂生产的粉状乳化炸药专用微晶蜡，经江苏溧阳市金雷化工有限公司进行工业应用实验，包括产品的乳化、制粉、粉体分散性、流散性、储存期试验等质量指标，以及爆炸能力、爆速等粉状炸药的技术性能指标等都达到了质量标准。使用南阳石蜡精细化工厂生产的粉状乳化炸药专用微晶蜡制得的粉状乳化炸药，胶体细腻，粉体颗粒松散，不堵塞滤网，装药均匀，油膜强度好，不易吸湿，储存后爆炸性能基本不变。根据产品市场需求情况，已进行装置工业批量生产。

（张　锋　刘洪波　朱建平）

【精蜡厂通过ISO14000环境管理体系认证】 2004年3月9日～3月11日和2004年4月5月17日～5月19日，北京三星九千质量认证中心对精蜡厂环境管理体系进行两个阶段的现场审核，审核覆盖QHSE管理体系的所有单位，通过审核，审核组认为精蜡厂环境管理体系符合GB/吨 24001－1996 id 吨 ISO14001:1996标准的要求，体系运行有效。2004年7月28日，北京三星九千认证中心给精蜡厂颁发环境管理体系认证证书，精蜡厂一次性通过环境管理体系认证。

（张　锋　刘洪波　朱建平）

南阳石蜡精细化工厂产品种类、牌号明细表

序号	产品名称	执行标准	牌号
一	**燃料油类**		
1	车用无铅汽油	GB17930－2004	90#、93#
2	乙醇汽油调和组分油	Q/SHR010－2004	90#、93#、95#
3	车用乙醇汽油	GB18351－2001	90#、93#
4	轻柴油	GB252－2000	－10#、0#、＋5#
5	－5#轻柴油	Q/SHHN1014－1999	－5#
6	石脑油	Q/SHR0005－2000	
7	煤油	GB253－1989	
8	燃料油	SH/吨 0356－1996	5#、6#、7#、
9	减黏调合油	Q/SHHN1015－1999	
10	沥青原料	Q/SHHN1001－2000	
二	**溶剂油类**		
1	溶剂油	SH0005－1990	200#
三	**石油蜡类**		
1	粗石蜡	GB/吨 1202－1987	50#、52#、54#、56#、58#、60#
2	高熔点粗石蜡	Q/SHHN1021－2001	62#、64#、66#
3	半精炼石蜡	GB/吨 254－1998	52#、54#、56#、58#、60#、62#
4	高熔点半精炼石蜡	Q/SHHN1023－2001	64#、66#
5	全精炼石蜡	GB446－1993	52#、54#、56#、58#、60#、62#、64#
6	微晶蜡	SH/吨 0013－1999	70#、75#、80#、85#
7	90#微晶蜡	Q/SHHN1019－2000	90#
8	工业凡士林	SH0039－1990	1#、2#
9	医药凡士林	GB1790－2003	白凡、黄凡
10	皂用蜡	SH0014－1990	
11	液体石蜡	SH/吨 0417－1992	1#、2#
四	**特种蜡类**		
1	炸药专用复合蜡	Q/SHHN1025－2004	NY－1、NY－2、NY－3、NY－4、NY－5
2	精密铸造蜡	Q/SHHN1027－2001	低温
3	橡胶防护蜡	Q/SHHN1026－2001	
4	陶瓷抛光砖防污增亮剂	标准待定	
5	相变储能材料专用蜡	标准待定	20#、25#、30#、35#
6	瓶制工艺品密封专用蜡	标准待定	
7	石蜡中性施胶剂	标准待定	

续表

序号	产品名称	执行标准	牌号
8	钢带涂层液体蜡	标准待定	
9	木材加工用乳化蜡	标准待定	
10	化工专用蜡	标准待定	1#、2#、3#
11	软质石蜡	标准待定	45#、70#
12	软质微晶蜡	标准待定	
13	炸药包装纸专用蜡	标准待定	
14	口香糖专用蜡	标准待定	
15	家禽拔毛蜡	标准待定	
16	粉状炸药专用油相材料	标准待定	
17	纸浆模塑专用蜡	标准待定	
五	**润滑油类**		
1	汽油机油	GB11121—1995	SD30、SD40、SE30、SE40 、SD/CC 15W/40、SD/CC 10W/30
2	柴油机油	GB11122—1997	CC30、CC40、CC50、CC15W/40、CC20W/40、CD15W/40
3	农用柴油机油	Q/SHHN1017—2002	30、40
4	通用内燃机油	Q/SHHN1003—1999	SD/CC 20W/40
5	全损耗系统用油	GB443—1989	L—AN32#、46#、68#、100#、150#
6	工业闭式齿轮油	GB5903—1995	L—CKC100、L—CKC150 L—CKD150、L—CKD220
7	重负荷车辆齿轮油	GB13895—1992	GL—5(85W/90、85W/140)
8	汽轮机油	GB11120—1989	吨 SA(32、46、68、100)
9	防锈油	SH/吨 0692—2000	L—REE—2
10	空气压缩机油	GB12691—1990	L—DAB(32、46、68、100、150)
11	回转式空气压缩机油	GB5904—1986	N(15、32、46、68、100)
12	锂基脂原料油	Q/SHHN1029—2002	100#、150#
13	液压油	GB11118.1—1994	L—HL(32#、46#、68#、100#) L—HM(32#、46#、68#、100#)
14	软麻油	SH/吨 0355—92	1#、2#、3#、4#
15	软麻油原料	Q/SHHN1004—1999	1#、2#、3#
16	润滑油基础油	Q/SHR001—1995	100、150、500、750、900
六	**炼厂气体类**		
1	工业丙烷、丁烷气	SH0553—1993	丙烷(70、85、95)、丁烷(70、85、95)
2	液化气	GB11174—1973	

续表

序号	产品名称	执行标准	牌号
七	**石油沥青类**		
1	石油道路沥青	SH0522－2000	60#、100#
八	**化工类**		
1	聚丙烯(粉状)	Q/SHC001－1998	012、045、075、120、140
2	聚丙烯(球型)	Q/SHHN1012－1999	012、045、075、140
九	**添加剂类**		
1	黏度指数改进剂	Q/SHHN1024－2001	吨 617
2	活化剂	Q/SHHN1018－2000	
3	缓蚀阻垢剂	QSHHN1028－2002	HD－3A
4	杀菌剂	标准待定	1227
十	其他		
1	液体石蜡原料	Q/HNLY091－1997	待修定
2	轻脱蜡油	Q/HNLY057－1998	待修定

（张　锋　刘洪波　朱建平）

物资供销处

【概述】 中国石油化工股份有限公司河南油田分公司物资供销处(以下简称物资供销处),是油田分公司下属的具有双重职能的单位。它既是分公司所属的二级单位,又是对勘探局、分公司物资供应工作实行专业管理的职能部门,承担着河南油田生产建设物资供应任务。主要经营石油专用设备、石油专用管材、化工产品、汽车、钢材、建材、有色金属材料、机电产品、工具及配件、劳保用品等物资。截至2004年底,物资供销处在册全民职工人数660人,非全民工74人,离退休职工462人,退休集体工275人。在册全民职工中,在岗566人,内退93人。在册全民职工中干部245人,工人415人,女职工302人。共有专业技术干部247人,其中,高级职称20人,中级职称120人,初级职称107人。物资供销处有管理、职能科室10个,作为油田一级供应部门,下设物资采购供应专业科室10个,基层单位10个。两总库库存物资55个大类,期末库存为9787.8万元。

2004年,物资供销处各项工作取得良好成绩。一是全年采购物资11.88亿元,供应物资11.38亿元。二是全年收入6849.34万元,支出6707.67万元,经局审计处效益审计后,实际盈余448.67万元,实现全年收支平衡目标。三是对外创收净收入851.34万元,占2004年总收入的12.43%,比上年增长26.33%。四是物资管理水平不断提高。物资统购率达到96.35%,名列股份公司前茅;物资周转天数为23天、16.33次;物资平均库存为7004.36万元,比局核定储备定额低储41.63%;加强采购资金管理,全年油田共兑付采购资金8.02亿元;对合同签约人员授权委托和培训考试,全年签订内部合同9.29

亿元,签订外部合同15.01亿元,共审查合同5833份计24.3亿元,签约覆盖率达99.94%,合同审查及时率达100%;加强价格管理,发布了38个大类19290项物资的《器材控制价格目录》,通过严格执行该目录,共审批超控制价、无控制价物资6989项1.38亿元,审减金额797万元,使物资采购价格得到有效控制;五是企业管理水平不断提高。推进厂务公开,全年公开企业管理工作258项,公开覆盖面达97%,重点公开事项落实率达96%,积极探索物流管理的新方法、新技术。推荐参加局经济理论研讨的论文有5篇分获二、三等奖,2项成果获局现代化成果三等奖,1项论文获得2004年度石油工业质量学术一等奖,1项获局级质量优秀成果奖,5项经济技术创新项目编入《河南油田创新成果》;完成HSE管理体系建设文件发布工作,各项安全管理工作如期完成,连续12年实现了安全生产"零伤亡、零伤害、零事故"的目标。

（柏晓莉）

【节约采购资金成效显著】 2004年,推广先进物流模式,降低采购成本。通过推行招标订货,建立招投标体系,全年招标采购2.89亿元,节约采购资金2672.03万元。扩大上网采购规模和品种,全年上网采购6.94亿元,节约资金2307.06万元。在部分物资品种中实行代储代销,全年代储代销物资8740.89万元,降低采购成本。（柏晓莉）

【构建电子商务物资管理系统】 依托中石化物资采购电子商务平台和局域网,改造物资采购运作流程,开发河南油田物资管理系统,为实施中石化ERP系统打下基础。新开发的物资管理供应系统,以物资采购为主线,涵盖物资供应与管理的各个环节,采购供应业务逐级处理,不可逾越,具有刚性的制约,确保采供规范运作。2004年已完成流程开发测试及网上采购技术培训工作,2004年底该系统已进入试运行阶段,2005年将正式投入使用。（柏晓莉）

【进行物资配送制试点】 在原有以业务科室、两总库和四个供应站为主直达送料的基础上,按照物资供应管理流程和管理规范,调整岗位分工和职责划分,成立物资配送中心,建立物资配送体系。2004年累计配送各类物资6.47万吨、5.26亿元,有效降低油田整体供应成本,为逐步取消物资供应领料制,全面推行物资配送制奠定基础。（柏晓莉）

【上网采购额大幅提升】 2004年进一步扩大自采物资的上网品种和规模,7月,油田三产业产品全部上网采购,9月,二级供应商网络内的主要产品实现上网采购,先后分5批对206家二级网络供应商进行物资采购网上操作培训。全年网上采购成交金额6.94亿元,节约资金2307.06万元,与上年同比上升67%和215%。网上采购率达到55.2%,超过中石化集团公司45%的考核指标。

（柏晓莉）

【实行物资分段管理】 2004年,实行计划、采购分段管理。7月,将物资计划从业务科室剥离出来,成立独立的计划管理科,计划员只推荐供应商不参与采购,采购员只选择供应商不参加推荐。通过严格界定采购业务科室和计划科的权限,明确分段管理各环节、各节点的工作内容、标准和职责,做到各司其职,各尽其责,达到互相配合、互相监督的目的。经过半年的平稳推进,取得较好成效,形成相互约束的岗位制衡机制。（柏晓莉）

【召开物资管理研讨会】 2004年3月4日,

河南油田召开为期一天的物资供应管理工作研讨会，会议由企管法规处组织，各二级单位主管生产经营、物资供应领导和各供应站长参加，局领导李联五、李清亮参加会议。会议就《河南油田物资计划管理实施细则》、《河南油田供应商管理实施细则》等五个办法的起草过程进行说明，围绕如何强化物资供应计划管理、质量管理、招标采购管理以及供应商管理进行研究和探讨，采油一厂等单位就如何做好物资供应工作作典型发言。

（柏晓莉）

【加强物资计划管理】 2004 年，物资供销处通过落实《河南油田计划管理实施细则》，对物资计划、采购人员进行脱产培训考试以及严格物资计划管理的考核奖惩工作，计划管理工作得到加强，各单位计划准确率明显提高。8 月，借物装部计划管理大检查的东风，进一步加强计划管理，每月定期召开由全局各单位供应站长、计划组长参加的物资供应部门计划对接会，通过通报分析月度计划提报情况，沟通交流计划管理工作中存在的问题，使油田物资计划管理工作有了根本转变。

（柏晓莉）

【开展年度物资供应管理检查】 成立以李联五经理为组长的物资供应管理工作检查考核领导小组，进行 2004 年度的油田物资供应管理检查考核工作。检查按照《河南油田绩效考核实施细则》及《河南油田物资计划管理实施细则等五个办法》的文件要求，采取听汇报、查资料，看现场等形式，对采油一厂、采油二厂、钻井公司、水电厂、精细化工厂、油建公司、运输处、五一社区、机械制造厂、物资供销处等 21 个单位的 2004 年度物资供应管理工作进行检查考核，共查出计划管理、质量管理、价格合同管理及基础工作等方面问题 18 个，对存在的问题，印发通报，限期整改，规范物资供应管理行为，促进物资管理水平的提高。

（柏晓莉）

【物资质量管理】 为避免从良莠混杂的物资市场中购回不合格产品，通过加强物资验收业务培训，配备质检工具，组织三级验收，设立质量投诉电话，坚持责任追究以及采取分期延期付款、预留质保金等措施，严格控制入库物资质量，杜绝不合格产品流入油田市场。针对在质量检查中发现的直达料验收问题，及时制订措施，委托施工单位材料管理人员及现场监理人员组织验收，大型设备则由采购、用户、技术、施工、监理、设计等部门共同进行现场验收，堵塞管理漏洞，完善了质量管理体系。2004 年检验物资 14241 批（次），77432 项，因质量不合格、数量短缺、规格不符等原因退货、换货，避免经济损失 249.24 万元。

（柏晓莉）

【供应商网络管理】 按照“总量控制、结构调整、动态管理、优胜劣汰”的原则，对网络内的供应商进行动态管理，将资信情况好、产品质量优、供应价格廉的厂商优选进入供应商网络，对供应不及时、产品质量差、价格偏高、对油田造成损失的，及时进行警告、处罚、清退处理。2004 年共审批办理供应商准入 243 家，年审 325 家，对 23 家供应商进行处罚或取消准入资格，向中石化一级供应商网络推荐供应商 4 家。通过加大对供应商的考核和结构调整，使价格合理、质量过硬、服务优良、业绩突出的供应商逐渐成为物资供应的主渠道，切实加强供应渠道的监管。

（柏晓莉）

【物资仓储管理】 2004 年，通过内部调剂、广告宣传、对外销售等手段对不合理库存进行盘活，全年处理报废物资创效收入22万元；规范报废固定资产处置管理，出台《废旧资产调剂处理实施细则》，将招标竞卖首次运用到报废资产处理中，全年实现报废资产销售收入294万元；在降低不合理库存的同时，关注供应市场形势的变化，增强工作预见性，在钢材等物资上抢先锁定市场资源，先期储备物资，有效规避资源短缺、价格上涨的风险，取得保供、增效的双赢效果，受到中石化计划管理会议和年度供应处长会议的表扬。

（柏晓莉）

【建立监督约束机制】 2004年，通过加大廉政宣教力度，开展组织收看反腐录像、编发党纪教育信息、开展党风廉政教育月、写心得谈体会等多层次多角度的反腐教育，增强干部职工拒腐防变、廉洁从业的自觉性；从源头遏制和预防腐败行为，健全制度，明确责任，对40名科级干部廉洁自律情况进行考核，分别给予奖励、诫勉谈话及纪律处分；建立监督约束机制，瞄准物资采购关键环节，建立健全三项机制。通过招标采购、上网采购和采购资金分配例会，建立公开采购机制，通过计划、采购分设的分段管理，建立权力制衡机制，通过对供应商的动态考核，建立优胜劣汰机制；充分发挥效能监察的查缺、促管、倡廉、增效的作用，选定物资采购供应质量管理为主题，通过事前、事中监督和事后检查，加强采购供应全过程的监管。（柏晓莉）

【治理集贸市场重大安全、消防、治安隐患】 位于河南油田中山路西的集贸市场共有40间五一总库出租门面房，由于租房经营商户安全意识淡薄，用电私拉乱接，动用明火做饭，加之房屋年久失修，给生产、安全和消防带来重大隐患。2004年6月底，所有承租户合同到期，在局综治委的支持和五一社区、水电厂的配合下，明确责任单位，采取24小时监控，一举将门面房进行清理拆除，使危害油田的重大安全消防隐患从根本上得到了治理。（柏晓莉）

【中石化物资计划管理检查团来油田检查工作】 2004年8月14日，中石化集团公司物资计划管理检查团一行七人，在物装部唐永合主任的率领下，到河南油田检查物资供应工作。检查团对采油一厂、采油二厂和机关相关部门的计划管理工作进行走访、检查，提出物资计划管理制度体系建立、物资计划准确率、及时性和供应商指定等方面的问题，并提出整改要求。在8月16日的讲评会上，检查团通报检查情况，对油田2004年计划管理工作采取有力措施取得的成绩给予肯定，同时要求油田各级领导对需求计划管理要给予高度重视，进一步提升河南油田需求计划的管理水平，提高采购供应的绩效水平。

（柏晓莉）

【第一加油站划归物资供销处】 2004年9月，原河南油田第一加油站正式将人员、资产移交物资供销处。该站成立于1999年6月，从事柴油、汽油及润滑油的经营业务。有员工26人，其中全民职工20人，非全民工6人，男职工7人，女职工19人。该站拥有地埋式储藏罐(20平方米)4台，用于成品油储藏、经营，地面式机油罐(10平方米)1台，用于润滑油的储藏、经营，加油机8台，其中4台用于加注柴油，4台用于加注乙醇汽油。2003年3月，该站成为河南油田第一家经营乙醇汽油的加油站。2004年共实现产值收入110万元，销售柴油3000吨，汽油1737吨，润滑油87吨。

（柏晓莉）

运　输　处

【概述】 河南石油勘探局运输处(以下简称运输处)位于河南省南阳市宛城区,是一个集井队、试油队搬迁、物资拉运、油品运输、设备吊装、汽车修造等为一体的运输企业,是豫西南惟一的一家全国道路货物运输二级企业,占地面积 11 万平方米,拥有固定资产 7000 万元。下设 4 个矿(大队)级单位。机关设 12 个职能科室。原客运公司、开源公司(多种经营)独立;原能源公司的水电队、油库分别被重组到水电厂和供销处。截至 2004 年底,用工总量 623 人,其中各类专业技术干部 82 人,高中级技术工人 400 余人;拥有各种车辆 442 台,总吨位 5000 余吨,年生产能力 2 亿吨 · 千米。

2004 年,运输处实现生产和改制双丰收。全年共完成井队、试油队、作业队搬迁 723 队次、井架基础 158 套、抽油机 76 套,西部原油运输 14.34 万吨,井迁合同履约率 100%,客运正点正线率 100%,顾客满意度 98%以上。全年完成货运量 108.3 万吨,完成年计划的 135.3%,比上年同期多完成 18.4 万吨;换算周转量 14418 万吨 · 千米,完成年计划的 96 %,比上年同期多完成 1375 万吨 · 千米;产值完成 7879.1 万元,完成年计划的 92.8 %,同比增收 238 万元,增长 3%;多种经营创产值 750 万元,完成年计划的 100%。扣除改制成本和新增维修费用等因素,全处实现了盈亏持平,完成了勘探局下达的经营目标,同比少亏损 498 万元,减亏 100%。

2004 年,运输处连续 10 年保持局"文明单位"称号,连续 2 年保持南阳市"文明单位"称号,连续 6 年保持"国家一级节能管理企业"称号,连续 5 年被评为"南阳市劳动用工信得过单位",塔里木运输公司被评为局"先进集体"、职工之家建设连续 4 年保持局模范"职工之家"称号,处团委保持局"五四"红旗团委称号,全处连续 6 年党员、干部违纪率为零。　(陈道国)

【重组改制】 2004 年年初,运输处成立重组改制工作领导小组,修订《运输及汽修系统重组方案》,4 月份完成运输及汽修系统专业化重组,从钻井公司、水电厂、机修厂、油建公司、录井公司、五一社区、双河社区、涧河社区等单位重组车辆 140 台,人员 79 人。之后,运输处向勘探局提出持续重组的方案,并得到勘探局的同意。2004 年 9 月中旬,完成客运公司、水电服务队、加油站和技能鉴定站的持续重组工作,其中,客运公司独立,水电服务队划转水电厂、加油站交局物资供销处,技能鉴定站交局人力资源中心,当月剥离人员 47 人。在实施专业化重组的基础上,报经勘探局批准,运输处按客运公司、开源公司、运输主业三部分分别改制。编制上报《改制分流初步方案》,该方案于 2004 年 10 月 12 日被集团公司批复,确定改制基准日是 2004 年 9 月 30 日。9 月份开展资产清查、审计等工作,11 月 10 日,华寅会计事务所进驻运输处,对运输处改制分流所涉及的资产进行评估。同期,南阳市、唐河县、桐柏县土地局对参与改制的土地进行评估。2004 年 12 月 12 日,运输处召开职工代表大会,审议通过改制分流方案,随后,上报改制分流方案和评估报告。按照局总体工作部署,运输处改制挂牌定于 2005 年 2 月 28 日。　(陈道国)

【外拓市场】 在确保油田内部重点工作的同时,开拓外部市场。钻井公司在内蒙古鄂尔多斯中标后,运输处及时与钻井公司达成运输协议，组织车辆90余台，穿越三省23县市，单边行程1360千米，完成长途搬迁任务，受到钻井公司好评。组织车辆参与社会运输，开拓南—邓高速公路河沙倒运市场、武汉—孝感输油管线和枣阳—信阳、驻马店压力管道物资运输市场。全年共实现外运产值533万元，占总收入的6%，对外创收总额1094.6万元。（陈道国）

【强化执行力】 制定周会制度，在周会上逐项检查上周安排部署工作的落实情况。处务会和其他专门的重要会议，都形成会议纪要，下发与会领导，明确落实责任，在很大程度上强化了企业执行力。运输处各职能部门不断增强执行力意识，抓管理，重落实，深入基层，督办到位，把各项法律法规和规章制度落实到各个工作环节，提高企业管理水平。

（陈道国）

【成本考核】 实施"效益中心"管理法，对基层单位注重边际利润考核，让基层单位的经营成果显性化，更好地调动了生产者和经营管理者的积极性；对部门继续完善费用本票限额控制制度，有效节支降耗。面对改制成本增长的压力，运输处下发《运输处关于在改制分流中进一步加强资金管理的暂行规定》，强化资金管理，规范资金周转程序，提高资金利用效率，堵塞成本管理漏洞。2004年，运输处在工资以及油材料价格大幅度增长的形势下，实现综合单位成本与上年持平。

（陈道国）

【安全管理】 开展HSE管理体系建立和完善工作，落实领导承包、科室长联保责任制，层层落实安全责任，层层签订安全责任状8份、安全承诺书623份；加强长途车审批制度，坚持驾驶员ABC动态分析，强化外出车队和重点运输任务的监控管理；抓好交通整顿工作，开展路检路查、"标准化车队"达标和"安全生产月"等活动，营造"关爱生命，关注安全"的HSE氛围。（陈道国）

【人力资源管理】 按照定编定员和人力资源优化的要求设置机构，按政策开展职工"协解"工作，2004年全年共"协解"85人。开展岗位练兵、技能培训和特殊工种培训，送外培训352人次，内部培训150人次，特殊管理岗位和生产工人持证上岗率100%，油区劳务工技能大赛中，运输处取得了一个技术状元、两个技术能手的好成绩。（陈道国）

【机动管理】 2004年，完成大修95项，一级维护1776台次、对号率98.7%，二级维护436台次、对号率92.5%，设备完好率达94%以上，保证生产需求。同时，严把配件关，狠抓车辆的修、改、代、制和修旧利废工作，开展立项攻关和QC小组活动等，确保车辆完好，促进生产保障工作。（陈道国）

【质量管理】 2004年，不断健全ISO9001—2000质量管理体系，开展内审员培训和提高职工队伍质量意识，按时开展企业内部质量审核等工作，顺利通过审核机构的第二次监督审核。（陈道国）

【计划与投资管理】 坚持主力设备优先投资的方向，设备投资1276.87万元，购置各型车辆27台，提高设备新度系数，增强企业发展潜力。严格施工过程管理，认真执行基本建设程序，做好招投标工作，加大现场管理力度，保证施工质量，全年完成大修资金285万元。（陈道国）

【多种经营】 开源公司从优化产业经济结构

和培养优势项目入手，开发新产品，全年实现产值750万元。运光厂在巩固老产品、老市场的同时，积极开发适销对路、适应油田生产建设需要的油管扶正器、井控高压软管等产品。汽修厂抓住机遇，创建“双江分站”，服务一线，开拓市场。

（陈道国）

通信公司

【概述】 河南石油勘探局通信公司（以下简称通信公司），位于河南油田五一路中段，占地面积6.38公顷，实行机关和基层站队两级管理、两级核算的管理运行模式。薪酬制度改革后，机构设置为：公司机关8个职能科室，6个基层站队，5个直属单位，1个多种经营实体（河南油田三鼎实业公司），实行自主经营，自负盈亏。截至2004年底，全民用工总量为421人（含内退和三鼎公司），在岗人员394人。通信公司拥有的核心技术有：数字程控交换、光传输网络、互联网接入。2004年，通信公司全年经营收入3221.88万元，当年利润260.77万元，完成局下达的年度经营指标。计划投资方面，完成勘探局下达的投资项目10项709.20万元；局安排的大修项目5项164.40万元，通信公司自提大修理维修项目42项339.08万元，共计57项1212.68万元。职工收入按核拨工资总额计算，人均收入比2003年提高10.2%。2004年安排职工疗养和劳模荣誉疗养36人次，慰问困难职工33人次12700.00元，发放营养品540人次34520元，改革劳保着装，职工利益得到保障。

（陈　波　王素红）

2004年3月12日，河南油田通信公司在油田住宅区举办宽带网服务宣传活动。　摄影　李声超

【经营管理】 2004年，通信公司为保证经营目标的完成，分别与油田所属的30多个单位签订了通信服务协议，并采取了一系列措施。一是加强与各电信运营商合作，增加新收入。根据油区移动用户数量增加的现状，及时调整与移动、联通的直连电路，全年直连电路收入比2003年增加137万元。加强同移动、联通合作，加大代办力度。市场营销人员大力宣传集团网优势，吸收散户加入集团网，集团网用户数量净增1259部，增加了集团网用户数量和代办费用收入。二是合理调整电路流向。利用石油石化通信网络资源，合理分配电路，减少长途电话费用支出，充分利用电信资费政策，与电信运营商沟通谈判，降低电路租费，提高长途话费返还比例，维护公司利益，长途话费返还增收60余万元。三是加大预算管理力度，严格控制成本支出。2004年先后建设16个以太网小区，统一整体部署，

各单位组织实施，节约工程费用。通信大楼水管网通过调研、分析，并经油田设计院专业人员设计，制定经济、可行的改造方案，对通信大楼外围地埋管线进行部分改造，更换φ150管线150多米，φ100管线130多米。通过这次改造，公司大楼用水量由每月的2579多吨减少到559吨，每月减少用水近2000吨。全年节约成本3万多元。对通信公司车队办公楼的主干电网进行改造，通过改造电路既消除了用电不安全隐患，又防止了私拉乱接现象和盗电行为，预计每年可节约用电1.5万千瓦·时。四是加强物资采购工作。坚持招标采购、货比三家的程序，节减材料购置费用。

（陈　波　王素红）

【安全运行】 2004年，通信公司重点对通信设施安全隐患进行整改，投资36.8万元，对消防系统进行隐患整改，更换老化的消防器材；完成唐河、双河通信楼电力线路整改；铁塔导航灯改造；架空钢线接地等隐患整改，进一步提高了通信系统和设备的安全水平。积极推行HSE管理，编写HSE体系程序文件27个，运行控制文件28个。2004年排除通信设备故障7起，电缆突发性故障5次，光缆抢修5次，光缆割接4次，主干电缆割接6次，电力电缆故障处理3次。领导高度重视三基工作，成立三基工作办公室和6个专业组，制定员工手册，完善规章制度，制定公司基层站队资质等级考核标准，并通过局主管部门审定。2004年通信公司工业重伤、交通死亡人数均为0，全面完成局考核通信质量技术和安全生产指标。（陈　波　王素红）

【基本建设】 为改善通信公司整体环境，2004年，加大基本建设的投资力度，共投资242万元，占总投资的19.9%，其中裙房大修170万元，为跨年度项目。公司院内环境绿化、道路大修等工程改善公司的整体环境面貌。　（陈　波　王素红）

【职工干部培训】 2004年，在魏岗、双河分别举行两期计算机培训班，参加培训人数达183人；登高人员进行取证培训89人；市场营销培训人数143人；组织基层管理人员、安全员、班组长、特殊工种人员培训共计110人；组织鉴定前培训140人，其中高级工鉴定前培训45人，中级工43人，初级工22人，上岗30人。下发调查问卷93份，通过调查，改变过去培训与实际不符的弊端。到油田党校和人力资源开发中心培训的干部近30人，出国培训4人。通过培训，持证上岗率达100%，提高了职工职业技能和干部的管理水平。　（陈　波　王素红）

【小交换机清理】 为加强固话市场管理，发展潜在固话用户，在取得局主管部门对小交换机清理工作支持的情况下，积极推进清理工作，制定清理办法和分阶段措施，与多个单位协调做工作。魏岗站、双下站、三鼎公司成立清理小组，积极开展工作，截至12月底已有7个单位停用小交换机。

（陈波　王素红）

【互联网建设及发展】 2004年投运千兆互联网平台，核心网络设备飞跃至电信级水平，设备涵盖互联网系统关键领域和技术。增加百兆网络传输出口一个，实现通信公司与电信、网通双百兆。开通魏岗至双河、唐河千兆网络通道，解决网速慢的问题。另外购置服务器，开发娱乐、网上教育、网络电视、视频点播等多种网络承载业务。2004年，完成五一村、北区等以太网小区建设，架设五类网线10万余米，装调设备480多台次，从而确保油区以太网络业务的开展。2004 年互联网建设总投入 388 万元，已建以太网小区 28 个，端口已突破 10000 线。

全年开展“消夏互联网现场演示、VOD 点播、多媒体互动娱乐、远程教育演示”等活动，宣传油田通信宽带网设备及技术优势，设计并印制“油田通信一宽带王，天宽地阔任翱翔！”、“寒、暑假学生宽带宣传展板”、“宽带王来了！”等十多种大型展板。全年现场为用户解答问题 300 多起，征集意见和建议 180 多条，散发宣传资料近万份。集中技术人员成立技术组，集安装、维护、业务咨询、计算机知识解答为一体，为用户排除各种故障，解决各种疑难问题，得到用户的认可。互联网收入 240 万元，比 2003 年增收 90 万元，取得较好的经济效益。　（陈　波　王素红）

【局办公楼改造电话搬迁】 在局办公楼改造工作中，由于局机关各部门搬迁到一招、二招、研究院（老办公楼）、地税宾馆、工程院、综合楼等地临时办公。大量办公电话需要搬迁，通信公司积极协调，制定搬迁方案和保障措施，共搬迁电话 303 部，安装 ADSL 18 部。

（陈　波　王素红）

【电话网升位调测成功】 河南油田电话号码和南阳、郑州、洛阳同时升八位，通信公司及时与市局及其他通信运营商沟通，制定升位方案，与交换机生产厂家进行技术交流、签订升位合同，大唐交换机、华为交换机硬件改造、软件升级，实现油区电话号码七位和八位并存，12 月，进行与电信网的升位调测，完成升位前期准备工作。　（陈　波　王素红）

【思想政治工作】 通过开展“三创一争”和民主评议党员活动，提高党员队伍的整体素质，党员合格率为 100%。在年度的评比中，有 87 名党员被评为各类先进个人，占党员总数的 82%。开展“创新服务年”活动，工会、团委开展岗位服务之星评比活动。开办“通信信息港”，建立“党群工作”网页。通信公司 2004 年被评为南阳市“社会治安模范单位”，被局党委授予“思想政治工作先进单位”和“党风廉政建设先进单位”。

（李声超　王素红）

【精神文明建设】 2004 年，通信公司职代会审议通过《通信公司企业文化建设发展纲要》和通信公司厂徽标志；大力弘扬“诚信、竞争、创新、超越”的通信企业精神；谱写《油田通信之歌》，组织 120 人参加油田举办的“庆祝建国 55 周年自创歌曲歌咏比赛”；公司开展创建“学习型企业”活动，开了“精神文明建设之窗”，整了办公场所，新建绿化面积 1656 平方米。魏岗通信站服务大厅被局文明委命名为“文明窗口”；双下通信站团支部还被推荐为省“青年文明号”；通信公司被南阳市委、南阳市人民政府授予“文明单位标兵”称号；公司被南阳市消费者协会评为“2003 年—2004 年消费者信得过单位”。

（李声超　王素红）

【多种经营】 2004 年，三鼎公司实现收入 905.86 万元，完成局下达的经营指标。共承揽建设大小工程项目 59 项（含跨年度工程），其中外部工程 3 项，内部工程承揽率达 95% 以上，实现对外创收 104 万元。通过 ISO9000 质量管理体系资质复审，取得建设部通信电信施工三级资质证，获得进入市场的通行证。按要求申办省建委颁发的安全生产许可证，继续保持河南省“重合同、守信誉”单位称号。

（陈　波　王素红）

水　电　厂

【概述】 河南油田水电厂(以下简称水电厂),设机关职能科室13个,矿大队级单位4个,车间级单位25个,生产班组78个。截至2004年底,全厂在册职工1395人,其中全民合同制职工1184人(含内退),非全民合同制职工211人,在岗全民合同制职工中,管理人员203人,专业技术人员217人,操作服务人员689人。全厂设党总支4个,党支部21个。全厂主业部分拥有固定资产原值8271万元,净值5972万元,主要专业设备1897台套,其中变电设备1666台套,供水设备117台套。水电设备、设施分布在河南省南阳、驻马店的宛城、镇平、唐河、桐柏、泌阳、新野、社旗以及新疆巴州地区的焉耆、博湖等9个县区。

供电系统:已建成110千伏变电站3座(魏岗变电站、江河变电站、五里岗变电站),35千伏变电站4座(魏岗北区变电所、双河变电所、下二门变电所、恒山变电所),35千伏开关站3座(井楼开关站、古城开关站、王集开关站),10千伏开闭所1座(广场开闭所),输配电线路91条,线路总长1053千米,共有主变16台,总容量达24万千伏·安,油田电网以南阳、青台、唐河共3个220千伏变电站为供电电源,以110千伏、35千伏、10千伏、6千伏、1.14千伏、0.66千伏、0.38千伏共7个电压等级向油田供电,日供电最高负荷达到12万千瓦特。

供水系统:已建成魏岗、双河、江河、下二门、郭滩、唐河等11个水源地,拥有管井80口(含报废在用井),大口径辐射井8口,工业水处理厂2座和生活水处理厂2座,大口井泵站4座,供水管网总长260千米,日供水能力达11万立方米。

全年完成供电量7.489亿千瓦·时,完成供水量1559万立方米。完成各种投资742.86万元。王集35千伏开关站建设等9项局投资的水电系统工程按期竣工。

具有水电特色的HSE安全生产管理体系初步建立,保持了水电安全生产的良好形势,责任停水停电事故为0,水质合格率

2004年4月,河南油田水电厂引进的性能先进的带电作业车正在施工。　　摄影　李如飞

100%。供电可靠率99.93%,电网力率0.92,全部达到或超过局下达的考核指标。被评为局"HSE先进单位"。

降损降耗措施到位,效益指标超额完成。供电单位完全成本0.532元/千瓦·时,计划0.537元/千瓦·时,节约0.005元/千瓦·时;综合电价收入0.60元/千瓦·时,计划0.584元/千瓦·时,增收0.016元/千瓦·时;对外创收经局审核确认达到(含税)1480.26万元,完成年计划的100%;上缴管理费2090.05万元,同比增加222.57万元。供电商品率为88.86%,超额完成局计划任务。

(李文革)

【水电网运行管理】 坚持依托油区,巩固和扩大市场,进一步强化保油上产思想,提高水电供应质量。认真抓好日常运行维护和水电设施的春秋季检修,通过推行"线路三级验收制"、"检修质量复查制"、"检修质量奖惩制度"来确保检修质量,努力提高特殊气候条件下事故处理效率,加大线路清障和水电专项治理力度,确保质量指标的实现和油区生产生活对水电的需求。

(曹书杰)

【水电经营管理】 推行目标成本管理,实行三维成本控制,进一步压缩差旅费、招待费等非生产性费用,实现成本控制目标。坚持季度水电网损分析,及时采取措施,减少水电量流失。加强水电营业管理,完善"水电费回收管理办法",鼓励增收增效。对欠费户进行分类,加大清欠力度。发掘新的收费增长点,使边缘用户进入油区水电市场,纳入正规用电管理。坚持依法治电、打防结合,取缔王集塑编厂等6家高耗能企业的用电,规范埠江彩印厂等3家企业的用电行为。

(任秋香)

【科技创新】 落实科技资金128万元,完成科技项目20项,有3项成果获得局科技进步三等奖。科技创新创油田综合经济效益530万元,投入产出比达1∶4。其中《定位补井技术在修井工艺中的应用》、《油田配电网优化降损技术研究及应用》、《油田电网弱电系统防雷保护研究与实施》等科技项目的实施,提高配电网功率因数,降低网损,解决了弱电防雷问题。群众性小改小革工作成效显著,从生产运行工艺到检修维护工艺进行改进创新,降低劳动强度,缩短事故处理时间,提高运行可靠系数。全年共完成小改小革项目94项,创直接经济效益近百万元。

(陈书彩)

【管理创新】 坚持效益优先原则,制定《水电厂2004年经营管理办法》,调动职工降本增收的积极性。推动ISO9001质量管理体系的运行,水电服务质量进一步提高,QC管理取得丰硕成果。QC成果先后获中国质协、河南省QC成果奖,水电厂也被中国质量协会石油分会授予"2004年石油工业QC小组活动优秀企业"称号。加强"三基"工作,开展岗位职工应知应会达标活动,编制《员工岗位手册》,编制水电厂《企业管理基本制度》,以基层车间资质认证和评审定级为载体全面加强基层建设,3个基层车间获局甲级基层队称号,提高了水电厂的执行力。

(李文革)

【优化人力资源结构】 制定《水电厂双河、魏岗职工跨区作业暂行办法》,分流魏岗职工到双河前线跨区作业,缓解双河生产一线缺员的矛盾。按照勘探局总体安排,平稳完成协议解除劳动合同、汽车队3名职工移交运输处、运输水电队的接收等工作。深化内部分配制度改革。按照办法和标准公开选拔3名特岗特薪人员。初步制定《水电厂职工业绩考核指导办法》、《水电厂职工业绩考核实施方案》。

（陈书彩）

南阳二机石油装备（集团）有限公司

【概述】　南阳二机石油装备（集团）有限公司（以下简称南机厂）成立于2004年6月26日。是在原河南石油勘探局南阳石油机械厂基础上通过改制而成立的股份制企业，位于河南省南阳市中州西路869号。经多年发展，产品形成10大系列、110多个品种，包括1000米～4000米车装钻机、1000米～4000米橇装钻机、1000米～3000米拖挂钻机、15吨～150吨陆上修井机、60吨～225吨海洋钻修机、4000米～7500米油井测试设备、50吨～70吨重载挂车、顶部驱动钻井装置、石油专用车辆、井口工具等。截至2004年底，拥有职工1854人，8个机关科室，下设20个生产及辅助生产单位，2个中外合资企业，1个合资企业。2004年，集团公司全年完成工业总产值4.716亿元，实现利润总额975万元，其中，改制后新公司本部实现利润总额814万元，完成预算利润指标800万元的101.75%。2004年，当选为中国石化集团机械企业协会常务理事单位，被评为中国石油钻采设备制造业“十强”企业。

2004年，是南机厂改革实现重大突破，发展取得较好成绩的一年。一是完成企业改制涉及的主要工作，先后履行申报改制分流初步方案、财产清查、财务审计、资产评估、土地处置、评估结果确认、参加改制分流职工身份确认、参加改制分流职工补偿补助费用测算、编制改制分流实施方案、拟定《公司章程》（草案）、报批改制分流实施方案、办理解除劳动手续、人员安置、资产处置、产生新公司治理结构、工商登记注册等程序，成功实现企业改制。二是加紧建立现代企业制度。聘请北京专业咨询公司对公司的管理情况进行咨询，对公司的组织机构、岗位描述和工作流程、薪酬考核体系等拿出了一整套方案，以建立适应企业发展的管理运行机制。调整组织机构，对机关科室和部分基层单位进行整合，原有机关科室调整为“两室六部”，对基层11个单位进行机构整合或撤销，撤销南石综合厂、南石实业开发总公司建制，撤销新产品试制车间建制。三是生产基础能力得到改善。加快实施石油轻便钻机国产化基地改造项目，2004年3月份国产化基地二期工程正式启动，先后购进台式加热炉、井式加热炉、50吨汽车吊、插车等设备并投入使用；对金加分厂、钢结构二分厂进行工艺布局调整，优化工艺流程，提高工作效率。四是加强质量安全管理。五是做好产品开发和技术创新。坚持实施多元化产品开发战略，全年完成新产品开发项目18项，“三新”应用29项。在4000米橇装钻机的开发上取得重大技术突破，成功完成渤中25－1、渤中34海洋修井机，进一步巩固在海洋市场的优势。2004年，公司新产品产值为1.34亿元，占工业总产值的35%。吊环吊卡研制取得生产许可证，3000米车装钻机获国家科技进步二等奖，50吨重载挂车、3000米电驱动拖挂钻机通过中石化集团公司鉴定，ZJ10－ZJ30车装钻机列入国家火炬计划。公司3项技术获国家专利证书，并参与起草12项国家标准，42项行业标准。六是加强两大市场开拓。树立了“以市场为中心”和“一切为了用户满意”的市场中心观，不断拓展市场。

2004年11月份对经营班子和总经理助理分工进一步调整，营销力量得到充实和加强。国内市场全年累计实现订货4.2亿元，改制后实现新增订货2.2亿元，并回收货款3.12亿元。在国际市场上，出口订货首次突破亿元，成功中标印度4000米车装钻机项目、印尼4套HXJ135海洋修井机等项目。七是加强对外合作。与河南豫星车辆厂合资成立南阳二机车辆制造有限公司；与美国OEM公司合作生产电驱动顶驱项目，与加拿大一家公司合作生产泥浆泵、绞车项目等都取得有效进展。八是企业管理和信息化建设。在成本管理上，按照“抓住两头，管好中间”思路，加强成本控制。在物资采购上，建立健全公司内部价格控制体系，不断降低物资采购成本。在产品销售上，实施产品差异化战略，不断增强产品市场竞争力，合理提高产品售价。抓好设计、生产过程的成本控制，降低管理费用，杜绝生产过程中的“跑、冒、滴、漏”现象。对物资采购中“零星采购项目”和“大宗采购项目”进行监督、监察，对工厂重点项目实行审计监督。财务管理中积极做好资产清查、资产审计、资产评估，保证公司改制按进度进行。完成对社区资产剥离和三产单位的资产合并，划清了产权界限。完成老厂资产搬迁，与社区签订了包括供水、供电、供暖在内的关联交易协议和产权交接手续。完成了新公司享受企业所得税优惠政策落实等工作。加强资金、价格、计划、合同、设备、信息化建设等基础工作管理。九是人力资源管理。整合分散的职能和资源，建立完善的人力资源体系，办理签发各种规范劳动关系法律文书15377份，建立公司与员工合法规范的劳动关系，参加改制的员工与勘探局解除劳动合同，与新公司重新签订劳动合同。制定了公司《员工奖惩办法》、《员工考勤制度》、《员工休假办法》，加强基本劳动管理。实施“1115”人才战略规划，引进应届大学生及成熟的专业技术人员；组织公司专业技术和管理人员参加与学校联办的硕士研究生、博士研究生班学习，以及采取送外培训、出国学习考察等方式，为公司后续发展培养人才。继续实施“导师带徒”工程，实行技能鉴定；并与职业技术学校联手，专门培养数控技术人才。开办各种基础培训、比练培训，引导职工学技术。十是搞好党的建设。健全完善改制后公司党组织领导班子，召开公司第一次党代会，选举产生公司第一届党委会，党的纪律检查委员会及委员会委员、纪委委员。充分发挥党组织在企业中的政治核心作用，促进党建与生产经营的融合。加大行政监察的力度，严格制度，规范管理，落实党风廉政建设。十一是民主管理与思想建设。落实职代会职能，企业改制分流的各项方案须经职代会讨论通过，保障企业员工的民主权利。推行厂务公开制度，开展群众性技术创新工作。注重宣传工作，充分做好企业改制分流过程中的宣传发动以及改制后公司各项改革管理措施的宣传，引导职工正确认识改制、改制与管理的关系，做到改制管理的双推进。

（胡　涛　郭长勇　尚云芳）

【南阳二机石油装备（集团）有限公司成立揭牌仪式】　2004年6月26日上午，南阳二机石油装备（集团）有限公司成立揭牌仪式在公司办公楼前举行。勘探局副局长唐大鹏主持公司成立揭牌仪式。中石化、中石油、中海油、中共南阳市委、南阳市人大、市政府、市政协、南阳军分区、河南油田、重庆铁马、南阳理工学院等30多个单位的领导，各油田单位及其他合作伙伴企业的代表亲临现场；原工厂老领导，公司新董事、监事、公司全体员工，社区服务站、子弟学校、南石医院等单位的领导和职工共计3000多人参加揭牌仪式。中国石化集团公司副总经理张耀仓为公司成立发来贺信。地方党委、政府，科研院所，国内外知名企业等300多家单位发来贺信、贺电。中国石油报、中国石化报、石油商报、中国企业报、南阳日报、河南石油报、河南油田电视台等众多媒体进行现场采访，南阳电视台、南阳人民广播电台进行现场直播。公司董事长、总经理杨汉立在仪式上致辞。勘探局局长袁政文、南阳市副市长陈光杰、中石化集团公司油田企业经营管理部副主任刘福顺在大会上先后发表讲话向公司祝贺。

（胡　涛　郭长勇　尚云芳）

【3000米车装钻机获国家科技进步二等奖】 2004年2月20日，中共中央、国务院在北京隆重举行国家科学奖励大会。南机厂研制生产的3000米车装钻机荣获国家科技进步二等奖。该项目第一完成人，副厂长郭谊民参加了奖励大会。3000米车装钻机是一种自走式钻机。该钻机于2001年通过中石化集团公司科技成果鉴定。这种钻机整机采用高度模块化结构，移运性好，操作简便，功能齐全，符合HSE标准，技术性能指标达到国际领先水平。2002年，该产品被确定为国家级重点新产品项目。该产品还曾获中石化集团公司科技进步一等奖、中国机械工业科技一等奖的殊荣。2003年，该产品还被中国质量协会评为“全国用户满意产品”。该产品自投入生产以来，已销售近50台，实现产值2亿多元，成为工厂的一个经济增长点。该产品获国家科技进步二等奖后，勘探局局长袁政文向工厂致信祝贺。3月1日，南阳市人民政府发出嘉奖令，对工厂通令嘉奖。

（胡　涛　郭长勇　尚云芳）

【50吨重载挂车、3000米电驱动拖挂钻机通过鉴定】 2004年，南机厂研制的50吨重载挂车、3000米电驱动拖挂钻机通过中石化集团公司科技成果鉴定。50吨重载车项目可满足橇装钻机快速搬家的需要，具有设计合理、运行平稳、操作简便、自装卸功能强，维护保养方便等优点，达到国内领先水平。3000米电驱动拖挂钻机主要参数符合SY/T5609－1999标准、符合国际（API）、国家及行业有关标准和法规，该钻机的主要技术性能指标达到国际同类产品的先进水平，适应当前国内外钻井工程的需求，具有良好的市场前景和社会经济效益。

（胡　涛　郭长勇　尚云芳）

【南阳二机车辆制造有限公司成立】 2004年12月7日，南机厂与南阳豫星车辆厂合资成立的南阳二机车辆制造有限公司在南阳宾馆揭牌。与豫星车辆厂合作，是由南阳市宛城区人民政府撮合，经过公司董事会多次讨论，在遵循“有利于公司发展、有利于广大股东利益、有利员工与企业协调发展”的原则前提下进行的。公司投资102万元，占出资比例的51%，主要进行半挂车、车辆零配件制造与销售业务。二机车辆有限公司的成立将进一步促进双方车辆制造业务的快速发展。

（胡　涛　郭长勇　尚云芳）

1999～2004年南阳二机石油装备(集团)有限公司主要经济指标

表1　　　　万元

指标名称＼年份	1999	2000	2001	2002	2003	2004
工业总产值现价	15733	20338	26126	30314	34708	33824
工业新产品产值	7323	8705	14283	15752	16719	13890
工业民用产品产值	666	830	568	400	328	560.8
多种经营产值	4597	6768.6	9804	9306	8914	7584

1999～2004年南阳二机石油装备(集团)有限公司主要生产指标

表2

指标名称＼年份		1999	2000	2001	2002	2003	2004
产品产量/吨		4182	4526	5194	6150	5988	6860
石油设备/号		3809	3891	4783	5498	5140	5874.8
其中	抽油机/台	23	10	0	0	0	0
	试井车/台	20	11	35	18	10	1
	立方运/台	5	5	5	4		2
	修井机/台	46	38	56	45	47	23
其中专用设备/台		22	5	5	5	27	25
石油配件/号		47	314.4	169.4	89	441.4	493.0
石油钻机/台		9	19	26	33	35	37

(胡　涛　郭长勇　尚云芳)

总　医　院

【概述】　截至2004年底，河南石油勘探局总医院(以下简称总医院)有在册职工736人(含多经)，在岗全民职工651人，其中，专业技术人员573人，拥有高级职称的66人，有中级职称的200人。总医院本部设临床科室14个，医技科室5个，职能管理和后勤科室16个，卫生所5个，多经单位1个，并管理3个基层医院。总医院本部设置床位428张，共完成门诊工作量21.03万人次，急诊人数6127人次，入院病人4095人次，出院病人4096人次，临床抢救病人501人次，急诊抢救病人700人次，完成大中型手术1288例，计划生育手术1884例，护理工作量23.11万人次，调剂药方28.06万张，各项功能检查16.95万项次，健康体检7010人次。双河医院门诊7.5万余人次，收治病人1750人次，各类手术530例，各项功能检查2.8万人次。涧河医院门诊3.6万人次，调剂药方2.9万张。唐河基地医院门诊2.6万人次，调剂处方1.83万张，开展手术58例。防疫站接种疫苗4.1万人次，健康体检8717人次，血吸虫普查1601人次，有偿供血人员普查83256人次。大型医疗设备有C型臂血管造影机、多功能数字化X光机、彩超、螺旋CT、32道电生理记录仪、动态脑电图分析系统、运动心电测试系统、全自动生化分析仪、电视腹腔镜、电子内窥镜、椎间盘镜、超生乳化仪、口腔X光机、体外冲击波碎石机、血液透析机、双重胃肠造影机、牙科种植机、乳腺诊断治疗仪、全自动血凝仪、尿沉渣全自动分析仪、双能X线骨密度仪、手术动力系统等。截至2004年年底拥有固定资产原值3760万元，净值1830万元。

2004年总医院遵循“以病人为中心”的工作原则，坚持重组改制和医疗质量管理并重。在做好非典、人间禽流感等传染病防治工作的同时，按照河南省综合医院医疗服务百项服务考评指标规范各项管理工作，认真执行《病历书写规范》和《医疗文书规范和管理》，组织《医疗事故处理条例》和《执业医师法》的学习和考核活动，落实三级医师查房制度、疑难病历讨论制度和消毒技术规范、医院感染管理规范等项医疗管理制度，医疗质量不断提高。总院本部门诊与出院诊断符合率99.25%，出入院诊断符合率99.75%，手术前后诊断符合率100%，危重病人抢救成功率83.03%，入院三日确诊率98%，医院感染发病率4.11%。基础及特一级护理合格率90.65%，护理管理合格率91.1%。防疫站儿童计划免疫接种率99%，疫情及时处理率100%。全年未发生严重传染病流行，未发生一起医疗事故。到2004年4月15日，完成重组整合工作，实现全局医疗卫生系统人、财、物统一管理。在重组整合工作的基础上，改制分流工作也按照勘探局要求展开，到12月31日，中国石化集团公司批复同意总医院改制分流实施方案，改制分流前期工作基本完成。其间，有102名职工与勘探局协议解除劳动合同。 （齐振林）

【重组整合工作】 2004年1月，根据集团公司主辅分离、改制分流工作会议精神，按照勘探局统一部署，总医院编制完成《河南油田卫生系统实行专业化管理及内部整合方案》。2月中旬，制定出重组整合初步实施方案。3月，总医院与有关单位对接，修改完善实施方案，达成移交协议。4月15日，报勘探局审批方案后，总医院对原属双河社区、涧河社区、精蜡厂的双河医院、涧河医院、唐河基地医院、精蜡厂卫生所实现人、财、物统一管理，重组工作基本完成。 （齐振林）

【改制分流工作】 2004年2月27日，局召开内部结构调整、改制分流工作会议，确定总医院为改制分流单位。5月20日，在油田实现医疗卫生系统重组整合的基础上，编制完成《总医院改制分流初步方案》草案。经过讨论和修改，总医院改制分流初步方案于2004年7月上报勘探局和中石化集团公司。8月，勘探局审计处对总医院进行内部审计，同时总医院资产清查工作展开。9月1日，中石化集团公司批复同意总医院改制分流初步方案。据此，开始编制《河南石油勘探局总医院改制分流实施方案》。10月9日，南阳市中实会计师事务有限责任公司对总医院整体资产进行审计。10月15日至11月29日，亚太(集团)会计师事务有限责任公司对总医院进行资产评估。同时南阳晨光地产评估咨询有限责任公司对总医院土地使用权进行评估，评估基准日被确定为2004年9月30日。11月11日至12日，总医院编制完成了后三年发展战略规划、改制后总医院章程和改制分流实施方案。11 月 24 日，总医院召开六届五次职代会，讨论通过了总医院改制分流实施方案及附件等文件。11 月 25 日，上述文件正式上报勘探局。11 月 29 日，经局联席办公会同意，《总医院改制分流实施方案》、《总医院资产评估报告》上报中石化集团公司和国资委审批。12 月 31 日，中石化集团公司批复同意总医院改制分流实施方案。至此，总医院改制分流的前期工作基本完成。

（齐振林）

【总医院与省人民医院结为协作医院】 2004 年 9 月 14 日，总医院隆重举行仪式，为河南省人民医院与河南石油勘探局总医院结成协作医院揭牌。省人民医院、南阳市卫生局、勘探局及周边医院领导参加了仪式。仪式后省人民医院八位专家为油田职工家属进行义诊活动。（齐振林）

【宫腔镜临床应用】 宫腔镜是直视下观察宫内病变，它不但可用于检查，同时还可进行治疗。宫腔镜电切术属近 10 余年来开展的妇科领域新技术，是一种微创手术，代替子宫切除术治疗子宫出血、粘膜下肌瘤及部分宫颈病变等。具有不开腹、创伤小、手术时间短、出血小、痛苦少、术后恢复快、住院时间短、不影响卵巢功能等优点。该技术既能明确诊断又能排除组织恶变，不但治疗疾病，并且保留器官的完整性。2004 年总医院共开展宫腔镜检查 12 例，宫腔镜下手术 22 例。

（齐振林）

【碳酸氢盐透析的临床应用】 应用碳酸氢盐透析液进行透析，更符合患者的生理状态，能够迅速纠正代谢性酸中毒，避免低氧血症，心血管稳定性好，可避免出现醋酸盐透析时常出现的不适反应，提高透析患者的生存质量。2004 年，总医院透析室改用碳酸氢盐透析液以来，已治疗 300 余例病人，病人在透析过程中，血压波动幅度不大，代谢性酸中毒纠正较快。胃肠道反应基本消失，病人食欲改善较明显，营养状况纠正较快。（齐振林）

【部分脾栓塞术(PSE)治疗肝硬化门静脉高压脾功能亢进】 部分脾栓塞术(PSE)治疗肝硬化门静脉高压脾功能亢进(脾亢)，是应用介入治疗的手段，经股动脉插管向脾动脉注射栓子进行部分栓塞。2004 年总医院对肝硬化门静脉高压脾功能亢进患者 28 例进行部分脾栓塞治疗，取得满意效果。明显改善外周血象，降低门脉高压，使脾脏缩小，预防和治疗消化道出血及腹水形成，改善肝功能。与外科切脾比较，能保留脾脏的正常免疫功能和预防感染的能力，具有简便、安全、创伤小、效果显著、适应症广等优点。

（齐振林）

【阴道超声(TVS)诊断技术】 阴道超声(TVS)诊断技术是妇产科腹部超声(TAS)诊断技术之后的又一新技术。全数字化，高清晰彩超，配备有 5～9 兆赫变频腔内探头，扫描角度可达 240°，频率可根据探测部位的深度不同而自动改变，可分别满足子宫附件局部观察和大范围观察的需要，清楚显示子宫内膜、子宫肌层、浆膜层、双侧卵巢结构、输卵管和盆腔周围组织，同时可及时诊断妇科良恶性肿瘤、宫外孕、子宫腺肌症、宫颈囊肿、盆腔静脉迂曲扩张症、盆腔炎、不全流产等，为临床诊断和治疗提供帮助。2004 年总医院已完成 2000 例，诊断效果良好。

（齐振林）

【成功实施腹腔镜下巨大肾囊肿去顶术】 3 月 2 日，总医院腹腔诊疗中心成功为一名患者实施了腹腔镜下巨大肾囊肿去顶术。患者肾部巨大囊肿15年,直径达13.5厘米。

（齐振林）

盐化总厂

【概述】 河南石油勘探局盐化总厂成立于1996年9月,位于河南省叶县盐化工开发区,占地24.66公顷,已完成投资5590.70万元。下设4个科室。由于前期项目还未能建成投产,以前所完成投资勘探局已核销。截至2004年底,有职工24人,在岗20人,大专以上文化程度17人,高级职称2人,中级职称7人,初级职称5人。

2004年,围绕氯酸钠项目信息跟踪、寻找项目合资伙伴及维护好叶县基地已建设施,取得较好的成绩。同时,开展"管理增效年"活动,切实抓好挖潜增效、增收节支工作,全年前期调研费用控制在局规定范围内,安全环保达到勘探局规定标准。（孙玉军）

【氯酸钠项目前期调研工作】 2004年,对氯酸钠市场状况、销售情况及前景进行深入的调研,紧盯氯酸钠南、北两大市场及发展情况和青海苏青氯酸盐有限责任公司、成都成渝正峰盐化工有限公司等重点公司经营情况。通过上网查询了解氯酸钠市场信息。生产氯酸钠的企业有十多家,总生产能力约15万吨。虽然国内氯酸钠生产能力在不断增加,但销售形势仍然较好,资金回收率较高,市场销售价格规范,平均为4000元/吨左右。1999年国内氯酸钠的生产能力不足2万吨,2004年已达到10万吨,氯酸钠的生产和销售均保持较高速度的增长,建设万吨级氯酸钠项目不会造成过剩而滞销。建设1200吨/年氯酸钠项目,总投资4000万元。按市场平均价4000元/吨计算,考虑基本建材等价格的上扬等因素,投资利润仍可达20%,有较大的利润空间,是具有发展前景的化工产品项目。（孙玉军）

【寻求合作伙伴】 根据勘探局关于氯酸钠项目建设要引进现代企业制度,共同开发、建设的指示精神,2004年盐化总厂与资产经营部一起与内蒙伊科集团联系、洽谈合作事宜。先后与香港中国经济报业集团、平顶山豪特开发有限公司及新亚建国国际集团公司（民生银行一家较大股东）等进行合资合作谈判。（孙玉军）

【已完工程的维护及地方工作】 2004年完成盐化总厂在叶县已完工程的维护及地方关系协调工作。一是组织叶县基地人员学习《盐化总厂安全生产岗位职责》及《盐化总厂安全环保奖惩办法》;二是加强对看护重点部位:如办公楼、食堂、辅助用房及采卤站、加油站的巡回检查并作好记录,发现损坏等问题及时整改、维护;三是克服费用少的困难,积极做好地方关系协调工作。2004年11月叶县政府做出收回盐化总厂在叶县剩余的约190亩土地的决定。按照勘探局同意叶县收回空地、保留已建设用地的指示,向叶县政府做工作,解释面临的困难以及没有放弃上项目的具体情况,力争取得叶县政府的谅解。

（孙玉军）

【管理工作】 2004年,立足制度管理,进一步完善规章制度。首先按照"三高一新"的建厂目标,有针对性地探索现代企业管理模式,并使之贯穿到项目建议书、可行性研究报告中;其次是从上到下树立精打细算过紧日子的思想,改变工作方式,制定科学合理的措施，挖潜增效，降本减费；三是实行领导干部负责制，部门负责人均为第一责任人，都要对总厂负责；四是实行程序化、制度化管理；五是加大“厂务公开”工作，自觉接受监督；六是继续开展挖潜降费活动，编好月度费用预算，各单位不允许突破总厂下达的费用指标，特别是加强差旅费控制，对业务招待费、通讯费、设备维护和保养费、办公用品采购，车辆使用严格遵循既定程序和规定，对于超标费用的单位或不按规定程序办理的费用一律不予核销。通过认真挖潜，合理支出，2004 年前期工作费用不超标。

（孙玉军）

桐柏安棚碱矿有限责任公司

【概述】 1998 年 8 月 9 日由河南石油勘探局，内蒙古远兴天然碱股份有限公司、桐柏县国有资产经营公司三家合资组建安棚碱矿有限责任公司，2003 年更名为桐柏安棚碱矿有限责任公司（以下简称桐柏安棚碱矿）。桐柏安棚碱矿位于桐柏县安棚乡境内，占地 14.6 公顷。主要从事天然碱的开采、加工及销售。2004 年的用工总量为 489 人，有技术人员 51 人（其中高级职称 6 人，中级职称 22 人，初级职称 21 人，技师 2 人）。公司设有 8 个职能部室，5 个基层单位。

2004 年，桐柏安棚碱矿理顺生产调度指挥系统的关系，操作上做到精益求精，把各项技术经济指标做优秀；提高原卤浓度，深化设备管理，提高设备的运行时间，实现生产的稳定连续，完成纯碱生产任务 28.71 万吨，创利润 1.29 亿元。（赵世立）

【企业管理】 2004 年，桐柏安棚碱矿的企业管理工作从抓基础管理、抓基层建设入手，开展各专项管理和内部的考核工作。制定下发《桐柏安棚碱矿目标考核办法》、《桐柏安棚碱矿全面预算管理办法》等多项管理制度，对各车间和职能部室的工作目标，进行严考核、硬兑现。通过制度和措施规范公司的管理行为，有效控制管理费用，公司管理水平得到提高。

一是强化基础管理。本着精干、高效的原则，设置职能部门、生产车间及辅助单位，按照快捷、灵活的原则设定环节管理层到车间值长、班组长的管理层次，同时建立完善各类管理制度 56 项，规范各项专业管理。

二是推行目标责任制。2004 年，公司建立以目标责任制为主线的管理考核机制。年初，公司各车间、部室签订目标责任书，还制定与之相配套的考核兑现措施和奖励办法，采取“月度考核，季度兑现”的方法，考核兑现。通过一年的运行收到良好的效果，纯碱产量创历史新高，各项费用支出均控制在公司核定的范围。

三是加大成本管理力度，建立较为完善的成本核算体系。桐柏安棚碱矿年初就对成本指标进行测算，并在《目标责任书》中予以明确，在考核中做到总量指标和单项指标的双向控制考核。第一是通过落实“三级”核算制度，使成本核算更加规范、更加科学。第二是采取日核算、周分析、月总结的成本分析制度进一步提高全体员工的成本意识。第三是加强费用的管理和控制，对办公费、用车费、招待费等日常支出项进行重点监控，推行“滚动预算法”有效控制费用的支出，目标成本运行情况成效显著。

四是加强了财务管理，规范企业各项业务管理程序。

一年来，安棚碱矿以财务法规、制度、预算等为依据，规范业务流程，严格财务手续，强化财务控制。通过财务手段衡量和矫正企业的经营管理活动，确保企业财务计划的实现；通过公司经理、财务控制，确保股东和员工的利益不受损害；通过风险评估、风险识别、风险分析等活动，有效降低公司的经营风险，对出现的风险能够做出及时的调整；通过财务控制活动的分析评价和对全面预算管理分析研究，制定了公司的应对措施，确保各项生产经营目标的顺利实现；通过财务信息的沟通，使企业各部门清楚财务活动的情况，各部门责任，确保财务目标的实现；资金管理工作得到加强，建立严格的资金预算管理制度，根据公司生产经营计划，通过公司资金调度会合理分配资金。 （赵世立）

【人力资源开发】 桐柏安棚碱矿认真落实董事会“引、育、借、用”的人力资源管理机制，以推进企业整体素质提高为核心，转观念，深化改革，完善机制，使人力资源开发工作上新的水平。

一是工资改革取得新的进展。建立规范的薪酬体系，优化薪酬结构，强化薪酬的激励作用，员工薪酬水平稳步增长。

二是职业技能开发取得良好的效果，员工队伍技术素质进一步提高。按照“自我培训为主，外部培训为辅”的方式，大力开展各专业、各工种的培训工作。全年有260名员工通过脱产、半脱产等培训方式进行全面的技术培训，累计投入培训资金38万元；完成112名员工的技能鉴定，具有中级工以上技术任职资格人数达到102人，占员工总数的33%。

三是社会保险制度改革进一步深化。根据公司劳动用工的实际，安棚碱矿采取“统一管理，分地办理”的形式，为公司304名员工分别在内蒙、桐柏县、河南油田办理养老、失业、医疗等各项保险，促进员工队伍的稳定。

四是不断强化劳动用工管理，建立新型用工机制。按照公司岗位设置情况，推行管理人员、岗位操作人员的竞聘上岗，出台《桐柏安棚碱矿员工竞争上岗管理办法》，规范竞争上岗的运作程序，完善劳动合同和劳务协议的签订工作，根据岗位设置的变化，调整岗位人员，做到用工的合理、高效。

五是加强员工队伍建设，公司的凝聚力和向心力得到增强。加大思想教育力度，开展“稳定思想，扎根安棚”等多种形式的主题教育活动，提高广大员工的思想认识，建立有效的管理和激励机制，提高工作动力。

（赵世立）

【科技进步】 2004年，桐柏安棚碱矿加大科技进步和新技术的推广应用，加快科技成果转化为生产力。

一是开展技术攻关活动，确保原卤的产能建设，适应生产发展的需求。通过应用“准对井生产”、“多井增压”、“改碱井间歇注水为连续注水”等新工艺，使日供卤量达到11500立方米，原卤浓度从2004年初的130克/升攀升至150克/升。

二是开展技术改造工作，提高装置的生产能力。公司技术人员先后对斗提机、凉碱炉、出碱绞笼、埋刮板输送机等设备进行改造，并针对热电站负荷不足，化水阳床树脂中毒再生频繁等10余项技术难题进行攻关，较好地解决了问题，使纯碱生产流程更加合理，装置的生产能力稳步提高。

三是开展课题研究和应用，实现天然碱资源的综合利用。桐柏安棚碱矿年产20万吨生产线的母液利用项目已产生良好的效果。根据建设“百万吨级”中国天然碱循环经济典型示范基地的要求，安棚碱矿着手开发研究小苏打、食用碱以及废液、废渣、废气的

处理等多项攻关课题。（赵世立）

【安全管理】 2004年，桐柏安棚碱矿采取一系列安全防范措施，取得良好的效果。一是抓思想教育，开展安全知识竞赛、演讲比赛、事故反思会等活动，进一步提高全体人员对安全生产重要性的认识；二是完善安全管理制度，安棚碱矿下发《桐柏安棚碱矿有限责任公司安全生产管理规定》、《安全检修管理规定》、《消防管理规定》等各项制度，规范生产过程中的安全行为，健全安全管理网络，在公司内形成一个“层层有责任、事事有人管”的安全生产局面；三是加大安全生产的考核力度。桐柏安棚碱矿为把安全管理的各项制度落到实处，制定严格的考核办法，通过采取日巡检、周检查、月考核的办法，使岗位员工重视安全工作，使安全工作从“要我安全”转变为“我要安全”的自觉行动。（赵世立）

【市场开拓】 2004年，安棚碱矿根据用户需求及时调整产品结构，确保公司产品快速占领市场。

在产品销售方面。首先把握销售管理战术、渠道建设策略、市场推广手段的主动权，使公司销售战略明确；其次在销售过程中充分运用远兴公司的销售平台，合理调整直销、间接销售和零售的比例，并采取月月销售法等多种有力措施，促进公司的销售工作。

在销售管理方面，安棚碱矿整合企业资源，加强市场建设。一是对销售管理机构进行改革，减少管理层次，使营销组织贴近市场，快速反应；二是构建优质、高效的用户服务体系，设立客户反馈意见档案，开展一把手亲自走访，一把手抓市场，提高营销工作力度；三是作好用户的优选工作，稳定公司的销售市场。公司在现有的用户群中进行用户的甄选和分类工作，通过对用户资信、产品需求量等方面的综合考核，对用户进行评价，对不同的用户采取不同的销售对策和方式。

在销售渠道管理和建设方面，确定“以高、中端客户为主，辅以适量低端用户”的市场策略，使公司产品主要进入高中端市场，避免在低端市场上进行恶性竞争，使公司产品在良性的市场竞争中发展。（赵世立）

【政治思想工作】 2004年，桐柏安棚碱矿围绕公司生产经营中心，开展多种形式的宣传思想工作和丰富多彩的文化活动，为公司年度工作目标的完成提供保障。全面加强思想教育工作，把思想政治工作渗透到生产经营和企业管理的全过程。通过宣传教育、思想引导和鼓励使广大员工了解公司制定的各项改革措施的目的、意义和发展的前景，起到理顺情绪、鼓舞士气的作用；加大企业风气的建设力度，开展关键岗位教育和厂务公开活动，通过有效的监督，预防和杜绝违法违纪事件的发生；发挥群团组织的桥梁纽带作用，开展丰富多彩的文化活动和劳动竞赛，调动员工的工作热情，增进员工之间的沟通和团结。

（赵世立）

【召开产品定货会】 8月8日～9日，桐柏安棚碱矿2004年产品定货会在锡林浩特市召开，到会用户43家，分布在湖南、湖北、河南、贵州、浙江、江苏、四川等省市，产品定货会取得成功。共签定购销合同61万吨，其中轻质纯碱41万吨，重质纯碱20万吨。

（赵世立）

【纯碱生产装置的大修工作】 根据公司生产装置的运行情况，6月6日－25日进行装置的年度大修，完成大修工作量880万元，为超额完成年度生产任务奠定了基础。

（赵世立）

油建工程建设有限责任公司

【概述】 河南油田油建工程建设有限责任公司(以下简称油建公司)是河南石油勘探局直属施工企业。油建公司机关设职能部室十个,下属主要施工生产单位9个,辅助生产单位2个,新疆项目部为公司外部市场常设机构,主要承担宝浪油田开发建设任务,并参与中石油集团、中石化西北局地面产能建设、系统配套工程的承揽和施工。截至2004年底,油建公司共有从业人员1307人,其中,全民职工885人,完善合同的非全民工422人。有各类专业技术人员305人,其中,高级职称28人,中级职称117人,技术员160人。取得项目经理资质112人,其中一级34人,二级44人,三级34人。油建公司下属多元经济实体4个,即大正公司、华宇公司、康兴公司、四维公司,由公司多元经济事业部负责管理。截至2004年底,油建公司拥有固定资产原值9238万元,固定资产净值6864万元,拥有主要施工技术装备813台(套)。提前两年实现勘探局对外创收2亿元的指标,提前三年实现了施工产值3亿元的指标,经济效益实现了由局部亏损到全面盈利的转变。2004年,油建公司取得压力容器设计资质和三级锅炉安装资质。参预援藏工程的三名同志获得集团公司援藏先进个人,西南成品油管道配送和施工工程先后四次被评为石化集团一、二等奖和突出贡献奖,新疆项目部承建的塔河油田二号联合站及计转工程获中石化2004年优质工程奖,鲁皖管道项目部在全线开展的"大干六十天"劳动竞赛中获得优胜单位奖,在全国石油石化系统焊工技术大赛中,分别获得了团体第二,个人第二的好成绩。产值规模,对外创收,经济效益和员工的实际货币收入实现新的跨越。全员劳动生产率按全民固定工计算接近50万元,人均绩效工资达到或突破12000元。油建公司还相继取得河南省优秀施工企业,河南省内审工作先进单位,勘探局先进党委、勘探局党风廉政建设、审计工作先进单位,勘探局外闯市场和勘探局HSE管理先进单位等荣誉称号。

(刘光升　杨　林)

【主要生产经营指标完成情况】 2004年全年完成施工产值4.10亿元,为年度计划3.1亿元的132.21%,比上年的3.03亿元提高35个百分点;全年对外创收2.24亿元,占施工总产值的55%,为年计划1.5亿元的149%,与上年1.69亿元相比净增33%;全年实现账面利润110万元,经局审计考核实现利润739万元,超额完成勘探局下达的上

2004年,河南油田油建公司中标南阳天冠集团30万吨燃料乙醇工程部分项目现场。　摄影　韩晓卿

交资本收益700万元的财务预算目标；全年固定资产投资580.42万元，新增设备58台(套)；全年自行安排设备大修计划20台(套)，维修费用148万元，大修计划完成率100％；全年共建成投产油水井382口，为年度计划380口的100.53％；全年开施工项目147项，已竣工验收134项，重点工程项目工期符合率、一次投产成功率均达到100％；全年共提取福利费318万元，支出282万元，福利费年末余额77万元；全年列入成本费用的工资总额2275万元；全年实现各种税费2455万元，其中增值税1048万元，营业税、城建税及教育费附加1310万元；全年经营总收入51210万元，其中主营业务收入51043万元，其他业务收入166万元，营业外收入1万元；全年经营总支出51100万元，其中主营业务成本47870万元，其他业务支出53万元，管理费支出1071万元；全年重大设备事故、重大质量事故、重大工业交通伤亡事故均为零。　　(刘光升　杨　林)

【油建公司开拓外部市场成效显著】　2004年，油建公司在确保油田产能建设为中心的各项施工生产任务完成的前提下，推进对外市场开拓取得显著成效。实现四个较大的突破。一是工作量增长有较大突破。外部市场合同工作量达到5亿元，比上年翻了一番；二是市场领域有较大突破。新疆项目部在确保宝浪油田开发建设的同时，已经在塔指和西北局占有一定份额，长庆油田项目部在站稳长庆油田及周边市场的同时，相继开辟第二、第三块市场；管道市场继淄青、天燕、甬沪宁项目后，2004年又中标承揽鲁皖、沿江、中原、孝感、当阳、珠三角等七大管道工程。公司的市场覆盖面已形成东西南北中五面出击，重点突破，整体推进的新格局；三是六大核心专业有较大突破。其中管道专业、路桥专业和压力容器制造专业的核心技术、核心装备已经具有比较明显的优势。仅管道专业，2004年凭借其优良的技术和装备，累计完成产值达到1.6亿元；第四，外部市场的综合经济效益有了较大突破。所有外部项目全部实现盈利。　　(刘光升　杨　林)

【创新经营管理】　2004年，油建公司经营管理的主要特点集中反映在三个方面。一是经营理念上有所创新。初步实现追求高产值与追求高效益的有机统一，双轮驱动；初步实现由用人到用工的转变。在综合优化内部资源的同时，最大限度的综合优化社会资源，包括社会上的人力资源、设备资源和文化资源。天冠乙醇工程是投资几千万元的大工程。在整个工程施工中，整合社会资源用工量平均达到80％以上。初步实现承包经营的多样化。一个单位一个承包模式，一个项目一个承包模式，一个单位一个部门的管理实行责任到一个人，授权一个人负责，较好的解决决策无人拍板，运作无人监督，经营结果好坏无人负责，无法奖惩的弊端。二是在项目管理上有所创新。按照项目管理是一次性施工生产临时机构，项目工程是一次性成本管理中心，项目经理是一次性授权管理者的科学定位，较好地做到了组织机构层次最简，人员配备精干高效，管理对象直接到位。项目管理的科学定位，较好地实现“项目授权经营，专业施工保障，公司调控服务，考核真实可靠”的公司总体要求；2004年，在继续执行“交够公司的，留足发展的，职工应该分配的，项目经理经审计后应该兑现的”承包原则的基础上，进一步明确项目经理的权利、义务、地位和作用，通过对工程项目上的全过程、全方位、全合同管理，实现公司在工程项目上的三大目标。即，公司向业主或总包单位的合同承诺目标，公司对项目管理部下达的经营和成本目标，项目施工现场的各项管理目标，包括公司的形象宣传、安全管理、标准化现场管理、职工队伍管理等。通过继续管住管好“三个重要环节”(项目经理的监控，项目合同的监控，项目主管会计的监控)，通过工程投标前的经济效益论证，开工后的经济效益分析，竣工后的经济效益审计，有效地规避在投标过程中向业主作出的让利风险和资金运作风险，规避项目承包合同签订后，外部市场发生较大变化的市场风险，有效地规避在项目实施过程中发生不可抗力的意外风险。2004 年，公司所有的外部市场均实现盈利。盈利最高的能达到 200 万元以上。在公司的统一组织下，各项目部与公司内部各要素市场单位之间形成一种权利和义务平等的合同关系。如材料供应的关系，机械设备的租赁关系，提供劳务的分包关系，资金使用上“内部银行”的借贷结算关系。这些关系，通过实践和摸索，正在逐步理顺，确保公司内外市场资源都在比较紧张的形势下，同时增长，同步推进。三是以生产、质量、成本、安全为主线的系统管理工作有所创新。在生产管理方面，以强化工期运行为重点，公司上下紧密配合，动态性调控，程序化运作，使施工生产始终处于高效运行状态。在质量管理方面，全面推行 ISO9000 质量体系，质量系统的三级管理人员按各层次职能和标准程序，严密管理，严肃检查，严格控制。现场操作人员自觉做到保证本工序，监督上工序，服务下工序，在内外市场的很多工程上都创造工程质量的新纪录。在成本管理方面，以落实目标责任成本管理为重点，建立起比较完善的目标成本予测、计划、核算、分析、考核等管理制度和办法，并将目标成本要素逐项分解，责任到人，奖罚到位，为最大限度地降低工程成本打下基础；在安全管理方面，全面实行 HSE 管理，进一步规范相关岗位职责，完善安全、环保、健康作业指导书，开展三次大范围的安全隐患查找整改活动。实现千台车死亡率、千人重伤率和千人死亡率为零的安全目标。

2004 年 7 月，河南油田油建公司完成油田黄山供热二期工程中三台锅炉的安装及配套设施建设。

摄影　韩晓卿

(刘光升　杨　林)

【改革与管理相结合，形成了三个方面的鲜明特色】　一是将业务流程再造与员工职业生涯设计有效融合，形成对员工培训、使用、再培训，再使用的用人特色。启动了三条线评估，提供人才通道，使每个员工都能在组织的帮助下，合法地驶向自己的人生目标；二是将常规管理与项目管理有效融合，形成以项目经理为中心，项目管理为载体的管理特色。推进公司级领导向施工经理、项目经理角色的转换，既为他们成长成才提供舞台，也为公司开辟更多的市场，创造更多的利润；三是将新体制与新机制有效融合，形成体制与机制上的特色。逐步规范和运行董事会、股东会、监事会的法人治理结构，逐步完善和推行决策、考评、激励、约束机制，努力形成了“上岗靠竞争，收入靠贡献，成事靠能力，晋升靠业绩”的良好局面。

（刘光升　杨　林）

五一社区服务中心

【概述】　河南石油勘探局五一社区服务中心（以下简称五一社区）管辖范围东到油建、机厂；西到运输、南阳库；南到水电厂；北到实验高中。所辖居民2万余户，近7万人，主要服务项目有环卫、绿化，水、电、暖、液化气供应与维修，矿区道路管理及配套公共设施的建设与维修，矿容监察与市场管理，幼托教育，居民住宅小区及居民管理，自行车棚看管，占地村民安置，计划生育管理，公园，陵园管理，离退休职工管理，餐饮宾馆，家政服务以及劳动保障等20余项。辖区内环卫面积281万平方米；绿化面积110万平方米；水、电、暖、液化气供应1.8万余户。管理小区23个，主干道路90千米，门卫值班室28个，社区安全生产要害部位28个，幼儿园5所，看护车棚45座。

截至2004年底，五一社区在册用工人数1816人，其中全民职工1047人（干部293人，工人754人），非全民用工769人。其中，具有教授级专业技术任职资格1人，高级职称18人，中级104人，初级169人。社区机关设有13个职能科室、4个机关附属单位，下设外围站及中心管理站24个。社区党委共设立党总支23个，党支部121个（其中协解党支部32个）；管理党员4587人（其中协解党员1547人）。拥有固定资产原值15485.86万元，净值11896.64万元，其中全民固定资产原值14023.86万元，净值10993.68万元。多种经营固定资产原值1462万元，净值902.96万元。主要专业设备156台（套）。具有50～1000千伏·安容量的配电室38座、变压器61台；供暖设施30台（套）；100吨（250立方米）容量的液化气充装站1座；各种运输车辆106台；其他辅助生产设备70台。

2004年，五一社区先后被评为南阳市标兵文明单位、南阳市消防工作先进单位、南阳市特种设备先进管理集体、局HSE先进单位、局党风廉政建设先进单位、局社会治安综合治理先进单位和局设备管理先进单位。

（尹胜利　孟会堂）

【主要工作量完成情况】　2004年，完成中心区道路清扫、保洁及绿化植被、树木和草坪等的养护管理任务。清扫清运垃圾4.4万吨；转运掩埋垃圾2万吨；疏通下水道、检查井2000多处。绿化浇水4.6万吨，打药1048

2004年12月，河南油田再就业服务中心召开五一社区公益性岗位招聘面试会。　摄影　胡殿军

吨；栽植乔、灌木37万株，绿篱9516延长米；供水263万立方米；供电2348万千瓦·时；安全供暖119天；拉运液化气2500吨，充装18.5万瓶，检修气瓶1.2万只；房产及其他维修7724项；签订经营收费协议232份，签约率100%，签订供暖协议面积达118万平方米，收费率100%；完成固定资产投资项目7个，投资额2240万元，完成非安装设备购置86台(套)，投资额360万元；完成固定资产大修项目36个，投资额1230万元；完成生产维修项目210个，投资额850万元；节约能源1681吨标准煤，设备保养对号率88%，锅炉年审一次合格率100%，设备综合完好率99.07%；职工家属健康防疫检查1120人次，疗养43人次；计划生育率、综合节育率、独生子女领证率、流动人口办证率、已婚育龄妇女健康检查率等均达100%。

维修服务队等4个基层队获得局级甲级队的资质认证；ISO9000质量体系一次性通过认证；泰山住宅小区被河南省建设厅评为省级示范物业管理住宅小区，黄山住宅小区、泰山住宅小区被评为南阳市物业管理优秀住宅小区。

3月上旬，按照局统一部署，接管原离退休职工管理中心下属4个管理站59名工作人员、3391名离退休人员。配合公共事业部、油田土地局等部门，完成对机械制造厂、运输处、油建公司等6个单位的农场土地丈量、资产清查和人员核实工作，并接管机械制造厂、运输处、油建公司、测井公司4个农场。同时配合上级部门，完成多种经营系统、教育中心、公安系统、医疗系统及运输系统、机厂等改制单位的资产界定、地上(地下)附属物清查及统计工作。年底，在离退休和居委会两个系统的基础上重组整合，形成新的基层管理组织——住宅区管理委员会，进一步优化领导班子、完善管理制度、提升基层管理水平。

推进科技进步，提高能源利用效率，全年完成节能技术措施项目和管理项目13项，获局科技进步二等奖一项，获局科技进步三等奖三项，实现经济效益300多万元。多种经营系统完成生产总值5100万元，与上年同比增长55.9%；实现利润18.5万元，与上年同比增长18%。坚持内抓管理，外闯市场，在做强、做精建筑安装、装饰装修、餐饮业等骨干项目的同时，积极开拓外部市场，先后中标工程院科技大楼大修、教育中心涧河学校大修、双河社区招待所装修、局一招装修等大型施工项目。根据市场需求，成立广源汽车机电制冷设备维修部，维修车辆200多台，实现当年上马，当年创效的佳绩。

(尹胜利　孟会堂)

【重点工程】 2004年，五一社区有计划地实施并完成社区辖区内市政建设任务。在投资方面，主要完成北区供热系统节能改造的基础工程、中心区交通信号灯建设工程、黄山路东侧人行道改造工程、中心区液化气站安全整改工程、影剧院门前场地改造工程、园丁区离退休活动室建设工程、五一村排水系统改造工程、2号门面房建设工程等“八大重点工程”。在大修方面，主要完成五一路照明系统及局部道路大修、中原路人行道及照明系统大修、广南路大修、胜利路人行道大修、五一小区物业管理配套设施大修、江汉路小商品市场大修、通讯公司北侧场地大修、中心区离退休活动室大修、嵩山路北段西侧人行道大修、大庆区绿化基础设施大修等“十大重点工程”。这些项目的实施，增加中心区的供热能力，降低供暖成本，提高供暖质量，同时改变中心区路不平、灯不亮、草不绿、安全隐患多、排水不畅、污水横流等脏乱差现象，使中心区的基础设施发生明显的改变，矿区环境大为

改观。（尹胜利　孟会堂）

【信访稳定与综合治理】 社区综治委在治安防控体系建设中，以各小区管委会为依托，从健全组织机构、完善工作制度抓起，注重源头治理。2004年，成立信访办，建立完善《信访工作条例》、《领导接待制度》、《矛盾纠纷排查报告制度》、《治保会工作职责》、《民事调解工作职责》、《小区治安巡逻职责》、《公益岗位人员考核办法》等一整套管理制度和办法，充实专职人员，加强稳定工作的力量。

各管委会设立治安室、民调室、楼片长、楼栋长、单元长和义务治安员，小区的治保和民调工作初步形成专兼结合、相互联动、多方参与、多位一体、交叉配合的运行机制。所辖小区已成立12个治保会、12个民调会，共有专兼职治保、民调人员147名，义务治保、民调人员2856人，治安巡逻、门卫值班人员108名，形成以楼片长、楼栋长、单元长及义务治安员等群防、群治队伍为基础力量的小区治安防控体系。全年共接待居民纠纷359起、936人次，调解率100%，调解成功率85.8%。辖区各单位、各居民小区无重大、恶性刑事案件和治安案件，无重大责任性灾害事故，无法轮功习练者进京上访事件。

（尹胜利　孟会堂）

【安全环保】 2004年，五一社区加大安全环保工作力度，全面推行HSE管理体系，建立安全管理网络，实施安全生产目标责任制，落实安全承包制度，加强对液化气站、锅炉房、配电室等安全生产重点要害部位和交通运输工具的安全管理。对移交的离退休管理站及活动场点展开拉网式的安全检查，查出79处安全隐患，整改资金10多万元。全年实现安全文明生产，千人死亡率，千人重伤率，交通安全千台车死亡率，重大、特大设备事故发生率均为零，安全环保达标率100%。

（尹胜利　孟会堂）

【幼儿教育】 幼教系统全面推行《整合课程》教学模式，同时《蒙太梭利教育》、《婴幼儿科学识字教育》、《双语教育》、《奥林匹克幼儿数学教育》等幼儿园本课程的开展，使社区幼儿教育质量得到提高。2004年10月，小荷艺术团在油田文体中心举办《永远的歌谣》大型文化广场活动；12月份，黄山实验幼儿园、中心幼儿园、嵩山幼儿园、中原幼儿园获得“南阳市一级一类”幼儿园资质。截至2004年底，获得省级示范幼儿园1个，市级一类幼儿园4个。

（尹胜利　孟会堂）

【小区建设】 2004年，五一社区优秀住宅小区创建工作实现新的跨越。黄山住宅小区被河南省评为交通安全小区；泰山住宅小区通过河南省建设厅检查验收，被评为省级示范物业管理住宅小区，填补勘探局和南阳市物业管理住宅小区的一项空白。截至2004年底，社区已创建省级示范物业管理住宅小区1个，市级物业管理优秀住宅小区2个，局级物业管理优秀住宅小区5个。

（尹胜利　孟会堂）

【党群工作】 2004年，五一社区党委按照组织原则，对党组织重新调整，设立23个党总支、121个党支部，22名专职科级党总支书记、121名专兼职党支部书记。接管4个离退休党总支、44个党支部、2316名离退休党员。

通过开展“三创一争”、“创新增效攻关”、“三比三看齐”、“我为党旗添光彩”等系列活动，发挥各级党组织的凝聚力和战斗力。创新增效攻关52项，创造效益238万元，群众合理化建议 532 条，社区采纳 100 条。群众满意度达 99.9%。五一社区被评为南阳市文明单位。加强民主管理，全年公开 59 次 348 项社务内容，社务公开检查综合满意率 98%以上。关心关注弱势群体，五一社区先后争取公益性岗位 347 个，安排生产技术性岗位 40 个。坚持联系特困户、特困家庭救助、特困子女助学、捐助等制度，共救助 576 户次，发放救助资金 9.8 万元。

民主测评中，党委班子成员和社区领导优秀胜任率 100%，领导班子考核测评全部在 99 分以上。　（尹胜利　孟会堂）

【社区文化建设】 2004 年，五一社区制定了《五一社区服务中心社区文化建设纲要》，投入资金对所有小区进行全封闭管理，在各小区设立宣传栏和宣传牌，架起社区与居民之间的连心桥，建成文化广场，完成文明楼、文明单元、文明居民标准、居民文明公约及 HSE 宣传画、宣传牌的制作。各小区居委会牵头，在小区内组织成立群众业余文艺、健身、科普等队伍。围绕建国 55 周年，五一社区书画摄影协会还在小区内组织以反映国家、油田变化为主题的摄影、书画展览，共巡回展出 120 多幅书画、摄影作品，1 万多人次参观展览。

打造社区品牌，树立企业形象是社区企业文化建设的重要内容之一。五一社区提出打造“51”品牌的目标，开展社区“标识”及“社区之歌”的征集等活动，确定“社徽”和“社区之歌”，取得较好的宣传效果，特别是“阿波罗”、“广源”和“小荷艺术团”等已成为家喻户晓，人人皆知的社区品牌。

（尹胜利　孟会堂）

涧河社区服务中心

【概述】 河南石油勘探局涧河社区服务中心（以下简称涧河社区）管辖范围北至南阳石蜡精细化工厂，南至机械制造厂涧河机修站，沿中南路呈狭长分布。社区占地总面积 445 万平方米，有五个居民住宅小区，居民户数 4454 户，居民 1.5 万人；被服务单位有南阳石蜡精细化工厂、消防支队、采油一厂魏岗油矿、人力资源开发中心、供应处涧河供应站、钻井公司、职工总医院涧河医院、涧河学校；主要服务项目有环卫绿化、水电暖、液化气供应、居民住宅小区管理、离退休管理、矿容矿貌管理、矿区道路设施维护、计划生育、托幼服务、户籍管理、社会保险等 20 余项。

截至 2004 年末，涧河社区用工总数为 818 人，其中全民职工 578 人（干部 128 人，工人 450 人），其他用工 240 人，具有高级职称的 9 人，中级职称 43 人，初级职称 68 人。社区下属 15 个基层单位，社区机关设 16 个科室，6 个附属单位。主要设备：配电室 13 座，变压器 20 台；集中供暖站 2 个，10 吨供暖锅炉 5 台；液化气充装站一个；各种车辆 55 台。拥有固定资产原值 3042.27 万元，净值 2714.27 万元。2004 年，涧河社区实现经营总收入 4040.67 万元，支出 5161.42 万元，账面亏损 1227.25 万元，剔除局大修计划 104.5 万元后，与勘探局下达的限亏指标 950 万元相比亏损 172.75 万元。多种经营实现销售收入 2443.01 万元，利润 13.47 万元。超额完成勘探局下达的产值利润指标。

2004 年，强化服务意识，提高服务质量。与上年相比，居民满意度提高 2 个百分点。全年，对辖区 103.8 万平方米的环卫面积进行“一日两扫，全天巡回保洁”，清运垃圾 1 万吨，疏通下水道1100余次；植树7000余株，铺草坪8193平方米，栽种绿篱6500米。供水178.89万吨，供电736.20万千瓦·时，供气61410瓶，供暖33.29万平方米。开展便民服务，接热线电话750余次，为居民提供各类维修服务5040次，纠正占道经营、各类违章3172起。社区党政工组织关心群众生活，关注弱势群体，全年发放各种困难补助10万元，慰问离退休职工101人次、协解职工300人次，看望住院老人35次，为离退休职工排忧解难120人次，安排离退职工体检430余人次。调解居民纠纷38起，举行娱乐活动80(场)次，为广大居民创造文明舒适的居住环境。　　（宋兴刚）

【投资及大修理】 ①投资完成情况。勘探局下达投资计划1136.4万元，其中：工程项目3项，金额972万元；非安装设备13台(套)，金额164.4万元。全年工程项目及非安装设备全部完成，完成投资1075.99万元，节约投资60.41万元。

②局下达大修理工程计划完成情况：2004年勘探局下达大修理工程计划6项，计划投资804.5万元。全年实际完成4项803.91万元，中南路、中南五路2项跨年，节约投资0.64万元。

③自筹大修、维修项目完成情况：社区自筹资金安排大修项目4项，维修项目46项，计划投入资金176.04万元，实际完成112.44万元。自筹科研项目4项，计划资金26.5万元，实际完成25.7万元。安全技措12项，计划投入资金23.61万元，实际完成22.46万元。

2004年，社区加强安全检查和对重点部位的监控和隐患治理，全年进行各类检查16次，检查出问题124个，整改124个，实现全年安全文明生产，首次获勘探局“安全生产先进单位”荣誉称号。　　（宋兴刚）

【党建工作】 2004年，开展“争创优质服务支部、争当优秀服务明星”活动、与生产经营相结合，突出“增效”主题，组织党员干部开展“创新增效、挖潜增效”攻关活动，全年推出挖潜增效项目22个，党员参与率达90%以上，创经济效益136.54万元。

2004年，社区党委下发《关于在非在职党员中开展“党日”活动的通知》的文件，以居住地为单位，成立了5个党总支、45个党支部、136个党小组，将1479名非在职党员全部就近划入党支部，配齐了支部班子。从管理费用中列出专项活动资金5万元，以保证“党日”活动的正常开展。6月10日，在社区党委召开的“涧河社区非在职党员教育管理工作交流会”上，局党委副书记、纪委书记张国全对社区“党日”活动的开展给予了高度评价和充分肯定。“党日”活动开展以来，共组织活动126次，参加党员3297人次，7月，涧河社区党委被授予勘探局“先进党委”称号。

（杨　娜　宋兴刚）

【环境再造】 2004年下半年，涧河社区实施环境再造战略，对中南路固井大队至迪士比卷钉厂段、中南四路、中南五路、五个居民小区的环境进行了大规模的改造和美化。共实施24个项目。从机关和基层干部队伍中抽调精兵强将担当各工程项目经理，委派离退休职工代表担任现场监督，狠抓工程项目进度关、质量关，实现春节前“各项工程出大样”的阶段性目标。　　（宋兴刚）

【综合治理】 2004年，社区综合治理委员会配合油田公安机关开展“严打”工作，加大对违法分子的打击力度，全年累计处理治安案件21起，配合油田公安局、涧河派出所处理治安事件6起，破获盗窃案件19起，当场抓获盗窃自行车罪犯2起，教育训诫不良人员9人次。维护了辖区治安秩序，为社区居民营造了一个良好的生产生活环境。社区被勘探局评为“社会治安综合治理先进单位”。（宋兴刚）

2004年7月7日，河南油田涧河社区开展“向许振超同志学习”活动报告会。　　摄影　何晨

【幼儿教育】　2004年，涧河社区针对幼教系统教师队伍教学水平参差不齐、硬件设施不尽完善、地理位置差而造成的幼儿生源逐年递减的形势，从加强教师队伍培训入手，先后派出8名教师去北京参加“蒙特梭利研究教育”、“亲子园管理”教师培训，并以点带面，在所属三所幼儿园探索研究教学新思路、新方法，使社区幼儿教师队伍的整体水平得到了全面的提高；开展“美术”、“舞蹈”、“古经导读”、“阅字识图”、珠心算等特色教育，以及定期向家长进行半日开放及汇报表演，以特色教育为突破口，吸引家长，在大量居民外迁的情况下，稳定生源480名左右。（宋兴刚）

【“三基”工作】　2004年，涧河社区，围绕以“基础管理、基层队伍建设、基本功训练”为主要内容的“三基”工作，组织岗位练兵、技术比武14项，参与人数500人；组织职工各类学习累计780人次；编制下发《员工岗位手册》、制定以HSE和ISO9000质量体系为主的规章制度。涧河社区申报的10个基层队全部达标，其中有3个基层队被勘探局审定为甲级队，7个基层队被评被审定为乙级队，涧河供暖服务站还被勘探局评为“设备管理先进单位”。（宋兴刚）

【文化活动】　2004年，涧河社区广泛开展职工群众喜闻乐见、健康有益的文体活动，如：“广场文化”活动、“小区文化”活动、“三八”趣味运动会，“五一”系列活动，建党83周年系列活动，“八一”建军节活动等，丰富了职工群众的文化生活，增强社区的向心力和凝聚力。在河南油田庆祝国庆55周年职工自创歌曲歌咏比赛中，涧河社区合唱队获比赛第一名。

（宋兴刚）

【社区改革】　根据中石化集团公司和勘探局重组改制的安排，涧河社区改制分流工作于2004年3月份启动，成立社区改制工作领导小组。3月，局对涧河医院进行两次重组调研和效益指标对接，4月，将涧河医院整体移交油田职工总医院。3月，配合勘探局对炼油公寓划归南阳石蜡精细化工厂进行资产清查，月底办理完交接手续；将社区运输及汽修车辆人员（资产）移交运输处；9月，社区接收原钻井运输大队的资产。12月，接收局教育中心第四小学、魏岗小学的房屋资产。全年进行两次协议解除劳动合同工作，解除劳动

合同 55 人(全民工 24 人,集体工 31 人)。

(宋兴刚　杨　娜)

【小区管理】 2004 年,澗河社区建立了以住宅区管委会为主体,以居民管理和非在职党员管理为核心,以维护小区稳定、繁荣小区文化生活、美化小区居住环境为主要内容的小区管理体系。初步形成以管委会为核心的管理模式,住宅小区步入规范化管理轨道。各管委会充分发挥职能,在居民搬迁、房屋装修、小区安全、落实低保、民事调解、信息沟通等方面向小区居民提供全方位的优质服务,并在各居民小区开展创建文明小区、法律进社区、非在职党员教育管理、信访稳定等工作,提高辖区居民文明程度,增强法制观念,维护辖区稳定。澗二区被南阳市评为"市级文明示范小区"。　(宋兴刚)

双河社区服务中心

【概述】 河南石油勘探局双河社区服务中心(以下简称双河社区)是一个集油田独立矿区市政建设与管理、物业管理、社区服务、多种经营和部分政府管理职能于一体的综合型局属二级单位;其中心区位于桐柏县埠江镇,所属各单位沿 312 国道北侧分布于桐柏、唐河两县,主要服务、经营区域覆盖第一采油厂,第二采油厂,安棚碱矿有限责任公司,水电厂双江站,油建公司双江工区,运输公司一大队,通讯公司双下、唐河两个站;矿区常住人口 2.2 万余人。

截至 2004 年底,社区共有从业人员 1675 人,其中全民职工 870 人(干部 243 人,工人 627 人),非全民工 805 人。从业人员中具有高级职称的 17 人,中级 90 人,初级 101 人;有 22 人取得了建设部颁发的物业管理部门经理岗位证书。社区机关设 15 个科室,另有 5 个直属单位;下属单位有 3 个社区服务站,1 个家政服务站,6 个小区居民管理委员会和 1 个多种经营企业。社区共有全民固定资产原值 4959.40 万元,净值 3610.05 万元;多种经营资产总额 1.6 亿元。主要专业技术设备 187 台(套)。主要职能及服务经营项目有:物业管理、居民管理、户籍管理、离退休管理、市场管理、矿容监察、社会保险、劳动保障、计划生育、幼托保教、家政服务、采油工程、井下作业、商业开发、餐饮娱乐等。

2004 年双河社区费用被控制在局定指标以内;同时对外创收 875.33 万元,为计划的 175%。用户服务满意率达 91.3%。

物业管理方面,双河社区共承担 78 万平方米的环卫保洁和 4.9 万棵乔灌木,7.9 万平方米草坪,3.1 万延长米绿篱及小区绿化带的养护任务;全年供水 187 万立方米,供电 1550 万千瓦 · 时,供气 1140 吨,并为 75 万平方米办公楼、居民住宅和其他共用场馆供暖 120 天。全年共实现关联交易 5616.15 万元,为计划 4808.12 万元的 116.8%。

矿区建设方面,2004 年重点对中兴路、兴业路、育才路、南新路等路段进行大修,总投资 1448.9 万元(其中中兴路改造采油一厂投资 680 万元);同时对东苑区,南新区,兴业路 1、2 号,景怡路 2 号,景怡北路 1、2 号,育才路和唐河建设路等路段的生活服务用房进行改建,总建筑面积达 8499 平方米;此外还对月亮湖公园和西苑小区的基础设施进行维修。

2004 年,双河社区注重精神文明建设,实施优秀(示范)住宅小区创建计划。先后获得全国城市体育先进社区、中石化离退休管理先进集体、河南省扶贫助困工作先进单位、南阳市文明单位、河南油田先进党委、思想政

治工作先进单位等荣誉称号。（马永春）

【延伸和拓展勘探开发服务领域】 2004年，双河社区抓住上市公司王集、辛庄稠油新区投产，部分岗位熟练工人缺员的机遇，利用有熟练工人储备的有利条件和毗邻采油一线的区位优势，先后开展加热站供热承包、采油工输出、热油洗井和未动用难采储量合作开发等四个项目。（马永春）

【盘活土地资源和低效闲置资产】 双河社区利用土地资源，加快商业用房的建设步伐。2003年以来，自筹资金已建成5054平方米的商业用房，推向市场后均被抢租一空。2004年，改造3栋150套职工公寓，向职工、家属推出后仍供不应求。该项目既缓解了居民住房难问题，又获得了部分租金收入。

（马永春）

【构建和谐文明新社区】 在加大"硬件"建设力度的同时，2004年双河社区突出"软件"的建设，开展"形势、政策、法纪、文明"教育活动，关心困难弱势群体，帮助解决生产、生活中的实际困难，2004年共安排公益性岗位228个，为79户困难家庭实施救助，并向局和地方政府上报困难申请66人次。同时，结合地方政府加快小城镇建设的形势，加大综合治理工作力度：社区保卫部、管委会、"三会一队"、公益性岗位人员及青年志愿者，在社区综治委的统一领导下协同作战，建立起立体的治安防范网；居民安全感明显提高，生产生活秩序井然。（马永春）

【积极探索离退休管理新模式】 双江唐油区有离退休职工1482人，退休非全民工1140人；由于居住分散，管理难度较大。双河社区从实际出发，逐步摸索出一条引导和推进协会建设，老同志们自我管理、自我教育、自我约束、自我服务的新路子。各协会会长由老同志们自己推选，活动也由各协会自行组织，双河社区工作人员则负责年度活动计划的编制，落实场地、奖品等项工作，主要是搞好服务。新的管理模式对老同志极富吸引力，活动有声有色，还降低了管理成本。同时，因经常组织学习，及时了解上级的文件精神，有效避免小道消息、自由主义的泛滥，很好地维护大局稳定。

2004年，双河社区离退休管理站先后被评为全国及河南省老年文体工作先进单位，总公司先进单位和局关心下一代工作先进集体。（马永春）

【党群工作】 2004年，双河社区在机关干部中进行思想作风、工作作风和学风的整顿；在基层党支部建设上按期完成换届改选工作，细化非在职党支部的创建标准；在基层党组织和党员中先后开展"服务双星"、"党员联系户"、"党小组入户服务"、"创新增效"等富有特色的党建活动；在党风廉政建设方面，着重抓责任制的落实，发挥监督职能，确保领导干部的勤政廉洁；在思想政治工作方面，以"暖心工程"为载体，丰富思想政治工作的内容；在工、团工作方面重点发挥桥梁纽带作用，开展学习型组织创建、群众性创新增效、业务技能培训、先进典型选树、青年志愿者服务和其他主题活动。（马永春）

南 阳 社 区

【概述】 南阳社区服务中心（以下简称南阳社区）前身是南阳石油机械厂社区服务站，2004年6月26日，南机厂改制挂牌，南机厂社区服务站划归河南石油勘探局管理。8月26日,南阳社区服务中心正式组建,负责管理范围内的资产管理、居民管理和居民服务等工作。

南阳社区服务中心有机关科室3个、基层单位7个、员工89人,管理范围包括居民小区、镇平老厂、安皋农场、百里溪中转站、潦河泵站。居民小区内有60栋住宅楼、3200户居民、常住人口9700多人(其中有全民离退休职工1379人,非全民退休职工357人,内退人员102人,协解人员1369人。)

2004年获南阳消防先进单位、局级精神文明先进单位、局离退休工作先进单位、南阳市庭院绿化花园式单位、河南省卫生先进社区等称号。　　(马　萌)

【社区服务】 物业管理。①供水管理。全年安全供水140万立方,供水管道维修579处,更换居民住宅水表400余块,更换公共部位水电表100余块。②供电管理。全年共维修3233户次,并对300个楼道逐一进行照明检查维护,更换灯具。③供暖管理。供暖期内每天安全供暖17万平方米,供暖管道维修429处。④环境卫生。督促环卫公司每天清扫保洁17万平方米,全年清运建筑垃圾950吨,生活垃圾2160吨,工业垃圾1060吨。⑤绿化管理。督促绿化公司管理绿化面积238460平方米,全年种植树木120株,种植草坪2100平方米。⑥液化气管理。全年发放气瓶22250瓶,维修气瓶3640只。

居民管理。全年开展家访活动820多户(次),解决实际问题80多件(次),民事调解113起,为居民提供咨询服务8600人次,组织大型文体活动4次,中小型文体活动23次。

离退休职工管理。全年慰问离退休职工249人,慰问金额6800元,体检410人,接待来访1000余人次,救济34人,家访400余户,建立戏曲协会、书画协会、门球协会、太极拳协会,全年举办各种文体活动15次,参与人员4000多人次。

房屋管理。2004年为2747户居民办理国有土地使用证;为74幢公产私产楼栋办理产权证;办理5栋新建楼房的前期办证及费用缴交工作;对32栋住宅楼屋面漏雨进行维修,维修面积3200平米。　　(马　萌)

【综合治理】 社会治安。建立综合治理防范机制,确保各项措施到位,做好防范和应急处置工作。加强消防安全管理,确保重点要害部位安全。开展专项治理,打击违法犯罪,先后抓获盗窃自行车、电动车违法犯罪人员3名,追缴自行车2辆,电动车1辆,查破公安机关立案的刑事案件积案2起,抓获入室盗窃违法犯罪人员2名。抓获偷盗老厂钢铁的20多人。

信访稳定。建立信访稳定工作长效机制。加大法律法规宣传力度,引导居民遵纪守法,依法上访,有序上访。全年受理信访件410起,接待上访群众1500余人。在老厂无房户要求搬迁上访、协解人员因养老金和医疗金问题上访、离退休职工因子女就业和水电气补贴问题上访等事件的处理上,及时启动应急预案,控制事态,做好上访人员的思想工作,化解矛盾,确保社区的大局稳定。

"610"工作。全年共召开处理法轮功问题专题会议5次,定期研究安排工作。对法轮功习练者实行"四包一"包干转化,加大对法轮功习练者的教育力度。　　(马　萌)

【幼儿教育】 2004年南阳社区对幼儿园实施公司化运作模式。①资产方面:房屋资产、原有的教学资产等为南阳社区所有,新购置资产(包括教学设备、教学条件改善、桌椅等)

为公司所有。②投入方面。房屋资产的大型维修由南阳社区负担,其他费用均由公司负担。③费用方面。所有收入由公司自主支配,社区将不再负担幼儿费用支出。截至2004年底幼托公司在册员工5人、非在册员工64人,幼儿入托人数560多人,教育教学质量明显提高,幼儿入园人数明显提高,幼儿园人均收入大幅度提高。解决36名待业子女和23名协解人员的再就业问题,收到良好的社会效益。　（马　萌）

【党组织建设和党员管理】 南阳社区服务中心党委于2004年9月4日正式成立,中心党委下辖4个党(总)支部,分别是机关党支部、物业管理站党支部,居委会党支部和居民区党总支。其中居民区党总支部有13个党支部、57个党小组。

2004年,社区党员总数有1006人,其中在职党员24人、非在职党员982人,为了便于管理非在职党员,社区成立居民区党总支部,居民区党总支有13个党支部、57个党小组。居民区共划分13个管理区,党支部书记同时兼任管理区区长,党小组长同时是楼栋长。社区对非在职党员实行统一管理,即协解党员和离退休党员按居住位置混编管理。

（马　萌）

【内部管理】 各项管理制度和勘探局接轨。南机厂改制前,南阳社区服务站归南机厂直接领导,和南机厂一体化运作。南机厂改制后,南阳社区作为勘探局新组建的二级单位,所做的首要工作就是理顺管理关系,健全管理制度,尽快和勘探局全面接轨,确保各项工作的正常开展。经过半年的努力,各项管理制度基本和勘探局接轨,确保社区各项工作的平稳运行。

机构重组、定编定员和全员竞聘上岗工作。根据勘探局的要求,2004年南阳社区对机构进行重组。管理科室由原来的4个科室压缩为3个科室,分别为党政办公室、综合管理科、人力资源和公共事业管理科;基层单位7个,分别为居委会、离退办、保卫部、物业管理站、房管站、社保站、幼儿园。

10月份,根据勘探局的定员定编要求,南阳社区引入竞争机制,开展了全员竞聘上岗工作,有72名职工参加了岗位竞聘。

（马　萌）

华油企业(集团)有限责任公司

【概述】 河南华油企业(集团)有限责任公司(以下简称华油公司),是局属专门从事原局投资开办的多种经营企业清理整顿及现有企业经营、监管的二级单位。经营范围涉及建筑建材、机械电子、医药化工、商饮服务、农业等领域以及工程施工、机械修理、机电设备维修等劳务输出项目,主要产品有玻化墙地砖、建筑水泥、药品等。截至2004年末,共有从业人员1502人,其中全民职工334人,其他用工1168人。拥有各类专业技术人员201人,其中高级职称18人,中级职称75人,初级职称108人。机关设10个职能科室,直属企业8家,分别是南阳豪地陶瓷有限公司、南阳市金海水泥有限公司、郑州瑞康制药有限公司、河南油田商业公司、河南油田石油管道安装工程公司、河南油田太康农场、河南油田金利实业开发公司、河南油田科技产业发展总公司。资产总值23853.09万元,其中流动资产1040.43万元,固定资产22812.67万元。2004年实现经营收入8960.79万元(不含已改制企业),完成年度计划7100万元的126.2%,实现利润－979.57万元,比计划增加亏损 979.57 万元,比上年同期增加亏损 906.16 万元。清理回收外部债权 1245.32 万元。清理撤并企业法人 10 家,完成企业改制分流 7 家。　(熊文正)

【内部管理】 按照"统一领导,规范决策,授权经营,分级管理"的管理体制要求,修订了《2004 年经营管理办法》、建立企业和经营者绩效评价体系和激励约束机制;通过集团与成员企业签订经营目标责任书的方式,完善指标考核体系和经营管理考核指标,明确各企业的责任、义务和权益;围绕"产供销衔接,增产增收,盘活资金,降本减费,科技增效"等工作重点,加强企业生产经营过程管理,建立月度、季度和年度经济活动分析制度,提高企业经济运行质量。瑞康制药厂狠抓内部管理,在成本控制、财务管理和产品质量管理上均有创新和提高。在 GMP 改造过程中,严格按照法规的程序要求,积极进行外部委托加工,年度收入不减而增,利润达 80 多万元。金海水泥厂加强生产过程的管理,优化生产组织,加强产品成本分析和预测,及时调整生产工艺,采用航天水泥厂熟料组织生产,提高产量,降低生产成本。同时,充分利用国家高低峤不同电价的政策,合理组织生产,避开用电高峰期,降低用电成本。建安公司在内部管理上实行项目经理负责制和单项工程承包责任制,按单项工程利润考核,取得较好效果。太康农场积极调整种植结构,加强内部管理,精心组织生产,2004 年一举扭亏为盈。　(熊文正)

【市场开拓】 2004 年,华油公司实施市场开拓战略,完善销售政策,扩大营销网络,市场占有率和产品知名度进一步提高。瑞康制药厂把销售管理工作重点放在客户资源管理和销售回款的监控上。对现有的客户进行清理和筛选,建立客户档案,实行分类管理。合理组织原料药的销售工作,一方面在稳定国内原料药客户的基础上,积极开拓国外市场;另一方面,通过互联网等渠道进行广泛联系,增加客户数量,提高市场份额。同时,扩大销售队伍,规范销售行为,对原有销售政策进行调整,制定主动调低产品价格,提高用户预期满意度,调动销售人员销售积极性的市场策略。通过以上措施扩大市场占有率。瑞康公司全年销售收入达到 1600 多万元,比上年增长 18.9%;建安公司从年初就开始积极主动收集和掌握工程信息,对参加的各类工程招标进行认真研究和策划,依靠合理的报价和优良的施工组织设计,全年获得 1500 多万元的工程量,利润 70 多万元,甩掉多年亏损的帽子。　(熊文正)

【科技进步】 2004 年,华油公司重视科技创新收到较好的效果。瑞康制药厂完成 GMP

2004 年 6 月 18 日,南阳市润祥工贸有限公司成立揭牌仪式。　摄影　王光龙

的硬件改造和软件的准备工作，顺利通过郑州市药品监督局的认证初审，通过河南省药品监督管理局GMP认证检查组的检查，4月28日取得GMP认证证书。购置、配备药品法定检验必须的各种仪器，对药品生产全过程进行质量监督，使公司质量管理工作有质的飞跃。同时，积极进行新产品开发和老产品改型，新申报6个药品批号，已通过河南省药监局审查，国家药监局已受理。盐酸氟桂嗪胶囊60粒铝塑板包装已实现批量生产，新品种兰索拉唑原料药进行试验。陶瓷公司成功研制生产800×800抛光渗花砖。水泥厂把二线链板输送改为皮带输送，提高设备运转率10%以上，对二线粉磨系统进行技改，提高磨机的台时产量。

(熊文正)

2004年12月21日，南阳市新惠通汽车服务有限公司挂牌成立。　　摄影　何建中

【改制分流】 2004年，华油公司执行中石化和勘探局改制分流的有关政策，开展改制分流的各项工作，改制后的企业得以较好的发展。2004年完成三元商厦、亚南公司、电子元件厂、迪士比公司、三元汽车大修厂、惠通汽车维修服务中心、宏达汽修厂7家企业的改制分流工作。在改制操作过程中，一是加强组织领导。成立改制分流领导小组，下设政策宣传、资产清查等专业工作组，把改制分流工作纳入重要的议事日程。二是加强宣传动员。三是严格程序。从企业改制分流筹备组成立、制订初步方案、实施方案的编制和通过到实施方案批准进入实施和最后挂牌过程，制订出各阶段的工作运行计划、工作标准、责任部门、责任人和完成时间。协调改制分流匹配资金509.31万元、匹配资产(机器设备及原材料)382.22万元，资金、实物资产的注入使企业的资产负债结构得到改善，为改制后的企业持续经营奠定了物资基础。

(熊文正)

【清理清算】 清理清算法人撤并工作是华油公司2004年重点工作。2004年完成10家企业的清理清算和撤并工作，清理回收债权108.22万元。在不良资产的处置上，年度计划处置1134万元，实际完成乳山闲置土地置换中石油债权1137.1万元，完成勘探局下达的清理清算和法人撤并工作任务。

(熊文正)

【信访稳定工作】 一是建立和落实稳定工作的责任制。明确成员企业党政一把手为稳定工作的第一责任人，并将稳定工作纳入到年度生产经营考核体系。二是加大对不稳定因素的排查力度，有针对性做好不同群体人员的政策宣传、形势教育和思想工作，及时化解矛盾。另一方面，研究新形势下信访工作的方法，变群众上访为领导下访，把做好思想工作与解决实际问题相结合。三是解决影响华油公司和勘探局稳定局面的太康农场退休农工养老统筹问题和商业公司一楼超市合同纠纷问题。按照有关政策,将太康农场450名农工养老统筹加入周口市,其中197名退休农工养老金从2004年7月份起由周口市社保部门发放。养老金问题的解决,消除了多年的不稳定因素,为太康农场扭亏为盈创造条件。解决了商业公司一楼超市经济纠纷问题,为商业公司生存发展和改制分流创造了条件。2004年,公司领导和有关部门共接待个体来信来访119人次/件,与上年同期相比减少130人次;接待集体上访12起248人次,比上年同期减少275人次。(熊文正)

【安全生产】 2004年,实现工业及交通死亡、重伤率为零的目标。16项管理目标达到要求。一是全面建立和推行HSE体系。编制完成HSE体系文件,规范公司领导的HSE岗位责任制和各成员企业领导、安全员的HSE岗位责任制。公司与各成员企业领导签订安全生产承包责任书。所属各企业开展危害识别工作,主要生产企业开展作业指导书的制订工作。二是加大在安全教育方面的投入,全年先后有各级领导、安全员等48人参加勘探局举办的HSE培训班,使领导干部、安全员持证上岗率均达到100%。36人参加特种作业培训。三是重点安全隐患整改进展顺利。太康农场的危房改造,所有危房全部拆除,新建住房81户,维修住房73户,陶瓷公司加强对煤气发生装置的领导巡回检查制度,经安全处验收合格后已投入正常运行。瑞康制药厂对原料车间进行安全技术改造,并按照法规的要求对危险化学品管理中存在的问题进行整改。四是加强交通的管理。严把准驾证的审查关,严格审查驾驶员资格,劳资部门和生产安全技术部共同对安全用工进行审查,从源头上把关,杜绝技能差、责任心不强的驾驶员进入驾驶员队伍。加强驾驶员的教育,执行每月一次的驾驶员例会学习制度,加强车辆调派和长途车审批管理,实现全年没有发生任何大小交通事故的目标。(熊文正)

机构与干部

2004年河南石油勘探局组织机构设置图
河南石油勘探局
离退休职工管理处
资产经营管理部
公共事业部
审计处
企管法规处
财务处(国有资产处)
人力资源处
规划计划处
对外合作部
基建处
机动处
科技处
安全环保监察处
生产协调处
信访办公室
局机关党委
局团委
局工会
武装部
局纪委(监察处)
宣传部
组织部(干部处)
党政办公室
河南明珠大酒店服务有限公司
文体中心
社会保险中心
再就业服务中心
华油企业(集团)有限责任公司
安棚碱矿有限责任公司
机械制造厂
盐化总厂
房地产管理处
总医院
教育中心
人力资源开发中心
南阳社区服务中心
涧河社区服务中心
双河社区服务中心
五一社区服务中心
河南石油报社
通信公司
勘察设计研究院
运输处
水电厂
油建工程建设有限责任公司
井下作业公司
地质录井公司
地球物理测井公司
钻井工程公司
地质调查处

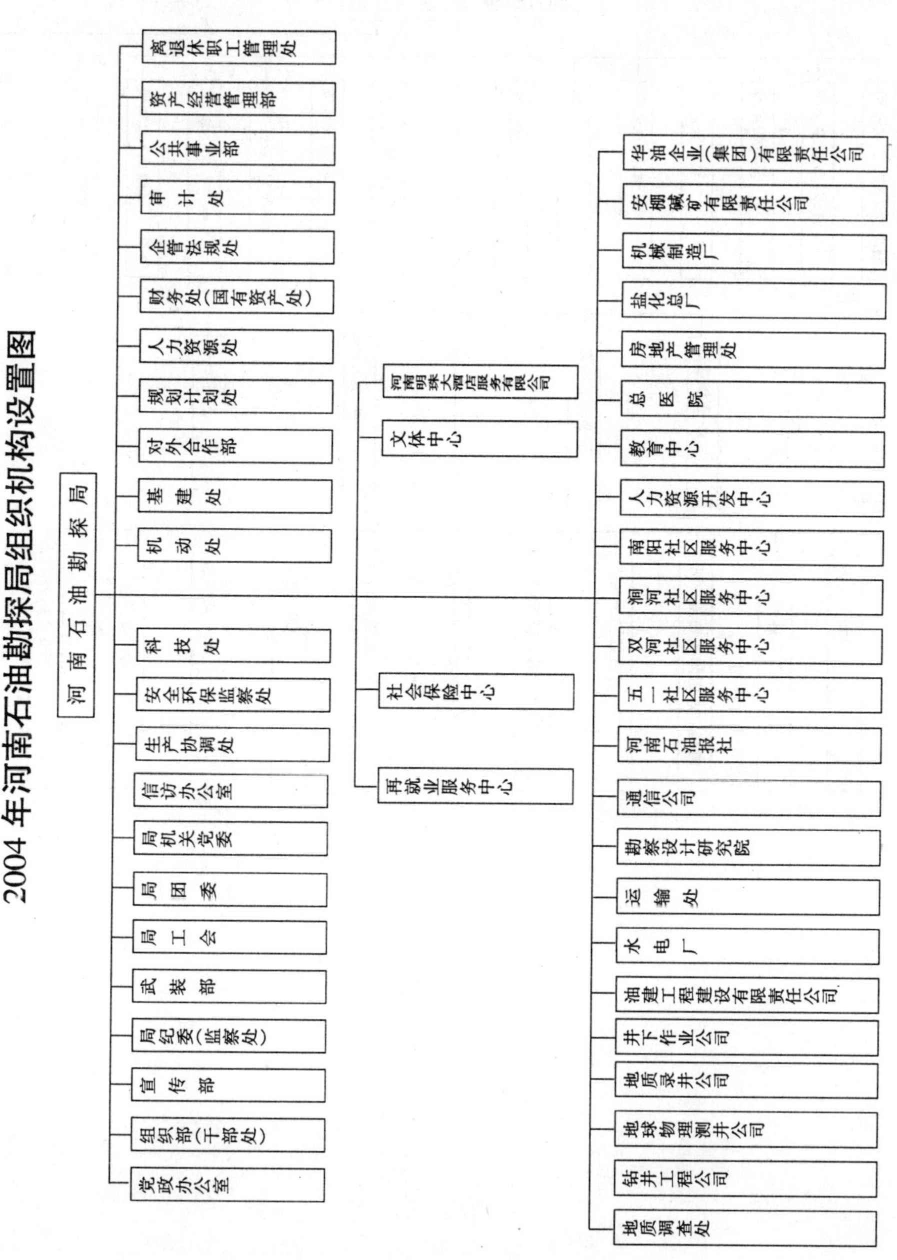

2004年河南油田分公司组织机构设置图

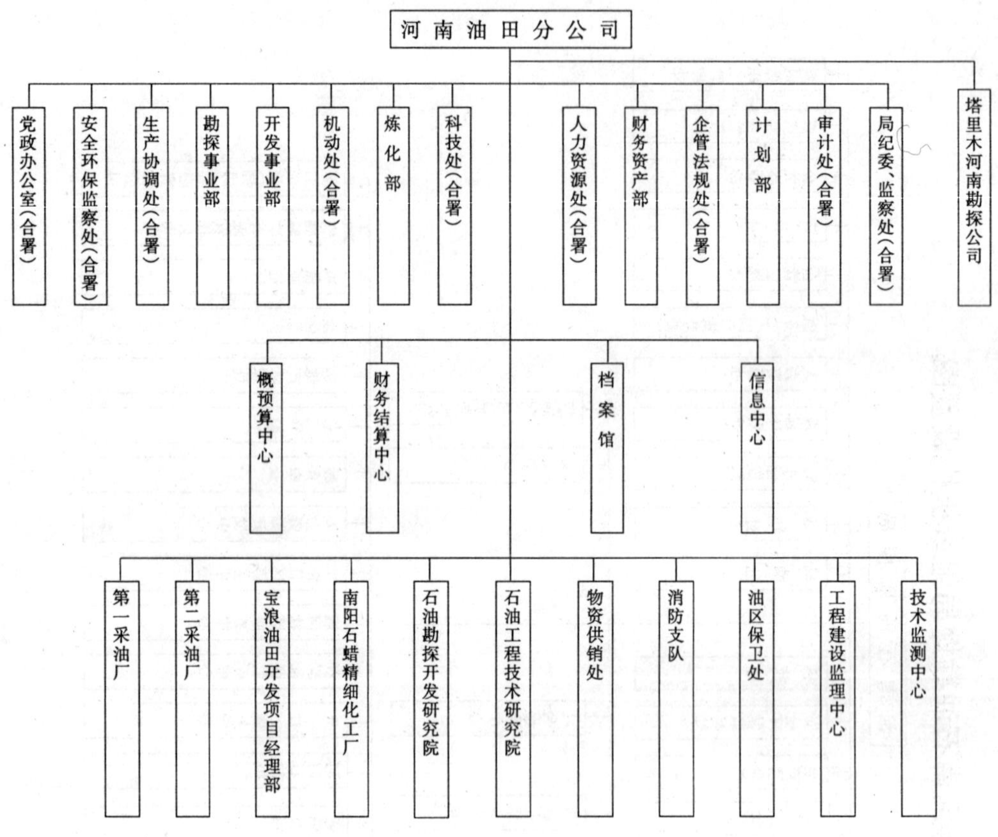

副处级以上干部名录

【勘探局、油田分公司协调委员会名录】

主　任:袁政文

分公司代表:袁政文

委　员:姚大福　李联五　张召平

【局党委常委名录】

书　记:姚大福　张召平

副书记:袁政文(兼)　彭生明　张国全

常　委:姚大福　张召平　袁政文　彭生明　张国全　李联五　李清亮　邱荣华　唐大鹏　鲍培义

【勘探局行政领导名录】

局　长:袁政文

副局长:李清亮　唐大鹏　陶光辉

总会计师:鲍培义

调研员:杨国珍　姚大福

【油田分公司领导名录】

经　理:李联五

副经理:邱荣华　樊中海

【勘探局、油田分公司副总师名录】

陈永正　刘　刚　王　敏　尚会昌　项习文　陈文学　敬国超　罗洪友

【局纪律检查委员会常委名录】

书　记:张国全(兼)

副书记:赵永乐　柳振海　张道友

常　委:张国全　赵永乐　柳振海　张道友　纪宝华　白国印　史新鹏　杨广亭　逵春太

【局七届工会委员会常委名录】

主　席:彭生明

副主席:王生群

常　委:彭生明　王生群　王嘉菊(女)　韩中立　杨明和　陈大风　陈国质　周银才　梅梦枢

【勘探局、油田分公司机关副处级以上干部名录】

局党政办公室

主　任:王明伟　朱　灵

副主任:张　军　吴建强(兼信访办主任)

调研员:杨桂昌

局信访办公室(11月从党政办公室中独立)

主任:陈永正(兼)

副主任:周银才

局党委组织部(干部处)

部　长(处　长):史新鹏

副部长(副处长):程富泉

局党委宣传部

部　长:任怀军

副部长:王新学　汪书权(兼文明办主任)

局纪委、监察处

副书记兼监察处处长:赵永乐

副书记:柳振海　张道友

副处长:张伟斌

副处级监察员:王新华　李运良

办公室主任:赵祚良

党风廉政室主任:朱再新

案件检查室主任:郑淑新

案件审理室主任:刘根铭

效能监察室主任:王海云(女)

调研员:柳振海

局综治办、武装部

主任、部长:房延武

副主任、副部长:齐　刚

局工会

副主席:王生群

女工委主任:王嘉菊(女)

办公室主任:赵运芳

局团委

副书记:杨志清　李江浩

局机关党委

书　记:陈永正(兼)

副书记:崔晓国

纪委书记:王善省

生产协调处

处　长:袁朋昌　黄忠桥

副处长:李根先　于传聚　薛建国　赵西坤　王　伟(兼地方办主任)

调研员:巫志伦　毛有章　姚玉林　袁朋昌

安全环保监察处

处　长:陈安标

副处长:郝建设　毕道金

调研员:凌生弼

机动处

处　长:邓建军

副处长:李　铁　靳阿莎(女)

基建处

副处长:常德安　金正南

科技处

处　长:曾光明

副处长:欧继红　李军营

规划计划处

处　长:曾庆跃

副处长:肖　忠

调研员:朱法强

分公司计划部

主　任:包湘海

副主任:史传坤

财务处(国有资产处)

处　长:杨广亭

副处长:董英宇　王延昌

分公司财务资产部

主　任:张树根

副主任:崔庆江

人力资源处

处　长:李修志

副处长:苟兴超　赵　华　曹汴生

调研员:蒋立新

企管法规处

处　长:马明生

副处长:金书勤　王德群　桂　昕

局法律顾问:周凌贞

调研员:喇华璀

审计处

处　长:刘宗元

副处长:魏根梅　刘道新　张立和

调研员:魏根梅

勘探事业部

主　任:王　敏(兼)

副主任:陈　祥　吕明久　马义忠　曾　兴　姚亚明

调研员:李庆浩　邓荣来

开发事业部

主　任:张建国

副主任:罗洪友　薛国勤　黄金山

调研员:孙世同

炼化部

主　任:路胜旗

副主任:谢新强

调研员:刘刚

对外合作处

处　长:田少雄(兼外事办主任)

副处长:赵　亮　李永林　向　东

公共事业部

主　任:王　磊
副主任:王　阳　周云萍(女)　徐怀玉
调研员:周造甫　宗友霜

资产经营部

主　任:陶光辉(兼)　郭向阳
副主任:郭向阳　唐　威　李远模
调研员:李远模

离退休职工管理处(中心)

处　长:韩文政
副处长:崔宏跃　周德喜　李德才
　　　　龚本货
调研员:崔宏跃　李德才　龚本货

概预算中心

主　任:王增力
副主任:王超俊　刘继跃
调研员:胡家端

社会保险中心

主　任:李俊华
副主任:邓仁安　刘　予

财务结算中心

主　任:李颖辉

信息中心

主任、党支部书记:马平生

档案馆

馆　长:高海照

文体中心

主　任:王振枚
副主任兼体委副主任:王奂杰

河南明珠大酒店

董事长兼总经理:黄任胜
党总支书记:黄任胜
副总经理:李国威　李海亮
财务总监:李国威(兼)

【附属单位副处级以上干部名录】

北京办事处

党支部书记:胡庆书

郑州办事处

主　任:张海松
副主任:李海亮

无锡疗养院

院　长:贾保平

电视台

台　长、党总支书记:岳　东
副台长:周益民　王　峰
总编辑:许嘉龙
调研员:徐　震　付景林

记者站

站　长:许　峰

【中介服务机构副处级以上干部名录】

再就业服务中心

主　任:秦亚民
副主任:张景一　冯　雷
调研员:张兴堂

【勘探局直属单位副处级以上干部名录】

钻井工程公司

经　理:袁建强
书　记:王灵奎
副经理:曾洪图　田　平　武永起
副书记:袁建强(兼)　李继斌
纪委书记:李继斌(兼)
工会主席:周留玉
总工程师:王学良
调研员:刘兴华　陈国质　李凤鸣
　　　　朱景运

地质调查处

处　长:黄成国
书　记:马天信
副处长:梁运基　左　验　王德志
副书记:黄成国(兼)
工会主席:李民祥
纪委书记:王新军

总工程师:胡东海
调研员:刘庆国　田富舟

地质录井公司

经　理:谢　辉
书　记:张海龙
副书记:谢　辉(兼)
副经理:张社民　苑　准　李恩重
总地质师:张社民(兼)

井下作业公司

经　理:郭　耘
书　记:杨明和
副书记:郭　耘(兼)
副经理:卞先孟　邱　杰　李学伟
纪委书记:李运良
工会主席:李运良
总会计师:李学伟(兼)

地球物理测井公司

经　理:田学信
书　记:黄　鹏
副经理:王天波　张联党
副书记:田学信(兼)
纪委书记:黄　鹏(兼)
工会主席:王吉生
总会计师:刘建华
调研员:宋瑞林　李天照

油建工程建设有限公司

董事长兼总经理:郭振华
书　记:王志祥
副总经理:刘志伟　霍冀豫　刘宪礼
副书记:郭振华(兼)　刘兴安
纪委书记:刘兴安(兼)
工会主席:陈升保
总工程师:戴传威
总会计师:蔡书辉
调研员:周章辉　段振波　李振江

水电厂

厂　长:党锴钊
书　记:郭保国
副厂长:党锴钊　杨吉生
副书记:党锴钊(兼)
纪委书记:郭保国(兼)
工会主席:黄保民
总工程师:刘彦生
总会计师:万守华
调研员:徐玉卿　孙必根

运输处

处　长:邓志坚
书　记:闫进社
副处长:程相甫　马春雷　安国柱
副书记:邓志坚(兼)
纪委书记:闫进社(兼)
工会主席:晁新明
调研员:张德南

勘察设计研究院

院　长:郑钦祥
书　记:于文海
副院长:蔡更喜　秦英侠　刘　平
　　　　李　涛
副书记:郑钦祥(兼)　郭向阳
纪委书记:郭向阳
工会主席:郭向阳
总工程师:李　涛(兼)
调研员:白子华　汪美生　赵尊军

通信公司

经　理:张金山
书　记:曹书先
副经理:强明军　黄登福
副书记:张金山(兼)　石玉峰
纪委书记:石玉峰
工会主席:石玉峰
调研员:张天佑

总医院(卫生处)

院　长(处长):汤洁浩
书　记:朱海玲(女)

副院长:朱海玲(兼) 张太义　方广虹
孙恒松　斯和平　张顺玉(兼双河医院院长)
卫生处副处长:孙恒松
副书记:汤洁浩(兼)　刘德云
纪委书记:刘德云
工会主席:李凤云(女)　刘德云
调研员:陈中先　李凤云

河南石油报社

社　长:刚复兴
书　记:方玉光
副书记:刚复兴(兼)
纪委书记:方玉光(兼)
总编辑:李金山
调研员:姚中安

房地产管理处(土地管理局)

处　长(局长):谢晓清
书　记:祁富棠
副处长:范鲜华　胡家龙
土地管理局副局长:范鲜华
副书记:尹燕红
纪委书记:尹燕红
工会主席:尹燕红
调研员:汤杰生　董学法　刘国成

南阳石油机械厂

厂　长:杨汉立
书　记:张道友
副厂长:将桂堂　尹永晶　曲　宁
张　勇　郭谊民
副书记:杨汉立(兼)　陈大风
工会主席:陈大风
纪委书记:徐奇清
总工程师:尹永晶(兼)
总机械师:李　铁
总会计师:曲　宁(兼)
调研员:刘　欣　孔德伦

机械制造厂

厂　长:吴世辉
书　记:姜宪忠
副厂长:高惠良　李选玉
副书记:吴世辉(兼)
纪委书记:姜宪忠(兼)
工会主席:文金兆
调研员:彭科沛

华油企业(集团)有限责任公司

董事长:黄任胜　逵春太
总经理:黄任胜　逵春太
书　记:逵春太
副总经理:刘洛青　尤耀泉　雷远鸣
副书记:黄任胜(兼) 李红旗
纪委书记:李红旗
工会主席:梅梦枢
总工程师:孟宪明
总经济师:雷远鸣

兆峰陶瓷公司

总经理:王守伟
党支部书记:江道庆
总工程师:江道庆(兼)
调研员:江道庆

金海水泥公司

总经理:郑国成
党总支书记:陈麦群

盐化总厂

厂　长:刘　锋
党总支书记:刘　锋(兼)

五一社区服务中心

主　任:纪宝华
书　记:陈景波
副主任:尹郑建　邢好学　韩玉成
岳彩亚　贾国选　刘永健
秦鹏辉
副书记:纪宝华(兼)
纪委书记:厉福亮
工会主席:周银才

总会计师：聂建平
总工程师：秦鹏辉(兼)
五一站站长：喻德斌
西区管理站站长：曹礼智
调研员：宋玉顶　危又新　邢好学

双河社区服务中心

主　任：杨　林
书　记：任桂同　孙彦军
副主任：张顺玉　聂汝生　刘丛林
　　　　李兴涛
副书记：杨　林(兼)
纪委书记：李同训
工会主席：王玉生
总工程师：李兴涛(兼)
调研员：李明保　李同训

涧河社区服务中心

主　任：赵世旭　樊顺卿
书　记：樊顺卿
副主任：闫京文　李新军　韩玉成
副书记：赵世旭(兼) 闫京文
纪委书记：樊顺卿(兼) 闫京文
工会主席：彭万通
总工程师：李新军(兼)
总会计师：周益民
调研员：吴昌隆 赵世旭

南阳社区服务中心(由南机厂社区服务站更名)

主　任：陈德山
党委书记：陈德山
纪委书记：陈德山(兼)
调研员：蒋桂堂
(南机厂社区服务站：站长兼党总支副书记　陈德山
党总支书记兼副站长　冯　草
调研员：蒋桂堂)

人力资源开发中心

主　任：卢万选
书　记：陈学泉
副主任：薛　杰
副书记：卢万选(兼)
纪委书记：陈学泉(兼)
工会主席：辛克让

党校

校长：张国全(兼)
副校长：卢万选(兼)　薛　杰(兼)

教育中心(教育处)

主　任(处长)：黄传录
书　记：曹明伟
副主任(副处长)：李潮海　李　冰
副书记：黄传录(兼)
纪委书记：张振山
工会主席：李淮山　李文星
总会计师：张春德

高级中学

校　长：王海云
党总支书记：闫胜彦

第七中学

校　长：魏中星
党总支书记：聂海勇

【油田分公司直属单位副处级以上干部名录】

第一采油厂

厂　长：张初阳
书　记：李　科
副厂长：郭　耘　毕普田　李光伟
副书记：张初阳(兼)　贾祥瑞
纪委书记：魏志刚
工会主席：杨明和　贾祥瑞
总工程师：丁连民
总地质师：毕　生
总会计师：杨振武
调研员：宋家泽

第二采油厂

厂　长:刘铁岭

书　记:魏文学

副厂长:李胜彪　曾　华

副书记:刘铁岭(兼)

纪委书记:赵继彬

工会主席:李保华

总工程师:王　晗

总地质师:杨晓蓓

总会计师:黄成林

调研员:王远明　肖良富

塔里木河南勘探公司

经　理:邱荣华(兼)

工委书记:邱荣华(兼)

副书记:李道华

副经理:陈文礼　黄忠桥　吕　林
　　姚亚明　杜耀斌　章玉平

工会主席:吕　林

总工程师:杜耀斌(兼)

总地质师:姚亚明(兼)

总会计师:章玉平(兼)

宝浪油田开发项目经理部

经　理:黄忠桥

副经理:侍相礼　佘月明　杨晓蓓

总工程师:佘月明(兼)　黄青松

总地质师:杨晓蓓(兼)

西部石油工程项目管理部

主任:李道华(兼)

副主任:魏国瑞

石油勘探开发研究院

院　长:杨道庆

书　记:郑用华

副院长:孙尚如(女)　孙耀华　全书进

副书记:杨道庆(兼)

纪委书记:郑用华(兼)

工会主席:张贺琴(女)

总工程师:朱生旺

总地质师:全书进(兼)　赵　庆

总会计师:王信周

物研所所长:李　峰

调研员:王志刚

科技开发公司

经　理:李玉桓

石油工程技术研究院

院　长:魏淋生

书　记:董天同

副院长:蒋建宁

副书记:魏淋生(兼)

纪委书记:刘　钰

工会主席:张艳华(女)

总工程师:石步乾

总会计师:王国林

调研员:王振宇　张均朝

工程咨询中心

主　任:刘声猛

副主任:何　静

采油工艺研究所

所　长:黄青松

党总支书记:李国太

经济研究所

所　长:孙振强

党支部书记:李云龙

党支部副书记:孙振强

副所长:李云龙

物资供销处

处　长:赵良金

书　记:李祖佑　任桂同

副处长:帅　涛　许承云

副书记:赵良金(兼)

纪委书记:陈国元

工会主席:雷福保

总会计师:李洪存

调研员:孙汉忠　李祖佑

公安局(油田保卫处)

局　长(处长):白国印

书　记:张和平

副局长(副处长):郑石磊　赵跃进　李继东

副书记:白国印(兼)

消防支队

支队长:周　海

书　记:赵　卫

副书记:周　海(兼)

工程建设监理中心

主　任:刘　孝

副主任:李延品

总工程师:李延品(兼)

调研员:宋恪兴

南阳石蜡精细化工厂

厂　长:张忠和

书　记:刘景青(女)

副厂长:洪国忠　李照峰　耿尧年

副书记:张忠和(兼)　张红升

纪委书记:张红升(兼)

工会主席:孙同才

总工程师:盛奎龙

总会计师:徐　峰

调研员:朱保民

技术监测中心(质量技术监督处)(6 月从勘探局划归分公司)

主　任(处长):郑祖芳

书　记:赵文波

副书记:郑祖芳(兼)

总工程师:李爱国

(江贻彬)

人　　物

局、分公司党政工领导简介

袁政文，男，陕西省富平县人，1955年9月出生，1982年6月加入中国共产党，博士研究生文化程度，1995年9月取得教授级高级工程师任职资格。1983年8月∽1993年2月历任中原石油勘探局地质院勘探室、勘探二室实习生、助理工程师、工程师、副主任、主任。1993年2月∽1993年6月任中原石油勘探局地质院副总地质师、副院长。1995年1月∽1998年5月任中原石油勘探局勘探事业部副经理、经理。1998年5月∽1999年1月任中原石油勘探局天然气开发处处长。1999年1月∽2000年2月任滇黔桂石油勘探局副局长。2000年2月∽2001年11月任滇黔桂石油勘探局局长、党委副书记，中国石化股份公司滇黔桂油田分公司经理、代表，滇黔桂石油勘探局、滇黔桂油田分公司协调委员会主任。2001年11月至今任河南石油勘探局局长、党委副书记，中国石化股份公司河南油田分公司代表，河南石油勘探局、河南油田分公司协调委员会主任。

李联五，男，河南省淮阳县人，1957年5月出生，1974年3月参加工作，1992年4月加入中国共产党，硕士研究生文化程度，1999年11月取得教授级高级工程师任职资格。1982年7月∽1993年8月任河南石油勘探局研究院开发室技术员、开发一室副主任、开发一室主任、科技办公室高级工程师。1993年8月∽1997年7月任河南石油勘探局研究院总地质师、副院长。1997年7月∽1998年5月任河南石油勘探局副总地质师。1998年5月∽1999年6月任河南石油勘探局副总地质师兼塔里木河南勘探公司副经理。1999年6月∽2000年1月任河南石油勘探局副总地质师兼研究院院长、党委副书记。2000年1月任河南石油勘探局副局长。2000年2月任中国石化股份公司河南油田分公司经理。2000年8月任河南石油勘探局副局长、河南油田分公司经理、河南石油勘探局和河南油田分公司协调委员会委员。2001年11月任河南油田分公司经理。2002年7月至今任勘探局党委常委。

张召平，男，山东省临朐县人，1961年4月出生，1983年7月参加工作，1985年6月加入中国共产党，大学文化程度，2002年9月取得教授级高级政工师任职资格。1985年7月∽1988年12月任中原油田钻井二公司一大队工程组技术员。1988年12月∽1994年3月历任中原石油勘探局钻井二公司技术大队工程师、一大队副大队长、副总工程师、技术大队大队长。1994年3

月~1995年10月任中原石油勘探局钻井总公司副总工程师、副总经理。1995年10月∽2000年3月任中原石油勘探局钻井四公司党委副书记。2000年3月∽2001年12月任中原石油勘探局钻井一公司党委书记。2001年12月至今2004年6月任中原石油勘探局党委副书记、纪委书记。2002年4月∽2004年6月任中原油田西部工作委员会主任兼党委书记。2004年6月至今任河南石油勘探局党委书记，河南石油勘探局和河南油田分公司协调委员会委员。

彭生明，男，湖南省茶陵县人，1946年3月出生，1969年7月参加工作，1981年3月加入中国共产党，大学文化程度，1998年4月取得教授级高级工程师任职资格。1970年7月任江汉油田32518钻井队实习技术员。1972年4月∽1985年3月任河南油田钻井公司32100钻井队技术员、工程科技术员、32748钻井队队长、工程师、钻井处副处长、钻井公司副经理。1985年3月任河南石油勘探开发公司副经理兼钻井公司经理。1986年7月任河南石油勘探局副局长。1996年11月∽1999年2月兼任塔里木河南勘探公司经理兼工委书记。2000年1月任河南石油勘探局党委副书记、工会主席。

李清亮，男，河南省荥阳县人，1946年10月出生，1970年7月参加工作，1966年3月加入中国共产党，大学文化程度，1994年9月取得教授级高级经济师任职资格。1970年9月∽1979年11月任江汉油田压裂大队政工组干事、团总支书记，劳资处劳资员、经济师。1979年11月∽1992年5月先后任河南油田劳资处劳资员、副处长、处长。1992年5月任河南石油勘探局副总经济师。1993年12月任河南石油勘探局总经济师、党委常委。1999年1月任河南石油勘探局副局长、党委常委。2000年2月任河南石油勘探局副局长、党委常委、河南油田分公司副经理。2000年8月至今任河南石油勘探局副局长、党委常委。

张国全，男，河南省新蔡县人，1947年9月出生，1962年2月参加工作，1967年10月加入中国共产党，大专文化程度，1994年3月取得高级政工师任职资格。1965年11月在河南独立师三团二营服役。1969年11月任五七油田15团机修连排长。1970年6月任五七油田四分部组织科干事。1972年4月任河南油田组织科、组织处干事。1980年12月任河南石油会战指挥部政治部组织处干部科副科长。1984年5月任河南石油勘探局组织部干部科科长。1986年4月任河南石油勘探局纪委办公室副主任、主任。1992年11月任河南石油勘探局纪委副书记。1993年6月任河南石油勘探局纪委副书记、监察处处长。1996年12月任河南石油勘探局党委常委、纪委书记。2001年11月至今河南石油勘探局党委副书记兼纪委书记。

邱荣华，男，湖北省黄陂县人，1949年10月出生，1966年10月参加工作，1976年5月加入中国共产党，大学文化程度，1997年7月取得教授级高级工程师任职资格。1966年10月∽1974年9月先后在五七油田地调指挥部、河南油田物探大队工作。1974年9月∽1977年

8月在西南石油学院地质专业学习。1977年9月任河南油田地调处综合研究队技术员、助理工程师、副队长。1986年6月∽1989年1月任河南油田研究院勘探室副主任、主任、党支部书记。1989年2月任河南油田研究院副院长兼总地质师。1993年6月任河南石油勘探局勘探公司经理。1994年12月任河南石油勘探局副总地质师兼勘探公司经理。1995年12月任河南石油勘探局副总地质师兼塔里木河南勘探公司副经理。1997年1月任河南石油勘探局副总地质师兼研究院院长、党委书记。1999年1月任河南石油勘探局副局长。2000年2月任河南石油勘探局副局长兼河南油田分公司副经理。2000年4月至今任河南石油勘探局副局长、党委常委、河南油田分公司副经理。

唐大鹏，男，贵州省贵阳市人，1960年4月出生，1982年2月参加工作，1985年加入中国共产党，博士研究生文化程度，1994年3月取得教授级高级工程师任职资格。1983年2月历任河南石油勘探局钻井公司32812钻井队技术员、副队长、队长，钻井公司一大队副大队长、工程科副科长，钻前大队副大队长、大队长。1992年4月任吐哈油田钻井工程处综合科副科长、科长(参加原中国石油天然气总公司中青年后备干部挂职锻炼)。1993年8月任河南石油勘探局钻井公司副经理、经理，1999年1月任河南石油勘探局副局长，2002年7月至今任河南石油勘探局党委常委。

鲍培义，男，河南省平舆县人，1946年10月出生，1970年8月参加工作，1985年12月加入中国共产党，大学文化程度，1999年11月取得教授级高级会计师任职资格。1970年8月任石油部石油二机厂后勤组会计。1980年10月任河南油田财务处助理会计师、会计师。1984年5月任河南石油勘探局财务处成本会计组副组长(正科级)。1986年4月任财务处主任会计师、财务处副处长、处长。1994年5月任塔里木石油勘探开发指挥部总会计师。1996年1月任河南石油勘探局副总会计师。1999年1月任河南石油勘探局总会计师，2001年1月被中国石油化工集团公司聘为兼职审计稽察专员，2002年7月至今任河南石油勘探局党委常委。

陶光辉，男，河南省滑县人，1963年4月出生，1981年7月参加工作，1985年7月加入中国共产党，硕士研究生文化程度，1997年11月取得高级工程师任职资格。1981年8月在河南石油勘探局第一采油厂江河油矿作业六队见习，1982年任技术员。1985年11月任江河油矿生产组调度员、组长。1989年10月任江河油矿副矿长。1992年8月任第一采油厂生产调度室主任。1993年12月任第一采油厂副厂长。1996年5月任第一采油厂厂长、党委副书记。2000年9月~2001年11月任河南石油勘探局副总工程师、河南油田分公司第一采油厂厂长。2001年11月至今任河南石油勘探局副局长。2002年7月至今任河南石油勘探局党委委员。

樊中海，男，河南省新野县人，1965年10月出生，1993年10月加入中国共产党，硕士研究生文化程度，1997年11月取得教授级高级工程师任职资格。1989年7月起先后任河南石油勘探局研究院开发室助理工程师、工程师。1995年3月任开发室副主任。1996年2月任开发室主任。1998年1月任勘探开发研究院副总地质师。1998年2月~2000年9月任研究院总地质师、1999年6月任勘探开发研究院副院长。2000年9月~2001年11月任河南石油勘探局副总地质师、河南油田分公司开发事业部副主任。2001年11月任中国石化股份公司河南油田分公司副经理、第一采油厂厂长(兼)，2002年1月任第一采油厂党委副书记。2002年7月至今任河南石油勘探局党委委员。

姚大福，男，河南省平舆县人，1945年9月出生，1969年7月参加工作，1974年12月加入中国共产党，大学文化程度，1996年6月取得教授级高级政工师任职资格。1970年7月任江汉油田32140钻井队技术员、钻井处干事、秘书。1977年4月∽1983年10月任河南油田钻井一部秘书室副主任、河南油田政治部办公室秘书、地调指挥部政治处办公室副主任。1983年10月∽1992年3月任地调处党委副书记、器材供应处党委书记、第二石油机械厂党委书记。1992年3月任河南石油勘探局工会副主席，1992年10月任河南石油勘探局工会主席。1993年11月任河南石油勘探局党委常委、工会主席。2000年1月任河南石油勘探局党委书记。2000年8月任河南石油勘探局党委书记兼河南石油勘探局、河南油田分公司协调委员会委员。2001年6月任中共南阳市常委。2004年6月任勘探局调研员。

杨国珍，女，河南省南阳市人，1944年1月出生，1967年7月参加工作，1965年6月加入中国共产党，大学文化程度，1995年7月取得教授级高级政工师任职资格。1970年2月历任青海油田冷湖炼油厂财务出纳员、党委秘书、经营科副科长。1975年4月∽1982年2月任青海油田冷湖炼油厂副厂长。1982年3月任河南石油勘探局炼油厂副厂长、厂长。1985年3月任河南石油勘探局党委副书记兼油田党校校长。2001年11月任局调研员。2004年8月退休。（江贻彬）

2004年度劳动模范事迹简介

张建国，男，汉族，1971年生，大学文化程度，工程师，中共党员。1995年7月江汉石油学院钻井工程专业毕业，历任钻井工程公司钻井队技术员、国外项目工程师、作业经理。2003年2月任70129钻井队党支部书记，2004年8月任队长。

他带领队伍转战新疆天山南北，完成了中石化西部新区征101井、庄5井、中3井等深井、复杂井、欠平衡井施工任务。累计完成探井进尺10872米，井身质量、固井质量合格率100%，被评为优质工程，创产值3035万元。曾是事故不断、人心涣散、年亏损800多万元的“老大难”钻井队一举转变成为一支作风顽强、素质过硬、年盈利300万元的“名牌井队”，是七千米钻机在西部市场首次实现盈利的钻井队。2003年12月，70129钻井队被中石化集团公司命名为“银牌钻井队”。2004年7月，中石化西部新区指挥部党工委命名该队党支部为“优秀党组织”。中石化集团公司党组副书记周原2004年11月30日到该队调研时赞赏道：“70129队是河南油田的骄傲，这个队伍作风之顽强、技术之过硬、现场管理之严格，在其他钻井队是不多见的”。2004年12月，中石化西部新区指挥部命名该队为“名牌钻井队”。

1997年荣立局三等功，2004年7月被中石化西部新区授予“优秀党务工作者”、“十佳找油能手”称号。

李凤勤，女，汉族，1971年生，中共预备党员。1992年9月河南油田技校毕业，分配到第二采油厂井楼联队采油5队当采油工。1998年5月，任采油4队10号斜直井女子站副站长，2002年2月任该站站长。2003年10月，任井楼油矿11号斜直井女子站站长。

2004年，她带领全站职工年生产稠油1.82万吨，超额0.19万吨，完成计划的114%，成本节约7.63万元，设备完好率 100%，运行时率98.5%，资料全准率100%。全年安全生产无事故。她严格执行“油水井管理制度”，抓好安全生产基础工作和成本管理工作，并紧密结合生产实际，积极创新。通过岗位量化管理，使职工的责任心和积极性大大提高。她注重抓好“注、焖、喷、抽”生产环节的衔接，通过了解每口油井吸汽量、承受压力、配注等情况，控制注汽压力、注汽速度，合理注汽，提高油井产量。两年来，她围绕生产经营共提出增产、降本增效等合理化建议20条，创效益50万元。她领导的10号斜直井女子站2000年被河南省妇联授予“巾帼文明示范岗”，她是2002年、2003年局“巾帼标兵”，2003年局先进工作者，2004年河南省“先进女职工标兵”、河南省“五一劳动奖章”获得者。

曾　鸾，男，汉族，1966年生，大学文化程度，高级工程师，中共党员。1988年从江汉石油学院毕业，16年来一直工作在生产第一线，2001年任地质调查处2233地震队队长。

2003年12月，他带队首次进入安徽煤矿勘探市场，在16天时间内完成9248炮，日均效率达580炮，优级率为95.6%，合格率100%，节约成本41万元，创收260万元。在施工组织、技术措施、工作效率、安全作业等方面受到甲方的高度评价，为河南油田树立了良好的外部形象，为地质调查处取得后续三个煤田勘探工程打下了坚实的基础 。2004年1月，他带领队伍承担了泌阳凹陷井楼—唐河三维采集任务，63天完成19782炮，日均效率314炮，创勘探史上日均生产之最，质量优级率达94%，合格率100%，提前30天完成生产任务，节约成本48万元，创收3800万元。他视质量如生命，抓工序质量管理，严格按HSE作业进行施工，积极组织技术攻关，严格队伍管理，确保施工现场井然有序。积极推行项目管理，提高生产管理水平，科学施工，实现人、才、物的最佳配置，确保各项生产任务的顺利完成。

2001、2002、2003年分别获局“劳动模范”，局“先进生产者(工作)”称号。

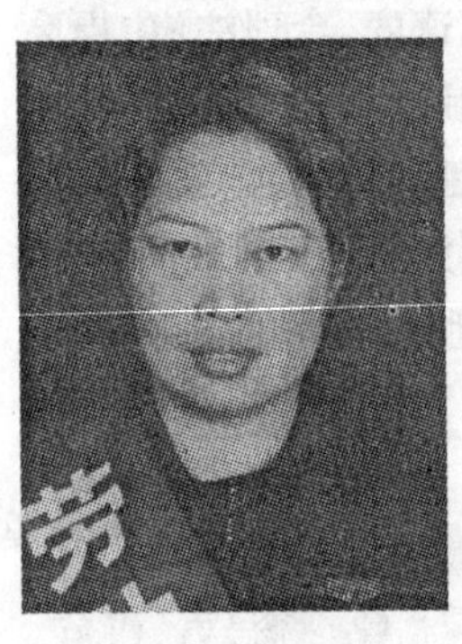

翁大丽，女，汉族，1964年生，大学文化程度，高级工程师，中共党员。1988年毕业于西南石油学院，2004年任石油勘探开发研究院采收率室油藏主任师、油藏储层研究组组长。

她10多年，先后完成了26项科研项目，其中有14项科研成果获局、院级科技进步奖，13项合理化建议和质量管理成果，创效220万元。她开发出具有特色的薄片图像定量处理软件，建成了勘探局惟一的图像分析工作站。2004年，她与厂家共同研究开发了一套多功能显微鉴定分析系统，节约经费20万元，填补了河南油田含油岩石薄片、特殊薄片图像分析、砂岩模型制作和微观驱油四项技术空白。有13篇文章分别在《石油勘探与开发》、《特种油气藏》等国家级刊物上发表。1篇获国家自然科学奖，2篇被外文检索以摘要形式收藏。

2001年至2003年分别获局“三八红旗手”、“巾帼标兵”、“劳动模范”称号、2004年被石化集团公司授予“劳动模范”称号。

马宏伟，男，汉族，1967年生，大学文化程度，高级工程师，中共党员。1992年江汉石油学院毕业后分配到采油工艺研究所工作，2000年8月至今在石油工程技术研究院采油工艺研究所井下工具室从事科研和管理工作，2000年担任井下工具室副主任，2002年任主任。2004年任石油工程技术研究院采油工艺研究所井下工具室高级主任师。

2004年3月，他研究的“改善聚合物驱开发效果”项目通过中石化集团公司验收，整体达到国际先进水平。他承担着“中深套变井挤注工艺技术”和局级“复杂结构井堵水及改造技术”项目科研工作。10多年来，他主持、参加中石化集团公司科研项目5项、局科研攻关项目16项，有多项新技术推广应用到生产实践中去。有5项达到国内领先水平，获中石化集团公司二等奖2项、局一等奖3项，发表和交流专业论文7篇，取得国家实用新型专利6项，她负责的科技进步成果转化率达到100%，对注水开发提高采收率作出了较大贡献。“偏心多级免投死嘴逐级验封高压分注技术”等3项技术，录入《采油工程手册》。

1997年他被评为局“十大杰出青年”，1996～1999年连续4年被评为局“先进生产(工作)者”，2001年被评为河南省“张玮式”职工，2000年至2003年被评为局“劳动模范”，2003年被评为南阳市“劳动模范”。2004年先后荣获河南省“劳动模范”、中石化集团公司“青年岗位能手”称号。

刘付升，男，汉族，1968年生，大学文化程度，高级工程师，中共党员。1990年华东石油大学石油加工专业毕业后，先后担任河南油田炼油厂催化车间技术员、副主任、主任，2000年1月任南阳石蜡精细化工厂综合调度室副主任。

2004年，他作为厂调度生产管理的负责

人之一，坚持24小时掌握生产动态，优化安排，保证生产按计划运行，全年原油加工量首次突破57.31万吨。他科学组织，面向市场调整产品结构，全年处理解决生产和新产品研制过程中的难题30个。他重视科技发展，几年来有15项科技成果运用到生产实践中，创效750万元。“优化生产组织，降低微晶蜡加氢成本”节约成本142万元；“丁烷——催化新工艺的研究及应用”达到了不开减黏装置生产合格燃料油的效果，节约成本82万元；“食品级微晶蜡生产研究”开发了国内首家工业化生产成果，扩大了出口，使食品级微晶蜡增值3100元/吨；她提出的“采取措施充分利用干气的建议”被采用后有效地回收利用干气，每年减少经济损失60万元。“变相蜡原料”投入工业化生产，产品填补国内空白。

1994年他被评为局劳动模范、1998年河南省“青年岗位能手”，1999、2000年获中石化集团公司“青年岗位能手”称号，2002年、2003年被评为局“先进生产(工作)者”，综合调度室多次被评为局、厂“先进集体”。

王宏亮，男，汉族，1971年生，中国地质大学在读研究生，工程师，中共党员。1996年江汉石油学院毕业。1999年任地质录井公司云参一井录井队长。2001年7月，任西(外)部录井分公司副经理兼南方项目部项目经理。

2004年，他带领录井4队在中石化重点探井——河坝一井工作，完成录井进尺2630米，取心13次142米；发现油气显示84层272米，油气显示发现率100%；工程预报53次，成功率100%，其中8次避免了重大钻井事故的发生；仪器故障率为零，该井全年创收240万元。在南方市场新中标录井项目1个，项目部全年创收达到410万元。

他重视安全管理，针对河坝一井硫化氢含量较高的特点，认真做好预防工作，积极推行HSE管理体系，主持编写各项应急处理预案、流程等制度，坚持日常安全学习、演习并重，抓好安全生产。项目部安全工作在中石化安全大检查南方录井市场评比中获第一名。积极开展科研创新，运用简易薄片法制做薄片140个，节约成本15万元。他精心收集地层数据，创立了碳酸盐岩地层的录井技术，使河南油田录井队在中石化同行竞争中处于有利局面。

2003年、2004年他被评为局“优秀共产党员”，获河南省“新长征突击手”称号。

高忠，男，汉族，1969年生，大专文化，工程师，中共党员。1992年华东石油大学化工机械及设备专业毕业，分配在油建工程建设有限责任公司金属结构厂任技术员、防腐车间副主任、金属车间副主任、金属结构厂副厂长兼新疆分厂厂长。2002年2月至今担任油建公司第三安装工程处主任。

2004年，他带领员工完成施工总产值1.46亿元，其中外部市场1.1亿元，内部市场创产值0.36亿元，使所在单位由2002年亏损1500万元转变为2004年实现盈利28万元。工程施工合格率、资料全准率、服务满意率均达到100%，成本降低4.3%，节约46万元各项费用，各项经济技术指标和质量指标均达到历年来最好水平，实现安全生产无事故。他注重职工队伍建设，全面推行HSE和ISO管理体系，开展电焊工技术培训，不断提高队伍素质和管理水平。两年来，共培养电焊工156人次，新增电焊工23人，为企业的发展储备了技术后劲、积累了人才。他狠抓成本管理，健全完善了材料、青苗赔偿、设备及维修、非计划性开支等16个管理办法。积极开拓外部市场，诚实守信，拓展了生存空间，为河南油建树立了良好的外部形象。

2002年、2003年他分别获局“先进生产(工作)者”称号。

王青旭，男，汉族，1964年生，大专学历，工程师，中共党员。1986年技校毕业，1997年取得郑州工学院电力工程专科文凭。1997年任水电厂双河供电车间主任。2000年12月任厂供电大队副大队长兼双河供电车间主任。

在工作中，他带领职工克服人员少、工作量大的困难，完成倒闸操作2.67万次，登杆作业1.84万次，处理各类缺陷隐患1.47万处，工作名列各区域、各工种之首。供电线路跳闸次数与2003年同期相比下降12%，变压器烧盗同比下降18%，全年安全生产无事故。积极实施管理创新，全面推行线路承包法、设备承包法、零缺陷运行法、状态分析法、高效培训法，积极开展技术革新，他主持完成的技术创新项目7项，其中，“注水电机低压保护改造”创综合经济效益100万元。完成改革25个项，直接创效500万元，2002年“防盗变压器台”被水电厂命名为“青旭防盗变压器台”。

他领导的双河供电车间2001年、2002年被评为局“模范集体”、2000年、2003年局“先进集体”，2002年、2003年局“劳动模范”、局“先进生产(工作)者”，2004年获得中国石化集团公司“劳动模范”称号。

周青生，男，汉族，1970年生，大学文化，高级教师。1991年华中师范大学毕业分配到油田三中任教师。2000年11月调入教育中心高级中学任教师。

2004年高招，他所带班级囊括油田理科前三名。高考数学成绩在120分以上的就有26人。他撰写的《化归思想在数学课堂教学中的应用》论文在专业杂志上发表，他与人合著的《中学生计算机基础教程》、《考前六十天冲刺》成为同行和学生的良师益友。他制作的课件在省内外获一、二等奖，并被数十所中学收入资源库。

2003年被评为“国家数学奥林匹克竞赛一级教练员”，2004年获南阳市“优秀教师”、南阳市“培优班主任”和局“模范教师”称号。

(武晓军)

2004共青团系统“十大杰出青年”事迹简介

赵世玉，男，1972年出生，中共预备党员，大学文化程度，采油工程师。2004年任河南油田采油一厂双河联合站站长。10年来，在技术革新、系统改造过程中，他负责现场管理、协调、验收，参与操作方案、技术资料的编写，负责20项重大技术改造，创经济效益500万元。其中《污泥无害化处理》技改项目，在2003年河南省青年科技节上得到专家一致好评。他组织职工进行事故应急预案演练，开展HSE初始状态危害辨识活动，强化安全管理。提高职工处理突发事故能力，双河联合站被评为河南油田“HSE先进集体”。

2004年他荣获河南省“岗位创新之星”、局“技术创新能手”称号，双河联合站被评为中石化集团公司“五星级联合站”。

刘　伟，男，1971年出生，中共党员，大学文化程度。2004年任河南油田水电厂水电管理营业中心主任。他组织实施6次大规模水电治理专项行动，减少电费支出235万元，转供水电费增收60万元，追回长期拖欠水电费98万元。2003年创经济效益760万元，创历史最好水平。他组织开展科研项目攻关，2004年组织完成科研攻关项目4项，QC项目4项。完成局、厂现代化管理项目3项，创经济效益320万元。

2003年、2004年他先后获局“新长征突击手”、厂“优秀基层领导干部”、“党风廉政建设先进个人”等19项次荣誉称号。

何　科，男，1972年出生，中共党员，大学文化程度。2004年任河南油田公安局刑警大队三中队中队长。警校毕业从事刑警工作12年来，他侦破多起大案要案。破获涧河桥头“8·24”故意杀人案，参与破获盗窃电动自行车、摩托车案，夜间入室盗窃、抢劫案等135起，打掉暴力犯罪团伙17个，抓获违法犯罪嫌疑人260名。2004年夏天，他在大庆区、泰山区蹲点守候，抓获了3个盗窃自行车、摩托车团伙。在侦破唐河基地入室盗窃案时，他冒着房屋随时有可能爆炸的危险，关键时刻冲在前，在与犯罪分子的殊死搏斗中曾多次负伤。2004年，他分别荣获河南省“优秀警察”、南阳市“优秀警察”、油田“综合治理先进个人”称号。

曾　俊，男，1968年出生，中共党员，本科学历。2004年任河南油田研究院开发一室高级油藏工程师。他负责双河、赵凹油田的稳油控水工作，连年部署出高产井，2004年部署投产的6口新井，累计生产原油1.25万吨，占稀油新井年产油量的20%。他是治理“低效井”的专家。治理低效井400井次，实施后增油10万吨；通过老井措施挖潜和新井部署，明显增油1万—2万吨。他提出在“强水淹层”寻找潜力层段的新思路，打破了开发认知上只有“油弱层”才是“油层”的束缚，累计增油30万吨。他是井位部署的高手。发现扩边层15个，新增动用地质储量52万吨，实现当年增油0.5万吨。他大胆提出对关井多年的H445井进行补孔验证，日产原油33吨。他参加集团公司、局、院科研生产项目30项，获局、院级科技进步奖15项，在国家级刊物上发表学术论文11篇。他多次被评为局“优秀共产党员”、“先进生产(工作)者”称号。

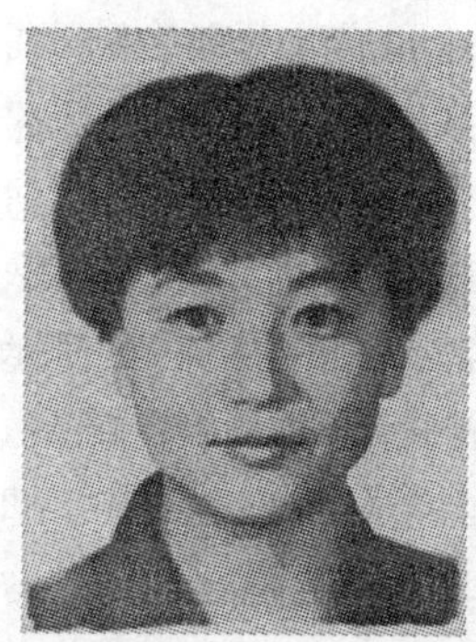

李默语，女，1967年出生，中共党员，本科学历，中教高级教师。2004年任河南油田教育中心高级中学教师。多年来，她一直担任班主任，从事物理教学工作。2001年，她所带班级51名学生高招上线率100%升，其中有两名学生考入北大、清华；2004年，她带的普通班高考升学率实现计划的200%。她创建的“启发式综合教学法”被评为河南油田精品模式，获河南省“优质课大赛一等奖”。他撰写的《高中物理导人新课的改革与创新》论文在国家级刊物和教育核心期刊上发表。她先后荣获“全国园丁奖”、河南省“优秀辅导教师”、油田“巾帼标兵”称号。

杨新远，男，1972年出生，中共党员，中专文化程度。2004年任河南油田机械制造有限公司机加工车间技术工人。在2004年中石化集团公司组织的职业技能竞赛活动中获“铣工第二名”，创河南油田历年来参加石油、石化系统行业技能竞赛最好成绩。他研制的“可调节镗孔刀杆”精确度可达0.02毫米，获厂“科技成果奖”。为节约成本，他自制铣刀和工具，为车间节约成本2万元。

1995∽200年，他10次被授予厂“优秀共产党员”、“先进生产（工作）者”、2003∽2004年度中石化集团公司“技术能手”称号。

李志华，男，1967年出生，中共党员，本科学历。2004年任河南油田地调处2235地震队队长。2004年，他带领2235地震队三次进疆施工，完成了和田、阿北顺北、阳霞二维地震勘探任务，外闯市场创经济效益8800万元，节约成本300万元，实现全年安全生产零事故。资料优级率、合格率均超过甲方规定的标准，所承担工程被甲方授予“优质工程”。2004年2235地震队被中石化西部新区勘探指挥部评为“名牌地震队”、团中央“全国青年文明号”，他个人荣获局“新长征突击手”、局、处“先进生产（工作）者”，“优秀共产党员”称号。

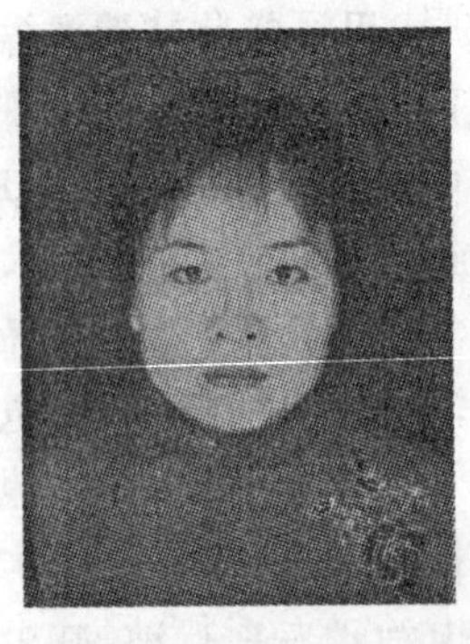

杜兰英，女，1968年出生，中共党员，本科学历，高级工程师。2004年任河南油田精蜡厂研究所特种蜡室主任。她开发项目28个。其中“系列环保型特种蜡”、“系列精密铸造蜡研制”、“乳化炸药专用复合蜡”、“木材加工用乳化蜡”和“瓶制工艺品密封专用蜡”为中石化集团公司、局重点技术指标改进和市场开发项目。“相变储能材料专用蜡”和“家禽拔毛蜡”填补了国内空白，申报了国家专利。“粉状乳化炸药专用油相材料”已经工业装置应用，产品已销往国内外十几个厂家。“乳化炸药专用复合蜡”、“建筑材料防水专用蜡”和“炸药包装纸专用蜡”等生产特种蜡的品种最多，开发特种蜡技术居全国领先水平，累计生产销售0.9万吨，创经济效益670万元，她多次荣获中石化集团公司“巾帼标兵”，局“三八红旗手”称号。

孟卫东，男，1973年出生，本科学历，2004年任河南油田钻井公司新疆分公司副经理。他转战天山脚下和沙漠腹地，承钻的中3井，创中石化西部新区及中石化西北局区块井段最长纪录。S110井完井井深创油田钻井井深最深纪录。通过科技攻关，有效地制止了塔河油田 T708 井的井喷和高浓度 H_2S 泄露事故。几年来共取得科研成果19项。其中，安棚区块“双减震器”的使用为国内首创；“大直径缸套”的应用提高了机械钻速，减少了井下事故。《安棚油田钻井技术研究与应用》项目被评为集团公司科研成果一等奖。《焉耆盆地各区块钻井施工作业指导》，对现场技术施工具有指导性。2002年，他被评为河南省“新长征突击手” 称号，2003年中石化集团公司、共青团中央联合授予 “青年岗位技术能手” 称号，2003年至2004年获公司 “拔尖技术人才”称号。

李卫东，男，1971年出生，中共党员，大专文化程度，助理工程师。2004年任河南油田油建公司第二工程处项目经理。在“天燕”长输管道工程中他第一次担任机组项目经理，创全线日组焊101道口纪录，工程获全国优秀焊

接工程奖。他在外拓市场过程中，累计完成上亿元的工作量，创多项长输管道施工纪录。在西气东输国家重点工程“长呼”管道施工中，他解决了严寒、风沙条件下使用半自动焊流水作业施工中的技术难题，创无损检测合格率的新纪录。在“甬沪宁”长输管道吴江段的施工中，创日焊口量和焊口合格率最高纪录。保证了工程质量和施工任务的顺利完成，甲方先后三次追加施工任务。他所负责的项目获 “全国优秀焊接工程奖”，2004年被评为中石化 “西南成品油管道建设优秀项目”，他本人荣获局“优秀科技工作者”称号。　　（赵昌治）

规章制度选编

关于调整离退休职工管理处(离退休职工管理中心)机构的通知

豫油[2004]编字52号

勘探局及分公司所属各单位:

为理顺离退休职工管理体制,建立与油田发展战略相适应的工作机制,加强对离退休职工管理的决策与综合服务,经勘探局、分公司2003年11月18日联席办公会研究,决定对离退休职工管理处(离退休职工管理中心)机构进行调整,现将有关事宜通知如下:

一、调整离退休职工管理处(离退休职工管理中心)机构

1.撤销离退休职工管理中心,将离退休职工管理处调整为局机关职能处室,为勘探局、分公司离退休职工管理、服务、协调、监督和思想政治工作的职能部门。定员11人,其中:处级干部职数3个,科级干部职数4个(含关工委)。处内设离退休职工管理科、综合管理科。

2.将干休所调整到局机关附属单位(科级),行政及业务上接受离退休职工管理处领导。定员13人,其中科级干部职数2个。

3.将离退休职工活动中心调整为局机关附属单位(科级),行政及业务上接受离退休职工管理处领导。主要负责组织开展全局性老年文体活动。同时,负责老年体育协会、老年大学、老年艺术团、关心下一代工作委员会的日常工作,定员30人,其中科级干部职数3个。

4.将原离退休职工管理中心下属的五一区局机关管理站调整为局机关附属单位(科级),并更名为局机关退休职工管理站,行政及业务上接受离退休职工管理处领导。主要负责勘探局、分公司机关退休职工的管理。定员8人,其中科级干部职数3个。

5.将原离退休职工管理中心下属的老干部小车队调整为局机关附属单位(车间、队级),行政及业务上接受离退休职工管理处领导,定员12人。另7人随车划入五一社区服务中心。

6.将原离退休职工管理中心下属的五一区五一管理站、五一区西区管理站、五一区南区管理站、五一区东区管理站等四个管理站和现有在岗人员整体划归五一社区管理,同时相应增加五一社区服务中心定员和干部职数(其中处级干部职数2个,科级干部职数9个)。为加强五一社区服务中心对离退休职工的管理另增科级干部职数2个。

7.离退休职工活动有关费用由局机关财务科统一管理。将原离退休职工管理中心一名财务人员划归局机关财务科,并相应增加

局机关财务科定员1人。

8.原离退休职工管理中心内部退养人员由原所属站进行管理,其关系分别转五一社区服务中心和局机关。在原离退休职工管理中心已退休的人员划归局机关管理站进行管理。

二、离退休职工管理处的主要职责

1.负责贯彻落实离退休工作的各项方针政策,对全局离退休工作进行业务管理和指导;

2.负责检查监督离退休职工政治、生活待遇的落实,维护离退休职工的合法权益;

3.负责协助有关单位和部门做好离退休职工党组织建设工作和思想政治工作;

4.负责组织全局离退休职工开展健康向上的文化体育活动,组织离退休职工在两个文明建设中发挥作用;

5.负责协助有关单位和部门做好离退休职工的信访稳定、后事处理工作;

6.负责局离退休工作委员会、老年思想政治工作研究会和关心下一代工作委员会的日常工作;

7.负责离退休职工专项费用的管理和使用;

8.负责做好离退休管理工作的基础资料,档案管理、信息收集、统计的报表工作;

9.负责干休所、局机关管理站、离退休职工活动中心和老干部小车队的日常管理工作;

10.完成勘探局交办的其他工作任务。

中国石化集团河南石油勘探局

二〇〇四年三月四日

关于调整对外合作部(外事办公室)机构编制的通知

豫油[2004]编字55号

勘探局及分公司所属各单位:

为加强对油田海外市场的管理,经2004年1月5日联席办公会议研究,决定对对外合作部(外事办公室)机构进行调整,现就有关事宜通知如下:

一、将对外合作部(外事办公室)更名为对外合作处(外事处)。对外合作处(外事处)可设外事办公室、财务经营部、国际石油勘探开发部、国际工程项目部、进出口贸易部等5个部门和科室。同时充实管理职能,增设人力资源岗、法律及合同管理岗、财务结算管理岗、外事文书岗等。定员控制在30人以内(不包括海外机构定员),其中:处级干部职数4个,科级干部职数10个。此机构为过渡机构,以后随着发展和工作需要再增加和调整。实有人数可先控制在23人左右(不含尼日利亚项目部2人)。

二、对外合作处(外事处)的主要职责:

(一)外事管理主要职责

1.代表勘探局、分公司行使外事管理职能。负责执行勘探局、分公司外事管理规章制度。

2.负责勘探局、分公司对外联络,国际会议(展览),涉外人才技术交流等工作。

3.负责出国团组的报批和出国专办任务,协助组织(干部)部门共同做好出国人员的政审和出国前外事教育。

4.负责做好勘探局、分公司重要外事活动的组织与翻译工作。

5.负责涉外合同的审查与管理工作。

6.做好涉外项目和进出口项目的财务管理工作。

7.做好涉外人力资源开发管理工作以及培训与人才储备工作。

8.负责外事文书及档案管理。

(二)进出口贸易主要职责

1.代表勘探局、分公司行使进出口经营权。

2.负责勘探局、分公司进出口业务的管理与协调工作。

3.负责油田进出口项目的谈判、签约、合同执行等事宜。

4.负责办理油田进出口项目的免税、报关、验收等有关手续。

(三)国际石油勘探开发管理主要职责

1.负责制定油田对外合作的勘探开发项目管理规章制度并组织贯彻执行。负责与中国石化集团国际勘探开发公司的对口业务联系。

2.负责国外石油勘探开发区块合作信息及资料的收集研究,为领导决策提供依据。

3.负责国外勘探开发项目的立项论证、可行性调研、立项建议。

4.负责海外风险区块的调研、评价、谈判、签约等组织工作。

5.负责海外油田勘探开发项目的生产运行、合作方关系和涉外人员轮换的协调管理等工作。

6.负责海外生产信息管理,及时向上提供海外生产报表、负责向集团公司有关部门联络和统计报表的上报。

7.负责协助海外项目的外汇结算、核算、核销、现金管理。

(四)国际石油工程项目管理主要职责

1.代表勘探局、分公司履行对外经营权,统一协调管理国外石油工程施工队伍和项目。

2.负责勘探局、分公司对外工程项目管理规章的制定及有关国外石油工程政策法规的研究。

3.负责国外石油工程已运行项目的生产、经营、队伍、资产、人员轮换及合作方关系的协调管理。

4.负责国外石油工程市场项目信息收集、翻译、评价、立项论证、考察工作及标书编制、投标、合同、谈判的组织协调。

5.负责与集团公司国际工程公司的对口业务联系与项目的技术合作。

6.负责有关国外石油工程队伍、项目、人员等资质及资料、报表的统计上报工作。

三、对外合作处(外事处)要按照内部机构调整和岗位设置的有关要求,重新制定岗位说明书,报人力资源处和干部处审核。

中国石化集团河南石油勘探局

二〇〇四年三月五日

关于成立河南油田西部石油工程技术服务管理部的通知

豫油[2004]编字13号

勘探局及分公司所属各单位：

为加大我油田在西部石油工程市场的开拓力度，更好地统一协调各单位在西部石油工程技术服务管理中的内外业务关系，经研究，决定成立河南油田西部石油工程技术服务管理部。现将有关事宜通知如下：

一、河南油田西部石油工程技术服务管理部是河南石油勘探局派驻西部石油工程技术服务市场开拓与协调的管理机构，其行政隶属关系挂靠塔里木河南勘探公司。

二、河南油田西部石油工程技术服务管理部定员3人，其中：兼职1人，专职2人。处、科级干部职数各1个。各参战单位、队伍的主要负责人为河南油田西部石油工程技术服务管理部的组成人员之一。

三、河南油田西部石油工程技术服务管理部主要工作职责：

1.负责河南油田进入中石化西部指挥部、西北石油局、西北分公司及西部中石油石油工程技术服务市场的单位、队伍的统一协调管理工作。

2.代表河南油田各参战单位、队伍与中石化西部指挥部和西北石油局、西北分公司等单位的日常业务联系和协调工作。

3.负责西部石油工程技术服务市场的信息收集、调研及市场开拓规划和管理制度的制订工作。

4.负责统一协调和配合帮助油田各参战单位的投标工作。

5.负责协助油田领导及各参战单位在乌鲁木齐市的接待工作。

6.负责完成勘探局、分公司塔里木河南勘探公司交办的其它任务。

四、河南油田西部石油工程技术服务管理部要结合本单位的主要工作职责要求，具体编制员工的岗位描述和人员的选聘工作，并报局干部处、人力资源处备案。

中国石化集团河南石油勘探局

二〇〇四年二月五日

关于印发《科技项目特岗特薪管理办法》的通　知

豫油[2004]科字 48 号

勘探局暨分公司所属各单位:

为建立完善绩效挂钩的激励机制,充分调动广大科技人员从事科技创新的积极性,推动油田科技进步,制定了《科技项目特岗特薪管理办法》,现予下发,望遵照执行。

附件:科技项目特岗特薪管理办法

中国石化集团河南石油勘探局

二〇〇四年三月二十二日

附件:

科技项目特岗特薪管理办法

第一章　总　则

第一条　为建立完善绩效挂钩的激励机制,充分调动广大科技人员从事科技创新的积极性,推动油田科技进步,制定本办法。

第二条　承担国家、省(部)、局级重点科技项目的项目长、副项目长岗位为科技项目特岗。

第三条　科技项目按攻关的难易程度、工作量多少、对油田勘探、开发及经济建设和长远发展的贡献大小分为四类,Ⅰ、Ⅱ类科技项目的项目长、副项目长,Ⅲ类科技项目的项目长享受特岗特薪。

第二章　科技项目分类标准

第四条　特岗特薪科技项目数比例按年度科学技术进步计划项目总数的80%左右设置,其中Ⅰ类科技项目占20%左右,Ⅱ、Ⅲ类科技项目各占30%左右。

第五条　科技项目分类标准。

Ⅰ类科技项目:以攻克制约油田发展的"瓶颈"技术、增强油田持续发展技术实力、促进油田经济发展、提升油田整体技术水平和市场竞争能力,所开展的石油勘探开发等重大基础研究项目、重大技术攻关项目、配套新技术推广应用和新产品研发项目为主。具有技术难度大、研究内容多、涉及专业领域广、现场应用规模大等特点,对油田勘探开发与生产建设有重大指导意义,对油田发展有重大推动作用。

Ⅱ类科技项目:以围绕油田经济建设目标、解决油田勘探开发等生产中存在的技术难题、提高油田经济效益、推动油田科学化管理开展的科技攻关项目为主。研究周期短、见效快,具有较好的推广应用前景,对油田当前的发展有较大推动作用。

Ⅲ类科技项目:以增储上产、降本增效、提高经济效益为重点开展的单项技术攻关、先进、成熟、实用、配套的新技术推广应用等项目为主。对油田当前的发展有积极的推动作用。

Ⅳ类科技项目:除上述之外的局级科技项目。

第六条 科技项目分类程序。在确定年度科技进步计划的基础上,按照分类标准,由科技处提出初步方案,与专业处室结合,经分管专业的勘探局暨分公司领导审定批准后,Ⅰ、Ⅱ、Ⅲ类科技项目随年度科学技术进步计划一起下发执行。

第三章 项目长标准及产生的程序

第七条 Ⅰ、Ⅱ类科技项目,每个项目设项目长1人,副项目长1人;Ⅲ类科技项目设项目长1人。

对于涉及多单位联合攻关的大型综合配套科技项目,除设项目长1人外,根据专题设置,可设副项目长若干人。项目长必须是项目第一承担单位的科技人员且至少承担一个子项目。

第八条 项目长(包括副项目长)应具备的条件:

1.从事本项目专业工作三年以上;

2.被聘任到技术主管及以上的科技人员;

3.每年保证2/3以上时间从事本项目工作;

4.承担Ⅰ、Ⅱ类科技项目的项目长,还应具有曾经负责承担或作为主要参加人完成局级及其以上科技项目的工作经历;

5.承担Ⅲ类科技项目的项目长,还应具有曾经负责承担或作为主要参加人完成厂处级及其以上科技项目的工作经历。

第九条 项目长产生的程序。原则上由项目承担单位自行制定详细办法,在单位内实行公开招聘,确定每个科技项目的项目长及副项目长,上报科技处备案。

正、副项目长一经确定,一般不得随意变更;如因特殊情况需变更项目长的,项目承担单位需提出书面报告,报科技处审批。

第四章 项目长特薪标准

第十条 Ⅰ、Ⅱ、Ⅲ类科技项目实行项目长津贴制。项目长津贴来源为局另外增加的工资总额。津贴标准如下:

Ⅰ类科技项目的项目长津贴为20000元/年,副项目长津贴为10000元/年;Ⅱ类科技项目的项目长津贴为10000元/年,副项目长津贴为5000元/年;Ⅲ类科技项目的项目长津贴为5000元/年。

厂处级单位的副总师和科级干部为项目长时,其津贴为上述同类科技项目长、副项目长津贴的50%。副处级及其以上领导干部和局机关工作人员可以组织或参加项目研究,但不享受项目长津贴。

第十一条 享受项目长津贴的时间,以勘探局暨分公司《科学技术进步计划》下达的时间为准。

项目长津贴按高级别发放,不得重复。

第五章 职责与要求

第十二条 为协调解决项目运行中的重大问题,确保科技项目顺利实施,局级科技项目明确了副处级及以上领导参与科技项目管理,其主要职责:

1.审查项目的总体设计,包括攻关目标、

任务、技术路线、课题与专题设置、技术经济指标、工业性试验指标等；

2. 参与项目阶段汇报及例会，协调、解决项目实施过程中出现的重大问题；

3. 参与项目的研究工作。

第十三条　项目长（包括副项目长）主要职责：

1. 项目长是科技项目承担单位按合同要求完成科技项目的责任人，要对项目承担单位负全部责任；

2. 主持编制项目的总体设计，每年年初向科技处上报分季度科技项目运行计划（作为年底考核项目计划运行的依据之一），负责科技项目开题报告、计划任务书的编制、各个阶段的项目汇报等，负责项目的日常运行；

3. 接受科技处组织的对科技项目的检查、评估，并按要求上报所需资料；

4. 负责汇报项目进展情况、阶段及最终研究成果；

5. 有选择项目组成员的权力。

第十四条　科技项目承担单位的主要职责：

1. 积极支持项目长的工作，并协助其组成合理、高效的项目组；

2. 对项目任务的完成提供全面保证；

3. 定期督促、检查科技项目运行情况，及时协调、解决项目实施过程中存在的各种问题。

第六章　考核兑现与处罚

第十五条　项目长津贴实行月度计算，按季度发放。一季度按应发的60%发放，半年检查后，兑现上半年津贴余额；三季度按应发的60%发放，年底考核后，兑现下半年津贴余额。

第十六条　考核依据及标准：开题报告、计划任务书、按季度安排的当年科技项目运行计划规定的内容和指标。

第十七条　兑现标准：全部完成当年工作内容和指标的项目长，全部兑现当年项目长津贴。未按计划完成项目任务和指标的，视其情况扣减项目长津贴。

因生产需求的变化等原因造成项目不能继续下去，需要终止时，由项目承担单位提出书面申请，报科技处审批。项目长津贴从同意终止之日的下月起停发；已发时间段的缺额部分待年底考核后一并兑现。

第十八条　考核兑现程序：每季度发放的项目长津贴，由科技处提出方案，由人力资源处向各项目承担单位下发兑现指标。

第十九条　对项目长的处罚：确属项目长的原因，没有完成计划规定内容和指标的，根据年度考核意见，扣减、停发项目长津贴，并对项目长提出警告，直至取消项目长资格。

第二十条　对项目承担单位的处罚：确属项目承担单位组织与管理等原因，没有完成计划规定内容和指标的，按现行的有关科技管理办法执行。

第七章　附　则

第二十一条　本办法由科技处负责解释。

第二十二条　本办法自发布之日起执行。

关于印发《河南油田工程竣工结算管理补充办法》的通知

豫油分公司［2004］概字46号

勘探局暨分公司所属各单位：

为加强工程造价管理，充分发挥工程造价在企业管理中的作用，根据股份公司对工程造价管理工作的要求，结合油田工作实际，依据《河南油田企业管理基本制度》的相关规定，研究制定了《河南油田工程竣工结算管理补充办法》，现印发给你们，请遵照执行。

附件：1.河南油田工程竣工结算管理补充办法

2.河南油田地面建设工程结算审查表

中国石化集团河南石油勘探局

二〇〇四年四月二十七日

附件1：

河南油田工程竣工结算管理补充办法

一、为贯彻落实股份公司2004年度工程造价管理工作会议精神，实现工程造价的全过程管理，按照股份公司已完工程结算审查全面覆盖的工作要求，切实加强基础工作管理，准确及时填报工程造价统计报表和开展工程造价分析，充分发挥工程造价在企业管理中的作用，根据《河南油田工程造价"四算"管理办法》和《河南油田工程竣工结算及"标底"编制管理办法》规定，特制定本补充办法（以下简称补充办法）。

二、补充办法适用于油田计划内的勘探开发石油专业工程（包括地震勘探、非地震物化探、钻井、测井、录井、试油、新井投产井下作业、酸化压裂等）、产能建设、炼油化工、矿区建设及其系统配套工程以及公用工程中新建、扩建、改建（造）、大修等工程项目。

三、根据股份公司已完工程竣工结算审查全面覆盖的要求，工程竣工结算审查的范围包括：工程施工费、设备费、甲方供料费、建设单位管理费、勘察设计费、工程监理（督）费、土地征购及拆迁补偿费、青苗补偿费、文物普探费等投资计划范围内的全部费用。

四、工程结算书按照股份公司报表制度规定实行逐级网上上传（见附件），其程序为：施工单位编制审查后上传建设单位→建设单位审查后上传概预算中心→概预算中心审查后上传股份公司造价管理中心。设计院编制的概预算报审，亦按此程序进行。对于暂不具备网络传输条件的单位，仍按现行规定操作。

五、工程结算书除按《河南油田工程造价“四算”管理办法》、《河南油田工程竣工结算及“标底”编制管理办法》的要求提供完整的竣工结算资料外，还应附设备定货合同及技术协议原件或复印件。

六、工程结算涉及的设计变更和现场签证，要严格按照“一事一签”和《河南油田企业管理基本制度》的规定执行，即：单次工作量在1000元以下的变更，由施工单位提出，监理人员签认，甲方现场人员认可，负责人审定；单次工作量在1000元～10000元的签证，由建设单位主管基建领导审定；单次工作量在1万元以上2万元以下的变更不得进行现场签证，必须由设计单位出具设计变更单，并上报计划处(部)备案；单次工程量在2万元以上的设计变更，应由计划处(部)认可；设计变更和现场签证要及时，凡竣工验收时未完成变更和签认手续的，其费用一律不得列入竣工结算。

七、为适应油田勘探开发的要求，油水井地面建设工程，根据《河南油田企业管理基本制度》的规定：油水井建成，由建设单位组织检查合格，投产8小时后建设单位组织竣工验收，对于措施不力未按规定时间和程序完成竣工验收，影响竣工结算的，无论是建设单位还是设计、施工、物资供应、监理等单位，均按照《企业管理基本制度》的相关规定从严考核。由此发生的井场看护等费用由责任方承担。

八、考虑到勘探开发和地面建设工程的特殊性，二类费用结算可在工程直接费结算后的30天内(特殊情况除外)，上报概预算中心进行结算审查，并根据审定结果办理结算。其中：

1.勘探开发甲方控制费(包括前期工作费、方案编制费，设计费、监理费、甲方管理费等)。在不超过年度计划规定费率标准和投资额度内，可由甲方单位预算人员审查后，直接办理结算，并将结算情况通过系统软件上传概预算中心。

2.建设单位管理费。在不超出预算批复的额度内，其发生的费用，由建设单位造价部门自行审定，并将审定结果上报概预算中心备查。对于超出批准额度的，由建设单位造价部门初审后报概预算中心复审，经计划处(部)批准后，方可列支。

3.土地征购费、拆迁补偿费按相关规定和程序办理结算。

4.勘察设计费、工程质量监督费、工程监理费实行按单项工程结算，建设单位应按照《河南油田企业管理基本制度》的规定进行严格考核，依据考核结果，在不超出预算批复的额度内，经本单位造价部门审查后，直接办理结算，并将结算情况及时上报概预算中心。对于超出批准额度的，由建设单位造价部门初审后报概预算中心复审，经计划处(部)批准后，方可列支。对设计质量、监理和监督工作的总体考核，由计划处(部)组织进行。

九、补充办法未尽事宜按《河南油田企业管理基本制度》相关规定执行。

十、其他。根据股份公司定额推行和管理工作部署，以及油田加强外创市场工程项目预(结)算管理的工作要求，为充分利用集团公司暨股份公司政策，发挥我油田定额管理专业优势，提高经济效益，凡是对外承包石油工程(包括地震、钻井、测井、录井、试油、酸化、压裂、产能建设等)项目的单位，在投标“标底”编制和竣工结算时，应将相关资料提交概预算中心征求咨询意见，必要时，可申请概预算中心协助开展工作。

十一、补充办法自2004年1月1日起施行。在执行中遇到的问题，请及时向概预算中心反映，以便及时修订完善。

十二、补充办法由概预算中心负责解释。

河南油田地面建设工程结算审查表

项目名称： 计划投资：万元

建设单位： 文　号

施工单位： 审 核 人 单位：万元

费用名称		施工单位送审值	建设单位审定值	设计变更	现场签证	调整值	调整原因							
							工程量	定额	人工差	材料差	机械差	设备差	其他	
第一部分费用　工程费														主要工作量、设备规格型号，管线规格、材质，防腐标准等，油水井口数及井号。建筑标准、结构形式、规模等。
一	直接工程费													
1	人工费													
2	材料费													
3	机械费													
4	主材费													
5	其他直接费													
6	现场经费													
二	间接费													
1	企业管理费													
2	财务费用													
三	计划利润													
四	税金													
五	设备费													
六	关联交易费													
七	其他													
第二部费用　其他费用														
一	土地征用及拆迁补偿费													
二	建设单位管理费													
三	勘察设计费													
四	工程监理费													
五	工程质量监督费													
六	其他													
第三部分费用　预备费														
合　计														

关于印发《河南油田医疗卫生系统整合重组实施方案》的通知

豫油[2004]公共字 96 号

勘探局暨分公司所属各单位:

按照《河南石油勘探局暨河南油田分公司内部结构调整、改制分流总体方案》的部署,局有关单位、部门在认真调查研究的基础上,制定了《河南油田医疗卫生系统整合重组实施方案》(以下简称《方案》),该《方案》已经2004 年 3 月 18 日勘探局、分公司联席办公会议审议通过,现印发给你们,请各有关单位、部门按照《方案》要求,抓紧时间组织实施。

附件:《河南油田医疗卫生系统整合重组实施方案》

中国石化集团河南石油勘探局

二〇〇四年四月二日

附件:

河南油田医疗卫生系统整合重组实施方案

根据集团公司实施国有资产战略性重组的精神,为全面落实勘探局结构调整、改制分流的整体部署,优化配置医疗卫生资源,创新专业化管理机制,更好地适应医疗市场的竞争和发展,推进油田医疗卫生系统整合重组和改制分流,结合油田医疗卫生系统实际情况,制定本实施方案。

一、重组的范围

经过 2001 年卫生系统的第一次重组,目前全油田未纳入总医院管理的医疗卫生机构共有 4 家。这次重组的四家单位主要是双河社区的双河医院、唐河基地医院;洞河社区的洞河医院;精蜡厂卫生所;以及上述单位编制内的卫生保健站。

二、卫生系统基本情况

(一)二〇〇三年医疗工作量

1.双河医院:下设二门诊、特车、江河 3 个医疗网点。开设病床 120 张。2003 年完成门诊工作量 102000 人次,入院 1731 人次,出院 1426 人次,治愈 751 人次,好转 624 人次,治愈好转率 97.69%,死亡 29 人,病死率 2.03%。预防接种 16770 人份。

2.唐河基地医院:2003 年完成门诊工作量 14250 人次,输液、注射 8092 人次。预防接种 5300 人份。

3.洞河医院:下设东站、西站两个医疗网点。2003 年完成门诊工作量 52281 人次,输液、注射 10560 人次。预防接种 5200 人份。

4.精蜡厂卫生所:2003 年完成门诊工作量 14520 人次,输液、注射 3866 人次。

5.总医院:设有临床科室14个,医技科室5个和中心区五个卫生所,开设病床420张,2003年完成门诊工作量241396人次;各种体检10823人次;急诊抢救病人776人次,抢救成功率95.4%;收治住院病人4632人次,治愈2830人次,治愈率60%;好转1567人次,好转率33.7%。

(二)用工总量

2003年末全油田卫生单位用工总量为965人,其中:全民职工765人,非全民用工44人,内退职工117人,返聘人员39人。全民在职职工中,管理人员89人,占11.6%;医疗技术人员628人,占82.1%;后勤服务人员48人,占6.3%。

(三)资产设备

截止2003年12月底,全油田卫生系统的账面固定资产原值7462.66万元,净值5179.52万元,其中设备607台件,原值5320.64万元,净值3752.12万元;房屋44344.5平方米,原值2121.6万元,净值1409.4万元;医疗用地194.6亩;人均占有净资产6.32万元。

(四)经营情况

依据账面结算资料:全油田卫生系统2003年总收入为6983.27元,支出10,041.34元,账面亏损3058.7元,加上各单位内部承担的部分关联交易未计入支出,合计为273.9元。油区医疗系统2003年实际亏损3334.9元。

三、重组移交的主要内容

(一)人员划拨

1.为了有利于医疗卫生系统“在重组的同时实施瘦身”,这次医疗卫生系统人员重组的主体应是全民工和非全民工中的卫生专业技术人员(取得任职资格或执业资格)和相关管理人员。

这次被重组的单位中,自愿协议解除劳动合同的人员,按勘探局豫油[2004]企字67号文件的有关规定执行;自愿留在原主管单位转岗择业的人员,原主管单位应在能力允许的情况下,尽量予以安置。

对本人不愿留在原主管单位或原主管单位不同意接收的重组单位的全民工与非全民工,全部整合到总医院。

2.精蜡厂设在保健站的计划生育专职人员仍留在精蜡厂继续从事计划生育工作。

3.重组单位的内退职工,留原主管单位管理。下一步总医院改制时,有愿意参加改制的,总医院应允许其参加改制。

(二)资产

房屋、土地、在用和闲置设备,低值易耗品、办公用品、库存药品及物资等,进行实物和账面清点后,经双方签字认可,一并移交总医院。重组时可以办理产权转移手续的先行办理,不能办理的仍维持原来的使用、租赁关系不变,待改制时统一解决。

(三)财务交接

资产清查和财务交接的时间定为2004年3月31日。账面移交由财务处(部)牵头,组织交接双方单位财务部门完成。费用指标由财务处(部)牵头,公共事业部、企管法规处等部门参加,对重组单位的费用经过实际测算后,于重组工作完成之前,将原用于各医院、卫生所的费用补贴划拨到总医院。精蜡厂卫生所2004年的相关费用由精蜡厂划入总医院,待下一步改制时,精蜡厂卫生所相关人员资产匹配,由精蜡厂或分公司组织实施。

被划转单位人员一季度绩效工资和4月份的工资(不含绩效工资)仍在原单位发放。

(四)未决诉讼

医疗纠纷等法律未决诉讼,由原主管单位协助继续搞好应诉,发生的费用由总医院和原主管单位协商解决。

(五)资料移交

1.在确定定员后，按实际重组职工移交职工的基本情况、劳动合同、养老保险、医疗保险等数据资料。

2.移交重组职工的《工资发放结算表》、《劳务费发放结算表》、财务资产账目明细等。

3.移交重组职工人事档案、技术档案、工资档案、保险手册等。

4.按照管理权限分别办理重组职工的党、团、工会、工资、社会保险、住房公积金等关系。

5.其他一些应移交的资料。（土地使用证、房产所有证等）

6.重组完成后所有资料按要求归档。

四、重组移交时间安排

第一阶段：2004 年 3 月 31 日前，总医院与双河社区、涧河社区、精蜡厂对接协商。

第二阶段：2004 年 4 月 15 前办理移交接转手续，清理资产，核定人员，清理债权债务，核清账目等相关事宜。

第三阶段：2004 年 5 月底前解决重组移交过程中的遗留问题。

五、重组后的机构设置

重组后医疗单位名称仍为河南石油勘探局总医院，重组到总医院的双河医院、唐河基地医院、涧河医院、精蜡厂卫生所等 4 个单位的机构及处级、科级职数仍保持不变。

六、组织领导及职责分工

在局“社区服务系统工作组”下设 1 个医疗卫生综合组和 3 个工作组，分别负责整合重组的各项工作。

1.综合组

组　长：王　磊　李俊华

成　员：杨广亭　张树根　李修志
史新鹏　马明生　徐怀玉
张东旭　刘志勇　邓海平
李　昭　谭　伟　李文杰
刘建东　刘新民　刘　豫
总医院　双河社区　涧河社区
精蜡厂行政正职

职责：(1)负责医疗卫生系统的专业化重组方案的编制、报审、实施；

(2)负责协调资产清查、财务交接等工作；

(3)负责协调处理重组中产生的问题；

(4)负责向局领导小组汇报整合重组工作进展情况。

办公室设在公共事业部，联系电话：63855935

2.总医院工作组

组　长：汤洁浩　朱海玲

副组长：斯和平

职责：(1)负责接纳重组人员及资产；

(2)负责编制总医院整合重组方案并组织实施；

(3)负责妥善解决整合重组中的各种问题；

(4)负责本单位职工的思想政治工作，保持队伍稳定。

3.双河社区工作组

组　长：杨　林　任桂同

副组长：聂汝生　张顺玉

职责：(1)配合移交本单位重组人员和资产；

(2)负责本单位职工的思想政治工作，保持队伍稳定。

4.涧河社区工作组

组　长：赵世旭　樊顺卿

副组长：李新军

职责：(1)配合移交本单位重组人员和资产；

(2)负责本单位职工的思想政治工作，保持队伍稳定。

5.精蜡厂工作组

组　长:张忠和　刘景青

副组长:耿尧年

职责:(1)配合移交本单位重组人员和资产;

(2)负责本单位职工的思想政治工作,保持队伍稳定。

七、有关要求

1.由于总医院在重组后,马上要进入改制分流工作程序,考虑到多年来医疗卫生系统投入不足,欠账较多,基础设施薄弱等因素,为有利于其改制后更好地生存和发展,计划部门应按照该系统改制人员与资产匹配要求,以及改制分流后总医院的发展方向和定位,对总医院急需的建设投资及设备购置项目予以考虑。

2.总医院在重组及下一步制订改制方案的过程中,要认真做好职工群众的宣传教育工作,争取职工群众对改制工作的理解和支持;同时,要进一步解放思想,认真研究企业发展战略、发展定位,根据实际需要,合理设置医疗网点,充分发挥人员、技术等优势,不断提高服务质量,积极拓展医疗护理、医保药店等与医疗卫生相关的业务,稳定内部市场,拓展外部市场,努力实现可持续发展。

3.各有关单位在重组交接过程中,要顾大局,识大体,互谅互让,密切配合,确保交接工作按期顺利完成;同时,要加强对职工队伍的管理,严明厂规厂纪,确保交接期间,队伍不散,人心不乱,资产不丢,各项业务工作正常进行。

关于成立河南石油勘探局井下作业公司的通知

豫油编[2004]243号

勘探局暨分公司所属各单位:

根据中国石油化工股份有限公司《关于印发〈油田井下作业系统重组工作指导意见〉的通知》(石化股份油[2004]246号)的文件精神,为进一步精干我油田石油主业队伍,更加突出"油公司"的管理体制和核心业务,加强井下作业技术服务力量,有效拓宽井下作业系统生存领域和发展空间,提高井下作业系统的创收和盈利能力,全面提升油田企业的整体发展水平。结合我油田井下作业系统重组的实际,经2004年9月4日勘探局、分公司联席办公会议研究,决定成立中国石化集团河南石油勘探局井下作业公司,现将有关事宜通知如下:

按集团公司扁平化管理的新体制要求,本着"精简、高效"和压扁管理层的原则,新成立的井下作业公司本应按公司、基层队、班组三级管理模式设置机构。但考虑到目前油田的具体实际和移交过程中生产经营的连续性、人员的平稳划转、资产设备的顺利划拨不受影响,目前,暂维持公司、矿(大队)、基层队、班组四级管理,待井下作业系统重组工作人员划转、资产设备和管理体制到位后,根据深化机构改革的要求,再进一步进行内部持续重组,逐步向三级管理过渡。同时,按照"定编、定责、定岗、定员"的原则,在机构编制及二级机关人员、科级干部职数、机关附属人员的核定方法上,从严控制。做到重组后的基层单位,机构不升格,定员编制不扩大,职数不增加。

一、机构及定员编制

1. 机构设置

在井下作业系统重组的基础上成立河南石油勘探局井下作业公司，为河南石油勘探局下属的二级单位。将第一采油厂、第二采油厂的井下作业工程部、生产准备大队、特车大队、试油项目部、试油管理科等5个单位的项目及人员，划转到新成立的河南石油勘探局井下作业公司。

2. 定员编制

按照“精简、高效”的原则，机关及附属单位人员要从严控制。井下作业公司机关人员控制在55人（不含处级干部）以内，其中：科级干部职数控制在18个以内。机关职能科室，根据本单位的生产经营需要自行设置。

机关附属单位2个，即：工程技术研究所，行政综合队等机关附属人员控制在35人以内。

河南石油勘探局井下作业公司下设5个矿（大队）级单位，矿（大队）机关人员控制在90人以内。

机关附属及矿（大队）级单位的科级干部职数控制在20个以内。

二、有关要求

按照“人随资产走”的原则，具体划转按照勘探局组织机构调整中人员划转的有关规定执行。

中国石化集团河南石油勘探局

二〇〇四年九月八日

关于成立河南明珠大酒店服务有限公司的通　　知

豫油人[2004]238号

勘探局、分公司所属各单位：

根据豫油企[2004]224号《关于下发〈河南明珠大酒店经营承包暂行办法〉的通知》精神，为确保国有资产保值增值和勘探局经济效益的提高，为驻外办事机构今后的改制分流或租赁经营培育条件，经研究，决定成立河南明珠大酒店服务有限公司。现将有关事宜通知如下：

1. 河南明珠大酒店服务有限公司为勘探局投资建设的独立法人经营单位，局对其实行投资回报政策，将投入郑州办事处的全部资产交由河南明珠大酒店服务有限公司承包经营，河南明珠大酒店服务有限公司依法自主经营，独立核算，自负盈亏，享有独立用人，自主分配等方面的自主权，对承包经营的资产的保值增值负责，按规定向局上缴折旧费、流动资产占用费和投资回报。

2. 郑州办事处的原职能不变。

3. 河南明珠大酒店服务有限公司的内部机构设置由河南明珠大酒店服务有限公司自行确定，员工的招聘、管理按豫油企[2004]224号《关于下发〈河南明珠大酒店经营承包暂行办法〉的通知》执行。

中国石化集团河南石油勘探局

二〇〇四年九月三日

关于组建河南石油勘探局南阳社区服务中心的通　知

豫油编[2004]218号

勘探局及分公司所属各单位：

为进一步理顺原南机厂社区服务站的管理体制，结合原南阳石油机械厂改制后社区服务站保留的实际情况，经勘探局研究决定，在河南石油勘探局南机厂社区服务站的基础上组建河南石油勘探局南阳社区服务中心。现就有关事宜通知如下：

一、河南石油勘探局南阳社区服务中心。为勘探局直属的副处级单位，中心总定员暂按85人控制，其中：副处级干部职数2个，科级干部职数14个。

1.中心机关设职能科室3个。机关定员控制在17人以内，其中，科级干部职数7个(含中心副职1个)。

2.中心下设7个基层车间(队)级单位，即：物业管理站、离退办、居委会、保卫部、房管站、社保站、幼儿园。定员控制在68人以内，其中科级干部职数7个。

二、河南石油勘探局南阳社区服务中心的主要职责：

1.负责对社区的资产、人员进行管理；

2.负责对辖区内的居民提供政府公共类和物业管理类服务；

3.负责按照地方政府的法规及勘探局的要求，协调改制后南阳二机石油装备(集团)公司与社区服务的有关经营管理业务，签订有关服务协议，实行有偿服务。

4.负责完成勘探局交办的其他任务。

三、有关要求

1.社区服务中心要按新的机构设置和定员实施方案，按照勘探局2003年内部分配制度改革的要求和工作程序组织岗位竞聘工作。方案报局人力资源处、干部处审批后实施。

2.社区服务中心全民工、非全民工的工资标准必须按勘探局的有关规定执行，在局核定的工资总额和劳务费总额内，中心可自行确定内部分配办法。

3.社区服务中心机关管理岗位，原则上不允许使用非全民工。

中国石化集团河南石油勘探局

二○○四年八月十六日

关于成立“河南油田国际经济贸易有限公司”的通知

豫油人[2004]204号

勘探局暨分公司所属各单位：

为适应油田国际经济贸易发展的需要，建立与WTO市场接轨的商务运作体制，促进油田对外经济合作和进出口贸易的发展，更好地为油田国际市场开拓战略服务，经研究决定成立“河南油田国际经济贸易有限公司”。

现将有关事宜通知如下：

一、职能定位

1.“河南油田国际经济贸易有限公司”是勘探局、分公司授权，勘探局绝对控股的从事河南油田国际贸易和国际经济合作为主的惟一经营性公司。

2.“河南油田国际经济贸易有限公司”是中石化集团公司外经外贸经营管理部门的对口业务经营机构。

3.负责经营勘探局、分公司的原辅材料、机电产品、仪器仪表、技术装备、化工产品及零配件等所有进出口业务。

4.负责经营勘探局、分公司境外勘探开发区块和石油工程承包所需的设备、技术和材料出口业务。

5.负责办理勘探局、分公司进口设备海关关税和进口环节增值税的减免业务。

6.参与国际石油勘探开发和石油工程承包项目的开发、经营。

7.根据勘探局、分公司的授权，利用勘探局的资信和油田各单位已具备的资质，参加国际石油勘探开发和石油工程项目的资格审查和对外投标与签约，并参与国际石油工程承包项目下的境外设备租赁、租购等业务。

二、机构设置及定员

1.“河南油田国际经济贸易有限公司”定员3人(不含兼职人员)，科级职数1个，主要负责进口业务、出口业务、减免税、财务及国际项目的商务运作等经营管理工作。

2.“河南油田国际经济贸易有限公司”根据公司章程的规定，按照经营业务范围自行设置内部管理机构。

“河南油田国际经济贸易有限公司”人员的行政关系隶属对外合作处，由对外合作处统一管理。

3.原局外经外贸经营部机构撤销，其职能合并到“河南油田国际经济贸易有限公司”。

三、注册资金

1.“河南油田国际经济贸易有限公司”性质为有限责任公司；注册资金：500万元，其中勘探局控股90%，南阳石油机械厂参股10%；注册地：郑州。

2.在注册地办理工商、税务、海关、商检注册备案和流通型外经外贸经营资质。

四、有关要求

1.公司注册成立后，勘探局、分公司所属各单位所有外经贸经营业务，均由“河南油田国际经济贸易有限公司”统一归口经营。

2.公司注册成立后，凡涉及勘探局和分

公司所属各单位的外经贸业务均按勘探局《基本管理制度》和分公司《内部控制流程》的有关规定执行。

中国石化集团河南石油勘探局
二〇〇四年八月十三日

关于计划生育特殊人群及家属有关费用报销的补充通知

豫油[2004]公共字138号

勘探局暨分公司所属各单位：

随着油田经济体制改革的深入，油田计划生育管理出现了特殊人群（协解、双待业、空挂户等），这部分人的计划生育管理工作划归社区管理后，各单位对这部分人的计划生育“四项”手术费用（上取环、结扎、人流、引产）、宣传教育费用的报销和提取理解各不相同，因此，造成了计划生育特殊人群及未完善工资的家属“四项”手术费用报销不落实等问题。为了更好地落实计划生育基本国策，稳定低生育水平，提高人口素质，根据《河南省人口与计划生育条例》第二十六条“实行计划生育的育龄夫妻免费享受国家规定的避孕药具、孕情检查，放取宫内节育器、人工终止妊娠手术、输卵（精）管结扎术、复通术和计划生育手术并发症的诊治等基本项目的计划生育技术服务”的规定和河南油田企业管理基本缺席第1.5.3.1条“实行计划生育的育龄妇女免费享受国家规定的‘四项’手术技术服务费用”的规定，结合油田的实际情况，现将油田特殊人群及没有完善工资的家属实行计划生育“四项”手术费用报销、特殊人群宣传教育经费等有关事项通知如下：

一、报销的费用界定

1.男女双方均为油田协解职工，计划生育管理工作由社区负责。男女双方发生的计划生育手术费用分别由原协解单位财务部门报销。报销必须符合以下要求：

（1）“四项”手术必须在油田总医院或户口所在的县、区以上的计划生育技术指导站实施；

（2）医药发票和计划生育“四项”手术证明必须与实施手术单位相符；

（3）医药发票背后应有所在社区计生办和局计生办的签字盖章。

2.男女双方一方是油田协解职工，另一方是未完善工资的家属或待业青年，计划生育管理工作由社区负责。男女双方实行计划生育的手术费用，由原协解单位财务部门报销。报销要求与第一条（1）、（2）、（3）款的规定相同。

3.男女双方一方是油田在职职工，另一方是户口在油田，未完善工资的家属或待业青年，计划生育管理工作由在职职工所在单位管理。未完善工资的家属或待业青年实行计划生育的“四项”手术费用由在职职工所在单位的财务部门报销。报销除与第一条（1）、（2）款的规定相同外，医药发票背后还必须有在职职工单位计生办和局计生办的签字盖章。

4.男女双方均为待业青年或未完善工资的临时工,男女双方实行计划生育的"四项"手术费用,分别由婚前父亲或母亲所在单位报销。父母是双职工的,由母亲所在单位财务部门报销。父母是单职工的,由单职工所在财务部门报销。报销除与第一条(1)、(2)款规定相同外,医药发票背后还必须有在社区计生办和局计生办的签字盖章。

二、划归社区管理的计划生育特殊人群的计划生育宣传经费,其标准由社区依据油田企业管理基本制度《计划生育工作管理办法》中 1.5.2.1 条规定,按划入总人口人均 2.5 元列支。

三、各单位支付特殊人群单边职工的家属实行计划生育"四项"手术费,按油田企业管理基本制度《计划生育工作管理办法》中 1.5.4.2 条规定,在本单位企业管理费中列支。

四、此通知自二○○四年元月一日起执行。

中国石化集团河南石油勘探局

二○○四年五月二十七日

统 计 资 料

河南油田分公司2004年年末企业概况表(一)

指 标 名 称	计算单位	本年数值	累计数值
工业总产值(现价新规定)	万元	521130	2006016
产品销售收入	万元	401701	1571532
企业增加值	万元	277592	1090497
其中:工业增加值	万元	277592	1083609
原油产量	万吨	188.31	933.39
其中:采油一厂	万吨	128.59	689.82
采油二厂	万吨	43.70	143.49
塔里木公司	万吨	16.02	100.08
期末核实原油生产能力	万吨	-0.20	185.80
其中:采油一厂	万吨	-16.10	111.05
采油二厂	万吨	22.00	58.35
塔里木公司	万吨	-6.10	16.40
二维地震	千米	542.36	4759.40
三维地震	平方千米	195.72	1062.62
完成各项投资	万元	129120	579604
年末职工人数	人	11358	
全年工资总额	万元	34594	
全员劳动生产率(按增加值)	元/(人·年)	243630	
设备台数	台(套)	5391	
其中:地震钻机	台(套)	0	
专业队伍	个	56	
其中:采油队	个	22	
稠油热注汽队	个	4	

河南油田分公司2004年年末企业概况表(二)

指 标 名 称	计 算 单 位	本 年 数 值
年末资产合计	万元	523461
年末负债合计	万元	225856
年末所有者权益合计	万元	297605
年末固定资产原值	万元	153258
年末固定资产净值	万元	83850
年末占地面积	公顷	1396
每探明亿吨储量需直接投资	亿元	24.36
每建成百万吨产能需直接投资	亿元	19.17
二维地震成本	元/千米	34180.45
三维地震成本	元/平方千米	293243.58
原油生产成本	元/吨	895.65
炼油综合单位现金操作成本	元/吨	304.17

河南油田分公司2004年年末企业概况表(三)

指 标 名 称	单 位	2000	2001	2002	2003	2004
总资产	万元	447011	491377	492431	497553	523461
所有者权益	万元	181200	255275	326362	301505	297605
销售收入	万元	321124	284857	278636	333130	401701
利润总额	万元	70235	57230	18020	38088	71661
资产负债率	%	59.46	48.05	33.7	26.27	43.15
流动比率	%	49.99	55.52	42.67	35.77	50.11
速动比率	%	37.88	40.61	29.89	22.37	31.26
应收账款周转率	次	39.53	19.28	15.53	36.14	21.42
存货周转率	次	7.61	5.50	7.89	9.27	6.49
资本金利润率	%	15.71	11.67	3.66	7.66	13.69
成本费用利润率	%	29.97	26.95	7.43	14.65	25.21
销售利润率	%	48	20.09	6.47	11.43	17.84
资产报酬率	%	17.38	12.88	4.27	8.88	15.52
人均利润	万元	5.17	4.75	1.49	3.33	6.29
全员劳动生产率	万元/(人·年)	13.6923	16.7816	14.6526	20.2095	24.3630
社会贡献率	%	30.75	28.48	16.17	23.69	31.39

河南油田分公司劳动生产率情况表

年份	全员劳动生产率（元/人）	采油工人劳动生产率（吨/人）	炼油工人劳动生产率（吨/人）
2000	136923	487	245
2001	167816	861	308
2002	146526	830	322
2003	202095	—	—
2004	243630	—	—

河南油田分公司劳动工资情况表

年份	年末职工人数	其中		全年平均人数		年工资总额（万元）	平均工资（元/人）	工业劳动生产率（元/人）	采油工人劳动生产率（吨/人）	炼油工人劳动生产率（吨/人）
		干部	其中:工程技术人员	平均	其中：工业生产					
2000	13571	3252	2288	13571	6356	25987	19149	136923	487	245
2001	12076	3017	2047	12893	6503	30927	25610	167816	861	308
2002	11499	2968	2029	12120	6586	31103	25662	146526	830	322
2003	11437	2768	2094	11436	6852	31348	27412	202095	—	—
2004	11358	2734	2024	11394	7117	34594	30362	243630	—	—

河南油田分公司专业队伍表

年份	试油队	采油队	井下作业队
2000	239/7	1896/21	695/15
2001	213/7	1727/20	673/15
2002	240/7	1804/20	697/15
2003	173/7	1863/20	695/19
2004	183/7	2217/22	691/19

河南油田分公司成本情况表

年份	原油生产成本(元/吨)				炼油综合单位现金操作成本(元/吨)	二维地震成本(元/千米)	其中:	三维地震成本(元/平方千米)	其中:
	综合	其中:西部	稀油	稠油			西部		西部
2000	773.68	744.83	748.87	1013.29	296.48	32168.15	32520.99	254911.06	231867.96
2001	645.46	772.55	636.39	729.52	328.11	35451.39	42300.00	268053.88	—
2002	756.40	823.08	747.70	832.00	293.53	32834.76	31104.00	294995.03	—
2003	766.00	—	—	—	314.96	30198.04	—	275009.08	—
2004	895.65	—	—	—	304.17	34180.45	—	293243.58	—

集团公司历年勘探开发成本表

年　　度	原油成本（元/吨）	原油加工费（元/吨）	二维地震（元/千米）
1952	14.1	—	
1957	45.1	25.60	
1962	52.8	34.90	
1965	57.5	35.00	
1970	20.9	20.70	
1975	28.1	18.60	
1978	35.8	19.10	
1980	43.1	22.40	
1981	47.4	23.20	3722
1982	52.4	24.20	4406
1983	54.6	59.00	4072
1984	56.2	62.40	4210
1985	61.2	70.50	4578
1986	69.1	59.80	5446
1987	78.4	65.30	5845
1988	97.6	75.20	7155
1989	144.1	85.40	7419
1990	177.6	126.90	9111
1991	208.2	111.70	10825
1992	238.2	182.00	11675
1993	312.6	160.60	13656
1994	453.3	174.00	17730
1995	525.1	168.00	16139
1996	569.38	199.20	27527
1997	963.26	134.00	47547.57
1998	709.36	138.48	43216.72
1999	727.23	138.26	49164.71
2000	708.45	144.93	43624
2001	637	123.54	37177
2002	682	123.00	33805
2003	713	121.00	30721
2004			

河南油田分公司固定资产情况表

年　度	全部固定资产(万元)	
	原　值	净　值
2000	169671	104202
2001	180803	103638
2002	178412	100846
2003	188700	102942
2004	153258	83850

河南油田分公司总工作量结构表(一)

单位:万元

年度	总 计	石油勘探			油气田开发调整			炼化工程	不需安装设备购置	后勤辅助工程
		小 计	地球物理勘探	探井工程	小计	开发井	地面建设			
2000	75695	23789	8563	12294	42471	24657	13035	953	5057	814
2001	130489	35307	11497	23810	86393	56405	29988	1216	1639	996
2002	119896	28150	8802	19348	81886	58806	23080	1468	4374	239
2003	124036	32224	12794	19430	75998	52561	23437	3009	7125	1191
2004	129120	31176	12228	18948	85873	54263	31610	2094	2140	1079

河南油田分公司总工作量结构表(二)

单位:万元

年 度	全油田系统工程							计算机工 程	安全环保工程	其他工程
	小计	油气贮运工程	原油稳定及轻油回收工程	供排水工 程	供电系统工程	通讯系统工程	道路系统工程			
2000	473					320	153	827		1311
2001	249				54		195	1880	1938	871
2002	1136	253			543		340	1190	1124	329
2003	1218	290			108	40	780	1465	1291	515
2004	3689	2775			162	206	546	919	1613	537

河南油田分公司主要专业设备情况表(一)

单位:台(套)

年份	设备数量	完好率(%)	1.钻机	其中				2.钻采特车	其中					
				大型	中型	地震	其他钻机		通井机	修井机	固井设备	酸化设备	清腊车	作业辅助车
2001	4999	95.8	11			11		250	42	66	13	73	27	26
2002	5134	96.48						235	38	67	36	40	27	24
2003	4926	98.88						209	19	66	26	42	24	29
2004	5391	98.92						225	20	71	28	45	24	33

河南油田分公司主要专业设备情况表(二)

单位:台(套)

年份	压风机车	3.测井物探设备	其中				4.注采设备	其中						5.天然气处理设备
			电测设备	录井设备	试井设备	物探设备		抽油机	电潜泵	注水泵	输油泵	热采锅炉	其他设备	
2001	3	82	1	69		12	2061	1569	51	89	159	17	176	59
2002	3	60			60		2139	1644	48	96	161	17	173	56
2003	3	52			52		2133	1704	43	86	139	17	144	43
2004	4	50			50		2326	1891		96	165	21	153	39

河南油田分公司主要专业设备情况表(三)

单位:台(套)

年份	6.起重搬运机械	7.运输车辆	其中			8.辅助车辆	9.动力设备	10.变压器	11.金属切削机床	12.焊接设备	13.工程机械	14.炼化设备	15.大中型计算机	16.其它
			载货汽车	拖挂汽车	客运汽车									
2001	34	420	195	1	224	85	700	227	22	87	104	848	5	4
2002	49	485	222	1	262	81	693	96	40	89	107	868	6	130
2003	47	469	236		233	53	659	215	36	66	98	833	6	7
2004	53	485	240		245	42	717	195	35	55	96	988	6	79

勘探开发基本情况表

分类	序号	指标名称	计算单位	合计		2000年		2001年		2002年		2003年		2004年	
				合计	其中：西部	合计	其中：西部	合计	其中：西部	合计	其中：西部	合计	其中：西部	合计	其中：西部
完成实物工作量	1	二维地震	千米	4759.49	1510.73	1586	376.6	1364	378	353	353	914.13	403.13	542.36	
	2	三维地震	平方千米	1062.81	48.75	224	48.75	173		180		290.09		195.72	
	3	完井探井	口	258	21	19	5	31	3	52	5	67	5	89	3
	4	探井进尺	米	361133	52426	38163	9423	89341	14065	79646	8087	83674	16887	70309	3964
	5	完井开发井	口	1004	102	101	21	175	20	220	25	225	20	283	16
	6	开发井进尺	m	1401644	261339	149568	50182	350365	56078	326362	62597	306030	51684	269319	40798
	7	新建油井	口	1042	100	85	15	173	16	183	16	266	24	335	29
	8	新建产能	万吨	176.14	20.94	26.7	4.2	35.8	4.5	34.11	4.14	34.73	5.4	44.8	2.7
完成投资	合计		万元	549006	98989	71395	18856	125265	21277	114131	22817	116944	19930	121271	16109
	1	勘探投资	万元	157223	25172	24875	5022	36615	6263	30329	3950	33225	5817	32179	4120
	(1)	物探	万元	56816	5438	11495	1179	11497	1881	8802	1098	12794	1280	12228	
	(2)	探井	万元	93830	19218	12294	3480	23810	4382	19348	2852	19430	4438	18948	4066
	(3)	设备购置	万元	3003	57	586	57	365		2052					
	(4)	后勤辅助及其他	万元	3574	459	500	306	943		127		1001	99	1003	54
	2	开发投资	万元	391783	73817	46520	13834	88650	15014	83802	18867	83719	14113	89092	11989
	(1)	开发井	万元	251471	53520	29436	10373	56405	10050	58806	13322	52561	10582	54263	9193
	(2)	地面建设	万元	121150	17546	13035	3060	29988	3914	23080	4906	23437	3128	31610	2538
	(3)	设备购置	万元	13650	701	2635	17	864	40	1327	181	6684	330	2140	133
	(4)	后勤辅助及其他	万元	5512	2050	1414	384	1393	1010	589	458	1037	73	1079	125

河南石油勘探局2004年年末企业概况表(一)

指标名称	计算单位	本年数值	累计数值
工业总产值(现价新规定)	万元	92272	402679
产品销售收入	万元	234758	1000649
企业增加值	万元	80232	291795
其中:工业增加值	万元	39921	133702
钻井进尺	万米	33.96	746.25
其中:探井	万米	7.03	207.15
完成各项投资	万元	25324	97298
年末职工人数	人	14606	
全年工资总额	万元	38719	
全员劳动生产率(按增加值)	元/(人·年)	50738	
设备台数	台(套)	2533	
其中:大型钻机	台(套)	23	
运输车辆	台(套)	861	
专业队伍	个	151	
其中:钻井队	个	28	
年末资产合计	万元	351562	
年末负债合计	万元	184518	
年末所有者权益合计	万元	166435	
年末固定资产原值	万元	197801	
年末固定资产净值	万元	136317	
年末占地面积	公顷	2039	
钻井综合成本	元/米	1455.28	
其中:探井	元/米	1586.74	
开发井	元/米	1422.18	

河南石油勘探局2004年年末企业概况表(二)

指 标 名 称	单 位	2000	2001	2002	2003	2004
总资产	万元	378472	393660	414238	310630	351562
所有者权益	万元	276018	259812	269906	159753	166435
销售收入	万元	112521	189553	202851	240323	234758
利润总额	万元	－13612	－23177	0	0	－18965
资产负债率	%	27.07	33.92	34.76	48.35	52.48
流动比率	%	240.3	194.63	180.14	115.92	120.32
速动比率	%	213.2	175.63	164.69	10.15	102.36
应收账款周转率	次	4.2	4.43	3.71	3.93	4.46
存货周转率	次	402.3	6.06	8.23	10.70	8.35
资本金利润率	%	－3.59	－5.89	0	0	－5.39
成本费用利润率	%	－9.83	－10.23	0	0	－7.81
销售利润率	%	16.21	－12.23	0	0	－8.09
资产报酬率	%	－3.02	－5.84	0.40	0.30	－5.57
人均利润	万元	－0.6	－1.38	0	0	－1.2
全员劳动生产率	万元/(人·年)	2.9331	2.5326	4.4913	4.4579	5.0738
社会贡献率	%	5.68	14.14	14.37	18.11	11.52

河南石油勘探局劳动工资情况表

年份	年末职工人数	其中		全年平均人数		年工资总额（万元）	平均工资（元/人）	工业劳动生产率（元/人）	施工单位劳动生产率		
		干部	其中:工程技术人员	平均	其中：工业生产				元/人	自营工作量（万元）	平均人数
2000	22635	6465	1924	22589	3408	40394	17846	29331	82509	12690	1538
2001	16778	5530	1881	20063	2310	35816	21347	25326	148051	15649	1057
2002	16970	5387	1965	16504	5080	31271	18947	44913	173237	17930	1035
2003	16663	5649	1475	16896	5158	36621	21674	44579	—	—	—
2004	14606	5004	1595	15813	4001	38719	24485	50738	—	—	—

河南石油勘探局专业队伍表

年份	地震队	地质队	钻井队	电测队	射孔队	气测队	固井队	管子站	井架安装队	油建安输中队	汽车运输中队
2000	588/5	141/21	1146/28	227/16	73/5	72/13	73/1	31/1	105/2	1423/11	401/11
2001	347/5	111/23	882/24	199/17	60/5	59/11	77/1	104/1	39/1	603/11	484/10
2002	397/5	96/30	839/24	221/17	62/6	70/14	47/1	11/1	42/1	575/11	422/5
2003	422/5	96/31	821/25	211/19	63/6	72/15	50/1	19/1	52/1	582/10	352/5
2004	555/8	94/31	1023/28	228/19	74/7	75/15	70/1	20/1	64/1	676/9	593/10

河南石油勘探局成本情况表

年份	钻井成本(元/米)					
	综合	其中:西部	探井	其中:西部	开发井	其中:西部
2000	1912.84	2328.18	3401.54	3701.60	1599.13	2070.48
2001	1585.77	2120.97	2058.95	3418.04	1422.56	1869.25
2002	1470.87	2288.57	1731.84	3430.77	1402.90	2138.36
2003	1544.74	—	2109.64	—	1437.64	—
2004	1455.28	—	1586.74	—	1422.18	—

河南石油勘探局固定资产情况表

年度	全部固定资产(万元)	
	原值	净值
2000	187468	118769
2001	204896	130668
2002	228899	145081
2003	155820	113676
2004	197801	136817

河南石油勘探局固定资产投资完成情况表

单位:万元

年度	总计	全油田系统工程					计算机工程	钻井辅助工程	后勤辅助工程	矿区建设	环境保护工程	安全整改工程	机械制造	不需安装设备购置	其他
		小计	供排水工程	供电系统工程	通讯系统工程	道路系统工程									
2000	28566	2421	581	1227	413	200			114	11126			159	11277	3469
2001	21151	1574	148	510	666	250	100		89	5404	208	1146		12105	525
2002	12164	1465	365	1100			790		505	1050	33	991	200	6650	480
2003	10093	1685	1265	420			1178		1550	1900		204	1000	1897	679
2004	25324	6273		4007		2266	450		3256	1517		500	3300	9585	443

注:2000 年资金来源:地质事业费 330 万元,集团公司拨款 6260 万元,企业自有资金 21976 万元。

2001 年资金来源:地质事业费 165 万元,集团财务公司贷款 7335 万元,集团公司拨款 8401 万元,企业自有资金 5250 万元。

2002 年资金来源:国内贷款 6747 万元,集团公司拨款 3428 万元,企业自有资金 1989 万元。

2003 年资金来源:国内贷款 6311 万元,集团公司拨款 1200 万元,企业自有资金 2482 万元,安保基金 100 万元。2003 年完成投资不含融资租赁设备 18247 万元。

2004 年资金来源:国内贷款 14122 万元,集团公司拨款 980 万元,企业自有资金 8087 万元,安保基金 225 万元,融资租赁设备 1910 万元。

河南石油勘探局主要专业设备情况表(一)

单位:台(套)

年份	设备数量	完好率(%)	1.钻机	其中				2.钻采特车	其中					
				大型	中型	地震	其他钻机		通井机	修井机	固井设备	酸化设备	清腊车	作业辅助车
2001	4110	96.5	31	20	4	3	4	60	1	1	29			29
2002	4106	96.52	35	15	4	10	6	48	1	1	30			14
2003	4089	96.21	75	17	4	51	3	13	1	1	2			9
2004	2533	97.2	88	23	5	57	3	17	1	1	5			10

河南石油勘探局主要专业设备情况表(二)

单位:台(套)

年份	压风机车	3.测井物探设备	其中				4.注采设备	其中						5.起重搬运机构
			电测设备	录井设备	试井设备	物探设备		抽油机	电潜泵	注水泵	输油泵	热采锅炉	其他设备	
2001		134	74	53	7		116						116	230
2002	2	134	61	57	4	12	110						110	211
2003		155	63	63	3	26	110						110	192
2004		198	71	63	2	62	97		57				40	86

河南石油勘探局主要专业设备情况表(三)

单位:台(套)

年份	其中:汽车吊车	6.运输车辆	其中			7.辅助车辆	8.动力设备	9.变压器	10.金属切削机床	11.焊接设备	12.工程机械	13.大中型计算机	14.其它
			载货汽车	拖挂汽车	客运汽车								
2001	51	1158	641	29	488	66	213	1199	252	287	158	5	201
2002	48	1146	595	39	512	66	183	1272	215	299	165	5	217
2003	42	1089	539	76	474	67	142	1325	205	355	138	5	218
2004	27	861	349	78	434	51	148	270	115	341	162	5	94

集团公司历年钻井单位成本表

年　度	钻井(元/米)		
	综　合	探　井	开 发 井
1952			
1957			
1962			
1965			
1970			
1975			
1978			
1980			
1981	432.00	606.80	320.50
1982	419.40	606.70	319.50
1983	425.70	649.40	319.20
1984	422.20	691.70	299.50
1985	442.20	718.60	333.20
1986	513.00	956.40	387.00
1987	547.10	994.20	426.80
1988	602.90	1066.30	492.50
1989	694.40	1293.20	582.90
1990	775.10	1438.90	633.50
1991	855.40	1668.20	685.10
1992	1011.50	1995.40	817.70
1993	1169.80	2490.90	927.90
1994	1277.10	2907.00	1031.40
1995	1366.60	3132.90	1115.50
1996	1428.13	3311.27	1160.92
1997	2400.21	3444.74	1993.90
1998	2146.90	3269.85	1404.62
1999	2786.60	3498.00	1461.73
2000	1860.91	2708.00	1600.20
2001		2657.00	1584.00
2002		3331.00	2029.00
2003		3503.00	2112.00
2004			

工业总产值、工业增加值情况表

单位:万元

年份	工业总产值				企业增加值	
	1990年不变价		现　价		合　计	其中:工业增加值
	合　计	其中:工业	合　计	其中:工业		
合　计	339966.00	339966.00	2075418.00	2057175.00	1090857.00	1083978.00
2000	83233.00	83233.00	409725.00	402202.00	207738.00	203947.00
2001	84389.00	84389.00	378700.00	367980.00	196462.00	193374.00
2002	86656.00	86656.00	347572.00	347572.00	177589.00	177589.00
2003	85688.00	85688.00	418291.00	418291.00	231116.00	231116.00
2004			521130.00	521130.00	277952.00	277952.00

注:2004年后取消工业总产值不变价格计算的产值

原油生产情况表

单位：万吨

年份	年末原油生产能力（万吨）	原油产量（万吨）	原油产量中：东部 稀油	东部 稠油	西部	原油产量中：新井	措施	集团公司 期末原油生产能力	原油产量
总计		5838.93	5290.28	388.30	160.35	295.92	422.40	—	335988.14
1970～1975年	—	0.58	0.58	—	—	—	—	—	28051.70
"五五"合计	208.00	639.29	639.29	—	—	8.60	12.10	9557.00	49621.30
"六五"合计	221.00	1180.35	1180.35	—	—	56.90	86.10	11887.00	54850.60
"七五"合计	240.00	1266.19	1230.63	35.56	—	70.50	102.10	14127.00	67330.90
"八五"合计	174.00	1078.14	967.82	110.32	—	58.30	74.40	13687.74	69319.00
1991	228.00	238.26	220.04	18.22	—	12.10	19.10	14205.00	13722.10
1992	217.00	230.02	208.72	21.30	—	12.80	13.00	14184.00	13802.60
1993	195.00	213.11	191.51	21.60	—	8.70	15.40	13727.31	13912.90
1994	189.00	205.12	180.52	24.60	—	12.00	13.70	13598.00	13900.20
1995	174.00	191.63	167.03	24.60	—	12.70	13.20	13687.74	13981.20
"九五"合计	886.76	926.05	719.89	124.59	81.58	47.35	70.39	53084.56	51546.14
1996	174.20	186.91	159.63	25.89	1.39	3.05	10.11	13971.08	14141.38
1997	175.50	185.06	146.02	25.14	13.90	16.26	14.40	14212.00	14322.30
1998	180.00	185.99	138.69	25.30	22.00	12.99	18.66	10749.63	15901.57
1999	177.00	183.03	135.45	24.61	22.98	6.60	12.80	10453.00	3456.49
2000	180.06	185.06	140.10	23.65	21.31	8.45	14.42	3698.85	3724.40
"十五"合计	737.70	748.33	551.72	117.83	78.77	54.27	77.31	11224.84	15268.50
2001	182.70	186.00	141.49	23.76	20.75	9.47	18.82	3695.44	3791.00
2002	183.20	188.02	141.14	25.88	21.00	15.52	17.94	3718.40	3800.00
2003	186.00	186.00	138.50	26.50	21.00	13.89	19.90	3811.00	3816.29
2004	185.80	188.31	130.59	41.69	16.02	15.39	20.65		3861.21

注：1.95年我局西部单井试产原油465.3吨，其产量在1996年一并报出。

天然气生产、消耗情况表(一)

单位:万立方米

年度	天然气产量	天然气工业产量			天然气外输量	消耗量	
		合计	气井产量	油井产量		合计	净化站用
总计	154847	129599	1702	127897		121227	31405
“五五”合计	7218	3419		3419		3419	2689
“六五”合计	28749	24880		24880		24880	15525
“七五”合计	35094	22294	670	21624		22294	9345
“八五”合计	23163	18383	64	18319		18383	3846
1991	5196	3064	3	3061		3064	1439
1992	6442	4048	49	3999		4048	698
1993	4002	3972	12	3960		3972	892
1994	3963	3739		3739		3739	817
1995	3560	3560		3560		3560	
“九五”合计	20418	20418		20418		20418	
1996	3318	3318		3318		3318	
1997	3241	3241		3241		3241	
1998	2953	2953		2953		2953	
1999	5574	5574		5574		5574	
2000	5332	5332		5332		5332	
“十五”合计	40205	40205	968	39237	2385	31833	
2001	9003	9003		9003		9003	
2002	11000	11000		11000	422	8500	
2003	10010	10010	836	9174	410	6476	
2004	10192	10192	132	10060	1553	7854	

天然气生产、消耗情况表(二)

年度	企业用气量:							天然气损耗量(放空量)
	企业自用量	工业生产用	其中:燃气轮发电用	联合站(锅炉)用	油(气)生产用	轻烃回收减量	矿区用气	
总计	87847	22062	3930	5821	13358	4255	3904	7023
"五五"合计	730							
"六五"合计	9355							
"七五"合计	12949							
"八五"合计	14537							
1991	1625							
1992	3350							
1993	3080							
1994	2922							
1995	3560							
"九五"合计	20418							
1996	3318							
1997	3241							
1998	2953							
1999	5574							
2000	5332							
"十五"合计	29858	22062	3930	5821	13358	4255	3904	7023
2001	7028	3071	757	1051	2711	1338	781	1975
2002	8500	7199	1373	2236	2269	1321	1301	2078
2003	6476	5492	855	1757	2855	880	984	2185
2004	7854	6300	945	777	5523	716	838	785

注:根据中石化天然气办公室的要求,2003年西部天然气燃气轮发电自用气量855万立方米调至商品量中上报。故企业用气量中不包括燃气轮发电用气量。

生产井口数表

单位：口

年度	年末采油井				辅助生产井			集团公司年末采油井
	合计	其中			合计	注井水	观察井	
		新井	自喷井	抽油井				
1976	13	10	—	13	—	—	—	16014
1977	96	83	2	94	20	20	—	16442
1978	168	72	18	150	80	77	3	17097
1979	203	35	33	170	129	111	18	18174
1980	217	14	28	189	151	118	33	19475
1981	235	18	28	207	143	112	31	20731
1982	271	36	15	256	151	117	34	22706
1983	313	42	13	300	157	122	35	25214
1984	335	29	6	329	176	139	37	27714
1985	358	27	3	355	179	146	33	30941
1986	390	34	1	389	188	156	32	35607
1987	451	70	1	450	195	169	26	39571
1988	539	99	—	539	216	192	24	44104
1989	686	161	—	686	238	210	28	49483
1990	805	137	—	805	274	243	31	54261
1991	931	147	—	931	322	289	33	59173
1992	1033	138	—	1033	385	350	35	64778
1993	1151	131	—	1151	425	390	35	66747
1994	1273	134	—	1273	457	413	44	71303
1995	1376	131	—	1376	489	444	45	72255
1996	1506	154	10	1496	527	487	40	85747
1997	1546	163	38	1508	582	543	39	86169
1998	1624	130	45	1579	662	624	38	69951
1999	1591	92	46	1545	646	607	39	75353
2000	1699	128	33	1666	687	651	36	
2001	1796	150	24	1772	737	699	38	
2002	1943	181	9	1934	800	768	32	
2003	2336	221	4	2332	843	808	35	
2004	2602	286	6	2596	887	856	31	

采油技术经济指标表

年度	原油商品率(%)	统配商品率(%)		油井利用率(%)		注水井利用率(%)	采油时率(%)	外运原油含水率(%)	企业原油自用率(%)	采油生产自用率(%)	原油损耗率(%)	生产一吨原油耗电(千瓦·时/吨)
		集团公司	河南油田	集团公司	河南油田							
1977	—	—	—	82.53	60.60	—	54.20	—	—	—	—	—
1978	91.60	—	84.97	80.01	93.20	—	92.00	3.94	6.40	2.40	1.97	22.40
1979	93.91	—	92.72	90.31	95.85	95.07	91.43	0.35	3.28	1.17	1.85	29.91
1980	94.76	95.12	94.62	89.58	96.04	95.66	92.45	0.27	2.61	0.88	1.91	31.27
1981	97.31	95.22	94.69	89.84	96.96	96.63	93.60	0.24	3.40	0.86	1.08	34.06
1982	97.23	95.39	94.65	91.14	99.10	98.43	94.06	0.18	3.40	0.86	1.61	28.32
1983	97.24	95.42	94.72	91.95	99.24	99.64	94.73	0.21	3.30	0.83	1.93	27.12
1984	97.32	95.78	95.50	92.83	99.63	99.77	95.40	0.26	3.00	1.18	1.50	30.56
1985	97.89	95.77	96.26	93.42	99.19	99.24	95.84	0.29	2.91	1.27	0.83	42.45
1986	97.96	95.66	96.41	93.97	98.89	99.06	96.50	0.19	2.96	1.43	0.61	49.05
1987	97.77	95.71	96.40	94.00	99.43	100.00	96.00	0.46	2.97	1.63	0.60	60.38
1988	97.41	95.21	95.71	94.07	99.49	99.84	94.55	0.57	3.28	1.99	0.60	70.86
1989	96.80	95.11	95.05	93.36	98.92	99.86	92.65	0.16	3.78	2.48	0.72	82.12
1990	96.40	94.99	94.18	93.37	98.49	99.76	88.54	0.11	4.84	3.59	0.62	96.88
1991	94.68	95.02	94.26	94.18	96.20	99.59	87.74	0.09	4.53	4.53	0.79	109.65
1992	94.54	94.88	94.06	95.02	96.66	99.75	89.01	0.17	4.68	4.67	0.80	131.32
1993	93.88	94.96	93.31	94.49	96.86	99.49	88.57	0.17	5.29	5.28	0.85	155.26
1994	93.70	95.72	93.23	94.28	98.41	99.86	92.16	0.45	5.15	5.15	1.16	156.31
1995	93.99	95.67	93.45	93.32	98.44	99.89	92.74	0.26	4.85	4.85	1.17	202.21
1996	93.83	95.56	92.63	93.24	98.10	99.31	92.15	0.30	5.13	5.13	1.05	227.11
1997	92.55	95.37	91.06	92.51	98.27	98.23	93.93	0.30	5.58	5.58	1.88	238.85
1998	92.51	95.06	93.13	83.4	97.29	97.57	93.81	0.18	5.34	5.34	2.15	235.58
1999	92.11	94.73	91.45	91.35	98.23	98.09	92.82	0.21	5.64	5.64	2.25	253.88
2000	92.12	94.23	91.63	80.7	97.87	98.53	93.03	0.38	5.64	5.64	2.24	228.78
2001	92.46	94.37	92.03	88.15	97.64	97.94	93.3	0.38	5.40	5.40	2.14	224.00
2002	92.19	94.46	91.76	88.97	97.33	97.48	91.82	0.53	5.37	5.34	2.44	221.82
2003	92.00	94.57	91.57	89.22	97.33	96.67	92.62	0.53	5.56	5.56	2.44	265.13
2004	92.00		91.50		96.56	96.24	90.90	0.61	5.50	5.50	2.50	266.34

开发数据表（一）

年度	年末原油日产水平（吨）	平均单井日产油量（吨）	年末日注水平（吨）	平均单井日注（吨）	综合含水率（%）		采油速度（%）		采出程度（%）	
					集团公司平均水平	河南油田	集团公司平均水平	河南油田	集团公司平均水平	河南油田
1977	965	13.60	—	—	—	5.30	—	0.34	—	0.18
1978	6219	37.60	6606	93.00	46.40	16.67	1.95	2.21	13.29	1.95
1979	6990	36.00	9285	93.30	—	21.81	—	2.48	—	4.44
1980	6258	31.80	8434	90.70	55.30	22.10	1.82	2.22	15.73	6.88
1981	6666	31.40	7549	86.80	58.90	26.80	1.70	2.37	17.00	9.28
1982	6690	27.50	6653	72.30	—	28.30	—	2.38	—	11.65
1983	6623	24.10	8263	84.30	63.80	34.03	1.66	2.32	19.17	13.94
1984	6580	21.30	8849	79.70	64.50	42.10	1.73	2.30	20.22	15.19
1985	6598	21.20	11061	90.80	67.10	50.90	1.45	2.30	17.00	17.40
1986	6606	18.00	13909	102.00	68.70	59.40	1.37	2.04	16.97	16.86
1987	6809	16.00	18462	123.00	67.10	64.50	1.40	2.05	18.19	18.90
1988	7021	13.00	22200	129.00	73.10	69.90	1.28	2.06	17.46	21.10
1989	6396	10.20	23238	122.00	74.86	74.59	1.29	1.99	18.71	23.09
1990	6995	9.10	26675	113.00	77.36	77.28	1.20	1.98	18.78	25.02
1991	6188	7.40	33683	126.00	78.72	80.42	1.21	1.50	19.98	23.70
1992	6700	6.20	36926	111.00	79.73	83.51	1.15	1.62	20.05	24.97
1993	4959	5.50	40775	116.00	80.43	86.61	1.12	1.48	20.53	26.19
1994	5099	5.10	43052	116.00	81.06	87.67	1.11	1.41	21.51	27.33
1995	4941	4.48	43654	114.28	81.36	88.62	1.10	1.30	22.22	28.18
1996	4571	3.82	44101	105.00	82.13	89.09	1.09	1.22	22.90	28.37
1997	4818	3.81	45646	95.50	82.49	88.48	1.06	1.12	23.03	29.56
1998	3997	3.04	50197	92.78	79.90	89.35	1.03	3.04	23.18	77.21
1999	5043	3.90	47314	87.60	81.34	87.92	1.01	2.83	23.67	76.82
2000	4892.9	3.50	45299.80	79.10	89.66	87.94	0.87	2.81	21.61	77.57
2001	4934.7	3.50	48756.60	81.50	88.26	88.32	0.85	1.02	21.38	77.55
2002	5096	3.60	47975.00	74.80	88.48	88.58	0.84	0.95	22.47	76.16
2003	5014.4	2.80	47700.00	69.20	88.56	89.83	0.82	2.50	22.68	76.62
2004	5147.1	2.50	51061.60	71.30		90.28		0.91		77.13

开发数据表（二）

年度	综合递减率(%)		自然递减率(%)		井下作业井次（井次）	每吨原油注水量（立方米）	阶段储采比
	集团公司平均水平	河南油田	集团公司平均水平	河南油田			
1977	—	—	—	—	134	—	
1978	1.39	—	8.33	—	687	0.37	“五五”
1979	—	—	—	—	1472	1.52	平均
1980	3.61	—	8.74	—	1326	1.45	5.49
1981	4.10	1.50	8.81	9.00	1262	1.32	
1982	—	1.40	—	7.80	1653	1.13	“六五”
1983	4.33	6.00	11.49	12.80	1787	1.16	平均
1984	2.92	3.46	11.91	12.00	1915	1.32	0.45
1985	5.64	2.25	16.29	11.92	2067	1.53	
1986	5.45	2.46	15.49	12.67	2219	1.97	
1987	7.15	3.23	14.98	11.76	2240	2.41	“七五”
1988	6.81	3.23	13.91	9.69	3161	2.98	平均
1989	7.75	6.37	14.51	14.02	3481	3.02	0.69
1990	6.87	7.20	13.85	14.67	3553	3.62	
1991	6.76	10.87	13.70	18.43	4116	4.59	0.46
1992	7.32	9.60	15.33	15.10	2863	5.56	0.83
1993	6.69	9.67	14.64	16.49	2597	6.65	0.57
1994	6.53	7.00	13.92	13.68	2419	7.50	0.79
1995	6.40	6.27	14.00	13.21	1876	8.84	0.95
1996	5.87	9.02	13.69	17.63	1828	9.65	1.25
1997	5.21	2.64	13.04	13.93	2663	8.05	0.98
1998	5.26	2.89	11.48	13.55	2908	9.45	1.26
1999	4.73	0.80	11.27	9.24	2202	9.41	0.82
2000	7.58	4.10	16.27	13.54	2235	9.41	1.00
2001	8.05	4.78	15.91	15.07	2266	10.54	2.00
2002	8.32	8.11	16.54	17.69	2489	9.81	1.17
2003	7.91	7.36	16.33	18.07	3628	9.54	1.02
2004		7.26		18.32	4166	9.50	0.94

原油收拨平衡表(一)

单位:吨

年度	原油产量	统配商品量	其中:交荆门炼厂	交油田炼厂	西部交油				计划外销售量	企业自用量
					乌石化	西安石化	洛阳石化	塔石化		
合计	58389336	54612225	45417921	7501812	722830	224449	352650	124760	291582	2535643
1977	110346	—	—	—	—				52608	29500
1978	1674431	1454907	1351430	71374	—				49651	107630
1979	2257170	2112723	2007053	85536	—				6875	73977
1980	2308851	2184741	2096104	98304	—				2745	60327
1981	2271253	2156332	2071139	81698	—				1669	77522
1982	2332428	2225086	2126005	82188	—				977	79358
1983	2431910	2252503	2169099	87462	—				1059	78469
1984	2383925	2276586	2182792	83425	—				15	71565
1985	2431910	2340997	2251022	83403	—				—	70681
1986	2500590	2410936	2307301	101809	—				275	74018
1987	2520424	2429659	2306305	110991	—				664	74855
1988	2570142	2459790	2332002	121082	—				10785	84224
1989	2550313	2424174	2302431	125259	—				10674	90320
1990	2520402	2373607	2227200	121402	—				9104	122024
1991	2382595	2245916	2109902	120075	—				9823	107996
1992	2300202	2163672	1947060	196543	—				10590	107589
1993	2131122	1988533	1689823	280021	—				11825	112750
1994	2051173	1921696	1561831	330905	—				9669	105570
1995	1916260	1801017	1270000	500014	—				10305	92876
1996	1869078	1731312	1195240	519586	13855				23196	95857
1997	1850630	1685202	1037082	521513	122986				9153	103225
1998	1859930	1732083	1033997	497983	179501				7515	99326
1999	1830339	1673768	963678	503177	206913				9936	103299
2000	1850588	1695655	952626	550943	192086				8632	104367
2001	1860040	1711872	984750	540013	7489	176517	3053		7669	100439
2002	1880202	1733266	993708	542509	—	—	189035		8014	100998
2003	1860026	1703206	947286	566545	—	—	135193	54182	8651	103366
2004	1883056	1722986	1001055	578052		47932	25369	70578	9503	103515

注:1996 年西部宝浪油田没有配置计划,计划外销售量 23196 吨中含有交乌石化的 13855 吨原油。

原油收拨平衡表(二)

单位:吨

年度	1.采油生产自用	2.辅助生产自用	3.勘、钻、建用油	4.矿区及其他用油	5.外输管道用油	其中:外输损耗	原油损耗量
合计	1920215	10507	15491	20974	564510	242721	930997
1977	500	6800	4200	18000	—	—	19415
1978	40213	3000	6433	999	56985	29179	62243
1979	26400	627	2562	793	43649	21904	63595
1980	20240	—	172	—	39915	17005	61038
1981	19468	—	146	667	57241	17176	41730
1982	20068	—	121	—	49169	17476	44483
1983	19652	—	121	—	58696	17824	45949
1984	28120	—	102	78	43265	19079	35759
1985	30896	70	114	383	39218	19944	20232
1986	35754	—	6	48	38210	19801	15363
1987	41041	—	16	6	33792	14608	15246
1988	51187	—	405	—	32632	15350	15343
1989	63189	—	276	—	32855	14472	18402
1990	90477	—	213	—	31334	13703	15667
1991	100353	10	84	—	7549	5200	18860
1992	107316	—	273	—	—	—	18351
1993	112503	—	247	—	—	—	18014
1994	105570						23721
1995	92876						22367
1996	95857						19545
1997	103225						34709
1998	99326						40039
1999	103299						41196
2000	104367						41520
2001	100439						39805
2002	100998						45842
2003	103366						45434
2004	103515						47129

注:从 1994 年起企业自用原油不再细分。

炼油产品产量表(一)

单位:吨

年度	原油加工量	石油产品产量	其中					其中	
			汽油	煤油	柴油	溶剂油	燃料油	商品量	自用量
总计	7455284	7115804	1466657	23498	1954059	250824	1768783	1310159	458623
1978	71266	69894	5295		11086	—	53499	44807	8692
1979	84082	82780	6384		16642	2850	56894	45225	11668
1980	88324	86578	6085		17558	3841	59094	42169	16925
1981	81342	79373	6104		15541	3849	53879	49251	4628
1982	80067	75915	5790		15430	3054	46219	36805	9414
1983	86351	76080	5954		14763	3297	37448	26698	10750
1984	82954	79819	5819		13949	3174	32499	21384	11115
1985	83689	81856	5845		16200	3111	30693	17950	12743
1986	101364	98882	12921		22723	3846	37291	25693	11598
1987	110955	104530	15690		25626	4067	37283	25894	11389
1988	120352	116654	19140		27967	4459	41432	28569	12863
1989	125078	117272	21582		28577	4214	38258	27544	10714
1990	120713	114945	24179		29579	4079	39368	28759	10609
1991	120443	115252	23779		29447	4116	38940	29032	9908
1992	130184	124976	21958		24143	5448	52313	41622	10691
1993	283603	270717	66598		59915	8571	96979	77594	19385
1994	330473	314359	60635	3401	70900	9702	99013	79249	19764
1995	500445	491376	139093	11005	135093	15416	102697	80987	21710
1996	511495	497079	139142	3750	147445	13929	103855	82225	21630
1997	521871	503266	150897	—	154261	16437	98588	77372	21216
1998	497805	393894	131579	—	144133	13804	104378	82353	22025
1999	557405	530727	111414	5110	159357	16903	99475	70609	28866
2000	550302	535047	101885	232	166326	16903	84741	58080	26661
2001	540009	524907	85002	—	150310	21361	95169	70387	24782
2002	539039	523992	93527	—	153632	21537	63369	33573	29796
2003	562701	548333	102213	—	151234	21991	78465	47301	31164
2004	572972	557301	98147	—	152222	20865	86944	59027	27917

炼油产品产量表(二)

单位:吨

年度	石蜡合计	其中		宽馏分油	地蜡	液化气	石脑油	润滑油	其他
		白石蜡	黄石蜡						
总计	348150	85268	7805	229710	12298	233883	89016	264632	553957
1978	—	—	—	—	—	—			14
1979	—	—	—	—	—	—			10
1980	—	—	—	—	—	—			—
1981	—	—	—	—	—	—			—
1982	1422	1422	—	4000	—	—			—
1983	4975	4865	110	9643	—	—			—
1984	6639	6149	490	7989	140	—			9610
1985	5150	4340	810	6473	1388	—			12996
1986	6515	5383	1132	9635	—	1223			4728
1987	4415	3964	451	10301	116	1557			5475
1988	3391	2660	731	12270	336	2248			5411
1989	4977	4518	459	14036	513	1894			3221
1990	3625	3221	404	9888	—	2770			1457
1991	3645	3535	110	11623	146	2812			744
1992	2373	2181	192	14202	258	2356			2056
1993	5895	4554	1341	19214	215	10945			2385
1994	10292	10038	254	21419	—	9052			29945
1995	15168	14437	731	25273	261	24599			22771
1996	12624	12301	323	27011	—	25425			23898
1997	2425	1700	267	24969	—	5335			50354
1998	18166	—	—	1764	—	17732	1764	8848	32142
1999	32063	—	—	—	174	16356	11358	39040	39477
2000	34477	—	—	—	359	15145	25219	40394	48482
2001	42922	—	—	—	1170	13669	25315	41905	48084
2002	43061	—	—	—	316	22883	22629	39060	63978
2003	43613	—	—	—	1668	26023	2319	48668	72139
2004	40317				5238	31859	412	46717	74580

炼油技术经济指标表(一)

年度	汽、煤、柴、润总收率(%)		石油产品综合商品收率(%)		石油产品综合自用率(%)		加工损失率(%)		燃料油收率(%)	商品燃料油收率(%)	燃料油商品率(%)	石油产品质量合格率(%)	加工一吨原油耗新鲜水(吨)
	集团公司平均水平	河南油田	集团公司平均水平	河南油田	集团公司平均水平	河南油田	集团公司平均水平	河南油田					
1978	—	23.00	—	94.07	—	3.99	—	1.93	75.07	71.56	94.54	77.35	8.50
1979	—	30.79	—	80.79	—	13.88	—	1.55	67.66	50.00	73.89	100.00	8.81
1980	—	31.15	—	94.02	—	4.10	—	1.88	66.97	62.88	93.89	100.00	9.62
1981	—	30.89	—	91.43	—	5.69	—	1.72	66.24	60.55	91.41	100.00	11.99
1982	—	30.21	—	83.65	—	11.82	—	1.86	56.29	44.53	79.11	100.00	13.36
1983	—	27.81	—	86.09	—	12.57	—	2.03	43.37	30.92	71.29	100.00	12.73
1984	—	27.66	—	82.89	—	13.45	—	2.02	39.18	25.78	65.80	100.00	7.91
1985	—	30.06	—	82.60	—	15.27	—	2.52	36.68	21.45	58.48	100.00	7.35
1986	—	35.16	—	85.96	—	12.21	—	1.67	36.79	25.35	68.90	100.00	6.36
1987	—	37.24	—	83.85	—	11.33	—	2.48	33.60	23.34	69.45	100.00	7.41
1988	—	39.14	—	86.01	—	11.77	—	2.24	34.43	23.74	68.95	100.00	6.47
1989	—	40.10	—	85.10	—	11.10	—	3.28	30.59	22.02	72.00	100.00	5.97
1990	54.22	44.53	90.40	85.69	6.85	11.30	2.24	2.60	32.61	23.82	73.05	100.00	5.92
1991	53.55	44.19	90.74	87.23	6.61	10.46	2.01	2.93	32.33	24.10	74.56	100.00	5.88
1992	55.18	35.41	90.52	87.28	6.34	10.20	2.20	2.66	40.18	31.97	79.56	100.00	6.33
1993	58.18	44.55	89.45	88.51	7.05	9.02	2.35	2.24	34.20	27.36	106.31	100.00	4.51
1994	56.57	40.83	88.79	88.24	7.63	8.10	2.53	1.28	29.96	23.98	80.04	100.00	3.44
1995	57.20	56.99	90.54	89.38	7.41	8.81	2.55	2.00	20.52	16.18	78.86	100.00	2.76
1996	57.21	56.83	88.22	88.40	9.11	8.78	2.20	2.19	20.30	16.08	79.17	100.00	2.17
1997	59.58	58.97	88.74	87.61	8.88	8.82	2.12	2.69	18.89	14.83	78.48	100.00	2.60
1998	53.48	57.16	90.98	87.69	7.73	9.59	1.39	2.11	20.97	16.54	78.90	100.00	2.09
1999	57.15	56.57	91.23	88.08	7.03	10.02	1.36	1.65	17.85	12.67	70.98	100.00	1.18
2000	57.00	56.12	92.45	88.18	6.23	10.61	1.15	1.30	15.40	10.55	68.54	100.00	0.71
2001	57.62	51.34	92.25	88.63	6.38	10.05	1.14	1.30	17.62	13.03	73.96	100.00	0.58
2002	56.97	53.1	92.45	88.34	6.38	10.94	1.14	1.48	11.76	6.23	52.98	100.00	0.38
2003	56.42	53.69	92.73	88.1	5.94	11.38	1.08	1.23	13.94	8.41	60.28	100.00	0.35
2004		51.85		88.78		9.81		1.10	15.17	10.3	67.89	100.00	0.36

炼油技术经济指标表(二)

年度	加工一吨原油耗电(千瓦·时)	加工一吨原油耗蒸汽(吨)	加工一吨原油耗燃料油(千克)	调和一吨车用汽油耗四乙铅(千克)	原油加工单位成本(元/吨)	原油单位加工费(元/吨)	原油加工单位销售收入(元/吨)	原油加工单位税金(元/吨)	原油加工单位利润(元/吨)
1978	25.08	0.32	45.60	1.51	147.45	41.58	133.77	2.97	1.16
1979	23.23	0.26	31.43	1.02	146.23	45.07	158.77	6.51	0.46
1980	24.50	0.37	40.98	0.88	155.64	54.31	183.17	11.32	0.34
1981	29.27	0.42	56.89	0.60	169.65	68.14	173.67	7.13	0.73
1982	85.13	1.30	118.20	0.63	184.33	90.67	176.70	5.15	0.66
1983	98.80	1.01	125.68	0.70	209.07	112.56	246.35	7.55	41.34
1984	104.44	1.14	134.50	0.70	226.60	129.90	280.88	21.14	37.98
1985	114.38	1.35	152.67	0.72	235.50	141.32	331.00	26.50	64.82
1986	102.20	1.08	122.10	0.80	341.10	169.26	457.67	55.32	40.99
1987	100.31	0.99	104.37	0.80	324.41	136.54	458.67	62.11	71.87
1988	103.12	0.97	180.28	0.80	465.21	149.39	531.73	71.79	67.25
1989	98.97	0.90	96.73	0.80	479.84	149.99	642.71	68.48	64.81
1990	101.87	0.92	94.73	0.80	504.12	171.30	561.84	46.90	11.34
1991	100.47	0.85	87.09	0.83	556.53	187.86	673.45	55.14	−17.04
1992	89.62	0.87	86.82	0.80	373.24	237.21	664.82	45.01	65.61
1993	76.53	0.77	68.35	0.77	1080.00	211.75	1359.00	75.00	306.00
1994	83.48	0.68	59.81	1.28	695.36	211.75	824.85	76.19	−15.10
1995	99.03	0.50	43.38	2.00	1218.00	209.00	1412.00	118.70	9.08
1996	92.09	0.50	42.29	0.29	1226.00	185.68	1110.00	120.30	1.46
1997	100.00	0.47	40.65	0.51	1329.98	239.36	1468.00	168.72	0.24
1998	103.35	0.45	44.24	0.29	1290.14	286.09	1450.98	116.69	−192.19
1999	104.61	0.48	51.79	0.4	1282.38	259.39	1462.61	147.69	−67.69
2000	103.92	0.40	48.45	—	1990.36	296.48	2382.28	132.65	−94.49
2001	105.26	0.30	13.68	—	1462.79	296.06	1962.63	145.63	3.74
2002	100.03	0.30	14.85	—	1402.25	257.59	2062.92	98.24	26.03
2003	99.2	0.24	15.74	—	1725.71	297.81	2260.28	96.16	13.72
2004	96.74	0.24	14.43	—	2101.87	277.05	2770.93	85.87	33.27

河南油田勘探投资效果分析表

年度	每亿吨石油地质储量需综合投资（万元）		每亿吨石油地质储量需直接投资（万元）		每亿吨石油地质储量需实物量					
					二维地震工作量（千米）		探井进尺（万米）		探井口数（口）	
	集团公司	河南油田	集团公司	河南油田	集团公司	河南油田	集团公司	河南油田	集团公司	河南油田
“四五”合计		61143		61134		15435		54.9		299
“五五”合计		14054		12125		8366		60.7		214
“六五”合计	53027	326348		241124	14176	89373	44.5	224.8	167	785
“七五”合计	108754	159076		122871	21630	40244	50.1	126.6	204	924
“八五”合计	179005	900176		607002	16065	106694	36.0	209.8	149	926
1991	144195	709692		528154	18268	115026	46.4	355.9	189	1128
1992	145054	475232		368080	16058	51022	39.0	221.1	162	1084
1993	199998	970230		640599	20181	209309	40.5	232.3	162	1152
1994	175739	1079742		750903	13408	117484	26.5	149.4	109	710
1995	226814	1227816		735633	13821	77405	32.1	151.1	137	696
“九五”合计		241299		195496		16541		30.8		130
1996	191259	162117	135451	132492	11128	10684	27.6	19.7	112	71
1997	226796	220247	161349	144845	9652	5133	31.5	22.4	122	120
1998	214647	376816	146320	270160	8306	26702	22.7	42.4	92	183
1999	218823	435959	169100	352376	12353	48571	29.7	59.0	131	178
2000	226743	228945	211209	204601	7184	13641	50.3	32.8	186	163
“十五”合计		265374		241925	31936	21095.0	157.9	202.3	587.5	1195.0
2001		287049	268587	259033	10313	11089	59.4	72.6	213	252
2002		243998	219042	226468	9889	2840	42.8	64.1	161	418
2003		260384	250902	252539	11734	7166	55.7	65.6	213	525
2004		251398		243563		4237		54.9		687

河南油田开发投资效果分析表

年度	每百万吨原油生产能力需综合投资（万元）		每百万吨原油生产能力需直接投资（万元）		每百万吨原油生产能力需实物量 开发井进尺（万米）		每百万吨原油生产能力需实物量 开发井口数（口）	
	集团公司	河南油田	集团公司	河南油田	集团公司	河南油田	集团公司	河南油田
“四五”合计		—		—		—		—
“五五”合计		13889		13268		30.06		152
“六五”合计	49103	54636		25336	55.4	53.36	319	283
“七五”合计	83088	89923		33295	69.1	70.93	423	653
“八五”合计	168888	223241		138871	81.0	113.12	513	751
1991	121378	163645		107995	78.9	121.60	510	860
1992	142526	165746		105583	82.5	104.68	528	706
1993	173100	268645		161436	80.7	120.29	565	744
1994	203121	255000		158336	86.3	85.36	544	689
1995	201186	282010		170518	76.1	142.50	496	870
“九五”合计		280063		227094		99.33		641
1996	221317	239193	164630	190376	81.9	82.85	525	556
1997	256642	327553	184216	270375	81.8	118.45	544	771
1998	294710	303113	190982	229085	90.6	105.6	637	665
1999	250808	316809	203600	239609	86.0	137.05	648	809
2000	196642	236395	182555	204581	68.4	72.05	315	487
“十五”合计		245067		698938	237.5	488	1362	3218
2001		241322	216949	240048	81.7	243.93	681	1925
2002		245682	214948	240065	72.8	95.69	340	645
2003		241057	207670	218825	83.0	88.12	341	648
2004		198866		191681		60.12		632

2004年末地质储量情况表

油　田	累　计　探　明			
	面　积（平方千米）	地质储量（万吨）	可采储量（万吨）	剩余可采储量（万吨）
合　计	170.9	26904	7655.8	1852.9
双　河	33.8	10176	4540.9	691.5
下二门	8.0	2298	1025.2	228.1
赵凹—安棚	20.8	2099	457.2	231.5
王　集	16.5	831	121.0	55.6
井　楼	7.8	948	281.1	102.2
古　城	6.7	1436	296.8	110.0
杨　楼	8.6	975	—	—
新　庄	8.5	3243	82.2	74.2
杜　坡	3.5	145	—	—
魏　岗	14.7	922	381.5	74.7
张　店	11.1	404	64.4	39.7
东　庄	3.9	198	—	—
北马庄	2.2	104	—	—
宝浪油田	13.8	1936	338.2	192.4
本布图油田	11.0	1189	67.3	53.0

钻井进尺及完成井口数表

年度	钻井总计		探井合计		开发井合计		集团公司钻井情况	
	进尺（万米）	井口数（口）	进尺（万米）	井口数（口）	进尺（万米）	井口数（口）	进尺（万米）	井口数（口）
总　计	749.16	4775	206.88	1081	539.10	3694	30632.80	160669
1970—1975	34.24	145	29.01	121	5.23	24	2395.30	17314
“五五”合计	106.98	494	39.94	155	67.04	339	2494.10	12207
“六五”合计	59.28	271	21.06	84	35.04	187	4347.40	22319
1981	13.21	66	5.01	19	8.20	47	556.50	2783
1982	14.59	74	3.06	12	11.35	62	722.50	3871
1983	10.50	47	1.06	12	6.44	35	794.40	4256
1984	10.30	42	4.19	16	6.11	26	1024.40	5292
1985	10.68	42	7.74	25	2.94	17	1249.60	6117
“七五”合计	118.91	1021	38.76	283	80.15	738	7132.23	32274
1986	13.58	102	6.74	55	7.11	47	1254.80	7028
1987	18.66	145	9.53	73	9.13	72	1337.03	7352
1988	34.21	268	12.84	98	21.37	170	1512.30	8640
1989	26.83	270	4.82	36	22.01	234	1570.70	9259
1990	25.63	236	5.10	21	20.53	215	1457.40	8590
“八五”合计	147.46	935	28.53	126	118.93	809	7876.20	47151
1991	31.26	194	6.94	22	24.32	172	1536.57	9299
1992	33.52	213	7.14	35	26.38	178	1587.17	9571
1993	25.73	153	5.04	25	20.69	128	1571.22	8870
其中：自营	21.00	107	4.36	21	16.64	86	—	—
1994	24.70	184	4.63	22	20.06	162	1651.44	9932
其中：自营	16.18	98	3.64	19	12.54	79	—	—
1995	32.25	191	4.78	22	27.47	169	1529.80	9479
其中：自营	20.36	102	1.10	6	19.26	96	—	—
“九五”合计	124.79	767	17.29	73	107.50	694	6387.57	29404
1996	28.06	177	3.62	13	24.44	164	1670.50	10162
其中：自营	22.50	109	3.32	10	25.82	99	—	—
1997	33.15	212	3.18	17	29.97	195	1749.90	10908
其中：自营	25.73	135	2.29	12	23.43	123	—	—
1998	25.16	153	2.78	12	22.38	141	1261.60	8334
其中：自营	21.82	102	2.26	10	19.57	92	—	—
1999	19.65	105	3.89	12	15.76	93	1113.80	7304
其中：自营	17.92	82	3.22	8	14.70	74	—	—
2000	18.77	120	3.82	19	14.95	101	591.77	2601
其中：自营	16.43	79	3.69	17	12.74	62	—	—
“十五“合计	157.50	1142	32.29	239	125.21	903	1245.44	5267
2001	43.97	206	8.93	31	35.04	175	657.07	2649
其中：自营	33.56	125	8.79	31	24.77	94	—	—
2002	40.60	272	7.96	52	32.64	220	588.37	2618
其中：自营	32.79	217	7.96	52	24.83	165	—	—
2003	38.97	292	8.37	67	30.60	225	632.50	2559.00
其中：自营	33.34	227	8.37	67	24.97	160	—	—
2004	33.96	372	7.03	89	26.93	283		
其中：自营	29.07	275	6.64	80	22.43	195		

钻井技术经济指标表

年度	完成井平均井深（米）	井身质量合格率（%）		固井质量合格率（%）		取心收获率（%）		平均建井周期（天/时）		钻机月速度（米/台）		机械钻速（米/时）	集团公司平均钻机月速度（米/台）
		集团公司	河南油田	集团公司	河南油田	集团公司	河南油田	集团公司	河南油田	小计	其中：探井		
1976	2075		61.11		93.94		87.17		93/18	729	576	—	648
1977	1925		72.63		95.50		89.28		68/17	990	774	—	728
1978	2047	83.00	91.16	95.20	97.18	75.80	87.80	61/8	60/20	1090	675	—	972
1979	2220		89.81		91.84		90.05		94/11	676	590	3.17	866
1980	2422	90.07	90.41	92.50	91.38	83.40	84.29	67/1	128/23	677	647	2.93	902
1981	2069	94.14	93.94	93.25	93.10	83.90	84.29	69/9	108/11	639	406	2.88	933
1982	2107	96.73	97.30	94.83	90.77	86.48	80.07	55/14	97/12	734	290	2.92	1067
1983	2184	97.62	100.00	96.03	93.02	87.03	82.54	54/22	101/18	790	464	3.72	1138
1984	2511	98.80	95.24	97.62	96.97	85.53	85.61	47/15	118/13	749	468	3.35	1313
1985	2226	99.26	97.62	97.76	94.87	88.33	89.35	43/12	106/—	642	584	2.83	1431
1986	1504	99.35	100.00	98.27	98.68	89.26	75.74	40/17	37/10	653	429	2.94	1422
1987	1208	99.74	100.00	99.12	100.00	88.18	74.41	37/22	64/23	688	481	3.87	1472
1988	1265	99.56	100.00	99.19	100.00	93.89	86.25	34/14	58/17	692	448	3.93	1554
1989	1036	99.60	100.00	99.41	100.00	93.77	86.85	35/13	51/14	682	422	4.11	1664
1990	1041	99.77	99.58	99.52	99.55	94.36	90.13	35/8	39/16	870	557	4.99	1638
1991	1515	99.90	100.00	99.73	100.00	93.51	87.98	32/22	42/5	1152	125	6.10	1682
1992	1702	99.83	99.06	99.59	98.93	94.62	91.51	30/3	30/11	1122	839	5.80	1867
1993	1624	99.62	100.00	99.77	100.00	94.40	90.42	27/19	48/17	1191	812	6.30	2130
1994	1299	99.89	100.00	99.79	99.35	93.82	86.46	23/18	38/2	1235	1157	6.74	2308
1995	1557	99.85	100.00	99.63	98.37	92.92	87.06	22/16	23/2	1260	849	5.27	2385
1996	1640	99.93	100.00	99.73	96.59	92.16	86.78	22/5	19/11	1357	1099	5.90	2421
1997	1594	99.88	100.00	99.76	99.00	93.03	82.21	21/3	36/—	1435	707	6.45	2451
1998	1742	99.71	99.35	99.56	97.26	91.76	89.15	19/1	24/23	1531	1203	6.81	2674
1999	1719	99.97	100.00	99.71	97.92	86.96	89.40	17/8	28/4	1666	1342	7.08	2843
2000	1685	97.84	100.00	99.89	100.00	93.22	89.90		37/17	1554	932	7.07	
2001	1974	99.81	100.00	99.25	95.39	93.85	90.27		41/12	1597	1236	6.50	
2002	1616	100.00	100.00	100.00	100.00	92.98	83.99		27/15	1924	1397	8.22	
2003	1353	100.00	100.00	100.00	100.00	94.22	72.14		26/22	2177	1645	9.49	
2004	915		100.00		100.00		91.97		22/23	1946	1055	10.30	

2004年多种经营企业主要指标完成情况表

单位:万元

序号	单位名称	经营销售收入	利税总额	其中 利润总额	管理费用	职工(人) 总数	其中 全民职工	其中 完善工资制度非全民工
	合计	75270.82	1241.95	-2591.40	6461.33	4833	1568	1967
1	华油集团公司	8960.79	-147.34	-979.57	1259.79	1502	334	521
2	双河社区多种经营	16692.18	985.31	-74.81	1476.12	643	293	292
3	钻井多种经营	7328.43	60.13	-322.46	468.17	380	93	197
4	油建公司多种经营	1659.72	-24.88	-68.53	82.32	473	65	294
5	精蜡厂多种经营	16829.47	404.53	43.62	294.58	334	235	99
6	水电厂多种经营	3098.97	168.19	16.13	440.77	370	152	167
7	房产公司多种经营	2742.53	106.65	13.08	799.42	69	27	38
8	运输处多种经营	845.78	-166.07	-213.80	168.51	141	20	63
9	机修厂多种经营	3013.95	-909.93	-995.00	363.52	259	90	109
10	测井多种经营	2215.04	185.71	51.52	159.50	68	48	3
11	设计院多种经营	1752.40	170.00	43.26	145.70	82	42	26
12	职工医院多种经营	246.70	-136.49	-144.15	57.51	50	19	21
13	五一社区多种经营	5105.19	248.29	18.49	248.19	178	34	42
14	通信公司多种经营	903.04	37.35	0.82	118.79	107	61	46
15	录井多种经营	766.63	77.46	29.93	24.50	50	10	
16	报社多种经营	80.40	11.22	5.04	2.33	14	2	2
17	人力资源中心多种经营	134.85	4.53	1.06	4.47	8	3	4
18	消防支队多种经营	344.02	23.84	1.37	2.35			
19	电视台多种经营	107.72	-27.42	-34.63	37.04	27	4	1
20	涧河社区多种经营	2443.01	170.87	17.23	307.75	78	36	42

2004年全行业原油生产情况表

单位:万吨

	本年计划	本年实际	为年计划(%)	为去年同期(%)
合　计	**14704.00**	**15037.27**	**102.27**	**101.80**
一、中国石油化工集团公司	**3860.00**	**3861.21**	**100.03**	**101.18**
(一)中国石油化工股份	**3767.00**	**3761.83**	**99.86**	**100.95**
胜利油田有限公司	2595.00	2595.96	100.04	99.91
西北石油分公司	343.00	351.17	102.38	119.92
西南石油分公司	0.80	1.09	136.25	117.92
华东石油分公司	20.00	17.51	87.55	102.76
华北石油分公司		0.19		
东北石油分公司	5.00	5.15	103.00	116.37
中南石油分公司	0.80	0.85	106.25	119.31
中原油气股份公司	60.30	57.20	94.86	87.69
河南油田分公司	188.00	188.31	100.16	101.24
中原油田分公司	294.70	277.91	94.30	93.78
江汉油田分公司	95.00	96.00	101.05	100.93
江苏油田分公司	157.00	158.00	100.64	101.78
南方勘探开发公司	2.50	2.88	115.20	106.59
上海海洋石油分公司	5.20	9.63	185.19	83.67
(二)中国石化集团存续部分	**92.70**	**99.37**	**107.20**	**110.57**
胜利石油管理局	72.00	78.34	108.81	116.67
江苏石油勘探局	4.00	4.00	100.00	133.33
西北石油局	7.00	7.00	100.00	87.15
华北石油局	9.70	10.03	103.40	85.80
二、中国石油集团公司	**10844.00**	**11176.07**	**103.06**	**102.00**
(一)中国石油股份	**10385.00**	**10446.00**	**100.59**	**100.50**
大庆油田有限公司	4630.00	4640.03	100.22	95.90
吉林油田分公司	495.00	505.52	102.13	106.40
辽河油田分公司	1270.00	1283.19	101.04	97.10
华北油田分公司	431.00	432.29	100.30	99.30
大港油田分公司	484.00	488.38	100.90	116.00
冀东油田分公司	95.00	100.32	105.60	134.10
新疆油田分公司	1110.00	1111.06	100.10	104.80
吐哈油田分公司	225.00	225.00	100.00	95.70
塔里木油田分公司	535.00	538.36	100.63	102.50
长庆油田分公司	800.00	811.00	101.38	115.60
青海油田分公司	222.00	222.17	100.08	100.90
玉门油田分公司	75.00	75.03	100.04	107.20
西南油气田分公司	13.00	13.81	106.23	100.80
(二)延长油矿	**450.00**	**720.94**	**160.21**	**130.40**
(三)南方勘探开发公司	**9.00**	**9.13**	**101.44**	**120.50**

2004年全行业天然气生产情况表

单位:亿立方米

	本年计划	本年实际	为年计划(%)	为去年同期(%)
合　计	330.00	345.23	104.62	114.33
一、中国石油化工集团公司	**58.00**	**58.63**	**101.09**	**110.29**
(一)中国石油化工股份	**58.00**	**58.63**	**101.09**	**110.29**
胜利油田有限公司	9.00	9.00	100.00	111.12
西北石油分公司	4.90	4.90	100.00	108.41
西南石油分公司	19.00	19.10	100.53	112.29
华东石油分公司				
华北石油分公司	0.90	0.98	108.89	
东北石油分公司	1.80	1.81	100.56	106.45
中原油气股份公司	10.30	10.43	101.26	101.94
河南油田分公司	1.00	1.02	102.00	101.82
中原油田分公司	7.20	7.09	98.47	104.54
江汉油田分公司	1.00	1.08	108.00	107.71
江苏油田分公司	0.40	0.50	125.00	148.50
南方勘探开发分公司	0.90	1.01	112.22	112.02
上海海洋石油分公司	1.60	1.72	107.50	117.74
二、中国石油集团公司	**272.00**	**286.60**	**105.37**	**115.20**
(一)股份公司	**272.00**	**285.32**	**104.90**	**115.20**
大庆油田有限责任公司	20.30	20.34	100.20	100.00
吉林油田分公司	2.00	2.47	123.50	106.30
辽河油田分公司	9.00	10.04	111.56	94.90
华北油田分公司	5.70	5.85	102.63	101.80
大港油田分公司	3.20	3.38	105.63	94.80
冀东油田分公司	0.50	0.55	110.00	126.90
新疆油田分公司	25.50	25.50	100.00	115.40
吐哈油田分公司	16.00	13.26	82.88	107.50
塔里木油田分公司	10.80	13.56	125.56	124.50
长庆油田分公司	71.00	74.46	104.87	143.60
青海油田分公司	16.00	17.94	112.13	116.40
玉门油田分公司		0.20		93.80
西南油气田分公司	92.00	97.77	106.27	106.40
(二)南方勘探开发公司	**1.00**	**1.29**	**129.00**	**112.50**

2004年全行业原油加工情况表

单位:万吨

	本年实际	去年同期	为去年同期(%)
合　计	**25218.31**	**22238.23**	**113.40**
一、中国石油化工集团公司	**14140.80**	**12417.00**	**113.88**
(一)中国石油化工股份	**13294.51**	**11667.88**	**113.94**
胜利油田有限公司	155.46	91.15	170.55
石家庄炼化股份公司	327.74	266.05	123.19
上海石化股份公司	910.94	861.01	105.80
扬子石化股份公司	638.48	625.88	102.01
镇海炼化股份公司	1594.75	1360.97	117.18
福建炼化股份公司	390.55	362.41	107.76
茂名炼化股份公司	992.32	1153.06	86.06
河南油田分公司	55.34	54.27	101.97
中原油田分公司	69.36	54.54	127.17
北海分公司	52.31	51.37	101.83
西安分公司	57.08	29.65	192.51
塔河分公司	8.57	12.22	70.13
北京燕山分公司	783.35	701.08	111.73
天津分公司	494.47	468.33	105.58
沧州分公司	248.85	180.82	137.62
上海高桥分公司	905.44	841.73	107.57
金陵分公司	821.54	715.05	114.89
安庆分公司	418.66	330.97	126.49
九江分公司	360.36	311.90	115.54
济南分公司	377.30	300.39	125.60
齐鲁分公司	875.97	794.56	110.25
洛阳分公司	520.87	456.86	114.01
武汉分公司	370.85	285.41	129.94
荆门分公司	366.55	317.67	115.39
长岭炼化分公司	429.74	351.95	122.10
广州分公司	737.92	688.59	107.16
茂名分公司	329.73		
(二)中国石化存续部分	**846.29**	**749.12**	**112.97**
江苏油田	25.03	22.42	111.64
新星泰州炼厂	49.10	41.06	119.58
清江石化公司	88.50	79.20	111.74
青岛石化厂	247.26	186.45	132.61
巴陵石化公司	181.14	154.46	117.27
湛江东兴企业公司	184.96	205.13	90.17
杭州炼油厂	70.29	60.40	116.37
二、中国石油天然气集团	**11077.51**	**9821.28**	**112.79**

附　　录

河南油田关心下一代工作委员会

二〇〇四年三月二十三日调整

豫油[2004]党字 32 号

主　任:张国全
常务副主任:杨帼珍
副主任:韩文政　周德喜　张秋福
　　　张和平　曹明伟
委　员:徐世彬　张建立　黄水平
　　　朱国强　付兴旺　杨广亭
　　　任怀军　王嘉菊　杨志清
　　　冯　草　曹礼智　丁建宇
　　　宋江瑞
办公室主任:常江辉
副主任:彭建果

河南油田老年大学、老年体协、老年政研会

二〇〇四年三月二十三日

豫油[2004]党字 33 号

1.河南油田老年大学
校　长:张振山
副校长:蒋立新　成留光
校务委员会委员:史新鹏　王新学
　　　　　　　张永红
办公室主任:方　毅
2.河南油田老年体育协会
主　席:喇华璀
副主席:崔宏跃　王英杰
秘书长:惠玉珍
理　事:周银才　李明保　彭万通
　　　冯　草　杨广亭　李俊华
　　　徐柏韧　姜福善　王长虹
　　　唐新栋　郭玉恒　原小旺
　　　王学岭
3.老年政研会
会　长:韩文政
副会长:杨帼珍　姚中安　朱国强
　　　何建国　张秋福　朱　灵
秘书长:李德才

副秘书长：冯复贵

理　事：龚本货　张豫蒙　罗克生
　　　　喻德斌　白祥林　李爱清
　　　　蒋成伟　杨　红

河南石油勘探局暨河南油田分公司科技项目领导小组

二〇〇四年三月四日成立

豫油[2004]科字51号

1.油气勘探（包括物探、地质、测井、录井、试油）科技项目领导小组

组　长：袁政文

副组长：邱荣华

成　员：王　敏　陈文学　曾光明
　　　　吕明久　马义忠　曾　兴
　　　　杨道庆　全书进　孙耀华
　　　　李　锋　张社民　王德志
　　　　胡东海　王天波　董家斌

2.油气田开发（包括油藏工程、采油工程、地面工程、测井）科技项目领导小组

组　长：李联五

副组长：樊中海

成　员：敬国超　李军营　张建国
　　　　罗洪友　薛国勤　黄金山
　　　　孙尚如　赵　庆　魏淋生
　　　　石步乾　李　涛　毕　生
　　　　丁连民　王　晗　张才元

3.钻井、机械工程科技项目领导小组

组　长：唐大鹏

副组长：尚会昌

成　员：邓建军　薛建国　蒋建宁
　　　　王学良　吴世辉　尹永晶
　　　　郭　耘　曾　华　吴方平
　　　　谭贵勇

4.企业管理科技项目领导小组

组　长：陈永正

副组长：项习文

成　员：马明生　欧继红　包湘海
　　　　曾庆耀　杨广亭　张树根
　　　　李修志　史新鹏　王生群
　　　　任怀军　孙振强

局办公楼消防安全隐患大修工作施工协调领导小组

二〇〇四年五月十二日成立

豫油[2004]基字130号

组　长：陶光辉

副组长：王明伟　曾庆耀　常德安
　　　　谢晓清

成　员：党政办　规划计划处　基建处
　　　　安全处　概预算中心　房地产
　　　　管理处　监理单位

河南石油勘探局暨河南油田分公司安全生产环境保护委员会

二〇〇四年七月十二日成立

豫油安[2004]176 号

主任委员：袁政文

副主任委员：姚大福　李联五　唐大鹏

委　员：彭生明　李清亮　张国全
邱荣华　鲍培义　陶光辉
樊中海　陈永正　王　敏
尚会昌　项习文　陈文学
罗洪友　敬国超　陈安标
张建国　曾庆耀　包湘海
张树根　杨广亭　史新鹏
李修志　王生群　王明伟
汤洁浩　黄忠桥　邓建军
白国印　王　磊　赵永乐
郭向阳　任怀军　常德安
路胜旗　郑祖芳

安全生产环境保护委员会办公室：

主任：陈安标(兼)

副主任：郝建设(兼)毕道金(兼)

2004 年度先进集体与个人名录

“劳动模范”10 名

钻井工程公司 70129 钻井队队长　张建国
第二采油厂井楼油矿 11 号斜直井女子站站长　李凤勤(女)
地质调查处 2233 地震队队长　曾　鸾
石油勘探开发研究院采收率室油藏主任师　翁大丽(女)
石油工程技术研究院采油工艺研究所井下工具室高级主任师　马宏伟
南阳石蜡精细化工厂综合调度室副主任　刘付升
地质录井公司西(外)部录井分公司副经理　王宏亮
油建工程建设有限责任公司第三安装工程处主任　高　忠
水电厂供电大队副大队长兼双河供电车间主任　王青旭
教育中心高级中学教师　周青生

“模范集体”10 个

第一采油厂下二门油矿采油 10 队
钻井工程公司 70129 钻井队
第二采油厂古城油矿采油 2 队
地质调查处 2235 地震队
石油勘探开发研究院开发一室
南阳石蜡精细化工厂储运二车间
油建工程建设有限责任公司第二安装工程处
地质录井公司西(外)部录井分公司
地球物理测井公司电测中队
水电厂供电大队双河供电车间

“先进集体”24 个

第一采油厂井下作业工程部作业 4 队
第一采油厂双河油矿联合站
钻井工程公司 45758 钻井队
第二采油厂井楼油矿稠油联合站
宝浪油田开发项目经理部采油 1 队
南阳石蜡精细化工厂蒸馏车间
石油工程技术研究院采油工艺研究所
勘察设计研究院工艺室
运输处塔里木运输分公司
物资供销处五一总库仓库
通信公司魏岗通信站
南阳二机石油装备(集团)有限公司总装一分厂
机械制造厂机加工车间
五一社区服务中心维修站维修队
双河社区服务中心北区服务站锅炉队
涧河社区服务中心液化气站
教育中心第七中学初四年级组
南阳油田公安局双江油区派出所
消防支队五大队
总医院功能科
华油企业(集团)有限责任公司郑州瑞康制药有限公司
河南石油报社编辑部
局生产协调处
中国石化报河南油田记者站

“先进生产(工作)者”100 名

第一采油厂(16 人)
熊炳雷　丁庆昌　安　龙　倪明镜　王卫华

弓保平　同永红(女)　马春燕(女)
倪小五(女)　张俊碧(女)　江　涛
彭冠宇　刘忠信　胡　昆　彭军成　常胜怀
钻井工程公司(8人)
陈　奇　杨志锐　翟新义　周永福　赵　宣
胡金鹏　吕桂军　崔海军
第二采油厂(7人)
刘建茹(女)　焦　琼(女)　李协宽　李明军
院文庆　张　海　田刘长
地质调查处(2人)
石运章　李志华
油建工程建设有限责任公司(2人)
代超宇　孔天文
地球物理测井公司(3人)
杨春文　胡永峰　张文艺
水电厂(4人)
李卫东　张黎明　刘献志　杜桂川
南阳石蜡精细化工厂(7人)
罗世欣　程晓东　王久霞(女)　陈　强
常伟先　赵满伟　刘海涛
运输处(3人)
刘永军　蒋忠阳　李海玉
南阳二机石油装备(集团)有限公司(3人)
刘永勤　彭　安　袁保华
机械制造厂(3人)
李玉峰　程国胜　牛新胜
石油勘探开发研究院(2人)
赵德力　杨永利
石油工程技术研究院(1人)
郭进忠
勘察设计研究院(2人)
郑友林　刘　翔
地质录井公司(1人)
周海森
通信公司(2人)
仵俊杰　齐延晓
物资供销处(3人)
周传伦　袁东晓　陈　永
总医院(3人)
杨　健　姬宪民　陈文超
五一社区服务中心(4人)
董和平　孙德生　邹卫峰　魏旭远
双河社区服务中心(4人)
陈　林　王松江　万苏东　姜旗
涧河社区服务中心(2人)
王　平　魏荣敏
南阳社区服务中心(1人)
李素芬(女)
房地产管理处(1人)
王江林
公安局(1人)
常亚章
消防支队(1人)
王　军
人力资源开发中心(1人)
梁亚伟
河南石油报社(1人)
韩　辛
技术监测中心(1人)
张进德
华油企业(集团)有限责任公司(2人)
赵海东　付泗永
塔里木河南勘探公司(1人)
赵旭华
宝浪油田开发项目经理部(1人)
裴　征
局机关(7人)
赵雪峰　李国奇　吴明新　蒲世东　陈秋文
何志全　王月桂(女)

2004年度评定教授级、高级职称人员名单

(一)教授级高级工程师6人

张忠和 石步乾 孙尚如 翟中喜

黄青松 陈 祥

(二)教授级高级政工师2人

任怀军 白国印

(三)教授级高级经济师1人

孙振强

(四)教授级高级会计师1人

项习文

(五)主任医师1人

黄建庄

(六)高级工程师98人

张君亚 刘 杰 樊子华 贾增全

郑延斌 王培良 王学宏 蔡俊杰

张继昌 吴天庆 娄红洋 赵 群

陈 平 单 晶 姚奕明 李丹梅

孔令军 罗明宇 赵玉鹏 郭旭光

张振华 王振平 王普贵 李连生

乔桂林 李 峰 蒋永福 孙凤华

郭小群 李红青 张 磊 妙 兴

唐 磊 冯 毅 孔昭柯 海玉芝

马玉霞 李宏武 杨少辉 闫有平

刘司红 杨云飞 丁艳红 高 娉

赵长庆 刘寿平 陈松林 胡年友

杨荣起 王 恺 万其力 刘丽琼

姚京坤 齐波军 李 健 邱昌强

张立新 雷炎森 张西宏 程国胜

姜春堂 欧学海 王金胜 应保连

仵雪飞 刘高峰 焦清朝 李秀军

李贵军 张子中 张学瑜 夏德全

李庆毅 万惠君 王勇焕 宋秋鸿

陈明俊 赵春莉 翟佑华 李 萍

韩春秀 郝荣伟 段生旭 吴保先

常伟先 梁正元 王 伟 沈庆梅

黄海波 程 军 张新敏 王瑞东

李照峰 余 昊 李 晓 吴 洪

叶俊萍 尹书林

(七)高级经济师18人

郭文秀 刘新民 张 峰 张保山

袁丰义 马丽芬 杜玉许 刘志敏

周来伦 邓海平 李 峰 祝玉申

廖 勇 王利国 肖 琼 郭向阳

赵雪峰 刘道新

(八)高级统计师1人

冯瑞平

(九)高级会计师8人

王文杰 董英宇 李学伟 章玉平

王家安 王国林 陈安庆 米绍松

(十)高级政工师47人

江 杰 赵林德 张孝友 周云平

陈晓明 高 山 刘文彦 高 波

苏新杰 杨洛平 韩嵩峰 李海云

涂 峰 毕正元 郭万江 武晓军

毛彦斌 王庆平 汪晓明 柳正泽

宋春华 宋笑勉 罗 林 王尽涛

李平德 冯魁晓 张小戈 原建国

郭向阳 司万宗 李培旭 陈升保

周炳跃 张 雷 周 军 贾 伟

陈连宝 钱淑萍 宋汉伟 闫定会

罗中文 王 伟 杨继东 郭长勇

秦金德 王志焕 高军生

(十一)高级讲师1人

杨洪茂

(十二)主任记者1人

李有金

(十三)主任编辑1人

徐晓峰

(十四)副研究馆员 4 人

杨玉霞　乔润梅　徐　晨　李建明

(十五)副主任医师 16 人

柳云贤　黄豪光　尚　前　赵新华
李晓燕　邓云虎　刘桂芬　张育新
吴士杰　田　桢　张建立　张启田
张明宏　杨　臻　刘喜兰　全晓慧

(十六)副主任药师 1 人

李喜桂

(十七)副主任护师 1 人

李　梅

(十八)中学高级教师 112 人

邓全红　李剑平　王彦萍　靳艳娜
张新田　邓红杰　刘　华　刘小伟
李　超　邓筱莳　赵天舒　樊文联
李连峰　尹大俊　刘明江　周青生
赵强山　秦朝卿　刘　勇　郑宝平
李朋铎　王玉朋　丁　爽　李默语
张凤萍　李天成　崔金玉　张德丽
李　青　王荣贤　张林邓　竺光明
杨　雯　郭茹芳　刘　峰　郭文志
邢晓雅　王同林　韩明智　潘明正
尹宏斌　石耿心　王晓平　黄敬芝
韩书杰　刘建会　张清香　吕　蓉
杨长宾　王　健　尹忠玉　李天成
张朝晖　闻　达　段素林　郝新贺
鲁瑛珉　王春华　孙尚东　刘贺芝
贾俊平　刘雨舟　李长永　任占强
谭吉勇　谭尽忠　郝新晓　庞咏华
袁文娥　雷耀华　张海峰　毕小亭
惠　奇　刘云松　金　雯　张正杰
狄文红　何　明　沈端午　鲁永军
常云芝　金　峰　杨春青　贾玉璠
何亚梅　许兰敏　白进良　尹　健
蒋永玲　田光冉　李　骁　刘敏久
苑文娟　罗　玲　王　萍　张英丽
王　磊　董　俊　勾宏立　金少玲
王守杰　李　梅　杨国强　黄秀甫
段显春　解志芳　李　凌　徐全岭
陈　凯　李　凡　李　林　房　魏

(高建甫)

2004 年企业重要文件目录索引

文　号	文 件 名 称	发 文 时 间
豫油[2004]房地字 2 号	关于开展河南油田职工已购住房用地登记发证工作的通知	2004 年 1 月 2 日
豫油[2004]企字 51 号	关于印发《河南石油勘探局暨河南油田分公司2003—2005 年经营管理办法》的通知	2004 年 1 月 2 日
豫油[2004]房地字 2 号	关于河南油田职工已购住房用地登记发证工作的通知	2004 年 1 月 2 日
豫油[2004]质监字 3 号	关于批准发布《斜井修井机》、《电驱动拖挂式钻机》两项企业标准的通知	2004 年 1 月 4 日
豫油[2004]安字 1 号	关于印发《2004 年安全环保工作安排意见》的通知	2004 年 1 月 5 日

续表

文　号	文 件 名 称	发 文 时 间
豫油[2004]机字4号	关于印发《河南油田设备年审管理实施办法》的通知	2004年1月6日
豫油[2004]计字9号	关于下达《2004年一季度固定资产投资及大修理项目运行计划》的通知	2004年1月18日
豫油[2004]公共字8号	关于印发《河南油田2004年绿化计划》的通知	2004年1月18日
豫油[2004]编字13号	关于成立河南油田西部石油工程技术服务管理部的通知	2004年2月5日
豫油[2004]企字14号	关于印发《河南油田物资招标采购评委人员名单》的通知	2004年2月9日
豫油[2004]资管字15号	关于表彰2003年度多种经营系统先进集体和先进生产(工作)者的决定	2004年2月9日
豫油[2004]资管字17号	关于印发《河南石油勘探局多种经营2004年经营管理办法》的通知	2004年2月9日
豫油[2004]党字7号	关于表彰2003年党风廉政建设先进单位和个人的决定	2004年2月10日
豫油[2004]监字20号	河南油田关于2003年效能监察工作总结暨2004年工作安排意见的报告	2004年2月10日
豫油[2004]监字21号	关于表彰2003年效能监察工作先进单位、优秀项目组长的先进个人的决定	2004年2月10日
豫油[2004]计字32号	关于上报《河南石油勘探局2004年陆上特定地区石油(天然气)勘探开发项目及引进计划》的报告	2004年2月23日
豫油[2004]党字18号	关于李凤云同志退休的通知	2004年2月23日
豫油[2004]干字25号	关于凌生弼同志退休的通知	2004年2月23日
豫油[2004]人字33号	关于协议解除劳动合同人数、补偿补助金标准和解决资金的报告	2004年2月24日
豫油[2004]人字46号	关于开除宋青、徐严军厂籍和对梁银、王晓予以除名的批复	2004年2月24日
豫油[2004]机字35号	关于下发《河南油田车辆管理实施细则》的通知	2004年2月25日
豫油[2004]职改字38号	关于确认唐大鹏等15名同志教授级高级专业技术职务任职资格的通知	2004年2月25日
豫油[2004]职改字39号	关于确认新闻、卫生、教育系列孙岩等52名同志高级专业技术职务任职资格的通知	2004年2月25日
豫油[2004]职改字40号	关于确认林立新等151名同志及平转袁建强等23名同志高级专业技术职务任职资格的通知	2004年2月25日
豫油[2004]职改字41号	关于确认王继文等250名同志及平转杨代蓉等29名同志中级专业技术职务任职资格的通知	2004年2月25日
豫油[2004]职改字42号	关于认定曾敏等133名同志(经会统审、卫生)及平转屈玉斌同志中级专业技术职务任职资格的通知	2004年2月25日

续表

文　　号	文 件 名 称	发 文 时 间
豫油[2004]职改字43号	关于确认李元等120名同志（五大生）中级专业技术职务任职资格的通知	2004年2月25日
豫油[2004]职改字44号	关于确认郭亚东、李英庆同志高级专业技术职务任职资格的通知	2004年2月25日
豫油[2004]党字16号	关于张国全等三名同志兼任职的通知	2004年3月3日
豫油[2004]干字26号	关于桂昕等三名同志正式聘任职的通知	2004年3月3日
豫油[2004]干字27号	关于党锴钊等十七名同志聘任(免)职的通知	2004年3月3日
豫油[2004]干字28号	关于崔宏跃等三名同志聘任(免)职的通知	2004年3月3日
豫油[2004]科字49号	关于印发《2004年科学技术进步计划》的通知	2004年3月3日
豫油[2004]企字47号	关于印发《河南勘探局暨河南油田分公司经营管理及效绩考核办法》的通知	2004年3月3日
豫油[2004]编字52号	关于调整退休职工管理处（离退休职工管理中心）机构的通知	2004年3月4日
豫油[2004]干字54号	关于印发《高级主任师岗位竞聘试行办法》的通知	2004年3月4日
豫油[2004]科字51号	关于成立河南石油勘探局暨河南油田分公司科技领导小组的通知	2004年3月4日
豫油[2004]审字50号	关于印发2004年审计工作要点和审计项目计划的通知	2004年3月4日
豫油[2004]编字55号	关于调整对外合作部（外事办公室）机构编制的通知	2004年3月5日
豫油[2004]企字56号	关于印发2005—2006年《河南油田发展战略》的通知	2004年3月5日
豫油[2004]审字57号	关于印发“河南油田计算机辅助审计管理暂行办法”及“计算机辅助审计实施细则”的通知	2004年3月8日
豫油[2004]科字48号	关于印发《科技项目特岗特薪管理办法》的通知	2004年3月12日
豫油[2004]党字29号	2003年保密工作总结和2004年工作安排意见	2004年3月16日
豫油[2004]机字64号	关于对《南阳石油机械厂整体改制方案》的批复意见	2004年3月16日
豫油[2004]企字67号	关于下发《河南石油勘探局暨河南油田分公司内部结构调整、改制分流总体方案》及配套办法（试行）的通知	2004年3月16日
豫油[2004]财字70号	关于解决我局部分历史遗留问题的报告	2004年3月17日
豫油[2004]安字69号	关于“2·12”交通事故的检查报告	2004年3月18日
豫油[2004] 质监字71号	关于下达河南油田三元商厦等三家企业改制分流实施方案的请示	2004年3月22日
豫油[2004] 党字32号	关于《河南油田关心下一代工作委员会组织调整》的通知	2004年3月23日
豫油[2004] 党字33号	关于调整河南油田老年大学、老年体协、老年政研会等老年组织的通知	2004年3月23日

续表

文　　号	文 件 名 称	发 文 时 间
豫油[2004] 基字 73 号	关于建立河南油田建设领域清理拖欠工程款协调机构和定期报表制度的通知	2004 年 3 月 23 日
豫油[2004]党政办字 75 号	关于加强油田机关执行力度、规范行文程序及格式的通知	2004 年 3 月 24 日
豫油[2004]党字 31 号	关于印发《关于实行局、厂两级领导干部谈话制度的实施意见》的通知	2004 年 3 月 24 日
豫油[2004]机字 74 号	关于印发《以机械制造厂为主的重组实施方案》的通知	2004 年 3 月 24 日
豫油[2004] 质监字 68 号	关于批准发布《S11 系列三相油浸式卷绕铁芯配电变压器》企业标准的通知	2004 年 3 月 24 日
豫油[2004]社险字 90 号	河南石油勘探局关于转发《河南省实施〈工伤保险条例〉暂行办法的通知》的通知	2004 年 3 月 30 日
豫油[2004]监字 93 号	关于印发《不良资产核销管理效能监察方案》的通知	2004 年 3 月 30 日
豫油[2004]信息字 94 号	关于实施办公自动化二期工程的通知	2004 年 3 月 31 日
豫油[2004]公共字 96 号	关于印发《河南油田医疗卫生系统整合重组实施方案》的通知	2004 年 4 月 2 日
豫油[2004]科字 100 号	关于下达《2004 年第一批科技经费计划》的通知	2004 年 4 月 2 日
豫油[2004]科字 98 号	关于印发《河南石油勘探局暨河南油田分公司结构调整、改制分流单位工商登记及债权债务处理的有关规定》的通知	2004 年 4 月 2 日
豫油[2004]财字 108 号	勘探局关于同意多种经营企业财产所有权归勘探局所有的批复	2004 年 4 月 12 日
豫油[2004]计字 109 号	关于下达《2004 年第二季度基本建设及公用大修理控制计划》的通知	2004 年 4 月 13 日
豫油[2004]编字 110 号	关于明确石油化工工程质量监督总站河南石油分站机构编制的通知	2004 年 4 月 14 日
豫油[2004]党字 39 号	关于 2004 年度党风廉政建设责任目标的报告	2004 年 4 月 19 日
豫油[2004]财字 113 号	关于下达 2004 年度财务指标的通知	2004 年 4 月 20 日
豫油[2004]财字 114 号	关于印发《河南石油勘探局暨河南油田分公司 2004 年财务、资产工作要点》的通知	2004 年 4 月 21 日
豫油[2004]生字 117 号	关于下发《河南油田"三基"工作考核细则》的通知	2004 年 4 月 21 日
豫油[2004]计字 111 号	关于河南油田中心区高速公路连线建设工程的请示	2004 年 4 月 27 日
豫油干[2004]124 号	关于田少雄、赵亮两名同志聘任职的通知	2004 年 5 月 5 日
豫油干[2004]125 号	关于李永林等四名同志聘任职的通知	2004 年 5 月 5 日
豫油公共[2004]126 号	关于成立河南石油勘探局、河南油田分公司"分离办社会职能试点工作领导小组"的报告	2004 年 5 月 5 日

续表

文　号	文 件 名 称	发 文 时 间
豫油[2004]干字131号	关于李铁同志聘任(免)职的通知	2004年5月5日
豫油干[2004]122号	关于喇华璀同志退休的通知	2004年5月9日
豫油干[2004]121号	关于田富舟同志退休的通知	2004年5月10日
豫油企[2004]123号	关于油田企业改制中有关工商登记问题的函	2004年5月10日
豫油基[2004]130号	关于成立局办公楼消防安全隐患大修工程施工协调领导小组的通知	2004年5月21日
豫油干[2004]139号	关于张顺玉同志聘任(免)职的通知	2004年5月21日
豫油干[2004]140号	关于王守伟同志聘任职的通知	2004年5月21日
豫油[2004]职改字134号	关于确认李越等四名同志档案馆员任职资格的通知	2004年5月25日
豫油[2004]财字137号	关于申请流动资金借款担保的报告	2004年5月26日
豫油[2004]公共字138号	关于计划生育特殊人群及家属有关费用支付的补充通知	2004年5月27日
豫油财[2004]141号	关于上报《投资房地产情况调查表》和清理整顿方案的报告	2004年5月31日
豫油[2004]机字142号	关于油建公司《关于在稠油新区产能建设中恢复使用油建公司康兴产品的请示》的批复意见	2004年5月31日
豫油企[2004]144号	关于南阳石油机械厂改制分流方案实施的指导意见	2004年5月31日
豫油计[2004]143号	关于开展2004年河南油田第一次经济普查工作的通知	2004年6月1日
豫油财[2004]145号	关于印发《河南石油勘探局"账销案存"资产管理办法》的通知	2004年6月3日
豫油质监[2004]146号	关于2004年度局级优秀QC小组及成果的通报	2004年6月3日
豫油干[2004]147号	关于黄忠桥等四名同志聘任(免)职的通知	2004年6月3日
豫油公共[2004]148号	关于印发《河南油田流动人口计划生育暂行管理办法》的通知	2004年6月3日
豫油人[2004]149号	关于确认于学平等11名高级技师任职资格的通知	2004年6月3日
豫油生[2004]151号	关于认真做好2004年防洪防讯工作的通知	2004年6月3日
豫油人[2004]152号	关于河南石油勘探局在资产重组、结构调整中实施集体工等人员协议解除劳动合同的请示	2004年6月5日
豫油外[2004]153号	关于派员赴印度尼西亚进行钻井工程项目设备检查和市场调研任务的请示	2004年6月8日
豫油干[2004]155号	关于陶光辉等三名同志聘任(免)职的通知	2004年6月10日
豫油计[2004]156号	关于呈报"河南油田中心区出口道路建设工程可行性研究报告"的请示	2004年6月11日

续表

文 号	文 件 名 称	发 文 时 间
豫油企[2004]158 号	关于对河南石油勘探局南阳石油机械厂改制分流实施方案进行调整的请示	2004 年 6 月 16 日
豫油外[2004]159 号	关于派员赴苏丹执行设备检查的钻井工程项目考察的请示	2004 年 6 月 16 日
豫油外[2004]160 号	关于派员赴美国执行地震资料处理任务的请示	2004 年 6 月 16 日
豫油外[2004]161 号	关于派员赴印度尼西亚执行钻井任务的请示	2004 年 6 月 16 日
豫油开[2004]162 号	关于印发《中国石化集团河南石油勘探局、中国石油化工股份有限公司河南油田分公司合作开采未动用石油储量管理办法(试行)》的通知	2004 年 6 月 21 日
豫油人[2004]163 号	关于对张德慧等 31 人予以除名的批复	2004 年 6 月 21 日
豫油企[2004]165 号	关于南阳石油机械厂改制分流方案实施资产移交的批复	2004 年 6 月 25 日
豫油监[2004]166 号	关于清查职工拖欠公款问题的通知	2004 年 6 月 28 日
豫油干[2004]171 号	关于蒋桂堂同志聘任职的通知	2004 年 6 月 30 日
豫油企[2004]172 号	对郑州办事处(乾元大酒店)实行资产租赁经营的管理办法	2004 年 7 月 6 日
豫油安[2004]175 号	关于印发《安全环保人员持证上岗管理规定》的通知	2004 年 7 月 12 日
豫油安[2004]176 号	关于调整河南石油勘探局暨河南油田分公司安全生产环境保护委员会成员的通知	2004 年 7 月 12 日
豫油干[2004]177 号	关于周德喜同志聘任职的通知	2004 年 7 月 12 日
豫油干[2004]178 号	关于上报 2005 年毕业生需求计划的通知	2004 年 7 月 12 日
豫油计[2004]184 号	关于下达《2004 年三季度基本建设及公用大修理控制计划》的通知	2004 年 7 月 14 日
豫油财[2004]186 号	关于申请为光大银行综合授信提供担保的请示	2004 年 7 月 19 日
豫油党政办[2004]188 号	河南油田关于 2004 年上半年工作的报告	2004 年 7 月 20 日
豫油安[2004]194 号	关于印发《河南油田领导干部 HES 责任事故引咎辞职及责任追究暂行办法》的通知	2004 年 7 月 22 日
豫油物[2004]189 号	2004 年上半年物资供应管理、工作检查考核情况的通报	2004 年 7 月 23 日
豫油人[2004]190 号	关于印发《河南油田安全用工管理规定》的通知	2004 年 7 月 23 日
豫油计[2004]192 号	关于呈报《河南油田 2004～2020 年度土地利用规划纲要》的报告	2004 年 7 月 26 日
豫油安[2004]193 号	关于印发《河南油田突发事件应急管理规定》的通知	2004 年 7 月 26 日
豫油教[2004]195 号	河南油田关于移交中小学有关问题的汇报	2004 年 7 月 27 日
豫油信[2004]196 号	关于印发《河南油田信息系统关键岗位安全管理办法》的通知	2004 年 7 月 27 日

续表

文　号	文件名称	发文时间
豫油公共[2004]197号	河南石油勘探局、河南油田分公司关于加快移交企业公安机构工作步伐的报告	2004年7月28日
豫油企[2004]198号	关于公布通过合同知识培训考核合格人员名单的通知	2004年7月29日
豫油企[2004]199号	关于印发《河南油田改制企业原公章、财务章、合同章收缴管理暂行办法》的通知	2004年7月29日
豫油干[2004]207号	关于蒋立新同志退休的通知	2004年8月2日
豫油干[2004]208号	关于宋恪兴、彭科沛两名同志退休的通知	2004年8月2日
豫油干[2004]211号	河南石油勘探局(分公司)关于政工系列高级专业技术职务任职资格评审委员会换届的报告	2004年8月6日
豫油外[2004]212号	关于上报河南石油勘探局机械制造厂集体工协议解除劳动合同的请示	2004年8月10日
豫油企[2004]214号	关于上报河南石油勘探运输处集体工协议解除劳动合同的请示	2004年8月10日
豫油企[2004]215号	关于上报河南石油勘探局总医院集体工协议解除劳动合同的请示	2004年8月10日
豫油卫[2004]216号	河南油田关于对既往有偿供血人员普查工作的通知	2004年8月11日
豫油人[2004]204号	关于成立"河南油田国际经济贸易有限公司"的通知	2004年8月13日
豫油编[2004]218号	关于组建河南石油勘探局南阳社区服务中心的通知	2004年8月16日
豫油外[2004]221号	关于派员赴埃及执行修井项目任务的请示	2004年8月23日
豫油企[2004]224号	关于下发《河南明珠大酒店(暂定名)经营承包暂行办法》的通知	2004年8月25日
豫油公共[2004]225号	河南油田关于移交中小学有关问题的请示	2004年8月27日
豫油公共[2004]226号	河南石油勘探局关于太康农场学校移交问题的请示	2004年8月28日
豫油干[2004]229号	关于上报河南油田2004年毕业生引进工作总结和2005年毕业生需求计划的请示	2004年8月30日
豫油职改[2004]231号	关于刘小伟等7名同志平转一级教师任职资格的通知	2004年8月31日
豫油机[2004]232号	关于发布《河南油田2004年度设备修理厂站目录》的通知	2004年8月31日
豫油科[2004]235号	关于下达《2004年第二批科技经费计划》的通知	2004年9月1日
豫油科[2004]234号	关于下达《2004年科学技术进步补充计划》的通知	2004年9月2日

续表

文 号	文 件 名 称	发 文 时 间
豫油人[2004]237 号	关于调整河南油田住房公积金管理机构的通知	2004 年 9 月 3 日
豫油人[2004]238 号	关于成立河南明珠大酒店服务有限公司的通知	2004 年 9 月 3 日
豫油干[2004]242 号	关于逯春太、黄任胜两名同志聘任(免)职的通知	2004 年 9 月 4 日
豫油干[2004]245 号	关于郭耘同志聘任职的通知	2004 年 9 月 4 日
豫油干[2004]248 号	关于黄任胜等三名同志聘任(免)职的通知	2004 年 9 月 4 日
豫油干[2004]249 号	关于陈德山、蒋桂堂两名同志聘任(免)职的通知	2004 年 9 月 4 日
豫油干[2004]250 号	关于田平等六名同志正式聘任职的通知	2004 年 9 月 4 日
豫油外[2004]239 号	关于派员赴尼日利亚执行边际油田项目谈判任务的请示	2004 年 9 月 7 日
豫油编[2004]243 号	关于成立河南石油勘探局井下作业公司的通知	2004 年 9 月 8 日
豫油人[2004]244 号	关于印发《关于在资产重组、结构调整中实施集体工等人员协议解除劳动合同暂行办法》的通知	2004 年 9 月 9 日
豫油财[2004]255 号	关于河南省南阳油田公安局人员、经营、资产核对情况的报告	2004 年 9 月 12 日
豫油计[2004]254 号	关于下达《2004 年第三批项目前期工作计划》的通知	2004 年 9 月 16 日
豫油财[2004]252 号	关于对外投资各借款情况的专题汇报	2004 年 9 月 20 日
豫油财[2004]257 号	关于增加安棚碱矿有限责任公司股东的报告	2004 年 9 月 20 日
豫油财[2004]258 号	关于解决我局改制企业匹配资金的报告	2004 年 9 月 20 日
豫油财[2004]259 号	关于调整我局 2004 年亏损指标的报告	2004 年 9 月 20 日
豫油财[2004]260 号	关于河南石油勘探局 2005 年予算亏损情况的报告	2004 年 9 月 20 日
豫油财[2004]261 号	关于调整水、电、气价格及供暖、环卫、绿化收费办法的通知	2004 年 9 月 20 日
豫油质监[2004]282 号	关于批准发布《测井马笼头的使用与维护》等 30 项企业标准的通知	2004 年 9 月 22 日
豫油计[2004]265 号	关于在河南油田中心区设立南阳市直辖行政区的请示	2004 年 9 月 27 日
豫油企[2004]266 号	关于对改制企业进行战略调研的通知	2004 年 9 月 28 日
豫油房管[2004]267 号	关于下达第二批经济适用(集资)住房售房价格的通知	2004 年 9 月 28 日
豫油干[2004]268 号	关于呈报《河南油田中层管理人员精简分流实施方案》的报告	2004 年 9 月 28 日
豫油企[2004]269 号	关于上报河南石油勘探局河南石油报社印刷厂改制分流初步方案的请示	2004 年 9 月 30 日

续表

文　号	文件名称	发文时间
豫油企[2004]270号	关于上报河南石油勘探局运输处改制分流初步方案的请示	2004年10月7日
豫油干[2004]271号	关于教育系统干转工人员按干部身份移交地方的请示	2004年10月8日
豫油人[2004]273号	关于原南阳石油机械厂改制分流人员安置和劳动关系处理以及社会保险关系接续等的请示	2004年10月8日
豫油人[2004]274号	关于亚南实业开发公司改制分流人员安置和劳动关系处理以及社会保险关系接续等的请示	2004年10月8日
豫油人[2004]275号	关于南阳迪士比公司改制分流人员安置和劳动关系处理以及社会保险关系接续等的请示	2004年10月8日
豫油人[2004]276号	关于三元商厦改制分流人员安置和劳动关系处理以及社会保险关系接续等的请示	2004年10月8日
豫油人[2004]277号	关于南洋电子元件厂改制分流人员安置和劳动关系处理以及社会保险关系接续等的请示	2004年10月8日
豫油卫[2004]281号	关于贯彻实施《工作场所职业病危害警示标识》的通知	2004年10月11日
豫油生[2004]279号	关于开展油田基层队内部资质认证及评审工作的通知	2004年10月12日
豫油质监[2004]263号	关于批准发布《工业锅炉节能监测实施细则》等20项企业标准的通知	2004年10月14日
豫油生[2004]284号	关于印发《公交车售票暂行办法》的通知	2004年10月14日
豫油工[2004]283号	关于对2004年集体合同履行情况进行监督检查的通知	2004年10月15日
豫油资管[2004]285号	关于多种经营系统部分项目回归主业的实施意见	2004年10月16日
豫油外[2004]288号	关于派员赴印度尼西亚执行钻井任务的请示	2004年10月25日
豫油企[2004]289号	关于调整经营者岗位激励股的通知	2004年10月25日
豫油干[2004]290号	关于徐震、宗友霜两名同志退休的通知	2004年10月26日
豫油干[2004]291号	关于陈中先同志退休的通知	2004年10月26日
豫油干[2004]292号	关于上报河南油田远征实业公司改制分流初步方案的请示	2004年10月28日
豫油企[2004]293号	关于上报河南油田海达实业公司改制分流初步方案的请示	2004年10月28日
豫油企[2004]294号	关于上报河南油田三利实业公司改制分流实施方案的请示	2004年10月28日
豫油企[2004]295号	关于上报河南油田宏达汽车修理厂改制分流实施方案的请示	2004年10月28日
豫油企[2004]296号	关于上报河南油田四维实业有限公司改制分流实施方案的请示	2004年10月28日

续表

文 号	文 件 名 称	发 文 时 间
豫油企[2004]297 号	关于上报河南油田康兴实业公司改制分流实施方案的请示	2004 年 10 月 28 日
豫油企[2004]298 号	关于上报河南油田腾远实业总公司改制分流实施方案的请示	2004 年 10 月 28 日
豫油企[2004]299 号	关于上报河南油田三元汽车大修厂改制分流实施方案的请示	2004 年 10 月 28 日
豫油企[2004]301 号	关于上报河南油田惠通汽车维修服务中心改制分流实施方案的请示	2004 年 10 月 28 日
豫油外[2004]305 号	关于派员赴印度尼西亚执行谈判签约任务的请示	2004 年 11 月 3 日
豫油职改[2004]306 号	关于确认教育系列李剑平等 113 名同志高级专业技术职务任职资格的通知	2004 年 11 月 4 日
豫油卫[2004]307 号	关于进一步加强艾滋病防治工作的通知	2004 年 11 月 4 日
豫油计[2004]310 号	关于印发《河南油田第一次经济普查实施方案》的通知	2004 年 11 月 4 日
豫油计[2004]311 号	关于印发《河南油田第一次经济普查基本单位清查工作实施方案》的通知	2004 年 11 月 4 日
豫油财[2004]304 号	关于按职工工资总额的 2.5%提取教育培训经费的请示	2004 年 11 月 5 日
豫油生[2004]308 号	关于河南油田 70119HN 钻井队赴尼日利亚执行钻井施工协议的报告	2004 年 11 月 5 日
豫油党政办[2004]309 号	关于调整《河南油田年鉴》编纂委员会及编辑部成员的通知	2004 年 11 月 8 日
豫油质监[2004]312 号	关于批准发布《SLS－1 型钻井时录井仪操作规程》等 26 项企业标准的通知	2004 年 11 月 9 日
豫油安[2004]313 号	关于开展 2004 年度安全环保工作总结评比的通知	2004 年 11 月 9 日
豫油人[2004]314 号	关于协议解除劳动合同工作执行情况的报告	2004 年 11 月 12 日
豫油公共[2004]315 号	印发《河南石油勘探局关于调整充实加强社区基层组织实施方案》的通知	2004 年 11 月 21 日
豫油监[2004]319 号	中国石化集团河南石油勘探局关于 2004 年效能监察工作总结的报告	2004 年 11 月 21 日
豫油人[2004]316 号	关于 2004 年度河南石油勘探局协议解除劳动合同有关问题的请示	2004 年 11 月 23 日
豫油企[2004]318 号	关于上报河南石油勘探局机械制造厂改制分流实施方案的请示	2004 年 11 月 25 日
豫油监[2004]320 号	关于《上报河南石油勘探局不良资产核销管理效能监察工作总结》的报告	2004 年 11 月 26 日
豫油生[2004]322 号	关于对大港井下作业公司河南项目部的处理通报	2004 年 11 月 26 日
豫油干[2004]332 号	关于卞先孟等三名同志聘任职的通知	2004 年 11 月 26 日

续表

文　号	文 件 名 称	发 文 时 间
豫油干[2004]333 号	关于李永林等四名同志正式聘任职的通知	2004 年 11 月 26 日
豫油计[2004]323 号	关于埠江区域城镇划规建设工作有关问题的通知	2004 年 11 月 30 日
豫油土地[2004]324 号	关于《叶县人民政府收回中国石化集团河南石油勘探局盐化总厂闲置国有土地使用权的决定》的报告	2004 年 11 月 30 日
豫油土地[2004]325 号	河南石油勘探局关于《叶县人民政府收回中国石化集团河南石油勘探局盐化总厂闲置国有土地使用权的决定》的函	2004 年 11 月 30 日
豫油企[2004]326 号	关于上报《河南油田大正实业公司改制分流实施方案》的请示	2004 年 12 月 1 日
豫油企[2004]327 号	关于《上报河南石油报社印刷厂改制分流实施方案》的请示	2004 年 12 月 1 日
豫油干[2004]328 号	关于江道庆同志退休的通知	2004 年 12 月 2 日
豫油安[2004]329 号	关于对运输处“11·13”重大交通事故有关领导人员的处理决定	2004 年 12 月 2 日
豫油外[2004]330 号	关于派员赴埃及执行修井项目的请示	2004 年 12 月 3 日
豫油外[2004]331 号	关于派员赴苏丹执行顶驱服务任务的请示	2004 年 12 月 3 日
豫油土地[2004]334 号	关于呈报《中国石化集团河南石油勘探局、中国石化股份有限公司河南油田分公司 2005 年土地利用计划》的报告	2004 年 12 月 6 日
豫油财[2004]339 号	关于编制 2005 年财务预算的通知	2004 年 12 月 8 日
豫油财[2004]340 号	关于表彰 2003 年度财务会计报告优胜单位的报告	2004 年 12 月 8 日
豫油财[2004]338 号	关于认真做好 2004 年财务决算工作的通知	2004 年 12 月 10 日
豫油教[2004]341 号	关于印发《河南油田中小学、幼儿园及少年儿童安全管理专项整治行动实施方案》的通知	2004 年 12 月 10 日
豫油企[2004]342 号	关于上报河南石油勘探局运输处客运公司改制分流实施方案的请示	2004 年 12 月 13 日
豫油企[2004]343 号	关于上报河南石油勘探局运输处改制分流实施方案的请示	2004 年 12 月 13 日
豫油企[2004]344 号	关于上报河南油田开源实业总公司改制分流实施方案的请示	2004 年 12 月 14 日
豫油社险[2004]345 号	河南石油勘探局关于工伤保险有关问题的请示	2004 年 12 月 14 日
豫油安[2004]346 号	关于上报《河南油田 2004 年风险评估报告隐患治理报告、事故报告》的报告	2004 年 12 月 14 日
豫油计[2004]347 号	关于埠江区域城镇规划建设工作有关问题的函	2004 年 12 月 14 日
豫油财[2004]348 号	关于申请返还城市建设维护税的报告	2004 年 12 月 16 日
豫油财[2004]349 号	关于申请返还教育费附加的报告	2004 年 12 月 16 日

续表

文 号	文件名称	发文时间
豫油干[2004]353 号	关于张伟斌同志正式聘任职的通知	2004 年 12 月 18 日
豫油资管[2004]351 号	关于认真做好 2004 年度多种经营系统财务决算工作的报告	2004 年 12 月 20 日
豫油党政办[2004]352 号	关于启用"中国石化集团河南石油勘探局"、"中国石油化工股份有限公司河南油田分公司"新印章的通知	2004 年 12 月 21 日
豫油人[2004]350 号	河南石油勘探局、河南油田分公司规范离退休人员补贴的实施方案	2004 年 12 月 22 日
豫油企[2004]356 号	关于参加"牵手公平和正义——法律援助在南阳"大型公益募捐活动的通知	2004 年 12 月 22 日
豫油房产[2004]354 号	关于下二门油矿职工住宅楼产权划转为分公司的通知	2004 年 12 月 23 日
豫油人[2004]355 号	关于增加内部退养职工生活补贴的通知	2004 年 12 月 23 日
豫油干[2004]360 号	关于推荐 2004 年度享受政府特殊津贴人员、中石化有突出贡献专家、中石化优秀青年知识分子的报告	2004 年 12 月 24 日
豫油房产[2004]363 号	关于河南油田住房公积金管理机构移交南阳市住房公积金管理中心管理有关事宜的请示	2004 年 12 月 25 日
豫油外[2004]358 号	关于派员赴尼日利亚执行 OML64/66 区块和 Stubb Creek 油田石油工程施工实地踏勘任务的请示	2004 年 12 月 28 日
豫油计[2004]359 号	关于呈报《张店油田龙 1 断块开发可行性研究报告》的请示	2004 年 12 月 28 日
豫油计[2004]362 号	关于下达《2004 年固定资产投资调整计划》的通知	2004 年 12 月 30 日
豫油计[2004]361 号	关于下达《2004 年固定资产大修理调整计划》(公用)的通知	2004 年 12 月 31 日
豫油卫[2004]164 号	关于成立河南油田艾滋病防治工作委员会的通知	2004 年 6 月 25 日
豫油企[2004]223 号	关于发布河南油田 2004 年度二级供应商网络第一批供应商名单的通知	2004 年 8 月 24 日
豫油职改[2004]230 号	关于张书亭同志平转高级教师任职资格的通知	
豫油企[2004]264 号	关于上报河南石油勘探局集体工协议解除劳动合同的请示	
豫油安[2004]287 号	关于上报河南油田 2005 年重大隐患治理项目的请示	

续表

文 号	文 件 名 称	发 文 时 间
豫油企[2004]300号	关于上报河南油田测井新技术研究中心改制分流实施方案的请示	
豫油[2004]便字1号	关于表彰2003年度HSE先进集体、个人的决定	2004年1月5日
豫油[2004]便字2号	关于公布2003年度河南油田物业管理示范(优秀)住宅小区考评结果的通报	2004年1月7日
豫油[2004]便字3号	关于表彰2003年度设备管理及机械制造系统先进的决定	2004年1月14日
豫油[2004]便字4号	关于表彰2003年度节能先进集体和先进个人的决定	2004年1月18日
豫油[2004]便字5号	关于表彰2003年度财务、资产管理先进集体和先进工作者的决定	2004年2月23日
豫油[2004]便字6号	关于表彰2003年度河南油田社区服务系统物业管理、居民委员会先进单位和先进工作者的决定	2004年2月24日
豫油[2004]便字7号	关于表彰2003年度科技系统先进单位和先进工作者的决定	2004年3月3日
豫油[2004]便字8号	关于表彰2003年度审计先进集体先进个人及优秀审计项目的决定	2004年3月4日
豫油[2004]便字9号	关于表彰2003年度河南油田绿化工作先进集体和先进个人的决定	2004年3月8日
豫油[2004]便字10号	关于表彰2003年度计划生育工作先进单位、先进协会和先进个人的决定	2004年3月23日
豫油[2004]便字11号	关于印发《河南油田企业网络接入暂行规定》的通知	2004年4月12日
豫油分公司[2004]物字4号	关于印发二〇〇四年度《器材控制价格目录》的通知	2004年1月20日
豫油分公司[2004]开字9号	关于表彰二〇〇三年度油田开发系统先进个人及优秀开发项目的决定	2004年2月16日
豫油分公司[2004] 计字12号	关于上报《河南油田分公司2004年陆上特定地区石油(天然气)勘探开发项目及引进计划》的报告	2004年2月20日
豫油分公司[2004]物字13号	2003年度物资供应管理工作检查考核情况通报	2004年2月20日
豫油分公司[2004]物字14号	关于表彰2003年度物资供应管理先进单位和先进个人的决定	2004年2月20日
豫油分公司[2004]开字15号	关于印发《河南油田分公司原油交接计量管理交接规定》的通知	2004年2月26日
豫油分公司[2004]财字19号	关于下达2004年度财务指标的通知	2004年3月3日
豫油分公司[2004]干字11号	关于罗洪友等五名同志聘任(免)职的通知	2004年3月3日

续表

文 号	文 件 名 称	发 文 时 间
豫油分公司[2004]土地字 28 号	关于对桐柏县国土资源管理局拟定的河南油田2003 年第一批产能建设工程征地方案的函	2004 年 3 月 5 日
豫油分公司[2004]土地字 24 号	关于对宛城区国土资源管理局拟定的河南油田2003 年第一批产能建设工程征地方案的函	2004 年 3 月 8 日
豫油分公司[2004]土地字 26 号	关于对唐河县国土资源管理局拟定的河南油田2003 年第一批产能建设工程征地方案的函	2004 年 3 月 8 日
豫油分公司[2004]干字 11 号	关于罗洪友等三名同志聘任(免)职的通知	2004 年 3 月 9 日
豫油分公司[2004]干字 31 号	关于李道华、魏国瑞两名同志聘任职的通知	2004 年 3 月 9 日
豫油分公司[2004]财字 32 号	关于上报《河南油田分公司 2003 年度财务决算报告》的报告	2004 年 3 月 12 日
豫油分公司[2004]计字 号	关于下达《二〇〇四年一季度生产建设控制计划》的通知	2004 年 3 月 24 日
豫油分公司[2004]计字 34 号	关于下达《2004 年第一批投资计划》的通知	2004 年 3 月 25 日
豫油分公司[2004]计字 37 号	关于下达《二〇〇四年二季度生产建设控制计划》的通知	2004 年 4 月 1 日
豫油分公司[2004]房地字 40 号	关于对新野县国土资源管理局拟定的河南油田2003 年第一批产能建设工程征地方案的函	2004 年 4 月 5 日
豫油分公司[2004]物字 38 号	关于印发《河南油田物资计划管理实施细则》(试行)等五个管理办法的通知	2004 年 4 月 5 日
豫油分公司[2004]开字 41 号	关于开展调整注水结构,降低无效注水,提高注水效益活动的通知	2004 年 4 月 7 日
豫油分公司[2004]开字 42 号	关于开展“降低无效作业工作量,提高作业措施效益”活动的通知	2004 年 4 月 7 日
豫油分公司[2004]财字 43 号	关于开展“降本增效管理年”活动的通知	2004 年 4 月 13 日
豫油分公司[2004]科字 44 号	关于《河南石油》期刊主管单位变更的申请报告	2004 年 4 月 23 日
豫油分公司[2004]概字 45 号	关于发布旧抽油机维修结算价格的通知	2004 年 4 月 26 日
豫油分公司[2004]概字 46 号	关于印发《河南油田工程竣工结算管理补充办法》的通知	2004 年 4 月 27 日
豫油分公司[2004]计字 49 号	关于上报《河南油田分公司 2004 年第四批投资建议计划》的报告	2004 年 5 月 12 日
豫油分公司[2004]便字 13 号	关于表彰 2003 年度河南油田残疾人工作就业安置先进单位和个人、助残先进集体、优秀残疾的决定	2004 年 5 月 19 日
豫油分公司[2004]干字 53 号	关于姚亚明等四名同志聘任(免)职的通知	2004 年 6 月 3 日
豫油分公司[2004]概字 55 号	关于发布工程建设监理及建设单位收费标准的通知	2004 年 6 月 11 日
豫油分公司[2004]计字 59 号	关于下达《2004 年三季度生产建设控制计划》的通知	2004 年 7 月 9 日

续表

文　号	文 件 名 称	发 文 时 间
豫油分公司[2004]概字 60 号	关于开展井下作业工程定额编制工作的通知	2004 年 7 月 12 日
豫油分公司[2004]概字 68 号	关于呈报《河南油田分公司 2004～2020 年年度土地利用规划纲要》的报告	2004 年 7 月 26 日
豫油分公司[2004]开字 71 号	关于印发《河南油田分公司东部油田注水水质检测管理办法(暂行)》的通知	2004 年 8 月 4 日
豫油分公司[2004]概字 72 号	关于成立尼日利亚 64 / 66 区块项目研究组的通知	2004 年 8 月 6 日
豫油分公司[2004]计字 73 号	关于呈报《2005 年生产经营建设计划》的报告	2004 年 8 月 10 日
豫油分公司[2004]计字 75 号	关于呈送《2005 年投资建议计划》的报告	2004 年 8 月 20 日
豫油分公司[2004]便字 16 号	关于调整河南油田残疾人联合会主席团、理事会成员的通知	2004 年 8 月 24 日
豫油分公司[2004]概字 79 号	关于发布钻井工程设计费用预算价格的通知	2004 年 8 月 27 日
豫油分公司[2004]勘字 80 号	关于增加地质资料馆藏份额的通知	2004 年 9 月 3 日
豫油分公司[2004]勘字 82 号	关于魏国瑞同志正式聘任职的通知	2004 年 9 月 4 日
豫油分公司[2004]便字 22 号	关于表彰 2002～2003 年度档案系统先进集体和先进个人的决定	2004 年 9 月 30 日
豫油分公司[2004]勘字 87 号	关于成立河南油田分公司三江盆地勘探项目经理部的决定	2004 年 10 月 8 日
豫油分公司[2004]勘字 88 号	关于下达《2004 年四季度生产建设控制计划》的通知	2004 年 10 月 8 日
豫油分公司[2004]基字 89 号	关于井楼油矿 L32015 油井金属软管爆裂事故的通报	2004 年 10 月 14 日
豫油分公司[2004]概字 97 号	关于发布压裂设计及技术指导服务费用等七项预算价格的通知	2004 年 11 月 2 日
豫油分公司[2004]炼字 102 号	关于加强炼化新技术、新设备工业应用前技术审查的通知	2004 年 11 月 10 日
豫油分公司[2004]干字 134 号	关于李洪存同志聘任职的通知	2004 年 11 月 26 日
豫油分公司[2004]干字 118 号	关于王远明、宋家泽两名同志退休的通知	2004 年 12 月 2 日
豫油分公司[2004]土地字 125 号	河南油田分公司关于 2004 年能源建设用地情况的报告	2004 年 12 月 6 日
豫油分公司[2004]物字 128 号	关于印发 2005 年度《物资供应价格目录》的通知	2004 年 12 月 6 日
豫油分公司[2004]干字 135 号	关于章玉萍同志聘任职的通知	2004 年 12 月 18 日
豫油分公司[2004]计字 137 号	关于下达《2004 年固定资产大修理项目调整计划》的通知	2004 年 12 月 22 日
豫油分公司[2004]财字 136 号	关于发布河南油田 2004 年度降本增效管理成果的决定	2004 年 12 月 23 日
豫油分公司[2004]计字 141 号	关于下达《2004 年投资调整计划》的通知	2004 年 12 月 29 日

续表

文　　号	文 件 名 称	发 文 时 间
豫油分公司[2004]物字 4 号	关于印发二〇〇四年度《器材控制价格目录》的通知	2004 年 1 月 20 日
豫油分公司[2004]开字 9 号	关于表彰二〇〇三年度油田开发系统先进个人及优秀开发项目的决定	2004 年 2 月 16 日
豫油分公司[2004] 计字 12 号	关于上报《河南油田分公司 2004 年陆上特定地区石油(天然气)勘探开发项目及引进计划》的报告	2004 年 2 月 20 日
豫油分公司[2004]物字 13 号	2003 年度物资供应管理工作检查考核情况通报	2004 年 2 月 20 日
豫油分公司[2004]物字 14 号	关于表彰 2003 年度物资供应管理先进单位和先进个人的决定	2004 年 2 月 20 日
豫油分公司[2004]开字 15 号	关于印发《河南油田分公司原油交接计量管理交接规定》的通知	2004 年 2 月 26 日
豫油分公司[2004]财字 19 号	关于下达 2004 年度财务指标的通知	2004 年 3 月 3 日
豫油分公司[2004]干字 11 号	关于罗洪友等五名同志聘任(免)职的通知	2004 年 3 月 3 日
豫油分公司[2004]土地字 28 号	关于对桐柏县国土资源管理局拟定的河南油田 2003 年第一批产能建设工程征地方案的函	2004 年 3 月 5 日
豫油分公司[2004]土地字 24 号	关于对宛城区国土资源管理局拟定的河南油田 2003 年第一批产能建设工程征地方案的函	2004 年 3 月 8 日
豫油分公司[2004]土地字 26 号	关于对唐河县国土资源管理局拟定的河南油田 2003 年第一批产能建设工程征地方案的函	·2004 年 3 月 8 日
豫油分公司[2004]干字 11 号	关于罗洪友等三名同志聘任(免)职的通知	2004 年 3 月 9 日
豫油分公司[2004]干字 31 号	关于李道华、魏国瑞两名同志聘任职的通知	2004 年 3 月 9 日
豫油分公司[2004]财字 32 号	关于上报《河南油田分公司 2003 年度财务决算报告》的报告	2004 年 3 月 12 日
豫油分公司[2004]计字 号	关于下达《二〇〇四年一季度生产建设控制计划》的通知	2004 年 3 月 24 日
豫油分公司[2004]计字 34 号	关于下达《2004 年第一批投资计划》的通知	2004 年 3 月 25 日
豫油分公司[2004]计字 37 号	关于下达《二〇〇四年二季度生产建设控制计划》的通知	2004 年 4 月 1 日
豫油分公司[2004]房地字 40 号	关于对新野县国土资源管理局拟定的河南油田 2003 年第一批产能建设工程征地方案的函	2004 年 4 月 5 日
豫油分公司[2004]物字 38 号	关于印发《河南油田物资计划管理实施细则》(试行)等五个管理办法的通知	2004 年 4 月 5 日
豫油分公司[2004]开字 41 号	关于开展调整注水结构,降低无效注水,提高注水效益活动的通知	2004 年 4 月 7 日

续表

文　号	文 件 名 称	发 文 时 间
豫油分公司[2004]开字42号	关于开展"降低无效作业工作量,提高作业措施效益"活动的通知	2004年4月7日
豫油分公司[2004]财字43号	关于开展"降本增效管理年"活动的通知	2004年4月13日
豫油分公司[2004]科字44号	关于《河南石油》期刊主管单位变更的申请报告	2004年4月23日
豫油分公司[2004]概字45号	关于发布旧抽油机维修结算价格的通知	2004年4月26日
豫油分公司[2004]概字46号	关于印发《河南油田工程竣工结算管理补充办法》的通知	2004年4月27日
豫油分公司[2004]计字49号	关于上报《河南油田分公司2004年第四批投资建议计划》的报告	2004年5月12日
豫油分公司[2004]便字13号	关于表彰2003年度河南油田残疾人工作就业安置先进单位和个人、助残先进集体、优秀残疾的决定	2004年5月19日
豫油分公司[2004]干字53号	关于姚亚明等四名同志聘任(免)职的通知	2004年6月3日
豫油分公司[2004]概字55号	关于发布工程建设监理及建设单位收费标准的通知	2004年6月11日
豫油分公司[2004]计字59号	关于下达《2004年三季度生产建设控制计划》的通知	2004年7月9日
豫油分公司[2004]概字60号	关于开展井下作业工程定额编制工作的通知	2004年7月12日
豫油分公司[2004]概字68号	关于呈报《河南油田分公司2004～2020年年度土地利用规划纲要》的报告	2004年7月26日
豫油分公司[2004]开字71号	关于印发《河南油田分公司东部油田注水水质检测管理办法(暂行)》的通知	2004年8月4日
豫油分公司[2004]概字72号	关于成立尼日利亚64 / 66区块项目研究组的通知	2004年8月6日
豫油分公司[2004]计字73号	关于呈报《2005年生产经营建设计划》的报告	2004年8月10日
豫油分公司[2004]计字75号	关于呈送《2005年投资建议计划》的报告	2004年8月20日
豫油分公司[2004]便字16号	关于调整河南油田残疾人联合会主席团、理事会成员的通知	2004年8月24日
豫油分公司[2004]概字79号	关于发布钻井工程设计费用预算价格的通知	2004年8月27日
豫油分公司[2004]勘字80号	关于增加地质资料馆藏份额的通知	2004年9月3日
豫油分公司[2004]勘字82号	关于魏国瑞同志正式聘任职的通知	2004年9月4日
豫油分公司[2004]便字22号	关于表彰2002～2003年度档案系统先进集体和先进个人的决定	2004年9月30日
豫油分公司[2004]勘字87号	关于成立河南油田分公司三江盆地勘探项目经理部的决定	2004年10月8日
豫油分公司[2004]勘字88号	关于下达《2004年四季度生产建设控制计划》的通知	2004年10月8日
豫油分公司[2004]基字89号	关于井楼油矿L32015油井金属软管爆裂事故的通报	2004年10月14日

续表

文　号	文 件 名 称	发 文 时 间
豫油分公司[2004]概字 97 号	关于发布压裂设计及技术指导服务费用等七项预算价格的通知	2004 年 11 月 2 日
豫油分公司[2004]炼字 102 号	关于加强炼化新技术、新设备工业应用前技术审查的通知	2004 年 11 月 10 日
豫油分公司[2004]干字 134 号	关于李洪存同志聘任职的通知	2004 年 11 月 26 日
豫油分公司[2004]干字 118 号	关于王远明、宋家泽两名同志退休的通知	2004 年 12 月 2 日
豫油分公司[2004]土地字 125 号	河南油田分公司关于 2004 年能源建设用地情况的报告	2004 年 12 月 6 日
豫油分公司[2004]物字 128 号	关于印发 2005 年度《物资供应价格目录》的通知	2004 年 12 月 6 日
豫油分公司[2004]干字 135 号	关于章玉萍同志聘任职的通知	2004 年 12 月 18 日
豫油分公司[2004]计字 137 号	关于下达《2004 年固定资产大修理项目调整计划》的通知	2004 年 12 月 22 日
豫油分公司[2004]财字 136 号	关于发布河南油田 2004 年度降本增效管理成果的决定	2004 年 12 月 23 日
豫油分公司[2004]计字 141 号	关于下达《2004 年投资调整计划》的通知	2004 年 12 月 29 日

续表

文 号	文 件 名 称	发 文 时 间
豫油[2004]便字 1 号	关于表彰 2003 年度 HSE 先进集体、个人的决定	2004 年 1 月 5 日
豫油[2004]便字 2 号	关于公布 2003 年度河南油田物业管理示范(优秀)住宅小区考评结果的通报	2004 年 1 月 7 日
豫油[2004]便字 3 号	关于表彰 2003 年度设备管理及机械制造系统先进的决定	2004 年 1 月 14 日
豫油[2004]便字 4 号	关于表彰 2003 年度节能先进集体和先进个人的决定	2004 年 1 月 18 日
豫油[2004]便字 5 号	关于表彰 2003 年度财务、资产管理先进集体和先进工作者的决定	2004 年 2 月 23 日
豫油[2004]便字 6 号	关于表彰 2003 年度河南油田社区服务系统物业管理、居民委员会先进单位和先进工作者的决定	2004 年 2 月 24 日
豫油[2004]便字 7 号	关于表彰 2003 年度科技系统先进单位和先进工作者的决定	2004 年 3 月 3 日
豫油[2004]便字 8 号	关于表彰 2003 年度审计先进集体先进个人及优秀审计项目的决定	2004 年 3 月 4 日
豫油[2004]便字 9 号	关于表彰 2003 年度河南油田绿化工作先进集体和先进个人的决定	2004 年 3 月 8 日
豫油[2004]便字 10 号	关于表彰 2003 年度计划生育工作先进单位、先进协会和先进个人的决定	2004 年 3 月 23 日
豫油[2004]便字 11 号	关于印发《河南油田企业网络接入暂行规定》的通知	2004 年 4 月 12 日

2004年部分报刊、电视台有关河南油田报道标题索引

“创争”扎根百里油区	王 韶	河南工人日报	2003年1月
打造名牌——记中石化西部新区名牌基层队河南地调2236地震队	孟延军 刘广敬 李灵福	中国石油画报	2004年1月
双河社区拉长服务链条	张河川 张予山	河南工人日报	2004年1月
三定婚期	江 杰	河南工人报	2004年1月
河南油田水电厂创建学习型企业工作纪实	李如飞	中国石油报	2004年2月
河南油田双河社区发展纪略	韩建国	中国石化报	2004年2月
安全环保是更大的效益	杨洛平 宋江伟	科技文摘报	2004年2月
勇者无畏——记参加西南成品油管道建设的河南油建人	张洪波	中国石油摄影报	2004年4月
大庆130钻机获得突破性进展	董德明 郭长勇 庞凤燎	中央电视台	2004年4月
河南油田研究院让人才受益把人才留住	孙跃华	中国石化报	2004年4月
河南油田通信公司党委西柏坡进行“两个务必”教育	李声超	人民邮电报	2004年4月
河南油田井控管理成效显著	许 峰 陈崎峰	中国石化报	2004年5月
法律进社区 文明风拂面	罗 舟 王 果	中国石化报	2004年6月
许振超离我们有多远	李 军	中国石化报	2004年6月
淮河源头战正酣	张希文	中国石油摄影报	2004年6月
井楼油田获得重大突破	姚志云 谭瑾水	中国矿业报	2004年6月
河南油田总医院为8岁儿童摘除巨大囊肿	贺延长	河南工人日报	2004年7月
在希望的田野上	单朝玉	中国矿业报	2004年7月
找准了路就不怕征途远——南机厂参与市场竞争的新景象	许 峰	中国石化报	2004年7月
生死大营救	李 新 吕德群	中国石油摄影报	2004年7月
社区关爱暖人心	姬东阳 鲍朝阳	中国社会报	2004年8月
晴天也要防下雨——南阳石蜡精细化工厂建立思想政治工作预警机制	王玉清 李文峰	中国化工报	2004年8月
河南油田设计院对外创收再攀新高	赵祚军	中国石油报	2004年8月
油田“网虫”爱心涌动 情系贫困高考状元	何 斌 秦小成	科技文摘报	2004年8月
河南油田高中创新教育结硕果	吕宏伟	河南教育	2004年9月
河南油田水电厂开展网上政工工作纪实	李如飞	中国石化报	2004年9月
采油站姑娘展风采 (图片)	方文华	中国石化报	2004年1月1日
河南油田新年生产“首日红”	许 峰 郑干臣 方文华	中国石化报	2004年1月6日
河南油田探明储量连续四年超千万	方文华 杨德长	中国石化报	2004年1月22日
精品工程勘探禁区拔头筹——2236地震队高标准打造名牌队	许 峰 刘广敬 丁玉萍	中国石化报	2004年2月4日
“家”和业正兴——河南油田工会工作巡礼	许 峰	中国石化报	2004年2月13日
为生命带来健康阳光——河南油田瑞康公司精心生产放心药	许 峰 郑干臣 方文华	中国石化报	2004年2月18日

续表

河南油田全力打造效益型产能	许　峰	中国石化报	2004年2月25日
瘦身健身提效率　细分市场创效益——河南油田双河社区发展纪略	许　峰　韩建国	中国石化报	2004年2月26日
搬家、开钻在当天　(图片)	方文华　秦小成	中国石化报	2004年3月4日
油地双方联手　共筑铁壁铜墙——油区生产治安专项整治工作纪实	许　峰　齐　刚	中国石化报	2004年3月13日
春来气象新　(图片)	方文华	中国石化报	2004年3月18日
增强技术实力　拓展勘探市场——河南油田新疆钻井公司创一流	周禹轩	中国石化报	2004年3月18日
河南油田改制分流快速推进	许　峰	中国石化报	2004年3月19日
河南油田创建各类文明单位25个	汪书权　罗　舟　郑干臣	中国石化报	2004年3月23日
"木兰"花开别样红——记河南油田采油一厂地质研究所女职工	薛唐成　郑干臣	中国石化报	2004年3月26日
"大漠铁骑"的团队雄风——钻井公司新疆分公司勇创一流报道	周禹轩	中国石化报	2004年4月1日
让人才受益把人才留住	许　峰　孙跃华	中国石化报	2004年4月14日
她们把春天装点得更美——记下二门矿10队4号女子计量站	许　峰　李　新	中国石化报	2004年4月16日
青春之火铸就强者锋芒——河南油田录井2队逐鹿西部新区勇当先	许　峰　杨存戈	中国石化报	2004年4月21日
河南油田厉兵秣马出击外部市场	郑干臣	中国石化报	2004年4月23日
依靠科学技术　创新油藏管理——采油一厂创建中国石化红旗采油厂纪实	卓利峰　郑干臣	中国石化报	2004年4月23日
滚滚"春雷"除恶保平安	许　峰　齐　刚	中国石化报	2004年4月24日
专业化重组带来高效率——来自河南油田采油一厂井下作业部工程部的报道	许　峰　张希文　卓利峰	中国石化报	2004年4月29日
我为祖国采稠油——来自河南油田稠油开发战线的报道	许　峰　郑干臣　李庆伟	中国石化报	2004年5月9日
河南油田精心铺设再就业之路	许　峰	中国石化报	2004年5月13日
别了，不卫生的习惯	李明泰	中国石化报	2004年5月15日
河南油田全力激活"第一资源"	许　峰　郑干臣	中国石化报	2004年6月6日
河南油田勘探开发高位运行	许　峰　卓利峰　刘广敬	中国石化报	2004年7月8日
挖掘现代管理宝藏的团队——记荣获中央企业先进集体的采油12队	许　峰	中国石化报	2004年8月7日
高擎法剑斩"毒瘤"——河南油田今年专项整治土炼战役纪实	许　峰	中国石化报	2004年8月14日
用实在业绩证明金牌成色——采油一厂双河七队增油上产昔日风采	郑干臣　庞先斌	中国石化报	2004年8月18日

续表

在继承与创新中前进	黄建华	科技文摘报	2004年8月20日
让群众看到党的先进性——河南油田加强党的建设纪实	许　峰　郑干臣	中国石化报	2004年8月31日
推广降本好经验　(图片)	方文华	中国石化报	2004年9月9日
市场机制赢得满园春色——来自河南油田薪酬制度改革的报道	许　峰	中国石化报	2004年9月11日
油气资源在智慧中衍生	许　峰	中国石化报	2004年9月15日
河南油田强化预算管理控成本	许　峰	中国石化报	2004年9月16日
南石医院被授予"全国再就业先进企业"	许　峰	中国石化报	2004年9月23日
创新风劲好扬帆——河南油田江河矿采油六队开拓进取享誉油田内外	许　峰	中国石化报	2004年9月29日
欢歌笑语庆华诞　(图片)	许　峰　方文华	中国石化报	2004年10月1日
抓好信访掌握稳定工作主动权	许　峰	中国石化报	2004年10月9日
河南油田改制企业生机蓬勃	许　峰	中国石化报	2004年10月9日
河南油田形势教育任务助推改革发展	许　峰	中国石化报	2004年10月12日
河南油田提前完成储量任务	许　峰　郑干臣	中国石化报	2004年10月14日
河南油田降本重视全员参与	许　峰　郑干臣	中国石化报	2004年10月14日
河南油田质量管理再上新台阶	许　峰	中国石化报	2004年10月21日
河南油田勘探战线捷报频传	仲玉春	中国矿业报	2004年11月
河南油田精蜡厂特色发展创佳绩	许　峰　天　相	中国石化报	2004年11月16日
青春因创新而精彩——记石化集团公司青年岗位能手夏东领	许　峰　孙跃华	中国石化报	2004年11月24日
把井打到国外去——河南油田开拓国际钻井市场纪略	许　峰　陈崎峰	中国石化报	2004年12月4日
文明之风在油区荡漾	许　峰	中国石化报	2004年12月14日
河南油田依靠科技增效降本	许　峰　郑干臣	中国石化报	2004年12月18日
挑战"禁区"的勇士	杨今朝　王长江　陈兆芳	中国石油企业杂志	2004年3期
工程院新型酸化液研究应用达国际先进水平	刘小敬	石化要闻	462期
找准了路就不怕征途远——南机厂参与市场竞争的新景象	许　峰	中国石化报	7月13日
文明之风在油区荡漾	许　峰	中国石化报	12月14日
河南油田形势教育任务助推改革发展	许　峰	中国石化报	10月12日
欢歌笑语庆华诞　(图片)	许　峰　方文华	中国石化报	10月1日
让群众看到党的先进性——河南油田加强党的建设纪实	许　峰　郑干臣	中国石化报	8月31日
油气资源在智慧中衍生	许　峰	中国石化报	9月15日
我为祖国采稠油——来自河南油田稠油开发战线的报道	许　峰　郑干臣　李庆伟	中国石化报	5月9日
市场机制赢得满园春色——来自河南油田薪酬制度改革的报道	许　峰	中国石化报	9月11日
河南油田精心铺设再就业之路	许　峰	中国石化报	5月13日

续表

别了,不卫生的习惯	李明泰	中国石化报	5月15日
河南油田全力打造效益型产能	许　峰	中国石化报	2月25日
把井打到国外去——河南油田开拓国际钻井市场纪略	许　峰　陈崎峰	中国石化报	12月4日
挖掘现代管理宝藏的团队——记荣获中央企业先进集体的采油12队	许　峰	中国石化报	8月7日
青春因创新而精彩——记石化集团公司青年岗位能手夏东领	许　峰　孙跃华	中国石化报	11月24日
河南油田依靠科技增效降本	许　峰　郑干臣	中国石化报	12月18日
河南油田提前完成储量任务	许　峰　郑干臣	中国石化报	10月14日
河南油田降本重视全员参与	许　峰　郑干臣	中国石化报	10月14日
抓好信访掌握稳定工作主动权	许　峰	中国石化报	10月9日
河南油田强化预算管理控成本	许　峰	中国石化报	9月16日
高擎法剑斩“毒瘤”——河南油田今年专项整治土炼战役纪实	许　峰	中国石化报	8月14日
河南油田全力激活“第一资源”	许　峰　郑干臣	中国石化报	6月6日
河南油田勘探开发高位运行	许　峰　卓利峰　刘广敬	中国石化报	7月8日
河南油田探明储量连续四年超千万	方文华　杨德长	中国石化报	1月22日
河南油田新年生产“首日红”	许　峰　郑干臣　方文华	中国石化报	1月6日
河南油田改制企业生机蓬勃	许　峰	中国石化报	10月9日
精品工程勘探禁区拔头筹——2236地震队高标准打造名牌队	许　峰　刘广敬　丁玉萍	中国石化报	2月4日

（方文华　仲玉春）

索 引

使 用 说 明

1. 本索引采用主题索引法编制。除“大事记”、“概况”外，年鉴内容均在索引标引和检索范围之内。

2. 本索引基本上按汉语拼音音序排列。具体如下：以数字开头的，排在最前面，以英文字母打头的，列于其次；汉字标目则按首字的音序、音调依次排列，首字相同时，则以第二个排序，并依次类推。

3. 在索引中，索引标目之后的数字，表示主题内容所在年鉴正文的页码。英文字母a、b，表示左右两个栏别。

4. 为反映索引款目间的逻辑关系，对于二级标目，采取在上一级标目下缩二格的编排形式予以体现，之下的索引款目仍按上列排序方法依次排列。

0—9

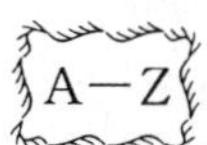
A—Z

A

B

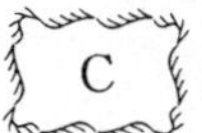
C

D

H

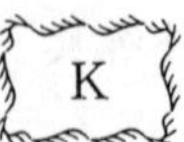
K

R

S

W

X

河南油田年鉴

HENAN YOUTIAN NIANJIAN

2005